王蘧常文集

吳曉明 王興孫 主編

第八冊

顧亭林詩集彙注
（上）

［清］顧炎武 著　王蘧常 輯注

本書由上海文化發展基金會資助出版

圖一　顧炎武像　禹之鼎繪
（據李平書《且頑老人自訂年譜》插頁複製）

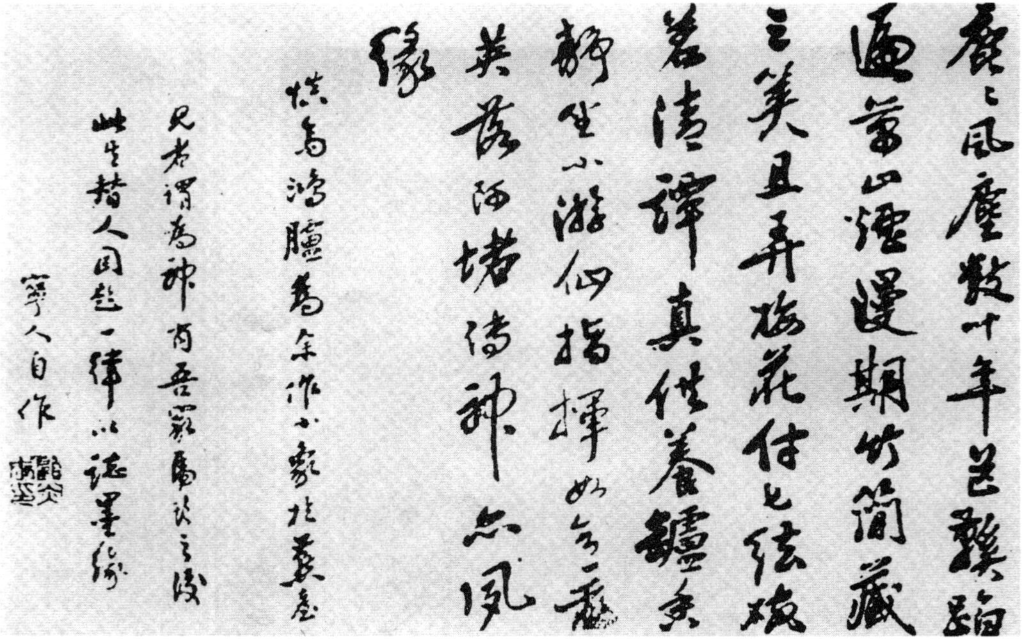

圖二　顧炎武自題小像手跡
（據李平書《且頑老人自訂年譜》插頁複製）

圖三　顧炎武像　崑山縣圖書館藏
（據《崑山明賢畫像傳贊》複製）

圖四　顧炎武書聯　崑山縣圖書館提供

圖五　顧炎武墓
（前爲貞孝坊，兩旁石碑爲梁鼎芬民初重修顧墓及新建顧祠的碑記。）

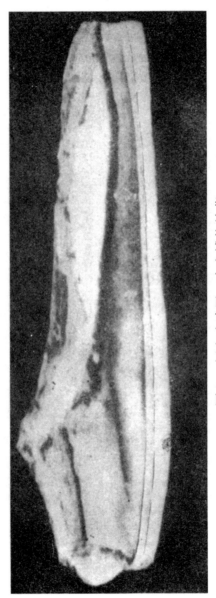

圖六　顧炎武遺履　南京博物館藏

出版説明

顧炎武是明末清初最著名的學術家、政治家、軍事家和經濟學家，不論在經術上，還是在文學上，均爲近三百年來從流景仰的宗師。他的詩歌，記録了明末清初的動蕩社會，堪稱一代詩史，同時繼承漢魏以及唐詩優良的傳統，上掃明代摹擬萎纖的弱點，下開有清一代的風氣。《顧亭林詩集》舊有多家注釋，惜未能稱完善。王蘧常先生治顧詩數十年，完成了《顧亭林詩集彙注》。本書在晚清徐嘉注本基礎上，彙集多家注本，校勘顧詩諸本異同，並以按語形式增補了大量新注，其新出之注重在亭林的政治經歷和詩歌的時代背景，堪稱顧詩較爲完善的注本。

本次《王蘧常文集》收入《顧亭林詩集彙注》，以上海古籍出版社 1983 年版爲底本進行編校。原書徵引了不同顧詩注本的文字，對人名、地名、書名、篇名等往往有不同的指稱，對此，在核對原文的基礎上，原則上保留原貌，對於新增按語中諸如書證出處文字和標點，則大致按照現今的規範進行統一處理。原上海古籍出版社版爲豎排，本版改爲橫排，對其中的標點符號也做了相應處理。不當之處，敬請讀者批評指正。

復旦大學出版社
2020 年 10 月

顧亭林詩集彙注總目

前言 ··· 1
編例 ··· 1
詩目 ··· 1
顧亭林詩集彙注 ······································ 1
  卷一 ·· 1
  卷二 ·· 232
  卷三 ·· 401
  卷四 ·· 633
  卷五 ·· 831
  卷六 ··· 1031
  集外詩存 ·· 1167
詩譜 ··· 1174
亭林著作目錄 ···································· 1208
附錄
  一、清國史儒林傳·顧炎武傳 ················· 1211
  二、徐嘉顧詩箋注原序 ························ 1213
  三、徐嘉顧詩箋注凡例 ························ 1215

前 言

南明作爲一個歷史階段來説,是有它的特點的。最突出的一點,就是兩都覆滅之後,抗清鬥争還延續長達四十年之久(至康熙二十二年即一六八三年爲止)。在這一激烈的民族鬥争中湧現出無數的愛國志士,顧炎武可稱是其中最突出的一人。

顧炎武(一六一三——一六八二),字寧人,江南崑山人(今江蘇崑山縣)。他的一生,經歷了明萬曆到清康熙的七十年,這是我國歷史上最複雜最動蕩的時期之一。激烈的階級矛盾和民族矛盾衝擊着他,時代迫使這個具有進步思想的啓蒙學者不得不有所思考和探索。他在幼年就接受其嗣祖紹芾及嗣母王氏的"士當求實學"與"無爲異國臣子"的教育〔一〕;在十四歲那年,又加入了以"毋蹈匪彝,毋干進喪乃身"爲宗旨的著名社會團體復社〔二〕,爲他後來學術上的"經世致用"、政治上的"民族氣節"奠定了基礎,其總的思想是愛國——愛他所處的朱明王朝。

他的愛國思想是有其具體内容的。他不僅具有比較完整的思想體系,從儒家的經典中提出了"博學於文"和"行己有恥"作爲他一生修治的根本準則;而且還多次參加火熱的抗清鬥争,幾至於以身殉難。當然,他愛國思想的形成和發展是有它的必然過程的。大體説來,可分爲三個階段。

第一個階段,從十四歲到三十一歲,即明天啓六年到崇禎十六年(一六二六——一六四三),爲明亡以前。這時期,朱明王朝的封建統治已經面臨分崩離析的局面,外有清貴族的入侵,內有農民軍的起義。他早歲就關心國事,加入復社,接受"夏、夷大防"的正統教育。二十一歲到二十三歲,農民軍攻略畿南、河北、湖廣及鳳陽、洛陽等地。二十七歲,清兵長驅直入濟南;橫掃畿內、山東七十多個州縣。他目擊祖國處在風雨飄搖之中,"感四國之多虞,恥經生之寡術"(《天下郡國利病書自序》),於是發憤著書,圖挽危亡:一種是輿地之書,僅存傳鈔本,那就是《肇域志》(現正在組織人力整理,準備出版);一種是講戰略經濟之書,那就是《天下郡國利病書》。所謂"利病",就是把當時的田賦、徭役、水利、鹽課、交通、兵防的利弊,以及疆域關隘的形勢等等,加以分析研究,意在探討國家衰敗的原因,暗示改革和挽救的方向。《肇域志》所闡述的重點也在於這方面,如郡縣沿革、山川阨塞、兵事成敗,以及賦稅户口的多寡,官職驛舖的廢置等等,都有詳盡的記載。程瑤田評此書於"體國經野理財治安之道,至纖至悉,亦經世之寶書"(《肇域志跋》)。這兩部書都是披覽了二萬多卷典籍、經歷了二十多個寒暑才定稿的。雖然緩不濟急,也足見他熱愛祖國的迫切心情。(尚有一部未刊稿《懼謀錄》,是炎武專講軍事學的著述。不久亦將出版。)

　　第二個階段,從他三十二歲到四十九歲,即崇禎十七年到永曆十五年,也就是到清順治十八年(一六四四——一六六一)。這一時期,是清貴族入關奪取政權到南明永曆覆滅的時期,是清貴族殘酷鎮壓各地人民,義軍力圖恢復的時期,也是炎武愛國活動最熾熱的時期。當明弘光帝即位於南京時,炎武被薦爲兵部司務,他雖未就職,但曾一到京口,一入南京,渡江時慷慨激昂,頗有擊楫中流的豪氣[三]。南都覆滅後,他從軍到蘇州,和薦主崑山知縣楊永言、復社同志歸莊等參加鄖陽撫台(《蔞書斠補》:張穆《顧亭林年譜》校云:"鄖陽撫台"應作"鄖陽撫治"。案:明代設置各地巡撫,僅鄖陽稱"撫治"。)王永祚所領導的抗清義軍,約同各路義軍分攻蘇州、南京、杭州和沿海各地。炎武在《千里》詩中説：

> 千里吳封大，三州震澤通。戈矛連海外，文檄動江東。

指的就是這件事。但因攻蘇州軍先潰牽動全局而失敗（詳見徐松《顧亭林先生年譜》）。接着，又襄贊太湖的吳昜義軍，建議争雄上游，莫輕言戰，才能收地勢掌中之效（見《詩集》卷一《上吳侍郎昜》詩）。後來，又參與策動清提督吳勝兆的反正。勝兆失敗，陳子龍、顧咸正等殉國，他也幾乎不免（見全祖望《顧寧人先生神道表》）。雖幾經挫折，他並没有灰心失望，作了一首《精衛》詩以見志：

> 長將一寸身，銜木到終古。我願平東海，身沉心不改。大海無平期，我心無絶時！

明隆武帝即位於福州時，曾遥授他爲兵部職方司主事；同時，魯王以海監國浙東，炎武乃有前後兩次南行活動的計劃。第一次在吳勝兆反正失敗後的秋天，到了東海邊，因道路梗阻没有去成（見《元譜》）；第二次在四十四歲時，《詩集》卷三《出郭》、《旅中》兩首就是記述此行的。《旅中》詩云：

> 久客仍流轉，愁人獨遠征。釜遭行路奪，席與舍兒争。混迹同傭販，甘心變姓名。寒依車下草，飢糝鑊中羹。浦雁先秋到，關雞候旦鳴。蹠穿山更險，船破浪猶横。

可見此行的艱苦。《出郭》詩云：

> 出郭初投飯店，入城復到茶庵。秦客王穧至此，待我三亭之南。

據此詩，炎武這次南行好像與南明有約，並是和使者同行的。這時，永曆帝在安龍；魯王在舟山，鄭成功在福建，正打算北伐，爲永曆帝聲援。炎武此行的目的是在浙在閩或由閩以覲永曆，今已無可考見。但是《旅中》詩說：

> 買臣將五十，何處謁承明？

可見這次南行還是沒有去成（事詳《出郭》、《旅中》兩首詩注）。不得已，才有翌年北遊之舉。初到山東，屢去北京、塞外和其他一些地方。他記述這次行程有云：

> 自此絕江踰淮，東躡勞山、不其，上岱嶽，瞻孔林，停車淄右。入京師，自漁陽、遼西，出山海關，還至昌平，謁天壽十三陵，出居庸，至土木，凡五閱歲而南歸於吳。浮錢塘，登會稽，又出而北，渡沂絕濟，入京師，遊盤山，歷白檀至古北口。折而南，謁恒嶽，踰井陘，抵太原，往來曲折二三萬里。〔四〕

所到之處，觀察地理形勢、民情風尚，其與潘次耕書云：

> 頻年足迹所至，無三月之淹，一年之中半宿旅店。（《文集》卷六）

真可謂棲棲皇皇！但其目的，不外作實地調查研究，與抗清復明的愛國活動有關。其《京師作》云：

> 河西訪竇融，上谷尋耿況。

《玉田道中》一詩又云：

> 豈有田子春，尚守盧龍塞？

這都是尋求遺民、圖謀恢復的迹像，但其確事已無法詳考。

第三個階段，從他五十歲到逝世，即清康熙元年到二十一年（公元一六六二——一六八二）。這時期，是清政權漸趨鞏固，抗清鬥爭轉入低潮的時期。他雖然已經漸知揮戈返日之無術，但還未能絕望，屢見之於吟咏：

> 遠路不須愁日暮，老年終自望河清。（《詩集》卷三《五十初度時在昌平》）
>
> 合見文公還晉國，應隨蘇武入長安。（《詩集》卷四《元旦》）
>
> 三户已亡熊繹國，一成猶啓少康家。（《詩集》卷四《又酬傅處士次韻》）

甚至在卒前一年，還在《酬族子洢》一詩中表示：

> 二紀心如昨，詩來覺道同。（《詩集》卷五）

他抗清復國的壯志，真是到老彌堅，至死不渝。

在這段時間裏，他以餘力從事撰述，"著書陳治本，庶以回蒼

穹"(《詩集》卷五《贈衛處士》)。其中最重要的著作是《日知錄》,他自己説:

> 某自五十以後,……别著《日知錄》,上篇經術,中篇治道,下篇博聞,共三十餘卷。有王者起,將以見諸行事,以躋斯世於治古之隆,而未敢爲今人道也。(見《文集》卷四《與人書二十五》,並參見《蔣山傭殘稿》卷一《與友人書》。)

他期望"回天",不臣清廷的意志是十分明顯而堅決的。另一方面,他還以實際行動爲抗清復明作準備。全祖望《顧寧人先生神道表》説:

> 墾田度地,累致千金,……東西開墾,所入別貯之,以備有事。

章炳麟在《太炎文録續編》卷六《顧亭林遺事》中有兩則記其事:其一,亭林設票號,屬傅青主主之,立新制,天下信從,於是饒於財用;其二,世傳先生始創會黨規模,蓋亦實事。最後,他定居華陰,還叮嚀教誡他的姪兒:

> 黄精松花,山中所産;沙苑蒺藜,止隔一水;終日服餌,便可不肉不茗。華陰綰轂關、河之口,雖足不出户,而能見天下之人、聞天下之事。一旦有警,入山守險,不過十里之遥;若志在四方,則一出關門,亦有建瓴之便。(《文集》卷四《與三姪書》)

這些都具體説明他自勵的艱苦和謀國的深遠。到了清王朝施展

大興文字獄和薦舉博學鴻詞科的兩手時,一隊夷、齊相率走下首陽,獨有他誓死不顧威脅、不受招致,並發出了斬釘截鐵般的誓言:

> 爲言顧彥先,惟辦刀與繩!(《詩集》卷五《寄次耕時被薦在燕中》)

在炎武,這不過是他生平大節之一端而已!

亭林的全部歌詩,具有豐富的歷史内容和沉雄悲壯的藝術風格。全集四百多首詩中,不論是擬古、咏史、遊覽、即景、祭弔等等,都是大開大闔,環繞抗清復明這個主題開展的。惓念君國,有爲而發,既無酬應之作,亦無旖旎之情,爲上述三個思想發展階段提供了許多可歌可泣的歷史側面[五]。其大篇,有黄河、泰岱之觀;其短篇,有筆挾秋霜之感[六]。如《大行皇帝哀詩》、《帝京篇》、《恭謁孝陵》、《孝陵圖》、《京師作》、《恭謁天壽山十三陵》諸篇,就像朱明一代二百七十多年的一部興亡史。故有人把顧詩比作杜詩,有"詩史"之稱;其實杜詩正是顧詩的淵源所自[七]。在短篇近體中,如《太平》、《送王文學麗正歸新安》、《白下》、《五十初度時在昌平》、《屈山人大均自關中至》、《重至大同》、《次耕來書言時貴有求觀余所著書者答示》等篇,悲壯蒼涼,達到了思想與藝術的高度結合。這與他在《日知錄·論古人用韻》條中所說的"詩主性情,不貴奇巧"的主張都是一致的。當然,最主要的,還是時代的烈火鍛煉了這位愛國詩人;反過來,他也影響了時代。詩,只是他著作的一部分,更重要的是他大量的學術著作,開創有清一代的樸學風氣。有清一代學者治學的成就,遠邁元、明,其開山人物,炎武實當之無愧。他的實事求是的治學精神,正是後來乾嘉學派所奉爲圭臬的。例如對史可法這樣一位民族英雄,開始他當然極端歌頌推崇,但後來因爲得不到史可法殉節揚州的確鑿證據,他便闕以存疑;以後僅於《榜人曲》一詩中極望於其死後,這是他治學不爲意氣所左右而采取謹嚴態度的一個顯例。

　　清人雖爲炎武的生平、學術、詩文作過大量工作,但對他的研究還很不夠,需要繼續深入。如他在清朝統治下曾兩度入獄,後一次尤爲危殆,却都能化險爲夷,其中必有很曲折的經過,遠非其詩文或後人所作年譜中記載的那麽簡單。又如他那麽瞧不起屈節事清的錢謙益,和順治十年才被迫仕清的吴偉業也不相來往,朱彝尊本來是他志同道合的好友,但朱一應博學鴻詞,即與之交絶,更不再提及。就連他勢炎薰天的外甥徐乾學,不但屢屢報之以白眼,而且還殷囑他的門弟子切莫接近這些權貴。然而却與山東德州人程先貞交好逾恒,生主其家,死哭其墓,屢見之於詩,所謂"程工部"者是也。這個在清軍入關的翌年北謁投降而且從軍南侵、衣蟒橫江,與阮大鋮同一類型的人物,何以炎武對之態度邃反故常呢?這也是研究炎武的一個重要關目。

　　又如對於明故相、督師楊嗣昌,這是一個幾乎與周延儒同樣可入《明史·奸臣傳》的人物,炎武除了《潼關》一詩對之有所譴責外,常常揄揚有加,一違衆議,這也是很值得研究的問題。

　　其他如炎武在鄉曾兩次遭到仇家的迫害。其一是家難,雖其嗣子所注據説甚詳,實則並未備載其顛末。另一是崑山豪紳葉方恒多次欲置炎武於死地,但後來在山東時忽又言歸於好。其中亦必有曲折的經過,決不是我們猜測的葉方恒屈於公論,幡然改悔,終於輸誠傾服,甚至邀修齊志、偕遊名山,且有紬葛之惠的那麽簡單。

　　炎武身處危境,值文網峻嚴之日,却敢於奮筆直書(雖以韻目代字,亦屬一推便知,破譯極易,迥異於現代的密碼,絲毫不會起什麽隱蔽的作用)。竟能在詩文中直斥清帝福臨爲虜主,這甚至較孤忠大節的陳子龍,更爲"昌言無忌",咄咄逼人;三百年後讀之,猶令人神王,對他肅然起敬!所以到了清朝末葉,即光緒三十四年,爲了綏靖風起雲湧的革命黨人及緩和滿、漢之間的民族矛盾,就由張之洞等人策劃,使炎武和黃宗羲、王夫之三人受到配享孔廟兩廡的曠典。但此舉並不能挽回其頹運於萬一,不三年清廷即告覆滅;因爲炎武三百年前所撒播下的種籽,到這時已結爲豐碩的果實了。

更有最重要的一點,炎武於抗清鬭爭的低潮歲月中,在《日知錄》卷十三《正始》條中提出了"保天下"的課題:

> 有亡國,有亡天下,亡國與亡天下奚辨?曰:易姓改號,謂之亡國;仁義充塞,而至於率獸食人,人將相食,謂之亡天下。……知保天下,然後知保其國。保國者,其君其臣,肉食者謀之;保天下者,匹夫之賤與有責焉耳矣!

後人把它概括成爲"天下興亡,匹夫有責"兩句響亮的口號。無疑的,這已由"忠於一姓"擴大到忠於國家民族,從上層看到了山野之民的力量了。在三百年前有此認識,不愧是進步思想的前驅。這一口號遺響所及,在近代歷史上,不僅震盪了辛亥革命,而且激勵了抗日戰爭,即在將來,也必會有深遠的影響。

此稿原與吳生丕續合作,由他擔任全部標校工作。不幸他已於十年前殂謝,不及見是書刊行。祝予之痛,久不能已!在整稿過程中,我年已耄,得到上海古籍出版社富壽蓀、楊友仁兩位同志的幫助,他們都付出了辛勤的勞動;更蒙陳兆弘同志提供崑山縣圖書館珍藏的炎武畫像、文物及手跡,一併於此誌感。

王蘧常
一九八一年十二月於上海

【注】

〔一〕見《亭林餘集·三朝紀事闕文序》及《先妣王碩人行狀》。前者有云:"臣祖乃更誨之,以爲士當求實學,凡天文、地理、兵農、水土,及一代典章之故不可不熟究。"後者有云:"七月乙卯,崑山陷。癸亥,常熟陷。吾母聞之,遂不食,絶粒者十有五日,至己卯晦而吾母卒。……遺言曰:'我雖婦人,身受國恩,與國俱亡,義也。汝無爲異國臣子,無負世世國恩,無忘先祖遺訓,則吾可以瞑於地下!'"

〔二〕引自楊彝《復社事實》。

〔三〕見《亭林詩集》卷一《京口即事》詩(按:徐嘉注指爲史可法,誤)。

〔四〕《亭林佚文輯補·書楊彝萬壽祺等爲顧寧人徵天下書籍啓後》。後署"歲壬寅",是年亭林五十歲。

〔五〕近人徐頌洛《與汪辟疆書》云:"詩言志,亭林詩善言志者也。全集惓惓君國,皆有爲而言,無一酬應語,比辭屬事,靡不貼切。有明二百七十餘年間,詩人突起突落,有如勝、廣,却成就此一大家。即清詩號稱跨越明代,然求如亭林之篤實光輝者,亦難與並。"

〔六〕朱彝尊《静志居詩話》云:"寧人詩,事必精當,詞必古雅。抒山長老所云'清景當中,天地秋色',庶幾近之。"

〔七〕清汪端《明三十家詩鈔》論亭林云:"其詩憑弔滄桑,論多激楚,茹芝採蕨之志,《黍離》《麥秀》之悲,淵深樸素,真合靖節、浣花爲一手。"近人黄節《亭林生日詩》亦有"哀心詞見浣花堂"句,皆可謂知言矣。

【附記】

本書卷首影刊禹之鼎所繪顧炎武六十歲像及顧氏自題七律墨

迹，按顧氏行蹤，康熙十年辛亥五十九歲，由山東入都，主徐乾學；翌年八月復至京，主徐元文。這兩次均有可能會禹之鼎；尤以乾學好延攬文士，之鼎更有爲其舅氏繪像的機會。惟顧氏自題之七律，則詩的風格和筆迹，均可存疑，見卷六《詩譜》康熙十一年壬子注。茲先爲刊出，以俟海内外通人鑒定。

王蘧常
一九八三年九月於上海又記

編 例

一、本書以傳録潘耒手鈔本爲底本，以其較潘耒初刻本（以下簡稱"潘刻本"）爲完整，少避忌缺文。手鈔本與潘刻本同爲六卷，但起訖分卷不同；徐嘉《顧詩箋注》本，即據"潘刻本"，想以時代使然，但與潘刻本分卷亦不同（潘分作六卷，徐分作十七卷）。今分別於《詩目》中加按語説明，以清版本源流。

二、本書分"彙校"與"彙注"兩部分。先列"校文"，列於原詩之後，每校之間空一字接排；"注文"列於"校文"之後，每一注碼提行，各注之間空一字；"蘧常案"另行，以清眉目。

三、本書彙校所據本，有：（一）潘耒初刻本（即徐嘉《顧詩箋注》本之底本，簡稱"潘刻本"），（二）幽光閣鉛槧本（即梁清標朱書補完本之排印本，簡稱"幽光閣本"），（三）翁同龢秘本（簡稱"翁本"），（四）孫詒讓託名荀氏校本（簡稱"孫託荀校本"），（五）孫氏別校本（簡稱"孫校本"），（六）吴犀校本（簡稱"吴校本"），（七）曹氏校本（簡稱"曹校本"），（八）汪辟疆校本（簡稱"汪校本"），（九）冒廣生批本（簡稱"冒校"），（十）陳氏校注稿本（簡稱"陳校"）。只出校異文，稱"某云"或"某案"。徐嘉《顧詩箋注》本與底本整句不同者，間出徐氏注文，以資參考。

四、本書彙注所據本，以徐嘉《顧詩箋注》本爲基礎。原有顧氏自注，仍以小字注於正文原句之下（如"潘刻本"例）；彙注部分首列潘刻本"原注"，次列"徐注"，它注略按年次排列，曰"某注"；批注而不見成書或取各家之説者，用"某云"。據本有：

（一）全祖望批本（自天一閣范氏傳鈔，僅數十條，中且有不知姓名者闌入，可證實爲全氏者只十七條），以下簡稱"全本"、"全云"。

（二）戴望注本（大多録自張穆顧氏年譜），以下簡稱"戴本"。

（三）翁同龢批本（多係鈔撮，且不多），以下簡稱"翁本"。

（四）李詳、段朝端各注，均爲《顧詩箋注》所采，擇尤録之，以下簡稱"李注"、"段注"。

（五）冒廣生批本，以下簡稱"冒校"、"冒云"。

（六）汪辟疆校潘本，以下簡稱"汪校本"。

（七）黄節《選注本》，以下簡稱"黄本"。

（八）陳氏校注稿本（此稿輾轉借得，鈔撮頗廣博，如前所舉冒氏、汪氏諸説，與夫校勘家所發見"韻目代忌諱字"之例，皆取於此，但以其來歷未悉，難於明列。相傳其爲陳氏，字頌洛，名不詳，特著於此，不没其搜討之勤也），以下簡稱"陳校"。

五、本書所采顧氏年譜計有十種：（一）顧氏撫子衍生本（即《元譜》），（二）徐松本，（三）車守謙本，（四）吴映奎本，（五）張穆本，（六）常庸《顧譜斠識》（據張穆本斠識），（七）胡虔本，（八）周中孚本，（九）王體仁本，（十）徐嘉《詩譜》。以上均按作者姓氏或譜名簡稱某譜。

六、本書所采徐注及其他各家之注，其引文冗繁者，頗有删節。所引明季史事，涉及農民起義軍者，誣罔特甚；其對南明抵抗勢力，所引諸書，亦多站在清朝立場，難予一一改易。顧氏貶清之詞，如"東胡"、"胡虜"、"東夷"等，刻本與徐注本或作缺文，或以韻目代字，如"東"之爲"冬"、"胡"之爲"虞"、"虜"之爲"麌"、"夷"之爲"支"等，凡可考知者，均予出校。

七、本《編例》未及者，請參照本書"附録"中徐訂《凡例》。顧詩校注者多至數十家，本書或有疏漏，請博通者諟正。

詩　目　此目彙總潘刻本、徐注本而成，其分卷等有出入者，具見此目。

顧亭林詩集彙注卷一 …………………………… 1
大行皇帝哀詩　已下閼逢涒灘 …………………………… 1
千官　二首 …………………………………………… 16
感事　七首 …………………………………………… 21
京口即事　二首　已下旃蒙作噩 …………………… 37
帝京篇 ………………………………………………… 42
金陵雜詩　五首 ……………………………………… 59
千里 …………………………………………………… 68
秋山　二首 …………………………………………… 72
表哀詩　（蘧常案：徐注本卷二從此詩起） ………… 77
聞詔 …………………………………………………… 81
十二月十九日奉先妣藁葬 …………………………… 85
上吳侍郎暘 …………………………………………… 87
李定自延平歸齎至御札　已下柔兆閹茂 …………… 97
海上　四首 …………………………………………… 101
不去　三首 …………………………………………… 116
賦得老鶴萬里心用心字 ……………………………… 120
贈顧推官咸正　已下疆圉大淵獻 …………………… 122
大漢行 ………………………………………………… 128
義士行 ………………………………………………… 133

秦皇行……………………………………………… 136

墟里……………………………………………… 138

塞下曲 二首 ……………………………………… 140

海上行…………………………………………… 143

哭楊主事廷樞…………………………………… 146

推官二子執後欲爲之經營而未得也而二子死矣 二首…… 153

淄川行…………………………………………… 155

哭顧推官 （蔣常案：徐注本卷三從此詩起）……… 157

哭陳太僕子龍…………………………………… 166

十月二十日奉先妣葬於先曾祖兵部侍郎公墓之左

　　有序 ……………………………………… 173

墓後結廬三楹作………………………………… 177

精衛……………………………………………… 180

吳興行贈歸高士祚明…………………………… 181

賦得越鳥巢南枝用枝字 已下著雍困敦 ………… 187

賦得江介多悲風用風字………………………… 188

擬唐人五言八韻 六首 …………………………… 192

常熟縣耿侯橘水利書…………………………… 207

偶來……………………………………………… 210

浯溪碑歌 有序 …………………………………… 212

寄薛開封寀君與楊主事同隱鄧尉山併被獲或曰僧也

　　免之遂歸常州 …………………………… 221

將有遠行作時猶全越 （蔣常案：徐注本卷四從此詩起） ……… 224

京口 二首 ………………………………………… 227

顧亭林詩集彙注卷二 …………………………… 232

元日 已下屠維赤奮若 …………………………… 232

石射堋山	237
春半	239
懷人	245
賦得秋鷹	249
八尺	250
歲九月虜令伐我墓柏二株	252
桃花溪歌贈陳處士梅	256
瞿公子元鎬將往桂京不得達而歸贈之以詩	261
金壇縣南五里顧龍山上有太祖高皇帝御題詞一闋 已下上章攝提格 （蘧常案：潘刻本卷之二自此詩始）	266
贈于副將元凱	268
重至京口	278
榜人曲 二首	280
鬄髮	282
秀州	285
恭謁孝陵 已下重光單閼	287
拜先曾王考木主於朝天宮後祠中	292
贈萬舉人壽祺 徐州人	294
淮東	297
贈人 二首	304
同族兄存愉拜黃門公墓 已下玄黓執徐 （蘧常案：徐注本卷五從此詩起）	306
贈路舍人澤溥	310
清江浦	316
丈夫	321
王家營	322
傳聞 二首	324

隆武二年八月上出狩未知所之其先桂王即位於肇慶府改
　元永曆時太子太師吏部尚書武英殿大學士臣路振飛在
　廈門造隆武四年大統曆用文淵閣印頒行之九年正月臣
　顧炎武從振飛子中書舍人臣路澤溥見此有作 已下昭陽
　　大荒落 ································· 331
再謁孝陵 ····································· 337
恭謁太祖高皇帝御容於靈谷寺 ··················· 339
贈朱監紀四輔寶應人 ··························· 343
監紀示遊粵詩 ································· 345
贈鄔處士繼思 ································· 347
昔有 二首 ···································· 349
楊明府永言雲南人昔在崑山起義不克爲僧於華亭及吳帥
　舉事去而之蘭谿今復來吳下感舊有贈 ··········· 353
送歸高士之淮上 ······························· 356
贈劉教諭永錫大名人 ··························· 358
郝將軍太極滇人也天啓中守霑益余於敍功疏識其姓名
　今爲醫客於吳之上津橋言及舊事感而有贈 ······· 361
孝陵圖 有序 （蘧常案：徐注本卷六從此詩起） ····· 363
十廟 南京雞鳴山下有帝王功臣十廟後人但謂之"十廟" ··· 371
金山 已下闕逢敦牂 ···························· 377
僑居神烈山下 ································· 381
古隱士 二首 ·································· 383
眞州 ··· 386
太平 ··· 388
蝦磯 ··· 389
江上 二首 ···································· 391
久留燕子磯院中有感而作 ······················· 393

范文正公祠 …… 394
錢生肅潤之父出示所輯方書 …… 396

顧亭林詩集彙注卷三 …… 401

元旦陵下作 二首 已下旂蒙協洽 …… 401
常熟歸生晟陳生芳績書來以詩答之 …… 403
贈路光禄太平 …… 405
酬王生仍 …… 413
永夜 …… 414
酬陳生芳績 …… 415
贈路舍人 …… 417
贈錢行人邦寅 丹徒人 …… 419
松江別張處士慤王處士煒暨諸友人 已下柔兆涒灘 …… 421
贈潘節士檉章 …… 428
閏五月十日恭謁孝陵 …… 440
王處士自松江來拜陵畢遂往蕪湖 …… 442
桃葉歌 …… 443
黄侍中祠 在南京三山門外柵洪橋 …… 446
王徵君潢具舟城西同楚二沙門小坐柵洪橋下 …… 449
攝山 …… 462
賈倉部必選説易 …… 464
出郭 二首 …… 466
旅中 …… 469
酬王處士九日見懷之作 …… 470
送張山人應鼎還江陰 …… 471
陳生芳績兩尊人先後即世適皆以三月十九日追痛之作
　詞旨哀惻依韻奉和 三首 …… 473

元日 已下彊圉作噩 （蓬常案：潘刻本卷之三自此詩起）……… 477
萊州……… 478
安平君祠在即墨縣,今廢……… 485
不其山在即墨縣。漢不其縣有康成書院,今廢 ……… 487
勞山歌……… 488
張饒州允掄山中彈琴……… 492
淮北大雨……… 494
濟南 二首……… 495
賦得秋柳……… 499
酬徐處士元善昔年新城之陷其母死焉故有此作……… 502
登岱 已下著雍閹茂 （蓬常案：徐注本卷八從此詩起） ……… 504
謁夫子廟……… 510
七十二弟子……… 515
謁周公廟……… 518
謁孟子廟……… 520
鄒平張公子萬斛園上小集各賦一物得桔槔……… 522
張隱君元明於園中寘一小石龕曰仙隱祠徵詩紀之
　二首……… 523
前詩意有未盡再賦四章 四首……… 525
濟南……… 531
爲丁貢生亡考衢州君生日作……… 534
自笑……… 536
酬歸祚明戴笠王仍潘檉章四子韭溪草堂聯句見懷二
　十韻……… 537
濰縣 二首……… 543
衡王府……… 546
督亢……… 549

京師作 …………………………………………… 550

薊州 ……………………………………………… 565

玉田道中 ………………………………………… 567

永平 ……………………………………………… 569

謁夷齊廟 ………………………………………… 571

寄弟紓及友人江南 三首 已下屠維大淵獻 …… 573

山海關 …………………………………………… 579

望夫石 在永平府 ………………………………… 590

昌黎 ……………………………………………… 593

三屯營 …………………………………………… 595

恭謁天壽山十三陵 ……………………………… 597

王太監墓 ………………………………………… 612

劉諫議祠 在昌平舊縣，今廢 …………………… 613

居庸關 二首 ……………………………………… 615

重登靈巖 在長清縣東南九十里 ………………… 619

秋雨 ……………………………………………… 621

與江南諸子別 …………………………………… 623

江上 ……………………………………………… 624

顧亭林詩集彙注卷四 …………………………… 633

再謁天壽山十三陵 已下上章困敦 （蘧常案：徐注本卷十從此詩起） …………………………… 633

送王文學麗正歸新安 …………………………… 635

答徐甥乾學 ……………………………………… 637

天津 ……………………………………………… 639

舊滄洲 …………………………………………… 644

白下 ……………………………………………… 645

重謁孝陵	646
贈林處士古度	647
羌胡引	651
贈黃職方師正 建陽人	664
元日 已下重光赤奮若	668
杭州 二首	672
禹陵	680
宋六陵	684
顏神山中見橘	686
三月十九日有事於欑宮時聞緬國之報 已下玄黓攝提格	687
古北口 四首	689
五十初度時在昌平	695
北嶽廟	696
井陘	702
一雁	706
堯廟	707
十九年元旦 已下昭陽單閼 （蘧常案：潘刻本卷之四自此詩起始。又，徐注本卷十一從此詩起）	710
霍山	712
書女媧廟	716
晉王府	724
贈傅處士山	728
又酬傅處士次韻 二首	730
陸貢士來復 武進人述昔年代許舍人曦草疏攻鄭鄤事	733
聞湖州史獄	737
李克用墓 在代州西八里	740
五臺山	745

酬李處士因篤 …………………………………… 747

雨中送申公子涵光 …………………………… 753

酬史庶常可程 ………………………………… 755

汾州祭吴炎潘檉章二節士 …………………… 759

寄潘節士之弟耒 ……………………………… 762

王官谷 ………………………………………… 764

蒲州西門外鐵牛唐時所造以繫浮橋者今河西徙十餘
　里矣 ………………………………………… 767

潼關　（蔣常案：徐注本卷十二從此詩起）…… 769

華山 …………………………………………… 772

驪山行 ………………………………………… 777

長安 …………………………………………… 780

樓觀 …………………………………………… 783

乾陵 …………………………………………… 785

將去關中別中尉存杠於慈恩寺塔下 ………… 791

后土祠　有序　已下闕逢執徐 ……………… 798

龍門 …………………………………………… 801

自大同至西口　四首 ………………………… 803

孟秋朔旦有事於先皇帝欑宫　（蔣常案：潘刻本、徐注本無
　"先皇帝"三字） …………………………… 812

贈孫徵君奇逢 ………………………………… 813

酬程工部先貞　旃蒙大荒落　（蔣常案：徐注本卷十三從此詩起）…… 823

顧亭林詩集彙注卷五 ……………………… 831

寄劉處士大來　已下柔兆敦牂 ……………… 831

朱處士彝尊過余於太原東郊贈之 …………… 836

屈山人大均　南海人自關中至 ……………… 841

重過代州贈李子德在陳君上年署中	845
偶題	850
出雁門關屈趙二生相送至此有賦 二首	852
應州 二首	855
重至大同	858
得伯常中尉書却寄并示朱烈王太和二門人	860
淮上別王生略 已下彊圉協洽	863
贈蕭文學企昭漢陽人	864
曲周拜路文貞公祠	868
德州過程工部	870
過蘇祿國王墓 有序	871
赴東 六首 有序 已下著雍涒灘	875
子德李子聞余在難特走燕中告急諸友人復馳至濟南省視於其行也作詩贈之	888
贈同繫閻君明鐸先出	896
爲黃氏作	898
樓桑廟 已下屠維作噩	899
三月十二日有事於先皇帝欑宮同李處士因篤	902
贈李貢士嘉故城人時年八十	904
邯鄲	905
邢州 （蓬常案：徐注本卷十四從此詩起）	907
自大名至保定子德已先一月西行賦寄	910
亡友潘節士之弟耒遠來受學兼有投詩答之	911
述古 已下上章閹茂	915
德州講易畢奉柬諸君	923
輓殷公子岳	926
寄張文學弨時淮上有築堤之役 已下重光大淵獻	928

雙雁	930
夏日 二首	932
秋風行	936
靜樂	939
太原寄王高士錫闡	941
盂縣北有藏山云是程嬰公孫杵臼藏趙孤處	943
讀李處士顒襄城紀事有贈 有序 已下玄黓困敦	944
寄楊高士	948
齊祭器行 歲重光大淵獻 臨淄發地得古祭器數十事，監司攫而有之	950
題李先生矩亭 有序	952
瓠	954
土門旅宿 在獲鹿縣西南十里	956
燕中贈錢編修秉鐙 已下昭陽赤奮若	957
先妣忌日	959
自章丘回至德州則程工部逝已三日矣	961
有嘆 二首	962
哭歸高士 四首	966
廣昌道中 二首 已下閼逢攝提格 （蘧常案：潘刻本卷之五自此詩始。徐注本卷十五從此詩起）	974
寄問傅處士土堂山中	978
與胡處士庭訪北齊碑	979
王良 二首	981
路光祿書來敍江東同好諸友一時徂謝感歎成篇	984
過矩亭拜李先生墓下	986
潘生次耕南歸寄示	991
子房	992

刈禾長白山下 …………………………………… 994
歲暮 二首 …………………………………… 995
兄子洪善北來言及近年吳中有開淞江之役書此示之
　已下旃蒙單閼 …………………………………… 999
閏五月十日 二首 …………………………………… 1004
過張貢士爾岐 …………………………………… 1007
送程工部葬 …………………………………… 1009
路舍人客居太湖東山三十年寄此代柬 …………… 1010
孫徵君以孟冬葬於夏峰時僑寓太原不獲執紼適吳中有
　傳示同社名氏者感觸之意遂見乎辭 …………… 1011
漢三君詩 三首 已下柔兆執徐 …………………… 1015
楚僧元瑛談湖南三十年來事作四絕句 …………… 1019
賦得簷下雀 …………………………………… 1023
薊門送李子德歸關中 …………………………… 1024
李生符自南中歸橋李三年矣追惟壯遊兼示舊作 …… 1027

顧亭林詩集彙注卷六 …………………………… 1031

二月十日有事於先皇帝欑宮 已下疆圉大荒落 …… 1031
贈獻陵司香貫太監宗 …………………………… 1034
陵下人言上年七月九日虜主來獻酒至長陵有聲自寶城
　出至祾恩殿食頃止人皆異之 …………………… 1035
過郭林宗墓　（蔣常案：徐注本卷十六從此詩起）…… 1037
介休 …………………………………………… 1038
靈石縣東北三十五里神林晉介之推祠 …………… 1039
霍北道中懷關西諸君 …………………………… 1042
河上作 ………………………………………… 1043
雨中至華下宿王山史家 ………………………… 1047

過李子德 四首 ………………………………… 1048
皁帽 ……………………………………………… 1054
采芝 ……………………………………………… 1055
寄李生雲霑時寓曲周僧舍課子衍生 ………… 1055
春雨 已下著雍敦牂 ……………………………… 1057
寄同時二三處士被薦者 ………………………… 1062
井中心史歌 ……………………………………… 1063
夏日 ……………………………………………… 1071
梓潼篇贈李中孚 ………………………………… 1072
和王山史寄來燕中對菊詩 ……………………… 1078
關中雜詩 五首 …………………………………… 1079
過朝邑王處士建常 ……………………………… 1084
寄子嚴 弟紓字 已下屠維協洽 …………………… 1085
寄次耕時被薦在燕中 …………………………… 1088
次耕書來言時貴有求觀余所著書者答示 …… 1092
雲臺觀尋希夷先生遺跡 ………………………… 1094
硤石驛東二十里有西鴉路繇趙保白楊樹二百五十里
　至臨汝以譏察之嚴築垣封閉過此有題 …… 1095
雒陽 （蓬常案：徐注本卷十七從此詩起）………… 1096
三月十九日行次嵩山會善寺 …………………… 1100
少林寺 …………………………………………… 1102
嵩山 ……………………………………………… 1105
測景臺在登封縣東南三十里故告成縣 …………… 1108
卓太傅祠在密縣東三十五里大騩嶺 ……………… 1110
梁園 ……………………………………………… 1112
海上 ……………………………………………… 1113
五嶽 ……………………………………………… 1114

贈張力臣 …………………………………………… 1115
子德自燕中西歸省我于汾州天寧寺 ……………… 1120
寄次耕 ……………………………………………… 1122
歲暮西還時李生雲霑方讀鹽鐵論 ………………… 1125
送康文學乃心歸郃陽 已下上章涒灘 ……………… 1127
友人來坐中口占二絕 ……………………………… 1129
送李生南歸寄戴笠王錫闡二高士 ………………… 1130
酬族子湄 …………………………………………… 1132
朱處士鶴齡寄尚書埤傳 …………………………… 1134
哭李侍御灌谿先生模 ……………………………… 1139
華下有懷顧推官 …………………………………… 1142
華陰古蹟 二首 …………………………………… 1144
悼亡 五首 ………………………………………… 1146
冬至寓汾州之陽城里中尉敏泎家祭畢而飲有作 三首 …… 1150
寄題貞孝墓後四柹 已下重光作噩 ………………… 1153
贈衛處士蒿 ………………………………………… 1154
酬李子德二十四韻 ………………………………… 1158
贈毛錦銜 …………………………………………… 1165

集外詩存 …………………………………………… 1167

和若士兄賦孔昭元奉諸子游黃歇山大風雨之作 …… 1167
古俠士歌 …………………………………………… 1168
哭張爾岐 …………………………………………… 1169
姬人怨 ……………………………………………… 1171

詩譜 ………………………………………………… 1174

亭林著作目録 ………………………………………… 1208

附録 …………………………………………………… 1211
　一、清國史儒林傳・顧炎武傳 ………………… 1211
　二、徐嘉顧詩箋注原序 ………………………… 1213
　三、徐嘉顧詩箋注凡例 ………………………… 1215

顧亭林詩集彙注卷一

王蘧常　輯注
吳丕績　標校

大行皇帝哀詩 已下閼逢涒灘

【解題】

徐注：案是歲崇禎十七年甲申。《明史·莊烈帝紀》：崇禎十七年三月乙巳，李闖犯京師，京營兵潰。丙午日晡，外城陷。是夕皇后周氏崩。丁未昧爽，内城陷，帝崩於萬歲山，王承恩從死。御書衣襟曰：朕涼德藐躬，上干天咎，然皆諸臣誤朕。朕死，無面目見祖宗。自去冠冕，以髮覆面，任賊分裂，無傷百姓一人。計六奇《明季北略》（以下簡稱《北略》）：上登萬歲山之壽皇亭，即煤山之紅閣也，自經於亭之海棠樹下。陳濟生《再生紀略》謂"在山之紅閣，御玄色鑲邊白縐綢半臂"，先生《明季實録》謂"在大内兔耳山"。張《譜》、吳《譜》皆作"萬壽山巾帽局"，宜從《明史》。　黃注：《風俗通》曰：皇帝新崩，未有定謚，故總其名曰"大行皇帝"。　冒云：先生是年年三十二。

蘧常案：《爾雅·釋天》：太歲在甲曰閼逢，在申曰涒灘。仁和吳氏藏先生與歸玄恭手札墨跡云：古來用干支名，悉從《爾雅》。又，《日知録·古人不以甲子名歲》條云：《爾雅疏》：甲至癸爲十日，日爲陽；寅至丑爲十二辰，辰爲陰。此二十二名，古人用以紀日，不以紀歲。歲自有閼逢至昭陽十名爲歲陽；攝提格至赤奮若十二名爲歲名(案：應作"歲陰"，詳郝懿行《爾雅義疏》)。後人謂甲子歲、癸亥歲，非古也。自漢以前，初不假借。自經學日衰，人趨簡便，乃以甲子至癸亥代之。其言誠是。然其所以以歲陽、歲陰紀詩者，亦猶陶潛自宋武王業漸隆，永初以來唯云"甲子"之意相同也。是歲爲明崇禎十七年，三月，明亡。五月，明福王即位於南京，以明年爲弘光元年。大順永昌元年，清順治元年，公元一六四四年。大行，蓋本《周書·諡法解》"大行受大名，細行受細名"之義。行出於己，名生於人，未有諡號之前，但曰"大行"。

　　神器無中墜[一]，英明乃嗣興[二]。紫蜺迎劍滅[三]，丹日御輪升。景命殷王及[四]，靈符代邸膺[五]。天威寅降鑒[六]，祖武肅丕承[七]。采羋昭王儉[八]，盤杅象帝兢[九]。澤能回夏暍[一〇]，心似涉春冰[一一]。世值頹風運[一二]，人多比德朋[一三]。求官逢碩鼠[一四]，馭將失饑鷹[一五]。細柳年年急[一六]，萑苻歲歲增[一七]。關門亡鐵牡[一八]，路寢泄金縢[一九]。霧起昭陽鏡[二〇]，風搖甲觀燈[二一]。已占伊水竭[二二]，真遘杞天崩[二三]。道否窮仁聖[二四]，時危恨股肱[二五]。哀同望帝化[二六]，神想白雲乘[二七]。祕讖歸新野[二八]，羣心望有仍[二九]。小臣王室淚[三〇]，無路哭橋陵[三一]。

【彙校】
〔題〕潘刻本、徐注本"大行"下無"皇帝"兩字。　〔迎劍滅〕徐注本"滅"作"氣"。丕績案："劍氣"不能與下句"輪升"作對，誤。

【彙注】
〔一〕神器　徐注：《老子》：天下神器，不可爲也。李善《文選·東京賦》薛綜注：神器，帝位也。《明史·宦官·魏忠賢傳》：天下皆疑忠賢竊神器矣。

〔二〕英明句　徐注：《明季實錄》：弘光詔書曰：惟我大行皇帝，英明振古。《書·洪範》：禹乃嗣興。

〔三〕紫蜺句　原注：《太玄經》：紫蜺矞雲朋圍日。

　　蘧常案："蜺"與"霓"同，前人謂之亂精淫氣，此似比魏忠賢之結黨亂國，故原注引《太玄》釋之。思宗立，即誅之，故曰"迎劍滅"也。或據文秉《烈皇小識》云：熹廟病危，魏忠賢遣腹奄涂文輔迎上入宮。上時自危甚，是夜秉燭獨坐，見一奄攜劍過，取之，留置几上。故假以爲喻，備一説。

〔四〕景命句　徐注：《詩》：景命有僕。《春秋公羊傳》：兄終弟及。《通鑑前編》：兄死弟及，自太庚始。案：《明史·熹宗紀》：遺詔以皇五弟信王由檢嗣皇帝位。

　　蘧常案：戴侗《六書故》引《詩·大雅·既醉》毛傳有"景，大也"三字。景命，大命也。《公羊傳》莊公三十二年：一生一及。注：兄死弟繼曰及。

〔五〕靈符句　徐注：曹植《大魏篇》：大魏膺靈符。《明史·莊烈帝紀》：天啓二年封信王，六年十二月出居信邸。

　　蘧常案：《史記·孝文本紀》：高后崩，諸吕欲爲亂，大臣共誅之。使人迎代王，代王乃乘傳詣長安。太尉乃跪上天子璽符，代王謝曰：至代邸而議之。遂馳入代邸。丞相平等皆曰：幸聽臣等。謹奉天子璽符再拜上。遂即天子位。《北略》：信王，天啓二年九月二十二日封。丁卯八月十八日，熹宗疾篤。十九日，魏忠賢與羣臣議垂簾居攝。宰相施鳳來曰：學他不得。魏忠賢不悦而罷。諸臣請信王入視疾。二十一日，熹宗病革，召王入，諭以"當爲堯舜之君，善事中宮，及委用忠賢"。王遜謝而出。申時，熹宗崩。首相施鳳來等具賤往信府勸進。忠賢結信藩舊監徐應元，遂自請王入。羣臣聞之，咸欲奔入，宦者不納。二十四日丁巳，即皇帝位於中極殿。

〔六〕天威句　徐注：《書》：肅將天威。《明史·莊烈帝紀》：十一月甲子，安置魏忠賢於鳳陽。己巳，魏忠賢縊死。十二月，魏良卿、客氏子侯國興俱伏誅。元年正月，戮忠賢及其黨崔呈秀尸。六月，削忠賢黨馮銓、魏廣微籍。壬寅，許顯純伏誅。二年正月，定逆案，自崔呈秀以下凡六等。又，元年五月，燬《三朝要典》。

　　蘧常案：此"天威"謂人。如《左傳》僖公九年：天威不違顏咫尺。《爾雅·釋詁》：寅，敬也。《周禮·大宗伯》賈公彥《疏》引《古尚書》說：自上監下，則稱上天。與《詩·黍離》"悠悠蒼天"《傳》"自上降鑒，則稱上天"同，而語意較明。

〔七〕祖武句　徐注：《詩》：繩其祖武。《書》：丕承哉，武王烈。《明史·宦官傳》：太祖既定江左，鑒前代之失，嘗鎸鐵牌置宮門曰：內臣不得干預政事，預者斬！敕諸司不得與文移往來。又，《莊烈帝紀》：十一月，戊辰，撤各邊鎮守內臣。元年正月辛巳，詔內臣非奉命不得出禁門。二月丁巳，戒廷臣交結內侍。　　冒云：起八句，敍思陵由藩邸入承大統。

〔八〕采椽句　徐注：《宋史·太宗紀》：淳化二年二月，盡易宮殿采繪以赭堊。《左傳》桓公二年：昭其儉也。

　　蘧常案：《韓非子·五蠹》篇：堯之王天下也，茅茨不翦，采椽不斲。《史記·秦始皇本紀·索隱》：采，木名，即今之櫟木也。劉恕《通鑑外紀·帝堯紀》：宮垣室屋不堊色。張岱《石匱書後集·烈帝本紀》：上自用銅錫木器，屏金銀，命文武諸臣各崇儉約。王世德《崇禎遺錄》：上節儉，神宗以來，膳饈日費數千金，命減存百一；舊制，冠、韎、履日一易，上命月一易。

〔九〕盤杅句　原注:《墨子》:堯、舜、禹、湯、文、武之事,書於竹帛,鏤之金石,琢之盤盂。《後漢書·崔駰傳》作"杅"。　黃注:《書·皋陶謨》:兢兢業業。《傳》:兢兢,戒也。

蘧常案:《崇禎遺録》:乾清宮大殿、兩楹,書"人心惟危,道心惟微,惟精惟一,允執厥中"十六字。命武英殿中書畫歷代明君賢臣圖,書《正心誠意》箴於屏,置文華、武英兩殿。又,上雞鳴而起,夜分不寐,往往焦勞成疾。

〔一〇〕澤能句　徐注:王充《論衡》:盛夏暴行,暑喝而死。《明史·莊烈帝紀》:十一月癸酉,免天啓時逮死諸臣贓,釋其家屬。元年三月,贈卹冤陷諸臣。四年正月,振延、綏饑民。七年二月,振登、萊饑,蠲逋賦。四月,發帑振陝西、山西饑。九年三月,振南陽饑,蠲山西被災州縣新舊二餉。五月,免畿内五年以前逋賦。十一月,蠲山東五年以前逋賦。十年三月,振陝西災。四月癸巳,清刑獄。十二年八月,免唐縣等四十州縣去年田租之半。十三年閏正月,振真定饑;戊子,振京師饑;癸卯,振山東饑。三月戊戌,振畿内饑,免河北三府逋賦。七月,發帑振被蝗州縣。八月,振江北饑。十四年二月,詔:時事多艱,痛自刻責,停今歲行刑。十五年正月,免天下十二年以前逋賦。十一月庚午,發帑振開封宗室兵民。十六年六月,詔免直省殘破州縣三餉及一切常賦二年。

蘧常案:陳達《野史無文·烈皇帝遺事》:李自成移檄遠近,有云:征斂重重,民有偕亡之恨。即崇禎亦自知之。其《罪己詔》有云:使民飛芻輓粟,居送行齎,加賦多無藝之征,預支有稱貸之苦者,朕之過也。使民室如懸罄,田盡汙萊,望煙火而無門,號冷風而絶命者,又朕之過也。則此區區所謂德政,何足以回夏喝?凡此回護之辭,皆當分别觀之,則庶幾得當時之實情矣。

〔一一〕心似句　徐注：《書》：若履虎尾，涉于春冰。《明史·莊烈帝紀》：二年六月，以久旱齋居文華殿，詔羣臣修省。三年四月同。四年四月，禱雨，詔廷臣條時政。五月甲戌朔，步禱於南郊。八年十月，下詔罪己，避居武英殿，減膳撤樂，示與士卒同甘苦。十年十一月庚辰，以星變修省，求直言。十一年八月，以災異屢見，齋居永安宮。十二年正月己未朔，以時事多艱，却廷臣賀。十三年二月，以久旱求直言。三月禱雨，詔清刑獄。十五年十一月，下詔罪己，求直言。十七年二月壬申，下詔罪己。　冒云："采甡"四句敍帝德。

〔一二〕世值句　徐注：桓溫《薦譙元彥表》：足以鎮靜頹風。李善注：魏文帝令曰：風頹於百代矣。《明史·李自成張獻忠傳》：莊烈非亡國之君，而當亡國之運，徒見其焦勞瞀亂，孑立於上，十有七年，宗社顛覆，徒以身殉。悲夫！

〔一三〕人多句　徐注：《書》：凡厥庶民，無有淫朋，人無有比德。《明史·魏忠賢傳》：當此之時，內外大權，一歸忠賢。內豎自王體乾等外，又有李朝欽、王朝輔等三十餘人，爲左右擁護，外廷文臣則崔呈秀、田吉、吳淳夫、李夔龍、倪文煥主謀議，號五虎；武臣則田爾耕、許顯純、孫雲鶴、楊寰、崔應元主殺戮，號五彪。又吏部尚書周應秋、太僕少卿曹欽程等號十狗。又有十孩兒、四十孫之號。而爲呈秀門下者，又不可數計。自內閣六部至四方總督、巡撫，徧置死黨。又：海內爭望風獻諂，諸督撫大吏若閻鳴泰等爭頌功德立祠，章奏無巨細，輒頌忠賢。宗室如楚王華煃、中書朱慎鋆，勳戚如豐城侯李永祚，廷臣若尚書邵輔忠、李養德、曹思誠，總督張我續及孫國楨、張翌明、郭允厚二十餘人，佞詞累牘，不顧羞恥。大學士黃立極、施鳳來、張瑞圖票旨亦必曰"朕與廠臣"，無敢名忠賢者。

又：莊烈帝將定從逆案，令以贊導、擁戴、頌美、諂附爲目。帝爲詔書頒示天下。（蘧常案：以上二十八字出《明史·閹黨傳》，徐注誤。）又：諸麗逆案者日夜圖報復。其後溫體仁、薛國觀輩相繼柄政，潛傾正人，爲翻逆案地。帝亦厭廷臣黨比，復委用中璫，而逆案中阮大鋮等卒肆毒江左，至於滅亡。

蘧常案：陳達《野史無文·烈皇帝遺事》載永昌移檄遠近云：君非甚闇，孤立而煬竈恒多；臣盡行私，比周而公忠絕少。甚至賂通公府，朝端之威福日移；利擅宗紳，閭左之脂膏罄竭。文臣結黨，朋比爲奸；武將卑微，奴顏婢膝。公侯皆食肉豺狼，而倚爲心腹；閹豎盡吃糠猪狗，而借其耳目。斥當時明君之任用不當，與明臣之朋比爲奸，可謂言簡而意賅矣。

〔一四〕求官句　徐注：《明史·王應熊傳》：應熊語皆迎帝意，遂蒙眷注。延儒、體仁援以爲助，朋比誤國。又《張至發傳》：至發代體仁，一切守其所爲，而才智機變遜之，以位次居首。代至發者孔貞運，不敢有所建白。代貞運者劉宇亮，都城戒嚴，命閱視三大營及勇衛營軍士，皆苟且卒事。又《奸臣·周延儒傳》：延儒實庸駑無才略，且性貪。當天下大亂，延儒一無謀畫，用侯恂、范志完督師，皆僨事。而門客盛順、董廷獻皆因緣爲奸利，又信用文選郎吳昌時及給事中曹良直、廖國遴輩，贓私狼籍。又《奸臣·溫體仁傳》：輔政數年，未嘗建一策，惟日與善類爲仇。其所引與同列者皆庸材，苟且以充位。且藉形已長，固上寵。居位八年，恩禮優渥無與比。所中傷人，廷臣不能盡知。其所推薦張至發、薛國觀之徒，皆效法體仁，蔽賢植黨，國事日壞，以至於亡。又《薛國觀傳》：爲人谿刻陰鷙，不學少文，體仁因其素仇東林，密薦於帝。國觀與楊嗣昌比，國觀、嗣昌最用事，程國祥委蛇其間，召對無一言，帝責國祥緘默負委任。蔡國用庸才碌碌無所見。范復粹、張四知學淺才疏，伴食中書，貽譏海內。姚明恭、魏照乘皆國觀引入閣，庸劣充位而已。陳演工結納內侍，延儒罷後，帝最倚信演，臺省附延儒者，盡趨演門。當是時，國勢累卵，中外舉知其不支，演無所籌畫，而顧以賄聞。魏藻德居位一無建白，但倡議令百官捐助而已。陳演見帝遇之厚，曲相比附。李建泰家富於貲，願出私財餉軍，提師以西。帝加建泰兵部尚書，賜尚方劍，便宜從事；行遣將禮，御正陽門樓，手金卮親酌建泰者三，即以賜之。出都，聞曲沃已破，家貲盡沒，驚怛而病，日行三十里，士卒多道亡。又王應熊等傳贊曰：天下治亂，係於宰輔。自溫體仁導帝以刻深，於是接踵一迹，應熊剛愎，至發險忮，國觀陰鷙，一效體仁之所爲，而國家之元氣，已索然殆盡矣。至於演、藻德之徒，機智弗如而庸庸益甚，禍中於國，旋及其身，悲夫！《易》程傳《晉》"九四"：晉如鼫鼠。貞。厲貪而畏人者，鼫鼠也。

　　蘧常案：《子夏易傳》：《晉》九四：晉如碩鼠。翟玄《易義》：碩鼠晝伏夜行，貪猥無已。王弼本作"鼫鼠"，此從古本。九四爲三公之位，以陽居陰，而據坤田，有似碩鼠。蓋斥當時首輔。徐注引《明史》以爲王應熊、周延儒、溫體仁輩，是也。求，取也。謂崇禎求取之官，所逢皆如碩鼠。

〔一五〕馭將句　徐注：《魏志・陳登傳》：登見曹公言：待將軍譬如養虎，當飽其肉，不飽則將噬人。公曰：不如卿言，譬如養鷹，饑則爲用，飽則颺去。（蘧常案：此下原引徐鼒《小腆紀年》論江北分四鎮及《明史・袁崇焕傳》。分四鎮係弘光時事；袁崇焕千里赴援，卒以讒死，何能視爲饑鷹？皆與此不合，故刪。）《明史・左良玉傳》：良玉受平賊將軍印，寖驕，不肯受督師約束。當獻忠之敗走也，追且及，其黨馬元利操重寶啗良玉曰：獻忠存，故公見重；無獻忠，即公滅不久矣。良玉心動，縱之去。賊既入蜀之巴州，人龍兵譟而西歸，召良玉合擊，九檄皆不至。張獻死復縱，迄於亡國者，以良玉素驕蹇不用命故也。又附《賀人龍傳》：十三年，嗣昌至重慶，三檄人龍會師，不至。人龍效良玉所爲，不奉約束，嗣昌亦不能制。十四年九月，總督傅宗龍統人龍等軍出關，次新蔡，遇敵孟家莊。將戰，人龍先走，宗龍遂没。十五年正月，總督汪喬年出關擊闖軍，人龍及鄭嘉棟、牛成虎從至襄城，遇敵復不戰走，喬年亦没。帝大怒，欲誅之，慮其爲變，姑奪職戴罪視事。又《劉宗周傳》：疏言：文法日繁，欺罔日甚，朝政日齋，邊防日壞。且以張鳳翼之溺職中樞也，而俾之專征，何以服王洽之死？以丁魁楚等之失事於邊也，而責之戴罪，何以服劉策之死？諸鎮勤王之師，爭先入衛者幾人？不聞以逗遛蒙詰責，何以服耿如杞之死？今且以二州八縣之生靈，結一飽颺之局，則廷臣之纍纍若若可幸無罪者，又何以謝韓爌、張鳳翔、李邦華之或戍或去？（蓬常案："結一飽颺之局"云云蓋謂崇禎九年清兵連下近畿州縣飽掠去事，徐似以字面相同誤取，惟上下尚略有關合，姑存之。）又請旌死事盧象昇，而追戮誤國奸臣楊嗣昌，逮跋扈悍將左良玉。帝不能盡行。又曰：國家大計，以法紀爲主。大帥跋扈，援師逗遛，奈何反姑息爲此紛紛無益之舉耶？帝曰：目下烽火逼畿甸，且國家敗壞已極，當如何？對曰：武備必先練兵，練兵必先選將，選將必先擇賢督撫，擇賢督撫必先吏、兵二部得人。　冒云："世值"四句，敘文武諸臣之誤國者。

　　蓬常案：求官馭將之失，崇禎亦深知之。徐鼒《小腆紀傳》載其甲申二月《罪己詔》有云：任大臣而不法，用小臣而不廉。言官植黨，而清議不聞；武將驕懦，而軍功不奏。皆由朕撫馭失道，誠感未孚之所致也。中夜以思，跼蹐無地。

〔一六〕細柳句　徐注：《漢書·周勃傳》：亞夫軍細柳。《明史·熹宗紀》：天啓元年三月乙卯，清兵取瀋陽，總兵官尤世功戰死。總兵官陳策、童仲揆、戚金、張名世帥諸將援遼，戰於渾河，皆敗没。壬辰，取遼陽，經略袁應泰等死之。丁卯，京師戒嚴。二年正月丁巳，清兵取西平堡，副將羅一貫死之。鎮武營總兵官劉渠、祁秉忠逆戰於平陽，敗没。王化貞走閭陽；參政高邦佐留松山，死之。乙丑，京師戒嚴。五年正月癸亥，清兵取旅順。六年正月丁卯，圍寧遠。七月五日丙子，圍錦州。癸巳，攻寧遠。《莊烈帝紀》：崇禎二年十月戊寅，清兵入大安口。十一月，京師戒嚴。乙丑，山海關總兵官趙率教戰没於遵化。甲申，清兵入遵化，巡撫都御史王元雅、推官何天球等死之。丁亥，總兵官滿桂入援。辛卯，袁崇煥入援。戊子，宣、大、保定兵相繼入援。徵天下鎮巡官勤王。辛丑，清兵薄德勝門。甲辰，下兵部尚書王洽於獄。十二月辛亥朔，再召袁崇煥於平臺，下錦衣衛獄。乙卯，孫承宗移駐山海關，丁卯，遣中官趣滿桂出戰，桂及總兵官孫祖壽俱戰殁。三年正月，清兵克永平，副使鄭國昌、知府張鳳奇等死之。戊子，克灤州，兵部右侍郎劉之綸敗没於遵化。八月，殺袁崇煥。四年七月，清兵圍祖大壽於大淩城。六年五月，河套部犯寧夏，總兵官賀虎臣戰没。七月甲辰，清兵取旅順，總兵官黃龍死之。七年七月壬辰，入上方堡，至宣府，京師戒嚴。庚辰，清兵克保安，沿邊諸城堡多不守。閏月丁亥，克萬全左衛。九年七月癸丑，詔諸鎮星馳入援。己未，清兵入昌平，巡關御史王肇坤等死之；入寶坻，連下近畿州縣，督師盧象昇入援。十年四月戊寅，清兵克皮島，副總兵金日觀力戰，死之。十一年九月辛巳，入牆子嶺，總督薊遼吳阿衡死之。十一月戊辰，克高陽，致仕大學士孫承宗死之。十二月庚子，盧象昇敗於鉅鹿，死之。十二年正月庚申，清兵入濟南，德王由樞被執，布政使張秉文等死之。凡深入二千里，閱五月，下畿南、山東七十餘城。十四年四月壬子，攻錦州，祖大壽拒守。七月壬寅，洪承疇援錦州，駐師松山，總兵官楊國柱敗死。八月，吳三桂、王樸自松山遁，諸軍夜潰。十五年二月戊午，清兵克松山，洪承疇降；巡撫都御史丘民仰，總兵官曹變蛟、王廷臣，副總兵江翥、饒勳等死之。己卯，祖大壽以錦州降。十一月壬申，清兵分道入塞，京師戒嚴，命勳臣分守九門，徵諸鎮入援。庚辰，克薊州。閏月壬寅，南下，畿南郡邑多不守。十二月，趨曹、濮，山東州縣相繼下。十六年四月，北歸，戰於螺山，總兵官張登科、和應薦敗沒，八鎮兵皆潰。　冒云：細柳句以下敍亂事以迄於亡。又，"細柳"句指東事。

蓮常案：《史記‧絳侯周勃世家》：以河內守亞夫爲將軍，軍細柳以備胡。《括地志》：細柳倉在雍州咸陽縣西南二十里。以細柳備胡，喻清也。

〔一七〕萑苻句　徐注：《左傳》昭公二十年：興徒兵以攻萑苻之盜。《明史‧李自成傳》：崇禎元年，陝西大饑，延綏缺餉，固原兵劫州庫。白水王二，府谷王嘉胤，宜川王左掛、飛山虎、大紅狼等一時並起。有安塞高迎祥者，自成舅也，與饑民王大梁聚衆應之。迎祥自稱闖王。二年春，詔以楊鶴爲三邊總督捕之。參政劉應遇擊斬王二、王大梁；參政洪承疇擊破王左掛。會京師戒嚴，山西巡撫耿如杞勤王兵譁而西；延綏總兵吳自勉、甘肅巡撫梅之煥勤王兵亦潰，與羣盜合。是時，秦地所徵曰新餉，曰均輸，曰間架，其目日增，吏因緣爲奸，民大困。以給事中劉懋議，裁驛站，山、陝游民仰驛糈者，無所得食，亦俱從賊，賊轉盛。又有神一元、不沾泥、可天飛、郝臨庵、紅軍友、點燈子、李老柴、混天猴、獨行狼諸賊，所在蜂起。

延安張獻忠亦聚衆據十八寨，稱八大王。孤山副將曹文詔破賊河曲，王嘉胤爲左右所殺。共推其黨王自用號紫金梁者爲魁。自用結老回回、曹操、八金剛、射塌天、掃地王、閻正虎、滿天星、破甲錐、邢紅狼、上天龍、蝎子塊、過天星、混世王等及迎祥、獻忠共三十六營，聚山西。自成乃與兄子過往從迎祥，與獻忠等合，號闖將。五年，分道四出，連陷大寧、隰、澤諸州縣，全晉震動。六年春，官軍共進力擊，會總兵官曹文詔率陝西兵至，偕諸將猛如虎、虎大威、艾萬年、頗希牧、張應昌等合勦，前後殺混世王、滿天星、姬關鎖、翻山動、掌世王、顯道神等，破自用、獻忠、老回回、蝎子塊、掃地王諸賊，別賊復闌入西山，大略順德、真定間，大名道盧象昇復力戰破賊。文詔轉戰秦、晉、河北，遇賊輒大克，御史復劾其驕倨，調大同去。賊遂詭辭乞降，監軍太監楊進朝信之，爲入奏。七年，賊自澠池渡河，高迎祥最強。及入河南，自成與兄子過、李牟、俞彬、白廣恩、李雙喜、顧君恩、高傑等自爲一軍。及陳奇瑜兵至，獻忠等奔商、雒，自成等陷於興安之車箱峽，用君恩計，賄奇瑜左右，詐降。甫渡棧，即大噪，盡屠所過七州縣，而略陽衆數萬亦來會，勢愈張。八年正月，大會於滎陽，老回回、革裏眼、曹操、左金王、改世王、射塌天、橫天王、混十萬、過天星、九條龍、順天王及迎祥、獻忠共十三家七十二營，議拒敵。九年七月，巡撫孫傳庭擒迎祥於盩厔，獻俘闕下，磔死。於是賊黨乃共推自成爲闖王矣。　冒云：雚苻句指西事。

　　蘧常案：唐甄《潛書・明鑒篇》：李自成雖嘗敗散，數十萬之衆，旬日力致。是故陝民之謠有之曰：挨肩膊，等闖王，闖王來，三年不上糧。民之歸也如是。蓋四海困窮之際，而君爲仇敵，闖爲父母久矣。

〔一八〕關門句　原注：《漢書・五行志・木沴金》：成帝元延元年

正月,長安章城門門牡自亡,函谷關次門牡亦自亡。師古曰:牡,所以下閉者也,以鐵爲之。　徐注:《明史》志《五行二·木妖》:崇禎七年二月丁巳,太康門牡自開者三,知縣集邑紳議其事,梁墮而死。

　　蘧常案:此似喻居庸關之失。《明史·莊烈帝紀》:崇禎十七年三月乙未,總兵官唐通入衛,命偕内臣杜之秩守居庸關。癸卯,唐通、杜之秩降於自成,自成遂入關。乙巳,犯京師。《小腆紀年》:闖軍由柳溝抵居庸關。柳溝天塹,百人可守,竟不設備。總兵唐通、太監杜之秩迎降。京西郡縣,望風瓦解,將吏或降或遁。闖將權將軍劉宗敏移檄至京師,云十八日入城,京師大震。居庸爲京師北門鎖鑰,關將迎降,正如門牡之亡,下言京師攻陷事,正相銜接也。徐注非。

〔一九〕路寢句　徐注:《書》:乃納册於金縢之匱中。《北略》:燕都大内有密室,相傳劉誠意留祕記,鐍鑰甚固,戒非大變弗得啓。癸未秋,清兵圍城,先帝欲啓視,内臣固諫,不聽。發室中匱,得圖三軸:第一軸狀文武臣數千,披髮狂走;第二軸繪兵將倒戈,窮民負襁奔逃狀;第三軸酷肖聖容,著白背心,右足跣,左足襪履,被髮中懸。内臣密言於國丈,陳仁錫子濟生假館嘉定府,與聞如此。　冒云:靖難之役,亦云建文啓劉誠意祕記,其圖有僧像,酷類建文,遂披薙云云,此皆當時野語。不應建文啓視後,尚有餘幅,成祖又移之北京,留待思陵啓視也。

　　蘧常案:冒説是。《崇禎遺録》亦謂野史有劉青田藏圖畫之説,皆齊東之語也。林時對《荷鍤叢談》謂宫中密室所貯爲元人《朝會圖》,華人夷人,分行而拜,思陵覽之不悦,今所傳畫三軸,末一軸酷肖思陵,而被髮中懸,非也。是或然歟?路寢,見《公羊傳》莊公三十二年:路寢者何?正寢也。

〔二〇〕霧起句 徐注：《三輔黃圖》：武帝時，後宮八區有昭陽殿。《飛燕外傳》：昭儀上姊三十六事，有七出菱花鏡一匳。《小腆紀年》：三月丙午夜，外城破，帝起入後宮，見后已自經。乃入壽寧宮，長平公主年十五，方哭，帝曰：汝何故生我家？揮以刃，殊左臂；斫昭仁公主於昭仁殿，年六歲矣；巡西宮，刃袁貴妃，復刃所御妃嬪數人。昧爽，天忽雨，雲霧四塞。闖軍入宮，宮人魏氏、費氏死之。

　　蘧常案：《漢書・外戚傳》：孝成趙皇后有女弟，絶幸，爲昭儀，居昭陽舍。昭陽舍即昭陽殿。用昭陽事，似專指妃嬪。

〔二一〕風搖句 徐注：《三輔黃圖》：甲觀，太子宮。《北略》：帝從衚衕繞出城上，望見正陽門城上已懸白燈籠三椀，白燈籠自一至三，以表寇信之緩急也，知大事已去。　冒云："風搖"句，當指太子及二王，注所引《北略》，非是。

　　蘧常案：上句"昭陽"言妃嬪事，則此句"甲觀"自言太子二王事，冒説是也。《小腆紀年》：帝聞外城破，御便坐，呼左右進酒，既而曰：傳主兒來。謂太子、永、定二王也。入猶常服，帝曰：此何時，弗改裝乎？命持敝衣至，爲換之，且手繫其帶而告之曰：汝今爲太子，明日爲平人，在亂離之中，匿形跡，藏名姓，萬一得全，來報父母仇，毋忘我今日戒也！左右不覺哭失聲。

〔二二〕伊水竭 徐注：《國語》：幽王三年，三川竭，伯陽父曰：昔伊、洛竭而夏亡，河竭而商亡。《明史》志《五行一・水變》：萬曆三十年，河州蓮花塞黃河涸。崇禎十四年，臨清運河涸。

〔二三〕杞天崩 徐注：《國策》：魯仲連曰：天崩地坼，天子下席。《列子・天瑞》篇：杞國有人憂天地崩墜，身亡所寄，廢寢食者。杜甫《寄峽州劉伯華使君》詩：莫慮杞天崩。《明史》志《天文一》：崇禎十一年三月壬辰，欽天監正戈承科奏帝星下移。

　　蘐常案：此兩句，蓋如黃宗羲論當時所謂天崩地解之意，附會五行、天文，皆非。

〔二四〕道否句　徐注：《易·否卦》：小人道長，君子道消也。《明史·莊烈帝紀贊》：帝承神、熹之後，慨然有為，即位之初，沈機獨斷，刈除奸逆，天下想望治平。惜乎大勢已傾，積習難挽，在廷則門戶糾紛，疆場則將驕卒惰，兵荒四告，流氛蔓延，遂至潰爛而不可救，可謂不幸也已！潘耒《寇事編年序》：明之末造，政以賄成。其根本則在於朝臣植黨營私，為人擇地，不為地擇人。媚己者親，異己者憎，所親予善地，所憎予危疆，不問勝任與否，惟用以快恩仇。主上用一能臣，則羣而咻之；商一良策，則比而撓之。遂使明作有為之主，宵旰焦勞於上，而愈理愈紛，愈撲愈熾，卒至國亡身殉而後已。

〔二五〕時危句　徐注：《書》：臣作朕股肱耳目。《明史·吳甡傳》：帝親鞫吳昌時，作色曰：兩輔臣負朕，朕待延儒厚，乃納賄行私，罔知國法。命甡督師，百方延緩，為委卸地。又《陳演傳》：闖已陷宣、大，演懼不自安，引疾求罷，入辭，謂佐理無狀，罪當死。帝怒曰：汝一死不足蔽辜！叱之去。

　　蘐常案：文秉《烈皇小識》：十七年三月十七日，上召文武各官，上泣下，諸臣亦相向泣，束手無計。上書御案有"文臣個個可殺"語，密示近侍，隨即抹去。

〔二六〕望帝　徐注：《成都記》：望帝死，其神化為鳥，名曰杜鵑，亦曰子規。

〔二七〕白雲乘　徐注：《莊子·天地》篇：乘彼白雲，至於帝鄉。

〔二八〕祕讖句　徐注：《後漢書·光武紀》：宛人李通以圖讖說光武。又，光武避吏新野，因賣穀於宛。注：新野，屬南陽郡。　冒云：新野指福王。

蘧常案：文震亨《福王登極實錄》：恭聞監國自福邸至淮也，南都文武大臣及科道諸臣方集議擁立之事，僉謂以親以賢以序，當推奉爲臣民主。操臣誠意伯劉孔昭、督臣馬士英各傳諭所部將士以代來中興之意，將士聞命感泣，亦願奉爲六軍主。諸臣恭謁陵廟，告奉監國之議。議協，參贊機務、兵部尚書史可法至浦口具啓，迎駕於淮安。案：此所謂"歸新野"也。

〔二九〕羣心句　蘧常案：《左傳》哀公元年：昔有過澆，殺夏后相。后緡方娠，歸于有仍，生少康焉。有田一成，有衆一旅，能布其德而兆其謀，以收夏衆，撫其官職，遂滅過、戈，復禹之績。

〔三〇〕小臣句　原注：庾信《哀江南賦序》：袁安之每念王室，自然流涕。　徐注：《周禮·夏官·司馬》：小臣掌王之小命。《後漢書·袁安傳》：安爲司徒，以天子幼弱，外戚擅權，每朝會進見，及與公卿言國家事，未嘗不噫嗚流涕。

〔三一〕無路句　段注：屈原《九章》：欲陳志而無路。　黃注：亭林此詩，申明國君死社稷之義，言之沈痛，然於明代所以致亡之故，亦不諱言，曰"世值頹風運，人多比德朋。求官逢碩鼠，馭將失饑鷹"，則深爲莊烈痛矣！　冒云：收到自己。

蘧常案：《史記·五帝本紀》：黃帝崩，葬橋山。《正義》：《括地志》：黃帝陵在寧州羅川縣東八十里子午山。《爾雅》云：山銳而高曰橋也。是在今陝西黃陵縣西北，名曰橋陵。

千　官 二首

【解題】

戴注：是年十二月，崑山令楊永言應南都詔，薦先生，以兵部司務用。

　　蘧常案：此詩以第一首第三句首二字爲題。《荀子·正論》篇：古者天子千官。

　　武帝求仙一上天〔一〕，茂陵遺事只虛傳〔二〕。千官白服皆臣子，孰似蘇生北海邊〔三〕？

【彙校】

〔題〕丕績案：此詩潘刻本、徐注本無。朱刻本題下注云："閼逢涒灘，《大行》後，甲申。"孫託荀校本注云："《感事》詩前。"

【彙注】

〔一〕武帝句　蘧常案：《漢書·揚雄傳》：往時武帝好神仙。《史記·封禪書》：今天子初即位，遣方士入海求蓬萊安期生之屬。汾陰得鼎，齊人公孫卿曰：寶鼎出而與神通，封禪。封禪七十二王，唯黃帝得上泰山封。申公曰：漢主亦當上封，上封則能僊登天矣。黃帝鑄鼎荆山下，鼎既成，有龍垂胡髯下迎黃帝。於是天子曰：嗟乎！吾誠得如黃帝，吾視去妻子如脫躧耳。案：汾陰得鼎，漢武帝事。

〔二〕茂陵句　蘧常案：《漢書·武帝紀》：後元二年，二月丁卯，帝崩於五柞宫。三月甲申，葬茂陵。臣瓚注：茂陵在長安西北八十里也。顏師古注：本槐里縣之茂鄉，故曰茂陵。此兩句以武帝喻崇禎。明末稗史謂帝不信神仙，詩不欲斥言其死而託之仙去云爾。譚吉璁《肅松錄》：昌平州署吏目事趙一桂，爲開壙捐葬崇禎先帝及周皇后共歸田妃寢陵事：崇禎十七年，城陷没，故主縊崩。至三月二十五日，順天府僞官李紙票爲開壙事，仰昌平府官吏速開壙安葬。四月初三日發引,初四日下葬。彼時州庫如洗,卑職與好義之士十人共捐錢三百四十千,僱夫啓閉,祭奠下葬入壙宫内,初六日昇土築訖。《明史‧莊烈帝紀》:是年五月,清兵入京師,以帝禮改葬,陵曰思陵。先生《昌平山水記》:思陵在昌平州鹿馬山南。

〔三〕千官二句　錢云:"千官白服"指降臣,蘇生謂左懋第,以明降臣與懋第作對比。

　　蘧常案:錢説是也。《漢書‧蘇建傳》:建中子武,天漢元年,以中郎將使持節送匈奴使留在漢者,與張勝等俱。會緱王與長水虞常等謀反匈奴中,虞常生得,引張勝。單于使衛律召武受辭,武引佩刀自刺,律知武終不可脅。單于愈益欲降之,徙武北海上無人處,使牧羝。後李陵至北海上,語武:區脱捕得雲中生口,言太守以下吏民皆白服,曰上崩。武聞之,南鄉號哭,嘔血。齊召南《漢書注》:北海爲匈奴北界,其外即丁令也。《明史‧莊烈帝紀》:清以帝禮改葬,令臣民爲服喪三日。《明史‧左懋第傳》:字蘿石,萊陽人。崇禎四年進士。屢遷刑科左給事中。福王立,擢右僉都御史。時清兵連破李自成,朝議遣使通好,懋第母陳殁於燕,懋第欲因是反匶葬,請行。乃拜兵部右侍郎,與左都督陳弘範、太僕少卿馬紹愉偕。温睿臨《南疆逸史‧左懋第傳》:八月渡河,十月至張家灣,令授四夷館。懋第曰:我奉使通好,而夷館授我,是以屬國見待也,我必不入!乃改鴻臚寺,且遣官騎迎之。懋第斬縗大絰,迎者訝曰:吉禮也,而以凶服將事,可乎?答曰:國喪也,兼有母喪,國喪人所同,而母喪所獨也。迎者不能詰。内院大學士剛林至,責朝見。懋第欲以客禮,曰:我天朝使臣,自應具主客禮見,我皇上正位繼統,方圖中興,何言朝貢?反覆折辯,聲色俱厲,洪範、紹愉懼變色。剛林出,明日索國書,懋第不啓。時清初入中國,未深晰中朝事,所往復辯論者,皆諸降臣授之,而懋第慷慨引義,辭氣不撓。剛林嗟歎曰:此中國奇男子也!厚爲牢醴以待之。懋第既不得謁陵,乃陳太牢於寺廳,率將士喪服爲三日哭。攝政王聞,益重之,歸使臣。至滄州,復追懋第還。明年六月,南京失守。閏六月,命薙髮,中軍艾大選有貳志,懋第怒,杖殺之。十九日,乃收獄入訊,懋第曰:我頭可斷,髮不可斷,我早辦一死矣!越日,復廷諭之,終不屈。攝政王雅敬懋第,欲生之,莫應,乃引出。既至市,王又遣騎諭降者三,終莫應。向南再拜曰:事大明之心盡矣!端坐受刑。先生爲此詩時,懋第尚未殉國也。餘詳後《感事》詩第五首"驛使"句注。又案:計六奇《明季南略》:公返北都,拘之太醫院,不通出入,時令人説之降,公不答。洪承疇謁之,公曰:鬼也!承疇松、杏敗死,先帝賜祭錫廕久矣,今日安得更生!李建泰亦來謁,公曰:受先帝寵餞,不殉國,降闖又降清,何面目見我耶?漢臣投謁者皆受罵,亦憚見之。此與蘇武之斥衛律、李陵尤相似也。

一旦傳烽到法宮〔一〕,罷朝辭廟亦匆匆〔二〕。御衣即有丹書字〔三〕,不是當年嵇侍中〔四〕。

【彙注】

〔一〕一旦句　蘧常案:《史記·匈奴列傳》:胡騎入代句注邊,烽火通於甘泉、長安。《正義》:秦始皇作甘泉宮。《漢書·鼂錯傳》:處于法宮之中。注:如淳曰:法宮,路寢正殿也。文秉《烈皇小識》:十六日,昌平陷。《小腆紀年》:信息,李國禎發三萬人營新橋南,闖軍至沙河,聞礮聲,則三萬人齊潰。闖軍自西山至沙河，連營無隙地，竟夜火光燭天，遂薄京師。

〔二〕罷朝句　蘧常案："罷朝"、"辭廟"，皆指失國也。《烈皇小識》：崇禎十七年，三月十六日，上御殿，召考選各官，問以治餉安民，忽祕封呈進，覽之色變，即起入内。久之，諭各官退，始知昌平失守也。張岱《石匱書後集·烈皇帝本紀》：十八日，天且曙，上御前殿，鳴鐘集百官，無一至者，仍回南宮。

〔三〕御衣句　蘧常案：鄒漪《明季遺聞》：十九日丁未，午刻，得先帝凶問，所御玄色鑲邊白綿紬背心，有御筆血詔云：朕在位十七年，薄德匪躬，上邀天罪，至敵入内地四次，逆賊直逼京師，亦諸臣誤朕也。朕無顔見祖宗於地下，將髮覆面而死，任賊分裂朕尸，以報天下蒼生重徵濫斂之苦（案：末句依《崇禎遺錄》補）。《崇禎遺錄》：又書一行云：百官俱赴東宮行在（案：《北略》謂此一行爲墨書）。

〔四〕不是句　蘧常案：《晉書·嵇紹傳》：王師敗績於蕩陰，百官及侍衛莫不散潰，唯紹儼然端冕，以身捍衛，兵交御輦，飛箭雨集，紹遂被害於帝側，血濺御服，天子深哀歎之。及事定，左右欲浣衣，帝曰：此嵇侍中血，勿去！《北略》：丁未（案：三月十九日）五鼓，上散遣内員，手攜王承恩入内苑。上登萬歲山，逡巡久之，嘆曰：吾待士亦不薄，今日至此，羣臣何無一人相從，如先朝靖難時有程濟其人者乎？已而太息曰：想此輩不知，故不能遽至耳。遂自經。太監王承恩對面縊死。《小腆紀年》：自古國蹙君危，必有大臣領城門兵，爲之捍圍，以同其生死，今以刀鋸闒冗之流如兒戲，以致於敗。忠如王承恩者，幸得以其身從。嗚呼！三百年來，君臣闊絶，其密邇萬不及北司，人主孤危，已落近倖之手。雖以帝之明察，前後左右，罔非刑人，兵制軍機，牽於黄門之壅遏，不能釐舉，緣此抵於危亡，而終與宦者同絶，可以見宮府之情暌，而安危之計誤也。其所由來，非一日之積矣。案：此兩句，蓋歎崇禎竟無朝臣與同生死也。

感　　事 七首

【解題】

徐注：《詩》：女心傷悲。傳：傷悲，感事苦也。

日角膺符早〔一〕，天枝主鬯臨〔二〕。安危宗社計〔三〕，擁立大臣心〔四〕。舊國仍三亳〔五〕，多方有二斟〔六〕。漢災當百六〔七〕，人未息謳吟〔八〕。

【彙注】

〔一〕日角句　蘧常案：劉珍《東觀漢記》：光武隆準日角。鄭玄《尚書中候》注：日角，謂庭中骨起狀如日（徐注原引《後漢書·光武紀》，略同，不復錄）。膺符，見前《大行皇帝哀詩》"靈符"句注。

〔二〕天枝句　徐注：王僧孺《禮佛唱導發願文》：天枝峻密，帝葉英芬。《宋史·張昭傳》：時皇子競尚奢侈，昭疏諫曰：以此而託以主鬯，不亦難乎？《南疆逸史》（蘧常案：徐引《逸史》，蓋據清道光吳郡李瑶校刻本，中多殘缺，且有妄改，與今傳傅氏長恩書屋《逸史》刊本頗多不同，爲存徐注本來面目，姑仍之）：福王（安宗），神宗第二子（蘧常案：應作第三子）福恭王之長子也。諱由崧。初封德昌王，進封世子。崇禎十四年，春正月，李自成陷河南，恭王遇害，世子走懷慶。十六年七月,嗣封福王。

　　蘧常案:鬯,祭器。《易·震》:震驚百里,不喪匕鬯。疏:震於人爲長子,可以奉宗廟彝器,守而不失也。故後人稱太子、世子爲主鬯。

〔三〕安危句　徐注:《史記·陸賈列傳》:天下安,注意相;天下危,注意將。《漢書·王莽傳》:世祖即位,然後宗廟社稷復立,天下艾安。《明史·史可法傳》:會南都議立君,張慎言、呂大器、姜曰廣等曰:福王由崧,神宗孫也,倫序當立,而有七不可:貪、淫、酗酒、不孝、虐下、不讀書、干預有司也。潞王常淓,神宗姪也,賢明當立。移牒可法,可法亦以爲然。

〔四〕擁立句　徐注:《明史·史可法傳》:鳳陽總督馬士英潛與阮大鋮計議,主立福王,咨可法,可法以七不可告之,而士英已與黃得功、劉良佐、劉澤清、高傑發兵送福王至儀真。又《奸臣·馬士英傳》:士英擁兵迎福王至江上,諸大臣乃不敢言。

〔五〕舊國句　徐注:《漢書》魏豹等傳贊:楚漢之際,豪傑相王,惟魏豹、韓信、田儋兄弟爲舊國之後。《書》:三亳阪尹。注:蒙爲北亳,穀熟爲南亳,偃師爲西亳。

　　蘧常案:《書·立政》:三亳阪尹。三亳,商之都城。商曾多次遷都,故三亳所在地說法不一。徐引晉皇甫謐之說。而東漢鄭玄之說則謂湯舊都之民服文王者,分爲三邑。蓋東成皋,南轘轅,西降谷也。清人魏源不同于皇甫所說。

〔六〕多方句　徐注:《書》:告爾四國多方。《左傳》哀公元年:昔有過澆,殺斟灌以伐斟鄩,滅夏后相。杜注:二斟,夏同姓諸侯。

〔七〕漢災句　徐注:《漢書·谷永傳》:遭無妄之卦運,值百六之災阨。蕭該《音義》:四千五百歲爲一元,一元之中有九阨,陽阨五,陰阨四,陽爲旱,陰爲水,百六歲有陽阨,故曰百六會。

《南略》：朱煇《討賊檄》：此則劫運，真遭陽九百六之爻。

　　蘧常案：《漢書·律曆志》：易九阨，日初入元百六易九。古稱百六易九皆阨會也。

〔八〕人未句　徐注：《漢書·敍傳》：今民皆謳吟思漢，嚮仰劉氏。　冒云：此首敍福王之立。

縞素稱先帝[一]，《春秋》大復讎[二]。告天傳玉册[三]，哭廟見諸侯[四]。詔令屯雷動[五]，恩波解澤流[六]。須知六軍出，一掃定神州[七]。

【彙校】

〔一掃〕冒校本"掃"作"舉"。

【彙注】

〔一〕縞素句　徐注：《南疆逸史》：四月，乙酉，迎王於江浦。丁亥，百官迎見，王素服角帶，哭。五月戊子朔，王乘馬至孝陵祭告。己丑，羣臣勸進，王辭讓，遵景皇帝故事監國。庚寅，發大行皇帝喪，告諭天下，大赦。

　　蘧常案：《史記·高祖本紀》：項羽放殺義帝於江南，寡人親爲發喪，諸侯皆縞素。

〔二〕《春秋》句　徐注：《明史·劉宗周傳》：以大讎未報，不敢受職。自稱草莽孤臣，疏陳時政，言：今日大計，舍討賊復讎，無以表陛下渡江之心；非毅然決策親征，無以作天下忠義之氣。《小腆紀年》：《春秋》之法，賊不討，讎不復，則君不葬，服不除，寢苫枕戈，無時而終可也。

　　蘧常案：《春秋公羊傳》莊公四年：《春秋》爲賢者諱。何賢乎襄公？復讎也。

〔三〕告天句　徐注：《南疆逸史》：五月庚寅，行告天禮，魏國徐弘基進監國之寶。杜甫《贈司空王公思禮詩》（《八哀詩》之一）：間道傳玉册。

　　蘧常案：《後漢書·光武紀》：即皇帝位，燔燎告天。《明史》志《樂》二：洪武元年，宗廟樂章，奉册寶：册寶鏤玉，德顯名尊，祇奉禮文，仰答洪恩。

〔四〕哭廟句　徐注：見上"縞素"注。《明史·史可法傳》：上疏曰：陛下踐阼初，祇謁孝陵，哭泣盡哀，人心感動。杜甫《寄岳州賈六司馬》詩：哭廟悲風急。

　　蘧常案：《禮記·檀弓》：有焚其先人之室，則三日哭。鄭玄注：謂火燒其宗廟。

〔五〕詔令句　徐注：《唐書·百官志》：文章詔令，則中書舍人掌之。《易》：雲雷屯。先生《明季實錄》：弘光詔書：奉天承運皇帝詔曰：朕嗣守藩服，播遷江淮，百姓羣臣，共推繼序，請正位號，攝理萬幾。乃累牋勸進，拒辭弗獲。謹於五月十五日，祇告天地宗廟社稷，即皇帝位於南都。猥以藐躬，荷兹神器。惟我大行皇帝英明振古，勤儉造邦，殫宵旰以經營，希蕩平之績效。乃潢池盜弄，鐘簴震警，燕畿掃地以蒙塵，龍馭賓天而上陟。三靈共憤，萬姓同仇。朕涼德弗勝，遺弓抱痛。敢辭薪膽之瘁，誓圖俘馘之功。尚賴親賢戮力匡襄，助予敵愾！其以明年爲弘光元年，與民更始，大赦天下。《南略》：五月二十五日，淮撫路振飛宣登極詔書於民，有新舊錢糧赦免之條，衆情歡騰。

〔六〕恩波句　徐注：阮咸《謝狀》：登俎之美，屢浹於恩波。

　　蘧常案：《易·解卦·象》：雷雨作，解，君子以赦過宥罪，故曰恩波解澤流也。《南疆逸史·安宗紀略》：大赦，其新加練餉及崇禎十二年以後一切雜派並各項錢糧，十四年以前實欠在民者,悉免之。

〔七〕須知二句　徐注:《周禮·大司馬》:王六軍。《明史·劉宗周傳》:新朝既立之後,謂宜不俟終日,首遣北伐之師。不然,則亟馳一介,間道北進,檄燕中父老,起塞上名王,哭九廟,厝梓宫,訪諸王。九邊督鎮合謀共奮,事或可爲。而諸臣計不出此,則舉朝謀國不忠之當誅者又一。上報曰:親統六師,光復舊物,嚴文武恇怯之大法,激臣子忠義之良心,慎新爵,劼舊官,朕拜昌言,宣付史館。

蘧常案:"上報曰"云云,不見於《明史·劉宗周傳》,應作引《南疆逸史》,詳後。徐注誤。夏完淳《幸存錄》:當敵之入也,我一旅北征山東、河南,人心響應,歲幣之供,敵可去也,士英漠然不問。《小腆紀年》:高弘圖請移蹕中都,進山東,以示大舉討賊。李白《發白馬》篇:一掃清大漠。《史記·孟子荀卿列傳》:騶衍以爲中國名爲赤縣神州。又見後《吳興行贈歸高士祚明》詩"神州"注。《小腆紀年》:史可法祭祖陵,上疏曰:北顧神州,河山頓異。

蘧常案:《南疆逸史·劉宗周傳》:宗周上言:江左非偏安之業,請進圖江北。鳳陽號稱中都,南扼徐淮,北控豫州,西顧荆襄,南去金陵不遠。親征之師,駐蹕於此,規模先立,而後可言政事。又言:今日問罪之師,當自諸臣不職者始。當賊入秦晉,漸逼畿南,遠近洶洶,而大江南北,一二督撫不聞遣一騎以壯聲援,坐視君父危亡而不救,則封疆之臣當誅;新朝既立,謂宜不俟終日,首建北伐,哭九廟,厝梓宫,訪諸王,萬無容自諉者,而諸臣泄泄自安,則舉朝謀國之臣當誅。詔報曰:親統六師,光復舊物;嚴文武恇怯之大法,激臣子忠義之良心;慎新爵,劼舊官。朕拜昌言,宣付史館。此即徐注誤謂《明史·劉宗周傳》之文,全錄於此。　冒云:此首以中興望福王。

上宰承王命〔一〕,專征指大江〔二〕。出關收漢卒〔三〕,分陝寄周邦〔四〕。日氣生玄甲〔五〕,雲祥下赤幢〔六〕。登壇推大將,國士定無雙〔七〕。

【彙注】

〔一〕上宰句　徐注:江淹《爲蕭太傅讓九錫表》:關中上宰,亦龕亂之力。《書·胤征》:胤后承王命徂征。《明史·史可法傳》:士英旦夕冀入相,以可法七不可書奏之,而擁兵入覲,拜表即行。可法遂請督師,出鎮淮揚。十五日,王即位。明日,可法陛辭,議分江北爲四鎮(案:"四鎮"見下)。啓行,即遣使訪大行帝后梓宫及太子二王所在,奉命祭告鳳、泗二陵。可法去,士英、孔昭益無所憚。

　　蘧常案:《明史·史可法傳》:可法字憲之,大興籍,祥符人。崇禎元年進士。十年,擢右僉都御史,提督軍務。代朱大典總督漕運,漕政大釐。拜南京兵部尚書,參贊機密。十七年四月朔,誓師勤王,聞北都既陷,縞衣發喪。福王監國,拜可法禮部尚書,兼東閣大學士,仍掌兵部事。王即位,加太子太保,改兵部尚書、文淵閣大學士。故曰"上宰"也。

〔二〕專征句　徐注:《史記·周本紀》:西伯得專征伐。《後漢書·郡國志》:潯陽有九江,東合爲大江。事詳後《京口即事》詩"大將"句注。

〔三〕出關句　徐注:《史記·高祖本紀》:漢王之出關至陝,撫關外父老。又,呂后兄周呂侯爲漢將兵,居下邑,漢王從之,稍收士卒。《南略》:五月十九日丙午,史可法請以劉肇基、于永綏、李棲鳳、卜從善、金聲桓隨征，俱隸麾下。　黃注：《南疆逸史》卷三：可法上疏曰：爲今之計，宜速下討伐之詔，嚴責臣與四鎮，悉簡精銳，直入秦關。懸上賞以待有功，假便宜而責成效，絲綸之布，感憤激發，四方忠臣義士，必有聞風投袂而起者矣。

　　蓮常案：黃注是。

〔四〕分陝句　徐注：《春秋公羊傳》：自陝而東，周公主之；自陝而西，召公主之。《詩》：周邦咸喜。

　　蓮常案：《南略》：五月十三日，史可法言：從來守江南者，必於江北，江北與賊接壤，遂爲衝邊。議設四鎮，分轄其地，有四鎮，不可無督師，督師應屯駐揚州，居中調遣。其四鎮則設於淮揚、徐泗、鳳壽、滁和，各自畫地。封總兵官劉澤清東平伯，轄淮海，駐於淮北，經理山東一帶招討事；封總兵官高傑興平伯，轄徐泗，駐於泗水，經理河北、河南開、歸一帶招討事；封總兵官劉良佐廣昌伯，轄鳳壽，駐於臨淮，經理河南陳、杞一帶招討事；晉靖南伯黃得功靖南侯，轄滁和，駐於廬州，經理光、固一帶招討事。各設監軍一員，一切軍民，皆聽統轄；州縣有司，皆聽節制；原存舊兵，皆聽整理；荒蕪田土，皆聽開墾；山澤有利，皆聽採開；仍許各于境內招商收稅，以供軍前買馬製器之用。每鎮額兵三萬人，歲供本色米二十萬，折色銀四十萬，悉聽各屬自行徵取。所取中原城池，即歸統轄。所望諸臣核實兵實餉之中，爲實戰實守之計，禦於門庭之外，以貽堂奧之安，則中興大業，即在于此矣。

〔五〕日氣句　徐注：班固《燕然山銘》：玄甲耀日。《南略》：史可法請發銅甲、銅鍋、倭刀、團牌、紅夷炮並色絹，一應軍需，詣户部即發。

〔六〕雲祥句　徐注：《晉書·天文志》：凡伏兵有黑氣，渾渾圓長，赤氣在其中；或如幢節狀，在烏雲中。

  蘧常案：此似指弘光告廟紫氣如蓋事，見《南略》史可法《答多爾袞書》。下文謂"越數日，即命法視師江北"，是一時事也。

〔七〕登壇二句 徐注：《史記索隱·述贊》：策拜登壇。 冒云：此首敍史可法出鎮。

  蘧常案：《史記·淮陰侯列傳》：信度上不我用，即亡。何（蕭何）聞信亡，自追之。居一二日來謁，上罵曰：諸將亡者以十數，追信詐也。何曰：諸將易得耳，至如信者，國士無雙。王必欲爭天下，非信無所與計事者。王曰：以爲大將。欲召拜之。何曰：王必欲拜之，擇良日，齋戒，設壇場，具禮，迺可耳。王許之。諸將皆喜，人人各自以爲得大將。至拜大將，乃信也，一軍皆驚。又案：時史可法以文淵閣大學士督師揚州。

  尚録《文侯命》〔一〕，深虞雒邑東。千秋懸國恥〔二〕，一旦表軍功〔三〕。蹋鞠追名將〔四〕，乘軒比上公〔五〕。君王多倚託〔六〕，先與賦《彤弓》〔七〕。

【彙注】

〔一〕尚録句 原注：蘇軾《書傳》曰：予讀《文侯之命》篇，知東周之不復興也。宗國傾覆，禍敗極矣。平王宜若衞文公、越句踐然，今其書乃旋旋焉與平康之世無異。《春秋傳》曰：厲王之禍，諸侯釋位以間王政，宣王有志而後效官。讀《文侯之命》，知平王之無志也。 徐注：《明史·史可法傳》：可法請頒討賊詔書，言：昔晉之東也，其君臣日圖中原，而僅保江左；宋之南也，其君臣盡力楚、蜀，而僅保臨安。蓋偏安者，恢復之退步，未有志在偏安，而遽能自立者也。大變之初，黔黎灑泣，紳士悲哀，猶有朝氣；今則兵驕餉絀，文恬武嬉，頓成暮氣矣。

〔二〕千秋句　徐注：江淹《恨賦》：千秋萬歲，爲怨難勝。《禮記·哀公問》：國恥足以興之。《明史·史可法傳》曰：先皇帝死於賊，恭皇帝亦死於賊，此千古未有之痛也。在北諸臣死節者無多，在南諸臣討賊者復少，此千古未有之恥也。又曰：蓋賊一日未滅，即有深宫曲房，錦衣玉食，豈能安享！必刻刻在復仇雪恥，振舉朝之精神，萃萬方之物力，盡併於選將練兵之一事。又，《左懋第傳》：懋第瀕行言：臣此行生死未卜，請以辭闕之身效一言：願陛下以先帝仇恥爲心，瞻高皇之弓劍，則思成祖列聖之陵寢何存？撫江上之殘黎，則念河北、山東之赤子誰恤？更望時時整頓士馬，必能渡河而戰，始能扼河而守；必能扼河而守，始能畫江而安。衆韙其言。

〔三〕一旦句　徐注：《明史·馬士英傳》：尋論定策功，加太子太師，廕錦衣衛指揮僉事。九月，敍江北歷年戰功，加少傅兼太子太師，建極殿大學士，廕子如前。十二月，進少師。明年，進太保。又，《徐石麒傳》：士英挾定策功，將圖封，石麒議格之，乃搆罷去。《南疆逸史》：五月，進封得功靖南侯，良玉寧南侯，傑興平侯，澤清東平伯，良佐廣昌伯，晉徐弘基左柱國。其餘侯伯，皆加一級，歲加禄米五十石，子廕。

〔四〕蹋鞠句　原注：《史記·衛將軍驃騎列傳》：其在塞外，卒乏糧，或不能自振，而驃騎尚穿域蹋鞠。　徐注：《史記·李將軍列傳》：武帝立，左右以爲廣名將。

　　蘧常案：此譏鎮將之不恤軍事也。《明季南略》：澤清與淮撫田仰日肆歡飲。

〔五〕乘軒句　徐注：《左傳》閔公二年：衛懿公好鶴，鶴有乘軒者。

《明史·熊汝霖傳》：今足未履行陣，幕府已上首功，胥吏提虎旅，紈袴子握兵符，何由奮敵愾！又，《馬士英傳》：當是時，中原郡縣盡失，高傑死睢州，諸鎮權倖無統；左良玉擁兵上游，跋扈有異志；而士英爲人貪鄙無遠略，復引用大鋮，日事報復，招權罔利，以迄於亡。

  蘧常案：《書》梅本《微子之命》：庸建爾於上公。"上公"，公爵之尊稱，位在諸爵之上。

〔六〕君王句　徐注：《韓魏公語錄》：君實初除樞密，竟辭不受。時公在魏，聞之，亟遣人齎書潞公，勉之云：主上倚託之厚，庶幾行道。

〔七〕賦《彤弓》　原注：《左傳》文公四年：衛寧武子來聘，公與之宴，爲賦《湛露》及《彤弓》，不辭，又不答賦。　徐注：《詩序》：《彤弓》，天子錫有功諸侯也。　冒云：敍擁立諸臣封蔭之濫。

清蹕郊宮寂〔一〕，春遊禁籞荒〔二〕。城中屠各虜〔三〕，殿上左賢王〔四〕。紫塞連玄菟〔五〕，黃河界白羊〔六〕。輿圖猶在眼〔七〕，涕淚已霑裳〔八〕。

【彙校】

〔春遊句〕"禁"，徐刻本作"苑"。　〔城中屠各虜〕潘刻本、徐注本作"陵邊屯牧馬"。徐出注：《史記·秦始皇本紀》：不敢南下而牧馬。《明史·張鳳翼傳》：九年正月，清兵至天壽山，並據昌平。都城戒嚴。給事中王家彥以陵寢震動，劾鳳翼坐視不救。詳後《謁天壽山陵》詩注。　〔殿上句〕潘刻本、徐注本作"闕下駐賢王"。徐出注：《史記·封禪書》：上書闕下。又《匈奴列傳》：冒頓置左右兩賢王。

【彙注】

〔一〕清蹕句　徐注：《晉書·載記》：響清蹕於常道之門。《明史》志《禮二》：嘉靖九年，作郊宮，命户、禮、工三部偕夏言等詣南郊相擇。南天門外有自然之丘，僉謂舊丘地位偏東，不宜襲用。禮臣欲於具服殿少南爲圜丘。又《李自成傳》：自成氊笠縹衣，乘烏駮馬，入承天門，登皇極殿，據御座。丙戌，僭帝號於武英殿，牛金星代行郊天禮。　段注：張説詩：表裏望郊宫。

　　蘧常案：《周禮·夏官》：隸僕掌蹕宫中之事。鄭玄注：蹕謂止行者，清道。

〔二〕春遊句　徐注：《史記·秦始皇本紀》：皇帝春遊，覽省遠方。《説文》：籞，禁苑地。《後漢書·樊準傳》注：籞者，於池苑中以竹聯綿之，爲禁籞也。《明史》志《輿服四》：世宗初，墾西苑隙地爲田，建殿曰無逸，亭曰豳風；又建亭曰省耕、省斂。十三年，西苑河東亭榭成，親定名曰天鵝房，北曰飛霱亭。迎翠殿前曰浮香亭，寶月亭前曰秋輝亭，昭和殿前曰澄淵亭，後曰趯臺坡。臨漪亭前曰水雲榭。西苑門外二亭曰左臨海亭、右臨海亭。北閘口曰湧玉亭。河之東曰聚景亭。改呂梁洪之亭曰呂梁，前曰橃金亭。翠玉館前曰擷秀亭。

〔三〕屠各虜　蘧常案：《後漢書·張奐傳》：遷使匈奴中郎將，時休、屠各及朔方烏桓並同反叛，奐潛誘烏桓陰與和通，遂使斬屠各渠帥，襲破其衆，諸胡悉降。案："休"下原奪"著"字。休著、屠各皆東胡部族，見《烏桓傳》，故此以"屠各虜"喻清軍。《清史稿·世祖本紀》：順治元年，四月乙酉，李自成棄燕京西走。五月己丑，大軍抵燕京。

〔四〕殿上句　冒云：左賢王指多爾袞，殿指武英殿。

　　蘧常案：冒説是。《清史稿·諸王傳·多爾袞傳》：順治元年，五月己丑，王整軍入京師，乘輦升武英殿。《明史》志

《輿服四》：右順門之西曰武英殿。

〔五〕紫塞句　徐注：崔豹《古今注》：秦築長城,土色皆紫,故稱紫塞。《明史·外國一》：漢武帝置真番、臨屯、樂浪、玄菟四郡。

蘧常案：方勺《泊宅編》云：秦之長城,望之若紫,其言較實。置四郡事在漢武帝元封三年。玄菟郡治,昭帝及光武時皆在遼東,故曰紫塞連也。

〔六〕黃河句　原注：《史記·劉敬列傳》：白羊、樓煩王,去長安近者七百里,輕騎一日一夕可以至。　徐注：《明史·武宗紀》：九年八月辛丑,小王子犯白羊。先生《昌平山水記》：州西四十里爲白羊口,城二門,距居庸南口二十里。《元史》：白羊口千戶所於昌平縣東口置司。景泰元年,調涿鹿中衞後千戶所官軍守禦。後以守備一人守之。其西南有小城曰北羊新城。又州北八十里爲黃花鎮,其水曰黃花鎮川。河出塞外,自二道關入口,逕渤海所懷柔至順義界入白河,其流九曲。

蘧常案：《元史·地理志》：在吐蕃朵高思西鄙,羣流奔輳,入于赤賓,始名黃河。

〔七〕輿圖　蘧常案：《周禮·夏官》：職方氏掌天下之圖。鄭玄注：天下之圖,如今司空輿地圖也。

〔八〕涕淚句　冒云：此首敍北京淪陷。

傳聞阿骨打〔一〕,今已入燕山〔二〕。毳幕諸陵下〔三〕,狼煙六郡間〔四〕。邊軍嚴不發〔五〕,驛使去空還〔六〕。一上江樓望,黃河是玉關〔七〕。

【彙校】

〔題〕此首潘刻本、徐注本無。孫託荀校本題作"清蹕"第二首。

【彙注】

〔一〕阿骨打　蘧常案：《金史・太祖本紀》：太祖諱旻，本諱阿骨打。收國元年，正月壬申朔，羣臣奉上尊號，是日即皇帝位。上曰：遼以賓鐵爲號，取其堅也。賓鐵雖堅，終亦變壞。金之色白，完顏部色尚白，於是國號大金，改元收國。案：清本金遺部，初亦號金。《清史稿・太祖本紀》云：天命元年丙辰，春正月，壬申朔，上即位，定國號曰金。故以金喻清，此謂清世祖福臨也。

〔二〕燕山　蘧常案：《畿輔通志》：燕山在玉田縣西北二十五里，自西山迤衍，直抵海峰。案：此謂北京。北京在遼爲燕京，宋改燕山府。《明史》志《地理一》：京師，元直隸中書省。洪武二年三月，置北平等處行中書省，置燕山都衛。永樂元年，建北京於順天府。十九年正月，改北京爲京師。《清史稿・世祖本紀》：順治元年，八月乙亥，車駕發盛京。九月甲午，入山海關。己亥，建堂子於燕京。甲辰，上自正陽門入宮。

〔三〕毳幕句　蘧常案：《文選・李陵答蘇武書》：韋韝毳幕，以蔽風雨。《清史稿・世祖本紀》：順治元年八月癸未，次廣寧，給故明十三陵陵戶祭田，禁樵牧。冬十月，即皇帝位。詔明國諸陵，春秋致祭，仍用守陵園戶。黃宗羲《弘光實錄鈔》：相傳□（案：當是"虜"字，下同）即位之詔，內有明朝諸陵，不許傷毀，仍撥內員看守，而陵旁樹木，翦伐已多，紫氣猶蔥，松楸非昔。

〔四〕狼煙句　蘧常案：段成式《酉陽雜俎》：古邊亭舉烽火時，用狼糞燒煙，以其煙直上，風吹不斜也。《漢書・趙充國傳》：以六郡良家子善騎射補羽林。顏師古注：六郡：隴西、天水、安定、北地、上郡、西河是也。《清史稿・世祖本紀》：順治元年十月癸酉，以英親王阿濟格爲靖遠大將軍，率師西討李自成。

十一月,山西悉平。

〔五〕邊軍句　蘧常案:許慎《説文解字》:嚴,教命急也。先生《聖安本紀》:自李自成敗走,山東諸州縣並殺其偽防禦使、牧令,復爲明,而朝廷無一官一兵出河北,清遂安置官屬,至兗、濟以南,皆降於清。《弘光實録鈔》:十二月,大學士史可法痛憤上陳偏安必不可保,有曰:屢得北來塘報,皆言□必南窺。黄河以北,悉染腥羶,而我河上之防,百未料理。復仇之師,不聞及於關、陝;討賊之約,不聞達於□廷。一視君父之仇,置諸膜外。近見□示,公然以逆之一字加之於南,是和議固斷斷難成也。今宜以爵賞尚待有功,錢糧盡濟軍需,一切報罷。蓋賊一日不滅,□一日不歸,即有宫室,豈能晏處!即有錦衣玉食,豈能安享!此時一舉一動,皆人情向背所關,狡□窺伺所在也。

〔六〕驛使句　蘧常案:《後漢書·鮮卑傳》:始通驛使。劉攽注:驛當作譯。案:此謂使清,自不能以尋常傳遞文書之人釋之。《聖安本紀》:六月,朝議遣大臣北行使清,訪先帝梓宫,併齎敕與吴三桂。而馬士英言,有職方司員外馬紹愉者,曾爲陳新甲使清。劉澤清、高傑並舉前總兵官左都督陳洪範,召見。會右僉都御史左懋第以母喪在山東,請北行,遂定使清之議。大學士高弘圖奏北使事宜:一、於天壽山特立園陵,厝先帝梓宫。一、割山海關外地與清。一、歲幣以十萬爲率。一、清已僭號,勢成敵國,或稱可汗,或稱金國主,乞下廷臣集議。一、洪範給銀三萬兩,爲山陵及道理諸費。秋七月,往北京。十二月己巳,陳洪範還奏:於十月十二日至北京,夷官剛林等語甚悖慢,懋第抗辭不屈。二十九日,至河西務遥祭先帝。十一月四日,至滄州,清遣騎追執懋第等去,國書未投。因言:閣議主于抗節,使臣將命,不敢委曲。上曰:國家艱難之際，費十餘萬金錢，遣使外庭，亦欲得當，并力滅賊，如何閣議止以抗節爲不辱命？洪範又密奏：黄得功、劉良佐皆陰與清通。上曰：此清中反間，不足信！《清史稿·世祖本紀》：九月，故明福王遣其臣左懋第、馬紹愉、陳洪範齎白金十餘萬兩，黄金千兩，幣萬匹，求成。十月己卯，以豫親王多鐸爲定國大將軍，率師征江南，檄諭故明南方諸臣，數其不能滅賊復讎，擁衆擾民，自生反側，及無明帝遺詔擅立福王三罪。十一月，故明福王使臣陳洪範南還，中途密啓請留左懋第、馬紹愉，自欲率兵歸順，招徠南中諸將。許之。

〔七〕黄河句　蕸常案：《漢書·地理志》：敦煌郡龍勒有陽關、玉門關。案：玉門關簡稱玉關，庾信《寄王琳》詩：玉關道路遠。今仍屬敦煌，古以扼西域之界。《漢書·西域傳》所謂"西域東接漢，扼以玉門陽關"者也。故此喻作邊疆。《弘光實錄鈔》：十二月，北兵自孟縣渡河。大學士史可法奏：我於□所隔者一河耳，□處處可渡，我處處宜守。河長二千餘里，非各鎮兵馬齊力捍禦，不能固也。故興平伯高傑欲自赴開、雒，而以靖南侯、廣昌伯之兵馬守邳、徐。久知□之乘瑕，必在開、雒，無如各鎮之不相應何？今□已渡河，則長驅而東，刻日可至，禦之河以南，較禦之河北，其難百倍矣。案：先生作此詩時，尚未知清軍之渡河也，故其言云爾。此首敍清帝入關，北方淪陷。

自昔南朝地〔一〕，常稱北府雄〔二〕。六軍多壘日〔三〕，萬國鼓鞞中〔四〕。聽律音非吉〔五〕，焚旗火乍紅〔六〕。恐聞劉展亂〔七〕，父老泣江東〔八〕。六月壬午，督師標下兵與浙江兵鬨於鎮江西門外，焚民居數百家。

【彙注】

〔一〕南朝　徐注：《北史·序傳》：北朝自魏以還，南朝從宋已降。

〔二〕北府　徐注：顧祖禹《讀史方輿紀要》：鎮江府，繼又僑置徐、兗二州，謂之北府。又，六朝都建康，謂京口爲北府。陳亮曰：昔人謂京口酒可飲，兵可用，而北府之兵爲天下雄，蓋勢使然也。

　　蘧常案：《晉書·郗超傳》：時愔在北府，徐州人多勁悍，桓溫恒云：京口酒可飲，兵可用，深不欲愔居之。

〔三〕六軍句　徐注：六軍見前第二首"須知"二句注。《禮》：四郊多壘，此卿大夫之辱也。

〔四〕萬國句　徐注：《易》：先王以建萬國。杜甫《垂老別》詩：萬國盡征戍。《禮》：聽鼓鼙之聲，則思將帥之臣。

〔五〕聽律句　原注：《周禮·大師》：執同律以聽軍聲而詔吉凶。

〔六〕焚旗句　原注：《左傳》僖公十五年：火焚其旗。　徐注：《南略》：甲申六月，北將于永綏等領馬兵駐鎮江，浙江都司賈之奎領步兵至，止西門外。馬兵攖小兒瓜，傷兒額，浙兵縛而擲之江。馬兵呼黨攻鬭，馳馬來，路遇浙營守備李大開，呵之不下，怒射之，中數人。馬兵謂浙營兵將皆欺我，羣起殺大開。浙兵竄隱民家，馬兵借端挾索，恣其淫掠，焚東門外民居數十里。祁撫軍擐甲馳往彈壓，地方以安。事聞，上以于永綏等四將，紀律不彰，仇殺駭聽，令赴史可法軍前核治。並命總兵黃斌卿防禦京口。《明史·祁彪佳傳》：焚掠死者四百人。

　　蘧常案：先生《聖安本紀》及自注皆云"鬨於西門"，《南略》云"東門"，誤。

〔七〕劉展　原注：《通鑑·唐肅宗紀》：安史之亂，兵不及江淮；及劉展反，田神功討平之，其民始罹荼毒矣。

　　蘧常案：《通鑑·唐肅宗紀》：御史中丞李銑、宋州刺史劉展，皆領淮西節度副使。銑貪暴不法，展剛彊自用，節度使王仲昇先奏銑罪而誅之。時有謠言曰：手執金刀起東方。仲昇使監軍使邢延恩入奏，請除之。延恩因說上曰：展與李銑一體之人，今銑誅，展不自安，恐其爲亂。然展方握彊兵，宜以計去，請除展江淮都統，俟其釋兵赴鎮，中道執之，此一夫力耳。上從之。展得其情，反。

〔八〕父老句　冒云：此首敍鎮江之亂。

蘧常案：張《譜》：標下兵者，先生《聖安皇帝本紀》所云標下總兵官于永綏等兵也。《弘光實錄鈔》事繫辛巳，則壬午上一日也。《方言》：凡尊老，南楚謂之父，或謂之父老。江東謂吳中一帶，長江下游地也。

京口即事 二首 已下旗蒙作噩

【解題】

徐注：清順治二年，乙酉。《鎮江府志》：京峴山，丹徒縣東，三國吳初都此，後遷都秣陵，乃置京口鎮。沈約《鍾山詩應西陽王教》：即事既多美。李善注：即事，即此事也。　冒云：先生是年年三十三歲。

蘧常案：是歲爲大順永昌二年，四月，亡。明弘光元年，五月，亡。閏六月，明唐王即位於福州，即以是年爲隆武元年。魯王監國紹興，以明年爲魯監國元年。公元一六四五年。《元譜》：本年春，膺楊永言之薦，至京口。詩當作於此時。

白羽出揚州〔一〕，黃旗下石頭〔二〕。六雙歸雁落〔三〕，千里射蛟浮〔四〕。河上三軍合〔五〕,神京一戰收〔六〕。祖生多意氣,擊楫正中流〔七〕。

【彙校】
〔神京〕冒校本作"關中"。
【彙注】
〔一〕白羽句　徐注:《國語》:吳王陳士卒爲萬人,以爲方陣,皆白常白旂,素甲白羽。《明史·史可法傳》:得功、澤清、傑爭欲駐揚州。傑先至,大殺掠,屍横野。城中恟懼,登陴守,傑攻之浹月。傑素畏可法,可法來,傑夜掘坎數百,埋暴骸。旦日,朝可法帳中,辭色俱變,汗浹背。可法坦懷待之,接偏裨以溫語,爲具疏屯其衆於瓜州,傑又大喜。傑去,揚州以安,可法乃開府揚州。
　　蘧常案:《國語》"白羽"下有"之矰"二字。矰,矢名,謂白羽之矢也。徐引節,非是。裴氏《語林》云:諸葛武侯乘素輿,葛巾白羽扇,指麾三軍,疑此用其事,蓋以武侯擬可法也。晉顧榮亦有麾白羽扇却敵事,見卷二《重至京口》詩"遙看"二句注。徐注非。
〔二〕黃旗句　徐注:《宋書·符瑞志》:漢世,術士言黃旗紫蓋,見於斗牛之間,江東有天子氣。《三國志·吳主傳》注引干寶《晉紀》:孫權爲疑城,自石頭至於江乘。《世説》注引《丹陽記》曰:石頭城吳時土隖,後因山加甓,因江爲池。《江寧府志》:石頭城在上元縣西。六朝每有寇攻,但云守石頭。其時江在石頭下,爲險要必爭之地,今城之西面也。
〔三〕六雙句　徐注:《史記·楚世家》:楚人有好以弱弓微繳加歸雁之上者,頃襄王召而問之。對曰:稱楚之大,大王之賢,所弋非直此也。見鳥六雙,以王何取?王何不以聖人爲弓,以勇士爲繳,時張弓而射之,此六雙者,可得而囊載也。

　　蘧常案:此望勵精圖治,收復失土也。

〔四〕千里句　徐注:《漢書·武帝紀》:元封五年,行南巡狩,尋陽浮江,親射蛟江中,獲之。

　　蘧常案:此望整軍經武,親征殺虜也。全祖望以爲兩語不甚切,蓋未得其指耳。

〔五〕河上句　徐注:《明史·史可法傳》:清兵已下邳、宿,可法飛章報聞。士英謂人曰:渠欲敍防河將士功耳,漫弗省。諸鎮逡巡,無進師意。明年正月,餉缺,諸軍皆飢。頃之,河上告警,詔良佐、得功率兵扼潁、壽,傑進兵歸、徐。徐《譜》:可法檄諸鎮出兵,高傑首先奉命渡泗水,所部王之綱前驅,薄睢陽,可法進次河上。《南疆逸史》:十二月初九,諭太監高起潛:閣臣已駐河上,爾駐浦口,無事便於提調,有事相機應援。

〔六〕神京句　徐注:王勃《九成宮銘》:神京四邑,明堂八牖。《左傳》僖公二十七年:一戰而霸。

〔七〕祖生二句　徐注:《晉書·祖逖傳》:將本流徙部曲百餘家渡江,中流擊楫而誓曰:不能清中原而復濟者,有如大江!辭色壯烈,衆皆慨歎。祖生詳後《祖豫州聞雞》詩題注。　段注:卓文君《白頭吟》:男兒重意氣。

　　蘧常案:此當以自喻。徐注引《明史·史可法傳》,以可法當之,似非。時先生方詔用兵部司務,將入京,經京口,故以祖生自況。若可法則以上宰督師,擬諸祖生,殊非其倫。

大將臨江日〔一〕,匈奴出塞時〔二〕。兩河通詔旨〔三〕,三輔急王師〔四〕。轉戰收銅馬〔五〕,還兵飲月支〔六〕。從軍無限樂,早賦仲宣詩〔七〕。

【彙校】
〔匈奴句〕潘刻本作"□原望捷時",徐刻本同,"□"作"中"。徐并出注:《左傳》僖公二十三年:晉、楚治兵遇于中原。《明史·史可法傳》:傑至睢州,爲許定國所殺,部下兵大亂。變聞,可法流涕頓足曰:中原不可爲矣! 又,《劉宗周傳》:國家不幸,遭此大變,今紛紛制作,似不復有中原志者! 〔月支〕冒校本作"月氏"。

【彙注】
〔一〕大將句 徐注:《南略》:五月七日,史可法議防江,設水師五萬,添二鎮將,畫地分守。《南疆逸史》:五月十三日,以總兵鄭鴻逵鎮九江,黄蜚鎮京口。六月己未,以吴志葵鎮吴淞。

〔二〕匈奴句 蔣常案:《史記·匈奴列傳》:匈奴右賢王侵盜上郡,丞相灌嬰擊右賢王,右賢王走出塞。案:詩意在望大將臨江,驅敵出塞。

〔三〕兩河句 原注:《宋史·李綱傳》:請於河北置招撫司,河東置經制司,擇有材略者爲之,使宣諭天子恩德,所以不忍棄兩河於敵國之意。 徐注:《明史·史可法傳》:六月,可法請頒監國、登極二詔,慰山東、河北軍民心。又,《高弘圖傳》:陳新政八事,一擇詔使。

蔣常案:孔穎達《毛詩正義序》:齊、魏兩河之間。

〔四〕三輔句 徐注:《漢書·百官表》:右扶風、左馮翊、京兆尹爲三輔。先生《歷代帝王宅京記》:三輔者,謂主爵中尉及左右内史,漢武帝改曰京兆尹、左馮翊、右扶風,共治長安城中,是之謂三輔。三輔郡皆有都尉如諸郡,京輔都尉治華陰,左輔都尉治高陵,右輔都尉治郿。《南略》:七月二日,吏科給事中章正宸上言：惟進取爲第一義。比者河北、山左，忠義嚮應，多殺僞官，爲朝廷效死力。不及今電掣星馳，倡義申討，是剚天下之氣而坐失事機也。宜急檄四鎮，分渡河、淮，聯絡諸路，協力聲援，使兩京血脈通；而後塞井陘，絕孟津，據武關以攻隴右，賊不難旦夕殄也。又《史可法傳》：自成棄京師西走，青州諸郡縣爭殺僞官，據城自保。可法疏曰：願陛下速發討賊之詔，責臣與諸鎮悉簡精銳，直指秦關。

〔五〕轉戰句　原注：《後漢書・光武紀》：擊銅馬於鄡，悉將降人分配諸將，衆遂數十萬。　徐注：庾信《齊王憲神道碑》：斗建麾兵，天離轉戰。

〔六〕還兵句　徐注：《史記・大宛列傳》：大月氏在大宛西可二三千里，居嬀水北。其南則大夏，西則安息，北則康居，行國也，隨畜移徙，輕匈奴。及冒頓立，攻破月氏。至匈奴老上單于，殺月氏王，以其頭爲飲器。
　　　　蘧常案：《史記・項羽本紀》：陳餘遺章邯書曰：將軍何不還兵與諸侯爲從？王先謙《漢書・西域傳補注》：月支國見《海內東經》，即月氏也。

〔七〕從軍二句　徐注：王粲《從軍詩》：從軍有苦樂。粲字仲宣。《明史・劉宗周傳》：疏云：推恩武弁，則疆場視同兒戲。又曰：四鎮額兵各三萬，不以殺敵，而自相屠毒。又曰：煩朝廷議和何爲者？　黃注：王粲《從軍詩》曰：從軍有苦樂，但問所從誰？又曰：陳賞越丘山，酒肉踰川坻。軍中多飫饒，人馬皆溢肥。徒行兼乘還，空出有餘資。《魏志》裴松之注：楊暨表曰：武皇帝始征張魯，以十萬之衆，身親臨履，指授方略，因就民麥，以爲軍糧。故云空出有餘資也。《明史・劉宗周傳》：上疏云：四鎮十二萬不殺敵之兵，索十二萬不殺敵之餉，必窮之術耳！不稍裁抑，惟加派橫征，蓄一二蒼鷹乳虎之有司，以天下徇之，已矣！以視魏武率十萬之眾，親授方略，因民麥以爲糧，所謂空出有餘資者何如？亭林知當時將不用命，徒有轉戰還兵之望，故前詩曰"先與賦《彤弓》"，此詩曰"早賦仲宣詩"，皆極望之辭也。又案：亭林於"上將（蘧常案：原作"宰"）承王命"一篇及此篇，皆極言史閣部事，而於揚州陷後，絕無一言記閣部殉難，吾甚疑或有缺亡。及讀亭林《聖安記事》，言：虜陷揚州，屠之，督師太傅兼太子太師兵部尚書兼建極殿大學士史可法不知所在。是當時已疑史可法未死。而《明史》亦言可法死，覓其遺骸，天暑眾尸蒸變，不可辨識，其後四方弄兵者多假其名號以行，故時謂可法不死云。《南疆逸史》亦云可法既死，或云亡去，人疑之。乃知亭林於史可法督師，極望於先，及其死也，愁然於後，蓋慎之也。

蘧常案：黃說深得詩意。全祖望乃謂兩句不倫，蓋非解人。

帝京篇

【解題】

徐注：《明史》志《地理》：應天府，太祖丙申年曰應天府，洪武元年八月建都，曰南京，十一年曰京師，永樂元年仍曰南京。注：洪武二年，始建新城，內爲宮城，亦曰紫禁城。門六：正南曰午門，左曰左掖，右曰右掖，東曰東安，西曰西安，北曰北安。宮城之外門六：正南曰洪武，東曰長安左，西曰長安右，東之北曰東華，西之北曰西華，北曰玄武。皇城之外曰京城，周九十六里，門十三：南曰正陽，南之西曰通濟，又西曰聚寶，西南曰三山、曰石城；北曰太平，北之西曰神策、曰金川、曰鍾阜；東曰朝陽；西曰清涼，西之北曰定淮、曰儀鳳。其外郭，洪武二十三年四月建，周一百八十里，門十有六：東曰姚坊、仙鶴、麒麟、滄波、高橋、雙橋，南曰上方、夾岡、鳳臺、大馴象、大安德、小安德，西曰江東，北曰佛寧、上元、觀音。

蘧常案：《漢武帝故事》：顧視帝京。駱賓王有《帝京篇》。全詩，起自洪武開國，中經闖事、清兵入關、南都擁立等等，以自比張衡作結。

王氣開洪武[一]，江山拱大明。德過瀘水卜[二]，運屬阪泉征[三]。赤縣名三亳[四]，《黃圖》號二京[五]。秩猶分漢尹[六]，烝尚薦周牲[七]。闕道紆金輅[八]，郊宮佇翠旍[九]。山陵東掖近[一〇]，府寺後湖清[一一]。國運方多難[一二]，天心會一更[一三]。神州疑逐鹿[一四]，率土駭犇鯨[一五]。貔略旗初仆，函關鼓不鳴[一六]。遂令纏大角[一七]，無復埽欃槍[一八]。合殿焚丹戶[一九]，金城落畫甍[二〇]。銜哀遺梓梗[二一]，泣血貫宗祊[二二]。傾否時須聖[二三]，扶屯理必亨[二四]。望雲看五采[二五]，候緯得先贏[二六]。渡水收萍實[二七]，占龜兆大橫[二八]。舊邦回帝省[二九]，耆俊式王楨[三〇]。曆是周正月[三一]，田踰夏一成[三二]。《雅》應歌《吉日》[三三]，民喜復盤庚[三四]。毓德生維嶽[三五]，分猷降昂精[三六]。朝稱元老壯[三七]，國有丈人貞[三八]。兵部尚書兼武英殿大學士史可法。密切營三輔[三九]，恢張頓八紘[四〇]。塘周淮口柵，山繞石頭城[四一]。未蕩封豨梗[四二]，仍遺穴鼠爭[四三]。師從甘野誓[四四]，人雜渭濱耕[四五]。四冢懸蟲戮,千刀待莽烹〔四六〕。柳青依玉勒〔四七〕,花發韻金鉦〔四八〕。黄石傳《三略》〔四九〕,條侯總七營〔五〇〕。虎頭雙劍白〔五一〕,猿臂一弓騂〔五二〕。會見妖氛净〔五三〕,旋聞陡塞平〔五四〕。載櫜歸武烈〔五五〕,伊喊築文聲〔五六〕。禮洽封山玉〔五七〕,音諧降鳳笙〔五八〕。配天歸舊物〔五九〕,復國紀鴻名〔六〇〕。曉集僊庭鷺〔六一〕,春遷大谷鶯〔六二〕。尊師先太學,納誨必延英〔六三〕。側席推干鼎〔六四〕,回車載釣璜〔六五〕。在陰來鶴和〔六六〕,刻石起魚鏗〔六七〕。念昔掄科日,三陪薦士行〔六八〕。帝鄉秋惝怳〔六九〕,天闕歲崢嶸〔七〇〕。賦客餘枚叟〔七一〕,文才後賈生〔七二〕。飲泉隨渴鹿,攀檻落危甿〔七三〕。再見東都禮〔七四〕,尤深上國情〔七五〕。百僚方勸進〔七六〕,父老盡來迎〔七七〕。宿衛皆勳舊〔七八〕,干掫並禁兵〔七九〕。乾坤恩澤大,雷雨氣機盈〔八〇〕。草緑西州晚〔八一〕,雲彤北闕晴〔八二〕。法宫瞻斗柄〔八三〕,别館望金莖〔八四〕。玉帛塗山會〔八五〕,車書雒邑程〔八六〕。海槎天上隔〔八七〕,陽卉日邊榮〔八八〕。對策年猶少〔八九〕,尊王志獨誠〔九〇〕。小臣摇彩筆〔九一〕,幾欲擬張衡〔九二〕。

【彙校】
〔題〕潘刻本、徐注本作"《京闕篇》"。 〔洪武〕潘刻本、徐注本作"江甸"。徐并出注:《宋書·蕭思話傳》:仗順沿流,席卷江甸。 〔江山句〕潘刻本、徐注本作"山河拱舊京"。徐并出注:《晉書·姚襄載記》:山河四塞,亦用武之地。《晉書·桓温傳》:王述曰:方當蕩平區宇,旋軫舊京。《同志贈言》歸祚明《寄懷寧人》詩:城闕山河千古壯,可憐不是舊京華。 〔名三亳〕潘刻本、徐注本作"疏封闓"。徐并出注:《元史》志《樂·八寶章》:右壤疏封。 〔號二京〕潘刻本、徐注本作"映日明"。 〔國有句〕此句下自注,潘刻本、徐注本無。 〔密切句〕徐注本,吳、汪、曹三校本"切"作"勿"。丕續案:似作"密勿"爲是。 〔攀檻句〕徐注本"檻"作"徑"。

【彙注】

〔一〕王氣句　徐注:庾信《哀江南賦序》:將非江表王氣終於三百年乎?

　　蘧常案:《明史·本紀·太祖二》:洪武元年,春正月乙亥,即皇帝位,定有天下之號曰明,建元洪武。又志《樂三》:《武舞曲》:王氣開天統。

〔二〕德過句　徐注:《書》:我乃卜澗水東、瀍水西。

　　蘧常案:《書·洛誥》:予乃胤保,大相東土,其基作民明辟。予惟乙卯,朝至于洛師,我卜河朔黎水,我乃卜澗水東,瀍水西,惟洛食。我又卜瀍水東,亦惟洛食。《明史·本紀·太祖一》:進攻集慶,太祖入城,民大喜過望。改集慶路爲應天府。即吳王位,建百官,改築應天府,作新宮鍾山之陽。

〔三〕運屬句　徐注:《左傳》僖公二十五年:遇黃帝戰於阪泉之兆。《史記·五帝本紀》:以與炎帝戰於阪泉之野。皇甫謐曰:阪泉在上谷。

　　蘧常案:《明史·本紀·太祖三》:帝天授智勇,統一方夏,緯武經文,爲漢、唐、宋諸君所未及。嘗與諸臣論取天下之略,曰:渡江以來,觀羣雄所爲,徒爲生民之患,而張士誠、陳友諒尤爲巨蠹。初與二寇相持,士誠尤逼近,或謂宜先擊之。朕以友諒志驕,士誠器小,志驕則好生事,器小則無遠圖,故先攻友諒,鄱陽之役,士誠卒不能出姑蘇一步以爲之援。二寇既除,北定中原,所以先山東,次河洛,止潼關之兵不遽取秦、隴者,蓋擴廓帖木兒、李思齊、張思道皆百戰之餘,急之則併力一隅,猝未易定,故出其不意,反斾而北。燕都既舉,然後西征,張、李望絶勢窮,不戰而克。帝之雄才大略,料敵制勝,率類此。故能戡定禍亂,以有天下。又贊曰:乘時應運,豪傑景從。

〔四〕赤縣句　徐注:赤縣,見前《感事》詩第二首"須知"二句注。

　　蘧常案:三亳,見前《感事》詩第一首"舊國"句注。

〔五〕《黃圖》句　徐注:《隋書·經籍志》:《黃圖》一卷,記三輔宮觀、陵廟、明堂、辟雍、郊畤等事。

　　蘧常案:《後漢書·張衡傳》:擬班固《兩都》作《二京賦》。《明史》志《地理一》:洪武元年八月,建南京。永樂元年正月,建北京於順天府。

〔六〕秩猶句　徐注:《明史》志《職官四》:洪武三年,改應天府知府爲府尹,秩正三品,賜銀印。《漢書·百官公卿表》:内史掌治京師,武帝太初元年,更名京兆尹。

〔七〕烝尚句　徐注:《禮·王制》:天子諸侯宗廟之祭,冬曰烝。又,周人尚赤牲,用騂。《明史》志《禮十四》:建文初,定孝陵每歲正旦、孟冬、忌辰、聖節俱行香;清明、中元、冬至俱祭祀。勳舊大臣行禮,文武官陪祀,俱用太牢。

　　蘧常案:此似謂太廟祫饗。《明史》志《禮五》:洪武元年,祫饗太廟。祫饗必於冬,故下文屢言歲暮行祫祭禮,或改冬季中旬行大祫禮,故此言烝。下"山陵",始言孝陵,且其祭爲時祭,不獨冬也。

〔八〕闕道句　徐注:《史記·秦本紀》:表南山之巔以爲闕,爲複道。《宋書·禮志》:泰始四年詔曰:法冕五綵纊,玄衣絳裳,乘金輅,祀太廟。案:《明史》志《輿服一》:太祖曰:以玉飾車，古惟祀天用之，常乘宜用殷輅。洪武元年，有司奏乘輿服御，應以金飾。詔用銅。有司曰：費小不足惜。太祖曰：儉約非身先，無以率下，且奢麗之習，未有不由小而致大者也。

〔九〕郊宮句　徐注：漢《安世房中歌》：金支秀華，庶旄翠旌。

　　　蘧常案：郊宮，見前《感事》詩第五首"清蹕"句注。

〔一○〕山陵句　徐注：《明史》：孝陵在應天府城内鍾山之陽，懿文陵祔於其側。又，洪武十六年，孝陵殿成，命皇太子以牲禮致祭。

　　　蘧常案：山陵，詳後卷二《孝陵圖》詩題注。《明史》志《地理一》應天府注：紫禁城門六，左曰左掖。蓋方位以東爲左，左掖即東掖也。

〔一一〕府寺句　徐注：《後漢書·劉般傳》：府寺寬敞，輿服光麗。《明史》志《地理一》應天府上元注：北有玄武湖。《上元縣志》：玄武湖在太平門外，今稱後湖。

〔一二〕國運句　徐注：國運，見前《大行皇帝哀詩》"世值"句注。

〔一三〕天心句　徐注：《史記·天官書》：天行德，天子更立年。《索隱》：言王者當天心，則北辰有光輝，是行德也。《小腆紀年》：《罪己詔》：務使天心感格，世轉雍熙。

〔一四〕神州句　徐注：神州，見前《感事》詩"須知"二句注。《史記·淮陰侯列傳》：蒯通曰：秦失其鹿，天下共逐之。

　　　蘧常案：程大昌《續演繁露》：《六韜》：太公謂文王曰：取天下若逐野鹿，而天下共分其肉。則逐鹿之説久矣。

〔一五〕率土句　徐注：《詩》：率土之濱，莫非王臣。潘岳《西征賦》：犇鯨浪而失水。

〔一六〕虢略二句　徐注：《左傳》僖公十五年：東盡虢略。《明史》志《地理》：河南府靈寶縣有函谷故關。《明史·李自成傳》：

崇禎十六年冬十月，陷潼關，孫傳庭死，遂連破華陰、渭南、華、商、臨潼，進攻西安。守將王根子開東門納闖。榆林故死守，李過等不能克，自成大發兵攻陷之。乘勝取寧夏、慶陽，移攻蘭州，進陷西寧，於是肅州、山丹、永昌、鎮番、莊浪皆降，陝西地悉歸自成。又遣軍渡河，陷平陽。十七年，自成稱王於西安，國號曰大順，改元永昌。時山西自平陽陷，河津、稷山、榮河皆陷，他府縣多望風送款。二月，自成渡河破汾州，徇河曲、靜樂，攻太原，北徇忻、代。

蘧常案：虢略，杜注：從河南而東，盡虢界也。孔疏：虢之竟界也。

〔一七〕遂令句　原注：《史記・天官書》：大角者，天王帝廷。杜子美《傷春》詩：大角纏兵氣。

〔一八〕無復句　徐注：《史記・天官書》：三月生天槍，長四丈，末兌，退而西南。三月生天槍，長數丈，兩頭兌，謹視其所見之國，不可舉事用兵。

蘧常案：崔駰賦：運欃槍以電埽兮。《爾雅・釋天》：彗星爲欃槍。

〔一九〕合殿句　徐注：《明史・李自成傳》：焚太廟，移太祖神主於帝王廟中。四月二十九日，僭號武英殿。是夕，焚宮殿及九門城樓。《小腆紀年》：明降闖臣羣燔爇太廟神主。

〔二〇〕金城句　徐注：《史記・秦始皇本紀贊》：金城千里。《說文》：甍，屋棟也。桓譚《新論》：王莽起九廟，甍帶金銀，錯鏤其上。

蘧常案：賈誼《過秦論》：金城千里。《史記索隱》：韓子曰：雖有金城湯池。《漢書》：張良亦曰：關中，所謂金城千里，天府之國。

〔二一〕銜哀句　徐注：《禮・喪服大記》：君，大棺八寸，屬六寸，椑四寸。注：大棺及屬用梓，椑用杝。又，《檀弓》：杝棺一，注云：所謂椑棺也；梓棺二，注云：所謂屬與大棺。《明史·李自成傳》：帝、后崩，自成命以宮扉載出，置東華門外，百姓過者皆掩泣。又，太監王德化叱諸臣曰：國亡君喪，若曹不思殯先帝，乃在此耶！因哭。內侍數十人皆哭，藻德等亦哭。顧君恩以告自成，改殮帝、后，用衮冕褘翟，加葦廠云。　段注：嵇康《養生論》：曾子銜哀，七日不飢。

〔二二〕泣血句　徐注：《易》：泣血漣如。《禮·禮器》：設祭於堂，爲祊於外。疏：祊有二義：一正祭時，祭神於廟，復求神於廟門內；一明日繹祭時，設饌於廟門西室。《周語》：陽樊曰：今將大泯其宗祊而蔑殺其民人，宜吾不敢服也。

〔二三〕傾否句　徐注：《易·否卦》：上九傾否。程《傳》：否終則必傾，豈有長否之理！反危爲安，易亂爲治，必有剛陽之才而後能也。

〔二四〕扶屯句　原注：顏延之《皇太子釋奠》詩：時屯必亨，運蒙則正。

〔二五〕望雲句　徐注：《南略》：五月戊子朔，福王登陸，所至都民聚觀，生員及在籍官沿途皆有拱迎者。有云：先一日兩大星夾日，本日五色雲見。　段注：《史記·封禪書》：新垣平上言，長安東北有神氣，成五采。

　　蘧常案：此當用漢高事。《史記·高祖本紀》：呂后曰：季所居上常有雲氣。詳見後卷四《元日》詩"雲氣"句注。又，《項羽本紀》：范增說項羽曰：吾令人望其氣，皆爲龍虎，成五采，此天子氣也。與詩意正符。《封禪書》所云，乃指神明，似不合。文震亨《福王登極實錄》亦言：見兩大星夾日而行，鍾山紫氣中五色雲見。

〔二六〕候緯句　原注：《唐書》：隋大業十三年，六月，鎮星贏而旅於參。參,唐星也。李淳風曰:鎮星主福,未當居而居,所宿國吉。

蓬常案:《後漢書·方術傳序》:《緯》、《候》之部。李賢注:《緯》,七經緯也。《候》,《尚書中候》也。

〔二七〕渡水句　徐注:《家語·致思》篇:楚昭王渡江,江中有物大如斗,圓而赤,直觸王舟。舟人取之,莫之能識。王使使聘於魯,問於孔子。曰:此所謂萍實者也,可剖而食,吉祥也,唯霸者爲能獲焉。吾昔之鄭,過乎陳之野,聞童謠曰:楚昭王,渡江得萍實,大如斗,赤如日,剖而食之甜如蜜。此是楚王之應也,吾是以知之。

〔二八〕占龜句　蓬常案:《史記·孝文本紀》:卜之龜,卦兆得大橫,占曰:大橫庚庚,余爲天王,夏啓以光。

〔二九〕舊邦句　徐注:《詩》:周雖舊邦。又:帝省其山。

〔三〇〕耆俊句　原注:《書·文侯之命》:罔或耆壽,俊在厥服。徐注:《詩》:維周之楨。

〔三一〕曆是句　徐注:《左傳》隱公元年:春王周正月。杜注:周王之正月也。《史記·曆書》:周正以十一月。

〔三二〕田踰句　徐注:《左傳》哀公元年:有田一成。又,祀夏配天,不失舊物。

〔三三〕《雅》應句　徐注:《毛詩·吉日序》:《吉日》,美宣王田也。

〔三四〕民喜句　原注:《史記·殷本紀》:帝盤庚之時,殷已都河北,盤庚渡河南,復居成湯之故居。

〔三五〕毓德句　徐注:《宋史·陳騤傳》:騤兼太子諭德,謂儲宮下親細務,不得專力於學,非所以毓德也。《詩》:維嶽降神,生甫及申。

〔三六〕分畎句　徐注:《書》:汝分猷念以相從。《春秋佐助期》:漢相蕭何長七尺八寸,應昴星精生。

〔三七〕朝稱句　徐注：《詩》：方叔元老，克壯其猶。

〔三八〕國有句　徐注：《易》：師貞，丈人吉。

〔三九〕密切句　徐注：營三輔見前《京口即事》詩"三輔"注。《明史·陳潛夫傳》：潛夫巡按河南，入朝言：中興在進取，王業不偏安，山東、河南地，尺寸不可棄。豪傑結塞自固者，引領待官軍。誠分命藩鎮，以一軍出潁、壽，一軍出淮、徐，則衆心競奮，爭爲我用。更頒爵賞鼓舞，計遠近，畫城堡，俾自守，而我督撫將帥屯銳師以策應之。寬則耕屯爲食，亟則披甲乘埤，一方有儆，前後救援，長河不足守也。汴梁一路，臣聯絡素定，旬日可集十餘萬人，誠稍給糗糧，臣當荷戈先驅，諸藩鎮爲後勁，河南五郡可盡復。五郡既復，畫河爲固，南連荆、楚，西控秦關，北臨趙、魏，上之則恢復可望，下之則江、淮永安，此今日至計也。《南略》：寇氛日逼，三輔震恐，撤兵入關，西行過寇，亦救急之一策。

　　蘧常案：《漢書·劉向傳》：《詩》曰：密勿從事。見《詩·小雅·十月之交》篇，《毛詩》作"黽勉從事"。沈欽韓《疏證》：《邶·谷風》：黽勉同心，《文選》注引《韓詩》作"密勿同心"。劉向治《魯詩》，是魯、韓並以"黽勉"爲"密勿"。

〔四〇〕恢張句　徐注：柳宗元《答問》：魁壘恢張，羣驅連行。《淮南子·墜形訓》：九州之外爲八殥，八殥之外爲八紘。　李注：《淮南子·墜形訓》：八紘方千里，自東北方曰和丘，曰荒土；東方曰棘林，曰桑野；東南方曰大窮，曰衆女；南方曰都廣，曰反户；西南方曰僬僥，曰炎土；西方曰金丘，曰沃野；西北方曰一目，曰沙所；北方曰積冰，曰委羽。高誘注：紘，維也。維落天地而爲之表，故曰紘也。曹植《與楊德祖書》：頓八紘以掩之。

〔四一〕塘周二句　原注：《建康志》：栅塘在秦淮上，通古運瀆。

《實錄》注：吳時夾淮立柵，號柵塘。梁天監九年新作，緣淮塘北岸，起石頭，迄東冶；南岸起後渚、籬門，迄三橋，作兩重柵，皆施行馬。　徐注：《讀史方輿紀要》：應天府西二里爲石頭山。《輿地志》：山環七里一百步，北緣大江，南抵秦淮。江去臺城九里。山上有城，相傳楚威王滅越，置金陵於此。《圖經》：漢建安十六年，孫權徙治秣陵。明年，城石頭，貯寶貨軍器於此。諸葛武侯使建業，曰：石頭虎踞，王業之基也。

〔四二〕未蕩句　徐注：《淮南子》：封豨修蛇，皆爲民害。《明史·李自成傳》：歸西安，復遣軍陷漢中，掠保寧。清順治二年，攻潼關，僞伯馬世燿以六十萬衆迎戰潼關，敗死。自成遂棄西安，由龍駒寨走武岡，入襄陽，復走武昌，我兵兩道追躡，連蹙之鄧州、承天、德安、武昌，窮追至闖老營，大破之者八。又《張獻忠傳》：十七年春，陷夔州，至萬縣，水漲，留屯三月。已破涪州，進陷佛圖關，破重慶，遂進陷成都。時南京諸臣立福王，命大學士王應熊督川、湖軍事，兵力弱，不能討伐。獻忠遂僭號大西國王，改元大順。分徇諸府州縣，悉陷之。保寧、順慶已降自成，置官吏，獻忠悉逐去。自成發兵攻獻忠，不克。獻忠遂據有全蜀。是時，曾英、李占春、于大海、王祥、楊展、曹勳等義兵並起，故獻忠誅殺益毒。川中民盡，乃謀窺西安。

〔四三〕仍遺句　徐注：《史記·趙奢傳》：譬如兩鼠鬬穴中，將勇者勝。

　　蘧常案：此似指李、張兩義軍之自殘，事見上注。

〔四四〕師從句　徐注：《夏書·甘誓》疏：甘，地名，有扈氏國之南郊也。事見上《感事》詩"上宰"句注、《京口即事》詩"河上"句注。

　　蘧常案：《小腆紀年》：可法進次河上，建纛誓師。

〔四五〕人雜句　徐注：《明史·史可法傳》：可法遣官屯田開封。《南略》：十一月，初六庚寅，命開屯海中玉環等山。

　　蘧常案：《三國志·蜀書·諸葛亮傳》：亮每患糧不繼，使己志不伸，是以分兵屯田爲久住之基。耕者雜於渭濱居民之間，而百姓安堵，軍無私焉。

〔四六〕四冢二句　原注：《皇覽》曰：蚩尤冢在東平郡壽張縣闞城中，高七丈，民常十月祀之，有赤氣，出入如匹絳帛，民名爲蚩尤旗。肩髀冢在山陽郡鉅野縣重聚，大小與闞冢等。傳言黃帝與蚩尤戰於涿鹿之野，殺之，身體異處，故別葬之。梁徐陵《在齊與楊僕射書》：四冢磔蚩尤，千刀劊王莽。

〔四七〕玉勒　徐注：庾信《馬射賦》：控玉勒而搖星。

〔四八〕韻金鉦　原注：梁元帝《藩難未靜述懷》詩：金鉦韻渚宮。

〔四九〕黃石句　蘧常案：王應麟《困學紀聞》：魏李蕭遠康《運命論》：張良受黃石之符，誦《三略》之說。言《三略》者始見於此。漢光武詔引《黃石公紀》未有《三略》之名。《隋書·經籍志》：黃石公《三略》三卷。《史記·留侯世家》：良匿下邳，嘗從容步游圯上，有一老父至良所，出一編書曰：讀此則爲王者師矣。後十三年，孺子見我濟北，穀城山下黃石即我矣。遂去。

〔五〇〕條侯句　徐注：《漢書·周勃傳》：文帝擇勃子賢者，皆推亞夫，迺封爲條侯。師古曰：地在渤海，《地理志》作"蓨"。《南略》：七月十日，定京營之制，悉照北京。命以杜弘域、楊御藩、牟文綬補三大營，各總一營至五營；卞啓光、竇國寧、胡文若補三大營，各總六營至十營。又《南疆逸史》：十月二十八日壬午，定江北督撫四鎮額兵三萬，楚撫額兵一萬，京營額兵一萬五千。

〔五一〕虎頭句　徐注：《後漢書·班超傳》：生燕頷虎頸，飛而食肉，萬里侯相也。《晉書·張華傳》：得一石函，光氣非常，中有雙劍，一曰龍泉，一曰太阿。

蘧常案："虎頭",《後漢書·班超傳》作"虎頸",《東觀漢記》則作"虎頭"。

〔五二〕猿臂句　徐注：《史記·李將軍傳》：廣爲人長,猿臂,其善射亦天性也。《詩·小雅·角弓》：騂騂角弓。

蘧常案：元稹詩：教射角弓騂。

〔五三〕妖氛　徐注：杜甫《北征》：仰觀天色改,坐覺妖氛豁。

蘧常案：《初學記》魏文帝《送劍書》：因給左右,以除妖氛。

〔五四〕旋聞句　徐注：《明史·陳潛夫傳》：當是時,河南開封、汝寧間,列寨百數,劉洪起最大;南陽列寨數十,蕭應訓最大;洛陽列寨亦數十,李際遇最大。諸帥中,獨洪起欲效忠,潛夫請予掛帥爲將軍,且言臣聯絡素定。士英不聽,而用其姻戚越其杰巡撫河南,於是阨塞皆失。

蘧常案：此句與上句皆所喜望之事,故下接"載櫜歸武烈"云云。徐注以"越其杰巡撫河南,阨塞皆失"當之,則與下文不貫。且考《潛夫傳》無"於是"一語,蓋出自撰,尤謬。《南疆逸史·陳潛夫傳》敍諸寨事下云"他寨聞潛夫來,頗有歸意",詩意殆指此。曰"聞",則原未實也。《逸史》與《明史》皆言：蕭應訓復南陽及泌陽、舞陽、桐柏諸縣,遣其子三傑(案：《逸史》作"三捷",此從《明史》改。)來獻捷,潛夫飲之酒,爲授告身,鼓吹旌旗前導出,三傑大喜過望。又曰：潛夫按行諸寨,寨帥列旌旗鼓吹迎送。設非馬士英之怒召潛夫還,以凌駉代之,則諸寨真能内向矣！

〔五五〕載櫜句　徐注：《詩》：載櫜弓矢。《書》：以揚武王之大烈。

〔五六〕伊減句　徐注：《詩》：築城伊減。又：文王有聲。

〔五七〕禮洽句　徐注：《史記·封禪書》：封泰山。又：有司奉瑄玉嘉牲薦饗。

〔五八〕音諧句　徐注:《書》:八音克諧。《説文》:笙十三簧,象鳳之身也。

〔五九〕配天句　徐注:見上"田踰"句注。

〔六〇〕復國句　徐注:《左傳》襄公十四年:亡而不變,何以復國?《史記·司馬相如列傳》:前聖所以永保鴻名。

〔六一〕曉集句　徐注:駱賓王《上兗州張司馬啓》:緝熙鱗甸,下白鶴於僾庭。陸游《初夏》詩:湖灘初集鷺。

〔六二〕春遷句　徐注:《詩》:出自幽谷,遷于喬木。梁昭明太子《錦帶書》:嚶鶯出谷,爭傳求友之音。

〔六三〕尊師二句　徐注:《禮》:大學之禮,雖詔於天子,無北面,所以尊師也。《書》:朝夕納誨。《南略》:禮科沈胤培疏請舉經筵訂朝儀云:或召詞臣詢經史,或召部臣考政治,而時令臺諫之臣陳得失。宮中萬幾之暇,披覽《資治通鑑》及本朝《寶訓》等書。又,吴适疏:一、日講宜行,請敕定期,俾博聞有道之臣,朝夕左右,虛衷延納;一、午朝宜舉,俾閣部大臣及臺垣散秩,咸得躬膺清問,披對之餘,採疾苦,覈功罪,明是非云云。疏入不省。《小腆紀年》:姜曰廣疏:天威在上,密勿深嚴,臣安得事事争之。但願陛下深宫有暇,温習經書,取《大學衍義》、《資治通鑑》視之。周宣、漢光,何以復還前烈;晉元、宋高,何以終狃偏安?武侯之出師,何惓惓以親君子遠小人爲説;李綱之禦敵,何切切以信君子勿問小人爲言?必能發聖心之天明,破邪説於先覺,然後國恥可得雪,中興可得期也。《唐六典》:大明宫宣政殿之左曰東上閣、西上閣次西曰延英門,其内之左曰延英殿。

〔六四〕側席句　徐注:《後漢書·章帝紀》:詔曰:朕思遲直士,側席異聞。《漢書·東方朔傳》:伊尹蒙恥辱,負鼎俎,和五味以干湯。

〔六五〕回車句　徐注:《竹書紀年》注:文王至于磻溪之水,吕尚釣于涯,王下趨拜曰:望公七年,乃今見於斯。尚立變名答曰:望釣得玉璜。　段注:鄒陽《獄中上梁孝王書》:邑號朝歌,墨子迴車。

　　蘧常案:《史記·齊太公世家》:西伯遇太公於渭之陽,與語大説,載與俱歸。

〔六六〕在陰句　徐注:《易》:鳴鶴在陰,其子和之。

〔六七〕刻石句　原注:劉敬叔《異苑》曰:晉武帝時,吳郡臨平岸崩,出一石鼓,打之無聲。以問張華,華曰:可取蜀中桐材,刻作魚形,扣之則鳴。於是如言,聲聞數十里。班固《東都賦》:發鯨魚,鏗華鐘。

〔六八〕念昔二句　徐注:張《譜》:崇禎三年庚午六月科試,上虞李提學懋芳拔先生一等二十名。《日知錄》載是年應天鄉試題"舉直錯諸枉"二句,以媚奄諸臣初定逆案也。九年丙子六月科試,上虞倪提學元珙置先生卷二等。《日知錄》載是年應天鄉試《春秋》題《宋公入曹以曹伯陽歸》。先生譏其以公孫彊比陳啓新,曹伯陽比思陵,非所宜言,大不敬。十二年己卯七月,固城張提學鳳翮覆試科舉,先生取遺才二等。　段注:《後漢書·吳良傳》:報恩之義,莫大薦士。

　　蘧常案:《説文解字》:掄,擇也。《國語·晉語》:君掄賢才。

〔六九〕帝鄉句　徐注:《後漢書·劉隆傳》:南陽帝鄉,多近親。《玉篇》:惝怳,失意不悦貌。先生《郡國利病書》序:崇禎己卯,秋聞被擯,退而讀書。

〔七〇〕天闕句　原注:鮑照《舞鶴賦》:歲崢嶸而愁暮。　徐注:《史記·天官書》:兩河天闕間爲關梁。

〔七一〕賦客句　徐注:《漢書·枚乘傳》:乘字叔,淮陰人也。拜弘農都尉,以病去官。遊梁,梁客皆善屬辭賦,乘尤高。謝惠連《雪賦》：延枚叟。

蘧常案：《元譜》：乙酉四月，偕從叔父穆庵赴南京。疑枚叟即謂穆庵。《崑新合志》：穆庵名蘭服，字國馨。以諸生入太學，才名著一時。明亡後，棄儒業。《餘集‧從叔父穆庵府君行狀》云：余與叔父泊同縣歸生，入則讀書作文，出則登山臨水，間以觴詠，彌日竟夕。又云：叔父不多作詩，而好吟詩。蓋以叔父擅詩文，故以枚叟擬之歟？

〔七二〕文才句　徐注：《晉書‧孫綽傳》：少以文才垂稱。《史記‧屈原賈生列傳》：賈生，名誼，雒陽人也。年十八，以能誦詩屬書聞於郡中。吳廷尉爲河南守，聞其秀才，召置門下。及徵爲廷尉，乃言：賈生年少，頗通諸子百家之書。文帝召以爲博士。超遷，一歲中至大中大夫。

蘧常案：賈生蓋先生自況。

〔七三〕飲泉二句　徐注：陸游詩：渴鹿出林窺藥井。《爾雅‧釋獸》注：江東呼鼬鼠爲鼪，俗呼鼠狼。《莊子‧徐无鬼》：逃空虛者，藜藋柱乎鼪鼬。

蘧常案：此二句，似隱喻南都政局之濁亂。

〔七四〕再見句　徐注：《詩‧車攻》朱子《集傳》：成王命周公營雒邑，以爲東都。周室既衰，久廢其禮。至於宣王，內修政事，外攘夷狄，修車馬，備器械，復會諸侯於東都。　李注：謝朓《始出尚書省》詩：還觀司隸章，復見東都禮。

蘧常案：詩意自用光武事，李注是。

〔七五〕上國　徐注：《左傳》成公七年：通吳於上國。

〔七六〕百僚句　李注：《晉書‧何曾傳》：武帝襲王位，曾與裴秀、王沈等勸進。

蘧常案：《詩》：百僚是試。勸進事，見前《感事》詩第二首"縞素"句注。

〔七七〕父老句　徐注:《南略》:魏國公徐弘基、撫寧侯朱國弼、安遠侯柳祚昌……皆進綵緞恭賀。　李注:《後漢書・郭伋傳》:聞使君到,喜,故來奉迎。

　　　蘧常案:來迎事,亦見《感事》詩"縞素"句注及本詩上"望雲"句注。

〔七八〕宿衛句　徐注:《史記・齊悼惠王世家》:其弟章入宿衛於漢,吕后封爲朱虛侯。後四年,封章弟興居爲東牟侯,皆宿衛長安中。案《明史・劉宗周傳》:疏言京營自祖宗以來,皆勳臣爲政,樞貳佐之;陛下立國伊始,而有内臣盧九德之命。士英有不得辭其責者。

〔七九〕干掫句　徐注:《左傳》襄公二十五年:陪臣干掫。《唐書・兵志》:段秀實見禁兵寡弱,上疏曰:禁兵不精,其數削少。又見上"總七營"句注。

〔八〇〕乾坤二句　徐注:潘岳《西征賦》:皇合德於乾坤。又,流春澤之渥恩。《易・屯卦》:雷雨之動滿盈。

〔八一〕草綠句　徐注:《方輿紀要》:西州城在上元治西二里,周圍三里。《輿地志》:西州城,晉元帝時築。

〔八二〕雲彤句　徐注:孫綽《游天台山賦》:彤雲斐亹以翼櫺。《漢書・高帝紀》:七年二月,蕭何治未央宫,立東闕、北闕。

〔八三〕法宫句　徐注:《漢書・揚雄傳》:漢十世之陽朔兮,招摇紀於周正。注:招摇,斗柄也。

　　　蘧常案:法宫,見前《千官》詩第二首"一旦"句注。

〔八四〕别館句　徐注:班固《西都賦》:離宫别館,三十六所。又,抗仙掌以承露,擢雙立之金莖。李善注:金莖,銅柱也。

〔八五〕玉帛句　徐注:《左傳》哀公七年:禹合諸侯於塗山,執玉帛者萬國。杜注:在壽春縣東北。

〔八六〕車書句　徐注:《禮・中庸》:車同軌,書同文。《書・召誥》傳：成王在豐，欲宅雒邑，使召公先相宅，作《召誥》。

〔八七〕海槎句　蘀常案：張華《博物志》：近世有人居海渚者，年年八月，有浮槎去來不失期。人有奇志，乘槎而去，十餘月，至一處，有城郭狀，屋舍甚嚴。遥望宫中多織婦，見一丈夫牽牛渚次飲之。問：此是何處？答曰：君還至蜀都問嚴君平。因還至蜀問君平。曰：某年某月日，有客星犯牽牛宿。記其年月，正是此人到天河時也。

〔八八〕陽卉句　徐注：謝靈運《九日從宋公戲馬臺集》詩：淒淒陽卉腓。高蟾《上高侍郎》詩：日邊紅杏倚雲栽。

〔八九〕對策句　徐注：《漢書·公孫弘傳》：弘至太常，上策詔諸儒，對者百餘人，太常奏弘第居下。策奏，天子擢弘第一。又《賈誼傳》：是時誼年二十餘，最爲少。

〔九〇〕尊王　徐注：《周禮·春官·大宗伯》：夏見曰宗。注：宗，尊也，欲其尊王也。

　　蘀常案：《史記·太史公自序》：佐天尊王。

〔九一〕小臣句　徐注：潘岳《螢火賦》：援彩筆以爲銘。

　　蘀常案：小臣，見前《大行皇帝哀詩》"小臣"句注。

〔九二〕張衡　徐注：《後漢書·張衡傳》：衡字平子，南陽西鄂人也。少善屬文，擬班固《兩都》作《二京賦》，因以諷諫，十年乃成。復作《南都賦》。

金陵雜詩 五首

【解題】

徐注：《吴志·張紘傳》注：《江表傳》：紘謂權曰：秣陵，楚武王所置，名爲金陵。《舊唐書·地理志》：上元，楚金陵邑。陶潛有《雜詩》。　戴注：是年春，先生膺薦至京口，四月杪，抵南都。甫旬日，南都亡。自此以上，詩皆五月前作。　冒云：五月前，南都尚未亡也。

　　蘧常案：戴注原在後《千里》詩題下，《千里》詩作在南都亡後，改繫此。

　　江月懸孤影，還窺李白樓。詩人長不作，千載尚風流〔一〕。塢壁三山古〔二〕，池臺六代幽〔三〕。長安佳麗日，夢繞帝王州〔四〕。

【彙注】

〔一〕江月四句　徐注：李白《月夜金陵懷古》詩：蒼蒼金陵月，空懸帝王州。《江寧府志》：孫楚酒樓在城西，李白翫月於此，達曉歌吹。日晚，乘醉著紫綺裘、烏紗巾，與酒客數人，棹歌秦淮，往石頭訪崔四侍御。相傳在莫愁湖東，亦稱太白酒樓。又《府志·風俗考》：自晉、宋以來，衣冠萃止，人物繁盛，習尚豪侈，猶有六朝遺風。

　　蘧常案：李白有《翫月金陵城西孫楚酒樓達曙歌吹日晚乘醉著紫綺裘烏紗巾與酒客數人棹歌秦淮往石頭訪崔四侍御》詩，即《江寧府志》所據。其起云：昨翫西城月，青天垂玉鉤。朝沽金陵酒，歌吹孫楚樓。所謂"千載尚風流"也。

〔二〕塢壁句　徐注：《後漢書·李章傳》：光武即位，拜平陽令。時清河大姓趙綱於縣界起塢壁，繕甲兵。《江寧府志》：上三山在江寧鎮西，下三山在江寧鎮東，三峰拱峙。大江從西來，勢如建瓴，而此山突出當其衝。一名護國山。晉王濬伐吳行師過三山,即此。

〔三〕池臺句　徐注:庾信《哀江南賦》:池臺鐘鼓。魏萬《金陵酬李翰林》詩:金陵百萬户,六代帝王都。案:吴、晉、宋、齊、梁、陳皆都金陵,爲六朝。

〔四〕長安二句　徐注:謝朓《入朝曲》:江南佳麗地,金陵帝王州。《明史·熊汝霖傳》:疏言:黃白充庭,青紫塞路,六朝佳麗,復見今時,獨不思他日稅駕何地耶?《建康志》:東南佳麗樓在銀行街,舊爲賞心樓,久廢。

　　蘧常案:長安借謂南京。

春雨收山半,江天出翠層〔一〕。重聞百五日〔二〕,遥祭十三陵〔三〕。祝版書孫子〔四〕,祠官走令丞〔五〕。西京遺廟在〔六〕,天下想中興〔七〕。

【彙校】

〔天下想中興〕潘刻本、徐注本作"灑掃及冬烝"。徐并出注:《詩》:於粲灑掃。冬烝,見前《京闕篇》(丕續案:即《帝京篇》)"周駢"句注。

【彙注】

〔一〕江天句　徐注:李德裕《大孤山記》:江天清霽,千里無波。《楚辭·九歌》:翾飛兮翠層。

　　蘧常案:翠層,《九歌·東君》作"翠曾"。王逸注:曾,舉也。洪興祖《補注》以爲同翻字,翥飛也,與此不合。此當謂山,如釋貫休詩所謂"只是危吟坐翠層"也。

〔二〕百五日　徐注:《荆楚歲時記》:去冬至一百五日,即有疾風甚雨,謂之寒食。

蘧常案：《荆楚歲時記》本條出注：據曆，合在清明前二日，亦有去冬至一百六日者。

〔三〕遙祭句　徐注：《南疆逸史》：三月十日癸巳，遙祭諸陵。又，十九壬寅，思宗忌辰，王於宮中舉哀，百官於太平門外設壇遙祭，以東宮、二王祔祭。

蘧常案：十三陵，徐注見後《恭謁天壽十三陵》詩解題，今移于此：張《譜》：十三陵者，成祖永樂長陵，仁宗洪熙獻陵，宣宗宣德景陵，英宗正統裕陵，憲宗成化茂陵，孝宗弘治泰陵，武宗正德康陵，世宗嘉靖永陵，穆宗隆慶昭陵，神宗萬曆定陵，光宗泰昌慶陵，熹宗天啓德陵，凡十二陵；合懷宗思陵爲十三陵也。《水經》渭水注：秦名天子冢曰山，漢曰陵。

〔四〕祝版句　徐注：《明史》志《禮五》：洪武二年詔：太廟祝文，止稱孝子皇帝，不稱臣。後稱孝玄孫皇帝，又改稱孝曾孫嗣皇帝。

〔五〕祠官句　徐注：《史記·文帝本紀》：上曰：昔先王遠施不求其報，望祀不祈其福，今吾聞祠官祝釐，皆歸福朕躬。其令祠官致祭，毋有所祈。《漢書·百官表》：太常屬官有太樂、太祝、太史、太卜、太宰、太醫六令丞。《明史》志《禮十四·謁祭陵廟》：正德間，定長陵以下諸陵，各設神宮監並衛及祠祭署，清明、中元、冬至，俱分遣駙馬都尉行禮，文武官陪祭。

〔六〕西京句　徐注：《後漢書·光武紀》：建武五年，詔修復西京園陵。

〔七〕天下句　蘧常案：《詩·大雅·烝民》序：尹吉甫美宣王也。任賢使能，周室中興焉。

天居宜壯麗〔一〕，考室自宣王〔二〕。地即周灃右〔三〕，規因漢未央〔四〕。水衡存物力〔五〕，司隸識朝章〔六〕。父老多垂涕，還思祖德長〔七〕。

【彙注】

〔一〕天居句　徐注：《漢書·高帝紀》：七年二月，蕭何治未央宮，上見其壯麗，甚怒。徐陵《太極殿賦》：函谷遙看，美皇居之壯麗。《明史》志《輿服四》：宮室之制：吳元年，作新内正殿曰奉天殿，後曰華蓋殿，又後曰謹身殿，皆翼以廊廡。奉天殿之前曰奉天門，左曰文樓，右曰武樓。謹身殿之後爲宮，前曰乾清，後曰坤寧。六宮以次列宮殿之外，周以皇城。時有言瑞州文石可甃地者，太祖曰：敦崇節儉，猶恐習於奢華，爾乃導余奢麗乎？言者慚而退。案《南略》：七月癸酉，命修西宮西園之第一所。十一月戊子，西宮成，賜名慈禧殿。《明史·劉宗周傳》：將行，疏陳五事：一曰修聖政，毋以近娛忽遠猷。土木崇矣，珍奇集矣，俳優雜劇陳矣；内豎充庭，金吾滿座，戚臕駔闃矣！

〔二〕考室句　徐注：《詩·斯干》序：宣王考室也。

〔三〕地即句　徐注：見前《京闕篇》（蘧常案：即《帝京篇》）"德過"句注。

〔四〕規因句　徐注：見上句注。班固《西都賦》：自未央而連桂宮，北彌明光而亘長樂。李善注：《漢書》曰：高帝至長安，蕭何作未央宮。程大昌《雍錄》：天子之居當爲正宮，其外皆離宮也。漢都長安，若未央則其創爲，至長樂則因秦而加葺治也。

〔五〕水衡句　徐注：《漢書·百官公卿表》：水衡都尉，武帝元鼎二年置。師古曰：主平其税入。又《龔遂傳》：水衡典上林苑,供張宮館。又《食貨志》:生之有時,用之亡節,則物力必屈。《南略》:乙酉二月,太監孫元德搜刮常州府欠金花銀九萬五千兩,積欠三餉三十三萬,命勒限嚴輯。丁丑,戶科熊維典奏:四府逋欠三年内三百三十一萬八千五百兩,皆屬應徵;又已徵不解九十五萬六千有奇。

　　蘧常案:《漢書·宣帝紀》注:應劭曰:水衡與少府,皆天子私藏也。

〔六〕司隸句　徐注:《後漢書·光武紀》:更始將北都洛陽,以光武行司隸校尉,於是置僚屬,作文移,從事司察,一如舊章。時三輔吏士,東迎更始,諸將過,皆冠幘而服婦人衣,諸于繡镼,莫不笑之,及見司隸僚屬,皆歡喜不自勝。老吏或垂涕曰:不圖今日復見漢官威儀! 於是識者皆屬心焉。夏完淳《續幸存錄》:阮圓海誓師江上,衣素蟒,圍碧玉,見者比爲梨園裝束,錢謙益家妓爲妾者柳隱,冠插雉羽,戎服騎入國門,如明妃出塞狀。夫兵大禮,皆倡優排演之場,欲國之不亡,安可得哉!《小腆紀年》:劉孔昭以張慎言舉吳甡,譁殿上,拔刀逐慎言,太監韓贊周從殿上大聲叱之曰:從古無此朝儀!

〔七〕父老二句　徐注:《史記·高祖本紀》:父老苦秦苛法久矣。《明史·史可法傳》:若躬謁二陵,親見鳳、泗蒿萊滿目,雞犬無聲,當益悲憤! 願慎終如始,處深宮廣廈,則思東北諸陵魂魄之未安;享玉食大庖,則思東北諸陵麥飯之無展。膺圖受籙,則念先帝之集木馭朽,何以忽遘危亡;早朝晏罷,則念先帝之克儉克勤,何以卒隳大業。戰兢惕厲,無時怠荒,二祖列宗,將默佑中興。若晏處東南,不思遠略,賢奸無辨,威斷不靈,老成投簪,豪傑裹足,祖宗怨恫,天命潛移,東南一隅,未可保也! 垂涕,見上句注。

　　蘧常案:謝靈運《述祖德詩序》:太元中,王父龕定淮南,負荷世業。

正殿虛椒寢，蒼生望母儀〔一〕。《國風》思窈窕〔二〕，《小雅》夢熊羆〔三〕。中史頻傳敕，臺臣早進規〔四〕。願聞姜后戒，仍及會朝時〔五〕。

【彙校】
〔中史〕潘刻本、徐注本作"中使"，是。
【彙注】
〔一〕正殿二句　徐注：班固《西都賦》：正殿崔嵬，層構絕高。《漢書·谷永傳》：抑損椒房玉堂之盛寵。注：師古曰：椒房，皇后所居。《三輔黃圖》：椒房殿，在未央宮，以椒和泥塗，取其温而芬芳也。《爾雅》：室無東西廂，有室曰寢。《南略》：五月十九日，馬士英奏大計四款：一、皇太子未生，即敕慎選淑女。七月二十五日庚辰，命選淑女及内員。羣臣交章諫，不聽。十月初七辛未，命杭州選淑女。二年二月甲寅朔，命於嘉興、紹興二府選淑女。十三日丙寅，命於蘇州造大婚冠服。四月十五日，選淑女於玄暉殿。《書》：至于海隅蒼生。《晉書·后妃傳》：母儀天宇。

遽常案：《書》"蒼生"，偽孔傳云：蒼蒼然生草木，蓋謂草木所生之地，言其至廣，非謂民也。至晉人始謂人民為蒼生，如《晉書》山巨源謂王衍"誤天下蒼生"；高崧謂"安石不肯出，將如蒼生何"是也。

〔二〕《國風》句　原注：《漢書·杜欽傳》：佩玉晏鳴，《關雎》歎之，知好色之伐性短年，天下將蒙化，陵夷而成俗也。故詠淑女，幾以配上。　徐注：子夏《毛詩序》：是以一國之事，繫一人之本,謂之風。《關雎》樂得淑女,以配君子,憂在進賢,不淫其色,哀窈窕,思賢才,而無傷善之心焉。《南略》:三月丙申,有童氏自稱舊妃,自越其杰所解至。上命付錦衣衛獄。初,上嗣王之歲,封童氏爲妃,生一子,不育。遭亂播遷,與太妃各依人自活。妃在獄細書入宮日月,相離情事甚悉,求馮可宗上達。上怒弗視。又《遺聞》云:劉良佐言,童氏非假冒;馬士英亦言,苟非至情所關,誰敢與陛下稱敵體!宜迎歸內,密諭河南巡撫迎致皇子,以慰臣民之望。上命屈尚忠嚴刑拷訊,童氏號呼詛罵,尋死獄中。《明史》及《逸史》略同。

蘧常案:此似專謂選女,不涉童妃事也。

〔三〕《小雅》句 徐注:《詩·小雅》:吉夢維何?維熊維羆。事見上"正殿"句及"《國風》"句注。

〔四〕中史二句 徐注:孫蕡《驪山老妓行》:侍臣傳敕選嬌容。《南略》:科臣陳子龍奏:中使四出搜採,閭井騷然。御史朱國昌言:大者選侍宮闈,小者教習戲曲,街坊緘口,不敢一言。工科李維樾言:日來道途鼎沸,不擇配而過門,皆言王、田兩中貴強取民女,以備宮闈,致少女自刎投井,亦大不成舉動矣。 黃注:《南疆逸史》亦言"福王即位於南都一年,而兩選淑女",此"中使"兩句所由規也。

蘧常案:《聖安本紀》:十月丙寅,命于杭州選淑女。旨下,有校尉人役突入民家搜索,女子有投水自盡者。及選入,又不稱旨。上怒,命各城推戶舉首,隱匿者罪及地方鄰右,各官重處。而或言天下美女及妝飾精妙,無過蘇、杭,於是訪求之使四出矣。

〔五〕願聞二句 原注:《列女傳》:周宣王姜后賢而有德。宣王嘗早臥而晏起,后夫人不出於房。姜后既出,乃脫簪珥,待罪於永巷,使其傅母通言王。王復姜后而勤於政事,早朝晏退,繼文、武之迹，興周室之業。《詩》：會且歸矣，無庶予子憎。　徐注：《南略》：沈胤培疏請立中宮，謂今永巷無脱簪之儆。夏復《掌録》：福王在南都，狎近匪人，曰事荒燕，巷談里唱，流入大内。梨園子弟，供奉後庭；教坊樂官，出入朝房。

記得尚書巷〔一〕，先兵部侍郎府君官舍所在。于今六十年。功名存駕部〔二〕，先公疏船甲事得請，爲南京百年之利。事載《船政新書》。俎豆託朝天〔三〕。有祠在朝天宮。樹向烏衣直〔四〕，門臨白水偏〔五〕。侍郎遺石在，過此一淒然〔六〕。

【彙注】

〔一〕記得句　徐注：先生《顧氏·譜系考》：章志字子行。南京光禄寺卿，應天府尹，南京兵部右侍郎，贈都察院右都御史。

　　蘧常案：《顧氏·譜系考》尚有云：章志，嘉靖丙午舉人，癸丑進士。歷官行人，行人司副，行人司正，刑部員外、郎中，江西饒州府知府，湖廣、廣西按察司副使。然後調南京。

〔二〕功名句　徐注：《晉書·職官志》：魏尚書郎有殿中吏部駕部。張《譜》：衍生《繕寫書目》有觀海公《船政疏》一卷。《蘇州府志》：南京馬快船爲上供所需，皆衛卒領之。猝有差遣，每爲中官所摧剥，卒多逃亡，軍伍日虚。章志奏請募篙師立役，而稍益其值，減船額就之，歲約費二萬五千金、米三萬石，今衛士願輸者已得萬五千金，又願除額給米二萬，朝廷但捐銀萬兩、米萬石以佐之，則費小而惠大。上從之，遂著爲令。亡何，卒於位。其喪歸，衛士焚香哭於道。詔贈右都御史。

　　蘧常案：隋有駕部侍郎，此用隋制，謂兵部侍郎也。

〔三〕俎豆句　徐注：《江寧府志》：朝天宮即古冶城，楊吴建紫極宮,宋改天慶觀,明重建曰朝天宮。

蔣常案:《論語·衛靈公》:俎豆之事。注:祭器。此指祭祀。

〔四〕烏衣　徐注:《江寧府志·古蹟》:謝安宅在烏衣巷驃騎航側,王導宅在烏衣巷南,臨驃騎航。

蔣常案:《景定建康志》:烏衣巷在秦淮南,晉南渡,王、謝諸名族居此。《清一統志》:烏衣巷,王導、謝安居此。其子弟皆烏衣,故名。

〔五〕門臨句　原注:《古樂府·青溪小姑曲》:開門白水,側近橋梁。

〔六〕侍郎二句　原注:《唐書》:薛元超爲中書舍人、弘文館學士,兼修國史。中書省有一盤石,元超祖父道衡爲内史侍郎,嘗據而草制,元超每見此石,未嘗不泫然流涕。

千　里

【解題】

徐注:《詩》:邦畿千里。事見詩注,以詩首二字爲題。

千里吳封大〔一〕,三州震澤通〔二〕。戈矛連海外,文檄動江東〔三〕。王子新開邸〔四〕,將軍舊總戎〔五〕。登壇多忼慨,誰復似臧洪〔六〕?

【彙注】

〔一〕千里句　徐注:《荀子·彊國》:古者百王之一天下、臣諸侯也,未有過封爲千里者也。《史記‧吳太伯世家》:周武王克殷,求太伯、仲雍之後,得周章。周章已君吳,因而封之。又,壽夢立而吳始益大。

〔二〕三州句　徐注:《魏志‧蔣濟傳》:車駕幸廣陵,濟表水道難通。又,上《三州論》以諷帝。《書》:震澤底定。傳:吳南太湖也。

〔三〕戈矛二句　徐注:《元譜》:時清兵已定江、浙,大軍駐金陵,一軍駐蘇,一軍駐杭,一軍駐沿海吳淞等處。有明江南總兵吳志葵者,吏部主事夏允彝門人也,頓兵海上。又有十將官者,屯兵陳湖中,與湖旁諸生陸世鑰等,各有衆千餘。閏六月十日,明兵科給事中陳子龍、舉人徐孚遠、章簡,聞南都不守,起兵松江,與陳湖兵合。允彝又入志葵軍,爲之馳書檄,聯絡士大夫。華亭則總督兵部侍郎沈猶龍、下江監軍道荆本徹、中書舍人李待問;嘉定則左通政使侯峒曾、進士黃淳耀、總兵蔣若來;崑山則鄖陽撫治王永祚、編修朱天麟;吳江則職方吳易、總兵王蚩;太倉則總兵張士儀;宜興則行人盧象觀等互爲聲援。先生與楊永言、吳其沆、歸莊,皆佐王永祚軍。諸軍謀以松江兵攻杭,嘉定、太倉兵攻沿海,宜興兵趨南京,約伏艦舟中。獨吳志葵先進向蘇州,俟蘇州捷音至,尅日同發。　全云:乙酉六月以後吳淞起兵。

蘧常案:徐注引《元譜》,爲徐《譜》之誤。王蚩應作黃蚩,蚩,黃得功之義弟也,見《明史‧黃得功傳》。

〔四〕王子句　徐注:《南疆逸史》:六月,初八甲子,命護送潞王於杭州。又十一月十二日,周藩臨汝王寓武進。　黃注:《元譜》:順治二年乙酉,弘光元年五月初九日,清兵渡江,初十日弘光帝出走,十五日,清兵入南都,明亡。明靖虜伯鄭鴻逵、戶部主事蘇觀生奉唐王聿鍵如閩,黃道周、張肯堂等奉聿鍵稱監國。六月丁未，即位於福州，改元隆武。此"王子新開邸"，當指南都亡後之唐王言。徐注所引六月初八命送潞王於杭州，乃先一年事，見《南疆逸史》鈔本，非南都亡後之事。

　　蘧常案：徐注固誤，黄注亦非。《弘光實録鈔》云：六月乙卯，潞王監國於杭州。陳燕翼《思文大紀》、《明史》同。《南略》亦謂：乙酉五月，豫王定南都，時潞藩避杭州，六月，杭人擁戴之。《小腆紀年·宗藩傳》亦謂：南都陷，馬士英奉太后至杭州，潞王入見，諸臣請監國，王不允。説雖略異，要爲所傳聞異辭，而謂羣請監國則一，故曰"王子新開邸"也。別詳後卷四《杭州》詩第二首"南渡"二句注。《玉海》：郡國朝宿之所在京師者，謂之邸。此則通謂王之所居。

〔五〕將軍句　徐注：《魏志》：詔大將軍親總六戎。

　　蘧常案：徐注以總戎屬吴志葵，黄注則以爲鄭芝龍，然吴、鄭皆本係總戎，不得曰舊，芝龍遠在福州，尤非此詩所詠。馮貞羣《顧詩校本》以爲"當指前狼山鎮總兵王佐才"，近是。《小腆紀年·忠義傳》：佐才字南揚，崑山人。官狼山副總兵，年老休於家。乙酉夏，南都亡，知縣楊永言逃之泗州參將陳弘勳家，縣丞閻茂才遣使投誠。已，貢生朱集璜等起兵，殺茂才，以佐才宿將，推爲主。永言、弘勳亦自泗橋率壯士數百人來助。《南疆逸史·死事傳》：崑山之守，貢生陳大任議迎王佐才爲帥，佐才年七十餘矣，大任虚所居爲帥府，身自裹甲署行伍。《明史·侯峒曾傳》附朱集璜：以六月望，推舊將王佐才爲帥。曰"老休"，曰"宿將"，曰"舊將"，乃合所謂舊總戎矣。

〔六〕登壇二句　原注：《後漢書·臧洪傳》：陳留太守張邈與諸牧守大會酸棗，設壇場將盟，既而更相辭讓，莫敢先登。咸共推洪。洪乃攝衣升壇，操血而盟，辭氣忼慨，聞其言者，莫不激揚。　徐注：吳《譜》：案先生《餘集》有云：吳中諸縣，並起義兵自守，而余以母在，獨屏居水鄉不出。無夜不與陳君露坐水邊樹下，仰視月色，遥聞火礮云云。是崑邑守城事，先生一不與謀，故後得免於難。全祖望《鮚埼亭集》先生《神道表》：於是先生方應崑山令楊永言之辟，與嘉定諸生吳其沆及歸莊共起兵，奉故鄖撫王永祚以從夏文忠公於吳江東，授公兵部司務。事既不克，永言行遁去，其沆死之，先生與歸莊幸得脱。又，先生《答原一公肅兩甥書》：酸棗之陳詞慷慨，尚記臧洪。　黄注：此詩"王子新開邸"以下，當指唐王監國福州。至後三句，則因鄭芝龍而發也。《南略》云：黄道周知芝龍無意出師，自請行。《南疆逸史》亦云：時軍事皆掌於鄭氏，而芝龍殊無意出關，上屢諷之，則以餉乏為辭。江、楚之迎駕者疏踵至。上以芝龍爲不足恃，欲入楚倚何騰蛟。故曰"將軍舊總戎"。又曰"誰復似臧洪"，蓋指芝龍也。此詩上四句結南都，下四句言福京，意甚明白，而徐注以"總戎"句指上吳志葵等言，則誤矣。

　　蘧常案：此詩蓋敍弘光覆滅後，從軍蘇州時事，故起曰：千里吳封大，三州震澤通。徐松《譜》亦引此詩於從軍蘇州事下。下《秋山》詩言諸路義軍敗衂事，正相銜接，則此詩後四句自承上文言吳中軍事。隆武欲去鄭氏依何騰蛟，實在是年之冬，尚在義兵敗後，不得在義兵初起而及鄭、何事。且題爲《千里》，則全首自皆言吳封以内，不應遠及閩、楚，黄説非也。先生《答兩甥書》云"老年多暇，追憶曩遊"下有云：已而山嶽崩頽，江湖沸洶，酸棗之陳詞慷慨，尚記臧洪；睢陽之斷指淋漓，最傷南八。重泉雖隔，方寸無暎，此又一時也。即指此時事。此詩亦有臧洪云云，尤足相證。徐注雖引與《兩甥書》，惜未晰言。《元譜》云：六月仍歸語濂涇。蓋初與其事，後乃從母於常熟也,《吴譜》亦未盡然。

秋　　山 二首

秋山復秋山,秋雨連山殷。昨日戰江口,今日戰山邊〔一〕。已聞右甄潰,復見左拒殘〔二〕。旌旗埋地中〔三〕,梯衝舞城端〔四〕。一朝長平敗,伏尸徧岡巒〔五〕。胡裝三百舸,舳舳好紅顏〔六〕。吴口擁橐馳〔七〕,鳴笳入燕關〔八〕。昔時鄢郢人,猶在城南間〔九〕。

【彙校】

〔胡裝〕孫校本"胡裝"作"虞裝",韻目代字也;潘刻本、徐注本作"北去"。

【彙注】

〔一〕今日句　徐注:《明史·侯峒曾傳》附閻應元:閏六月朔,諸生許用倡言守城,遠近應者數萬人。典史陳明遇主兵,用徽人邵康公爲將,而前都司周瑞龍泊江口相犄角,戰失利。又《沈猶龍傳》:閏六月,吴淞總兵官吴志葵,自海入江,結水寨於泖湖。會總兵官黄蜚擁千艘自無錫至,與合。猶龍乃偕里人李待問、章簡等募壯士守城,與二將相犄角,而參將侯承祖守金山。八月,清兵至,二將敗於春申浦,城遂被圍,未幾破,猶龍、待問、簡等皆死。

蘧常案:《侯傳》附朱集璜:南京既亡,崑山議拒守,以六月望,推舊將王佐才爲帥,集璜及周室瑜、陶琰、陳大任等共舉兵,參將陳宏勛、前知縣楊永言爲助。清兵至,宏勛率舟師迎戰,敗還;遊擊孫志尹戰没,城陷。又《沈猶龍傳》:猶龍,松江華亭人。十七年冬,福王召理部務,乞葬親歸。明年南京失守,列城望風下。猶龍乃偕里人守城。一時忠義,例得詳書。

〔二〕已聞二句　徐注:《晉書·周訪傳》:先人有奪人之心,使將軍李恒督左甄,許朝督右甄。《左傳》桓公五年:祭仲足爲左拒。

　　蘧常案:李善注《文選》引《孫子》"長陳爲甄,右甄左拒"云云,蓋總言諸路軍之潰敗。徐注以崑山之破當之,非是。兹以崑山事移於上注"昨日"兩句下。

〔三〕旌旗句　原注:《漢書·李陵傳》:於是盡斬旌旗及珍寶埋地中。

〔四〕梯衝句　徐注:《後漢書·公孫瓚傳》:袁氏之攻,狀若鬼神,梯衝舞於城上,鼓角鳴於地中。

　　蘧常案:梯衝,即雲梯及衝車,皆攻城之具也。

〔五〕一朝二句　徐注:《史記·趙世家》:秦人圍趙括,趙括以軍降,卒四十餘萬皆阬之。王悔不聽趙豹之計,故有長平之禍焉。《戰國策》:秦王謂唐雎曰:伏尸百萬。《爾雅·釋山》:山脊,岡。郭注:謂山長脊。《説文》:巒,山小而鋭。《吴譜》:志葵既薄蘇州,參將魯之璵以三百人先登,斬胥門而入,清兵匿騎於學宮,俟其退,擊之,殲焉。既而松江破,陳子龍走;嘉定陷,侯峒曾死;而崑山兵起,死者四萬人。

　　蘧常案:長平敗,擬吴志葵蘇州之敗也。徐松《譜》"歷敍諸軍之起"下云:諸軍謀以松江兵攻杭,嘉定、太倉兵攻沿海,宜興兵趨南京,吴志葵先進向蘇州,俟蘇州捷音至,尅日同發。楊鳳苞《南疆逸史跋》以爲"此謀發自夏允彝",蓋允彝時佐吴志葵軍也。是蘇州之役,實關江南全局,及敗而全局灰矣,故以長平作比。施世傑《酉戌雜記·孫烈士傳》記此役尤詳。孫烈士者,孫兆奎也,與職方吴易倡義興復。其傳曰:閏六月,進薄郡城。會明將吳志葵來攻,其前鋒魯瑟若(案:《小腆紀年》作魯之璵。之璵名,瑟若字也)集舟數千,突門先進,縱火焚公署,城中居民號呼相應,火光接天,易軍在後。侍郎李延齡、中丞土國寶止有騎兵千餘,悉退於城東南隅。相與謀曰:人衆而囂,是無紀律,穿城而過,有輕我心,當避其銳氣,過日中,其氣必怠,破其前鋒,餘皆潰散,不足慮也。良久,見外兵棄兵仗、持運財物,乃多張旗幟爲疑兵,外兵紛紛退城外。先以輕兵挑之,衆遂亂。因縱騎夾擊,矢發如雨,大破之。乘勝逐北,殺千餘人,衆争赴船,沸聲如雷,悉皆奔散,易軍亦退。

〔六〕胡裝二句　徐注:《説文》:舸,舟也。《方言》:南楚、江、湘凡船大者謂之舸。傅毅《七激》:紅顏呈素。《嘉定屠城紀略》:婦女寢陋者,一見輒殺;大家閨秀及民家婦女有美色皆生虜,白晝宣淫,不從者釘其兩手於板,仍逼淫之。嘉定風俗,雅重婦節,慘死無數,亂軍中姓氏不聞矣。七月初六日,李成棟拘集民船,裝載金帛子女及牛馬羊豕等物三百餘艘而去。

　　蘧常案:徐引《方言》誤作《揚子法言》。又,引《嘉定屠城紀略》,末句作"往婁東",兹據原文改。

〔七〕吳口句　原注:《晉書·慕容超載記》:使送吳口千人。　徐注:《玉篇》:橐馳,駱駝也。一作駞駝。杜甫《哀王孫》:東來橐駝滿舊都。

〔八〕鳴笳句　徐注:魏文帝《與吳質書》:從者鳴笳以啓路。周伯琦《野狐嶺》詩:其陽接燕關。

〔九〕昔時二句　原注:《戰國策》:雍門司馬謂齊王曰:鄢、郢之大夫,不欲爲秦而在城南下者以百數。

秋山復秋水,秋花紅未已。烈風吹山岡,燐火來城市〔一〕。天狗下巫門〔二〕，白虹屬軍壘〔三〕。可憐壯哉縣，一旦生荊杞〔四〕。歸元賢大夫，斷脰良家子〔五〕。楚人固焚麇，庶幾歆舊祀〔六〕。句踐棲山中〔七〕，國人能致死。歎息思古人，存亡自今始〔八〕。

【彙校】
〔燐火〕徐注本："燐"古作"㷠"。
【彙注】
〔一〕燐火句　徐注：《說文》：兵死及牛馬之血爲㷠。㷠，鬼火也。
〔二〕天狗句　徐注：《史記·天官書》：天狗狀如大奔星，有聲。其下止地，類狗所墮。及望之，如火光，炎炎衝天。其下圜，如數頃田。處上兌者，則有黃色，千里破軍殺將。《越絕書》：巫門外冢者，闔閭之冰室也。《蘇州府志·城池》：北曰齊門，曰巫門。注引《吳地記》：平門外東北三里，有殷賢臣巫咸墳。亦曰巫門。
〔三〕白虹句　徐注：庾信《哀江南賦》：直虹貫壘，長星屬地。
　　　　　　　蘧常案：白虹、長星，古代傳說皆不祥之預兆也。
〔四〕可憐二句　徐注：《史記·陳平世家》：高帝南過曲逆，上其城，望見其屋室甚大，曰：壯哉縣！吾行天下，獨見洛陽與是耳。阮籍《詠懷詩》：堂上生荊杞。
〔五〕歸元二句　徐注：《左傳》僖公三十三年：先軫免胄入狄師，死焉，狄人歸其元。《禮》：賢大夫也，而難爲上矣。《戰國策》：有斷脰決腹，一瞑而萬世不視。《史記·李將軍列傳》：以良家子從軍。《明史·侯峒曾傳》：七月三日，大雨，城隅崩，清兵入。峒曾拜家廟，挈二子元演、元潔並沈於池；黃淳耀、淵耀，舉人張錫眉、董用圓，諸生馬元調、唐全昌、夏雲蛟等皆死之。其時聚衆城守而死者有江陰閻應元、崑山朱集璜之屬。應元,字麗亨,順天通州人,崇禎中爲江陰典史。清兵力攻城,應元守甚固,城中死傷無算。八月二十一日,兵從祥符寺後城入,衆猶巷戰,男婦投池井皆滿。陳明遇、許用皆舉家自焚;應元赴水,被曳出,死之。訓導馮厚敦冠帶縊於明倫堂;中書舍人戚勳令妻及子女、子婦先縊,乃舉火自焚,從死者二十人。舉人夏維新,諸生王華、呂九韶自刎死。崑山城陷,佐才冠帶坐帥府,被殺;集璜投東禪寺後河死,門人孫道民、張謙同日死;室瑜、琰、大任亦死之;室瑜子朝鑛、大任子思翰皆同死。時以守禦死者,蘇達道、莊萬程、陸世鏜、陸雲將、歸之甲、周復培、陸彥沖;代父死者,沈徵憲、朱國軾;救母死者,徐洺;自盡者,徐澂、王在中、吳行貞。

〔六〕楚人二句　原注:《左傳》定公五年:吳師居麇,子期將焚之,子西曰:父兄親暴骨焉,不能收,又焚之,不可。子期曰:國亡矣,死者若有知也,可以歆舊祀,豈憚焚之!焚之而又戰。

　　蓬常案:歸莊《悲崑山》詩云:悲崑山,崑山有米百萬斛,戰士不得飽其腹,反資賊虜三日穀。悲崑山,崑山有帛數萬匹,銀十餘萬斤,百姓手無精器械,身無完衣裙,乃至傾筐篋,發寶窖,叩頭乞命獻與犬羊羣。嗚呼!崑山之禍何其烈!良繇氣懦而計拙。身居危城愛財力,兵鋒未交命已絕。故有不能焚麇之歎乎?

〔七〕句踐句　徐注:《史記·越句踐世家》:句踐乃以餘兵五千人保棲於會稽。乃苦身焦思,置膽於座,坐卧即仰瞻,飲食即嘗膽也。

〔八〕歎息二句　黃注:此二首,言"戰江口"者,閻應元江陰之死也。言"戰山邊"者,沈猶龍松江之死與侯承祖金山之死也。"右甄"、"左拒"以下,總言諸軍之敗亡。"胡裝"數句,則言侯峒曾之死而嘉定被屠也。次首，"天狗下巫門"，則言蘇州之陷也。《元譜》：六月初七日，清豫親王方駐金陵，遣刑部侍郎李延齡、巡撫土國寶統兵莅蘇。七月初六日，下崑山城。越九日，下常熟。詩所謂"可憐壯哉縣，一旦生荊杞"也。"歸元"以下，乃統言吳中諸死難。合兩首之事言之，既不能為楚人之焚麋，則當圖句踐之復讎。

　　蘧常案：下崑山當敘在"戰山邊"中，已詳上。"天狗"以下總敘蘇州之敗，係全局成敗，故特言之。"可憐壯哉縣"云云，總敘諸城之破，不獨崑山、常熟也。下"歸元"二句，亦總敘諸城之死難者。

表　哀　詩

【解題】

　　原注：晉孫綽作《表哀詩》，其序曰：余以薄祜，夙遭閔凶。天覆既淪，俯憑坤厚，豈悟一朝，復見孤棄。不勝哀號，作詩一首。敢冒諒闇之譏，以申罔極之痛。　　徐注：《明史·列女傳》：王貞女，崑山人。太僕卿宇之孫，諸生述之女，字侍郎顧章志孫同吉。未幾，同吉卒，女即去飾，白衣至父母前，不言亦不泣，若促駕行者。父母有難色，使嫗告其舅姑。舅姑埽庭內待之。女既至，拜柩而不哭，斂容見舅姑，有終焉之意。姑含淚曰：兒不幸早亡，奈何累新婦！女聞姑稱新婦，淚簌簌下，遂留，執婦道不去。早晚跪奠柩前，視姑眠食外，輒自屏一室，雖至戚遣女奴候視，皆謝絕，曰：吾義不見門以外人。後姑病，女服勤晝夜不懈。及病劇，女入候牀前，出視藥竈，往來再三，若有所為。羣婢窺之而莫得其迹。始既進藥，

則睡覺而病立間，呼女曰：向飲我者何藥，乃速愈如是？欲執其手勞之。女縮手有難進之狀。姑怪起視，已斷一指煮藥中矣。姑歎曰：吾以天奪吾子，常憂老失所倚，今婦不惜支體以療吾疾，豈不勝有子耶！流涕久之。人皆稱貞孝女云。　全云：王太安人死節。

丕續案：《餘集·先妣王碩人行狀》：先妣年十七而吾父亡，歸於我。又十年，而先王父之猶子文學公生炎武，抱以爲嗣。

黽勉三遷久〔一〕，間關百戰深。生慚毛義檄〔二〕，死痛子輿衾〔三〕。荻字書猶記〔四〕，斑衣舞尚尋〔五〕。淒其天步蹙〔六〕，荏苒歲華侵。密葉凋秋氣，貞柯落夜陰〔七〕。國書公父訓〔八〕，女史大家箴〔九〕。未已還間望〔一〇〕，仍留恤緯心〔一一〕。霜催臨穴旐〔一二〕，風送隔鄰砧〔一三〕。白鶴非新表〔一四〕，青烏即舊林〔一五〕。欲求防墓處，戈甲滿江潯〔一六〕。

【彙校】

〔欲求句〕徐注本"求"作"尋"。丕續案："尋"與上"舞尚尋"複，作"求"勝。

【彙注】

〔一〕黽勉句　徐注：《詩》：黽勉從事。劉向《列女傳》：孟母其舍近墓。孟子之少也，嬉戲爲墓間之事，踴躍築埋。孟母曰：此非吾所以居處子。乃去，舍市旁，其嬉戲爲賈人衒賣之事。孟母又曰：此非吾所以居處子也。復徙舍學宮之旁，其嬉游乃設俎豆揖讓進退。孟母曰：真可以居吾子矣。趙岐《孟子題辭》：孟子生有淑質，幼被慈母三遷之教。

〔二〕生慚句　徐注：《後漢書》劉平等傳序：廬江毛義，家貧，以孝行稱。南陽人張奉慕其名，往候之。坐定而府檄適至，以義守令，義奉檄而入，喜動顏色。奉心賤之。及義母死，去官行服。數辟公府，爲縣令，進退必以禮。後舉賢良，公車徵，遂不至。奉嘆曰：賢者固不可測，往日之喜，乃爲親屈也。

〔三〕死痛句　徐注：《史記・正義》：孟軻字子輿。

　　蘧常案：《孟子・梁惠王》：樂正子入見，曰：君（案：謂魯平公）奚爲不見孟軻也？曰：或告寡人曰：孟子之後喪踰前喪，是以不往見也。曰：何哉，君所謂踰者？曰：謂棺椁衣衾之美也。曰：非所謂踰也，貧富不同也。

〔四〕荻字句　徐注：《宋史・歐陽修傳》：四歲而孤，母鄭親誨之學。家貧，至以荻畫地學書。案《元譜》：先生年六歲，貞孝以《大學》授先生。先生《先妣王碩人行狀》：吾母居別室中，晝則紡績，夜則觀書，至三更方息。尤好觀《史記》、《通鑑》及本朝政紀諸書，而於劉文成、方忠烈、于忠肅諸人事，自炎武十數歲時，即舉以教。

〔五〕斑衣句　徐注：《高士傳》：老萊子年七十，作嬰兒戲，著五色斑斕衣，取水上堂，詐跌，臥地爲小兒啼，欲母喜。張《譜》：弘光乙酉，先生年三十三歲。貞孝年六十五。月朔，同邑歸莊、嘉定吳其沆及從叔父穆庵、姊子徐履忱持觴登堂爲母壽，退而飲至夜半。旦日別去。貞孝誕辰爲六月二十六日。

〔六〕淒其句　徐注：詩：淒其以風。又：天步艱難。

　　蘧常案：《詩・小雅・白華》毛傳：步，行也。此指七月間其母死事。

〔七〕密葉二句　徐注：《楚辭・九辯》：悲哉，秋之爲氣也！《晉書・桓彝傳論》：貞柯罕能全其性。先生《先妣王碩人行狀》：七月乙卯，崑山陷。癸亥，常熟陷。吾母聞之遂不食，絕粒者十有五日,至己卯晦而吾母卒。八月庚辰朔,大殮,又明日而兵至矣。遺言曰:我雖婦人,身受國恩,與國俱亡,義也。汝無爲異國臣子,無負世世國恩,無忘先祖遺訓,則吾可以瞑於地下。

〔八〕國書句　徐注:《列女傳》:魯季敬姜者,莒女也,號戴己。魯大夫公父穆伯之妻,文伯之母,季康子之從祖叔母也。博達知禮。文伯相魯,敬姜曰:吾語女治國之要。

〔九〕女史句　徐注:《後漢書·列女傳》班昭:作《女誡》七篇,宮中號曰大家。

　　蘧常案:《周禮·天官》:女史掌王后之禮職,掌內治之貳,以詔后治内政。《後漢書·列女傳》:昭博學高才,有節行法度。和帝數召入宮,令皇后諸貴人師事焉。

〔一〇〕還閭望　原注:《列女傳》:王孫賈母言:女莫出而不還,則吾倚閭而望。女今事王,王出走,女不知其處,女尚何歸!

〔一一〕恤緯　徐注:《左傳》昭公二十四年:嫠不恤其緯,而憂宗周之隕,爲將及焉。

〔一二〕臨穴旐　徐注:《詩》:臨其穴。又,旟旐有翩。傳云:龜蛇爲旐。

〔一三〕風送句　徐注:謝朓《秋夜詩》:秋夜促織鳴,南鄰擣衣急。王武陵《秋暮登北樓》詩:夕陽風送遠城砧。

　　蘧常案:"砧"一作"碪",擣衣石,此指擣衣聲也。

〔一四〕白鶴句　徐注:《搜神後記》:丁令威本遼東人,學道於靈虛山。後化鶴歸遼,集城門華表柱。時有少年舉弓欲射之,鶴乃飛,徘徊空中而言曰:有鳥有鳥丁令威,去家千歲今始歸。城郭如故人民非,何不學仙冢纍纍!遂高上沖天。

〔一五〕青鳥句　徐注:《漢書》(蘧常案:當作《後漢書》,徐注誤)《王景傳》注:葬送造宅之法,若黃帝、青鳥之書也。《唐書·藝文志》：王璨新撰《青烏子》三卷。王維《酬張少府》詩：空知返舊林。

蘧常案：《抱朴子·極言》篇曰：黃帝相地理，則書青烏之説。《太平御覽·人事·聖人》篇引《圖墓書》曰：青烏、乃默皆聖人也，記人生死所由。此皆青烏傳説也。《元譜》：十二月十九日，權厝貞孝柩於司馬塋東偏。此時已定，故曰"青烏即舊林"也。

〔一六〕欲求二句　蘧常案：《禮記·檀弓上》：孔子既得合葬于防。陳注：孔子父墓在防，故奉母喪以合葬。此言亭林于離亂中葬母于仲逢公之兆，極言國憂家難，集于一身，更堅定其抗節不屈之志也。

聞　詔

【解題】

蘧常案：聞詔，謂聞明唐王聿鍵即皇帝位於福州之詔也。陳燕翼《思文大紀》：弘光元年六月，靖□伯（案：□當是虜字）鄭鴻逵、禮部尚書黃道周等，擬奉唐藩監國於閩省。二十六日，朝人民於建安，監國。省城行在在市政司。閏六月初六日，駕入城，中外文武臣僚恭勸登極，乃於二十七日即皇帝位於南郊。詔曰：朕以天步多艱，皇家末造，憂勞監國，又閱月於茲矣。天下勤王之師既以漸集，嚮義之心亦以漸起，匡復之謀亦漸有次第。朕方親從行間，鼓舞率勵，以觀厥成。而文武臣僚咸稱萃渙之義，貴於立君；寵綏之方，本於天作。時哉弗可失，天定靡不勝。朕自顧欿然，未有丕績，以仰對上帝，克慰祖宗。而臨安委轡，尊攘無期，大小汎汎，如河中之水,朕敢不黽勉,以副衆志而慰羣望。朕稽載籍,漢光武聞子嬰之信,以六月即位鄗南,即以是年爲建武元年,誕膺天命;昭烈聞山陽之信,以四月即位漢中,即以是年爲章武元年,立宗廟社稷。艱危之中,豈利大寳,亦惟是興義執言,繫我臣庶之故也。以今揆古,即以是年爲隆武(案:二字原缺,據《小腆紀年》補)元年。其承天翊運定難功臣,悉以次第進爵,行省分茅胙土,稍俟恢復,以勒勳庸;其翊運宣猷守正文臣,亦以次進級;孝秀耆宿軍民人等,俱依前諭優給。行在所有山川鬼神,除淫祠外,皆遣正官精禋祭告,以示朕續緒爲天下請命之意焉。江日昇《臺灣外紀》云:監國諭、即位詔,俱黄道周筆。案:《南疆逸史》謂隆武自撰。詩有"滅虜"云云,似所聞即位詔外,尚有親征詔也。親征詔,見下"滅虜"句注及後《李定自延平歸齎至御札》詩"一聽"句注。

　　聞道今天子〔一〕,中興自福州〔二〕。二京皆望幸〔三〕,四海願同仇〔四〕。滅虜須名將〔五〕,尊王仗列侯〔六〕。殊方傳尺一〔七〕,不覺淚頻流。

【彙校】
〔題〕此首潘刻本、徐注本無。孫校本題作"聞嘯",注云:"嘯"作"詔",作"嘯",韻目代字也。朱刻本注云:旃蒙作噩,在《表哀》後,乙酉。　〔滅虜〕孫校本"虜"作"麌",韻目代字也。　〔殊方〕孫校本"殊"作"支",以本書韻目代字例,"支"應代"夷"。
【彙注】
〔一〕聞道句　蘧常案:《明史・諸王傳》唐定王:端王碩熿,惑於嬖人,囚世子器墭及子聿鍵於承奉司,器墭中毒死。崇禎五年,碩熿薨,聿鍵嗣。七年,流賊大熾,捐金築南陽城,又援魯藩例,乞增兵三千人,不許。九年,秋八月,京師戒嚴,倡義勤王,詔切責,勒還國。事定,廢爲庶人,幽之鳳陽。十七年,京師陷,福王由崧立於南京,乃赦聿鍵出。清順治二年五月,南京降,聿鍵行至杭,遇鎮江總兵官鄭鴻逵,遂奉入閩,立於福州。吳偉業《鹿樵紀聞》:明唐王聿鍵,小字長壽,太祖九世孫也。喜讀書,好任俠。

〔二〕中興句　蘧常案:《思文大紀》:六月二十九日,南安伯鄭芝龍上箋勸駕監國,恢復中興。上答云:漢、唐中興,各有成資,今僅一隅,勢非昔比。況孤庸質,恐羞祖烈。福建布、按、都三司具箋迎賀,有"一新君臣上下之往轍,常思光武中興;亟向東西南北之人心,必奏昆陽大捷"云云。閏六月二十七日,五鼓,聖駕自督府移入布政司,燈燭輝煌,軍容壯麗,各官咸以次入,觀者如堵。至司,即入行宮,百官鵠立,始聞環佩之聲。寅時,上用袞冕玄服升殿,受朝賀,亦海濱一曠觀也。《南疆逸史》:以福建爲福京,福州爲天興府。大赦。陸圻《纖言》:隆武與光武相同者四:光武起於南陽,年四十,以乙酉歲六月即位,帝皆符之。至光武年號建武,帝年號隆武。且以黃道周爲相,鄭芝龍爲將,東南喁喁,想望中興。

〔三〕二京句　蘧常案:二京,見前《帝京篇》《黃圖》注。《思文大紀》:上答鄭芝龍云:孤倡血誠掃夷,再復兩京。

〔四〕四海句　蘧常案:《日知錄·四海》條:《周禮·校人》"凡將有事於四海山川"注:四海,猶四方也。則海非真水之名。《禹貢》之言海有二:"東漸於海",實言之海也;"聲教訖於四海",概言之海也。《詩·秦風·無衣》:修我戈矛,與子同仇。

〔五〕滅虜句　蘧常案:《思文大紀》:七月初六日,誅清使馬得敵,敕諭文武臣民曰：朕今痛念祖陵，痛惜百姓，狂夷汙我宗廟，害我子民，淫掠薙頭，如在水火。朕今誅清使、旌忠臣外，誓擇於八月十八日午時，朕親統御營中軍平夷侯鄭芝龍、御營左先鋒定清侯鄭鴻逵，統率六師，御駕親征。尚賴文武臣民，勇效智力，謀富才能，同報祖宗，以救百姓。有功者，朕必重報，再無食言。鄒漪《明季遺聞》：時文武濟濟，然兵餉戰守機宜，專諉之芝龍。芝龍泉州人。泉州郡城南三十里安平鎮，芝龍府故在焉。芝龍幼習海，知海情，凡海盜皆故盟，或出門下。自就撫後，不得鄭氏令旗，不能往來。每一舶，例入將三千金，歲入千萬計，芝龍以此富敵國。其守城兵，皆自給餉，不取於官，旗幟鮮明，戈甲堅利，故八閩以鄭氏為長城。芝龍有弟芝虎，勇冠眾軍，昔征劉香，沒於海。次鴻逵，次芝豹。一門聲勢，烜赫東南。芝龍開府於福州，集廷臣議戰守，兵定二十萬，自仙霞關而外，宜守者百七十處，每處守兵，多寡不等，計十萬；其十萬今冬精練，明春出關，一枝出浙東，一枝出江西。統二十萬之兵，合八閩、兩浙、兩粵之餉，計之尚不足。

〔六〕尊王句　蘧常案：尊王，見前《帝京篇》"尊王"句注。杜佑《通典》：漢制，羣臣異姓以功封者，謂之列侯。《南疆逸史》：封靖虜伯鄭鴻逵定虜侯，南安伯鄭芝龍平虜侯；並賜號奉天翊運中興宣力定難守正功臣，上柱國，特進光祿大夫，賜鐵券。其弟鄭芝豹澄濟伯，鄭彩永勝伯。

〔七〕殊方句　蘧常案：班固《兩都賦》：殊方異類。《漢書・匈奴傳》：漢遺單于書，牘以尺一寸。《後漢書・陳蕃傳》：尺一選舉。注：尺一，謂板長尺一，以寫詔書也。《思文大紀》：帝敕鳳陽知府張以謙：監國、登極、親征三詔，爾其善為宣布。案：當時傳布，必不止張以謙一人，故能遠及也。

十二月十九日奉先妣藁葬

【解題】

徐云：《後漢書·馬援傳》：不敢以喪還舊塋，裁買城西數畝地，藁葬而已。《注》：藁，草也。《元譜》（案：徐作吳《譜》，誤）：十二月十九日，權厝貞孝柩於少司馬塋東偏。

蘧常案：《餘集·先妣王碩人行狀》：《柏舟》之節紀於《詩》，首陽之仁載於《傳》，合是二者而爲一人，有諸乎？於古未之聞也。而吾母實蹈之，此不孝所以藁葬而不葬，將有待而後葬者也。《禮記·曲禮》：生曰父曰母，死曰考曰妣。

婁縣百里內[一]，胡兵過如織[二]。土人每夜行，冬深月初黑。扶柩已南來，幸至先人域。合葬亦其時，倉卒未可得。停車就道右，丘也聞日食[三]。魂魄依祖考，即此幽宮側[四]。三年卜天道，墓槥茂以直[五]。黽勉臣子心，有懷亦焉極[六]？悲風下高原，父老爲哀惻。其旁可萬家[七]，此意無人識[八]。

【彙校】

〔胡兵〕潘刻本、徐注本作"牧騎"，孫校本作"虞兵"。"虞"，韻目代字也。〔丘也句〕潘刻本、徐注本"丘"並作"予"；又，徐注本"聞"作"間"。

【彙注】

〔一〕婁縣　徐注：《明史》志《地理》松江府華亭注：崑山在縣西北。案：華亭，秦爲婁縣地。今婁縣乃順治十三年析華亭縣地置。

〔二〕胡兵句　徐注：《南疆逸史》：乙酉六月，李成棟以水陸兵駐吳淞，多剽敓，民憤甚，揭竿四起。團練鄉兵破成棟師於新涇，復敗之於羅店、倉橋。成棟怒，大修戰具，破婁塘，逼太倉。徐乾學《憺園集・舅母朱太孺人壽序》：歲在乙酉，王師南下，衆議登陴守禦，紛紛絜家避去，何夫人曰：老嫠婦必於此！子叟、子式兩舅與舅母，俱不敢去。未幾，城破，兩舅並遭難。《南疆逸史》：時吳中民兵十餘萬，然皆猝起，無甲仗，無馬匹，餉之所入，什不償一。我師之駐蘇者，據倉廩，憑堅城。方聞外變，督令薙髮日急，又慮民或縋城出，則嚴禁諸門，率騎巡邏。不薙髮輒殺，日殺千數人，民不能存，無已，乃如令薙髮。既薙則編入降隊，驅之登陴守禦。浙中及沿海諸旅，時復四出攻敓，所附郡邑懼禍，乃潛通官軍，遭僇殆盡，始末僅百日云。

　　蘧常案：徐注以是年六月李成棟軍駐吳淞擾民、閏六月蘇州屬行薙髮、七月崑山陷、亭林遭家難等事當之，於時於地，似皆未安。題爲十二月，詩下云"冬深月初黑，扶柩已南來，幸至先人域"，明謂是冬扶柩南來之時，胡兵過如織也。據婁東無名氏《研堂見聞雜記》：是年秋末起，婁東一帶，以復明起兵者，有張素庵、顧三麻子、荆本徹等，以此清兵徵調進擊無虛日。至十一月廿七日，猶從諸沙北，掩殺而南，屠戮無算。雖去婁較遠，然煙塵可望，其擾攘可知。詩殆指此乎？

〔三〕停車二句　原注：《禮記・曾子問》：孔子曰：昔者吾從老聃助葬於巷黨，及堩，日有食之。老聃曰：丘，止柩就道右，止哭以聽變。既明反，而後行。

　　蘧常案：《先妣王碩人行狀》：古人有雨不克葬者；有日食而止柩就道右者；今之爲雨與日食大矣！

〔四〕魂魄二句　徐注：先生《先妣王碩人行狀》：先王父卒。其冬,合葬先王父、先王母於尚書浦之賜塋如禮,而家事日益落。又,十二月丁酉,不孝炎武奉柩藳葬於先考之墓旁。

  蘧常案:幽宫,泉壤也。

〔五〕三年二句 徐注:《左傳》哀公十一年:子胥將死,曰:樹吾墓檟。檟,可材也。吴其亡乎? 三年,其始弱矣。盈必毁,天之道也。

〔六〕黽勉二句 蘧常案:"臣子心",蓋自謂,意在復國而後安葬。

〔七〕其旁句 徐注:《史記·淮陰侯列傳》:太史公曰:其母死,貧無以葬,然乃營高敞地,令其旁可置萬家。

〔八〕無人識 徐注:李賀詩:天荒地老無人識。

上吴侍郎昜

【解題】

  蘧常案:"昜"或作"陽",或作"易",似作"昜"是。"昜"訓日出,故字日生。"陽"亦訓"日",見《詩·小雅·湛露》傳,故又通作"陽"。"昜"、"陽"則古今字。張岱《石匱書後集·丙戌殉難列傳》:吴昜(案:原作"易",誤),字日生,南直吴江人。祖山,禮部尚書。昜有文名,以天下爲己任。登崇禎癸未進士。方謁選兵部主事,聞駕崩,潛歸。南都正位,因著《恢復中興四議》,將具疏,聞馬士英用事,不果上。撫卷太息曰:吾不知死所矣! 乙酉五月,南都陷,昜遂練舟師于太湖,江東號吴兵最爲矯勁,出没不常,清兵餉道多被阻絶。表於監國魯王,請爲内應,授昜蘇松巡撫都御史。繼聞越中誤從間諜,遂密疏上之,幸不墮其計中,因懸長興伯以待昜。丙戌正月,復吴江,殺知縣孔。五月,復嘉善,殺守將王。及越師饑潰,昜之舟師尚漂忽不解。清懸賞三千金購昜,有小將賣昜,通清兵縛之,不屈,被難。《明史·楊文驄傳》:其時起兵旁掠州縣者,有吳易,生有膂力,趫弛不羈。福王時,謁史可法於揚州,可法異其才,題授職方主事,爲己監軍。明年,奉檄徵餉江南,未還而揚州失。已而吳江亦失,易走太湖。與同邑舉人孫兆奎,諸生沈自駉、自炳,武進吳福之等謀舉兵。旬日得千餘人,屯於長白蕩,出沒旁近州縣,道路爲梗。唐王聞之,授兵部右侍郎兼右僉都御史,總督江南諸軍。文驄奏易斬獲多,進爲兵部尚書。魯王亦授易兵部侍郎,封長興伯。《弘光實錄鈔》:八月二十一日,北兵大舉破其營。其明年,易潛至嘉善,有輸情於北者,遂爲所獲。《研堂見聞雜記》:時貝勒征錢塘,解至軍前,欲官之,不屈,遂赴法死。

烽火臨瓜步〔一〕,鑾輿去石頭〔二〕。蕃文來督府〔三〕,降表送蘇州〔四〕。殺戮神人哭,腥汙郡邑愁〔五〕。依山成斗寨,保水得環洲〔六〕。國士推司馬〔七〕,戎韜冠列侯〔八〕。師從黃鉞陳〔九〕,計用白衣舟〔一〇〕。曹沫提刀日〔一一〕,田單仗錘秋〔一二〕。春旗吳苑出〔一三〕,夜火越江浮〔一四〕。作氣須先鼓,爭雄必上游〔一五〕。軍聲天外落〔一六〕,地勢掌中收〔一七〕。征虜投壺暇〔一八〕,東山賭墅優〔一九〕。莫輕言一戰〔二〇〕,上客有良謀〔二一〕。

【彙校】
〔題〕此首潘刻本,徐注本無。朱刻本,孫校本"暘"作"陽";冒校本作"易",誤。朱出注云:以下柔兆閹茂,在《延平使至》前,丙戌。孫託荀校本注云:在《十二月十九日詩》後。
【彙注】
〔一〕烽火句　蘧常案:《南史·宋本紀》:文帝元嘉二十七年,十二月庚午，魏道武帝率大衆至瓜步，緣江六七百里，舳艫相接，帝登烽火樓極望，不悅。樂史《太平寰宇記》：瓜步山在六合縣東南三十里，東臨大江。齊時築城山側，名曰瓜步。案：此借謂瓜州。《名勝志》：瓜州在揚州南，本名瓜州渡，亦名瓜州村，揚子江之砂磧也。唐爲鎭，今其上有城。《弘光實錄鈔》：弘光元年，四月乙亥，北兵入瓜州。總兵張天祿、張天福、孔希貴、李成棟、李世春、王之綱等，皆投入北營。丁丑，北兵破揚州，大學士史可法、知府任民育死之，北兵遂屠其城。

〔二〕鑾輿句　蘧常案：班固《西都賦》：乘鑾輿，備法駕。鑾輿，即帝王所乘之車也。亭林《聖安本紀》：五月庚寅，旦，清陷鎭江府。辛卯，夜二鼓，上出通濟門，幸太平。困密齋主人《播遷日記》：乙酉五月初十日，北風甚急，北兵渡江，由七里灘進逼京城。時已將晡，弘光計無所出，召內官韓贊問策。韓云：此番勢既洶湧，我兵單力弱，戰守和無一可者，不若御駕親征，濟則可以保社稷，不濟亦可以全身。弘光可其議。即刻趣裝跨鞍，從通濟門出。石頭，見前《帝京篇》"塘周"二句注。

〔三〕蕃文句　蘧常案：《周禮・秋官・大行人》：九州之外，謂之蕃國。葉紹袁《啓禎記聞錄》：乙酉，五月二十五日，南京差來安撫鴻臚寺卿黃家鼒、通判周荃、參將吳某，先至虎丘，移文坐管游擊府，知會迎接，索取蘇州府冊籍。二十六日，奉府（案：此下似有闕文。）各廳衙役及武弁等備儀從，執香迎接。撫入坐府堂，告示張挂府前，稱大清國順治二年，奉欽命定國大將軍豫王令旨，大意謂順從者秋毫無犯，抗逆者維揚爲例。錢牧齋另有印記告示，詔諭慰安。案：所謂豫王即多鐸；所謂令旨，即此所云"蕃文"也。詳見《播遷日記》。錢謙益告示，蓋與趙之龍等聯名，見陸圻《纖言》。

〔四〕降表句　蘧常案：《新五代史·後蜀世家》：李昊事王衍爲翰林學士。衍之亡也，爲草降表。至孟昶時，又草焉。蜀人夜表門曰：世修降表李家。案："降表送蘇州"，不知何指。以先生自言，當謂崑山，《啓禎記聞録》云：崑山庠生朱應鯤因獻本縣册，遂令爲長洲縣令；如以吳暘言之，當謂吳江，《南疆逸史·吳易傳》云：六月，大兵徇吳江，縣丞朱國佐以城降。姑兩著之。

〔五〕殺戮二句　蘧常案：《研堂見聞雜記》：蘇郡之薙頭也，以閏六月之十二日。楊文驄者，盤桓湖藪間，觀釁而動。薙頭令下，以爲民必生心，是可乘也，疾驅而至。城内民亦狂呼應，城内亂，如是者一日。楊去，城内人亦氣盡。李侍郎欲屠城民，至十六日，以三十六騎，自北察院殺而南，及葑門，老稚無孑遺。七月初三日，嘉定已破，屠戮無遺，掠資重婦女無算。初六日，崑山復破，殺戮一空，其逃出城門踐溺死者婦女嬰孩無算。崑山頂上僧寮中，匿婦女千人，小兒一聲，搜戮殆盡，血流奔瀉，如澗水暴下。兩邑之慘，惟崑爲甚，嘐次之。虞山破，男女殺死頗不亞於崑。吾城（案：謂婁）七月三十日，兩路人馬擁出，凡叢竹茂林及蘆葦深處，無不窮搜。沙鎮南則三四里以賒，鎮北則常熟界，鎮東則東洋涇，西則自鎮止，方幅數十里，殺人如麻。初一日，兵至橫涇，所過柴蕩，約百餘畮，蘆葦叢密中，藏人數千，小兒一聲，數千人立盡。日中火起，煙燄蔽天，一市焚燒大半，殺人更慘於沙溪。初二日，兵至直水，鎮上一空，殺人僅百。至任陽，殺人及千計。是役也，沙溪、橫涇兩所，掠婦女千計，牛亦千計，童男女千計，殺人萬計，雞犬之屬不勝算，積尸如陵。七浦塘一水，蔽流皆尸，真可哭可涕！

〔六〕依山二句　錢云：《宋史·劉子羽傳》：子羽以潭毒山形斗

拔,其上寬平有水,乃築壁壘,十六日而成。

　　蘧常案:謝靈運《於南山往北山經湖中瞻眺》詩:側逕既窈窕,環洲亦玲瓏。《南疆逸史·吴易傳》:六月,大兵徇吴江,縣丞朱國佐以城降。有諸生吴鑑者,欲起兵誅之,國佐執送蘇州,殺于胥門。易聞而憐之,起兵擒國佐,授其父,令殺以祭鑑。於是舉人孫兆奎、諸生華京、吴旦等,皆募兵至。以水師千餘人屯長白蕩,出没五湖、三泖間,多所殺傷。《小腆紀傳·吴易傳》:松江盜首沈潘,劫掠不常,易計擒之,降其衆,獲船七十。時部郎王期昇、吴景亶等起兵西山,不及易强,多棄之來歸。案:《弘光實録鈔》謂吴易建義於太湖。《思文大紀》謂與楚通城王起義東湖。長白蕩爲太湖之一部,在太湖東,曰太湖,曰東湖,曰長白蕩,其實一地也。是時,義軍在太湖一帶者凡數起,吴暘外有黄蜚等爲一起,吴縣生員陸世鑰、沈自徵、自駉、自炳等爲一起,總兵李某、生員任源邃、吴福之、徐安遠等爲一起,長興縣民金有鑑(案:或作"鑑")、許昇、沈磊、沈士宏、金黼色等爲一起,時與暘會合,謀恢復,然皆別將,各爲一路,不相統率也。《明史》謂暘與沈自駉、自炳、吴福之同起兵,誤。奉通城王盛澂者,《弘光實録鈔》以爲葛麟、金有鑑;《小腆紀年》以爲金有鑑、王期昇等,《思文大紀》以暘爲同起,亦誤。

〔七〕國士句　蘧常案:國士,見前《感事》詩第三首"登壇"二句注。《周禮·夏官·司馬》:立夏官司馬,使帥其屬而掌邦政,以佐王平邦國。政官之屬:大司馬,卿一人;小司馬,中大夫二人;軍司馬,下大夫四人。案:時暘受兵部侍郎之命,故以"司馬"爲況。

〔八〕戎韜句　蘧常案:庾信《哀江南賦》:侍戎韜於武帳。列侯,見前《帝京篇》"尊王"句注。《研堂見聞雜記》:日生喜談兵,結劍客奇材,走馬持槊,爲恢復事跳身湖海,結義勇出入波濤,爲巨敵。大兵四面圍殺,終不能盡其根株,隱然抵東南半壁。《弘光實錄鈔》:吳易退居湖中,乘間出殺北兵,浙、直震動,王上以兵部侍郎命之,封長興伯。案:"王上",謂魯監國也。已見題注。《南疆逸史‧吳易傳》謂閩封忠義伯,當是隆武二年五月事。

〔九〕師從句　蘧常案:《書‧牧誓》:王左杖黃鉞,右秉白旄以麾。崔豹《古今注》:金斧,黃鉞也。鐵斧,玄鉞也。三代通用之以斷斬。案:師從黃鉞陳,似曾別有所從。《思文大紀》謂瑒與通城王起義,雖不確,然或有從王征討之事乎?

〔一〇〕計用句　蘧常案:《三國志‧吳書‧呂蒙傳》:蒙至尋陽,盡伏其精兵䑺艫中,使白衣搖櫓,作商賈人服,晝夜兼行,至羽(案:謂關羽)所置江邊屯候,盡收縛之,是故羽不聞知,遂到南郡。《明季南略》:吳易計擒沈潘,併其衆。居無何,易拜衆曰:鎮江諜報,清兵二千,某時過此,願邀之。遂僞作農船,每里伏兵於湖濱,凡三十里。清兵夜至,不疑,過半,伏發,以長戈擊之,應手而墮。其地左河右湖,中岸頗高,清兵止短刀,無舟不得近,大發矢,衆以平基蔽之,河側復以火器夾擊,遂敗。(案:此下有丙戌元夕入吳江事。此詩作於乙酉歲杪,則入吳江事,不應闌入,略之。但下又敍湖中長橋及土國寶遣人僞降誘擊諸戰事,按其敍次,當亦丙戌事。然僞降反擊一事,即《小腆紀年》所敍石椿橋之役也。此役,《紀年》敍在乙酉八月,《弘光實錄鈔》以爲八月二十一日,則上兩事,或更在其前矣。《南略》紀時前後顛倒,不足盡憑,姑著於此。)鎮將吳勝兆入吳江肆掠,舟重難行,見岸上白衣四人,擒之,使挽舟。問曰:見白羅頭賊否?(案:瑒軍以白羅纏頭爲識,世號"白頭軍",故名。或謂以白布纏腰,非。)曰:見之。問:幾何？曰：三十號。清兵恃衆不戒，呼曰：蠻子速進！俄，四人拔刀，將舟中兵盡殺之。後兵見而疾追，遥望湖中泊舟，兵至即散。復追之，忽礟發，飛舸四集，矢礟突至，烟火迷天，咫尺莫辨。勝兆勢急，棄舟走，兵亦委輜重而潰。凡斬將數人，勝兆大沮，謂渡江以來，未有此敗。已而率三千人復至吳江，經長橋，易用草人裝兵，清兵射之，易度箭盡，乃戰，大敗之。《弘光實錄鈔》：北兵大舉入湖，易先令士卒之善舟者，雜農民散處湖畔。北兵掠民船千餘，即湖畔捕人操之，義兵遂操北人之舟，鼓棹而出。至中流，盡棄棹而入水，鑿沈其船，北兵盡殱焉。《思文大紀》：都御史楊文驄疏陳吳易斬僞將廿三員，殱敵三千餘級，獲船五百餘隻，衣甲器械無算。

〔一一〕曹沫句　蘧常案：《史記·刺客列傳》：曹沫者，魯人也。為魯將，與齊戰，三敗北，魯獻遂邑之地以和，猶復以爲將。齊桓公許與魯會於柯而盟。曹沫執匕首劫齊桓公，桓公乃許盡歸魯之侵地。案：此事似暗謂吳昜石椿橋之敗。施世傑《酉戌雜記》：七月二十日，嘉興總鎮李遇春兵五十四艘，自平望至白龍橋，列陳三十里。易與兆奎夾擊，遇春兵敗而退。未幾，吳提督勝兆軍至，與戰，互有勝負。兆奎率銳卒伏蘆葦中，昏時，大兵過之，為所襲殺甚衆。易衆釃酒相賀。俄而勝兆合四郡兵至石椿橋，諸港路皆斷絶，易軍無見糧，營中震慴。黎明，王師八面環攻，會陰雨連旬，舉礟礟不震；持弓弓弦解。兆奎往來督戰，自寅至午，王師益多，易衆内潰。易與驍騎乘小船南走，餘兵悉爲大兵所俘，八月二十二日事也。兆奎爲兵所縛，不屈死之。《小腆紀年·吳易傳》：易之潰圍走也，舟重人盡覆，泗水半里。從子某見水面紅快鞋，謂易已死，以追兵急，不得絜取之，繫船尾。行半里許，始舉視之，尚未死，張目問曰：吾兵尚有幾何？左右曰：百人耳！易曰：

速返追擊,此去必獲大勝！果奪其輜重而還。

〔一二〕田單句　蘧常案:《戰國策·齊策》:田單問魯仲子,魯仲子曰:將軍之在即墨,坐而織蕢,立而丈插,爲士卒倡。姚宏注:插、鍤同。《史記·田單列傳》:齊諸田疏屬也。燕使樂毅伐破齊,單以即墨拒燕。知士卒之可用,乃身操版插,與士卒分功,遂夷殺其將騎劫。

〔一三〕春旗句　蘧常案:庾信《三月三日華林園馬射賦序》:楊柳共春旗一色。倪璠注:春旗,青旗也。《淮南子》云:建青旗。注:熊虎曰旗。《漢書·枚乘傳》:圈守禽獸,不如長洲之苑。注:服虔曰:吴苑。《明一統志》:長洲苑在今蘇州府太湖北岸。案:此當謂吴昜與陸世鑰等進薄蘇州事。詳上《秋山》詩第一首"長平"二句注。

〔一四〕夜火句　蘧常案:《淮南子·兵略訓》:險則用騎,涉水多弓,隘則用弩,晝則多旌,夜則多火,晦冥多鼓,此善爲設施者也。《越絕書》:子胥知變,爲詐兵兩翼,夜火相應。案:"越江"當是泛指浙江。竊疑吴昜曾與通城王合兵,上已言之。王部將金有鎰等,曾拔湖州,取長興,見《小腆紀年》,疑昜或與焉。故曰"夜火越江浮"乎？或以徐芳烈《浙江紀略》所云"吴昜至海鹽,殺北令之事"當之,則丙戌四月事,非此時所及知也。

〔一五〕爭雄句　蘧常案:《文集·形勢論》:夫取天下者,必居天下之上游,而後可以制人。人知高皇帝之都金陵,而不知高皇帝之所以取天下。當江東未定,先以大兵克襄、漢,平淮安,降徐、宿,而後北略中原,此用兵先得地勢也。《史記·項羽本紀》:古之帝者,地方千里,必居上游。裴駰《集解》:文穎曰:居水之上流也。案:施世傑《孫烈士傳》云:議者以爲天下大勢,始於北而終於南,江南所恃,惟在水戰。而大兵深入,諸險要爲所守,舟楫無所用其長,奇智無所用其權,時勢如此,而欲圖功,難矣。兆奎曰:我豈不知國家大勢不在江南,戎馬至此,而欲禦之,無異浮步於牛涔,行兵於井底!但恨神州陸沈,兩都茂草,在北諸臣,死節寥寥,在南諸臣,義聲寂寂,以養士三百年之天下,一朝至此,誠可慨也!我故欲身殉之,一以鼓義士之氣,一以羞懦夫之顏,上不負列宗累世之厚澤,下不負男子平生之壯志,其成與否,聽之而已!暘與兆奎合志同方,當亦類此見解,故詩以爲風乎?

〔一六〕軍聲　蘧常案:張衡《東京賦》:坐作進退,節以軍聲。

〔一七〕地勢句　蘧常案:《明史・太祖本紀》:太祖曰:吾欲先取山東,撤彼屏蔽;移兵兩河,破其藩籬;拔潼關而守之,扼其戶檻;天下形勝入我掌握。然後進兵,元都勢孤援絕,不戰自克。

〔一八〕征虜句　蘧常案:《後漢書・祭遵傳》:建武二年春,拜征虜將軍。遵爲將軍,取士皆用儒術,對酒設樂,必雅歌投壺。

〔一九〕東山句　錢云:《嘉泰會稽志》:東山因謝太傅而名者三,一在金陵。案《列傳》云:及登台輔,於土山營墅,樓館林竹甚盛。每攜中外子姪,往來游集。《建康志》云:謝安故居在會稽東山(蘧常案:顧祖禹《讀史方輿紀要》云:東山在上虞縣西南四十五里),後入朝,乃於此營築以儗之。

　　蘧常案:《晉書・謝安傳》:征西大將軍桓溫請爲司馬,將發新亭,朝士咸送。中丞高崧戲之曰:卿累違朝旨,高臥東山,諸人每相與言,安石不肯出,將如蒼生何?蒼生今亦將如卿何?安甚有愧色。孝武帝進安中書監,錄尚書事。時符堅強盛,疆場多虞,安遣弟石及兄子玄等,應機征討,所在克捷。堅後率衆號百萬,次於淮、肥,京師震恐。加安征討大都督。玄入問計,安夷然無懼色,答曰:已別有旨。乃令張玄重請,安遂命駕出山墅,與玄圍棋,賭別墅。安常棋劣於玄,是日玄懼,便爲敵手,而又不勝。安顧謂其甥羊曇曰:以墅乞汝。至夜乃還。指授將帥,各當其任。玄等既破堅,有驛書至,安方對客圍棋,看書既竟,便攝放牀上,棋如故。客問之,徐答云:小兒輩遂已破賊。既罷,還内,過户限,不覺屐齒之折。其矯情鎮物如此。《太平寰宇記》:古檀城在金華橋東,晉謝安石圍棋賭得別墅,乞與外甥羊曇,即此也。案:錢肅潤《南忠紀兵部職方吴公傳》云:所居用李青蓮"但用東山謝安石,爲君談笑靖胡沙"句爲堂聯,滅奴蕩寇,其素志也。故詩以謝安爲況。《研堂見聞雜記》云:吴日生與余有文字交,其人飄飄秀雅,寡言笑,絶無名士習。相遇意甚惆惆,初不意其作此志局也!

〔二〇〕莫輕句　蔥常案:此即下《春半》詩"中原有大勢,攻戰不在多"之意,與上"爭雄必上游"相應。《南疆逸史·吴易傳》云:明年春,吴江人周瑞復起兵長白蕩,江副將討之而敗,八百人皆死,軍聲復振,遂迎易入營。此詩作於乙酉歲杪,此時易已有興復之謀,亭林知之,故勉其持重也。

〔二一〕上客句　蔥常案:"上客",當謂陳子龍。近人柳亞子《吴日生傳》云:日生夙聞陳子龍之英名,延之爲謀主。考子龍在弘光時,曾請募練水師,其疏有云:臣伏思君父之仇,不可不報;中原之地,不可不復。然必保固江、淮,以爲中興之根本。守江之策,莫急水師(案:疏見《南略》)。可知治水軍,爲其素所主張者也。《思文大紀》:楊文驄疏陳吴易大捷,上知大悦,准加陞行在兵部尚書。下云:陳子龍准加陞行在兵部添注右侍郎,兼侍讀學士。可知吴軍大捷,與子龍有關,故同獎也。其爲謀主無疑,徐芳烈《浙東紀略》云:丙戌,二月,僉都御史吴易以密書潛訂期納崇德原任禮部主事曾廣全(案:"全"應作

"佺")□南來,知長興、宜興密報恢復。吳江、嘉善近復底平,皆援剿浙、直副總沈鎮、徐桐生佐吳易,受朱大定指縱之所爲也。或亦與"上客良謀"有關乎?

李定自延平歸齎至御札 _{已下柔兆閹茂}

【解題】

徐注:順治三年丙戌。《明史·諸王傳》:聿鍵立於福州。是時,李自成敗死通山,其兄子李錦帥衆降於湖廣總督何騰蛟。侍郎楊廷麟、祭酒劉同升起兵復吉安、臨江。於是廷麟等請聿鍵出江右,騰蛟請出湖南。原任知州金堡言騰蛟可恃,芝龍不可恃,宜棄閩就楚。聿鍵大喜,遣蘇觀生先行募兵。十二月,發福州,駐建寧。明年二月,駐延平。張《譜》:乙酉,先生年三十三歲。唐王遙授先生兵部職方司主事。丙戌,三十四歲。三月,唐王將入贛州,鄭芝龍使軍民遮留,不得行,乃駐延平。　全云:奉職方之召。　戴注:是年唐王密遣使召先生,不果往,但誌感而已。　黃注:《元譜》:唐王即位福州,遙授先生職方司主事。此詩張《譜》列於翌年丙戌,蓋遙授在上年,而作詩在翌年丙戌之春也。李定乃亭林家人,自延平歸。蓋亭林命其赴閩,而唐王是時知芝龍不可恃,欲從何騰蛟,乙酉十二月發福州,駐建寧,明年二月駐延平,李定自延平歸,齎至御札,即遙授兵部主事之札也。故詩中"身留"二句,明其不能赴職。"一聽綸言",蓋指李定所齎十一月親征詔書。是時唐王在延平,何能命使至蘇州,以詔書示蘇人乎?徐注引七月朔唐王親征詔,實誤。　冒云:先生是年年三十四。

蔣常案：是歲爲丙戌，即明隆武二年，八月亡。十一月明桂王朱由榔即位於肇慶，仍稱隆武二年，以明年爲永曆元年。唐王朱聿鐭立於廣州，稱紹武元年，十二月亡。魯監國元年。公元一六四六年。題曰自延平歸，則自爲先生所遺，若爲隆武所使，則不得曰歸矣。御札指授職方札，黃説是。餘詳下。明于愼行《穀山筆麈》：唐制，降詔之外，有所訪於羣臣，則用朱書御札，今内降御札，猶用朱書，其例昉此。

春風一夕動三山[一]，使者持符出漢關[二]。萬里干戈傳御札[三]，十行書字識天顔[四]。身留絶塞援枹伍[五]，夢在行朝執戟班[六]。一聽綸言同感激[七]，收京恭待翠華還[八]。

【彙校】
〔題〕潘刻本、徐注本作《延平使至》。　〔持符〕潘刻本、徐注本，"符"作"旌"。丕續案：時江南已淪陷，自以暗傳符信爲是，作"持旌"非。　〔御札〕潘刻本"御"作"□"。　〔天顔〕潘刻本"天"作"□"。　〔綸言〕潘刻本作"□□"。冒校本"言"作"音"。　〔收京句〕潘刻本，"京"作"□"，"恭"作"遥"，"翠華"作"□□"。徐注本"恭"作"遥"。冒校本"翠華"作"乘輿"。

【彙注】
〔一〕三山　徐注：曾鞏《道山亭記》：城之中三山：西曰閩山，東曰九仙山，北曰粤王山。　黃注：《福州志》：城中三山：東南曰于山；西南曰烏石山，一曰道山；北曰越王山，一曰閩山。
〔二〕使者句　徐注：《舊唐書·薛仁貴傳》：童謠曰：壯士長歌入漢關。　黃注：漢關非謂玉關也，對東胡言，故稱漢耳。《南疆逸史》：芝龍議戰守事宜，自仙霞關外，當守者一百餘處。又言道周自請出關，芝龍無意出關，皆指仙霞關而言也。

蘧常案：黃說是。使者自延平至蘇，必出仙霞關也。又，《史記・孝文本紀》：初與郡國守相為銅虎符、竹使符。應劭曰：竹使符，以竹箭五枚，長五寸，鐫刻篆書第一至第五。

〔三〕萬里句　徐注：杜甫《送顧八分文學適洪吉州》詩：御札早流傳。《南略》：王性率直，喜文翰，灑灑千言。《南疆逸史》：勤於聽政，披閱章奏，丙夜不休。上書陳言軍國大事者，輒以手詔答之。素好讀書，博通典故，手撰三詔、與魯監國書，羣臣皆莫能及。

〔四〕十行句　徐注：《後漢書・循吏傳》：光武一札十行。細書成文。

〔五〕身留句　徐注：吳《譜》：先生三十四歲。將往閩，行赴職方之詔，以母喪未葬，不果行。全祖望《亭林先生神道表》：次年閩中使至，以職方郎召，欲與族父延安推官咸正赴之，念太安人未葬，不果。　黃注：案句意謂身爲絕塞援枹之伍，而留在故鄉，並非謂身留絕塞也。觀後篇《塞下曲》云：趙信城邊雪化塵，紇干山下雀呼春，即今三月鶯花滿，長作江南夢裏人。則知此句所謂"絕塞"者，蓋指遼東失地言之也。

蘧常案：黃說似迂。"絕塞"，當即後《墟里》詩"自我陷絕域"之"絕域"，後卷二《拜先曾王考木主於朝天宮後祠中》詩，"山河今異域"之"異域"，亦即前《感事》詩"黃河是玉關"之意。弘光初立，時以黃河爲玉關，此時則以三吳爲"絕塞"矣。不能赴行在，故曰"身留絕塞"；尚擬圖恢復，故曰"援枹伍"也。

〔六〕夢在句　徐注：鄭谷詩：相望在行朝。邵廷采《東南紀事》：羣臣多勸進，乃許之。以布政司爲行在，門曰行在大明門。

百官俱稱行在。《史記·淮陰侯列傳》：臣事項王，官不過郎中，位不過執戟。李東陽《擬古樂府》詩：白衣領蔭襲，立在執戟班。黃注：句意謂兵部職方主事，其職爲"行朝執戟"之班，以母喪未葬不果赴，惟有夢往耳。

〔七〕一聽句　徐注：《禮》：王言如絲，其出如綸。《東南紀事》：乙酉七月朔，王下親征詔曰：朕痛念祖陵，閔茲萬姓，中心搖搖，如在水火。擇於八月十八日，亭午禡祭，親統六師。尚賴文武諸臣，襄力效謀，有功者賞，朕不爾負。又敕何成吾曰：兵行所至，不可妄殺，有髮爲順民，無髮爲難民，此十字可切記也！又敕曰：朕自許忠孝，爲法受過，百折千磨。今爲祖宗復仇，有進無退。宗卿朕猶子行，其克悉朕心，出險亨屯，助朕以助祖宗。　黃注：徐注引《東南紀事》乙酉七月朔，王下親征詔，以爲"一聽綸言"，蓋謂此也。惟予考唐王即位，鄭芝龍無意出兵，黃道周乃自請出關，芝龍僅給羸卒千人，資一月糧。七月辛未，道周率以行，並無下詔親征事。八月，金堡朝於行在，勸上親征，於是決計自贛入楚，遂類於上帝，禋於太廟，禡於社稷，以鄭鴻逵爲左先鋒，出浙江，鄭彩爲右先鋒，出江西，駕幸西郊，行授鉞禮而已。直至十一月，始下詔親征，以唐王聿𨮁、鄧王鼎器監國，芝龍留守，皆見《南疆逸史》，故予謂"一聽綸言同感激"，蓋謂十一月親征詔書也。

　　蘧常案：徐注引《東南紀事·親征詔》，與上《聞詔》詩"滅虜"句注引《思文大紀》大同小異，疑《大紀》爲原文，《紀事》則加潤色，姑兩存之。下詔實在七月，徐注引《東南紀事》，不誤。惟《思文大紀》云"七月初六日，誅清使馬得敵，下書敕諭人民"，即《紀事》所謂《親征詔》也。中有云"今誅清使"，是下詔當爲七月初六，或初六以後數日，《紀事》云"七月朔"，約計耳。黃謂七、八兩月皆無親征詔書，直至十一月始下者，殊不實。《南疆逸史》雖有"十一月下詔親征"語,然詔文未載;《思文大紀》,近人朱希祖以爲出隆武近臣陳燕翼手,載當時詔令最爲詳贍,亦不載十一月親征詔文。且《逸史》所云唐、鄧二王監國,考《大紀》亦爲七月間事。是《逸史》誤以七月間事爲十一月,遂更誤七月詔書爲十一月矣。其不實可知,何足據也!

〔八〕收京句　徐注:《舊唐書·肅宗紀》:至德二載,廣平王俶、郭子儀等收復兩京。司馬相如《上林賦》:建翠華之旗。杜甫《北征》詩:都人望翠華。

　　蘧常案:《思文大紀》:乙酉,八月二十八日,派定執駕官員三十名,仍令工部多添石青翠色於天層上,始稱翠華之名。翠華,指唐王朱聿鍵也。

海　上　四首

【解題】

　　全云:浙江失守。　戴注:是年十一月,唐王走汀州被獲,《海上》以下諸作,皆感觸詠懷之作也。　黃注:是年亭林未嘗至海上,據《南疆逸史》,丙戌六月,清兵渡江,魯王由江門入海,其時唐王猶駐延平。亭林此詩作於秋間,則在魯王入海之後。是時鄉居登山,千里望海而作。首章感魯王之入海,以下皆唐王、魯王並言,故胥臺、秦望、冶山、乍浦、南沙、蕪城全不就海上言,知此四首爲未嘗至海上,蓋千里望海而作也。

　　蘧常案:全謂浙東失守而作,是。《南疆逸史·紹宗紀略》云:八月二十三日丁酉,大兵至延平,上先一日啓行如汀州。九月辛丑朔,上駐汀州,將至江西,大兵猝至,見害於都司署。此詩作於是年秋,當時民間傳訊濡滯,何能及知隆武九月之變？戴本吳《譜》謂爲"唐王被獲,感觸而作",非。

日入空山海氣侵,秋光千里自登臨〔一〕。十年天地干戈老〔二〕,四海蒼生痛哭深。水湧神山來白鶴,雲浮真闕見黄金〔三〕。此中何處無人世,祇恐難酬烈士心〔四〕。

【彙校】
〔白鶴〕潘刻本,徐注本,吴、汪兩校本"鶴"皆作"鳥"。 〔真闕〕潘刻本,徐注本,吴、汪兩校本皆作"仙闕"。

【彙注】
〔一〕登臨 黄注:登臨者空山,非登臨海上也。
〔二〕十年句 黄注:亭林《答徐甥公肅書》云:憶昔庚辰、辛巳之間,國步阽危,方州瓦解,而昊天不弔,大命忽焉,山嶽崩頽,江河日下。考庚辰、辛巳,爲崇禎十三、四年,此詩作於丙戌,則上數蓋七年矣,曰十年,舉大數也。上句言"登臨",此句言"老",皆自謂也。是年亭林三十四歲,而曰"老"者,蓋十年間在天地干戈中過去,已逾壯年矣,安得不老！徐注似未得解。

蘧常案:先生十六歲時,義軍已大起陜西,廿一歲已至河北、河南,明年且及湖北、四川,廿四、廿六歲時,清兵連年大入塞,明年且深入濟南,前時之入侵無論已,固不待庚辰、辛巳也。自此上溯,蓋已十餘年,曰十年,正舉成數。黄注專據《與公肅書》言之,未確。餘説是。
〔三〕水湧二句 徐注:《史記·封禪書》:自威、宣、燕昭使人入海求蓬萊、方丈、瀛洲,此三神山者,其傳在渤海中,去人不遠,患且至，則船風引而去。蓋嘗有至者，諸仙人及不死之藥在焉。其物禽獸盡白，黃金銀爲宮闕。

　　蘧常案：黃注亦引《史記・封禪書》，"黃金銀爲宮闕"之下增"未至，望之如雲"六字，是也。蓋注"雲浮"二字。

〔四〕此中二句　徐注：魏樂府《龜雖壽》：烈士暮年，壯心未已。《明史・張肯堂傳》：肯堂，字載寧，華亭人。鄭鴻逵擁唐王聿鍵入閩，芝龍及肯堂勸進。肯堂請出募舟師，出海道抵江南，倡義旅，而王由浙江相與聲援。芝龍懷異心，陰沮之，不成行。　黃注：《南疆逸史》：魯王之出海也，富平將軍張名振棄石浦，以舟師扈王至舟山。黃斌卿不納，飄泊外洋。詩所謂"難酬烈士心"也。徐注以爲指唐王言，恐非。　錢云：徐箋非。頸聯用海上三神山事，明指日本，蓋即徐氏于第三首"萬里風煙通日本"所箋魯王命使往日本乞師事也。《小腆紀年》云：論者謂日本承平既久，其人多好詩書、法帖、名畫、玩器，故老不見兵革之事，本國且忘備，豈能渡海爲人復仇乎？此先生之所以致慮於"祇恐難酬烈士心"歟？

　　蘧常案：綜上三説，黃説近是。惟《南疆逸史・監國魯王紀略》云：王至舟山，黃斌卿不納，飄泊外洋。會永勝伯鄭彩至，奉王入閩。十月丁酉，王發舟山。則斌卿之拒，當在九月，作詩時恐尚未及知，此只就魯王初入海言之。是時張名振從水殿飄泊，方謀棲止，故詩意謂神山仙闕，安知無人世可託；但以形勢測之，又憂其無成，故曰"祇恐難酬烈士心"。烈士謂張名振也。神山、仙闕云云，蓋泛指海上島嶼。如指日本，則似與下一首"萬里風煙通日本"事複矣。

滿地關河一望哀，徹天烽火照胥臺〔一〕。名王白馬江東去〔二〕，故國降旛海上來〔三〕。秦望雲空陽鳥散〔四〕，冶山天遠朔風迴〔五〕。遥聞一下親征詔〔六〕，夢想猶虛授鉞才〔七〕。

【彙校】

〔遥聞句〕潘刻本、徐注本作"樓船見説軍容盛"，徐并出注：《漢書·武帝紀》："元鼎五年，遣樓船將軍楊僕出豫章，下湞水。　〔夢想〕潘刻本、徐注本作"左次"，徐并出注：《易》：師左次。

【彙注】

〔一〕滿地二句　徐注：《蘇州府志》：姑蘇臺在胥門外，一名胥臺。　黃注：《南疆逸史》：弘光元年乙酉，正月，清兵入西安府。三月，清兵從河南下，入歸德府。四月，自歸德分道：一趨亳州，一趨碭山。乙丑，入泗州。丙寅，渡淮，史可法退保揚州。揚州破，五月，清兵入鎮江府，入南都。《元譜》：六月初七日，豫親王駐金陵，遣刑部侍郎李延齡、巡撫土國寶莅蘇。詩所謂"滿地關河一望哀，徹天烽火照胥臺"也。

　　蘧常案："徹天烽火"句，總括蘇屬各地之陷，不僅指李、土之入蘇城也。

〔二〕名王句　原注：《隋書·五行志》：梁大同中，童謠曰：青絲白馬壽陽來。其後侯景破丹陽，乘白馬，以青絲為羈勒。　徐注：《漢書·終軍傳》：後數月，越地及匈奴名王有率衆來降者，皆以軍言為中。《明史·諸王傳》：乙酉，魯王以海稱監國於紹興。明年六月，大兵克紹興，以海遁入海，閩中大震（蘧常案：《傳》無末句）。　黃注：原注引《隋書·五行志》童謠，以應侯景破丹陽乘白馬，如此解釋，則是比喻清豫王下金陵，如侯景之破丹陽也。亭林於清兵，稱之曰胡虜，見之各篇中，豈有以名王稱清酋者。《南疆逸史》：弘光元年四月，命魯王駐台州。閏六月,兵部尚書張同紀等奉魯王監國,移駐紹興。紹興在浙江之東。《晉書・元帝紀》:太安之際,童謠云:五馬浮渡江,一馬化爲龍。詩所謂"名王白馬江東去",指魯王也。徐注引《明史》,謂指魯王遁入海事,誤。

蘧常案:前人稱"名王",多指異民族之王。徐注引《漢書・終軍傳》外,又如《漢書・宣帝紀》"單于遣名王奉獻",又"名王、右伊秩訾",《三國志・魏書・武帝紀》"北征烏桓,斬蹋頓及名王已下",杜甫《前出塞》詩"虜其名王歸",皆是。則此"名王",自當指清之王公。《清史稿・世祖本紀》:順治三年,二月丙午,命貝勒博洛爲征南大將軍,率師征福建、浙江。五月乙丑,擊敗故明魯王將方國安於錢塘。八月丁亥,克金華、衢州,浙江平。殆其人也。故詩以侯景白馬入丹陽擬之。江東謂浙江之東,徐注謂魯王入海,固誤;黃以名王仍屬諸魯王,且引《晉書》以釋"白馬",亦非,蓋《晉書》僅言馬,而不及白也。黃又謂原注以青絲白馬比喻清豫王下金陵之非,然原注出潘耒所記,大多得諸緒論,故能在在與詩意密合,全集可覆按,以侯景喻清領軍,實爲切合。卷四《杭州》詩第二首"青絲江上來",亦謂清領軍,可證。惟所喻爲貝勒博洛,而非豫王多鐸;所下爲浙東,而非金陵耳。且"名王"實非尊稱。《禮記・禮器》篇:因名山升中於天。鄭玄注:名猶大也。《國語・魯語》:取名魚。韋昭注:名魚,大魚也。則"名王"即"大王"。如梅賾《書・胤征》所謂"渠魁",《漢書・司馬相如傳》所謂"渠率"之類,"渠魁"皆"大"意,與上《感事》詩以左賢王喻多爾袞一例。《漢書・宣帝紀》顏師古注云:名王者,謂有大名。蓋望文生義,不足據,黃蓋偶失考耳。

〔三〕故國句　徐注:劉禹錫《金陵懷古》詩:一片降旛出石頭。《明史・諸王傳》:順治二年五月,南都降。又:潞王監國於杭州,不數日,出降。《南略》:大兵渡江,錢塘不守。芝龍微聞之,徹兵回安平鎮,因航海去,守關將吏皆隨之,仙霞嶺空無一人。初,芝龍使微行通款,既而汀、漳皆降,貝勒博洛使泉紳郭必昌招之。其子弟皆勸芝龍入海,不願降,而芝龍田園徧閩、廣,不聽,遂進降表。鴻逵、彩、成功皆率所部入海,張肯堂、沈猶龍亦往舟山依魯王。

　　蓬常案:詩云"降旛海上來",承上句,則當指浙東之方、馬言之,徐注引《明史》言南都杭州及鄭芝龍之降,而不及浙東,於詩義不合。《小腆紀年》云:清兵渡錢塘江,方國安、馬士英奔至台州,留不進,謀執監國以降。又云:方逢年、方國安、馬士英、阮大鋮降於清。台州,故吳臨海郡治,今亦稱臨海,故得稱"海上"。此句承上浙東,不應漫及南都、杭州。鄭芝龍之降在十一月,尤非作詩時所得知也。

〔四〕秦望句　徐注:《水經注》:秦望山,紹興城南,爲衆峰之傑,陟境便見。秦始皇登之,以望南海。《一統志》:秦望山在紹興府會稽縣南。《書》:陽鳥攸居。黃注:此指魯王也。《南疆逸史》:魯王由江門入海,張國維、陳函輝、余煌、王之仁皆死之;方國安、方逢年、馬士英、阮大鋮皆降。

　　蓬常案:《書·禹貢》偽《孔傳》云:陽鳥,隨陽之鳥,鴻雁之屬。杜甫《同諸公登慈恩寺塔》詩:君看隨陽雁,各有稻粱謀。蓋以譏方、馬等。

〔五〕冶山句　徐注:《一統志》:冶山在福州府城東北隅,山西北有歐冶池,相傳歐冶子鑄劍之地。　黃注:此指唐王也。朔風,喻清兵也。

　　蓬常案:曰"朔風迴",蓋冀清兵之不得入閩。時猶不知仙霞之棄,隆武之奔,故下尚稱其親征與"授鉞"也。

〔六〕親征詔　蓬常案:已見前《聞詔》詩"滅虜"句及《李定自延平

歸齋至御札》詩"一聽"句兩注。

〔七〕夢想句　徐注：《六韜‧龍韜》：凡國有難，君召將而詔之，卜日以受斧鉞。君親操斧持首，授將其柄，曰：從此上至天者，將軍制之；復操鉞持柄，授將其刃，曰：從此下至淵者，將軍制之。張衡《東京賦》：授鉞四七。《東南紀事》：芝龍決降，臨行，成功力諫，不聽。貝勒接芝龍極歡，大飲三日，忽夜半拔營，挾與俱北去。芝龍哀請子弟不肖，在海上恐爲患。貝勒曰：此與爾無與，亦非吾所慮也。芝龍已入朝而成功遂起兵鼓浪嶼，鄭彩亦扼厦門，鴻逵會攻泉州，閩海震動。唐王駕出洪山橋，祖餞鄭鴻逵、鄭彩，授鉞。是日，風雨，晝晦。　黄注：《南疆逸史》：乙酉，八月丁酉，唐王以鄭鴻逵爲御營左先鋒，出浙江；鄭彩爲御營右先鋒，出江西。駕幸西郊，行授鉞禮。先期爲壇，設先帝高皇神位。上御翼善冠，詣壇所，百官陪位，武臣戎服聽事。上皮弁升壇，拜謁，立於神位西南面。御營先鋒北面跪，兵部授鉞，上東向揖之；賜餞，光禄寺授爵，御先鋒跪受爵。上誠勞畢，謝恩出，率將士跪壇下。上甲胄誓師，乃鳴金鼓，揚旌而出。詩曰"左次猶虛授鉞才"，言虛左以待將才也。（蘧常案：黄注均從潘刻本。"左次"二字，仍潘所改。）

蘧常案：《小腆紀年》謂：丙戌八月辛丑，清兵入汀州，明唐王殂。十一月丁巳，鄭芝龍降於清，清貝勒挾之北上，鴻逵、成功皆率所部入海。徐注引《東南紀事》以唐王授鉞，叙在芝龍降清北去以後，大誤。又案：左思《詠史詩》：夢想騁良圖。

南營乍浦北營沙〔一〕，終古提封屬漢家〔二〕。萬里風煙通日本，一軍旗鼓向天涯〔三〕。去夏，誠國公劉孔昭自福山入。

樓船已奉征蠻敕〔四〕,博望空乘泛海槎〔五〕。愁絕王師看不到,寒濤東起日西斜〔六〕。

【彙校】

〔北營沙〕潘刻本、徐注本、孫校本作"北南沙"。 〔向天涯〕潘刻本作"□□□",徐注本作"入海口"。 〔泛海槎〕潘刻本、孫校本"泛"作"汎",徐注本作"汎海槎"。丕繢案:"泛"、"汎",古通。"查"、"楂",古今字,并與"槎"通。

【彙注】

〔一〕南營句　徐注:《明史》志《地理五》浙江嘉興府平湖注:東南有乍浦鎮。又,志《兵三‧海防》:嘉靖二十三年,時倭縱掠杭、嘉、蘇、松,南京御史屠仲律言五事。其守海口云:守鱉子門、乍浦峽,使不得近杭、嘉。又,萬曆中,許孚遠撫閩,奏於南直隸乍浦以東金山衞設參將,黃浦以北吳淞口設總兵。又《地理志一》松江府上海注:嘉靖三十六年築城曰川沙,置兵戍守。《蘇州府志》:東晉咸康七年,分海虞縣置南沙縣。隋平陳,徙常熟,治南沙。　黃注:《讀史方輿紀要》:南沙在崇明縣南七十里。舊志:沙長八十里,廣十餘里,多稻菽萑葦之利。明初置南沙巡司於此。嘉靖十九年,南沙土豪王艮等構亂,據南沙,上海境内爲之惶懼。尋討平之,因建南沙守禦官軍營。三十二年,倭登南沙,盤據經年,官軍擊之不能克。久之,遁去。旁有蔣六洪口,爲舟行要道。詩言"南營乍浦,北營南沙",蓋如上注,則自平湖之乍浦,沿海北泝,歷金山、奉賢、南匯、川沙、上海、寶山,以至崇明之南沙,皆昔年禦倭寇沿海經營之地,又爲亭林故鄉崑山相接之地也。徐注以常熟之南沙廢縣當之,非是。

〔二〕終古句　徐注:《漢書·刑法志》:一同之内,提封萬井。《注》:李奇曰:提,舉也。舉四封之内也。　黄注:漢家,猶言中國也。

　　蘧常案:《楚辭·離騷》:余焉能忍而與之終古。洪興祖《補注》曰:終古猶永古也。

〔三〕萬里二句　徐注:《明史·外國傳》:日本,古倭奴國。唐咸亨初,改日本,以近東海日出而名也。地環海,惟東北限大山,有五畿七道。三島共一百十五州,統五百八十七郡。宋以前皆通中國,朝貢不絶。萬曆中平秀吉用事,治兵征服六十六州,又以威脅琉球、吕宋、暹羅、佛郎機諸國,皆使奉貢,並欲侵中國滅朝鮮而有之,於是封貢之議起,中、朝彌縫,以成款局。秀吉凡再傳而亡。終明之世,通倭之禁甚嚴,閭巷小民,至指倭相罵詈,甚以嚇其小兒女云。《南略》:時命侍郎馮京第乞師日本。《東南紀事》:丙戌正月,魯王次長垣,周鶴芝以兵來會,封平虜伯。復鎮東、海口二城,更遣義子林皋從安昌王恭榰如日本乞師。　黄注:自注,注釋"一軍旗鼓向天涯"意也。考《明史·劉基附傳》:孔昭爲基十四世孫。崇禎時出督南京操江,福王之立,與馬士英、阮大鋮比。後航海不知所終。此注曰"去夏",則爲上年乙酉五月南都亡時也。福山在常熟北四十里。海口(蘧常案:詳校文)即崇明海口。《明史》載孔昭航海不知所終,以此詩推之,當是乞師於日本,詩所謂"萬里風烟通日本"也。徐注引《南略》馮京第乞師日本,又引《東南紀事》林皋從安昌王恭榰如日本乞師,皆非。

　　蘧常案:徐注謂上句爲馮京第等乞師日本事,是也。吴偉業《鹿樵紀聞》云:日本乞師之議,始於周鶴芝。芝故海盗,往來日本,與撒斯瑪王結爲父子。日本三十六島,島各有王,其國主爲京王,徒擁虚位,權皆掌於大將軍,餘王如諸侯。而撒斯瑪最強。鶴芝已而就撫，值中國喪亂，私遣人至日本，求假一旅以靖難。撒斯瑪王爲言之大將軍，許詔使至即發兵。芝喜，將以王命往迎，主將黃斌卿謂此吳三桂乞師之續，執不可。芝怒，遂去舟山。久之，或説斌卿曰：北都之變，東南如故，使併東南而失之者，此乞師之害也；今我無可失之地，比之往事，爲不倫矣！斌卿意悟，始使其弟孝卿與馮京第往。會日本有西洋人爲天主教者作亂，方嚴逐客之令，京第至長崎島，不得登岸，日於舟中效秦廷之哭。撒斯瑪王聞之，復爲言於大將軍，議發各島罪人以赴中國之難，留孝卿於長崎，而使京第先還報命。長崎多官妓，孝卿惑之，竟自忘其爲乞師來者。日本薄其爲人，發兵之命復寢。此京第乞師日本本末也。其他乞師如徐注所云朱恭樈、林皐外，後尚有朱之瑜、阮美等，獨不聞劉孔昭亦有乞師之事。且孔昭比匪馬、阮，安有乞師恢復之壯圖？必不然矣。誠如黃云自注注釋"一軍旗鼓向天涯"句，實與上句無涉，上句自言乞師，與下句各爲一事。黃注強爲牽合，非是。

〔四〕樓船句　徐注：《後漢書·馬援傳》：遣援征五溪蠻。《東南記事》：張名振出兵援松江，值海嘯，亡失樓船。又與阮振共迎王至南田，尋復健跳所居王。清兵圍健跳，進率樓船數百，金鼓動天，大軍解去。是時，贛州告急，唐王命上游巡撫吳春枝移駐邵武，汀州總兵援建昌，以陳豹爲防海將軍，鎮漳、泉、興、汀、惠、潮。　黃注：案句意，謂唐王已命將授鉞出征矣。詳上篇"左次"句注。

　　蘧常案：似黃得詩意。"左次"句應作"夢想"句，詳該篇校文。又案：《史記·平準書》：大修昆明池，治樓船，高十餘丈，甚壯。《漢書·武帝紀》：元鼎五年，越王相呂嘉反。遣伏波將軍路博德出桂陽，下湟水；樓船將軍出豫章，下湞水。

〔五〕博望句　徐注：《漢書·張騫傳》：以郎應募使月氏，以校尉從大將擊匈奴，封博望侯。天子數問騫大夏之屬，拜騫爲中郎將至烏孫，西北國始通於漢。杜甫《有感》詩：乘槎斷消息，何處覓張騫？　黃注：案句意謂泛海乞師日本，必不相助，亦空往耳，徒損漢家之威耳。

　　蘧常案：宗懍《歲時記》：武帝令張騫尋河源，乘槎而去。

〔六〕愁絕二句　徐注：《東南紀事》：金堡奏言：四方望閩中之兵，如在天上。今兵力將心，臣已規其大略。上江疑而楚、豫斷，新安去而三衢危。陛下即欲爲王審知豈可得哉！《南略》：是時，清張天禄陷徽州，巡撫都御史金聲死之。萬元吉、楊廷麟皆請援。王以鴻逵爲大元帥，出浙東；彩爲副元帥，出江西，築壇郊送。二將各擁兵數千，號數萬，出關百里，候餼不行，逗遛月餘。內催二將檄如雨，乃不得已踰關行四五百里。　黃注：案句意謂唐王雖有命將出師之詔，然而王師不進，眼中所見，祇"寒濤斜日"耳。句意甚明。《南略》王以鴻逵爲大元帥一段，即上篇所引《南疆逸史》乙酉八月唐王授鉞左先鋒、右先鋒事也。《逸史》未記二將行師之遲緩，《南略》補出，可以證此兩句之意矣。

長看白日下蕪城〔一〕，又見孤雲海上生〔二〕。感慨河山追失計〔三〕，艱難戎馬發深情〔四〕。埋輪拗鏃周千畝〔五〕，蔓草枯楊漢二京〔六〕。今日大梁非舊國，夷門愁殺老侯嬴〔七〕。

【彙注】

〔一〕長看句　徐注：《明史·史可法傳》：清兵大至，屯斑竹園。

明日，總兵李棲鳳、監軍御史高岐鳳拔營出降，城中勢益單。諸文武分陴拒守。西門險要，可法自守之。作書寄母妻，且曰：死葬我高皇帝陵側。越二日，兵薄城下，礮擊城西北隅，城遂破，可法自刎不殊，一參將擁可法出小東門，遂被執。可法大呼曰：我史督師也。遂殺之。揚州知府任民育，同知曲從直、王纘爵，江都知縣周志畏、羅伏龍，兩淮鹽運使楊振熙，監餉知縣吳道正，江都縣丞王志端，賞功副將汪思誠，幕客盧渭等皆死之。時同守城死者，又有遵義知府何剛、庶吉士吳爾壎，而揚州諸生、武生、義兵殉義，婦女死節者，不可勝記。　黄注：案句意謂史可法死於揚州，南都遂陷也。

蓬常案：樂史《太平寰宇記》：蕪城即揚州城，古爲邗溝城也。漢以後荒毀，劉宋鮑照爲賦，即此。鮑照《鮑參軍集》有《蕪城賦》。何焯《文選評》：宋世祖孝建三年，竟陵王誕據廣陵反，沈慶之討平之，命悉誅城內男丁，以女口爲軍賞。照蓋感事而賦。故詩引以爲喻。史可法殉國之傳説不一。楊鳳苞《南疆逸史跋》云：史忠正之殉節揚州也，或誣云：公跨白騾去，如姚平仲故事。或誣云：縋城走，自沈於江。或云：城破拘之，三日不降，乃殺，亦非事實。王源《自書史閣部遺文序後》云：史公幕客楊遇蕃云：揚州破，公爲亂兵擁見大帥，時遇蕃被擒，帥命辨之。遇蕃曰：是也。大帥勸之降，公大罵，遇蕃亦勸其忍死救百姓。公叱曰：我今日一死外，遑恤其他！罵愈厲，大帥拔刀起砍之，公挺身首迎其刀。帥退而止。嘖曰：好男子！左右殺之，支解。又曰：萬斯同曰：吳兆騫流寧古塔，後釋歸，其守將安珠護謂之曰：乙酉破揚州，吾在軍，親見史閣部死。而後知公之授命，即於城破之日矣。此事原多疑誣，亭林亦不能無疑。黃注謂先生於史督師，極望於先；及其死也，恝然於後，蓋其慎也。此亦讀先生詩者所宜詳也，故備著之。

〔二〕又見句　黄注：案句意謂魯王入海也。

〔三〕感慨句　徐注：先生《明季實錄·諸臣乞貸疏》：南北之耗莫通，河山之險盡失。　黄注："感慨"，亭林自謂也。河山失計，不單就南方言，蓋自失計援遼，而内疆日蹙，不自今日矣。

〔四〕艱難句　徐注：《東南紀事》：御史湯芬言可發海師直擣吳、浙；主事吳鍾巒言首克南昌，選鋒進取，爲上策，皆善之，而撓於鄭氏，不能行。又金堡説上言：今日之勢，誠能直走湖南，用何騰蛟之鋭，竟擣荆、襄，傳檄中原，北方聞之，以爲陛下從天而下，此上策也；移蹕虔州，此中策也；並兵出關，背城一戰，敗不徒死，此下策也；若往來延、建，觀望經時，輕騎叩城，避不暇出，爲無策矣。《明史·陳潛夫傳》：兩淮之上，何事多兵？督撫紛紛，並爲虚設。若不思外拒，焉能退守？臣恐江、淮亦未可保也。杜甫《羌村詩》：艱難愧深情。　黄注：案"深情"，亭林自謂也。謂情發於此詩中也。

〔五〕埋輪句　原注：《楚辭·九歌·國殤》：埋兩輪兮縶四馬。《尉繚子》：拗矢折矛。　徐注：《史記·周本紀》：宣王三十九年，戰於千畝，王師敗績於姜氏之戎，既亡南國之師，乃料民於太原。《左傳》桓公二年"千畝"注：今屬山西汾州府。《明史·陳潛夫傳》：十六年冬，授開封推官。大河南五郡盡爲賊據。開封被河灌，城虚無人，長吏皆寄居封丘。有勸潛夫弗往者，不聽，馳之封丘。會叛將陳永福帥賊兵出山西，潛夫募民兵千，請於巡撫，總兵，皆不肯行，潛夫乃以十七年正月奉周王渡河居杞縣。檄召旁郡長吏，設高皇帝位，歃血誓固守。賊所設僞巡撫梁啓隆居開封，聞風遁去。遂渡河而北，大破賊將陳德於柳園。時李自成已敗走山西。　黄注：《索隱》云：千畝在西河介休縣。句意謂明季喪師失地，困於清兵,猶宣王之爲姜戎敗於千畝。統前事言之,不單就南方言也。

〔六〕蔓草句　黄注:以漢之西京、東京喻明之北京、南京也。"蔓草枯楊",有周大夫黍離之感矣。

〔七〕今日二句　徐注:《莊子・則陽》篇:舊國舊都,望之暢然。《史記・魏公子列傳》:魏有隱士曰侯嬴,年七十,家貧,爲大梁夷門監者。公子聞之,往請,欲厚遺之,不肯受,曰:臣修身絜行數十年,終不以監門困故而受公子財。公子於是置酒,大會賓客。坐定,公子從車騎,虛左,自迎夷門侯生。侯生攝敝衣冠直上載公子上坐,不讓。至家,公子引侯生坐上坐,徧贊賓客,賓客皆驚。於是侯生遂爲上客。《明史・陳潛夫傳》:以謁童氏逮下獄。南都不守,潛夫脱歸。聞魯王監國紹興,渡江往謁,復故官,加太僕少卿,監軍。乃自募三百人列營江上。丙戌五月晦,江上師盡潰,潛夫走至山陰化龍橋,偕妻妾二孟氏同赴水死。並見上"埋輪"句注。　黄注:《東林列傳・陳潛夫傳》:崇禎十六年,除開封推官。時李闖既蹂躪河南,以是年入關,踞秦中,且出師窺晉。而中州八郡:開封、歸德、汝寧、南陽在大河之南,彰德、衛輝、懷慶及開封屬縣封丘、原武在河以北,河北未經破傷,諸持節使者皆居之,委河南不守。而河南村落豪傑,結土寨以自固,犬牙其間,無所屬。賊署官數十人鎮撫之,人心不甚爲用。潛夫至封丘,飛章上聞,言河南尚有可圖之勢,河北實有累卵之危,願請重兵守覃懷,遏賊勿使下,而身自渡汴梁聯絡號召,復通郡之地。疏上,未及報,時崇禎十七年正月也。既而聞都城陷,士卒皆縞素,出師邀擊賊將陳德於柳園,大破之。會賊軍敗走,秦中氣方沮喪,繞河上下數百里豪傑,爭來投誠,中原數州震動。六月,傳露布江南。時福王立南都,方經理江、淮,度中原不可問,及見潛夫檄,大奇之。廷論恢復功,授巡按河南監軍監察御史。潛夫入陛見,倡議恢勦之策,大要謂四鎮之兵,不下數十萬人,而齊、魯、汴、豫,尚皆按堵如故,陛下誠分命藩鎮,一軍出潁、壽,一軍出淮、徐,馬首北向,則人心思奮。汴梁一路,臣聯絡素定,旬日可集十餘萬人,與藩鎮之兵相爲援應,左提右挈,則河南五郡可以盡復。五郡既復,畫河爲固,南連荆楚,西控秦關,北臨趙、衞,上之恢復可望,下之亦江、淮永安,此今日之至計也。如因循玩廢,而曰吾且禦之堂皇之內,臣恐江、淮亦未可恃也。而馬士英方條列恩怨,論餽遺多寡,別玉聲金色法書畫圖之真贋,聞潛夫言,第佯應之,不爲理。潛夫心傷國計之不立,門户之不破,社稷將亡,而羣心日潰,上疏争之。士英疾怒之,凡所請兵餉、乞隨征文武官吏及聯絡戰守諸大計,率不相應。尋以憂去官。清兵下金陵,潛夫航海至會稽,魯監國拜太僕寺少卿。明年,清師下紹興,潛夫書絶命詞,攜其妻自沈,時順治三年五月三十日也。亭林此詩作於是年秋間,或尚未知潛夫之自沈,故以"愁殺老侯嬴"比潛夫。蓋以江、淮不守而回想中原,痛當時不從潛夫之謀也。侯嬴爲信陵君進擊秦存趙之策,見《史記·魏公子列傳》。又案:此四首,徐注多有誤解,於上篇已逐句辨之。至第四首"艱難"句,徐注引當時諸臣所上之策,則是以深情屬諸臣;"千畝"句,徐注舉《陳潛夫傳》以實之,皆未明作詩之旨,故不敢苟同;"大梁"句,徐注袛舉潛夫歸紹興後赴水死事,而未舉潛夫所上恢復中原疏,則於舊國之義未詳,故補而正之。此首不言及唐王,以唐王此時尚在延平,未能預言其成敗也。第二首滿地關河,痛清兵之逼。第四首感慨河山,則兼言清、闖,末二句,痛清兵之入關,實由於中原之内亂。觀《亭林文集·形勢論》,及後卷《春半》詩所云"中原有大勢,攻戰不在多。願爲諸將言，不省其奈何"之句，則知此首"大梁"二句之用意矣。

　　蘧常案：潛夫初爲開封推官，其後又擬身至開封謀聯絡號召，自謂汴梁一路，聯絡有素，南都論恢復功，又使巡按河南，故詩以侯嬴爲比。非謂其上恢復中原大計，有似於侯嬴之進擊秦存趙之策也。《明史·陳潛夫傳》：潛夫字元倩，錢塘人。家貧，落魄，好大言以駭俗。卒年三十有七。詩曰"老"，蓋就侯嬴言之也。

不　　去 三首

【解題】

　　徐注：以詩首二字爲題。　　全云：贈顧推官咸正也。先生勸推官避難，推官遷延未果，竟死。

　　蘧常案：全說或是。後《哭顧推官》詩，凡兩言勸避：前云"君來就茅屋，問我駕所稅，幸有江上舟，請鼓鈴下枻"；後云"我時已出亡，聞此輒投袂，扁舟來勸君，行矣不再計"。然皆不似本年事，詩所云亦不全合咸正事。待考。

　　不去圍城擁短轅，棲棲猶自向平原〔一〕。此心未忍輕三晉，願見辛垣盡一言〔二〕。

【彙注】

〔一〕不去二句　徐注：《世說新語》：蔡司徒戲王丞相曰：惟聞短轅犢車，長柄麈尾。

蘧常案：蔡謨戲語見《妒記》，《世説新語》劉孝標注引之，非《世説新語》文也。此事於此不甚合，或泛言如韋應物詩"知君有短轅"，但引起下文"棲棲"而已。《戰國策·趙策》：秦圍趙之邯鄲。此時魯仲連適遊趙，聞魏將欲令趙尊秦爲帝，乃見平原君。平原君曰：魏王使將軍辛垣衍令趙帝秦，今其人在是。魯仲連曰：梁客辛垣衍安在？吾請爲君責而歸之。魯仲連見辛垣衍而無言。辛垣衍曰：吾視先生之玉貌，非有求於平原君者，曷爲久居此圍城之中而不去也。《詩》：六月棲棲。

〔二〕此心二句　段注：趙岐《孟子注》：韓、魏、趙本晉六卿，當此時，號三晉。　全云：辛垣衍蓋指吳勝兆。

蘧常案：《戰國策·趙策》：魯仲連曰：彼秦者，棄禮義而上首功之國也，權使其士，虜使其民。彼則肆然而爲帝，過而遂正於天下，則連有赴東海而死矣。所爲見將軍者，欲以助趙也。辛垣衍曰：先生助之奈何？曰：吾將使梁及燕助之。辛垣衍曰：吾乃梁人也，先生惡能使梁助之耶？曰：今秦萬乘之國，梁亦萬乘之國，交有稱王之名，睹其一戰而勝，欲從而帝之，是使三晉之大臣，不如鄒、魯之僕妾也。《史記·魯仲連列傳·索隱》：新垣，姓；衍，名也。又案：吳勝兆事，詳後《哭顧推官》詩注。詩有云：乃有漢將隙，因掉三寸説。殆謂此乎？勝兆，"勝"一作"聖"。查繼佐《國壽錄·總兵吳聖兆傳》云：聖兆相傳三桂之從子。清兵定江南，以勝兆總松江府戎事。密與島中蕭虜伯黄斌卿、富平侯張名振通謀反正，諸生夏寶謨等潛往來謀議。則所謂"一言"，亦可推矣。

落日江津送伍員〔一〕，秋風壠上別徐君〔二〕。偶來圯下逢黄石〔三〕，便到山中卧白雲〔四〕。

【彙校】

〔江津〕王士禛《池北偶談》引作"江頭"。

【彙注】

〔一〕落日句　蔣常案：《史記·伍子胥列傳》：伍子胥者，名員。奔吳，獨身步走，幾不得脫。至江，江上有一漁父乘船，知伍胥之急，乃渡伍胥。王士禛《池北偶談》：顧寧人詩有云"落日江頭送伍員"，竊疑"員"字舊作王問切，唐人語曰：令君四俊，苗、呂、崔、員是也。後見吳曾引《春秋左氏傳》伍奢子員，陸德明《釋文》音云平聲。乃知顧詩用韻有據。錢大昕《十駕齋養新錄》：伍員之"員"，音運，亦有讀平聲者。陸龜蒙詩：賴有伍員騷思在，吳王暫免似荊懷。陸務觀詩：鑄形尊越蠡，抉眼似荊員。

〔二〕秋風句　徐注：《史記·吳太伯世家》：季札之初使北，過徐君。徐君好季札劍，口弗敢言。季札心知之，爲使上國，未獻。還，至徐，徐君已死，於是乃解其寶劍，繫之徐君冢樹而去。

　　蔣常案：劉向《新序》：徐人爲之歌曰：延陵季子兮不忘故，脫千金之劍帶丘墓。

〔三〕黄石　蔣常案：見前《帝京篇》"黄石"句注。

〔四〕便到句　徐注：《南史·陶弘景傳》：永明十年，掛朝服神武門，上表辭祿，止於句容之句曲山。高帝詔問山中何所有？答以詩曰：山中何所有？嶺上多白雲。

　　蔣常案：此首所言事，已無可徵。考上詩，不去者爲顧咸正，則此行者爲亭林本人，而咸正送之。《元譜》：是年十月十二日，命家人趙和等遷居，將往閩中。注云：未詳遷居何地。故咸正送之歟？壠上徐君，疑爲吳其沆，其沆殉乙酉守城之難。是年作《吳同初行狀》，同初，其沆字，蓋將遠行而別其死難之友歟？《元譜》又云"不果行"，故詩有"便到山中臥白雲"歟？山中疑在五湖，後《偶來》詩云：偶來湖上已三秋，詩作於戊子，上溯本年，正三年矣。黃石不詳，或逢此人，乃將去而復留歟？《元譜》謂其"不果行"爲母喪未葬。非必爲是，當別有故。"未葬"云云，特飾詞耳。

欲投海島問田橫〔一〕，却恨三齊路不平〔二〕。記作安平門下客〔三〕，當時曾見火牛兵〔四〕。

【彙注】

〔一〕欲投句　徐注：《史記·田儋傳》：漢王立爲皇帝，田橫懼誅，與其徒五百餘人入海，居島中。帝以橫兄弟本定齊，齊人賢者多附焉，乃使使赦橫罪而召之。橫與二客乘傳詣雒陽，未至三十里，自剄，橫二客皆自剄從之。餘五百人在海中，聞橫死，亦皆自殺。《一統志》：田橫島在即墨縣東北。《明史·沈廷揚傳》：京師陷，福王命廷揚以海舟防江，兼理餉務，餽江北諸軍。南京失守後，航海至舟山，依黃斌卿。唐王在福建，授兵部右侍郎，總督水師。魯王航海之明年，廷揚督舟師北上，抵福山，次鹿苑。夜分，颶風大作，舟膠於沙，被執。（遽常案：下爲《南疆逸史》文，非《明史》。）洪承疇與有舊，使人説以薙髮。廷揚不屈，遂與部下十二人同日被刑。其親兵六百人斬於蘇之婁門，無一降者，時比諸田橫之士云。廷揚，字季明，崇明人。

　　遽常案：此句當謂咸正密疏隆武，託舟山黃斌卿轉遞事，詳下《贈顧推官咸正》詩解題。徐注以爲沈廷揚，誤。廷揚之死，部下從殉者衆，人比之田橫，事在明年。不得以字面偶同而附會之也。

〔二〕三齊　徐注:《史記·田儋傳》:田榮迺自立爲齊王,盡併三齊之地。

蔣常案:《史記·索隱》:田市王膠東,田都王齊,田安王濟北。

〔三〕安平門下客　徐注:《史記·田單傳》:襄王封田單號曰安平君。《戰國策》:馮煖使人屬孟嘗君,願寄食門下。

〔四〕火牛兵　徐注:《史記·田單傳》:田單乃收城中得千餘牛,爲絳繒衣,畫以五彩龍文,束兵刃於其角,而灌脂束葦於尾,燒其端。鑿城數十穴,夜縱牛,壯士五千人隨其後。牛尾熱,怒而奔燕軍,燕軍夜大驚。牛尾炬火,光明炫燿,燕軍視之,皆龍文,所觸盡死傷。

蔣常案:安平似指鄭芝龍。芝龍家居泉州安平鎮,其兵旗幟鮮明,戈甲堅利,見前《聞詔》詩"滅虜"句注。故詩以田單爲況。惟作客云云,仍不可解。是時猶不知芝龍之貳,隆武之播遷,故尚望其爲田單之復國歟?

賦得老鶴萬里心用心字

【解題】

徐注:杜甫《遣興》詩:老鶴萬里心。潘檉章《送寧人北游》詩:老鶴誰憐萬里心!

蔣常案:此詩當作於欲赴閩而不果之後,意謂雖未成行,而萬里之心故在,所賦老鶴,多自喻也。

何來千歲鶴〔一〕,忽下九皋音〔二〕。一自來凡境,摧頹已至今。臨風時獨舞，警露亦長吟〔三〕。乍識人民異〔四〕，還悲歲月侵。早寒江上笛，秋急戍樓砧。木落依空沼，雲多失舊林。三株天外冷〔五〕，甲子世間深〔六〕。尚想蓬萊曉〔七〕，終思弱水陰〔八〕。神州迷再舉〔九〕，碧落杳千尋〔一〇〕。多少乘軒者〔一一〕，知同一寸心〔一二〕。

【彙校】
〔題〕徐注本無"用心字"三字。　〔三株〕徐注本"株"作"珠"，並出注：張九齡《感遇》詩：巢在三珠樹。

【彙注】
〔一〕千歲鶴　蘧常案：《淮南子》：鶴壽千歲，以極其游。
〔二〕九皋音　徐注：《詩》：鶴鳴於九皋。
　　　　蘧常案：《詩·小雅·鶴鳴》：鶴鳴于九皋，聲聞于天。《韓詩外傳》：九皋，九折之澤。
〔三〕警露句　原注：《埤雅》：鶴性警，至八月白露降，流於草木上，點滴有聲，因即高鳴相警，移徙所宿處，慮有變害也。
〔四〕人民異　徐注：見前《表哀詩》"白鶴"句注。
〔五〕三株　蘧常案：《山海經·海外南經》：三株樹在厭火北，生赤水上，其爲樹，如柏葉，皆爲珠。《初學記》卷二十七引作"珠"。唐人詩：鶴羣常繞三珠樹。
〔六〕甲子句　徐注：《神仙傳》：蘇仙公乘白鶴飛去。自後有白鶴來止郡城東北樓上，人或挾彈彈之，鶴以爪攫樓板似漆書云：城郭是，人民非！三百甲子一來歸，吾是蘇公彈何爲？
〔七〕蓬萊　徐注：蓬萊見前《海上》詩第一首"水湧"二句注。
〔八〕弱水　徐注：《十洲記》：鳳麟洲在西海之中央，四面有弱水繞之，鴻毛不浮。

〔九〕神州句　原注：《楚辭‧惜誓》：黃鵠之一舉兮，知山川之紆曲；再舉兮，知天地之圓方。徐注：神州見前《感事》詩"須知"二句注。

〔一〇〕碧落句　徐注：《宋史‧樂志》：炎精之神，飛軿碧落。《梁書‧朱异傳》：玉海千尋。

〔一一〕乘軒句　徐注：見前《感事》詩第四首"乘軒"句注。

〔一二〕一寸心　徐注：庾信賦：誰知一寸心，乃有萬斛愁。

贈顧推官咸正 _{已下疆圉大淵獻}

【解題】

徐注：順治四年，丁亥。《南略》：顧咸正字端木，號舨庵，崑山人。文康公曾孫。崇禎癸酉舉人。庚辰，除延安推官。招撫有法，追賊李明才等殲之；招降回軍張成儒、丁世蕃等三百餘人，慶陽土寇潘自安等千餘人，延中稍寧。賊陷西安，咸正率眾登陴，被執，不屈，乃拘之營。吳三桂兵入秦，人多應之。韓城推咸正爲主，已而知爲清兵，遂全髮歸。餘見後《哭顧推官》詩注。　戴注：咸正，天啓甲子舉人，咸（延）安府推官。丙戌四月，自關中歸，知弟咸建、咸受先已殉節，聞唐王立於閩，草密疏，附寄舟山黃斌卿，託其轉達，爲邏卒所獲，以告提督吳勝兆，吳祕不發。是年六月，吳敗，密疏遂發，逮至金陵，爲内院洪承疇所殺。後二子之死僅一月耳。　冒云：先生是年年三十五。

蘧常案：是歲爲明永曆元年。魯監國二年。海上鄭氏稱隆武三年。公元一六四七年。戴注全沿《元譜》。所云天啓甲子舉人，與《南略》不同。張岱《石匱室後集‧顧咸正傳》作崇禎六年舉人，錢肅潤《南忠録》作癸酉舉人，則皆與《南略》合。《元譜》誤。延安作咸安，亦誤。二子之死詳後《推官二子執後》詩題注。

　　上郡天北門，一垣接羌氐〔一〕。當年關中陷〔二〕，九野橫虹蜺〔三〕。日光不到地，哭帝蒼山蹊〔四〕。君持蘇生節〔五〕，冒死決蒺藜〔六〕。揮刀斬賊徒〔七〕，一炬看燃臍〔八〕。東胡勢薄天〔九〕，少梁色悲悽〔一〇〕。遂從黃冠歸〔一一〕，間關策青驪。豈知杲卿血，已化哀鵑啼〔一二〕。弟錢塘知縣咸建。未敢痛家讎，所念除鱷鯢〔一三〕。有懷託桑榆〔一四〕，焉得巖下棲〔一五〕。便蹴劉司空，夜舞愁荒雞〔一六〕。春水濕樓船〔一七〕，湖上聞鉦鼙〔一八〕。句吳古下國，難與秦風齊〔一九〕。却望殽潼間〔二〇〕，山高別馬嘶〔二一〕。天子哀忠臣，臨軒降紫泥〔二二〕。高景既分符，汾陰亦執珪〔二三〕。如君俊拔才〔二四〕，久宜侍金閨〔二五〕。會須洗中原，指顧安黔黎〔二六〕。

【彙校】

〔東胡〕潘刻本、徐注本，"胡"作"虞"，韻目代字也。〔天子〕潘刻本作"□□"；冒校本作"聖主"。〔洗中原〕潘刻本作"□□原"；徐注本"洗"作"靖"。丕續案：洗，有一洗腥羶之意，較勝。

【彙注】

〔一〕上郡二句　徐注：《讀史方輿紀要》：陝西延安府鄜州、綏德州及榆林鎮秦爲上郡，後漢亦爲上郡地。戰國時，魏入上郡於秦而秦益強。其地外控疆索，內藩畿輔，上郡驚，則關中之患已在肩臂間矣。秦起長城自臨洮始，鄜州長城在州西四里，綏德州長城在州西十五里。自秦至上郡而邊陲之患始遠。《括地志》：自隴以西爲冀戎、貘戎、氐、羌之地。《方輿紀要》：鞏昌府翼蔽秦、隴，控扼羌、戎。又：河州、涼州、洮州皆古西羌地，前秦苻堅始置河州，後爲西秦乞伏乾歸所據。

　　蘧常案：《石匱書後集》本傳：延安爲賊所自起，咸正至，招流民，開荒地，于是延中稍寧，田亦多墾。

〔二〕當年句　蘧常案：《石匱書》本傳：總制孫傳庭徵兵將出關，咸正上書，以爲：今日出關，安危繫全秦，全秦安危繫天下。《軍志》曰：軍無選鋒曰北。萬一蹉跌，將不止三秦之憂。不聽。傳庭敗没，賊入關。關中陷，見前《帝京篇》"虢略"二句注。

〔三〕九野句　徐注：《呂氏春秋》：天有九野，地有九州。

　　蘧常案：此句喻不祥之徵兆也。

〔四〕哭帝句　原注：顏延之《和謝監靈運》詩：謁帝蒼山蹊。

　　蘧常案：李善《文選》注：《禮記》：舜葬蒼梧之野。張銑《文選》注：蒼梧，山名，舜葬處。

〔五〕君持句　徐注：《漢書·蘇武傳》：單于徙武北海上，武仗漢節牧羊，臥起操持，節旄盡落。《晉書·何無忌傳》：爲徐道覆所敗，厲聲曰：取我蘇武節來。遂操節死之。

　　蘧常案：《石匱書》本傳：賊陷西安，咸正率延營三百人登陴，並棄甲去。遂執咸正降之，不屈，乃拘之營中。

〔六〕冒死句　徐注：《漢書·鼂錯傳》：布渠答。師古注：渠答，鐵蒺藜。

　　蘧常案：此當謂咸正逃免義軍營事，但無文獻可徵。

〔七〕揮刀句　蘧常案：《石匱書》本傳：蘇國兵（案：當有誤字。據他書則爲吳三桂兵）入關，秦中人多應之。韓城人推咸正爲主，斬偽令王業昌。已而知爲東兵，遂入山中不肯起。

〔八〕一炬句　徐注：杜牧《阿房宮賦》：楚人一炬。《後漢書‧董卓傳》：董卓既斬，乃尸卓於市。天時始熱，卓素充肥，脂流於地。守尸吏然火置卓臍中，光明達曙。

　　蘧常案：似謂殺王業昌事，"一炬"謂臍中然火，徐注引《阿房宮賦》，非。

〔九〕東胡句　蘧常案：《後漢書‧烏桓傳》：烏桓者，本東胡也。此斥清。《清史稿‧世祖本紀》：順治二年正月，自成遁走西安，壬寅，多鐸師至西安。二月庚午，阿濟格剿陝西餘軍，克四城，降三十八城，全秦底定。故曰"東胡勢薄天"也。

〔一〇〕少梁句　徐注：《史記‧魏世家》：魏文侯六年，城少梁。惠王九年，與秦戰少梁。十七年，與秦戰元里，秦取我少梁。

　　蘧常案：少梁在今陝西韓城縣南。時咸正方自韓城避清兵於山中。山或在少梁，故云。

〔一一〕遂從句　蘧常案：黃冠，《禮記‧郊特牲》：野夫黃冠。黃冠，草服也。孫希旦《集解》：黃冠，乃臺笠之屬，其色黃也。此指草野之服。《石匱書》本傳：明年（案：謂丙戌）南歸，以全髮走二千餘里抵吳。

〔一二〕豈知二句　徐注：《唐書‧顏杲卿傳》：禄山使史思明等攻常山，六日而陷。杲卿瞋目罵，禄山不勝忿，縛之天津橋柱，詈不絕，賊鉤斷其舌曰：能復罵否？杲卿含胡而絕。《明史‧朱大典傳》附顧咸建：字漢石，崑山人，大學士鼎臣曾孫也。崇禎十六年進士。授錢塘知縣。甫之官，聞京師陷，人情恟恟，咸建戢奸宄，嚴警備。及南都失守，鎮江守將鄭彩等率衆還，緣道劫掠，咸建出私財迎犒，乃斂威去。無何，馬士英擁兵至；頃之，大將方國安兵亦至。咸建謀於上官，先期遣使行賂，兵乃不入城。四鄉多被淫掠。時監司及郡縣長吏悉逋竄，咸建散遣妻子，獨守官不去。潞王既降，咸建不去，尋被執,死之。《南略》:咸正季弟咸受,甲子舉人。城破亦死。冒云:咸受字幼疏。

　　蓮常案:《新唐書·忠義傳》:顏杲卿與真卿同五世祖。假常山太守。安祿山反,真卿在平原,約共起兵,傳檄河北,兄弟兵大振。故詩以比咸建。《石匱書》有傳,書死事甚詳,云:清兵至武林,巡撫張秉貞降,勒咸建納錢塘縣印,咸建痛哭,欲掛冠去。或告貝勒曰:錢塘令,潞王所與深謀者也,其人才望素著,且大得民心,宜亟用之,否則亟殺之。於是以騎卒趣咸建,咸建知不免,曰:往而死,職也!迺具衣冠往。貝勒唊以美官,咸建聲色甚厲,願蚤賜一死。貝勒不忍殺,命就獄。趨而出,衣冠坐獄中,不言,書於案曰:國不可負,親不可辱!詰朝,復趣入,譯者曰:爾從則爲杭嚴道,不從則死。咸建曰:死則死耳,吾豈爲一杭嚴道生哉!復唊以巡撫,咸建踊躍而呼曰:可速殺我!遂徑出不顧,迺與同繫者四人就刑朝天門,時六月二十日也。(案:徐松《譜》則謂"咸建棄官去,追及之於吳江,閏六月朔,殺之",與此不同。然孫以榮《湖墅詩鈔》謂"許孝恭昭遠尚氣節,國初錢塘令顧咸建以節死,懸首鎮海樓,孝恭力請於貝勒,爲斂而歸之",則咸建死杭州確矣。)玩詩意,似咸建死於咸正未歸以前,然咸正歸在四月,而咸建死在六月,則已"化哀鵑"云云,蓋不可泥說歟?哀鵑,見前《大行皇帝哀詩》"望帝"注。

〔一三〕所念句　徐注:《左傳》宣公十二年:取其鯨鯢而封之。《説文》:"鱷,海大魚也。""鱷"或作"鯨",此指清兵。

〔一四〕桑榆　原注:《後漢書·光武紀》:賜馮異詔曰:可謂失之東隅,收之桑榆。

　　蓮常案:《石匱書》本傳:抵吳,日夜籌所以報國。

〔一五〕巖下棲　徐注:夏侯湛文:或背豐榮以巖棲。

〔一六〕便蹴二句　蘐常案：見後《擬唐人五言八韻·祖豫州聞雞》詩注。

〔一七〕春水句　蘐常案：樓船，見前《海上》詩注。此疑謂咸正密疏隆武，託舟山黃斌卿轉達事。見上題注。

〔一八〕湖上句　徐注：劉峻《五等諸侯論》：鉦鼙震於閩宇。
　　蘐常案：湖上，見前《上吳侍郎暘》詩注。

〔一九〕句吳二句　徐注：《史記·吳太伯世家》：自稱句吳。注：句，發語詞。《詩》：爲下國綴旒。《詩·秦風·無衣》傳：秦人刺其君好攻戰，亟用兵。
　　蘐常案：徐松《譜》云：亭林之從軍於吳，咸正必同行。故有此二句。

〔二〇〕殽潼　徐注：王勃《秋日楚州郝司户宅遇錢鶴使君序》：郢路極於殽、潼。蘐常案：殽、潼，即二崤與潼關，狀其險峻，自古爲用兵之地也。

〔二一〕别馬　徐注：庾信《李陵蘇武别贊》：歸驂欲動，别馬將前。
　　蘐常案：此四句言江南用兵，與秦中不同，似仍"争雄必上游"之意。

〔二二〕天子二句　徐注：《南疆逸史·顧咸建傳》：閩中贈太僕少卿，謚忠節。《西京雜記》：中書以武都紫泥爲璽寶，加絲綈其上。
　　蘐常案：《漢書·史丹傳》：天子自臨軒檻。《思文大紀》隆武元年七月，僅言旌表錢塘縣知縣顧咸建死節。

〔二三〕高景二句　原注：《漢書》：周苛死滎陽，乃拜其弟昌爲御史大夫。後以功封汾陰侯。苛子成，以父死事封高景侯。　徐注：《史記·張儀列傳》：陳軫曰：今仕楚執珪，貴富矣！
　　蘐常案：分符，見前《李定自延平歸》詩"使者"句注。

〔二四〕俊拔　徐注：《新唐書·孫遜傳》：遜幼有文，舉手筆俊拔、哲人奇士、隱淪屠釣及文藻宏麗等科。

　　　　　蘧常案：似當用《宋史·陳宜中傳》"性特俊拔"語。

〔二五〕金閨　徐注：江淹《別賦》：金閨之諸彥。注：金馬門也。

〔二六〕指顧句　蘧常案："指顧"，倏忽也。最後八句，推崇顧氏昆仲，俊才拔俗，宜綏靖中原，安撫黎庶，指顧間事耳。亦爲亭林亟望之事也。

大　漢　行

【解題】

　　黄注：案：此篇殆爲明季諸王争立而作。

　　蘧常案：《史記·司馬相如列傳》：爲鼓一再行。《索隱》：古樂府長歌行、短歌行，皆曲行也。此言一再行，謂一兩曲。徐師曾《詩體明辨》：步驟馳騁，疏而不滯者，曰行。

　　大漢傳世十二葉〔一〕，祚移王莽繇居攝〔二〕。黎元愁苦盜賊生〔三〕，次第諸劉興宛葉〔四〕。一時併起實倉皇〔五〕，國計人心多未協〔六〕。新市將軍憚伯升〔七〕，遂令三輔重焚劫〔八〕。指揮百二歸蕭王，一統山河成帝業〔九〕。吁嗟帝王不可圖，長安天子今東都〔一〇〕。隗王白帝何爲乎〔一一〕？扶風馬生真丈夫〔一二〕。

【彙注】

〔一〕大漢句　蘧常案：《漢書·敍傳》云：起元高祖，終于孝平王莽之誅，十有二世。述《高紀》第一，《惠紀》第二，《高后紀》第三，《文紀》第四，《景紀》第五，《武紀》第六，《昭紀》第七，《宣紀》第八，《元紀》第九，《成紀》第十，《哀紀》第十一，《平紀》第十二。不數孺子嬰。

〔二〕祚移句　徐注：《漢書·王莽傳》：初封新都侯，加安漢公。弑平帝，迎立宣帝玄孫孺子嬰。羣臣奏太后，請安漢公踐阼，謂之攝皇帝。詔曰可。以丙寅爲居攝元年，遂移漢祚。

〔三〕黎元句　徐注：《漢書·王莽傳》：莽不聽嚴尤語，轉兵穀如故，内郡愁於徵發，始流亡爲盜賊。《明史·楊嗣昌傳》："神宗末，增賦五百二十萬，崇禎初，復增百四十萬，總名遼餉。至是復增剿餉、練餉，先後增賦千七百七十萬，民不聊生，益起爲盜。又：中原饑，羣盜蜂起，嗣昌請開金銀銅錫礦以解散其黨。又議增兵、增餉，其措餉之策有四：曰因糧，曰事例，曰溢地，曰驛地。天下愈擾。

〔四〕次第句　徐注：《通鑑》：安衆侯劉崇起兵討莽，從者百餘人，遂進攻宛，不克而死。東郡太守翟義奉劉信舉兵討莽，三輔豪傑皆應，衆至十餘萬。徐鄉侯劉快起兵討莽，不克，死之。又：宗室劉縯及弟秀起兵舂陵，興復帝室，新市、平林兵皆附之。王常謂諸將曰：今南陽諸劉舉宗起兵，觀其來議者，皆有深計大慮，與之并合，必成大功。《一統志》：宛，今南陽縣；葉，今鄧州。

〔五〕一時句　原注：《漢書·賈誼傳》：高皇帝與諸公併起。師古曰：併，音步鼎反。徐注：《南略》：甲申五月，福王由崧立南京。乙酉六月，杭人擁立潞王常淓爲監國。閏六月，鄭鴻逵、蘇觀生、黄道周等奉唐王聿鍵稱監國，立於福州。先是靖江王亨嘉自稱監國於紹興。是年十月，丁魁楚等立桂王於肇慶，號永曆。十一月，蘇觀生等又立唐王弟聿鐭於廣州，改元紹武。

〔六〕國計句　徐注：《荀子》：明主使天下必有餘而上不憂不足，如是則上下俱富，交無所藏之，是知國計之極也。《易》：聖人感人心而天下和平。《後漢書・光武紀》：惟大王以社稷爲計，萬姓爲心。

〔七〕新市句　徐注：《後漢書・劉玄傳》：新市人王匡、王鳳爲渠帥，諸亡命馬武等往從之，藏於綠林山中。地皇三年，北入南陽，號新市兵，皆自稱將軍。《後漢書・齊武王縯傳》：漢兵已十餘萬，欲立劉氏，以從人望。南陽豪傑及王常等皆欲立劉縯，而新市、平林將帥樂放縱，憚縯威明，貪立懦弱。案：劉縯，字伯升。《南略》：史可法曰：福藩不忠不孝，恐難以主天下，人望皆在潞王。馬士英獨念福王昏庸，可利爲之，内賄劉孔昭，外賄劉澤清，同心推戴，必欲立之。

〔八〕遂令句　徐注：三輔，見前《京口即事》"三輔"注。《後漢書・馮異傳》：光武敕異曰：三輔遭王莽、更始之亂，重以赤眉、延岑之酷，元元塗炭。今之征伐，非必略地屠城，要在平定安集耳！

〔九〕指揮二句　徐注：杜甫《惜別行》：指揮猛將收咸京。《史記・高祖本紀》：秦，形勝之國也。帶河山之阻，縣隔千里，持戟百萬，秦得百二焉。《後漢書・光武帝紀》：更始二年，遣使立光武爲蕭王。

　　蘧常案：百二，蘇林注：秦地險固，二萬人足當諸侯百萬人也。

〔一○〕吁嗟二句　徐注：《都邑考》：光武定都雒陽，時謂長安爲西京，雒陽爲東京。班固有《東都賦》。

〔一一〕隗王句　徐注：《後漢書・隗囂傳》：囂知帝審其詐，遂遣使稱臣於公孫述。述以囂爲朔寧王。又：囂窮困，其大將王捷在戎丘,登城呼漢軍曰:爲隗王城守者皆必死。《元和志》:白帝即夔州城,與赤平山相接。初,公孫述殿前井有白龍出,因號白帝。《寰宇記》:公孫述據蜀土,自稱白帝,更魚腹爲白帝城。

〔一二〕扶風句　徐注:《後漢書·馬援傳》:扶風茂陵人。遂之北地田牧,常謂賓客曰:丈夫爲志,窮當益堅,老當益壯!　黄注:案此詩,據年譜列於順治四年丁亥,是亭林三十五歲時作。其時唐王已被殺於汀州,紹武又被殺於廣州,明之諸王,惟魯王在海上,桂王在肇慶耳。魯、桂二王無爭立之事,而詩言"指揮百二歸蕭王,一統山河成帝業,吁嗟帝王不可圖,長安天子今東都",則明明言爭立。故予以爲此詩作於丙戌,蓋是年十一月,蘇觀生立唐王弟聿鐭於廣州,改元紹武;丁魁楚等立桂王由榔於肇慶,改元永曆。亭林此詩,當作於其時。十二月,清師入廣州,殺聿鐭,踰年丁亥,則爭立事已成過去矣,亭林何必用隗囂、馬援事以譏丁魁楚、蘇觀生,而於聿鐭之被殺,反無一言及之乎?徐注引《隗囂傳》及《馬援傳》,若兩人之事不相關者,非也。《後漢書·隗囂傳》:初,囂與來歙、馬援相善,故帝數使歙、援奉使往來,勸令入朝,許以重爵。囂遣使謙辭。既而囂上書言三輔單弱,未宜謀蜀,帝知囂欲持兩端,不願天下統一,於是稍黜其禮,正君臣之儀。囂知帝審其詐,遂遣使稱臣於公孫述。又《馬援傳》:嘗謂賓客曰:丈夫爲志,窮當益堅,老當益壯!因處田牧,至有牛馬羊數千頭,穀數萬斛。王莽末,四方兵起,公孫述稱帝於蜀,囂使援往觀之,歸謂囂曰:子陽井底蛙耳,而妄自尊大,不如專意東方。建武四年冬,囂使援奉書洛陽,見光武曰:陛下恢廓大度,同符高祖,乃知帝王自有真也!此詩末二句,蓋譏魁楚、觀生互相爭立,不欲統一,有如隗囂之持兩端,而歎馬援之能識主。至於處田牧中,窮益堅,老益壯,後來亭林墾荒於西北,其志蓋早示之於此矣。

　　蘧常案:黃謂此詩爲永曆、紹武爭立而作,是也。玩詩意,似尊桂而斥唐,或以桂監國於前乎?《石匱書·唐王聿鐭傳》、《小腆紀傳·隆武紀》附紹武,皆言其事,而《紀傳》言爭立始末尤詳。《紀傳》作聿鐭,與《石匱書》不同,而與《明史》合。其言曰:聿鐭,隆武帝之第四弟也。隆武改元,封唐王,以主唐祀。丙戌,閩敗,浮海至廣州。時兩廣總督丁魁楚已奉永曆帝監國肇慶,故大學士蘇觀生自南安遣主事陳邦彥奉表勸進,貽魁楚書,欲與共推戴事。魁楚拒之,觀生乃旋師廣州。有番禺梁朝鍾、南海關捷先倡兄終弟及議,觀生遂與舊輔何吾騶,侍郎王應華、曾道唯,布政使顧元鏡以十一月癸卯朔,擁王監國。丁未,立爲皇帝,稱號紹武。吾騶等分掌諸部,軍國事則觀生掌之。永曆帝聞王已建號,命給事中彭燿、主事陳嘉謨齎詔至廣州諭止,復召見陳邦彥,令齎敕繼至。燿、嘉謨語不遜。王怒,殺之。邦彥聞之,不敢入,遣人以敕授觀生。觀生頗不自安,而事已不可中止,乃命番禺人陳際泰督師拒桂兵於三水,爲桂總督林佳鼎所敗。十二月,佳鼎乘勝至三山口,唐總兵林察遣海盜詐降,乘風縱火,桂僉事夏四敷赴水死,桂總兵李明忠急以所部登岸列營,泥淖深三尺,人馬盡陷,明忠以三十騎走免,肇慶大震。唐、桂方相持未下,而降將李成棟率清兵已自閩入廣,惠、潮望風下,用兩府印,移牒廣州報平安,觀生信之,不爲備。十五日,丁亥,王方閱射,俄報清兵已自東門入,城遂陷。王爲追騎所獲,投繯死。然黃謂此詩不作於丁亥而作於丙戌,則非。潘鈔本爲先生手訂之稿,此詩編於丁亥,次第二,與年譜合,不能謂年譜誤也。紹武之亡在丙戌十二月望日,此詩當作於丁亥歲初。是時道路遼遠,傳報濡滯,只知二王之爭,尚不知紹武之滅,故其言云爾。如此釋之,似可兩得之矣。又黃謂先生有感於馬援之田牧,後來墾荒西北,兆端於此,似附會。詩"真丈夫"云云,不過謂其善識時務,承上文"隗王、白帝"言,不見有其他寄託,至卷二《秀州》詩,始有將從之言,可證也。

義　士　行

【解題】

　　徐注:《史記·趙世家》:屠岸賈不請而擅與諸將攻趙氏於下宮、殺趙朔、趙同、趙括、趙嬰齊,皆滅其族。趙朔妻成公姊,有遺腹,走公宮匿,免身生男,屠岸賈聞之,索於宮中。夫人置兒袴中,祝曰:趙宗滅乎,若號;即不滅,若無聲。及索,兒竟無聲。已脫,程嬰謂公孫杵臼曰:今一索不得,後且復索之,奈何?杵臼曰:立孤與死孰難?嬰曰:死易,立孤難耳!杵臼曰:趙氏先君遇子厚,子強爲其難者,吾爲其易者,請先死!乃二人謀取他人嬰兒負之,衣以文葆,匿山中。嬰出,謬謂諸將軍曰:與我千金,吾告趙氏孤處。諸將皆喜,發師隨嬰攻杵臼。杵臼謬曰:小人哉程嬰!昔下宮之難不能死,與我謀立趙氏孤兒;今又賣我,縱不能立,而忍賣之乎?抱兒呼曰:天乎,天乎!孤兒何罪?請活之,獨殺杵臼可也。遂殺杵臼與孤兒。諸將喜。然趙氏真孤乃反在,程嬰卒與俱匿山中。居十五年,晉景公疾,卜之,大業之後不遂者爲祟。景公問韓厥,厥知趙孤在,乃曰:大業之後在晉絕祀者,其趙氏乎?於是召趙武、程嬰,攻屠岸賈滅其族,復與武田邑如故。

飲此一杯酒,浩然思古人。自來三晉多義士〔一〕,程嬰公孫杵臼無其倫。下宮之難何倉卒!賓客衣冠非舊日。袴中孤兒未可知,十五年後當何時?有如不幸先朝露,此恨悠悠誰與訴?一心立趙事竟成,存亡死生非所顧。嗚呼!趙朔之客真奇特,人主之尊或不能得,獨有人兮長歎空山側〔二〕。

【彙注】

〔一〕三晉　蘧常案:見前《不去》詩"此心"二句注。
〔二〕人主二句　徐注:《明史・諸王傳》:太子慈烺,莊烈帝第一子,崇禎二年二月生。京師陷,賊獲太子,僞封宋王。賊敗西走,太子不知所終。由崧時,有自北來稱太子者,驗之,以爲駙馬都尉王昺孫王之明者僞爲之,繫獄中,南京士民譁然不平;袁繼咸及劉良佐、黃得功輩皆上疏爭;左良玉起兵,亦以救太子爲名,一時真僞,莫能知也。由崧既奔太平,南京亂民擁王之明立之。越五日,降於清。定王慈炯,莊烈帝第三子,永王慈炤,莊烈帝第四子,賊陷京師,皆不知所終。《北略》:帝令送太子及永王、定王於戚臣周奎、田弘遇第。太子投周奎家,不得入,二王亦不能匿,先後擁至,自成羈之宮中,皆挾以西走。《南略》:吳三桂擁太子離永平,至榆河,陰逸之,入皇姑寺。太監高起潛奔西山,太子詣之,同至天津,浮海而南。八月,抵淮上,高夢箕密奏並啓士英,於是遣內豎李繼周持御札召之。入城居興善寺,使舊內監張、王二豎覘之。二豎見即抱足大慟。上怒,掠二豎死,並繼周亦鴆之。中夜,移於大内。三月初三日，阮大鋮馳書士英，士英密奏以太子下中城兵馬司獄。太子入獄，長號飲泣，滿獄悽然。會楊維垣颺言王昺姪孫王之明貌類太子，兵科戴英襲以入奏，令劉正宗、李景濂等雜治之。時東宮舊講官方拱乾繫獄，詔出辨之。太子一見即云：方先生也。拱乾懼，不敢言真偽。張孫振曰：汝是王之明。太子曰：汝等不嘗立皇考之朝乎？何一旦蒙面至此？王鐸叱送還獄，十五，復審，李沾喝上梏，號呼聲徹於內。將出，舊東宮伴讀丘致中捧持大慟，即並禽下。黃得功、劉良佐、何騰蛟、左良玉、張兆熊、袁繼咸皆陳疏力爭，史可法亦請召見，以息羣囂，皆不聽。五月，弘光出奔，南都士民千數，禽王鐸，毆之，共立太子爲帝。大兵至，趙之龍捧太子出見豫王。又《江南聞見錄》：二十五日，尋到弘光，停天界寺，豫王至靈壁侯家設宴，太子上坐，弘光昭坐，豫王穆坐，從容問弘光曰：不爲先帝報仇，反將太子監禁，此是何意？弘光默然。先生《日知錄》云：王之明一事，中外流言，洶洶不息，藩鎮稱兵，遂以藉口，此亦亡國之妖也已。　黃注：此因太子慈烺之事而作也。《日知錄》三十有"詐稱太子"一段，徐注所引王之明云云，其文未全，如目爲"亡國之妖"，則此詩可不作矣。亭林於《日知錄》致其疑詞曰：衛太子自殺於湖，武帝爲築歸來望思之臺，事狀明白。十年之後，猶有如成方遂之乘黃犢車詣北闕，吏民聚觀至數萬人，公卿莫敢發言者。況值非常之變，事未一年，吾君之子，天下屬心，衆口誼騰，卒難徧喻者乎？寄之中城獄舍，不加刑鞫，是爲得理，不可以亡國之君臣而加之誣詆也。亭林所謂"不可以亡國之君臣而加之誣詆"者，蓋對《明史・諸王傳》而發，意當日亭林已見此傳也。此詩歎程嬰、杵臼無其人，則必不以爲偽太子，意謂設當時有義士保存太子，則何至有真偽之爭，使藩鎮藉口稱兵而南都再亡也。故亭林之致疑,正其所以深痛也!

秦　皇　行

【解題】

　　蔣常案:《史記·秦始皇本紀》:秦始皇帝者,秦莊襄王子也。莊襄王爲秦質子於趙,見吕不韋,姬悦而取之,生始皇,名爲政,姓趙氏。年十三歲,立爲秦王。二十六年,初并天下,號曰皇帝。三十七年,出遊,七月丙寅,崩於沙丘平臺。此似以秦喻清,後多類此,可相發也。

　　秦肉六國啖神州〔一〕,六國之士皆秦讎〔二〕。劍一發,亡荆軻〔三〕。筑再舉,誅漸離〔四〕。博浪沙中中副車,倉海神人無奈何〔五〕!自言王者定不死〔六〕,豈知天意亡秦却在此〔七〕!隕石化,山鬼言,天意茫茫安可論〔八〕?扶蘇未出監上郡〔九〕,始皇不死讎人刃〔一〇〕。

【彙注】

〔一〕秦肉句　原注:《揚子法言》:始皇方斧,將相方刀;六國方木,將相方肉。

　　　　蔣常案:《廣雅·釋詁》:啖,食也。神州,見前《感事》詩第二首"須知"二句注。《史記·秦始皇本紀》:十七年,内史騰攻韓,盡納其地,以其地爲郡,命曰潁川。十九年,王翦盡定取趙地,得趙王。二十二年,王賁攻魏,引河溝灌大梁,其王請降。二十三年,王翦擊荆,虜荆王,二十五年,王賁攻遼東,得燕王喜。二十六年,王賁攻齊,得齊王建。

〔二〕六國句　徐注:《史記·蘇秦列傳》:秦,天下之仇讎也。

　　　蕖常案:賈誼《過秦論》:六國之士。六國,指楚、齊、燕、趙、魏、韓六諸侯國。

〔三〕劍一發二句　徐注:《史記·刺客列傳》:荊軻逐秦王,秦王環柱而走。羣臣皆愕,卒起不意,盡失其度。左右乃曰:王負劍!負劍!遂拔以擊荊軻,斷其左股。荊軻廢,乃引其匕首以擿秦王,不中,中銅柱。秦王復擊軻,被八創。軻自知事不就,倚柱而笑,箕踞以罵曰:事所以不成者,以欲生劫之,必得約契以報太子也!

〔四〕筑再舉二句　徐注:《史記·刺客列傳》:高漸離匿作於宋子,擊筑而歌,聞於秦始皇,召見。人有識者,乃曰:高漸離也。秦皇帝惜其善擊筑,重赦之。乃矐其目,使擊築,未嘗不稱善,稍益近之。高漸離乃以鉛置筑中,復進得近,舉筑扑秦皇帝,不中。於是遂誅高漸離。嘉案:軻、離,古音叶。

〔五〕博浪二句　原注:《漢書·張良傳》:東見倉海君。注:晉灼曰:海神也。　徐注:《史記·留侯世家》:東見倉海君,得力士爲鐵椎重百二十斤。秦皇帝東遊,良與客狙擊秦皇帝博浪沙中,誤中副車。秦皇帝大怒,大索天下。注:如淳曰:倉海君,東夷君長也。

　　　蕖常案:王先謙《漢書補注》:《史記索隱》:姚察以武帝時東夷濊君降爲倉海郡,或因以名,蓋得其近。案:倉海郡雖立於武帝時,必前已有此地名,故得爲名。

〔六〕自言句　徐注:《南史·宋武帝紀》:劉寄奴王者不死。

〔七〕豈知句　徐注:《史記·秦始皇紀》:盧生使入海還,因奏錄圖書曰:亡秦者,胡也!

〔八〕隕石化三句　徐注:《史記·秦始皇本紀》:三十六年,有墜星下東郡,至地爲石。黔首或刻其石曰:始皇帝死而地分。始皇盡取石旁居人誅之。

　　蘐常案:《秦始皇本紀》:是年秋,使者從關東夜過華陰平舒道,有人持璧遮使者曰:爲吾遺滈池君。因言曰:今年祖龍死。使者奉璧具以聞,始皇默然良久,曰:山鬼固不過知一歲事也!

〔九〕扶蘇句　徐注:《史記·秦始皇本紀》:始皇坑諸生,長子扶蘇諫之,始皇怒,使扶蘇監蒙恬於上郡。

〔一〇〕讎人刃　徐注:《北史·序傳》:手刃讎人。

墟　　里

【解題】

　　徐注:《史記·宋微子世家》:箕子朝周,過殷之故墟。
　　蘐常案:此疑悼念崇禎帝殉國三周年而作。

　　昔有周大夫,愀然過墟里〔一〕。時序已三遷〔二〕,沈憂念方始。乃知臣子心〔三〕,無可別離此。自我陷絕域〔四〕,一再見桃李。春秋相代嬗〔五〕,激疾不可止。慨焉歲月去,人事亦轉徙。古制存練祥〔六〕,變哀固其理〔七〕。送終有時既〔八〕,長恨無窮已。豈有西向身,未昧王衷旨〔九〕。眷言託風人〔一〇〕,言盡愁不弭〔一一〕。

【彙校】

〔自我句〕潘刻本、徐注本、孫校本均作"自經板蕩餘"。徐并出注:

《詩傳》：《板》，凡伯刺厲王也；《蕩》，召穆公傷周室大壞也。

【彙注】

〔一〕昔有二句　徐注：《詩·黍離》序：周大夫行役過故宗廟宮室，盡爲禾黍，閔周室之顛覆，彷徨不忍去而作是詩也。

〔二〕時序句　蘧常案：時序三遷，蓋謂甲申之變，至此歲已三周矣。

〔三〕臣子心　蘧常案：臣子心，見前《十二月十九日奉先妣藁葬》詩"黽勉"二句注。

〔四〕絶域　黄注：謂自我國絶域之爲清兵所陷也。
　　　　　蘧常案：此句意謂地既淪於異族，猶絶域也。黄注非。

〔五〕春秋句　徐注：《宋元學案·邵康節學案》：魏鶴山曰：皇帝王霸之興替，春秋冬夏之代嬗。《漢書·賈誼傳》：變化而嬗。注：師古曰：嬗，即禪代字，合韻。

〔六〕古制句　蘧常案：《禮記·曾子問》：小祥者，主人練祭而不旅。《釋名·釋喪制》：期而小祥，亦祭名也，孝子除首服，服練冠也。祥，善也。加小善之飾也。

〔七〕變哀　蘧常案：《禮記·檀弓》：喪禮哀戚之至也，節哀順變也，君子念始之者也。

〔八〕送終句　原注：楊惲《報孫會宗書》：君父至尊親也，送其終也，有時而既。

〔九〕豈有二句　徐注：《晉書·孝友傳·王裒》：字偉元，城陽營陵人也。父儀，爲文帝司馬。東關之役，儀曰：責在元帥。帝怒，引出斬之。哀痛父非命，未嘗西向而坐。隱居教授，三徵七辟皆不就，讀《詩》至"哀哀父母，生我劬勞"，未嘗不三復流涕。門人並廢《蓼莪》之篇。先生《日知録》云：如山濤者，既爲邪説之魁，遂使嵇紹之賢，亦犯天下之不韙而不顧。夫邪正之説，不容兩立，使謂紹爲忠，則必謂王裒爲不忠而後可也。何怪其相率臣於劉聰、石勒,觀其故主青衣行酒而不以動其心乎?

　　蔣常案:《亭林文集·與葉訒庵書》:先妣未嫁過門,蒙朝廷旌表,國亡絶粒,以女子而蹈首陽之烈。臨終遺命,有"毋仕異代"之言,載之誌狀。故人人可出,而炎武必不可出矣。

〔一〇〕風人　蔣常案:劉勰《文心雕龍·明詩》:自王澤殄竭,風人輟采。

〔一一〕言盡句　徐注:《易·繫辭》:書不盡言,言不盡意。《詩》:心之憂矣,不可弭忘。《廣韻》:弭,息也。

塞下曲 二首

【解題】

　　徐注:古樂府有《塞下曲》。

　　趙信城邊雪化塵〔一〕,紇干山下雀呼春〔二〕。即今三月鶯花滿,長作江南夢裏人〔三〕!

【彙注】

〔一〕趙信城　原注:《史記·衛將軍驃騎列傳》:遂至寘顔山趙信城。　徐注:《史記·匈奴列傳》:前將軍翕侯趙信兵不利,降匈奴。單于既得趙信,以爲自次王,用其姊妻之,以謀漢。信教單于益北絶漠,以誘罷漢兵。

　　蔣常案:《史記·匈奴列傳》裴駰《集解》:如淳曰:信前

降匈奴,匈奴築城居之。沈欽韓《漢書·匈奴傳疏證》:《一統志》:趙信城在喀爾喀界内。

〔二〕紇干句　原注:《五代史·寇彦卿傳》:紇干山頭凍死雀,何不飛去生處樂?

　　蘧常案:紇干山今稱紇真山,在山西大同縣東。

〔三〕即今二句　原注:梁丘遲《與陳伯之書》:暮春三月,江南草長,雜花生樹,羣鶯亂飛。　黃注:此詩作於順治四年丁亥,去甲申北都之陷,已閲四年矣。亭林葬母後,作《先妣王碩人行狀》云:忽焉二載,日月有時,所以踟躕二年而遂欲苟且以葬者也。亡國之人,長望恢復,而至於絶望,"長作江南夢裏人",悲愴極矣!

一從都尉拜單于〔一〕,夜夜魂隨塞雁蘆〔二〕。陛下寬仁多不殺〔三〕,可能生入玉門無〔四〕?

【彙校】
〔拜單于〕潘刻本、徐注本、孫校本均作"生降去"。

【彙注】
〔一〕一從句　徐注:《史記·李將軍列傳》:孫陵拜爲騎都尉。又:虜急擊,招降陵。陵曰:無面目報陛下!遂降匈奴。《明史·楊國柱傳》:十四年,祖大壽被困錦州,總督洪承疇率八大將往救。又《曹變蛟傳》:承疇命變蛟營松山之北,乳峰山之西兩山間,列七營,環以長壕。及出戰,連敗,餉道又絶。變蛟聞敗,馳至松山與承疇固守。自是錦州圍益急,而松山亦被圍,援矢俱絶。明年二月,副將夏成德爲内應,松山遂破。承疇及巡撫丘民仰,總兵祖大樂,兵備道張斗、姚恭、王之楨,副將江翼、饒勛等皆被執見殺,承疇、大樂得免。三月,祖大壽遂以錦州降,松山、杏山連失。又《丘民仰傳》:城破,承疇降,民仰死。事聞,帝驚悼甚,設壇都城,承疇十六,民仰六,賜祭盡哀。尋命建祠都城外,帝將親臨祭,聞承疇降,乃止。

　　蘧常案:《清史稿·洪承疇傳》:崇德七年二月,上命送承疇至盛京,欲收承疇爲用,命范文程諭降。承疇方科跣謾罵,文程徐與語,梁間塵偶落著承疇衣,承疇拂去之。文程遽歸告上曰:承疇必不死,惜其衣,況其身乎?上自臨視,解所御貂裘衣之曰:先生得無寒乎?承疇瞠視久,歎曰:真命世之主也!乃叩頭請降。上大悅。此承徐說補之。然此時承疇降已久,清廷倚重甚,方經略南方,無因望其反正。予頗疑蓋謂鄭芝龍也。芝龍於去歲丙戌十一月十五日降於清,《明季遺聞》、《南略》皆詳載其事。《遺聞》云:清兵至泉州,芝龍保安平,貝勒令泉紳郭必昌者招之。會固山兵逼安平,芝龍怒。貝勒乃令離安平三十里,遣人持書曰:兩粵未平,今鑄閩粵總督印相待。芝龍大悅。其子弟皆勸入海,而芝龍田園徧閩、粵,駑馬戀棧,遂進降表。十一月十五日至福州朝見,貝勒握手甚歡,遂命酒痛飲,飲三日。夜半忽拔營起,遂挾之而北,從者五百人,皆不得見。芝龍謂貝勒曰:北上面君,乃龍本願,但子弟多不肖,擁兵海上,倘有不測,奈何!貝勒曰:此無與爾事,亦非吾所慮也!故詩下歎其欲南歸而不得曰"夜夜魂隨塞雁蘆,可能生入玉門無"也。考《清史稿·洪承疇傳》,時承疇正坐鎮南京,與此皆不合。

〔二〕雁蘆　徐注:《尸子》:雁銜蘆以捍網。

〔三〕陛下句　原注:《史記》柴將軍遺韓王信書曰:陛下寬仁,諸侯雖有畔亡而復歸,輒復故位號,不誅也。

〔四〕可能句　徐注：《後漢書·班超傳》：臣不敢望到酒泉郡，但願生入玉門關。

海　上　行

【解題】

蓮常案：此詩蓋傷魯監國之飄泊海上也。監國於去歲至舟山，守將黃斌卿不納。永勝伯鄭彩以其軍扈入閩。鄭芝龍密令彩執監國，彩不可。十一月，丙寅，次中左所（案：即今廈門）。會鄭成功起兵海上，駐中左所，修唐、魯舊嫌，意不欲奉監國，稱明年爲隆武三年，於是彩奉監國改次長垣。詳《小腆紀年》。

大海天之東，其處有黃金之宮〔一〕，上界帝子居其中〔二〕。欲往從之〔三〕，水波雷駭〔四〕；幾望見之，以風爲解〔五〕。徐福至彼，止王不來〔六〕。至今海上人，時見城郭高崔嵬〔七〕。黿鼉噴沫〔八〕，聲如宮商〔九〕。日月經之，以爲光明〔一〇〕。或言有巨魚，身如十洲長〔一一〕，幾化爲龍不可當〔一二〕，一旦失水愁徬徨。北冥之鯤〔一三〕，有耶無耶？又言海中之棗大如瓜，棗不實，空開花〔一四〕。但見鯨魚出没，鑿齒磨牙〔一五〕。昔時童男女，一去不回家。東浮大海難復難，不如歸去持魚竿〔一六〕。

【彙注】

〔一〕黃金之宮　蓮常案：見前《海上》詩"水涌"二句注。
〔二〕上界句　徐注：《楚詞·九歌·湘夫人》：帝子降兮北渚。

蘧常案：《雲笈七籤》：上界宮館，生於窈冥。

〔三〕欲往句　蘧常案：張衡《四愁詩》：我所思兮在桂林，欲往從之湘水深。

〔四〕雷駭　徐注：郭璞《井賦》：聲雷駭以淵潎。

〔五〕幾望二句　徐注：《史記·封禪書》：始皇自以爲至海上而恐不及，使人乃齎童男女入海求之。船交海中，皆以風爲解，曰：未能至，望見之焉。

〔六〕徐福二句　蘧常案：《史記·秦始皇本紀》：齊人徐巿等上書言：海中有三神山，僊人居之，請得齋戒，與童男女求之。於是遣徐巿，發童男女數千人，入海求僊人。杜光庭《仙傳拾遺》作"徐福，字君房"。元吾丘衍《閒居錄》：秦方士徐巿又作徐福，非有兩名。"巿"乃古"韍"字，漢時未有反切，但以聲相近字音注其下。後人讀作"巿廛"之"巿"，故疑福爲別名也。《史記·淮南衡山列傳》：秦使徐福入海求神異物，遣振男女三千人，資之五穀種種百工而行。徐福得平原廣澤，止王不來。《正義》：《括地志》云：亶州在東海中，秦始皇使徐福將童男女，遂止此州，其後復有數洲萬家。《仙傳拾遺》作"祖洲"。

〔七〕崔嵬　徐注：《詩》：陟彼崔嵬。

〔八〕黿鼉句　徐注：木華《海賦》。或屑没於黿鼉之穴。《西京雜記》：瓠子河決，有蛟龍從九子自決中逆上入河，噴沫蹴波數十里。

〔九〕聲如句　徐注：《詩序》：聲成文。《箋》：宮商上下相應也。
　　蘧常案：《禮記·月令》：季夏之月，其音宮，律中黃鐘之宮；孟秋之月，其音商，律中夷則。

〔一〇〕日月二句　原注：《史記·大宛列傳贊》：日月所相避，引爲光明也。

〔一一〕或言二句　徐注：《史記·秦始皇本紀》：始皇夢與海神戰，如人狀，問占夢博士，曰：水神，不可見，以大魚蛟龍爲候。乃令入海者齎捕巨魚具，而自以連弩候大魚出射之。自琅邪北至榮成山，弗見；至之罘見巨魚，射殺一魚。《十洲記》：漢武帝聞王母説巨海之中有祖洲、瀛洲、玄洲、炎洲、長洲、元洲、流洲、生洲、鳳麟洲、聚窟洲，有此十洲。

〔一二〕幾化句　徐注：《粵遊見聞》"監國魯王還台州"注：清兵追魯王海中，忽見龍昇天，清兵没水者無算，因此得免。　全云：謂監國。

　　蘧常案：失水，見前《帝京篇》"率土"句注。徐《譜》：詩云"大海天之東，帝子居其中。巨魚化龍，一旦失水"云云，蓋謂魯王之入海，徒以海水爲金湯，舟楫爲宮殿，終于淪亡也。《粵游見聞》云云，當係海市蜃樓也。

〔一三〕北冥句　徐注：《莊子·逍遥遊》：北冥有魚，其名曰鯤。　全云：謂鄭彩輩。

〔一四〕又言三句　原注：《晏子春秋》：景公問晏子曰：東海之中有棗，華而不實。　徐注：《史記·封禪書》：少君言曰：臣嘗遊海上，見安期生食巨棗，大如瓜。

　　蘧常案：《小腆紀傳·監國魯王紀》：丁亥春，正月癸卯朔，王在長垣，稱監國二年。以熊汝霖爲東閣大學士，加張煌言右僉都御史。辛未，王禡牙誓師，提督楊耿、總兵鄭聯皆以兵來會。進鄭彩建國公，張名振定西侯，楊耿同安伯，鄭聯定遠伯，周瑞閩安伯，周鶴芝平夷伯，阮進蕩湖伯。二月壬申朔，襲海澄，圍其城。癸酉，攻漳州，總兵陳國祚戰死。甲戌，清兵救海澄，退入海。丙子，閩人洪有楨起兵復漳浦。己卯，遣兵攻福州，尋攻興化，癸巳，攻福清，俱不克。夏四月，漳浦復陷。此所謂棗大如瓜，不實，空開花也。

〔一五〕但見二句　徐注：周處《風土記》：海中有鯨魚，穴處海底，出則潮下，入則潮上，出入有時，故有上下。《漢書·揚雄傳》：鑿齒之徒，相與磨牙而爭之。

　　蘧常案：《山海經·海外南經》：羿與鑿齒戰於壽華之野，羿射殺之。郭璞注：鑿齒亦人也，齒如鑿，因以名之。《淮南子·墜形訓》：鑿齒民。高誘注：吐一齒出口下，長三尺也。徐《譜》：鯨魚鑿齒云云，先生知鄭芝龍之負恩喪國，其子成功始則附閩，繼則附粵，終不爲魯王用，而舟山非可以圖存也。蘧常案：此時魯王尚在長垣，至己丑，即順治六年九月，張名振、阮進、王朝先殺黃斌卿後，始駐舟山。徐云舟山非可以圖存，誤。

〔一六〕東浮二句　蘧常案：徐《譜》：二句以明決不宜往之意。全謝山《神道表》以爲幾豫吳勝兆之禍，欲赴海上，道梗不前者，似未知先生之意也。張《譜》：據《元譜》，則先生實至海上，謝山云道梗不前，誠非實錄。但詩編於《塞下曲》後，《塞下曲》云"即今三月鶯花滿"，此詩當作于春末夏初，尚未赴海上耳。明年戊子《將遠行》詩云"去秋闢東溟"，尤實至海上之顯證。

哭楊主事廷樞

【解題】

　　蘧常案：《南疆逸史·楊廷樞傳》：廷樞字維斗，吳縣人。爲諸生，以氣節自任。天啓丙寅，逆奄矯詔逮吏部周順昌，廷樞倡率士民數千人謁巡撫，欲上書令申救，巡撫不可，哭聲震地。校尉呼問，即擊殺之。已而逮御史黃尊素者又至驛中，士民共出閶門，焚其舟。巡撫毛一鷺懼禍,殺五人以謝奄。廷樞僅以身免,然亦以此知名。崇禎庚午舉應天鄉試第一。乙酉,避地湖濱,浙東遙授翰林院檢討,兼兵科給事中。廷樞深自韜晦,歸隱鄧尉山。丁亥四月,吳勝兆反,爲之運籌者戴之儁,廷樞門人也。事敗,詞連廷樞,被執,殺於市橋。《元譜》:廷樞,福王時薦授兵部主事,監察御史。案:此官爲隆武所授,見下,《元譜》非。

吳下多經儒,楊君實宗匠[一]。方其對策時[二],已負人倫望[三]。未得侍承明[四],西京俄淪喪[五]。五馬遂南來[六],汪黄位丞相[七]。幾同陳東獄,幸遇明主放[八]。佛貍飲江南[九],真龍起芒碭[一〇]。首獻大横占,並奏東胡狀[一一]。手詔曰:朕甚感楊廷樞之占卦。是日天顏迴,喜氣浮綵仗[一二]。御筆授二官,天墨春俱盎[一三]。擢兵部主事,兼監察御史。魚麗笠澤兵[一四],烏合松陵將[一五]。滅跡遂躬耕,猶爲義聲唱[一六]。松江再蹉跌[一七],搜伏窮千嶂[一八]。竟入南冠囚,一死神慨忼[一九]。往秋夜中論,指事並吁悵!我慕凌御史凌駉[二〇],倉卒當絕吭。齊蠋與楚龔[二一],相期各風尚。君今果不食[二二],天日情已諒[二三]。隕首蘆墟村[二四],噴血胥門浪[二五]。唯有大節存,亦足酬帝貺。灑涕見羊曇君甥衛向[二六],停毫默悽愴[二七]。他日大鳥來,同會華陰葬[二八]。

【彙校】

〔題〕潘刻本無"廷樞"二字,目録題下有。　〔佛貍〕潘刻、徐注本、孫校本作"牧馬"。　〔真龍〕潘刻本"真"作"□"。　〔東胡〕曹校本作"東邊";潘刻本、徐注本作"北邊";孫校本作"冬虞",韻目代字也。句下自注:"詔曰"等十二字,潘刻本作"□□□□"。〔天顔迴〕潘刻本"天"作"□";徐注本、吳、汪、曹三校本作"天顔回"。丕績案:迴、回,古今字。〔御筆〕潘刻本"御"作"□"。〔天墨句〕"墨"或本作"黑",丕績案:"天墨"謂天子所灑之翰墨;作"黑"非。〔我慕句〕下自注:"凌駒" 孫校本多"'駒'原作'駟'"四字。〔帝覬〕潘刻本"帝"作"□"。〔灑涕句〕下自注:"君甥衞向" 孫校本有"'向'原作'尚'"四字。

【彙注】

〔一〕楊君句　徐注:《蘇州府志·人物》:楊廷樞,大滎子。自爲諸生,即以文章氣節負重名。倡應社於吳中,與太倉張溥、張采等分經立課。集漢、唐以下諸儒義疏傳説,辨源流得失;爲文章必傳經義,學者因其所居皋里,稱皋里先生。領解後,聲譽益盛,門弟子著録者二千人。

　　　蘧常案:查繼佐《國壽録·舉人楊廷樞傳》:門多生徒,每評政制義,海内奉爲典則,稱吳門派云。

〔二〕對策　蘧常案:見前《帝京篇》"對策"句注。

〔三〕人倫望　蘧常案:《後漢書·盧植傳》:盧尚書海内大儒,人之望也。《晉書·王澄傳》:時人許以人倫之鑒。

〔四〕承明　蘧常案:《漢書·嚴助傳》:助爲會稽太守,帝賜書曰:"君厭承明之廬。"注:張晏曰:承明廬在石渠門外。

〔五〕西京　蘧常案:見前《大漢行》"吁嗟"二句注。

〔六〕五馬句　徐注:《晉書·五行志》:惠帝太安中童謡曰:五馬浮渡江,一馬化爲龍。後中原大亂,宗藩多絶,惟琅邪、汝南、西陽、南頓、彭城同至江東,而元帝嗣統。

　　　蘧常案:《晉書》作"游渡江"。《藝文類聚》卷十三引《晉陽秋》"游"作"浮"。

〔七〕汪、黃句　徐注：《宋史・高宗紀》：建炎元年，黃潛善爲中書侍郎，汪伯彥同知樞密院事。《明史・袁繼咸傳》：高傑新封，因赴閣責可法不當封傑，士英嗛之。俄，陳致治守邦大計，引宋高宗用黃潛善、汪伯彥事，語復侵士英。會湖廣巡按御史黃澍劾奏士英十大罪，士英擬旨逮治。

〔八〕幾同二句　徐注：《續通鑑》：宋高宗建炎元年，殺前太學錄陳東、布衣歐陽澈。東自丹陽召至，未得對。會李綱罷，乃上書乞留綱而罷黃潛善、汪伯彥。不報。又上疏請帝親征，以還二聖，治諸將不進兵之罪，以作士氣，車駕勿幸金陵。又不報。會撫州布衣歐陽澈上書極詆用事大臣，潛善遂以激怒帝，乃與澈同斬於市。東初未識綱，特以國故爲之死，識與不識，皆爲流涕。

　　蘧常案：《元譜》：福王時馬、阮當國，抑不能用，罷歸。此當指楊廷樞事也。

〔九〕佛狸句　段注：《南史》：不聞童謠言耶？"虜馬飲江水，佛狸死卯年。"

　　蘧常案：佛狸事，詳後卷四《羌胡引》"佛狸"句注。

〔一〇〕真龍句　徐注：《史記・高祖本紀》：高祖即自疑，亡匿，隱於芒碭山澤巖石之間。

　　蘧常案：《明史》志《樂三・喜昇平》：風雲密，濠梁千載真龍出。真龍出，鯨鯢豺虎，掃除無迹。

〔一一〕首獻二句　蘧常案：大橫占，見前《帝京篇》"占龜"句注。東胡，見前《贈顧推官咸正》詩"東胡"句注。

〔一二〕是日二句　徐注：沈佺期《和幸韋嗣立山莊應制》詩：北闕晴空綵仗來。

〔一三〕御筆二句　徐注：《北史・魏彭城王勰傳》：作露布尤類帝文，見者咸謂御筆。

蕖常案：《思文大紀》：隆武二年四月，楊廷樞以前職方司主事兼山東道御史。

〔一四〕魚麗句　徐注：《左傳》桓公五年：爲魚麗之陳。

蕖常案：《左傳》哀公十七年：越子伐吳，吳子禦之笠澤，夾水而陳。程大昌《續演繁露》：笠澤江，松江也。案：此句似謂沈猶龍、陳子龍、李待問、章簡等守松江事，故下言吳勝兆之敗曰"再蹉跌"也。

〔一五〕烏合句　徐注：《蘇州府志》：吳江縣本吳縣地，唐曰松陵。

蕖常案：徐注引《蘇州府志》，又引陸龜蒙《松陵集序》，以松陵爲松江，語模棱，實與上句複。"松陵將"當謂吳昜等義師，詳前《上吳侍郎昜》詩"依山"二句注。義師凡數起，不相統率，故曰"烏合"也。吳江、松江兩地事，皆與廷樞有連，故詩及之。葉紹袁《啓禎記聞錄》云《蘇郡府志》：南京解元楊廷樞避居光福，交遊殊廣，湖海之屯聚者，以興復明朝爲辭，楊君潛通書札"，可證。

〔一六〕義聲唱　徐注：庾信《哀江南賦》：兄弟三人，義聲俱唱。

蕖常案：此兩句言楊雖退隱，猶唱復明室。

〔一七〕松江句　蕖常案：《讀史方輿紀要》：松江府險阨三江，府北七十四里有吳淞江，亦曰松江。陸深《蜀都雜鈔》：吾郡松江，本緣淞江得名，其地每有水災，乃去水而作松。案：此言吳勝兆反正之敗，詳解題。

〔一八〕搜伏句　蕖常案：《石匱書後集・楊廷樞傳》：廷樞攜其妻費氏并其女，匿洞庭山中，三年不至城市。一日爲縣官所跡，報聞，土國寶差兵擒獲。

〔一九〕竟入二句　蕖常案：《南疆逸史》：廷樞被執於舟中，慨然曰：予自幼讀書，慕文信國爲人，今日之事，乃其志也！被縛以來，餓五日，遍體受傷，十指俱損，而胸中浩然之氣，正與信國斬燕市時不異，俯仰欣然，可以無憾。五月朔，大帥會鞠於吳江之泗洲寺，廷樞不屈。巡撫重其名，命之薙髮，廷樞曰：砍頭事小，薙髮事大。臨刑，大聲曰：生爲大明人！刑者急揮刃，首墮於地，復曰：死爲大明鬼！（蘧常案：《石匱書》曰："臨刑但呼太祖高皇帝，不屈膝。頭將落，猶呼'大明'二字而死。"較爲近實。）監刑者爲咋舌，亟禮而殯之。

〔二〇〕凌御史　蘧常案：《南疆逸史·凌駉傳》：駉字龍翰，歙縣人。崇禎癸未進士。授兵部職方主事，贊畫督師李建泰軍。建泰至保定降，駉獨戰，身負數十創，突圍至臨清，臨清亦陷，募兵三千人，部署鄉勇，擒斬賊官，臨清、濟寧同日收復。間道使人上書，請收拾山東。當是時，朝議方以江北分四鎮，遂無一人計及山東者，疏入不省。以兵科給事中授之，不受。十七年七月，東昌下，駉走大名。冬至南京，授監察御史，巡按山東，而山東已潰，乃入河南。及許定國殺高傑，走降清，導清兵從河南渡河。駉行部至歸德，兵猝至，遣人入城說降，駉斬之。次日，守者開門迎降，駉將飲藥自殺，豫王令生（案："生"原作"先"，兹依《南略》改。《石匱書》作"兵"，亦誤。）致凌御史，不者，城且屠。駉歎曰：與其慷慨而殁小民，何如從容而全大義！遂往見。長揖不拜，豫王賜觴勸之，駉辭，明日，王見駉無降意，取學道蔡鳳、監軍道吳琦於駉前斬之，曰：公以首領易虛名乎？駉曰：已辦一死矣！遺以貂裘革烏，皆不受。遂死。王命殯之，民皆大哭失聲。事聞，贈兵部侍郎。年四十三。

〔二一〕齊蠋句　徐注：《史記·田單列傳》：燕人欲以蠋爲將，封以萬家。蠋曰：忠臣不事二君，貞女不更二夫！遂經其頸於樹枝，自奮絕脰而死。齊亡，大夫聞之曰：王蠋布衣也。義不北面於燕，況在位食禄者乎？《漢書·兩龔傳》：兩龔，皆楚人也。勝字君賓,舍字君倩,二人相友,並著名節,故世謂之楚兩龔。勝徵爲光禄大夫,舍以勝薦,徵爲諫大夫,拜太山太守。舍、勝既歸,郡二千石長吏初到官,皆至其家,如師弟子之禮。舍,王莽居攝中卒。莽既篡國,遣使者奉璽書印綬,安車駟馬迎勝,勝稱病篤。使者要說,至以印綬就加勝身,勝輒推不受。使者五日壹與太守俱問起居。勝自知不見聽,即謂門人高暉等:吾受漢家厚恩,今年老矣,旦暮入地,誼豈以一身事二姓下見故主哉!因敕以棺斂喪事,語畢,遂不復開口飲食,積十四日死,時七十九。

〔二二〕不食　蘧常案:不食,謂不食往秋之言也。應上"往秋夜中論,指事并吁長"句。

〔二三〕天日　段注:韓愈《柳子厚墓誌銘》:指天日涕泣,誓生死不相背負。

〔二四〕隕首句　蘧常案:《元譜》:楊終以不屈,被殺於蘆墟村。《啓禎記聞録》:上臺密令統兵者襲執楊君,時二陳、巴三公紮營在蘆墟,解廷樞到臺,抗言不屈,爲巴提督所手刃。《蘇州府志》:五月朔,巡撫土國寶會鞫於蘆墟泗州寺,命薙髮,終不屈,乃殺之。年五十三。

〔二五〕噴血句　徐注:《蘇州府志·城池》:西曰閶門,曰胥門。《越絕書》:姑胥門又名胥門,外有九曲路,闔閭造以遊姑胥之臺,以望太湖。

〔二六〕灑涕句　徐注:《晉書·謝安傳》:曇者,爲安所愛重。安薨後,行不由西州路。嘗因大醉,不覺至州門,以馬策扣扉,誦曹子建詩曰:生存華屋處,零落歸山丘。慟哭而去。案:羊曇爲謝安甥,以擬衛向。

〔二七〕停毫　徐注:《隋書·許善心傳》:文不加點,筆不停毫。

〔二八〕他日二句　徐注:《後漢書·楊震傳》:順帝以禮改葬震於華

陰潼亭，遠近畢至。先葬十餘日，有大鳥高丈餘，集震喪前，俯仰悲鳴，淚下沾地，葬畢，乃飛去。郡以狀聞。又，震孫奇，靈帝時爲侍中。帝問曰：朕何如桓帝？奇對曰：陛下之於桓帝，亦猶虞舜比德唐堯。帝不悦，曰：卿真楊震子孫，死後必復致大鳥矣。

推官二子執後欲爲之經營而未得也而二子死矣 二首

【解題】

冒云：二子之死，先其父一月，故亭林《哭顧推官》詩亦在此詩之後。

蘧常案：歸莊《兩顧君大鴻仲熊傳》：丁亥夏五月，吾友顧大鴻、仲熊匿兵科都給事中陳公於家，事覺皆死。友人顧寧人爲之狀，不詳其平生，乃爲之傳。顧氏世爲崑山人。大鴻諱天逵，仲熊諱天遴，太保武英殿大學士文康公之玄孫。延安府推官以家居潛謀興復事洩被收而死者曰咸正，其父也。兩君生於世家，被服儒雅，忠孝節義其所習。乙酉之難，皆削髮爲僧，居西山之潭東。大鴻欲走閩中，道不通而止。已而大鴻從其婦翁太學侯君，居嘉定之廠頭。會吳將軍勝兆謀起兵，未發而敗，事連同謀者陳給事。太學屬大鴻轉之崑山，仲熊時從山中來視其兄，遂兄弟載給事以俱歸，居之墓舍。越二日，隸人逐跡得之，縛其兄弟并給事以去。太學亦自嘉定執至。給事自擲水中以死，三人則同日見殺於松江。大鴻以縣學生員貢入國子監，死時年三十。仲熊府學生員，死時年二十七。陳給事名子龍，侯太學名岐曾。案：先生《兩顧事狀》今不傳。

生來一諾比黃金〔一〕,那肯風塵負此心〔二〕。不是白登詩未解,菲才端自媿盧諶〔三〕。

【彙注】
〔一〕生來句　徐注:《史記·季布列傳》:曹丘生曰:得黃金百斤,不如得季布一諾,足下何以致此聲名於梁、楚間哉!
〔二〕負此心　徐注:《晉書·劉弘傳》:匹夫之交,尚不負心,何況大丈夫乎!
〔三〕不是二句　原注:《晉書》:劉琨作詩贈別駕盧諶,引鴻門、白登之事,用以喻意。諶素無奇略,以常詞酬和,殊乖琨心。
　　　蘧常案:"喻意"《晉書》作"激意"。詳詩意,二顧必有書求援,欲經營而未得也。

蒼黃一夜出城門,白刃如霜日色昏〔一〕。欲告家中賣黃犢〔二〕,松江江上去招魂〔三〕。

【彙校】
〔家中〕徐注本,吳、汪兩校本作"我家"。
【彙注】
〔一〕白刃句　蘧常案:張柬之《出塞》詩:楚劍利如霜。此言二子之死。錢肅潤《南忠記·生員顧公傳》:當事索子龍,因及天逵兄弟。天逵曰:吾一人罪,與弟無干!天遴曰:吾兩人同在此,安得獨罪吾兄?兄弟爭死不輟,俱殺于泖湖。
〔二〕欲告句　原注:《古樂府·平陵東》:歸告我家賣黃犢。
　　　蘧常案:崔豹《古今注》:《平陵東》,漢翟義門人所作也。黃節《漢魏樂府·風詩箋》:《漢書·龔遂傳》:爲渤海太守,民有帶持刀劍者,使賣劍買牛,賣刀買犢,曰:何爲帶牛佩犢!賣黃犢,謂賣犢買刀,爲義復仇也。

〔三〕松江句　徐注:宋玉《招魂》:乃下招曰:魂兮歸來。

　　蘧常案:松江,詳解題及前《哭楊主事廷樞》詩"松江"句注。《禮記·喪大記》:復有林麓,則虞人設階。鄭玄注:復,招魂復魄也。案:徐注引宋玉《招魂》,然宋玉《招魂》爲憐哀屈原魂魄放佚,厥命將落,欲以復其精神,延其年壽而作,與此不合。

淄　川　行

【解題】

　　徐注:《讀史方輿紀要》:淄川縣屬濟南府,府東二百三十里。《元譜》:爲孫之獬作也。之獬,淄川人。天啓壬戌進士。媚奄得官侍講,名在逆案。入國朝,爲禮部侍郎。順治二年升兵部尚書,總督軍務,招撫江西。後乞歸里中。是年九月,丁可澤勾引謝遷等陷淄川,擒之獬,支解死。結云"取汝一頭謝元元",當由之獬嬰衆怒耳。

　　張伯松,巧爲奏〔一〕,大纛高牙擁前後〔二〕。罷將印,歸里中〔三〕,東國有兵鼓逢逢〔四〕。鼓逢逢,旗獵獵,淄川城下圍三匝。圍三匝,開城門,取汝一頭謝元元〔五〕。

【彙注】

〔一〕張伯松二句　原注:《漢書·王莽傳》:張竦爲劉嘉作奏,請滅安衆侯崇。莽封嘉爲師禮侯，嘉子七人，皆賜爵關內侯；又封竦爲淑德侯。長安爲之語曰：欲求封，過張伯松；力戰鬭，不如巧爲奏。

蓬常案：《研堂見聞雜記》：我朝之初入中國也，衣冠一仍漢制，凡中朝臣子，皆束髮頂進賢冠，爲長袖大服，分爲滿、漢兩班。有山東進士孫之獬陰爲計，首薙髮迎降，以冀獨得歡心。乃歸滿班，則滿以其爲漢人也，不受；歸漢班，則漢以其爲滿飾也，不容。於是羞憤上疏，大略謂陛下平定中國，萬事鼎新，而衣冠束髮之制，獨存漢舊，此迺陛下從中國，非中國從陛下也。佚名《野史》：孫之獬上奏，九重歎賞，不意降臣中有能作此言者，乃下削髮之令。

〔二〕大纛句　徐注：歐陽修《相州晝錦堂記》：高牙大纛，不足爲公榮。又：旗旄導前，而騎卒擁後。

蓬常案：《清史稿·孫之獬傳》：順治二年，師克九江，之獬奏請往招撫，從之。加兵部尚書銜以行。

〔三〕罷將印二句　蓬常案：《清史稿·孫之獬傳》：三年召還，總兵金聲桓劾之獬市恩構釁，之獬疏辯，下兵部議，奪之獬官。

〔四〕東國句　蓬常案：《清史稿·孫之獬傳》：順治元年，土寇攻淄川，之獬斥家財守城。四年，土寇（案：即指丁可澤、謝遷等）復攻淄川。

〔五〕取汝句　蓬常案：《戰國策·秦策》姚弘注：元，善也。民之類善，故稱元。《研堂見聞雜記》：削髮令下，中原之民，無不人人思挺螳臂，拒蛙鬭，處處蜂起，江南百萬生靈，盡膏草野，皆之獬一言激之也。原其心，止起於貪慕富貴，一念無恥，遂釀荼毒無窮之禍。至丁亥歲，山東有謝遷奮起，攻破州縣，入淄川城，首將之獬一家殺死。孫男四人，孫女、孫婦，皆備極淫慘以斃。而之獬獨縛至十餘日,五毒備下,縫口支解。嗟乎!小人亦枉作小人爾!

哭顧推官

【解題】

徐注:詳前《贈顧推官咸正》及《推官二子執後》兩詩注。

推官吾父行,世遠亡譜系[一]。及乎上郡還[二],始結同盟契。崎嶇鞭弭間,周旋僅一歲[三]。痛自京師淪[四],王綱亦陵替[五]。人懷分土心,欲論縱橫勢[六]。與君共三人[七],其一歸高士祚明。獨奉南陽帝[八]。談笑東胡空,一掃天日翳[九]。君才本恢弘,闊略人事細[一〇]。一疏入人手,幾墮猾虜睨。乃有漢將隙[一一],因掉三寸說[一二]。主帥非其人[一三],大本復不濟[一四]。君來就茅屋,問我駕所稅[一五]。幸有江上舟,請鼓枻下枻[一六]。別去近一旬,君行尚留滯。二子各英姿,文才比蘭桂[一七]。身危更藏亡[一八],并命一朝斃[一九]。巢卵理必連[二〇],事乃在眉睫[二一]。一身更前却[二二],欲聽華亭唳[二三]。時猶未知二子之死。我時亦出亡[二四],聞此輒投袂。扁舟來勸君,行矣不再計[二五]。驚弦鳥不飛,困網魚難逝。旦日追吏來,君遂見囚繫[二六]。檻車赴白門,忠孝辭色厲[二七]。竟作戎首論[二八],卒踐捐生誓[二九]。倉皇石頭骨,未從九原瘞[三〇]。父子兄弟間,五人死相繼[三一]。嗚呼三吳中[三二],巍然一門第,尚有五歲孫,伏匿蒼山際〔三三〕。門人莫將燹〔三四〕,行客揮哀涕。羣情佇收京〔三五〕,恩卹延後世。歸喪琅邪冢,詔策中牢祭〔三六〕。後死媿子源〔三七〕,徘徊哭江裔〔三八〕。他日修史書,猶能著凡例〔三九〕。

【彙校】

〔題〕徐注本"顧推官"下有"咸正"二字。丕績案:名已見前《贈顧推官》詩題,此自可省。孫託荀校本有原注云:推官名咸正,字端木。子二:長天遴,字大鴻;次天遠,字仲熊。弟咸建,字漢石,進士,錢塘令。子二。咸受,字幼疏,舉人。後"子二"兩字。蓋戴注而誤者。　〔鞭弭〕常庸《羣書斠識》云:"戎馬",今本作"鞭弭"。　〔僅一歲〕《羣書斠識》"僅"作"止"。　〔京師〕潘刻本作"□□";冒校本作"帝京"。　〔獨奉句〕潘刻本"奉""帝"二字作"□""□"。徐注校京師本云:"奉"一作"奮","帝"一作"志"。　〔談笑東胡空〕潘刻本、徐注本作"誓揮白羽扇",徐並出注:《語林》:諸葛武侯以白羽扇指揮三軍。孫校本"東胡"作"冬虞",韻目代字也。　〔恢弘〕徐注本、孫校本"弘"均作"宏",避清高宗諱也。　〔一疏〕潘刻本"疏"作"□",冒校本作"書"。　〔猾虜〕潘刻本作"□□";徐注本作"旐裘";孫校本作"猾廈","廈",韻目代字也;冒校本作"蛟鱷"。　〔漢將〕潘刻本"漢"作"□";徐校京師本作"諸"。　〔主帥〕潘刻本"帥"作"□";徐校京師本作"謀"。　〔大本〕潘刻本作"□□";徐注本、孫校本作"大事";徐校京師本作"大舉"。　〔捐生〕徐注本、冒校本"捐"作"宿"。　〔九原〕徐注本"原"作"京"。　〔羣情句〕原作"乘輿","京"作"□"。

【彙注】

〔一〕推官二句　徐注:全祖望《先生神道表》:次年,閩中使至,以職方郎召，欲與族父延安推官咸正赴之，念太夫人未葬，不果。先生有《顧氏譜系考》。

〔二〕及乎句　冒云：推官自關中歸，在丙戌四月。　黃注："及乎上郡還"者，謂闖軍陷西安後，吳三桂以清兵入秦，咸正遂全髮歸也。

〔三〕崎嶇二句　徐注：《左傳》僖公二十三年：左執鞭弭，右屬櫜鞬，以與君周旋。徐《譜》：先生從軍於吳，咸正必同行。其後《哭咸正》詩"及乎上郡還"云云，所謂"崎嶇"、"周旋"者，即指從軍事耳。

〔四〕京師淪　蘧常案：見前《大行皇帝哀詩》題注。

〔五〕王綱句　徐注：《後漢書·李固傳》：固奏記曰：誠令王網一整，道行忠立。《左傳》昭公十八年：閔子馬曰：於是乎下陵上替，能無亂乎？

〔六〕縱橫　徐注：《淮南子·覽冥訓》高誘注：蘇秦作縱，張儀連橫。南與北合爲縱，西與東合爲橫。　黃注：案句意，謂當時南明諸臣，各圖擁立，志在分土，如蘇秦、張儀之合縱、連橫也。

　　蘧常案：南明諸臣所擁立者多，弘光、隆武、紹武、永曆、魯監國外，先後如田仰、荆本徹、張士儀等奉義陽王勒職於崇明沙，長興金有鑑奉通城王盛澂於湖州，夏萬亨、王養正等奉益王由本於建昌，方明等奉瑞昌王盛㴻於廣德，楊國威等奉靖江王亨嘉於桂林，稱監國；王翹林、繆鼎吉等奉新昌王（案：佚名）於雲臺山，英山王某奉樊山王常㳂（案：《東華錄》作"常炎"，誤），張京、程正典等奉朱容藩於夔州，稱楚王世子、天下兵馬副元帥，尋稱監國，皆是。

〔七〕三人　蘧常案：歸祚明，崑山歸莊乙酉後所更名，見光緒《崑新合志》，詳後《吳興行贈歸高士祚明》解題。

〔八〕獨奉句　黃注：案《元譜》，咸正以丙戌四月自關中歸，其時南都已亡，唐王即位福州，魯王監國紹興，桂王立於肇慶，而詩曰"獨奉南陽帝"者，指唐王也。《後漢書·光武紀》：南陽蔡陽人。意以唐王比光武。又《明史·唐王傳》："就藩南陽。"蓋丙戌十一月以前，清兵未下延平，唐王尚在也。

　　蘧常案：南都亡於乙酉五月十五日，咸正以四月歸，則南都尚未亡也。黃謂歸時南都已亡，誤。唐王之初立也，天下以光武中興期之，以爲與光武相同者四。詳前《聞詔》詩"中興"句注。故此以比光武。清兵於丙戌八月二十四日下延平，二十八日下汀州，唐王被害。黃云：丙戌十一月以前，清兵未下延平，唐王尚在，亦誤。十月十四日，丁魁楚、瞿式耜始奉桂王監國於肇慶，十一月十八日始即帝位。黃注以桂王之立與隆武、魯監國併爲一談，亦非。

〔九〕天日翳　徐注：曹植《感節賦》：折若華之翳日。揚子《方言》：翳，掩也。

〔一○〕闊略　蘧常案：《後漢書·鍾離意傳》：政化之本，由近及遠，今宜先清府内，且闊略遠縣細微之愆。案：闊略，猶疏略也。

〔一一〕漢將　全云：吳勝兆。

　　蘧常案：見前《不去》詩"此心"二句注。

〔一二〕因掉句　徐注：《史記·淮陰侯列傳》：酈生掉三寸舌，下齊七十餘城。

　　蘧常案：見前《不去》詩"此心"二句注。

〔一三〕主帥句　蘧常案：《啓禎記聞錄》：勝兆目不知書。《研堂見聞雜記》：吳勝兆駐軍雲間，丁亥之歲思反正，然吳爲人淺而疏，未敗之先，蹤跡已露，忌者已潛備之。

〔一四〕大本句　蘧常案：大本，即大事、大舉，指復明室。查繼佐

《國壽録・總兵吳聖兆傳》：聖兆總松江府戎事，密與島中肅魯伯黃斌卿、富平侯張名振通謀反正。先是，丙戌冬，有以聖兆意浮告斌卿等，斌卿還饋四物，以觀其意：犀帶一，牙笏一，蜜珀數珠一，巾網一。聖兆欣然從之，遂以海舟運米，誤爲失風者，以接濟舟山。諸生夏寶謨等（案：《南疆逸史》謂長洲諸生戴之儁教之反，蓋所與謀議者，非一人也）潛往來謀議，約太湖聚卒共起爲應；俟島師至，府兵出，迺大合奮擊，以丁亥四月十六日爲期。聖兆恐力弱，倡莫與，必面呼草澤豪傑與盟約，以是事大覺。至期，島兵合至，已至賞缺等處，風激甚，一時泛没數百艘，名振全軍失，而聖兆未之知也。至次日，令其衆去髮辮爲僧兵，竟自内起，殺同知某（案：考《逸史》，同知爲楊之易，曾告變於總督者。《啓禎聞見録》略同）以釁鼓。衆以島兵不至，猶豫遲之。標將詹遂反持聖兆，聖兆曰：事不成，吾請當之！遂就縛。《啓禎記聞録》：勝兆在蘇郡廟，與土公（案：土國寶也）不協。後移鎮駐扎松江，潛與舟山通謀。四月十六日，已約舟山統兵來爲外應，吳公整兵以俟，然部下心懷觀望。是日，吳公置酒，遍邀府縣有司入署中，將劫執之，不意外兵愆期不至。不得已，明諭以反背清朝之意，同知楊之易、理刑方重朗抗言不從，遂執而斬之。其部下覺事不諧，恐爲所累，副將高永義、詹世勛共執吳公，斬戴務公等（案：務公爲戴之儁字）。諸用事者，械往江寧。

〔一五〕駕所税　蕙常案：《史記・李斯列傳》：當今人臣之位，無居臣上者，可謂富貴極矣；物極則衰，吾未知何所税駕也。司馬貞《索隱》：税駕，猶解駕，言休息也。

〔一六〕請鼓句　原注：《通鑑》：庾冰奔會稽，至浙江，蘇峻購之甚急，吳鈴下卒引冰入船，以蘧篨覆下，吟嘯鼓枻，泝流而去。

〔一七〕二子二句　蕙常案：二子，見前《推官二子》詩注。歸莊《兩顧君傳》：大鴻爲人俊爽，有拔俗之韻。口吃不能道説，讀書則琅琅終卷無留礙。工詩文，長於四六。仲熊文才遜其兄，而湛深過之，時凝神静思，肅若神明。要其恂恂退讓，外通而中介，重然諾，矜名節，兩人所同也。兄弟年弱冠時，皆風流自喜，仲熊尤美姿容，兩人並行街市中，道旁屬目，嘖嘖稱寧馨兒。

〔一八〕身危句　徐注：《後漢書・孔融傳》：張儉亡抵於褒，不遇，融因留舍之。

〔一九〕并命句　李注：曹植《求自試表》：視古忠臣義士，出一朝之命，以殉國家之難。

　　　　蘧常案：事詳前《推官二子》詩注。

〔二〇〕巢卵句　蘧常案：《世説新語・言語》：孔融被收，中外惶怖，時融兒大者九歲，小者八歲，二兒故琢釘戲，了無遽容，融謂使者曰：冀罪止於身，二兒可得全不？兒徐進曰：大人！豈見覆巢之下，復有完卵乎？尋亦收至。

〔二一〕眉眥　蘧常案：猶言眉睫。《韓非子・用人》篇：不去眉睫之禍，而慕賁、育之死。改"睫"爲"眥"者，韻限之也。

〔二二〕前却　徐注：《詩》：頡之頏之。《箋》：戴嬀將歸，出入前却。

〔二三〕欲聽句　黃注：案自注謂推官未知其二子之被殺也。節考《南疆逸史・陳子龍傳》：勝兆事洩，子龍亡命嘉定，告急於侯峒曾，匿其僕劉馴家，已遷崑山顧天逵所。官跡捕至嘉定，執峒曾，而總兵巴山別遣兵圍天逵家，遂獲子龍。又《顧咸建傳》：京師變，咸正需次於家。至丁亥，子龍爲人告變，匿咸正子天逵所，跡捕得之，子龍死。咸正執至江寧，與二子天逵、天遴俱見殺。據《逸史》則推官與二子同時死，讀此詩與此注，則知《逸史》所傳有未盡得實者。《元譜》云：勝兆反，密疏遂發，逮至金陵，爲洪承疇所殺，後二子之死僅一月。據《元譜》，則推官之死與二子不同時；證之《亭林集·推官二子死矣》一詩，在此詩之前，則知二子死在前，而推官死在後也。但考當時推官需次於家，正與亭林同居崑山，故詩云"君來就茅屋，問我駕所稅"，而亭林答之云"幸有江上舟，請鼓鈴下枻"，是商量亡命之語。意當時二子與推官別居。觀《逸史》云"遷崑山顧天逵所"；又云"別遣兵圍天逵家"；又云"匿咸正子天逵所"，則是二子別居之證。蓋二子以匿陳子龍而被逮在先，推官以吳勝兆敗，密疏被發而見逮在後，詩中"就問茅屋"，當在勝兆事洩、子龍與二子被逮之時，而密疏尚未發，推官猶居崑山，故自注有"時猶未知二子死"之語。

蘧常案：黃說勘辨頗精。惟據《逸史》僅能證天逵之別居，不能證二子之別居，二子何以同死，亦言之未詳。又引《逸史》"子龍告急於侯峒曾"，時峒曾已死於嘉定抗清之役，應作岐曾。岐曾，峒曾弟也。事皆詳前《推官二子執後》一詩題注。又咸正選推官，在甲申變前，已赴延安，詳前《贈願推官咸正》詩題注。《逸史》謂"未赴而京師變，需次於家"者，誤也。應據詩首"及乎上郡還，始結同盟契"云云，以證同在崑山，斯可矣。又，敦煌石室殘本《修文殿御覽》引《晉八王故事》：陸機爲成都王所誅，顧左右歎曰：今日欲聞華亭鶴唳，不可復得！華亭，吳由拳縣郊外野也，有清泉茂林。吳平後，機兄弟素遊於此十有餘年耳。《江南通志》：華亭縣產鶴，有鶴窠村。

〔二四〕我時句　徐注：張《譜》：先生是年秋至海上。

蘧常案：勝兆之敗在四月，見上"大本"句注，咸正之逮，《元譜》以爲在六月，則此所謂出亡，必在咸正被逮之前。徐注以"秋至海上"當之，誤。

〔二五〕扁舟二句　徐注：《史記·貨殖列傳》：范蠡乃乘扁舟，浮於江湖。《戰國策》：魯連曰：智者不再計。黃注：案句意，謂"就問茅屋"之後，而別去一句，事急在眉睫，況聞二子之被逮，不能再留矣。亭林於此時遂決計出亡，而勸推官之不可再緩也。

　　蔣常案：詩言勸行凡兩次：一在吳勝兆事敗之後，先生勸行，推官不去而先生獨行；一在推官二子被逮之後，先生聞事益急，復來勸推官，曰"扁舟來勸君"，明謂自避處來也（案："避處"疑在洞庭山，故以扁舟來。後先生常居此）。黃注併爲一談，以爲至此始決計出亡，非。前《推官二子執後》詩題下云"欲爲之經營而未得也，而二子死矣"，是二子既執之後，既勸推官出亡，復爲二子經營，未嘗即亡自保，亦可以見先生之風義矣。

〔二六〕君遂句　蔣常案：歸莊《兩顧君大鴻仲熊傳》：兄弟死後十餘日，延安亦被收。

〔二七〕檻車二句　蔣常案：《南齊書·王儉傳》：宋世外六門設竹籬，有發白虎樽者，言："白門三重門，竹籬穿不完。"劉宋都建康，今南京，後人因稱南京爲白門。辭色，見前《京口即事》詩第一首"祖生"句。《南疆逸史·顧咸建傳》：咸正執至江寧，總督洪承疇問曰：汝知史可法在乎？不在乎？咸正答曰：汝知洪承疇死乎？不死乎？洪默然。《南忠記·舉人顧公傳》：至金陵，見洪内院不跪，且痛責其罪。兵憲盧世揚叱之，咸正罵曰：汝倚虜爲泰山，吾道是冰山耳！汝明朝縉紳，固助虜爲虐耶？世揚有慚色。

〔二八〕竟作句　蔣常案：《南略》：雲間吳勝兆、陳子龍事敗，錄其黨姓名，首及咸正。

〔二九〕卒踐句　蔣常案：歸莊《兩顧君傳》：延安被收，以其年九月遇害。《南忠記·舉人顧公傳》：臨刑，同事數人（案：《蘇州府志》謂與同事四十餘人並死。）共執於道，觀者如市。咸正告曰：汝等平日讀小説曲部，知有忠臣，是紙上言耳，今吾等真忠臣也，汝請看！觀者歎息。謂夏完淳曰：今日有詩否？吾已成二言矣，曰：忠魂今夜歸何處，明月灘頭卧白雲。完淳繼之，乃含笑赴刑而死。

〔三〇〕倉皇二句　蘧常案："九原"一作"九京"。《日知録》：九京即九原，指其冢之高者曰京，指其地之廣者曰原。

〔三一〕父子二句　蘧常案：《石匱書後集·顧咸正傳》：咸正死而其子天逵、天遴以藏陳子龍故亦死，弟咸建以不降見殺，季弟咸受城破亦死。（案：《南忠記·舉人顧公傳》云：北兵至崑山，大呼駡之，爲亂兵砍死。則此云"城破"，蓋崑山城也。）一門父子兄弟五人，同死國事，吳中人士莫不悲之。

〔三二〕三吴　徐注：《圖經》：漢高祖得天下，分會稽爲吳郡，與吳興、丹陽爲三吳。

〔三三〕尚有二句　徐注：《南略》：咸正僅存一孫晉縠，年五歲，得免。

〔三四〕門人句　原注：《後漢書·李固傳》：門生王成將縶乘江東下。

〔三五〕羣情句　蘧常案：原作"乘輿"。《新書·等齊篇》：天子車曰乘輿，諸侯車曰稱輿。案：此指天子。收京，見前《李定·自延平歸》詩"收京"句注。

〔三六〕歸喪二句　原注：《後漢書·伏隆傳》：詔隆中弟咸收隆喪，太中大夫護送喪事，詔告瑯邪作冢。　段注：《漢書·昭帝紀》：賜郡國所選有行義者涿郡韓福等五人帛，遣歸。詔曰：朕閔勞以官職之事，其務修孝弟，以教鄉里。郡國率以正月賜羊酒；其不幸者，賜以衣被一襲，祠以中牢。注：中牢，即少牢，謂羊豕也。

〔三七〕後死句　徐注：《三國志·臧洪傳》：洪，字子源。陳容顧謂袁紹曰：今日寧與臧洪同日而死，不願與將軍同日而生！

〔三八〕江裔　蘧常案：《淮南子·原道訓》：故遊於江潯海裔。注：裔，邊也。

〔三九〕他日二句　徐注：杜預《春秋左氏傳序》：其發凡以起例，皆經國之舊制，周公之垂法，史書之舊章。仲尼從而修之，以成一經之通體。　黃注：《明史》不爲顧咸正立傳，即《南疆逸史》亦附之於咸建傳末耳。亭林云"他日修史書，猶能發凡例"，知咸正傳之立，有待於後人也（蘧常案：張岱《石匱書後集》、錢肅潤《南忠記》皆有傳）。

哭陳太僕子龍

【解題】

徐注：《明史·陳子龍傳》：子龍字臥子，松江華亭人。崇禎十年進士。選紹興推官。擢兵部給事中，命甫下，而京師陷，乃事福王於南京。明年二月，乞終養去，遁爲僧。尋以受魯王部院職銜，結太湖兵，欲舉事。事露，被獲，乘間投水死。《南疆逸史》：閩中授子龍兵部侍郎，左都御史；浙東授兵部尚書，節制七省漕務。　冒云：太湖兵爲提督吳勝兆。

蘧常案：《思文大紀》不載授兵部侍郎等官，僅加太僕寺卿，詳下注，故此只稱"太僕"。《逸史》等所載，疑非其實。即《明史》云云,似亦沿傳説耳。

陳君黿賈才,文采華王國[一]。早讀兵家流[二],千古在胸臆。初仕越州理,一矢下山賊[三]。南渡侍省垣,上疏亦切直[四]。告歸松江上[五],欻見胡馬逼[六]。拜表至福京,顧請三吳敕[七]。詔使護諸將,加以大僕職[八]。遂與章邯書,資其反正力[九]。幾事一不中,反覆天地黑[一〇]。嗚呼君盛年,海内半相識。魏齊亡命時,信陵有難色[一一]。事急始見求,棲身各荆棘[一二]。君來別浦南,我去荒山北。柴門日夜扃,有婦當機織。未知客何人,倉卒具糒食[一三]。一宿遂登舟,徘徊玉山側[一四]。有翼不高飛,終爲尉羅得[一五]。恥汙東夷刀[一六],竟從彭咸則[一七]。尚媿虞卿心,負此一悽惻[一八]。復多季布柔,晦迹能自匿[一九]。君出亡時,尚僕從三四人,服用如平日。酹酒作哀辭[二〇],悲來氣哽塞[二一]。

【彙校】

〔胡馬〕潘刻本、全批本、徐注本"胡"皆作"牧";孫校本作"虞",韻目代字也。 〔拜表至福京〕潘刻本"表"、"京"并作"□";徐注本"福京"作"行朝",並出注。"行朝",見前《延平使至詩》注。孫校本"福"作"屋",韻目代字也。冒校本作"拜命至八閩"。 〔三吳敕〕潘刻本"敕"作"□"。 〔詔使護諸將〕潘刻本"詔"作"□","將"作"□";京師本"將"作"陵",冒校本同,注云:一作"舟"。 〔反正〕潘刻本作"□□"。 〔不中〕潘刻本作"□□";冒校本"中"作"密"。 〔反覆〕潘刻本"反"作"□"。 〔恥汙東夷刀〕孫校本"夷"作"支",韻目代字也;潘刻本、徐注本作"恥爲南冠囚"。 〔晦迹能自匿〕孫校本句下自注無"尚"字。
【彙注】
〔一〕陳君二句　徐注：《漢書·鼂錯傳》：錯,潁川人也。以文學爲太常掌故。又《賈誼傳》：以能誦《詩》《書》屬文稱於郡中,文帝召以爲博士,超遷,歲中至大中大夫。《南史·袁淑傳》：文采遒豔。《詩》：思皇多士,生此王國。

　　蘧常案：《明史·陳子龍傳》：生有異才,工舉子業,兼治詩賦。古文取法魏、晉,駢體尤精妙。《國壽錄·兵部給事中陳子龍傳》：少英敏,束髮籍譽東南。時風氣酷尚諸子,文理多譎,至子龍獨參史學,爲海内所尊。性藻發,亦多深悟,每于夢中作文字,起直書,不改竄一字,輒稱工。

〔二〕早讀句　蘧常案：《石匱書後集·陳子龍傳》：精韜略,居常喜談兵。

〔三〕初仕二句　蘧常案：《明史·陳子龍傳》：選紹興推官。東陽諸生許都者,副使達道孫也。家富,任俠好施,陰以兵法部勒賓客子弟,思得一當。子龍嘗薦諸上官,不用。東陽令以私憾之。適義烏奸人假中貴名,招兵事發,都葬母山中,會者萬人,或告監司王雄曰："都反矣！"雄遽遣使收捕,都遂反。旬日間聚衆數萬,連陷東陽、義烏、浦江,遂逼郡城。巡按御史左光先以撫標兵命子龍爲監軍討之,稍有俘獲；而游擊蔣若來破其犯郡之兵。都乃率餘卒三千保南岩。雄欲撫賊,語子龍曰："賊聚糧據險,官軍不能仰攻,非曠日不克,我兵萬人止五日糧,奈何？"子龍曰："都,舊識也,請往察之！"乃單騎入都營,責數其罪,諭令歸降,待以不死。遂挾都見雄；復挾都走山中,散遣其衆,而以二百人降。光先與東陽令善,竟斬都等六十餘人於江滸,子龍争不能得。《南疆逸史·陳子龍傳》：以招降功,擢兵部給事中,子龍深痛負都,不赴也。

〔四〕南渡二句　蘧常案：《明史·陳子龍傳》：京師陷，乃事福王於南京。其年六月，言防江之策，莫過水師，海舟議不可緩，請專委兵部主事何剛訓練。從之。未幾，列上防守要策，請召還故尚書鄭三俊，都御史易應昌、房可壯、孫晉，並可之。又言：中使四出搜巷，凡有女之家，黃紙貼額，持之而去，閭井騷然。明旨未經有司，中使私自搜採，甚非法紀。乃命禁訛傳誑惑者。子龍又言：中興之主，莫不身先士卒，故能光復舊物。今入國門再旬矣，人情泄沓，無異昇平，清歌漏舟之中，痛飲焚屋之內，臣不知其所終！其始皆起於姑息一二武臣，以至凡百政令，皆因循遵養，臣甚為之寒心也！不聽。

〔五〕告歸句　蘧常案：告歸，見解題。

〔六〕欸見句　蘧常案：張衡《西京賦》：神山崔巍，欸從背見。薛綜注：欸之言忽也。欸，許律切。此謂清兵之破江南。

〔七〕拜表二句　蘧常案：福京，見前《聞詔》詩"中興"句注。三吳，見前《哭顧推官》詩"三吳"注。

〔八〕加以句　蘧常案：《思文大紀》：隆武二年三月，敕諭行在吏部，陳子龍擢為御營太僕寺卿，以酬其太湖起義之忠。又，陳子龍以前僉都御史，加太僕寺卿。

〔九〕遂與二句　徐注：謂約吳勝兆反正也。

蘧常案：《史記·項羽本紀》：已破秦軍，章邯軍棘原，項羽軍漳南，相持未戰，秦軍數却。二世使人讓章邯，章邯恐。陳餘遺章邯書曰：將軍居外久，多內郤，有功亦誅，無功亦誅。且天之亡秦，無愚智皆知之。今將軍內不能直諫，外為亡國將，孤特獨立，而欲常存，豈不哀哉！將軍何不還兵，與諸侯為從，約共攻秦，分王其地，南面稱孤，此孰與身伏鈇質，妻子為僇乎？《唐會要》：鹽州雄毅軍使孫德昭等殺劉季述反正。

〔一〇〕幾事二句　徐注：《易》：幾事不密則害成。

　　　　蓮常案："天地黑"，蓋天地塗墼之意。《石匱書後集·陳子龍傳》：丁亥，清松江鎮將吳聖兆與東海富平將軍張名振初相善，子龍令夏之旭通謀，議盡檄澤中諸負甲，須海師至，一日起。事不集，清從海卒欽昊得一册，掛子龍、錢旃等名，而子龍奴茅太者復告變，誅子龍亟。

〔一一〕魏齊二句　蓮常案：《史記·范睢列傳》：昭王遺趙王書：范君之仇魏齊，在平原君之家，王使人疾持其頭來，不然，吾舉兵而伐趙。魏齊夜亡，出見趙相虞卿，虞卿度趙王終不可說，乃解其相印，與魏齊亡，間行，念諸侯莫可以急抵者，乃復走大梁，欲因信陵君以走楚。信陵君聞之，畏秦，猶豫未肯見。魏齊怒而自剄。《史記·信陵君列傳》：魏公子無忌者，魏昭王少子，而魏安釐王異母弟也。封爲信陵君。致食客三千人。當是時，諸侯以公子賢，不敢加兵謀魏者十餘年。安釐王二十年，秦昭王破趙圍邯鄲，公子進兵擊秦軍，秦軍解去。秦聞公子在趙，出兵東伐魏，公子率五國之兵破秦兵於河外，秦兵不敢出。當是時，公子威振天下。再以毀廢，竟病酒而卒。案：魏齊當謂子龍，信陵似指侯岐曾。歸莊《兩顧君傳》云：大鴻從其婦翁太學侯君岐曾，居嘉定之廠頭。侯太學者，故通政使侯公峒曾之弟。會吳將軍勝兆事連陳給事，給事固善太學，窘急投之。太學既通政弟，又雅有高望，爲世所指名；又居松江接界，無重轐複壁可以藏活，則屬大鴻轉之崑山。"雅有高望"云云，或即岐曾所以"有難色"乎？

〔一二〕事急二句　徐注：《左傳》僖公三十一年：今急而求子。《後漢書·獻帝紀》：是時宮室焚燒盡，百官披荊棘，依牆壁間。

〔一三〕君來六句　段注：《後漢書·逸民傳》注：《襄陽記》曰：

司馬德操嘗詣德公，值其渡沔上先人墓，德操徑入其堂，呼德公妻子使速作黍，徐元直向云當來就我與德公談。其妻子皆羅拜於堂下，奔走共設。須臾，德公還，直入相就，不知何者是客也。　徐注：《後漢書・袁安傳》：粗袍糲食。

蘧常案：詩意謂子龍亡命初，曾一過先生，而先生已出亡，僅有婦留居，倉卒中尚爲子龍具食也。

〔一四〕徘徊句　徐注：楊維楨《玉山草堂記》：崑山本號馬鞍山，出奇石似玉。

蘧常案：歸莊《玉山詩集序》：玉山者，崑山也。元末顧仲瑛居崑山之界溪，搆玉山草堂，招致四方名士楊廉夫、張仲舉董觴詠其中，有《玉山名勝集》。案：《兩顧君傳》云"轉之崑山，居之墓舍"，即此所謂"徘徊玉山側"也。

〔一五〕有翼二句　李注：陳琳《檄吳將校部曲文》：鳳鳴高岡，以遠罻羅。

蘧常案：《兩顧君傳》：越二日，隸人逐跡得之，夜半斬關入，縛以去。即此二句事也。又案：罻、羅，皆捕鳥之網。

〔一六〕東夷句　蘧常案：《禮記・王制》：東方曰夷。

〔一七〕彭咸則　徐注：《楚辭・離騷》：願從彭咸之遺則。

蘧常案：王逸《楚辭章句》：彭咸，殷賢大夫，諫其君不聽，自投水而死。《國壽錄・陳子龍傳》：逮南都，子龍意不受辱，舟至跨塘橋，夜躍水死。《小腆紀年・附考》：屈大均弔子龍詩云：舟出吳淞煙水遙，黃門懷石此塘橋。則陳公之沈水死，未就訊也。而侯方域詩注謂：當事者執之，子龍曰：何必訊，事皆有之，但未得就耳！不屈死。方域爲子龍好友，其言似非無據。案：諸書皆言子龍未就訊，沈水死。即方域云云，亦似對執者言也。亭林與子龍爲生死交，且同謀，尤足徵證。

徐肅説非。

〔一八〕尚媿二句　徐注：《史記·虞卿列傳》：以魏齊之故，不重萬户侯卿相之印，與魏齊間行，卒去趙，困於梁。魏齊已死，不得意，乃著書。

　　蘧常案：虞卿，蓋亭林自喻也。

〔一九〕復多二句　原注：《史記·季布列傳》：諸公皆多季布能摧剛爲柔。　徐注：李白《題元丹丘潁陽山居》詩：卜地初晦迹。　全云：二句當在"未知客何人"二句之間。

　　蘧常案：二句確有誤，但全説亦未安。

〔二〇〕哀辭　徐注：摯虞《文章流别論》：哀辭者，誄之流也。

〔二一〕悲來句　徐注：《北史·魏任城王雲傳》：雲孫順哽塞，涕泗交流，久之而不能言。　黄注：自哭楊、顧、陳三詩後，亭林知恢復無望，故繼此而葬母有詩。亭林於葬母詩隱其義，於《先妣行狀》則揭其懷曰：不孝所以藁葬而不葬，將有待而後葬者也。忽焉二載，日月有時。念二年以來，諸父昆弟之死焉者，姻戚朋友之死焉者，長於我而死焉者，少於我而死焉者，不可勝數也。不孝而死，是終無葬日也；矧又獨子，此不孝所以踟蹰二年，而遂欲苟且以葬者也。觀《行狀》所云"諸父昆弟之死焉者，姻戚朋友之死焉者"，則有感於楊、顧、陳之死而言也。自哭楊、顧、陳三詩後，亭林不復再預南明兵事。於上年丙戌作《吴同初行狀》，於此年丁亥作哭楊、顧、陳詩，蓋於共同患難之朋友作一結束。此後則獨懷悲慨，歷覽山川。故《廬墓》詩後，繼以《精衛》、《贈歸高士》、《越鳥巢南》、《江介悲風》等詩，知恢復之無期也。

　　蘧常案：黄注謂自哭楊、顧、陳三詩後，知恢復無望，見其義於母《行狀》，不復再預南明兵事，故《廬墓》詩後，繼以《精衛》等詩。然《行狀》云"苟且以葬"，正以見其死義之決心；《精衛》

詩云"我願平東海,身沈心不改",亦至死靡它之意。後《偶來》詩云"鳥獸同羣終不忍,轍環非是爲身謀";《將有遠行作》詩云"夢想在中原,河山不崎嶇";《春半》詩云"開篋出兵書,日夜窮揣摩,中原有大勢,攻戰不在多";《翦髮》詩云"浩然思中原,誓言向江滸,功名會有時,杖策追光武",皆可明其壯懷猶昔。吳勝兆事敗後,亭林曾至海上;其後九年,復有南行之事,皆與南明有關,詳後卷三《出郭》、《旅中》兩詩注,兩次未遂,始有北遊之舉,安能謂其"獨懷悲慨,歷覽山川"而已乎?

十月二十日奉先妣葬於先曾祖兵部侍郎公墓之左 有序

【解題】

蘧常案:《餘集·先妣王碩人行狀》:將以□□三年十月丁亥,合葬於先考之兆,在先曾王考兵部右侍郎公賜塋之東六步五尺。案:"□□"當爲"隆武"二字,隆武被害於二年,今曰三年者,亦猶海上鄭氏仍用其號也。兵部侍郎公,見前《金陵雜詩》第五首"記得"句注。

先考葬祖墓左四十年[一],其左有池,形家或言兆有水[二]。是歲將合葬我母,三族皆爲炎武難之。炎武念先妣之治命[三],不可以不合葬,而四十年之藏,又不可以遷,萬一有水,又不可徑情而遂葬,遲迴者久之。及啓壙,竟無水;記事,無風雨。昔重光大荒落之歲[四],葬先王父[五],既祖奠[六],火作於門,里人救之,遂熄。念吾先人積德累仁,固不當有水火之蔭,陰陽之咎,而不孝一人所遇之不幸如此,天之不遂棄之而曲全之又如此,是可以忘先人之志哉!

王季之墓見水齧〔七〕,宣尼封防遭甚雨〔八〕,我今何幸獨不然,或者蒼天照愁苦。昔我先臣葬於此,神宗皇帝賜之墓一區〔九〕。六十年間事反覆,到今陵谷青模糊〔一〇〕。止存松楸八百樹〔一一〕,夜夜啼鳥還相呼〔一二〕。行人指點侍郎冢,戍卒不敢來樵蘇。乃知天朝恩寵大,易世猶與凡人殊〔一三〕。天道迴旋改寒燠〔一四〕,公侯子孫久必復〔一五〕。歲月日時共五行〔一六〕,先公葬亦以歲丁亥、月辛亥、日丁亥、時辛亥。前岡後舍分昭穆〔一七〕。皇天下監臣子心〔一八〕,環三百里無相侵〔一九〕。先皇弓劍橋山岑〔二〇〕,山多虎豹江水深,欲去復止長哀吟〔二一〕。

【彙校】
〔題〕徐注本無"兵部"二字;而多"原注"二字,蓋誤以序文爲注也。炎武兩見,孫校本均作"山傭"。〔天朝〕潘刻本"天"作"囗",冒校本作"先"。

【彙注】
〔一〕先考句　蘧常案:吳《譜》:父同吉,未娶而殀。車持謙先生《年譜》:同吉字仲逢。年十八卒。聘王氏,歸顧守貞。案:徐《譜》云:貞孝之歸顧,當在萬曆二十九年辛丑。沈應奎《記貞孝王氏》云:顧生卒,氏拜顧生柩,入拜太姑、姑,請依居。是同吉之卒,即在其時。其葬當在後六年,至此蓋四十年矣。
〔二〕形家句　蘧常案:《漢書·藝文志·數術略》有形法六家。《孝經》:卜其宅兆而安厝之。
〔三〕治命　蘧常案:《左傳》宣公十五年:余,爾所嫁婦人之父也。爾用先人之治命,余是以報。案:治命,遺命之合理者也。

〔四〕昔重光句　蘧常案：崇禎十四年，歲次辛巳，先生二十九歲。徐乾學《舅母朱孺人壽序》云：家難復作，室廬失火被焚。

〔五〕先王父　蘧常案：吳《譜》：祖紹芾，國學生。車《譜》：紹芾字德甫，號蠡源，又號夢庵。《淞南志》：夢庵工詩善書，董文敏嘗謂人曰：見德甫筆墨，令人有退舍之想。年五十，屛棄科舉，取全史所記朝章、國典、地形、兵法、鹽鐵、户口，悉標識之，以備采擇。尤注心節義之行，詳舉其事，以獎勵末俗。有《庭聞紀述》、《夢庵詩草》行於世。陳濟生《啓禎詩選·太學顧先生紹芾傳略》：先生，南京兵部侍郎公諱章志之仲子也。天才駿發，下筆數千言，爲諸生，數試不售。後入太學，京師諸公重之。陳公祖苞爲縣令，尤禮先生。陳公爲縣鋤奸，爲邑之豪紳排訐以去。先生獨走輦下，抵諸公，直其事。邑人譁齕，先生幾殆。自小從侍郎之官，足跡半天下。復能通曉國家典章。至崇禎之末，吳中耆舊無在者，而先生壽至七十九以終。張《譜》：崇禎十四年二月，蠡源公卒，先生居承重憂。十月，葬蠡源公及元配周碩人、繼配李碩人於司馬賜塋之穆位。案：亭林學行受祖教最深，故詳著之。

〔六〕祖奠　蘧常案：《明史》志《禮十四》：凡改葬者，不設祖奠，無反哭，無方相魌頭，餘如常葬之儀。而常葬不言設祖奠，但其有可知。祖奠者，發引前一日之奠也。

〔七〕王季句　徐注：《戰國策》：惠施曰：昔王季歷葬於楚山之尾，欒水齧其墓。

〔八〕宣尼句　蘧常案：《漢書·平帝紀》：元始元年，追謚孔子曰褒成宣尼公。《禮記·檀弓》：孔子既得合葬於防，封之，崇四尺。先反，門人後，雨甚至。孔子問焉，曰：爾來何遲也？曰：防墓崩！

〔九〕神宗句　蘧常案：《明史·神宗本紀》：神宗顯皇帝諱翊鈞，穆宗第三子也。隆慶二年立爲皇太子。六年五月，穆宗崩。

六月甲子,即皇帝位,以明年爲萬曆元年。四十八年秋七月丙申崩,年五十有八。又案:墓一區,車《譜》:墓在崑山縣第六保爲區五圖鳴字圩千墩浦右。計塋地三十八畝三分六釐。即亭林《寄弟紓》詩所謂"吾家有賜塋,近在尚書浦,前區百畝田,後啓重門堵"者也。

〔一〇〕陵谷　徐注:《詩》:高岸爲谷,深谷爲陵。

〔一一〕止存句　蘧常案:謝朓《齊敬皇后哀册文》:陳象設於園寢兮,映輿鐩於松楸。

〔一二〕相呼　段注:劉孝威《烏生八九子》詩:氄毛不自煖,張翼強相呼。

〔一三〕易世句　徐注:杜甫《哀王孫》詩:龍種自與常人殊。

〔一四〕天道句　徐注:庾信《哀江南賦》:天道回旋,生民預焉。《漢書‧黃瓊傳》:間者以來,卦位錯繆,寒燠相干,蒙氣數興。

蘧常案:"改寒燠",謂寒暑推遷也。徐引《黃瓊傳》,非。

〔一五〕公侯句　徐注:《左傳》閔公元年:公侯之子孫,必復其始。

〔一六〕歲月句　徐注:《元譜》:十月十日,命家人趙和迎庶祖母黃氏柩,葬司馬公於域外之西偏。

蘧常案:《元譜》:十月二十日亥時,葬貞孝王太安人於賜塋東仲逢府君之兆。《餘集‧先妣行狀》:在先曾王考兵部右侍郎公賜塋之東。"歲月"云云,謂貞孝之葬,與侍郎公之葬干支相同也,故自注云然。《元譜》亦云:少司馬葬用歲月日時,貞孝之葬悉同。徐注以庶祖母黃氏葬當之,誤。黃氏葬在前十日,干支不相符也。

〔一七〕前岡句　徐注:《禮‧中庸》:所以序昭穆也。注:左爲昭,右爲穆。　李注:《封比干墓銅盤銘》:左林右泉,前岡後舍,萬世之靈,於焉是保。

蘧常案:《蘇州府志》:兵部侍郎顧章志墓,徐學謨銘;子贊善紹芳、監生紹芇附。紹芳,王錫爵銘。案:張《譜》云"紹芇墓在賜塋穆位",則紹芳墓必在昭位,而亭林嗣父母之墓位亦可推矣。

〔一八〕皇天句　蘧常案:臣子心,見前《十二月十九日奉先妣藁葬》詩"黽勉"句注。

〔一九〕環三百句　原注:《國語》:越王命環會稽三百里以爲范蠡地,曰:後世子孫有敢侵蠡之地者,使無終沒於越國。皇天后土,四鄉地主正之!

〔二〇〕先皇句　蘧常案:《史記·封禪書》:黃帝采首山銅鑄鼎於荆山下。鼎既成,有龍垂胡髯下迎黃帝,黃帝上騎,羣臣後宮從上者七十餘人,龍乃上去。餘小臣不得上,乃悉持龍髯,龍髯拔墮,墮黃帝之弓。百姓仰望黃帝既上天,乃抱其弓與龍胡髯號。故後世因名其處曰鼎湖,其弓曰烏號。案:後人引此,言帝王崩逝爲乘龍仙去。《列仙傳》:軒轅自擇亡日,與羣臣辭,還葬橋山。山崩,棺空,唯有劍舄在棺焉。橋山,詳前《大行皇帝哀詩》"無路"句注。

〔二一〕山多二句　蘧常案:此似取張衡《四愁詩》"我所思兮在桂林,欲往從之湘水深,側身南望涕沾襟"之意。蓋母葬既畢,思從永曆。時永曆爲清兵所逼,播遷湘、桂之間,靡有定所,故欲去而復止也。

墓後結廬三楹作

【解題】

　　徐注:《元譜》:十二月二十一日(蘧常案:徐引無月日,兹補)移家語濂涇亭林廬墓。

偉元居城陽〔一〕,簡之在丹徒〔二〕,古人廬墓有至意〔三〕,獨我未得心煩紆〔四〕。東西南北亦人子,豈知天路還崎嶇!奮矛躍馬一到此,營地半畝先人隅〔五〕。築室三楹戶南向,前對日月開規模〔六〕。舊栽松樹無觸鹿〔七〕,惟有老柏銜悲枯〔八〕。憶昔曾蒙至尊詔,共姜名字懸三吳〔九〕。至今東平冢上木,枝枝西靡朝皇都〔一〇〕。爾來天地春意絕,不見君父重嗚呼。一身去國無所泊〔一一〕,類此鴻雁三秋徂。陰風怒號白日孤,吁嗟此室千年俱!

【彙校】
〔舊栽〕潘刻本"栽"誤作"裁"。
【彙注】
〔一〕偉元句　蘧常案:見前《墟里》詩"豈有"二句注。
〔二〕簡之句　《晉書》:殷仲堪爲桓玄所害,子簡之葬於丹徒,遂居墓側。後率私僮客隨義軍躡桓玄,玄死,簡之食其肉。
〔三〕古人句　徐注:先生《日知錄》:漢以來乃有父母終而廬墓者,不知其置神主何地。其奉之墓次歟?是野祭之也。其空置之祠堂歟?是視其體魄反過其神也。而慇者以此悖先王之禮,偽者以此博孝子之名,至於今而此風猶未已也。且孝如曾子,未嘗廬墓;孔子封防既反,而弟子後至。古人豈有廬墓之事哉!
　　蘧常案:此言廬墓非古,不足以見古人廬墓之至意,疑別有說,但無可徵,或早歲從慇,此則晚年定論也。
〔四〕心煩紆　徐注:張衡詩:何爲懷憂心煩紆?
〔五〕奮矛二句　原注:《魏書》:傅永嘗登北邙山,奮矟躍馬,回旋瞻望，有終焉之志。遂買左右地數頃，遺敕子叔偉曰：此吾之永宅也。

〔六〕規模　李注：《淮南子》：盧牟六合。高誘注：盧牟，猶規模也。

　　　蘧常案：規模即規摹。《漢書·高帝紀》：雖日不暇給，規摹弘遠矣。注：鄧展曰：若畫工規模物之摹。

〔七〕舊栽句　原注：《晉書》：許孜於墓地列植松柏亘五六里。時有鹿犯其松栽，孜悲歎曰：鹿獨不念我乎？明日，忽見鹿爲猛獸所殺。《舊唐書·褚無量傳》：丁憂，廬於墓側。其所植松柏，有鹿犯之，無量泣而言曰：山中稟草不少，何忍犯吾先塋樹哉！因通夕守護。俄有羣鹿馴狎，不復侵害。

〔八〕惟有句　原注：《晉書》：王裒常至墓所，攀柏悲號，涕淚著樹，樹爲之枯。

〔九〕憶昔二句　徐注：先生《先妣王碩人行狀》：母年五十有一，而巡按御史王君一鶚奏旌其門曰貞孝。下禮部，禮部尚書姜公逢元奏如章。八月辛巳，上其事。甲申，制曰可。於是三吳之人，其耆舊隱德及能文奇偉之士，上與先王父交，下與炎武遊者，莫不牽羊持酒，踵門稱賀，謂史策所紀，罕有此事。蓋其時炎武已齒文會，知名且十年矣。而先王父年七十有四，祖孫母子怡怡一門之內，徼天子之恩以爲榮也。《詩序》：《柏舟》，共姜自誓也。

〔一〇〕至今二句　徐注：李彤《聖賢冢墓記》：東平王歸國，思京師。後薨，葬東平，其冢上松柏皆西靡。《一統志》：東平憲王墓，在東平州東北五里危山上。

〔一一〕去國　徐注：先生《三朝紀事闕文序》：已而兩京淪覆，一身奔亡。

　　　蘧常案：《禮記·檀弓》：去國則哭於墓而後行。

精　　衛

【解題】

　　徐注:《山海經·北山經》:發鳩之山有鳥焉,狀如烏,文首、白喙、赤足,名曰精衛。

　　蕖常案:錢邦彥《顧亭林先生年譜校補》:陶淵明《讀山海經》詩:精衛銜微木,將以填滄海。先生身世既與陶同,而壯心未已,故亦賦《精衛》以寄託也。

　　萬事有不平,爾何空自苦?長將一寸身,銜木到終古。我願平東海,身沈心不改〔一〕。大海無平期〔二〕,我心無絶時。嗚呼!君不見西山銜木衆鳥多〔三〕,鵲來燕去自成窠〔四〕!

【彙注】

〔一〕長將四句　徐注:《山海經·北山經》:是炎帝之少女,名曰女娃,遊於東海,溺而不返,故爲精衛。常銜西山之木石,以堙於東海。

　　　　　蕖常案:《藝文類聚》卷九二引郭璞《山海經圖讚》:炎帝之女,化爲精衛,沈形東海,靈爽西邁。

〔二〕大海句　徐注:《南疆逸史》:唐王鋭志出贛,芝龍百計阻之,欲留王以自重,既而陰通款於洪承疇。大兵既破浙東,長驅而前。八月乙未,抵仙霞關,守浦城巡按御史鄭爲虹、給事中黃大鵬、知府王士和死之。丁酉,王自延平出奔,宮眷皆騎,輔臣何吾騶、朱繼祚等隨行。庚子,入汀州。辛丑,大兵奄至,有十餘騎叩城,稱扈蹕者,開門納之,則追騎也。直入行宫,從官迸散,乃執王與曾妃去,妃至九龍潭投水死,王死於福州。其從難之臣有部郎賴垓、給事中熊緯、御營總兵胡上琛等。或曰，代死者爲張致遠，王實未死。後鄭成功屯兵鼓浪嶼，有遣使存問諸臣者云，爲僧於五指山，然亦莫必其真僞也。

　　蘧常案：徐引《南疆逸史》與長恩書屋《逸史》本頗多不同，如：此云"曾妃死於九龍潭"，《逸史》則謂"死於羅漢嶺"；此云"王死於福州"，《逸史》則謂"見害於汀州都司署"，何者爲是，待考。

〔三〕西山句　蘧常案：《史記·伯夷列傳》：武王已平殷亂，天下宗周。而伯夷、叔齊恥之，隱於首陽山，采薇而食之。及餓且死，作歌，其辭曰"登彼西山兮，采其薇矣"云云。《索隱》：西山即首陽山。此句譏初隱而後仕者，所謂"一隊夷齊下首陽"者也。

〔四〕鵲來句　黃注：此陸放翁詩所謂"諸公可歎善謀身"者也。

吴興行贈歸高士祚明

【解題】

　　戴注：即歸玄恭莊。時往湖州覓其兄德清教諭繼登骨。

　　蘧常案：《明一統志》：湖州府，三國吴分置吴興郡。張應麟《歸玄恭傳》：公姓歸，諱莊，字恒軒，崑山人。年十四，補諸生。既遭家難，遂棄儒冠，浪跡江湖間。與顧炎武齊名，時有"歸奇顧怪"之目。年六十卒（案：應作六十一，詳後卷五《哭歸高士》詩解題）。乾隆《崑新志》：莊性好奇，爲諸生時，忽請於學使者，改名祚明。自後或稱歸藏，或稱歸乎來，其字或稱懸弓，或稱園公。既薙髮僧裝,稱普明頭陀,亦稱鏖鼇鉅山人。《文集·書孔廟兩廡位次考後》云：歸生爲吳中高士。

　　北風十二月,遊子向吳興。榜人問何之[一],不言但沾膺。三年干戈暗鄉國[二],有兄不得歸塋域[三]。高堂有母兒一人,負米百里傷哉貧[四]。此來海虞兩月日,裁得白金可半鎰[五]。歸來入門不暇餐,直走山下求兄棺[六]。湖中雪滿七十峰,江山對君凝愁容[七]。冬盡月向晦,慈親倚門待。果見兄骨歸,心悲又以喜[八]。如君節行真古人[九],一門内外唯孤身。出營甘旨入奉母,崎嶇州里良苦辛。君向余太息,此事不足言。遥望天壽山,猶在浮雲間[一〇]。長歎未及往,胡塵没中原。神州已陸沈[一一],菽水難爲計。豈無季孫粟[一二],義不當人惠[一三]。世無漢高帝,餓殺韓王孫。寧受少年侮,不感漂母恩[一四]。時人未識男兒面,如君安得長貧賤!讀書萬卷佐帝王[一五],傳檄一紙定四方。拜掃十八陵[一六],還歸奉高堂。窮冬積陰天地閉[一七],知君唯有袁安雪[一八]。

【彙校】

〔天壽山〕潘刻本"壽"作"□"。　〔胡塵没中原〕孫託荀校本"胡塵"作"胡沙";徐注本,孫、吳、汪、曹各校作"塵沙"。潘刻本作"塵沙没□□"。冒校本作"胡塵没榛菅"。　〔神州已陸沈〕潘刻本作"□州已□□"。　〔傳檄〕潘刻本作"□□";京師本作"指揮"。　〔拜掃十八陵〕潘刻本作"拜□□□□";京師本作"拜爵萬户侯"。

【彙注】

〔一〕榜人　徐注：司馬相如《子虛賦》"榜人歌"注：張揖曰：榜，船也。《禮·月令》曰：命榜人。注：榜人，船長也。

〔二〕三年句　蘧常案："三年干戈"謂乙酉清師下江南至本年也。

〔三〕有兄句　徐注：《崑新合志》：歸昭，字爾德，昌世長子。史可法開府揚州，昭與長洲盧涇材等皆爲禮賢館士。大兵薄揚州，城破，死之。又：弟繼登，字爾復。崇禎癸酉舉人，長興教諭，攝縣事。城破，不屈死。下"求兄棺"，即求繼登棺也。

　　蘧常案：歸莊有《亡兄忌日詩》。其末章云"孤魂竟何之，太湖水無際"，則謂繼登之殉於長興也。其二章云：皇天降禍酷，人事良有以。所怪名學道，舉措失條理。父母命不從，妻孥沮弗止。小忿思一快，竟作他方鬼。方余得兄書，當食投箸起。扁舟趣之歸，未至六十里。兵戈阻前路，三日河干艤。我行不得達，即是君當死。哀哉復哀哉，幽恨無窮已！可以知繼登臨亂投死之由。其三章云：自余中道返，消息苦不實。萬里肉已寒，猶望生還日。十月蒼頭歸，始知事委息。可知十月得耗，十二月方往尋骨也。又云：其時家中人，大半爲異物：嫂既死於兵，老父以疾卒，孤兒亦濱死，三女存其一。歸莊《歸氏兩烈婦傳》云：張氏，爲叔兄教諭君繼登之妻，乙卯日城破，遇害。張氏生子一人，玠，方五歲；女三人。與詩合。益可證此亡之爲繼登矣。趙經達《歸玄恭年譜》據此詩以爲仲兄爾德，云"聞揚州被圍甚急，扁舟赴之，促仲兄爾德歸。未至六十里，爲兵所阻，折回"者，誤。又案：《歸氏二烈婦傳》云"教諭爲長興亂民所殺"，與《崑新合志》所云"城破，不屈死"不同，不知孰是，待考。

〔四〕高堂二句　蘧常案：歸莊《先妣秦碩人行述》：碩人之言曰：

我凡生四男五女,其五殤,其三成人而先我歿,今獨汝在也。又:窮困若此,自遭世喪亂,盡室死亡,惟與祚明相依爲命,勢苦禦窮,甚於前時。

〔五〕此來二句　徐注:《吳地記》:常熟一名海虞山。《漢書·食貨志》:金有三等:黃金爲上,白金爲中。

蘧常案:李善《文選》阮籍《詠懷》詩注引賈逵《國語》注:二十四兩爲鎰。趙經達《歸玄恭年譜》:似先生赴虞山借金往吳興也。

〔六〕歸來二句　黃注:"歸來入門",謂自海虞歸崑山,不暇餐,遂向吳興也。"山下",謂走洞庭山下也。

蘧常案:《崑新志》謂"繼登城破,不屈死",則遺骨應在長興;即歸莊所云爲長興亂民所殺,亦當在長興,不當往洞庭山下求之。所謂山,蓋泛指長興顧渚諸山。詩下云"湖中雪滿七十峰",蓋謂自崑山至長興必經太湖,故聯及之也。

〔七〕湖中二句　徐注:王鏊《洞庭山記》:兩洞庭分峙太湖之中,其峰之最高者,西曰縹緲,東曰莫釐,共七十二峰。

〔八〕冬盡四句　徐注:《說文》:晦,月盡。杜甫《同谷七歌》:汝歸何處收兄骨?

蘧常案:趙經達《歸譜》謂莊戊子春自長興回,爾復之骨,蓋已覓得,後葬於沙村。然據此四句,則歸實在丁亥歲杪,不在明春也。

〔九〕如君句　徐注:先生《吳同初行狀》:自余所及見里中二三十年來號爲文人者,無不以浮名苟得爲務,而余與同邑歸生,獨喜爲古文辭,砥行立節,落落不苟於世,人以爲狂。

〔一〇〕君向余四句　徐注:《古詩》:浮雲蔽白日。　黃注:句意謂高士對己言兄骨雖安,而帝陵未復,述高士之言也。

蘧常案:亭林《昌平山水記》:天壽山在州北一十八里。

詳見後卷三《恭謁天壽山十三陵》詩題注。

〔一一〕神州句　徐注：《晉書·桓溫傳》：自江陵北伐，與諸僚屬登平乘樓眺矚中原，慨然曰：遂使神州陸沈，百年丘墟，王夷甫諸人，不得不任其責！

〔一二〕豈無季孫粟　徐注：《家語》：季孫之賜我粟千鍾也，而交益親。

〔一三〕義不當句　原注：《世説》：王悦之少屬清操，爲吏部郎。時鄰省有會同者，遺之餅一甌，辭不受，曰：所費誠復小小，然少來不欲當人之惠。　黄注："此事不足言"至此句，皆亭林述高士對己之言也。
　　蘧常案：乾隆《崑新志·歸莊傳》：晚年不能自給，顧非素交，雖厚贈弗納。

〔一四〕世無四句　徐注：《史記·淮陰侯列傳》：信釣於城下，諸母漂，有一母見信飢，飯信，竟漂數十日。信喜謂漂母曰：吾必有以重報母。母怒曰：大丈夫不能自食，吾哀王孫而進食，豈望報乎？漢五年正月，徙齊王信爲楚王，都下邳。信召所從食漂母，賜千金。又：淮陰屠中少年有侮信者曰：若雖長大，好帶刀劍，中情怯耳。衆辱之曰：信能死，刺我；不能死，出我袴下。於是信孰視之，俛出袴下，蒲伏，一市人皆笑信怯。　黄注：自此四句至篇末，又爲亭林之言。

〔一五〕讀書句　徐注：王勃《爲人與蜀臣父老書》：攀北極而佐帝王。先生《從叔父穆庵府君行狀》：天下嗷嗷方用兵，而江東晏然無事。以是余與叔父洎同縣歸生入則讀書作文，出則登山臨水，間以觴詠，彌日竟夕。
　　蘧常案：張應麟《歸莊傳》：縱覽六藝百家之書，尤精《司馬兵法》。歸莊《讀書》詩：忠義天生不必言，古來大儒皆有用。象緯方輿肆覽觀，六部之事尤多端。學成會取通侯印，才大要登上將臺。人生遇合固有命,規模經畫先時定。格天功業有本源,誰謂讀書記名姓!

〔一六〕十八陵　徐注:十三陵,又鳳、泗二陵、孝陵、懿文太子陵,及西山景帝陵,爲十八陵。

　　蘧常案:十三陵,見前《金陵雜詩》第二首"遥祭"句注。

〔一七〕天地閉　徐注:《易·坤卦》:天地閉。

〔一八〕知君句　黃注:《後漢書》章懷太子注引《汝南先賢傳》:時大雪丈餘,洛陽令自出按行,見人皆除雪出,有乞食者。至袁安門,無有行路,謂安已死,令人除雪入户,見安僵卧。問所以不出,曰:大雪人皆餓,不宜干人。又案:亭林生平與玄恭最善,然集中關於玄恭詩,此篇之外,祇《送歸高士之淮上》及《哭歸高士》兩詩。(蘧常案:歸莊有《寧人東來謂元白皮陸集中唱和贈答連篇累牘我與子交不減古人而詩篇往來殊少後世讀其集者能無遺恨賦此却寄》詩云:同鄉同學又同心,却少前賢唱和吟。他日貢王今管鮑,不須文字見交深。可以知兩人詩篇往來殊少之故矣。)亭林出遊四方,而玄恭守鄉曲。乃亭林於此篇云"讀書萬卷佐帝王,傳檄一紙定四方";於送詩云"窗下聽雞舞亦佳";於哭詩云"悲深宗社墟,勇畫澄清計",是皆不忘恢復之言。無論其言是否克肖玄恭之爲人,所謂"佐帝王"者爲何人效命,所謂"計澄清"者爲何人畫策,事或佚聞,而言難證實。此蓋亭林對故國之恢復絶望於當時,而有期於後日,無得於將帥之踴躍用兵,而有待於文人之申明大義,其忠憤之氣,隨時流露,而一見之於詩。卒之種族之痛,亘有清二百餘年,不絶於天下;一旦而漢族光復,有清無死節之臣,此得於文人之申明大義爲多也。《詩·小雅》:魚在于沼,亦匪克樂,潛雖伏矣,亦孔之炤,憂心慘慘,念國之爲虐。嗚呼!此則亭林憂國之心耿耿于終古者也。

賦得越鳥巢南枝用枝字 已下著雍困敦

【解題】

徐注：順治五年戊子。《古詩》：胡馬依北風，越鳥巢南枝。　冒云：先生是年年三十六。

蔣常案：是年爲明永曆二年，魯監國三年，海上鄭氏稱隆武四年，公元一六四八年。是思赴南明之作也。

微物生南國[一]，深情繫一枝。寒風羣拉沓[二]，落日羽差池[三]。繞樹飛初急，尋柯宿轉遲。懸冰驚趾滑，集霰怯巢危。路入關河夜，思縈嶺嶠時[四]。山川知夙性，天地識恩私[五]。向日心常在[六]，隨陽願未虧[七]。寄言幽谷友[八]，勿負上林期[九]。

【彙校】

〔題〕徐注本無"用枝字"三字。

【彙注】

〔一〕微物句　徐注：《書》：暨鳥獸魚鼈咸若。傳：雖微物皆順之，明其餘無不順。王維《相思詩》：紅豆生南國。

〔二〕拉沓　徐注：《宋書‧樂志‧思悲翁曲》：烏子五，梟母六，拉沓高飛莫安宿！

〔三〕差池　徐注：《詩》：差池其羽。

〔四〕思縈句　徐注：《南史‧陳紀》：馬驅嶺嶠，夢想京畿。

蔣常案：《小腆紀年》：清順治五年（案：明永曆二年，魯監國三年）春正月，明桂王在桂林，監國魯王在閩安。詩云"思縈嶺嶠"，則意在桂林也。

〔五〕恩私　李注：杜甫《北征》詩：顧慚恩私被。

〔六〕向日　蘧常案：李商隱《爲滎陽公謝表》：比園葵以自傾，晝惟向日。

〔七〕隨陽　徐注：《書》"陽鳥攸居"疏：雁，九月而南，正月而北，故曰隨陽之鳥。

　　　　　蘧常案：亭林去秋至海上，見年譜；本年又擬遠行，見《將遠行》詩；順治十三年，復南行，見《出郭》、《旅中》兩詩。雖未能達，而其"隨陽"之願，蓋久而不虧也。

〔八〕幽谷友　徐注：《詩》：出自幽谷。又：求其友聲。

〔九〕上林　徐注：庾信《鶴讚》：武成二年春三月，雙白鶴飛集上林園。

　　　　　蘧常案：上言"隨陽"，則此"上林"，當用蘇武事。《漢書・蘇武傳》：漢求武等，漢使復至匈奴，常惠教使者謂單于，言天子射上林中得雁，足有係帛書，言武等在某澤中。與詩意合，徐注非。

賦得江介多悲風用風字

【解題】

　　徐注：曹植《雜詩》：江介多悲風。《明史・何騰蛟傳》：自成亂天下二十年，陷帝都，覆廟社，其衆數十萬悉歸騰蛟，而騰蛟上疏，但言"元凶既除，稍洩神人之憤，宜告謝郊廟"，卒不言己功。唐王大喜，立拜東閣大學士兼兵部尚書，封定興伯，令規取江西及南都。當是時，降卒既衆，騰蛟欲以舊軍參之，乃題授黃朝宣、張先璧爲總兵官，與劉承胤、李赤心、郝永忠、袁宗第、王進才及董英、馬進忠、馬士秀、曹志建、王允成、盧鼎,並開鎮湖南、北,時所謂十三鎮者也。騰蛟銳意東下,拜表出師。丙戌正月,與監軍御史李膺品先赴湘陰,期大會岳州。先璧逗遛,諸營亦觀望,獨赤心自湖北至,爲大兵所敗而還。諸將皆驕且貪殘,朝宣尤甚,劫人而剝其皮,永忠效之,殺民無虛日,騰蛟不能制。永明王立,以騰蛟爲武英殿大學士。王進才故守益陽,聞大兵漸逼,還長沙。四年春,進才揚言乏餉,大掠,並及湘陰。適大兵至長沙,進才走湖北。騰蛟不能守,單騎走衡州。長沙、湘陰並失。盧鼎時守衡州,而先璧兵突至,大掠,鼎不能抗,走永州。先璧遂挾騰蛟走祁陽,又間道走辰州。騰蛟脫還,走永州。甫至,鼎部將復大掠,鼎走道州,騰蛟與侍郎嚴起恒走白牙市。大兵遂下衡、永。初,騰蛟建十三鎮以衛長沙,至是皆自爲盜賊。八月,大兵破武岡,劉承胤降。桂王走靖州,又走柳州。時常德、寶慶已失,永亦再失。王將返桂林,而城中止焦璉軍。騰蛟以雲南援將趙印選、胡一清入爲助,而南安侯郝永忠忽擁衆萬餘至,與璉軍欲鬥,會宜章伯盧鼎兵亦至,騰蛟爲調劑,桂林以安。乃遣璉、永忠、鼎、印選、一青,分扼興安、靈川、永寧、義寧諸州縣。十一月,大兵逼全州,騰蛟督五將合禦之。五年二月,大兵破全州,至興安。永忠兵大潰,奔桂林,逼王西,縱兵大掠。騰蛟自永福至,大兵知桂林有變,直抵北門,騰蛟督璉、一青分三門拒守。大兵乃還全州。會金聲桓、李成棟叛清,以兵附。大兵在湖南者姑退。騰蛟遂取全州,復遣攻永州,圍城三月,大小三十六戰,克之。未幾,監軍御史余鯤起、職方主事李甲春取寶慶,諸將亦取衡州,馬進忠取常德,所失地多復。　全云:思永明也(蘧常案:由榔以永明王稱監國於肇慶,後即帝位,年號永曆)。

蘧常案:詳詩意,蓋傷何騰蛟之受降而無所成。受降諸人,皆開鎮湖南、北,故以"江介"爲言。曹詩取《楚辭·九章·哀郢》:悲江介之遺風。洪興祖《楚辭補注》云:薛君《韓詩章句》云:介,界也。又引曹詩此句,注云:介,間也。諸鎮所在,正楚之舊疆。時永曆方顛沛於桂林、全州間,與江介無涉,全説非。徐注引《明史·何騰蛟傳》,蓋得其意。惜汗漫無斷制,如略於受降,而詳於無成,則得之矣。

素節乘雲夢[一],清秋下渚宫[二]。哀音生地籟[三],激楚入天風[四]。落雁過山急,寒蟬抱樹空[五]。傷心千里目,愁絶百年中。鄢路元依白[六],江關久向東[七]。有人宗國淚,何地灑孤忠[八]?

【彙校】
〔題〕徐注本無"用風字"三字。　〔依白〕各本皆作"依北"。
【彙注】
〔一〕素節句　徐注:《初學記》:秋節曰素節。《書·禹貢》:雲土夢作乂。司馬相如《子虚賦》:楚有七澤,臣之所見,蓋特其小小者耳,名曰雲夢,雲夢方九百里。
〔二〕清秋句　蘧常案:《左傳》文公十年:子西沿江泝漢,將入郢,王在渚宫下見之。疏:渚宫當郢都之南,蓋楚成王所建。案:故址在今湖北省江陵縣城。
〔三〕哀音句　徐注:繁欽《與魏文帝書》:潛氣内轉,哀音外激。《莊子·齊物論》:汝聞人籟而未聞地籟。
〔四〕激楚句　徐注:《後漢書·岑彭傳》:時天風狂急。《楚辭》宋玉《招魂》:宫庭震驚,發激楚些。《漢書·司馬相如傳》:激楚結風。注:郭璞曰:激楚,歌曲也。
　　蘧常案:以上四句,似謂何騰蛟擬北復荆、襄、中原,以福京淪陷不果。《石匱書後集·何騰蛟傳》:再疏敦促親征,略曰：人心萃渙之際，即天命去留之關。乃者期已屆而仍稽，兵出關而中畫，使天下志義之倫，始而企，再而思，三而疑，兹且懼矣。迍邅通情，正需今日，事機一失，安能再來！河南為天下之中，荆、襄居上游之要，誠能力破淺謀，獨抒神斷，由虔、贛以入楚、豫，用中原之智勇，以取中原！大勢既張，大權在握，天下全局，指顧間耳！（案：隆武即位之初，騰蛟有出師檄文，言收復荆、襄、中原之策尤詳，亦見《石匱書》，可合觀之。其略曰：騰蛟不敏，標下死士尚三萬，願為諸公先驅。然後張將軍先璧出茶、新，郝將軍永忠、曹將軍出猶、義，合窺章、贛；黃將軍出醴、萍，徇袁、吉，周將軍金湯出醴、滋；又請號召忠貞十八鎮出興、歸，聯絡川、蜀水師，出夔、峽，並下荆、襄；既無束憂，又張西勢，併力直下，勝氣在我。而況劉將軍承胤以寶師，馬將軍進忠以荆師，王將軍以岳師，盧將軍鼎以武昌、袁、吉之師，董將軍纘總督標之師，張署將、向署將、牛署將以澧州之師，袁將軍、王將軍、鳳昇牟、鳳衛以援剿之師，水陸步騎，百道並進，或壓其首，或繞其背，或抵其腋，或披其肢。又況齊、嘉、豫、漢之雄兵，柯、陳、黃、麻之義旅，動以百萬，引領南望，將一呼而百應。諸君何貳何虞，不一奮戟乎？所云諸領軍，大都皆降將也。）《南疆逸史・何騰蛟傳》：丙戌，騰蛟與清兵戰于岳州城下，又戰于藤溪，戰于湘陰，皆大捷。江、楚間民兵，皆結砦固守以應。方謀大發兵復武昌、岳州及江西之袁州、吉州，會閩破，贛州亦不守，人心搖動，兵不果出。閩破在八月，騰蛟規復荆、襄當亦在其時，故曰"素節清秋"也。雲夢、渚宮蓋泛指楚地。規復未成，而突遭閩變，故有"哀音"二句。

〔五〕落雁二句　徐注：庾信《華林園馬射賦》：吟猿落雁。

　　蘧常案：此二句，似謂十三鎮之潰降，騰蛟壯圖，竟成泡影。《南疆逸史·何騰蛟傳》云:丁亥,騰蛟督師出衡州,而衡州之師已潰,惟郝永忠、王進才以兵至,餘皆降。初,騰蛟建十三鎮以衛長沙,至是一無足恃,時人恨之!

〔六〕郢路　徐注:《楚辭》屈原《九章》:惟郢路之遼遠兮,江與夏之不可涉。

〔七〕江關　原注:《華陽國志》:巴、楚相攻伐,故置江關、陽關。《後漢書·岑彭傳》:公孫述遣將乘枋箄下江關。

〔八〕有人二句　蓬常案:結到自己。

擬唐人五言八韻 六首

【解題】

徐注:張《譜》:六詩皆非泛擬:《乞師》,悲往事也;《擊筑》、《投筆》,明素志也;《渡瀘》、《聞雞》,以不忘恢復望諸公也;《歸里》,則知事之不可爲而倦鳥思還也。云擬唐人者,曾膺唐王之詔,受其冠帶也。

申包胥乞師

【解題】

徐注:《左傳》定公四年:吳人五戰及郢,昭王奔隨。申包胥如秦乞師,立依於庭牆而哭,日夜不絕聲,勺飲不入口,七日。秦哀公爲之賦《無衣》。九頓首而坐,秦師乃出。

蓬常案:張《譜》云:《乞師》,悲往事。尋《文集·答原一公肅兩甥書》有云,"睢陽之斷指淋漓,最傷南八",蓋用南霽雲乞師賀蘭進明事,見韓愈《張中丞傳後敍》。書與臧洪對舉,臧洪擬崑山城守事,見前《千里》詩"登壇"二句注,則乞師亦此一時事也。詩皆敷陳題事,若不相關,或言在彼而意在此乎?

　　辰尾垂天謫〔一〕,亡人恚寇兵〔二〕。舟師通大別〔三〕,獵火照方城〔四〕。九縣長蛇據〔五〕,三關鑿齒橫〔六〕。君王親草莽〔七〕,微命託宗祊〔八〕。彳亍終南近〔九〕,間關繞雷平〔一〇〕。張鱸非聘客〔一一〕,躡屩一書生〔一二〕。雀立庭柯暝〔一三〕,猿啼夜柝驚〔一四〕。秦車今已出,誓死必存荊〔一五〕。

【彙校】
〔宗祊〕潘刻本、孫校本"祊"作"枋",非。丕續案:《左傳》襄公二十四年:若天保姓受祀,以守宗祊。注:祊,廟門。　〔庭柯暝〕潘刻本、孫校本"暝"作"瞑",非。

【彙注】
〔一〕辰尾句　徐注:《淮南子》:此傅説之所以騎辰尾也。　段注:《抱朴子》:昔淮南王劉安升天,見上帝而箕坐大言,自稱寡人,遂見謫。

　　　蘧常案:或謂辰尾似指傅姓者。考《小腆紀傳》云:傅鼎銓,進士,官檢討。北都之變,不能死。乙酉,大學士曾櫻以鼎銓與揭重熙並薦,隆武帝重違櫻意,召重熙而予鼎銓知府銜,令赴軍前自效。此所謂"垂天謫"也。丙戌,八月,福州不守,鼎銓借兵於寧都田海忠,故以包胥擬之乎?然此六詩,自成首尾,多與己身有關者,不應以不相識之人,無關涉之事,作為首章也。似不足信,姑備一説。

〔二〕亡人句　徐注:《左傳》僖公二十三年:懷公命無從亡人。　又,定公四年:初,伍員與申包胥友,其亡也,謂申包胥曰:我必復楚國！申包胥曰：勉之！子能復之，我必能興之。又，宣公十二年：楚人惎之。杜注：惎，教也。李斯《諫逐客書》：所謂借寇兵而齎盜糧者也。

〔三〕大別　蘧常案：《書·禹貢》：內方至於大別。《左傳》定公四年：吳伐楚，自豫章與楚夾漢。子常濟漢而陳，自小別至於大別。杜預注：《禹貢》：漢水至大別南入江。胡渭《禹貢錐指》：大別山在漢陽城東北半里，漢水西岸。

〔四〕方城　徐注：《左傳》僖公四年：楚國方城以爲城。

蘧常案：方城，山名。《括地志》：山南有城長十餘里，名曰方城。在今湖北竹山縣東南三十里。

〔五〕九縣句　徐注：《左傳》宣公十二年：使改事君，夷於九縣。又，定公四年：吳爲封豕長蛇以薦食上國。

〔六〕三關句　蘧常案：明以山西雁門關、寧武關、偏頭關爲外三關；以河北居庸關、紫荊關、倒馬關爲內三關，見顧祖禹《讀史方輿紀要·直隸·倒馬關》。"三關"、"九縣"，均泛指中原一帶。

〔七〕君王句　徐注：《左傳》定公四年：寡君失守社稷，越在草莽。謂桂王之播遷靡定也。"九縣"二句，謂十三鎮之擾亂楚、粵也。

蘧常案：所言似喻往事，不得以後事釋之，徐注非。

〔八〕微命句　徐注：《楚辭·天問》：蠰蛾微命力何固？

蘧常案："宗祊"見前《帝京篇》"泣血"句注。

〔九〕終南　徐注：《詩·終南》：終南何有。傳：周之名山，中南也。《釋文》：一名太一山，又名地肺山。

〔一〇〕間關句　原注：《漢書·王莽傳》：繞霤之固，南當荊、楚。服虔曰：繞霤，隘險之道。師古曰：謂之繞霤者，言四面陁塞，其道屈曲，谿谷之水，回繞而霤也。其處即今之商州界，七盤十二繞是也。

〔一一〕張旜　《儀禮·聘禮》：及竟，張旜。

　　　蘧常案：《周禮·春官》：司常通帛爲旜。

〔一二〕躡屩　徐注：《史記·虞卿列傳》：虞卿者，游説之士也，躡屩擔簦，説趙孝成王。

　　　蘧常案：屩，草履；簦，長柄笠，皆遠行之具也。

〔一三〕雀立句　原注：《戰國策》：七日而薄秦王之朝，雀立不轉，晝吟宵哭。

〔一四〕猿啼句　徐注：《水經注》引諺：巴東三峽巫峽長，猿啼三聲淚霑裳。駱賓王《宿溫城望軍營》詩：邊城夜柝聞。

〔一五〕秦車二句　徐注：《左傳》定公五年：申包胥以秦師至，秦子蒲、子虎帥車五百乘以救楚。班固《幽通賦》：木偃息以藩魏兮，申重繭以存荆。

高漸離擊筑

【解題】

　　徐注：《戰國策》：荆軻遂發。太子賓客知其事者皆白衣冠以送之。至易水上，既祖，取道，高漸離擊筑，荆軻和而歌，爲變徵之聲，士皆垂淚涕泣。

　　蘧常案：所詠在爲傭保後擊筑，見下"身留"四句注，非於易水上也。

　　神州移水德〔一〕，故鼎去山東〔二〕。斷霓夫人劍〔三〕，殘煙郭隗宮〔四〕。身留烈士後，跡混市兒中。改服心彌苦，知音耳自通〔五〕。沈淪餘技藝，忼慨本英雄。壯節悲遲晚，羈魂迫固窮〔六〕。一吟遼海怨〔七〕，再奏薊丘風〔八〕。不復荆卿和，哀哉六國空。

【彙注】

〔一〕水德句　徐注：《史記·秦始皇本紀》：始皇推終始五德之傳，以爲周得火德，秦代周德，從所不勝。方今水德之始。

　　　　蘧常案：古代帝王易姓受命，每推五德之運，以爲當以某德而王。故有"周爲火德，秦爲水德"等等，此指神州易位于秦。

〔二〕故鼎句　蘧常案：《戰國策·燕策》：故鼎反於歷室。又《趙策》：六國從親以擯秦，秦必不敢出兵於函谷關以害山東矣。《史記·秦本紀》：西周君盡獻其邑，其器九鼎入秦。

〔三〕斷霓句　徐注：杜牧詩：斷霓天帔垂。《史記·刺客列傳》：荊軻見太子，太子曰：誠得劫秦王，使悉反諸侯侵地，則大善矣；不可，因而刺殺之。於是太子豫求天下之利匕首，得趙人徐夫人匕首，取之百金，使工以藥淬之，以試人，血濡縷，人無不立死者。

　　　　蘧常案：句意謂荊軻刺秦王不中，匕首壞如斷霓耳。《燕丹子》云：荊軻拔匕首擲秦王，入銅柱，火出。

〔四〕殘煙句　徐注：《史記·燕世家》：昭王爲郭隗改築宮而師事之。

〔五〕身留四句　徐注：《史記·伯夷列傳》：烈士徇名。王勃《九成宮頌》：簪裾混迹。《史記·刺客列傳》：秦逐太子丹，荊軻之客皆亡。高漸離變名姓爲人庸保，匿作於宋子。久之，作苦，聞其家堂上客擊筑，徬徨不能去。每出言曰：彼有善有不善。從者以告其主曰：彼庸乃知音，竊言是非。家丈人召使前擊筑，一坐稱善，賜酒。而漸離念久隱畏約無窮時，乃退，出其裝匣中筑與其善衣，更容貌而前，舉座客皆驚，下與抗禮，以爲上客。使擊筑而歌，客無不流涕而去者。

　　　　蘧常案：此詩借古喻今甚明。前四句，蓋痛明社之屋，復國屢挫;此四句,蓋自寫。"烈士",謂吳其沆、楊廷樞、陳子龍、顧咸正父子輩,慨己獨存於其後。後《寄薛開封寀》詩:"他日過吳門,爲招烈士魂。燕丹賓客盡,獨有漸離存。"語正相同,可證。"混迹市兒",似謂避吳勝兆之禍,至海上,至湖中,必已有變名改服之事。後《浯谿碑歌》序文,《蔣山傭詩集》本已兩稱山傭,可爲變名之證。

〔六〕羈魂句　徐注:戴叔倫詩:羈魂愁似絕。

　　蘧常案:《論語·衛靈公》篇:君子固窮。

〔七〕遼海　徐注:《史記·燕世家》:燕王喜、太子丹等盡率其精兵,東保於遼東。

　　蘧常案:遼海即遼東。遼東之地延袤千有餘里,南皆臨渤海,故曰遼海。徐注所引,應出《刺客列傳》。

〔八〕薊丘　徐注:先生《京東考古錄·考薊》:今城內西北隅有薊丘,因丘以名邑也。

　　蘧常案:《史記·樂毅列傳》:薊丘之植,植於汶篁。《索隱》:薊丘,燕所都之地。

班定遠投筆

【解題】

徐注:《後漢書·班超傳》:嘗輟業,投筆歎曰:大丈夫無他志略,猶當效傅介子、張騫立功異域,以取封侯,安能久事筆研間乎!

蘧常案:《班超傳》:封爲定遠侯。李賢注:定遠,故城在今洋州西鄉縣南。今陝西鎮巴地。《元譜》云:南都陷,先生從軍至蘇州。此擬其事。

少小平陵縣,蕭然一布衣。讀書傳父業,握管上皇畿。〔一〕太乙藜初降〔二〕，蘭臺露未晞〔三〕。生涯憑筆札〔四〕，甘旨爲慈闈〔五〕。忽見天弧動〔六〕，聊將電鋏揮〔七〕。于闐迎轡靮，疏勒候旌旗〔八〕。凍磧軍營轉，秋山捷奏飛〔九〕。封侯來萬里，老見錦衣歸〔一〇〕。

【彙校】

〔旌旗〕潘刻本、孫校本"旗"並作"旂"。丕續案：《周禮·春官·司常》：交龍爲旂，熊虎爲旗。後人多混用。

【彙注】

〔一〕少小四句　原注：本傳：嘗爲官傭書，行詣相者，曰：祭酒，布衣諸生耳，而當封侯萬里之外。　徐注：謝靈運《山居賦》：援紙握管，會性通神。

蘧常案：《後漢書·班超傳》：超字仲升，扶風平陵人。徐令彪之少子也。爲人有大志，而不修細節。然內孝謹，涉獵書傳。永平五年，兄固被召詣校書郎，超與母隨至洛陽。案：平陵，今陝西咸陽縣西北十五里。

〔二〕太乙句　徐注：《劉向別傳》：向校書天祿閣，夜暗獨坐，有老人黃衣，植青藜杖，叩閣而入，吹杖端煙然，與向説開闢以前，至曙而去，云：我，太乙之精。天帝聞卯金之子有博學者，下而觀焉。

〔三〕蘭臺　徐注：《後漢書·班超傳》：顯宗問固：卿弟安在？固對：爲官寫書，受值以養老母。帝乃除超爲蘭臺令史。《詩》：白露未晞。

〔四〕生涯句　蘧常案：《史記·司馬相如列傳》：上令尚書給筆札。

〔五〕慈闈　徐注：梁肅《立皇后孟氏制》：明揚德閫之懿，簡在慈闐之公。

〔六〕天弧動　蔣常案：此喻西域兵動。《晉書·天文志》：弧九星在狼東南，天弓也。主備盜賊，常向於狼。弧矢移動，多盜賊，胡兵大起。狼弧張，害及胡，天下乖亂。

〔七〕電鋏　徐注：陸機《漢高祖功臣頌》：鋏猶駭電。蔣常案：鋏，胡刻《文選》作"鋒"。

〔八〕于闐二句　徐注：《後漢書·班超傳》：超到鄯善，悉會其吏士三十六人，斬匈奴使者，鄯善王廣遂納子爲質。詔以超爲軍司馬，令遂前功。是時，于寘王廣德新攻破莎車（蔣常案：于寘即于闐），遂雄張南道。匈奴遣使監護其國。超至，廣德禮意甚疏。且其俗信巫，巫言"神怒何故欲向漢"，超斬巫首以送廣德。廣德大惶恐，即攻殺匈奴使者而降超。明年，超從間道至疏勒，去兜題所居盤橐城九十里，逆遣吏田慮往降之。兜題見慮輕弱，殊無降意。慮因其無備，遂前劫縛兜題。超即赴之，悉召疏勒將吏，説以龜茲無道之狀，因立其故王兄子忠爲王，國人大悦。肅宗初即位，以陳睦新没，下詔徵超，超發還，疏勒舉國憂恐，其都尉黎弇曰：漢使棄我，我必復爲龜茲所滅耳！誠不忍見漢使去。因以刀自剄。超還至于闐，王侯以下皆號泣曰：依漢使如父母，誠不可去！互抱超馬脚，不得行。超恐于闐終不聽其東，又欲遂本志，乃更還疏勒，疏勒兩城自超去後，復降龜茲，而與尉頭連兵。超捕斬反者，擊破尉頭，殺六百餘人，疏勒復安。轡，《説文》：馬轡也。《釋文》：牽引拂戾以制馬也。靭，《説文》：引軸也。旌旗，《釋名》：析羽注于旗竿之首曰旌。

〔九〕凍磧二句　徐注：王建《塞上》詩：斷雁逢冰磧。

蔣常案：《後漢書·班超傳》：超發于寘諸國兵擊莎車，莎車遂降。龜茲等因各退散，自是威震西域，月氏歲奉貢獻。

明年,龜茲、姑墨、温宿皆降,乃以超爲都護。西域唯焉耆、危須、尉犁懷二心,其餘悉定。永元六年秋,超遂發龜茲、鄯善等八國兵,合七萬人,討焉耆,收焉耆王廣、尉犁王汎斬之。超留焉耆半歲慰撫之,於是西域五十餘國悉皆納質内屬焉。

〔一〇〕封侯二句　蘧常案:《後漢書·班超傳》,明年,下詔封超爲定遠侯,邑千户。又:超自以久在絶域,年老思土,上疏,願生入玉門關;而超妹同郡曹壽妻昭,亦上書請。帝感其言,乃徵超還,超在西域三十一年。十四年八月,至洛陽,拜爲射聲校尉。

諸葛丞相渡瀘

【解題】

　　蘧常案:《三國志·蜀書·諸葛亮傳》:字孔明,琅琊陽都人也。躬耕隴畝。先主凡三往,乃見。曹公敗於赤壁,先主收江南,以亮爲軍師中郎將。成都平,署左將軍府事。先主即帝位,策亮爲丞相。建興元年,封亮爲武鄉侯。十二年八月,卒於軍。《出師表》:五月渡瀘,深入不毛。《漢書·地理志》曰:瀘惟水出牂柯郡句町縣。《水經》若水注:瀘津東去朱提縣八十里,水廣六七百步,深十數丈。潘眉《三國志考證》:瀘水即今金沙江也。在滇、蜀之交,自雲南昭通府北流入四川雷波廳界,其水色黑,故以爲瀘耳。在漢爲越巂郡地。若今瀘州,在漢爲犍爲江陽縣地,非孔明所渡之瀘水。此詩不知何指。張《譜》謂"不忘恢復望諸公",亦泛説。時中興一綫之望,繫於永曆,方徬徨湘、粤,日不遑息。後丙申三月入雲南。或先生已預見及此,故有"信洽炎荒",早爲根本之議乎?

　　　火山横日暮〔一〕,銅澗亘天徽〔二〕。亂樹雲南國〔三〕,交繩棧外橋〔四〕。枕戈穿偪仄〔五〕，帶甲上岧嶢。地汁生淫霧〔六〕，流煙入斗杓〔七〕。七擒依算略，一戰定蠻苗〔八〕。信洽炎荒永〔九〕，恩宣益部遙〔一〇〕。深思危大業，隆眷切先朝。更有親賢表，宮廷告百僚〔一一〕。

【彙注】

〔一〕火山句　徐注：《神異經》：南荒外有火山焉，長四十里，廣四五里。其中皆生火，晝夜然，雖暴風雨不滅。

〔二〕銅潤句　原注：《漢書·佞倖傳》注：師古曰：東北謂之塞，西南謂之徼。　徐注：《方輿紀要》：貴州銅仁府有銅仁大江、銅仁小江，崖削水深，一名銅潤，渡以小舟。府西十里有諸葛山，上有諸葛營故址。

〔三〕雲南　蘧常案：洪亮吉《補三國疆域志》：雲南郡，蜀漢建興三年，分建寧、永昌置。領縣八：雲南、青蛉、姑復、邪龍、葉榆、遂久、永寧、治楙棟。《讀史方輿紀要》：雲南，《禹貢》梁州南徼地，殷、周時皆蠻夷所居，自永昌以西，皆蠻甸環立，爲邊徼外藩。

〔四〕交繩句　徐注：《方輿紀要》：四川雅州平羌江多繩橋，所謂多功路之繩橋也。舊名高橋，以繩架棧，下瞰峽江，爲險要處。志云：西北一里曰清源橋，東北十里曰龍門橋，三十五里曰道遠壩橋，五十里曰魚喜河橋；州西七里曰銅頭河橋。其近多功路者曰大繩橋，皆索橋也。《禮·王制》：西曰棘。《説文》：犍爲，蠻夷也。田汝成《炎徼紀聞》：棘人在漢爲犍爲郡。

〔五〕枕戈句　徐注：《晉書·劉琨傳》：與親故書曰：吾枕戈待旦，志梟逆虜，常恐祖生先吾著鞭。

蘧常案：偪仄，即"偪側"。司馬長卿《上林賦》：偪側泌瀄。司馬彪曰：偪側，相迫也。

〔六〕地汁句　原注：《五經通義》：陰亂則爲霧，從地汁也。

〔七〕流煙句　徐注：《水經注》：流煙半垂，縈帶山阜。

蘧常案：《春秋運斗樞》：北斗七星，一至四爲魁，五至七爲杓，合而爲斗。《水經》若水注：瀘津多瘴氣，鮮有行者，三月、四月逕之，必死；非此時，猶令人悶吐；五月以後行者，差得無害。故諸葛亮表言：五月渡瀘，并日而食。李膺《益州記》：瀘水兩峰有殺氣，暑月舊不行，故武侯以夏渡爲艱。案：殺氣，瘴氣也。夏渡爲艱，其言近理。

〔八〕七擒二句　徐注：《漢晉春秋》：亮在南中，所在戰捷。聞孟獲者，爲夷漢所服，募生致之。既得，使觀於營陣之間，問曰：此軍何如？獲對曰：向者不知虛實，故敗。今蒙賜觀營陣，若祇如此，即定易勝耳。亮笑，縱使更戰。七禽七縱而亮猶遣獲。獲止不去，曰：公，天威也，南人不復反矣！遂至滇池，南中平，皆即其渠率而用之。或以諫亮，亮曰：若留外人，則當留兵，留兵則無所食，一不易也；加以夷新喪破，父兄死喪，留外人而無兵，必成禍患，二不易也；又吏累有廢殺之罪，自嫌釁重，若留外人，終不相信，三不易也。今欲使吾不留兵，不運糧而綱紀粗定，夷漢粗安故耳。又，後主建興三年春三月，丞相亮南征四郡，四郡皆平。改益州郡爲建寧郡，分建寧、永昌郡爲雲南郡；又分建寧、牂柯爲興古郡。《方輿紀要》：雲南大理府，昔武侯南征，規固其地，於是收資儲以益軍實，選勁卒以增武備，遂能用巴蜀之衆，以爭中原。又：雲南府有僰、鳩、獠、僳、裸毒、盧鹿、烏蠻諸種居此。又：貴州東連五谿，苗、蠻環伺，乘間抵隙，每煩撲滅焉。

〔九〕信洽句　徐注：傅玄《述夏賦》：朱鳥感於炎荒。《方輿紀要》：雲南點蒼山北行二里，至祭天臺，諸葛武侯畫卦石在焉。又：鶴慶軍民府羅陋村有諸葛泉。又：永昌有大小諸葛堰，有諸葛營、一名諸葛村，有孔明監標臺，有旗臺，在城南八里西山下，武侯屯兵所，師還，民構祠祀之。

〔一〇〕恩宣句　徐注：《蜀志·諸葛亮傳》：臣壽言：黎庶追思，以爲口實，至今梁、益之民，咨述亮者，言猶在耳，雖《甘棠》之詠召公；鄭人之歌子產，無以遠譬也。

　　蕅常案：常璩《華陽國志·後賢志》：益部自建武後，蜀郡鄭伯邑、趙彥信，漢中陳申伯、祝元靈，廣漢王文表皆作《巴蜀耆舊傳》。陳壽乃并巴、漢撰爲《益部耆舊傳》。

〔一一〕深思四句　徐注：諸葛亮《出師表》：先帝創業未半。又：此臣所以報先帝而忠陛下之職分也。又：親賢臣，遠小人，此先漢之所以興隆也。

祖豫州聞雞

【解題】

　　蕅常案：《晉書·祖逖傳》：字士稚，范陽遒人也（案：原作"遵人"，誤。從吳士鑑《晉書斠注》改），慷慨有節尚。元帝以爲奮威將軍、豫州刺史。數遣軍要截石勒，勒屯戍漸蹙，歸附者漸多。躬自儉約，勸督農桑，剋己務施，不畜資產，百姓感悅。詔進爲鎮西將軍，俄卒。豫州士女，若喪考妣。《世說新語·賞譽篇》注引《晉陽秋》：逖與司空劉琨俱以雄豪著名。年二十四，與琨同辟司州主簿，情好綢繆，共被而寢。中夜，聞雞鳴，蹴琨覺，曰：此非惡聲也！因起舞。每語世事，則中宵起坐，相語曰：若四海鼎沸，豪傑共起，吾與足下當相避中原耳！案：此詩蓋自謂不忘恢復。前《京口即事》詩"祖生多意氣，擊楫正中流"，亦自謂，可證。末云"函關猶未出，千里路漫漫"，蓋欲赴南明而未得，意尤顯然。張《譜》謂不忘恢復望諸公,非。

萬國秋聲靜,三河夜色寒〔一〕。星臨沙樹白,月下戍樓殘。擊柝行初轉,提戈夢未安。沈幾通物表〔二〕,高響入雲端。豈足占時運,要須振羽翰。風塵懷撫劍,天地一征鞍。失旦何年補,先鳴意獨難〔三〕。函關猶未出,千里路漫漫〔四〕。

【彙注】

〔一〕三河　徐注:《史記·貨殖列傳》:昔唐都河東,殷都河內,周都河南,三河在天下之中,若鼎足,王者所更居也。

〔二〕沈幾　徐注:《後漢書·光武帝紀贊》:沈幾先物。《晉書·宗室傳論》:希蹤物表。

〔三〕失旦二句　原注:《吴志·周瑜傳》:使失旦之雞,復得一鳴。《左傳》襄公二十一年:州綽曰:臣不敏,平陰之役,先二子鳴。

〔四〕函關二句　徐注:《史記·孟嘗君列傳》:孟嘗君夜半至函谷關。關法,雞鳴而出客。孟嘗君恐追至。客之居下坐者,有能爲雞鳴而雞盡鳴,遂發傳出。出如食頃,秦追果至關,已後孟嘗君出,乃還。

　　蘧常案:觀此二句,可知亭林繫心南明,無時或已。去歲之行,既道梗不前,其後復有南征之役,皆求出函關也。即丁酉北游,亦猶此志也。孰謂丁亥以後壯心消滅哉!

陶彭澤歸里

【解題】

　　蘧常案:蕭統《陶淵明傳》:陶淵明字元亮,或云潛,字淵明。

潯陽柴桑人也。曾祖侃,晉大司馬。淵明少有高趣,博學善屬文。為彭澤令,歲終,會郡遣督郵至,縣吏請曰:應束帶見之。淵明歎曰:我豈能為五斗米折腰向鄉里小兒!即日解綬去職,賦《歸去來》。自以曾祖晉世宰輔,恥復屈身異代,自宋高祖王業漸隆,不復肯仕。卒年六十三,世號靖節先生。

結駟非吾願〔一〕,躬耕力尚堪〔二〕。咄嗟聊縮綬〔三〕,去矣便投簪〔四〕。望積廬山雪〔五〕,行深渡口嵐〔六〕。芟松初作徑,蔭柳乍成庵〔七〕。甕盎連朝濁,壺觴永日酣〔八〕。秋籬尋菊蕊〔九〕,春箔理桑蠶〔一〇〕。舊德陳先祖〔一一〕,遺書付五男〔一二〕。因多文義友,相與卜村南〔一三〕。

【彙注】

〔一〕結駟句　徐注:《家語》:子貢相衛,結駟連騎。陶潛《歸去來辭》:富貴非吾願。

〔二〕躬耕句　徐注:陶潛《庚戌歲九月中於西田穫早稻》詩:躬耕非所歎。又《移居》詩:力耕不吾欺。

〔三〕咄嗟句　徐注:《晉書·石崇傳》:嘗為客作豆粥,咄嗟便辦。孔稚圭《北山移文》:至其紐金章,縮墨綬。

〔四〕投簪　蘧常案:摯虞《徵士胡昭贊》云:投簪卷帶。王褘《經行記》:案史,靖節為彭澤令,督郵行縣,靖節不肯折腰,遂解官,義熙三年也。是時劉裕實殺殷仲文,將移晉祚,陶氏世為晉臣,義不仕二姓,故託為之辭以去耳。梁昭明謂"恥復屈身異代",要為得其心,夫豈以一督郵為此悻悻乎!

〔五〕望積句　徐注:《廬山記》:瀑布峰懸流飛瀑,望如晴雪,近三百步許。

蘧常案：《蓮社高賢傳·陶潛傳》：常往來廬山，使一門生、二兒舁籃輿以行。時遠法師與諸賢結蓮社，以書招淵明，淵明曰：若許飲則往。許之，遂造焉。忽攢眉而去。

〔六〕行深句　蘧常案：陳聖俞《廬山記》：遠法師居廬山三十餘年，影不出山，跡不入俗，送客不過虎谿。陶元亮、陸修靜有道之士，遠師嘗送此二人，與語道合，不覺過之，因相與大笑。

〔七〕蔭柳句　徐注：陶潛《五柳先生傳》：先生不知何許人也，宅邊有五柳樹，因以爲號焉。《玉篇》：庵，小草舍也。

〔八〕壺觴句　徐注：《歸去來辭》：引壺觴以自酌。又《飲酒詩序》：每有名酒，無夕不飲。又《自祭文》：酣飲賦詩，識運知命。

〔九〕秋籬句　徐注：陶潛《飲酒》詩：采菊東籬下，悠然見南山。

蘧常案：洪興祖《楚辭補注》：花外曰萼，內曰蕊。蕊，花鬚頭點也。《離騷》：夕餐秋菊之落英。吳仁傑《離騷草木疏》：《爾雅》："落，始也。"落英謂始華之時。

〔一〇〕春箔句　徐注：《宋書·禮志》：蠶官生蠶著簿。注：簿通箔。陶潛《歸田園居》詩：但願桑麻成，蠶月得紡績。

〔一一〕舊德句　徐注：陶潛《命子》詩"悠悠我祖，爰自陶唐"，又"桓桓長沙，伊勳伊德"云云，皆述祖德也。

〔一二〕遺書句　徐注：陶潛《感士不遇賦》：師聖人之遺書。又《與子儼等疏》：告儼、俟、份、佚、佟。又，少學琴書，偶愛閒靜，開卷有得，便欣然忘食。　李注：陶潛《責子》詩：雖有五男兒，總不好紙筆。

〔一三〕因多二句　徐注：陶潛《移居》詩：昔欲居南村，非爲卜其宅，聞多素心人，樂與數晨夕。又：奇文共欣賞，疑義相與析。

蘧常案：何孟春《陶集注》：眉山楊恪曰：柴桑之南村。《江州志》云：本居山南之上京，遇火後徙此。

常熟縣耿侯橘水利書

【解題】

徐注：《常昭合志》：耿橘，字蘭錫，獻縣人，進士。萬曆三十二年以調繁至，講求水利，東濬横浦、横溪、李墓、鹽鐵塘，北濬福山塘，西濬奚浦、三丈浦，凡土田高低，宜蓄宜洩，尺寸不遺。而其開濬之法，區畫周至，約束嚴明，具載所著《水利全書》。其立説以水利用湖不用江，尤不易之論。張《譜》：耿侯《水利書》，《郡國利病書》采之頗備。

蘧常案：常庸《顧亭林年譜斠識》：《萬曆辛丑進士題名碑録》：耿橘，直隸河間府瀋陽中屯衛軍籍，順天府宛平人。

神廟之中年，天下方全盛〔一〕。其時多賢侯，精心在農政〔二〕。耿侯天才高，尤辨水土性。縣北枕大江，東下滄溟勁〔三〕。水利久不修，累歲煩雩禜〔四〕。疏鑿賴侯勤，指顧川原定。百穀滿倉箱，子女時昏聘。洋洋河渠議，欲垂來者聽。三季饒凶荒〔五〕，庶徵頻隔并〔六〕。誰能念遺黎，百里嗟懸磬〔七〕。況此胡寇深〔八〕，早夜常奔迸。上帝哀惸嫠，天行當反正。必有康食年〔九〕，河雒待明聖〔一〇〕。自非經界明〔一一〕，民業安得静？願作勸農官，巡行比陳靖〔一二〕。畎澮徧中原〔一三〕，粒食詒百姓。

【彙校】

〔百穀〕潘刻本、徐注本，吴、汪兩校本皆作"百室"。唯鈔本及孫校本作"百穀"。丕續案："室"、"倉"複，當以"穀"爲勝。〔況此句〕孫校本"胡"作"虞"，韻目代字也。潘刻本、徐注本作"況多鋒鏑鷟"。

【彙注】

〔一〕神廟二句　《明史·神宗紀》：萬曆四十八年九月甲申，上尊諡廟號神宗。　徐注：《明史·神宗紀贊》曰：神宗沖齡踐祚，江陵秉政，綜核名實，國勢幾於富強。

〔二〕精心句　徐注：《郡國利病書》引耿橘《水利書》曰：白茆港自本縣東南門起至於海，長八十里而遥，凡太湖之水，自長洲、無錫而下者，若蠡河，若常熟塘，若陽城、傀儡、巴城等河（蘧常案：河，應作"湖"），皆會於本縣之華蕩、昆城湖、尚湖，由白茆入海。故白茆通則長洲、無錫東注之水咸有所洩，太湖底定，而常熟爲樂國；白茆不通則常熟爲巨浸，而長洲、無錫諸水皆無所洩，而太湖不定。國朝開濬之後，凡五舉，若夏司農公原吉、徐司空公貫、李司空公充嗣、海都御史公瑞、林侍御公應訓，咸後先相繼主其事者，而經費有煩簡之異，享利有久暫之殊。

〔三〕縣北二句　徐注：《蘇州府志》：常熟本吴縣之虞鄉。瞿景淳《建城記》：北控大江，東漸瀛海，爲府治後户。　李注：《齊書·樂章》：北化淩河塞，南威越滄溟。

〔四〕水利二句　徐注：耿橘《水利書》：數年來，此港（蘧常案：謂白茆港，承上"精心"句徐注引）淤沙漸起，日甚一日，議者謂有海變桑田之勢。今查自海口至於墩頭三里間，一帶陰沙，或東或西，恒無定勢。其水深不過一二尺，此爲塞漲之根。自墩頭而西抵於雉浦七十餘里之間，雖淤疏相間，然大半淺狹矣；淺者水不過一二尺，深者僅容一舠。一旦告塞，無論邊港高區，失其灌溉之利，而縣南、東南、西南一帶低區東洩之道既絕，西來之水日瀦，不必大潦之年，而滔天之事，已在目中。萬一商羊爲災，常熟必爲長洲、無錫之壑。華蕩、承湖、尚湖，不安其位，長洲、無錫必爲太湖之壑；蠡湖、常熟塘、陽城、傀儡、巴城等湖俱不安其位，太湖必將沈溢而靡定也。《禮》：雩禜祭水旱。

〔五〕三季句　徐注：《漢書·敍傳》：三季之後，厥事放紛。注：三季，三代之末也。《郡國利病書》：頃二十年以來，淞江日就枯涸，惟獨崑山之東，常熟之北，江海高仰之田，歲苦旱災。

〔六〕庶徵句　原注：《後漢書·陳忠傳》：天心未得，隔并屢臻。注：隔并，謂水旱不節也。《尚書》曰：一極備凶，一極無凶。并音必性反。《郎顗傳》：歲無隔并，太平可待。

　　　蘧常案：《書·洪範》：次八曰念用庶徵。古注：庶，衆；徵，驗也。謂衆得失之驗（案：此注《禮記·禮器》疏引，不署姓氏，江永以爲鄭玄）。

〔七〕懸磬　蘧常案：《國語·魯語》：室如懸磬，野無青草，何恃而不恐？韋昭注：懸磬，言魯府藏空虛，但有榱梁如懸磬也。案：《左傳》僖公二十六年作"懸罄"。服虔云：言室屋皆發撤，榱椽在，如懸磬，蓋韋所本。

〔八〕況此句　蘧常案：此時清兵已全收東南，更西入綿州、潼川，南逼全州、桂林，永曆播越於南寧、潯州、梧州、肇慶之間，故曰"胡寇深"也。

〔九〕康食年　蘧常案：《書·西伯戡黎》：不有康食。鄭玄注：不得有安食（案：鄭注見《史記·殷本紀》注引）。

〔一〇〕河雒句　徐注：《史記·封禪書》：三代之君，皆在河、雒之間。

〔一一〕自非句　徐注：《孟子》：夫仁政必自經界始。《日知錄》：先王之治地也，無棄地，而亦不盡地。田間之涂九軌，有餘道矣。遺山澤之分，秋水多得，有所休息，有餘水矣。自商鞅決裂阡陌，而疆理爲之蕩然。宋政和以下，圍湖占江，而東南之水利亦塞,於是十年之中,荒恒六七。又曰:此則致弊之端,古今一轍,而經界之不正,井地之不均,賦稅之不平,固三百年於此矣。

〔一二〕願作二句　原注:《宋史·食貨志》:至道二年,太常博士直史館陳靖上言農田事,以靖爲京西勸農使,按行陳、許、蔡、潁、襄、鄧、唐、汝等州,勸民墾田。

〔一三〕畎澮句　徐注:《書》:濬畎澮距川。《日知錄》:中原之地,彌望荆榛,亦無從按畝而圖之也。又引開元十八年詔曰:今原田彌望,畎澮連屬,由來荆棘之所,偏爲秔稻之川。倉庾有京坻之饒,關輔致畝金之潤。本營此地,欲利平人。緣百姓未開,恐三農虛業,所以官爲開發,冀令遞相教誘。功既成矣,思與共之!

偶　來

【解題】

徐注:《元譜》:《將遠行》詩云:去秋闊東溟,今年泛五湖。《偶來》詩云:偶來湖上已三秋。蓋自秋迄冬,泛五湖也。

蘧常案:此説見徐松《譜》,徐注謂《元譜》,誤。

偶來湖上已三秋〔一〕,便可棲遲老一丘〔二〕。赤米白鹽猶自足〔三〕,青山緑野故無求〔四〕。柴車向夕逢元亮〔五〕,款段乘春遇少游〔六〕。鳥獸同羣終不忍,轍環非是爲身謀〔七〕。

【彙注】

〔一〕偶來句　蘧常案：徐《譜》壬辰四十歲案云：先生去歲自王家營仍歸洞庭山。則此湖上，當亦謂洞庭山也。云"已三秋"，則丙戌已至湖上。先是，先生奉母居語濂涇，當是母卒藁葬後始移居。《元譜》：丙戌十月十二日，命家人趙和等遷居。注云：未詳遷居何地。疑即遷居洞庭山，是時奔走復國正急，隱晦當亦甚至，故深有所諱也。《哭顧咸正》詩云：幸有江上舟，請鼓枻下柤。又云：扁舟來勸君。前注疑先生避地洞庭山，以此詩證之益信。

〔二〕便可句　徐注：《後漢書·敍傳》：棲遲於一丘，則天下不易其樂。

　　蘧常案：《詩·陳風·衡門》：衡門之下，可以棲遲。毛《傳》：棲遲，遊息也。

〔三〕赤米白鹽　原注：《南齊書·周顒傳》：衛將軍王儉謂顒曰：卿山中何所食？顒曰：赤米白鹽，綠葵紫蓼。

〔四〕青山句　徐注：《蜀志·杜微傳》：亮與書曰：怪君未有相誨，便欲求還於山野。虞世南《侍宴應詔》詩：綠野明斜日，青山澹晚煙。

〔五〕柴車句　徐注：江淹《擬陶潛》詩：日暮巾柴車。

　　蘧常案：元亮，見《陶彭澤歸里》詩解題。

〔六〕款段句　徐注：《後漢書·馬援傳》：從弟少游曰：士生一世，但取衣食裁足，乘下澤車，御款段馬，爲郡掾史，守墳墓，鄉里稱善人，斯可矣。李賢注：款，猶緩也，言形段遲緩也。

〔七〕鳥獸二句　徐注：《論語》：鳥獸不可與同羣。韓愈《進學解》：轍環天下。于邵《爲崔僕射陳情表》：不爲身謀，同獎王室。　黃注：此詩作於順治五年戊子，亭林三十六歲。秋至湖上，似壯心消滅，見於詩中。然而鳥獸不與同羣，尚欲轍環天下。是年永曆帝在桂林，四川巡按御史錢邦芑疏報四川全省恢復；江西提督金聲桓、王得仁以南昌內附；廣東總兵李成棟以廣東內附；魯王在閩安，先後收復三府、一州、二十七縣；皆見《南疆逸史》。亭林至是有遠遊之志，其所謂"棲遲一丘"者，乃偶來之意，揭之於題矣，非是本志也。觀《浯溪碑歌》云"却念蒸湘間，胡騎已如林。西南天地窄，零陵山水深"，則亭林不忘西南，於此可見。

蘧常案：黃注深得此詩本旨。惟所引《逸史》，不盡可憑。如：錢邦芑之奏，徐鼒云：無論邦芑奏報虛誣，且四川亦無百三十縣，此由載筆者得之傳聞，故多荒謬。其實，此時四川分崩離析，號令各擅，託名恢復而已，不久即爲清兵所破。至魯王在閩，雖先有克獲，然旋亦盡失。《浯溪碑歌》"却念蒸湘間"四句，足爲當時寫實。亭林之拳拳南明，固不繫其盛衰而爲消長也。

浯溪碑歌 有序

【解題】

蘧常案：潘耒《遊浯溪記》：湘江兩岸多小山，連綿靡迤，少奇崛之概。其嶄然特異者爲浯溪。遠望之，石壁嶙峋，如屏如闕；近視之，嵌空玲瓏，疊峰而多穴。清溪一綫注於江，觸石而墜，有聲鏘然，境致清絶。元次山罷道州，樂其幽勝，遂移家焉。一水一石，各爲之銘。又乞顏魯公書其所作《中興頌》，鑱諸崖壁。案：浯溪在今湖南祁陽縣西南。

萬曆元年，先曾祖官廣西按察副使[一]，道浯溪，得唐元次山

《中興頌》石本以歸[二],爲顏魯公筆,字大徑六七寸。歷世三四,此碑獨傳之不肖。歲旐蒙作噩[三],命工裝潢爲册[四]。工人不知碑自左方起而以年月先之[五],遂倒裝不可讀[六]。方謀重裝,而兵亂工死[七],不復問者三年。碑固在舊識楊生所,一旦爲余重裝以來,則文從字順,焕然一新。有感於先公之舊物,不在他人而特屬之嗣人之稍知大義者,又經兵火而不失,且待時而乃成,夫物固有不偶然者也。爲之作歌。

昔在唐天寶,禄山反范陽。天子狩蜀都,胡兵入西京[八]。肅宗起靈武,國勢重恢張。二載收長安,鑾輿迎上皇[九]。小臣有元結,作詩頌大唐。欲令一代典,風烈追宣光[一〇]。真卿作大字,筆法名天下[一一]。磨厓勒斯文[一二],神理遺來者[一三]。書過《泗亭碑》[一四],文匹《淮夷雅》[一五]。留此繫人心,枝撐正中夏[一六]。先公循良吏[一七],海内推名德。驅馬復悠悠,分符指南極[一八]。遐眺道州祠[一九],流覽浯溪側[二〇]。如見古忠臣,精靈感行色[二一]。匪煩兼兩載[二二],不用金玉裝。攜此一紙書[二三],存之貯青箱[二四]。以示後世人,高山與景行。天運有平陂[二五],名蹟更存亡。寶弓得堤下[二六],大貝歸西房[二七]。舊物猶生憐,何況土與疆。却念蒸湘間[二八],胡騎已如林[二九]。西南天地窄,臨桂山水深[三〇]。岣嶁大禹迹[三一],萬木生秋陰。一峰號回雁[三二],朔氣焉得侵。恐此浯厓文,苔蘚不可尋[三三]。藏之篋笥中,寶之過南金[三四]。此物何足貴,貴在臣子心[三五]。援筆爲長歌,以續中唐音[三六]。

【彙校】

〔題〕孫校本作"《大唐中興頌歌》";徐注本題下有"有序"二字。 〔道浯溪〕孫校本道下無"浯溪"二字,有"經祁陽"三字。 〔歷世三四〕孫校本句下有"家業已析,墓下之田且鬻之異姓,而"十四字。 〔獨傳之不肖〕孫校本句下有"山傭"二字。 〔歲旂蒙作噩〕孫校本句下有"山傭之南京"五字。 〔工人不知碑自左方起〕孫校本"工人"上有"信"字,下有"之能遂以付之,乃"七字,全句爲:"信工人之能,遂以付之,乃不知碑自左方起。" 〔遂倒蟄不可讀〕孫校本句下有"歸而尤之,則曰:請"七字。 〔而兵亂工死〕孫校本"而"上有"已"字。 〔碑固在舊識楊生所〕孫校本"碑"上有"而"字。 〔一旦爲余重裝以來〕孫校本"一旦"下有"楊"字,"爲"下無"余"字。 〔而特屬之嗣人之稍知大義者〕孫校本"屬之"下,有"其"字。 〔胡兵〕潘刻本、徐注本、孫校本"胡"皆作"賊"。 〔蒸湘〕徐注本"蒸"作"熊"。 〔胡騎〕潘刻本、徐注本"胡"作"牧"。孫校本作"虞",韻目代字也。 〔臨桂〕潘刻本、徐注本作"零桂"。

【彙注】

〔一〕先曾祖句　蘧常案:見前《金陵雜詩》第五首"記得"句注。
〔二〕元次山句　徐注:王昶《金石萃編》:《大唐中興頌》摩崖石高一丈二尺五寸,廣一丈二尺七寸,二十一行,行二十字,在祁陽縣石崖。文曰:尚書水部員外郎兼殿中侍御史荆南節度使判官元結撰,金紫光祿大夫前行撫州刺史上柱國魯郡開國公顏真卿書。天寶十四載,安祿山陷洛陽。明年,陷長安。天子幸蜀,太子即位於靈武。明年,皇帝移軍鳳翔。其年,復兩京,上皇還京師。於戲!前代帝王,有盛德大業者,必見於歌頌。若今歌頌大業,刻之金石,非老於文學其誰宜爲?頌曰:噫嘻前朝!孽臣姦驕,爲惛爲妖。邊將騁兵,亂毒國經,羣生失寧。大駕南巡。百寮竄身,奉賊稱臣。天將昌唐,繄曉我皇,匹馬北方。獨立一呼,千麾萬旟,戎卒前驅。我師其東,嗣皇撫戎,蕩攘羣凶。復服指期,曾不逾時,有國無之。事有至難,宗廟再安,二聖重歡。地闢天開,蠲除祅災,瑞慶大來。凶徒逆儔,涵濡天休,死生堪羞。功勞位尊,忠烈名存,澤流子孫。盛德之興,山高日昇,萬福是膺。能令大君,聲容沄沄,不在斯文。湘江東西,中直浯溪,石崖天齊。可磨可鑴,刊此頌焉,何千萬年！上元二年秋八月撰。大曆六年夏六月刻。

　　蘧常案:《新唐書・元結傳》:字次山,瀼州人。天寶十二載進士。召詣京師,上《時議》三篇。擢右金吾兵曹參軍,攝監察御史,進水部員外郎。代宗立,丐侍親,歸樊上。久之,拜道州刺史。進授容管經略使,身諭蠻豪,綏定八州,卒贈禮部侍郎。

〔三〕旆蒙作甌　蘧常案:吳《譜》:順治二年乙酉,三十三歲。是時南明弘光元年,公元一六四五年也。

〔四〕裝潢　蘧常案:方以智《通雅・器用》:祕閣藏書,并以黃綾裝潢。潢,猶池也,外加緣,則內為池,裝成卷册,謂之裝潢,即表背也。高士奇《天祿識餘》:《唐六典》有裝潢匠。注:音光,上聲,謂裝成而以蠟潢紙也。

〔五〕碑自左方起　蘧常案:《金石萃編》:《大唐中興頌》,摩崖,左行正書。葉昌熾《語石》卷九:諸山摩厓題名詩刻,往往自左而右,蜀碑尤甚,蓋其風氣然也。

〔六〕倒薤　蘧常案:《史記・司馬相如列傳》:薤夫為之垂涕。《索隱》:張揖曰:"薤,古戾字。"

〔七〕兵亂　蘧常案:吳《譜》:順治二年閏六月十五日,崑山士民閉城拒守,七月初六日巳刻,城破。

〔八〕昔在四句　徐注：《唐書・安祿山傳》：安祿山者,本營州雜胡,初名阿犖山。《通鑑》：玄宗天寶三載,以平盧節度使安祿山兼范陽節度使。天寶十四載十一月甲子,祿山發所部兵及同羅、奚、契丹、室韋凡十五萬衆,號二十萬,反於范陽,以討國忠爲名。十二月丁酉陷東京。楊國忠自以身領劍南,至是首唱幸蜀之策。乙未黎明,上獨與貴妃姊妹、皇子、妃主、皇孫、楊國忠、韋見素、魏方進、陳玄禮及親近宦官宮人出延秋門幸蜀。又：安祿山不意上遽西幸,遣使止崔乾祐兵留潼關。孫孝哲將兵入長安,以張通儒爲西京留守。

〔九〕肅宗四句　徐注：《通鑑》：肅宗至德元載,朔方留後杜鴻漸等謀迎太子至靈武。秋七月辛酉,太子至靈武。裴冕、杜鴻漸等上太子牋,請即皇帝位,計牋五上,肅宗乃即位於靈武城南樓。李泌謁見上於靈武,事無大小,皆咨之,至於進退將相,亦與之議。郭子儀將兵五萬,自河北至靈武,軍威始盛,人有興復之望矣。八月壬午朔,以子儀爲武部尚書靈武長史,以光弼爲户部尚書北都留守,並同平章事。至德二載九月癸卯,大軍入西京,捷書至鳳翔,即日,遣中使啖庭瑶入蜀,表請上皇東歸。

〔一〇〕風烈句　徐注：《漢書・元帝紀贊》：號令温雅,有古之風烈。

　　蓬常案：杜甫《北征》詩：周漢獲再興,宣光果明哲。周宣王、漢光武帝,皆中興之主。

〔一一〕真卿二句　徐注：歐陽修《集古録・中興頌跋》：書字尤奇偉,而文詞古雅,世多模以黄絹爲圖障。

　　蓬常案：《新唐書・顔真卿傳》：字清臣。舉進士,爲平原太守。安祿山反,河朔盡陷,獨平原城守。代宗立,遷尚書右丞,封魯郡公。擢刑部尚書,改吏部。李希烈陷汝州,盧杞建言真卿往諭,希烈縊殺之。真卿善正草書,筆力遒婉,世寶傳之。
〔一二〕摩厓句　徐注:董逌《廣川書跋》:《中興頌》刻永州浯溪上。斲其崖石書之。
〔一三〕神理　蘧常案:《世說新語·傷逝》:戴公見林法師墓曰:德音未遠,而拱木已積,冀神理緜緜,不與氣運同盡耳!
〔一四〕《泗亭碑》　徐注:《水經注》:泗水南有泗水亭,漢祖爲泗水亭長,即此亭也。有高祖廟,廟前有碑,延熹十年立。
〔一五〕《淮夷雅》　蘧常案:柳宗元《獻平淮夷雅表》:伏見陛下發自天衷,克翦淮右,而大雅不作。臣誠不佞,謹撰《平淮夷雅》二篇,雖不及尹吉甫、召穆公等,庶施諸後代,有以佐唐之光明。韓醇注:元和十二年十月癸酉,淮蔡平。按《毛詩·江漢》注:淮夷東國,在淮浦而夷行也。吳元濟在淮西,故亦曰淮夷,蓋公擬《江漢》之詩而作也。
〔一六〕枝撐句　蘧常案:王延壽《魯靈光殿賦》:枝撐杈枒而斜據。班固《東都賦》:目中夏而布德。呂向注:中夏,中國。
〔一七〕先公句　徐注:柳宗元《柳州謝上表》:常以萬邦共理,必藉於循良。
　　蘧常案:陸雲詩:先公克構,乃崇斯堂。案:先公,謂其亡父也。
〔一八〕分符句　徐注:劉向《九歎》:濟湘流而南極。
　　蘧常案:分符,見前《李定自延平歸》詩"使者"句注。
〔一九〕道州祠　蘧常案:《光緒道州志·建置志·祠廟》:元刺史祠在北門外九井前,俗呼黃龍廟。又《職官志》:唐刺史元結,廣德間任,州民詣闕,請立生祠,至今祀之。
〔二〇〕流覽句　徐注:陸容《菽園雜記》:浯溪、峿臺、㟍亭,皆在祁陽南,命名制字,皆始於元結次山。字從水、從山、從厂。曰吾者,旌吾所獨有也。先生《金石文字記》:次山愛祁陽山水,遂寓居焉。名其溪曰浯溪,築臺曰峿臺,亭曰㢤亭,所謂"三吾"者也。銘皆篆書,大曆二年三年刻。

〔二一〕精靈句　徐注:《法書要錄》:標拔志氣,黼藻精靈,披封覩迹,欣如會面。荀悦《漢紀·高祖紀讚》:焚魚斬虵,異功同符,豈非精靈之感哉!《莊子·盜跖》篇:孔子説盜跖,遇柳下季曰:車馬有行色,得微往見跖耶? 潘耒《游浯溪記》:亭臺故蹟,廢興不一。而其廢而復興,不終湮没者,實以元、顔二公,名節風裁,使人思慕,非徒林壑之美而已也。

〔二二〕兼兩載　原注:《後漢書·吴祐傳》:此書若成,則載之兼兩。

　　蘧常案:兼兩,言車乘之加倍也。

〔二三〕一紙書　徐注:《晉書·劉弘傳》:得劉公一紙書,賢於十部從事。

〔二四〕青箱　徐注:《宋書·王淮之傳》:家世相傳,並諳江左舊事,緘之青箱,世人謂之王氏青箱學。

〔二五〕天運句　徐注:《史記·天官書》:夫天運三十歲一小變,百年中變,五百載大變;三大變一紀,三紀而大備,此其大數也。《易》:無平不陂。

〔二六〕寶弓句　原注:《穀梁傳》定公九年:得寶玉大弓。惡得之? 得之隉下。

〔二七〕大貝句　徐注:《周書·顧命》:大貝、鼖鼓,在西房。

　　蘧常案:楊氏《中庸傳》曰:宗器于祭陳之,示能守也;于顧命陳之,示能傳也。

〔二八〕蒸湘　蘧常案:羅含《湘中記》:湖嶺之間,湘水貫之,無出湘之右者,凡水皆會焉。與瀟水合則曰瀟湘,蒸水合則曰蒸湘,沅水合則曰沅湘。

〔二九〕胡騎句　蘧常案:胡騎當指清兵。謂馬進忠、李赤心之走,湖南州縣皆失事。《小腆紀年》：順治五年冬十月，明馬進忠復常德，督師堵胤錫與之有隙，招李赤心自夔州至，欲令進忠以常德讓之。進忠遂掠常德，走武岡；既赤心至，得空城，亦棄之，引兵東走，趨長沙。所至守將皆燒營走，湖南新復州縣，爲之一空，復歸於清。全楚大局，自此不可爲矣。

〔三〇〕西南二句　徐注：《一統志》：永州府靈陵縣，漢泉陵縣。又：桂林府臨桂縣，漢始安縣。案《明史·諸王傳》：三年八月，清兵取汀州，執唐王聿鍵，於是兩廣總督丁魁楚、廣西巡撫瞿式耜等共推由榔監國。十月十四日，監國肇慶。是月，清兵取贛州，內侍王坤倉猝奉由榔仍走梧州。式耜等力争，乃回肇慶。十一月，清兵由福建取廣州，肇慶大震，王坤復奉由榔走梧州。明年二月，由平樂、潯州走桂林。魁楚棄由榔走岑溪，降於清軍。既而平樂不守，由榔大恐。會武岡總兵劉承胤以兵至全州，王坤請赴之。式耜力諫，不聽。乃以式耜及總兵焦璉守桂林，封陳邦傳爲思恩侯，守昭平。遂趨承胤軍，封承胤安國公，錦衣指揮馬吉翔等爲伯。承胤挾由榔歸武岡，改曰奉天府，政事皆決焉。是時，長沙、衡、永皆不守。六月，由榔召何騰蛟至，密使除承胤，顧承胤勢盛，騰蛟復走白牙。清兵由寶慶趨武岡，吉翔等挾由榔走靖州，承胤舉城降，由榔又奔柳州。先是，清兵趨桂林，焦璉拒守甚力。又：廣州有警，清兵東向，桂林稍安。既而湖南十三鎮將郝永忠、盧鼎等俱奔赴桂林，騰蛟亦至，與式耜議分地給諸將，各自爲守。璉已先復陽朔、平樂，陳邦傳復潯州，合兵復梧州，廣西全省略定。十二月，由榔返桂林，五年二月，清兵至靈川，郝永忠潰於興安，奔還，挾由榔走柳州。清兵攻桂林，式耜、騰蛟拒戰。時南昌金聲桓等叛，降於由榔。八月，由榔至肇慶。

蘧常案：靈陵應作"零陵",漢武帝置零陵郡,見《續漢書・郡國志》。《明史・諸王傳》敍永曆跼蹐於西南,僅足說明上句。零當謂永州,永州本漢零陵郡地,隋始置州。桂謂桂林。下句當謂永州、桂林爭戰事。《小腆紀年》：丁亥,順治四年,明永曆元年,三月乙卯,清兵攻桂林,瞿式耜、焦璉禦却之。夏四月,清兵取永州。五月乙丑,清兵再攻桂林,又却之。是月,明副將周金湯復永州。十月,耿仲明破永州。戊子,順治五年,明永曆二年,三月丁巳,清兵攻桂林,何騰蛟率諸軍禦却之。九月壬午,何騰蛟復永州。考桂林爲當時恢復根本,故瞿式耜疏曰：邇來將士瞻雲望日,以桂林爲枢樞；道路臣僚,疲跰重繭,以桂林爲會極；江、楚民情,以桂林爲拯救之聲援。永州得失,似不足以比之。頗疑零陵蓋指全州。《明史・地理志》：廣西全州於洪武九年四月改屬湖廣永州府,二十七年八月又來屬,是全州亦得號零陵。瞿式耜云：地扼楚、粵之中,當時兩軍,爭奪至烈。案：《小腆紀年》：順治四年十月,清兵取全州,旋爲明復。十一月,清兵進逼全州,何騰蛟督諸軍禦却之。十二月,何騰蛟督師全州；五年二月,清兵復取全州；三月,瞿式耜檄諸鎮復全州,五月,何騰蛟復全州。故與桂林並舉乎？備一說。

〔三一〕岣嶁句　徐注：《湘中記》：岣嶁山在衡州府北,是山有玉牒,禹案其文以治水,上有禹碑。

蘧常案：張世南《游宦紀聞》：何致子一,嘉定壬申游南嶽,至祝融峰下,按《嶽山圖》,禹碑在岣嶁山。詢樵者,謂"采樵其上,見石壁有數十字",俾之導前,過隱真屏,復渡一二小澗,攀蘿捫葛,至碑所。爲苔蘚封剥,讀之得古篆五十餘,癸酉二字外,俱難識。韓昌黎所謂"形模",果爲奇特,字高闊約五寸許,取隨行前買歷辟而摹之,遂刻之嶽麓書院後巨石。

江昱《瀟湘聽雨録》則以爲出近時僞撰。

〔三二〕回雁峰句　徐注：《一統志》：回雁峰在衡州，雁至此不過，遇春而迴。

〔三三〕恐此二句　徐注：《廣川書跋》：顏太師以書名時，而此尤瑰瑋，故世貴之。今數百年蘚封苺固，遠望雲煙外，至仰而玩之，其亦天下偉觀耶！

〔三四〕藏之二句　徐注：《天下輿地碑記》：故《中興頌》寶之中州士大夫家，而浯溪之銘，因人稱著。《詩·魯頌·泮水》：大賂南金。

〔三五〕貴在句　徐注：先生《金石文字記》：有黃山谷書百餘字，又有皇甫湜五言古詩，次山之子讓五言長律一首，俱刻在《中興頌》之旁。山谷一詩最著名，詩意乃謂肅宗不當攘取大物，上皇西內淒涼，次山有痛於中，而以頌託諷者。細審頌文，初無此意。祿山作亂，明皇既失天下，肅宗提一旅復兩京，大物已落盜手，取之何咎？撫軍監國，平世事耳。靈武之事，非正位號，不足以鼓士氣而收人心，勉從擁戴，事出權宜，旋乾轉坤，所濟者大。唐室再造，上皇還宮，爲臣子者，宜何如慶幸，何如頌揚，而乃微文刺譏乎？

〔三六〕中唐音　徐注：《唐中興間氣集序》：以至德興復，風雅復振，故名曰《唐中興間氣集》。

寄薛開封寀君與楊主事同隱鄧尉山併被獲或曰僧也免之遂歸常州

【解題】

徐注：朱彝尊《明詩綜》：寀，字諧孟，武進人。崇禎辛未進士。

選武學教授,升國子助教,轉南京刑部主事,歷郎中,出知開封府。晚爲僧,號米堆和尚。張《譜》:《略見人心錄》:薛亂後歸釋,謂去冠,故去宀,去髮,故去丿。因姓米氏,自號米堆山。《蘇州府志》:寀,亂後翦髮爲頭陀,居玄墓真如塢雪香菴僧舍。 戴注:米堆山,吳中山名也。

蘧常案:常庸《張譜斠識》:《柳南續筆》:薛名寀。亂後歸釋,謂去冠,故去宀;去髮,故去丿;僅存"米",因名米。玄墓有米堆山,號堆山。又案:邵青門《詩注》:晚自署曰衲米,號堆山。據此則張《譜》謂姓米氏者,誤。《吳縣志》:玄墓山前面湖,法華山浮於波面,東有錢家磡、米堆山。楊主事,見前《哭楊主事廷樞》詩題注。《吳縣志》:鄧尉山在光福里錦峰山西南,去城七十里。漢有鄧尉者隱此,故名。

別君二載餘,無從問君處。蒼蒼大澤雲,漠漠西山路〔一〕。神物定不辱〔二〕,精英夜飛去〔三〕。只有延陵心,尚挂姑蘇樹〔四〕。他日過吳門,爲招烈士魂〔五〕。燕丹賓客盡〔六〕,獨有漸離存〔七〕!

【彙校】

〔題〕吳校本"寄薛開封寀"五字,不與下二十三字連接;徐注本二十三字作原注。又,《亭林詩集》校文(下稱"校文"):"鄧尉山"下原本有"中"字。

【彙注】

〔一〕漠漠句 蘧常案:《荀子·解蔽》篇:聽漠漠。楊倞注:漠漠,無聲也。西山當指鄧尉山。鄧尉在縣西七十里,故稱西山。句意謂薛寀既去而西山寂靜也。

〔二〕神物句　蘧常案：《晉書·張華傳》：華補雷煥爲豐城令，煥到縣掘獄屋，得雙劍，遣使送一劍與華，一自佩。或謂張公豈可欺？煥曰：本朝將亂，張公當受其禍，此劍當繫徐君墓樹耳！華得劍，報煥書曰：詳觀劍文，乃干將也，莫邪何復不至？雖然，天生神物，終當合耳。

〔三〕精英句　原注：張協《七命》：或馳名傾秦，或夜飛去吳。李善注引《越絕書》：闔廬無道，湛盧之劍，去之入楚。

　　蘧常案：此喻薛寀免禍歸去。

〔四〕只有二句　徐注：徐《譜》：吳其沆，字同初。嘉定諸生。先生《吳同初行狀》：生居崑山，當抗敵時，守城不出以死，死者四萬人，莫知屍處。《道光崑新志》：其沆夫婦偕死。

　　蘧常案：延陵心，見前《不去》詩第二首"秋風"句注。趙曄《吳越春秋》：吳王起姑蘇臺。先生《日知錄》：姑胥山名，古胥、蘇通用。徐注非。吳其沆不聞與薛寀相識，不應牽及，其不合者一；其沆死崑山，不得言姑蘇樹，其不合者二。此延陵承上言，蓋指薛寀。按題語，則姑蘇樹乃指楊廷樞，薛與楊同隱被獲，薛免而楊遇害於蘇之蘆墟。句意謂薛身雖歸常，而其心猶念念於楊，故曰"延陵心""尚挂姑蘇樹"也。

〔五〕爲招句　蘧常案："烈士"，指楊廷樞。

〔六〕燕丹　蘧常案：《史記·燕召公世家》：王喜二十三年，太子丹質於秦，亡歸燕。二十五年，秦滅韓。二十七年，秦滅趙。燕見秦且滅六國，秦兵臨易水，禍且至燕。太子丹陰養壯士，使荆軻獻督亢地圖於秦，因襲刺秦王，王殺軻。使王翦擊燕，燕王亡，徙居遼東，斬丹以獻秦。

〔七〕漸離　蘧常案：見前《高漸離擊筑》詩注。

將有遠行作時猶全越

【解題】

黃注：詩題曰《將遠行》，其實未嘗遠行也。　汪云："越"疑代"髮"，必初本以"月"代，後又誤測爲"越"也。

蘧常案：此詩下接《京口》詩，疑已行復阻而折回者，非未嘗行也。黃説未確。汪云"越"疑代"髮"，是。卷二有《翦髮》詩，"時猶全髮"，蓋對後翦髮而言也。疑此四字爲後補，故孫詒讓作爲"自注"。"全髮"用《新五代史・四夷傳》語。以"月"代"髮"，以韻目代忌諱字也。此例甚多，更僕難數，潘鈔本已多改正，校語中詳之。然亦有改而未盡者，此類是也。炎武以韻目代字，最先闡釋者似爲戴望與孫詒讓。詒讓託名荀羡，所校潘鈔本，於卷三《杭州》詩第一首"匈奴王衛律"句下云：元本下有注云"真東隊"，不可解。戴子高云或是"張秉貞"，而韻亦不類。惜所言僅此。徐注不知此例，遂多誤解。後之治亭林詩者，類能以此例推釋。亭林《日知録・論古文未正之隱》云：有待於後人之改正，有待於後人之補完，定、哀之間多微辭，況於易姓改物制有華夏者乎！自代字之例明，而亭林之微辭見，由是而改正補完，正亭林之志也。

去秋闕大海[一]，今冬浮五湖[二]。長歎天地間，人區日榛蕪[三]。出門多蛇虎，局促守一隅。夢想在中原[四]，河山不崎嶇。朝馳灉潤宅[五]，夕宿殽函都。神明運四極，反以形骸拘[六]。收身蓬艾中[七]，所之若窮途[八]。杖策當獨行[九]，未敢憚羈孤。願登廣阿城，一覽輿地圖[一〇]。回首八駿遥[一一]，悵然臨交衢[一二]！

【彙校】

〔題〕孫詒榖校本、孫校本"遠行下"并無"作"字；孫詒榖校本"時猶全越"四字作注文；潘刻本、徐注本作"將遠行作"。〔大海〕潘刻本、徐注本作"東溟"。

【彙注】

〔一〕闞大海　黃注：亭林《海上》詩是鄉居望海而作，實未嘗至海上。觀《老鶴萬里心》詩云"尚想蓬萊曉，終思弱水陰，神州迷再舉，碧落杳千尋"，及《海上行》云"欲往從之，水波雷駭，幾望見之，以風爲解"等句，則知亭林未嘗至海上，如全謝山所作《神道表》云"欲赴海上，道梗不前也"。張《譜》據此詩"去秋闞東溟"（蘧常案：此據潘刻本）句，以爲亭林實嘗至海上，不知此句即指上年《海上行》所云"欲往從之，幾望見之"云爾。詩言"闞"，不言"至"，何得據此以爲實嘗至海上之證耶？

　　蘧常案：黃論《海上》詩是，前已言之。惟以亭林未嘗至海上，則似未確。竊終以《元譜》"丁亥秋至海上"爲可信，是時魯監國在福建長垣，永曆在湖南武岡，閩近而湘遠，意當在閩。入閩以海行爲便，曰至海上者，謂至海畔謀入海也。入海不成，故全《表》云"道梗不前"。如此言之，於諸詩所云，皆不刺謬。黃蓋誤以至海上爲入海，遂生無謂之疑矣。

〔二〕浮五湖　蘧常案：《周禮‧夏官‧職方氏》："東南曰揚州，其澤藪曰具區，其川三江，其浸五湖。朱長文《吳郡圖經續記》：太湖在吳西南，《禹貢》謂之震澤，《周官》、《爾雅》謂之具區，《史記》、《國語》謂之五湖，其實一也。所謂五湖者，蓋所納之湖有五也。《後漢書‧馮衍傳》注：虞翻云：太湖有五湖，故謂之五湖。渦湖、洮湖、射湖、貴湖及太湖爲五湖，並太湖之小支，俱連太湖，太湖兼得五湖之名。在今湖州東边。王應麟《地理通釋》：太湖占湖、宣、常、蘇四州境，周五百里，故曰五湖。有苞山,亦曰夫椒山,俗謂之洞庭。

〔三〕人區句　徐注:《後漢書·方術傳論》:探抽冥賾,參驗人區。杜甫《哭台州鄭司户蘇少監》詩:天地日榛蕪。

〔四〕夢想句　徐注:《東南紀事》:張家玉曰:恐車駕日南,中原失望。天下形勢,關中爲上,襄陽次之,建康又次之,下此則虔州一塊土,當屬興王地也。

〔五〕瀍澗　蘧常案:見前《帝京篇》"德過"句注。

〔六〕形骸拘　徐注:《莊子·德充符》:今子與我,游於形骸之内,而子索我形骸之外,不亦過乎?

〔七〕收身句　原注:《莊子·齊物論》:夫三者,猶存乎蓬艾之間。

〔八〕窮途　蘧常案:《晉書·阮籍傳》:時率意獨駕,不由徑路,車迹所窮,輒慟哭而反。王勃《滕王閣序》:阮籍猖狂,豈效窮途之哭?

〔九〕杖策　徐注:《後漢書·鄧禹傳》:光武收河北,禹杖策軍門,説上延攬人材,上問欲仕乎?曰:不願也!願效尺寸,垂功名於竹帛耳!

〔一〇〕願登二句　原注:《後漢書·鄧禹傳》:從至廣阿,光武舍城樓上,披輿地圖,指示禹曰:天下郡國如是,今始乃得其一。　黃注:《漢書·地理志》:鉅鹿郡廣阿縣。今直隸趙州隆平縣地。

　　蘧常案:黃注此集,聞在日寇東北時,蓋有感而作也,則直隸趙州之名久廢矣,不解仍以清稱何也?

〔一一〕八駿　徐注:《穆天子傳》:天子之駿:赤驥、盜驪、白義、踰輪、山子、渠黃、華騮、綠耳。

〔一二〕交衢　徐注:《周禮·地官·保氏》"五馭"注:舞交衢。　黃注:疏云:舞交衢者,衢,道也,謂御車在交道,車旋應於舞節云。

京　　口 二首

【解題】

　　蔣常案：見前《京口即事》題注。

　　異時京口國東門〔一〕，地接留都左輔尊〔二〕。囊括蘇松儲陸海〔三〕，襟提閩浙壯屏藩〔四〕。漕穿水道秦隋跡〔五〕，壘壓江干晉宋屯〔六〕。一上金山覽形勝〔七〕，南方亦是小中原〔八〕。

【彙校】

〔儲陸海〕孫校本作"千里郡"。　〔襟提句〕孫校本作"襟提浙、福二名藩"。

【彙注】

〔一〕異時句　徐注：《通典》：京口因山爲壘，緣江爲境，建業之有京口，猶洛陽之有孟津。自孫吳以來，東南有事，必以京口爲襟要，京口之防或疏，建業之危立至。六朝時以京口爲臺城門戶。

〔二〕留都句　徐注：《方輿紀要》：圌山，府東北六十里，實京口之咽喉，留都之門戶。《南略》：乙酉，馬、阮修東林之怨，陳貞慧、吳應箕等上《留都防亂揭》。又《魏書》安定王休子元燮傳：先漢之左輔，皇魏之右翼，形勝名都，實惟西蕃奧府。

〔三〕囊括句　徐注：《江南通志‧圖書編》：南都根本重地，蘇、松、常均稱繁劇。先生《日知錄》：考洪武中，天下夏稅秋糧以石計者，總二千九百四十三萬餘，而蘇州府二百八十萬九千餘，松江府一百二十萬九千餘，其田租比天下爲重，其糧額比天下爲多。 李注：《漢書·東方朔傳》：漢興，去三河之地，止灞、産以西，都涇、渭之南，此所謂天下陸海之地。注：師古曰：高平曰陸。關中地高，故稱陸海者，萬物所出，言關中山川物産饒富，是以謂之陸海也。

〔四〕襟提句　徐注：樂史《寰宇記》：京口西距漢、沔，東連海嶠，爲三吳襟帶之邦，百越舟車之會。《南略》：王孫蕃論東南形勢：京口負山枕江，控扼三關，襟帶百越。《詩》：大邦維屛，价人維藩。

〔五〕漕穿句　蓬常案：《左傳》哀公九年：秋，吳城邗溝，通江淮。杜注：通糧道也，今廣陵邗江是。顧棟高《春秋大事表》：邗溝今日漕河，起於揚州府城東南二里。《漕河·沿革考》：其南段，春秋吳子所開之邗溝也。亭林《天下郡國利病書》卷二十八：吳開邗溝通江、淮。吳王濞開邗溝自揚州，極海陵、如皋，以通煎鹽之利。煬帝幸江都，發兵丁十萬餘，開邗溝。《隋書·文帝紀》：開皇七年，夏四月，於揚州開山陽瀆以通漕運。《通鑑·隋紀》：煬帝大業元年，發淮南民十餘萬，開邗溝。自山陽至揚子入江。四年，穿永濟渠，六年敕穿江南河，自京口至餘杭八百餘里，廣十餘丈。案：未聞秦有穿漕事，疑"秦"爲"吳"之誤。

〔六〕壘壁句　徐注：《方輿紀要》：元興末，桓玄作亂，劉裕舉兵京口，晉室復定。及裕代晉，以京口要地，去建康密邇，非宗室近親，不使居之，蓋肘腋攸關也。

蓬常案：《晉書·郗鑒傳》：祖約、蘇峻反，鑒謂溫嶠曰：今賊謀欲挾天子東入會稽，宜先立營壘，屯據要害，既防其越逸，又斷賊糧運，然後靜鎮京口，清壁以待，賊不過百日，必自潰矣！嶠深以爲然。及陶侃爲盟主，與侃會於茄子浦，鑒築白石壘而據之。(案：茄子洲，《太平御覽》引劉楨《京口記》作嘉子洲。《丹陽記》謂洲在縣西南,則白石壘當在其地。)還丹徒,立大業、曲阿、庱亭三壘以拒賊。

〔七〕一上句　徐注:《方輿紀要》:金山,在府西北七里大江中。北岸直瓜洲渡,南岸直西津渡,西去儀真縣高資港不過四十餘里,實爲中流之險。《明史·楊文驄傳》:以金山踞大江中,控制南北,請築城以資守禦。從之。

　　蘧常案:南唐釋應之《頭陀巖記》:金山昔名浮玉,因裴頭陀江際獲金,貞元二十一年節帥李錡奏易名金山。

〔八〕南方句　徐注:《晉書·地理志》:自中原亂離,遺黎南渡,並僑置牧司。

東胡北翟戰爭還〔一〕,天府神州百二關〔二〕。末代棄江因靖鹵靖鹵伯鄭鴻逵〔三〕,當年開土是中山〔四〕。雲浮鸛鶴春空遠〔五〕,水擁蛟龍夜月閒〔六〕。相對新亭無限淚〔七〕,幾時重得破愁顏〔八〕!

【彙校】

〔東胡〕潘刻本、孫校本"胡"作"吳"。　〔末代句〕孫校本"因"作"嗟"。

【彙注】

〔一〕東胡句　徐注:《禮》:北方曰翟。王應麟《地理通釋》:魏太武以百萬之衆,觀兵瓜步,卒盟而還。

　　蘧常案:東胡,見前《贈顧推官咸正》詩"東胡"句注。此當謂金兀朮之南侵。金世居松花江之東,清爲其遺部,故通斥爲東胡也。《宋史·韓世忠傳》:建炎四年,世忠屯焦山,以邀兀朮歸路,謂諸將曰:是間形勢,無如金山對岸龍王廟者,寇必登此觀我虛實。乃遣兵伏廟中及岸側,禽其兩騎。又邀兀朮於鎮江,相持於黃天蕩。世忠以海艦進泊金山下,以長綆縋敵舟沈之,寇大窘。

〔二〕天府句　徐注:《戰國策・秦策》:蘇秦說惠王曰:此所謂天府,天下之雄國也。

蘧常案:神州,見前《感事》詩第二首"須知"二句注。百二,見前《大漢行》"指揮"二句注。

〔三〕末代句　徐注:夏完淳《續幸存録》:高興平潰卒之渡江也(蘧常案:高傑封興平伯),鄭羽公矢石俱發,殲者萬人,布告大捷。京口人尸祝羽公,爲建祠立碑。潰卒進退無據,遂叛降鹵(蘧常案:鹵應作"虜",作"鹵"者亦有所諱也)。羽公初七日,大宴軍中,歌舞雜興,江聲濟發。鹵乘間潛入金山寺。初八夜,大霧四塞,遂截流而渡,僅一二百人,使羽公以全力制之,當使隻輪不返。軍心一潰,靖鹵一軍,竟如方士之船,入滄波而不復。

蘧常案:《南疆逸史・鄭鴻逵傳》:字羽公,芝龍異母弟也。涉獵書傳,無材能。芝龍就撫,鴻逵中庚辰武進士。累官登州副總兵。甲申,弘光立,朝議以舟師守江。九月,加鴻逵總兵官,挂鎮海將軍印,扼守江口,鄭彩副之。鴻逵乃自海道入江,駐鎮江。乙酉四月,封爲靖虜伯(案:"虜"原諱作"魯")。是時大兵已破揚州,別由老鸛河渡江,鴻逵不能禦,引師南下。會唐王至杭,遂擁之入閩。

〔四〕當年句　徐注:《明史・徐達傳》:濠人。字天德。年二十二,從太祖破禽元將陳埜先,從下集慶。太祖命達爲大將,帥諸軍東攻鎮江,拔之,號令明肅,城中晏然。時張士誠已據常州,挾江東叛將陳保保以舟師攻鎮江,達敗之龍潭。洪武元年,擣元都。三年破擴廓,振旅還京師,進太傅右丞相,封魏國公,十八年卒。追封中山王,謚武寧。

〔五〕鸛鶴　徐注:柳宗元《再至界圍巖》詩:鸛鶴雲間舞。

〔六〕蛟龍　徐注:《吳志·周瑜傳》:恐蛟龍得雲雨,非池中物也。
　　　蘧常案:以上二句,謂風景不殊也。

〔七〕相對句　蘧常案:《世說新語·言語》:過江諸人,每至美日,輒相邀新亭,藉卉飲宴。周侯顗中坐而歎曰:風景不殊,正自有山河之異。皆相視流涕。唯王丞相導愀然變色曰:當共戮力王室,克復神州,何至楚囚相對?《讀史方輿紀要》:新亭,在江寧縣南十五里,近江渚。

〔八〕破愁顏　徐注:杜甫《諸將》詩:多少材官守涇渭,將軍且莫破愁顏。

顧亭林詩集彙注卷二

王蘧常　輯注
吳丕績　標校

元　日 已下屠維赤奮若

【解題】

冒云：先生是年年三十七。

蘧常案：是年歲次己丑。爲明永曆三年，魯監國四年，清順治六年，公元一六四九年。《書·舜典》：月正元日。傳：月正，正月，元日，上日也。此元日謂明永曆三年正月朔辛酉，清則依新曆，以前一日庚申爲順治六年元旦。

　　一身不自拔，竟爾墮胡塵[一]。旦起肅衣冠，如見天顏親[二]；天顏不可見，臣意無由申。伏念五年來[三]，王塗正崩淪[四]。東夷擾天紀[五]，反以晦爲元[六]。我今一正之，乃見天王春[七]。正朔雖未同[八]，變夷有一人[九]。歲盡積陰閉[一〇]，玄雲結重垠[一一]。是日始開朗，日出如車輪[一二]。天造不假夷[一三]，夷行亂三辰[一四]；人時不授夷[一五]，夷德違兆民[一六]。留此三始朝[一七]，歸我中華君[一八]。願言御六師[一九]，一掃開青旻[二〇]。南郊答天意[二一]，九廟恭明禋[二二]。《大雅》歌文王，舊邦命已新〔二三〕。小臣亦何思〔二四〕，思我皇祖仁〔二五〕。卜年尚未逾〔二六〕，睠言待曾孫〔二七〕。

【彙校】

〔題〕此詩潘刻本、徐注本無。朱刻本注云：以下屠維赤奮若，在《石射堋山》前，己丑。 〔胡塵〕孫校本"胡"作"虞"，韻目代字也。 〔東夷擾〕孫校本"夷"作"支"，韻目代字也。 〔變夷〕孫校本"夷"作"支"，韻目代字也。 〔天造不假夷〕四句 孫校本四"夷"字皆作"支"，韻目代字也。 〔中華君〕孫校本"華"作"麻"。案：應作"麻"，韻目代字也，形近而誤。 〔已新〕孫校本"已"作"維"。

【彙注】

〔一〕墮胡塵　蘧常案：杜甫《北征》詩：況我墮胡塵。

〔二〕如見句　蘧常案：《小腆紀年》：清順治六年春正月朔，明桂王在肇慶府。

〔三〕五年來　蘧常案：自明崇禎十七年甲申之變，至是凡五年也。

〔四〕王塗句　蘧常案：崇禎甲申以後，弘光、隆武相繼覆滅，是時永曆亦顛沛兩粵，故曰"王塗正崩淪"也。

〔五〕東夷句　蘧常案：東夷，見卷一《哭陳太僕子龍》詩"東夷"句注。梅賾《書·胤征》：俶擾天紀。傳：紀謂時日。

〔六〕反以句　蘧常案：後卷三重光赤奮若《元日》詩自注：夷曆元日先《大統》一日。《清史稿·時憲志》：明之《大統術》，本於元之《授時》。成化以後，交食往往不驗。萬曆末，徐光啓、李之藻等譯西人之書為新法，推交食、凌犯皆密合，然未及施用。世祖定鼎以後，始絀明之舊曆，依新法推算，即承用二百六十餘年之《時憲術》也。

〔七〕天王春　蘧常案：《春秋》僖公二十四年：天王出居於鄭。亭林《日知録》：《尚書》但稱王，《春秋》則稱天王，以別當時楚、吳、徐、越之僭王。《春秋公羊傳》隱公元年春王正月：春者何？歲之首也。王者孰謂？謂文王也。曷爲先言王而後言正月？王正月也。

〔八〕正朔　蘧常案：《史記·曆書》：王者易姓受命，必慎始初，改正朔，易服色，推本天元，順承厥意。《索隱》：言王者易姓而興，必當推本天之元氣行運所在，以定正朔，以承天意。

〔九〕變夷　蘧常案：《孟子·滕文公》篇：吾聞用夏變夷，未聞變於夷者也。

〔一〇〕歲盡句　蘧常案：《淮南子·天文訓》：積陰之寒氣爲水。《禮記·月令》：天氣上騰，地氣下降，天地不通，閉塞而成冬。

〔一一〕玄雲句　蘧常案：蔡邕《霖賦》：瞻玄雲之晻晻，懸長雨之森森。揚雄《衛尉箴》：重垠累垓，以難不律。

〔一二〕日出句　蘧常案：《太平御覽》卷三引《列子》：孔子晨遊，見兩小兒爭辯而鬭。問其故。一兒曰：我以日始出時去人近，日中時去人遠。曰：爾何以知？曰：日初出，大如車輪；及中，纔如盤蓋，此不爲遠者小而近者大乎？案：今本《列子·湯問》篇"車輪"作"車蓋"。

〔一三〕天造句　蘧常案：《易·屯》：天造草昧。虞翻注：造，造生也。李華《弔古戰場文》：天假强胡。《方言》：凡物之壯大者而愛偉之，謂之夏。周、鄭之間謂之假。

〔一四〕三辰　蘧常案：《左傳》桓公二年：三辰旂旗，昭其明也。杜注：三辰，日、月、星也。羅苹《路史》注：《通曆》曰：地皇氏爰定三辰，是分宵晝。

〔一五〕人時句　蘧常案：《書·堯典》：曆象日月星辰，敬授人時。傳：敬記天時，以授人也。案：《書》原作"敬授民時"。凡兩漢人所引《書》無作"人"者；至唐避太宗世民諱，始改作"人"。亭林沿用今本，今亦仍之。

〔一六〕夷德句　蘧常案：《禮記·內則》：降德於衆兆民。鄭玄注：萬億曰兆，天子曰兆民，諸侯曰萬民。

〔一七〕三始朝　蘧常案：《漢書·鮑宣傳》：今日蝕於三始，誠可畏懼。注：如淳曰：正月一日，爲歲之朝，月之朝，日之朝。始，猶朝也。

〔一八〕中華君　蘧常案：《左傳》定公十年：夷不亂華。孔穎達《正義》：中國有服章之美，謂之華。《三國志·蜀書·諸葛亮傳》裴松之注：游步中華。《明史》志《樂三》：洪武三年定宴饗章一奏《起臨濠之曲》："千載中華生聖主。"又《樂二》：嘉靖十五年太祖廟迎神之曲："攘夷正華，爲天下大君。"

〔一九〕願言句　蘧常案：《詩·邶風·二子乘舟》：願言思子。毛傳：願，每也。六師，見卷一《感事》詩第二首"須知"二句注。

〔二〇〕青旻　蘧常案：佚名《七夕賦》：驚飛灰於素管，送流火於青旻。

〔二一〕南郊句　蘧常案：《詩·周頌·昊天有成命》正義：詩者，郊祀天地之樂歌也。謂于南郊祀所感之天神，于北郊祭神州之地祇也。《明史》志《禮二》：洪武元年，李善長等進郊祀議，略言當遵古制，祭天地於南北郊；冬至祀昊天上帝於圜丘；夏至祀皇地祇於方丘。太祖如其議行之。建圜丘於鍾山之陽，方丘於鍾山之陰。十二年，合祀於大祀殿。永樂十八年，京都大祀殿成，規制如南京。嘉靖九年，議復古制。明年分祀之制遂定。又，洪武元年，始有事於南郊。天意，見卷一《秦皇行》"豈知"句注。

〔二二〕九廟句　蘧常案：《漢書·王莽傳》：起九廟。案：《禮》，天子七廟，三昭三穆，與太祖廟而七，至王莽始起九廟，故潘岳

《西征賦》云：由偽新之九廟，夸宗虞而祖黃。唐、宋帝皇，亦作九廟，後世都從之。《明史》志《禮五》：孝宗即位，九廟已備。《書·洛誥》：伻來毖殷，乃命寧予。以秬鬯二卣，曰明禋，拜手稽首休享。予不敢宿，則禋于文王、武王。江聲《尚書集注音疏》：絜祀爲禋，故曰明禋。唐亨《先聖樂章》：七廟佇恭禋。

〔二三〕《大雅》二句　蕖常案：《詩·大雅·文王》：周雖舊邦，其命維新。呂祖謙《家塾讀詩記》：《呂氏春秋》引此詩，以爲周公所作，味其辭意，信非周公不能作也。

〔二四〕小臣　蕖常案：見卷一《大行皇帝哀詞》"小臣"句注。

〔二五〕思我句　蕖常案：《明史·太祖本紀》：略定江表，所過不殺，收召才儁，由是人心日附。戒諸將曰：克城以武，戡亂以仁，吾比入集慶，秋毫無犯，故一舉而定。每聞諸將得一城，不妄殺，輒喜不自勝。夫師行如火，不戢將燎原。爲將能以不殺爲武，豈惟國家之利，子孫實受其福！嘗與羣臣論取天下之略曰：渡江以來，觀羣雄所爲，徒爲生民之患，而張士誠、陳友諒尤爲巨蠹。士誠恃財，友諒恃強，朕獨無所恃，唯不嗜殺人，布信義，行節儉。趙翼《廿二史劄記》：明祖以布衣成帝業，其得力處，總在"不嗜殺人"一語，故陶安謂"明公神武不殺，天下不足平"也。仁聲仁聞，所至降附。其後胡、藍二獄（案：謂胡惟庸、藍玉），誅戮至四、五萬人，則天下已定，故得肆其雄猜。

〔二六〕卜年句　蕖常案：《左傳》宣公三年：成王定鼎於郟、鄏，卜世三十，卜年七百。

〔二七〕眷言句　蕖常案：《詩·小雅·大東》：睠言顧之。毛傳：睠，顧也。段玉裁《說文解字注》：睠同眷。又《詩·小雅·信南山》：曾孫田之。鄭玄箋：自孫之子而下，事先祖皆稱曾孫，是爲遠辭。《明史》志《禮五》：太廟祝文，改稱孝曾孫嗣皇帝。詳卷一《金陵雜詩》第二首"祝版"句注。案：曾孫，指永曆帝。時帝在肇慶，已詳上。上年八月，忠孝伯朱成功（即鄭成功，所謂"賜姓"也）奉表於肇慶。九月，督師何騰蛟復永州、徐州。十月，職方郎中李甲春復寶慶。十一月，督師堵胤錫復益陽、湘潭、湘鄉、衡山。右僉都御史李虞夔起兵平陸，克潼關，復蒲州、解州。軍聲頗振，故望恢復至殷也。

石射堋山

【解題】

原注：《吴郡志》：靈巖山在城西三十里，一名石射堋山。 徐注：《蘇州府志》：靈巖山府西三十里，高三百六十丈。一名硯石山。《太平寰宇記》引《郡國志》：石城山有吴王離宫。山有石馬，望之如人騎。南有石射堋，又名石頭山。張大純《采風類記》：石之奇巧者十，有八石鼓，二石射堋。

蘧常案：《集韻》：堋，射埒也。庾信《北園射堂新成》詩：横弓先望堋。或作"棚"，《宋史·禮志》："苑中有射棚，畫暈的。"

寒日欲墮石射堋，環湖歷歷來漁燈。山下蘄王宋時墓，屹然穹碑鎮山路[一]。太白天弧見角芒[二]，金山京口又沙場。爾來兀朮方深入[三]，帝在明州正待王[四]。

【彙校】

〔題〕潘刻本、徐注本下有"已下屠維赤奮若"七字，蓋既删上《元日》詩,遂以《元日》自注改移於此。 〔兀朮〕潘刻本、徐注本作"牧騎"。

【彙注】

〔一〕山下二句　徐注:《蘇州府志》:韓蘄王墓在靈巖山西麓,紹興二十一年十月,葬。敕使徐伸護其事,吳、長洲二縣令奔走供役。孝宗御題神道碑云:"中興佐命定國元勳之碑。"敕趙雄爲文。碑高十餘丈,趺蓋在焉。又,韓蘄王祠在山西麓寶藏菴左。江總《修心賦》:著鎮山於周紀。

〔二〕太白句　段注:《史記·天官書》:用兵象太白,太白行疾,疾行;遲,遲行。角,敢戰。動搖躁,躁。圜以静,静。順角所指,吉;反之,皆凶。出則出兵,入則入兵。赤角,有戰;白角,有喪。

　　蘧常案:天弧,見卷一《擬唐人五言八韻·班定遠投筆》詩"天弧動"注。

〔三〕爾來句　蘧常案:《金史·宗弼傳》:宗弼,本名斡啜,又作兀朮,亦作斡出,或晃斡出,太祖第四子也。詔伐宋康王。河北平,宋主自揚州奔于江南,宗弼等分道伐之,渡江追襲宋主至越州。宋主奔明州,遂渡曹娥江,去明州二十五里,大破宋兵,追至其城下,宋主走入于海。此兀朮當指清和碩鄭親王濟爾哈朗。濟爾哈朗於順治五年九月,以定遠大將軍侵湖廣,時已復取湖南郡縣,且屢襲桂林,故曰"方深入"也。

〔四〕帝在句　徐注:《明史》志《地理》:浙江寧波府,太祖吳元年十二月爲明州。洪武十四年二月,改寧波。《南疆逸史》:己丑春正月,監國魯王次沙埕。三月,寧德破。夏四月,福安破,六月,定西侯張名振復健跳所(台州府寧海縣南)遣王。七月,王復入浙,次健跳。鄭彩棄王去,從王者大學士沈宸荃、劉沂春,尚書吳鍾巒、李向中,都御史黃宗羲等,每日朝於水殿。清兵圍健跳，阮駿以舟師至，遂解去。九月，張名振、阮駿、王朝先合兵執殺黃斌卿。冬十月己巳，奉王駐舟山。沈宸荃以疾罷，沂春還閩，以張肯堂爲大學士，朱永祐爲吏部侍郎，孫延齡爲戶部尚書，張煌言爲兵部左侍郎。庚寅，王駐舟山。辛卯九月，舟山始破。舟山屬寧波府定海東北海中。洪武十一月，置有舟山中中千戶所，舟山中左千戶所。（蘧常案：洪武以下，蓋據《明史·地理志》。"洪武十一月"句有闕文。考《明史·地理志》浙江寧波府定海下云：又有霩衛守禦千戶所，大嵩守禦千戶所，俱洪武十九年十一月置。又有舟山中中千戶所，舟山中左千戶所，本元昌國州，洪武二年降爲縣，二十年六月，縣廢，改置。此"十一月"云云，當涉上文而誤。）《東南紀事》：張家玉疏諫唐王曰：高宗南渡，李綱、宗澤、岳飛等迭請還東京，而汪伯彥、黃潛善力阻之，卒有明州之難。宋之不延，由東遷失策也。

　　蘧常案：徐注多誤。此詩作於己丑春初，而注以爲春季春後之事，此其一；以帝屬諸魯監國，則何以處永曆，且王謂何人？此其二；以舟山爲明州，此其三。時永曆越在肇慶，清寇日深，故以宋高宗在明州爲況。王謂魯監國，望其協輔，故曰"正待王"也。

春　半

【解題】

　　徐注：張若虛《春江花月夜》詩：可憐春半不還家。《元譜》：指江西金聲桓事。聲桓以去年戊子七月叛據南昌，是年正月，爲官軍所破。

　　春半雨不絕,北風吹荒山。江南花不開,白日愁生寒。登高望千里,苦霧何漫漫〔一〕。洪州七月圍〔二〕,糧盡力亦殫〔三〕。營頭墮軍中〔四〕,旗纛沈江干〔五〕。漢道昔中微〔六〕,白水應圖記〔七〕。晚世得先主,亦作三分事〔八〕。干戈方日尋,天時自當至〔九〕。一身客荆州,毫不以措意〔一〇〕。流離志不挫,終然正神器〔一一〕。一朝得孔明,可以託後嗣〔一二〕。撫掌長太息〔一三〕,且作《南山歌》〔一四〕。開篋出兵書,日夜窮揣摩〔一五〕。中原有大勢,攻戰不在多〔一六〕。願爲諸將言,不省其奈何〔一七〕!

【彙校】
〔正神器〕冒校本"正"作"主"。
【彙注】
〔一〕苦霧　徐注:昭明太子《十二月啓》:苦霧添寒。
〔二〕洪州句　徐注:《方輿紀要》:江西南昌府,隋平陳曰洪州。《遺聞》(蓮常案:即鄒漪《明季遺聞》):戊子五月,江右金聲桓據南昌,藏疏佛經部面中,遣使齎奏亦至。八月十二日,李成棟兵二十萬赴南雄,聲桓與通,約期南下。《南略》:先是,信豐貢生曹兌光降,居聲桓營,因謁關廟,勸聲桓舉大事,移書寧都貢生盧南金等,南金子泄其事。聲桓本約八月合南京諸處俱起,以南金故,恐事敗,遂於四月同副將王得仁等反,踞南昌,命得仁圍贛州。清巡撫劉武元、巡道張鳳等堅守三月。會譚固山援兵至,得仁解圍去。孔有德等各率師至。成棟一敗於庚關,再敗於信豐,聲桓援絕(蓮常案:於原文頗有竄改)。李瑤《逸史撫遺‧金聲桓傳》：與得仁盡撤城外屯兵入壁，部將郭天才争之不得，自劄黃泥洲爲犄角，三戰三捷。已而宋奎光渡江按行地利，請移兵二隊，一駐生米渡，一駐市汊，以達餉路。聲桓並不聽，專主堅壁。清兵雖屢勝，夜每驚呼王雜毛來。久之，見城中無鬬志，乃掘長濠以困，東自王家渡，屬灌城；西自雞籠西，屬生米渡，自是内外耗絶。　全云：金、王之難。

蓬常案：《南疆逸史‧逆臣‧金聲桓傳》：五月辛未，王師至石頭，始議築城，明日鐵騎滿西山矣。六月，大將軍譚泰乃行營築土城，掘濠溝，驅所俘丁壯老弱助役，遠伐山木，發冢斷棺，以爲濠底。溽暑蒸濕，死者無慮十餘萬。又起浮橋三所於章江，廣袤七里。章江故深險，没水置石下樁，上更累木疊石以維舟，當洄洑湍駛處，死又數十萬。圍漸逼，諸將先後各託請援逸去，而得仁荒酒日甚，聲桓嚘恨而已。金聲桓、王得仁據南昌歸明，在戊子二月。《清史稿‧世祖本紀》：順治五年二月甲戌，金聲桓及王得仁以南昌叛。三月庚戌，命譚泰爲征南大將軍，同何洛會討金聲桓。南昌被圍始於六月，見上引《逸史》，至明年正月破，正足七月也。《遺聞》謂"以五月據南昌"，《南略》謂"以四月反"，皆誤。《元譜》以爲七月，意欲成七月之數，尤非。不知反清在二月，而圍始於六月也。

〔三〕糧盡句　徐注：《繹史撫遺》：冬十月，南昌糧盡。　黃注：《南疆逸史》：南昌城中斗米八十金，乃殺人而食，至父子夫婦相牽就屠。百姓皆願出城一戰，而金、王終望外援，不許。民乃轉爲清兵耳目。詩所謂"糧盡力亦殫"者，痛辭也。

〔四〕營頭句　原注：《後漢書‧天文志》：晝有雲氣如壞山墮軍上，軍人皆厭，所謂營頭之星也。占曰：營頭之所墮，其下覆軍,流血三十里。

〔五〕旗纛句　蘧常案:《詩‧魏風‧伐檀》:寘之河之干兮。毛傳:干,厓也。此二句,謂南昌之破。《清史稿‧世祖本紀》:順治六年正月壬午,譚泰、何洛會等復南昌,金聲桓投水死,王得仁伏誅。《南疆逸史‧金聲桓傳》:正月十九日(案:十九日干支爲戊寅,與《清史稿》作壬午不同,壬午爲二十三日,不知孰是),大兵以大礮擊城,山谷皆震,而城遂破。聲桓衣其銀甲赴水死,得仁欲突圍,三出三入不得前,擊殺數百人,卒被殺。金、王起事凡八月,卒無成,而士民死者數百萬人。《小腆紀傳‧金聲桓傳》:己丑正月,大雨連旬,城多壞。聲桓部將湯執中守進賢門,約内應。王師乃佯攻得勝門,聲桓、得仁齊赴救,而奇兵已從進賢門梯壘以登,城遂陷,聲桓自投於城之東湖。死事聞,贈南昌王,設壇祭之。

〔六〕漢道句　李注:王延壽《魯靈光殿賦》:遭漢中微。

　　蘧常案:《漢書‧哀帝紀》:建平元年,待詔夏賀良等言赤精子之讖,漢家曆運中衰,當再受命。

〔七〕白水句　徐注:《後漢書‧光武紀論》:王莽篡位,忌惡劉氏,以錢文有金刀,故改爲貨泉,或以貨泉字文爲白水真人。張衡《東京賦》:龍飛白水。注:白水鄉在南陽府鄧州,世祖所起跡處也。

　　蘧常案:王士禎《蜀道驛程記》:淯水旁白水村有巨碑,書漢光武皇帝故里,今棗陽縣地。圖記,見卷一《大行皇帝哀詩》"祕讖"句注。

〔八〕晚世二句　徐注:《三國志‧蜀先主傳》:涿郡涿縣人。景帝子中山靖王勝之後。又《諸葛亮傳》:今天下三分。

　　蘧常案:先主,詳後卷五《漢三君昭烈》詩注。

〔九〕干戈二句　原注:《三國志》注引《漢晉春秋》曰:曹公自柳城

還,表謂備曰:不用君言,故爲失此大會!備曰:今天下分裂,日尋干戈,事會之來,豈有終極乎?若能應之於後者,則此亦未足爲恨也。

〔一〇〕一身二句　徐注:《三國志·蜀先主傳》:表自郊迎,以上賓禮待之,益其兵,使屯新野。荊州豪傑歸先主者日益衆。表疑其心,陰禦之,使拒夏侯惇、于禁等於博望。《戰國策》:秦王謂唐雎曰:以君爲長者,故不措意耳。

〔一一〕神器　蘧常案:見卷一《大行皇帝哀詩》"神器"句注。

〔一二〕一朝二句　徐注:《蜀志·諸葛亮傳》:徐庶謂先主曰:諸葛孔明者,卧龍也,將軍豈願見之乎?先主曰:君與俱來。庶曰:此人可就見,不可屈致也,將軍宜枉駕顧之。由是先主遂詣亮,凡三往,乃見。又《先主傳》:孤之有孔明,猶魚之有水也,願諸君勿復言。又:三年春,先主病篤,託孤於丞相亮。評曰:及其舉國託孤於諸葛亮,而心神無貳,誠君臣之至公,古今之盛軌也。　黃注:《逸史》言:"聲桓爲人陰鷙,方南顧明微,内憖清盛,欲待四方有起者而自立。"觀亭林詩引光武、引先主以正其妄,則知《逸史》之言非虛也。徐注未揭出此旨,遂令"漢道昔中微"以下作意未明,故補而出之。

〔一三〕撫掌句　蘧常案:《三國志·吳書·魯肅傳》:權撫掌歡笑。

〔一四〕《南山歌》　徐注:甯戚《飯牛歌》:南山矸,白石爛。　黃注:徐注以爲甯戚《飯牛歌》,是也。但亭林之意,蓋有取於"長夜漫漫何時旦"意。

　　蘧常案:《飯牛歌》第一章:南山矸,白石爛,生不逢堯與舜禪。短布單衣適至骭,從昏飯牛薄夜半,長夜漫漫何時旦?

〔一五〕開篋二句　徐注:《戰國策》:蘇秦乃夜陳篋,得太公《陰符》之謀,伏而誦之,簡練以爲揣摩。

蔣常案：《漢書·藝文志·兵書略》：至於孝成，命任宏論次兵書爲四種。

〔一六〕中原二句　徐注：先生《文集·形勢論》：拓跋奄有中原，齊、梁嗣主江左，淮南、北並爲戰場。太清内禍，承聖尋兵，齊略淮南，魏收蜀、漢，而江陵淪陷。陳氏軼興，西不得蜀、漢，北失淮、淝，以長江爲境，於是乎守江矣。幅員日狹，國祚彌短。采石、京口，同時並濟，卒并於隋。南唐既失淮南，亦以江爲境，國遂不支。宋都臨安，與金人盟，中淮流爲界，西拒大散關。端平滅金蔡州，挑兵蒙古。寶祐失蜀，咸淳失襄、樊，元兵南下，幼主銜璧，豈非大勢使然耶。又：趙鼎言：經營中原自關中始，經營關中自蜀始，幸蜀自荆、襄始。又曰：夫取天下者，必居天下之上游而後可以制人。英雄無用武之地，則事不集。且人知高皇帝之都金陵，而不知所以取天下，當江東未定，先以大兵克襄、漢，平淮安，降徐、宿，而後北略中原，此用兵先得地勢也。（蔣常案：上"又曰"至此一節，已見前卷一《上吳侍郎暘》詩"爭雄"句注。兹欲見其全，不復删去，亦先生反復丁寧之意也。）又曰：如愚之策，聯天下之半以爲一，用之若常山之蛇，則雖有苻秦百萬之師，完顏三十二軍之衆，不能闞我地；而蓄威固鋭，以伺敵人之瑕，則功可成也。此戰守兼得之謀，而用兵之上術也。

〔一七〕不省句　原注：《史記·留侯世家》：良爲他人言，皆不省。　黄注：亭林詩記南明兵事，此篇爲最終矣。金聲桓與王得仁據南昌，擁兵百萬，日夜荒宴，不能出寸步，而徒盼外援，又復刻剥富良，誅鋤貞烈。（蔣常案：自上"擁兵百萬"至此，全用胡澹予《與姜曰廣書》。）其人本不足述，不過以其反清爲明，故亭林於其敗也，記以此詩，實無美辭焉。

蔣常案：黄注謂亭林詩記南明兵事此篇爲最終。然下一首《懷人》詩即悼何騰蛟之敗亡,此後復有《傳聞》詩記劉文秀、李定國之捷報,《金山》詩記張名振之出師,至《江上》詩記鄭成功、張煌言會師進攻南京之役,尤爲詳盡,何言此爲最終乎?

懷　　人

【解題】

徐注:《詩》:嗟我懷人。　全云:思永明也。

蔣常案:此詩蓋懷何騰蛟而作,非思永明也。君臣之分,不得曰懷人。

秋風下南國,江上來飛鳶。江頭估客幾千輩〔一〕,其中別有東吴船。吴兒解作吴中曲,扣舷一唱悲歌續〔二〕。乍迴别鶴下重雲〔三〕,一叫哀猿墜深木。曲中山水不分明〔四〕,似是衡山與洞庭〔五〕。日出長風送舟去〔六〕,祇留江樹青冥冥。湘山削立天之角〔七〕,五嶺盤紆同一握〔八〕。嵌崟七十有二峰,紫蓋獨不朝衡嶽〔九〕。萬里江天木葉稀〔一〇〕,行人相見各沾衣。寄言此日南征雁,一到春來早北歸〔一一〕。

【彙校】

〔衡山〕孫校本作"寒山"。

【彙注】

〔一〕估客　蔣常案:《古今樂録》:《估客樂》者,齊武帝之所制也。

此指販貨者也。

〔二〕吳兒二句　蘧常案：此二句蓋全用《晉書·夏統傳》：統，會稽永興人也。太尉賈充謂曰：卿頗能作卿土地間曲乎？統曰：先公（案："公"疑當作"王"）惟寓稽山，朝會萬國，授化鄙邦，崩殂而葬，恩澤雲布，聖化猶存，百姓感詠，遂作《慕歌》。又，孝女曹娥，其父墮江，娥仰天哀號，便投水而死，父子喪尸，後乃俱出，國人哀其孝義，爲歌《河女之章》。伍子胥諫吳王，言不納用，見戮投海，國人痛其忠烈，爲作《小海唱》（案：此一節，所謂"吳兒解作吳中曲"也），今欲歌之。衆人僉云善。統於是以足叩船，引聲喉囀，清激慷慨，大風應至。含水嗽天，雲雨響集，叱咤歡呼，雷電晝冥，集氣長嘯，沙塵煙起（案：此一節，所謂"扣舷一唱悲歌續"也）。王公已下皆恐，止之乃已。充欲耀以文武鹵簿，覬其來觀。統危坐如故，若無所聞。充等各散，曰：此吳兒是木人石心也。蓋以子胥之忠烈況騰蛟也。

〔三〕別鶴　徐注：《古今注》：《別鶴操》，琴曲名。商陵牧子娶妻五年無子，父兄將爲改娶，乃援琴而歌。

〔四〕曲中句　蘧常案：《列子·湯問》篇：伯牙善鼓琴，鍾子期善聽。伯牙鼓琴，志在高山，鍾子期曰：善哉，峨峨兮若泰山！志在流水，曰：善哉，洋洋乎若江河！伯牙所念，鍾子期必得之。此"山水"，借謂衡山、洞庭也。時尚未得何騰蛟凶問確音，故曰"不分明"。

〔五〕似是句　徐注：《明史·何騰蛟傳》：順治五年十一月，騰蛟議進兵長沙，會督師堵胤錫惡馬進忠，招忠貞營李赤心軍自夔州至，令進忠讓常德與之。進忠大怒，盡驅居民出城，焚廬舍，走武岡。寶慶守將王進才亦棄城走，他守將皆潰。赤心等所至皆空城，旋棄走，東趨長沙。騰蛟時駐衡州，大駭。

六年正月，檄進忠由益陽出長沙，期諸將畢會，而親詣忠貞營，邀赤心入衡。聞其軍已東，即尾之至湘潭。湘潭空城也，赤心不守而去，騰蛟乃入居之。大兵知騰蛟入空城，遣將徐勇引軍入。勇，騰蛟舊部將也，率其卒羅拜，勸騰蛟降，騰蛟大叱，勇遂擁之去。絕食七日，乃殺之。永明王聞之哀悼，賜祭者九，贈中湘王，謚文烈。官其子文瑞僉都御史。

　　蘧常案：《明史》志《地理五》衡州府衡山注：西有衡山，有七十二峰、十洞、十五巖、三十八泉、二十五溪、九池、九潭、九井。徐靈期《南嶽記》：南嶽周回八百里，回雁爲首，嶽麓爲足。《明史》志《地理五》岳州府巴陵注：西北洞庭湖，沅、漸、元、辰、敘、酉、澧、資、湘九水，皆匯於此，故亦名九江。《水經注》：湖水廣圓五百餘里，日月若出没於其中。

〔六〕日出句　蘧常案：《宋書·宗愨傳》：願乘長風破萬里浪。此似謂騰蛟被執送長沙事，見《小腆紀傳》。

〔七〕湘山句　徐注：《岳州府志》：洞庭湖中君山，一名洞庭山，一名湘山。庾信《和張侍中述懷》詩：坏柱傾天角。

〔八〕五嶺句　徐注：裴氏《廣州記》：大庾、始安（蘧常案：一稱越城）、臨賀、桂陽、揭陽（蘧常案：即都龐）爲五嶺。司馬相如《子虛賦》：其山則盤紆茀鬱，隆崇嵂崒。《三秦記·民謠》：孤雲兩角，去天一握。

〔九〕嶔崟二句　原注：杜甫《望南嶽》詩：紫蓋獨不朝，争長嶸相望。　徐注：《衡州府志》：衡山七十二峰，最大者五：芙蓉（蘧常案：《明史·地理志》作"雲密"）、紫蓋、石廩、天柱，祝融爲最高。張衡《思玄賦》：慕歷阪之嶔崟（蘧常案：此從《文選》。《後漢書·張衡傳》作"欽崟"，古今字也）。

　　蘧常案：湘山四句，似追叙騰蛟得大順降衆及劉承胤跋扈事。《小腆紀傳·何騰蛟傳》云：李自成死於九宮山，其將劉體仁、郝搖旗等，有衆四五萬，驟入湘陰。距長沙僅百里，城中懼甚。騰蛟開誠撫慰，搖旗等大喜，悉招餘黨來歸，驟增兵至十數萬，聲威大振。未幾，自成後妻高氏與其弟一功、從子李錦擁衆數十萬，逼常德，乞撫。騰蛟馳檄令巡撫堵胤錫往撫之，安置荊州。慮錦等跋扈難制，受降日，過其營，請見高氏，執禮甚恭。高悅，戒錦毋負何、堵二公。因是卒無異志，號其軍曰忠貞營。自成亂天下者二十年，陷帝都，覆廟社，其衆數十萬，一旦盡歸騰蛟，無不詫爲異事。詩云"五嶺盤紆同一握"，五嶺三在湖南，故借以喻諸軍之在湘；"一握"者，謂同歸騰蛟節制也。《紀傳》又云：五月，上遣中使來，密告劉承胤罪狀，召詣行在。初，騰蛟荐承胤，由小校至大將，稱門生。已漸倨肆，在長沙時，徵其兵，怒不應。馳入黎平，執騰蛟子索餉數萬。更命章曠招之，始以衆至。騰蛟爲請封定蠻伯，且與爲姻，承胤益驕。既爵安國公，勳上柱國，賜尚方劍，翻嫌騰蛟出己上，欲奪其權，自請爲户部尚書，專辦餉務。上弗許，因密召騰蛟爲計，然固無如承胤何也。騰蛟無兵，命以雲南援將趙印選、胡一青隸之。及辭朝，遣廷臣郊餞，承胤伏甲將襲之，印選、一青力戰，殲其衆，還駐白牙。八月，武岡破，承胤降。上走靖州，尋走柳州。常德、寶慶、永州相繼盡失。故詩以紫蓋喻承胤，用杜詩"爭長"云云，其意灼然甚明，終成湘潭之禍，故下痛言之也。

〔一〇〕萬里句　蘧常案：何騰蛟殉難於本年正月杪，而此云"木葉稀"，則作詩於秋令矣。或疑事歷半載，不應猶懷疑似。然當時道里遼遠，民間音報濡滯，加以干戈滿地，所傳聞異辭，固不足異也。

〔一一〕寄言二句　原注：蔡琰《胡笳十八拍》：雁南征兮欲寄邊

聲,雁北歸兮爲得漢音。

　　蘐常案:此似謂欲得其殉國確耗也。

賦得秋鷹

【解題】

　　徐注:杜甫《醉歌行》(蘐常案:杜有兩《醉歌行》,此《贈公安顏十少府》):天馬長鳴待駕馭,秋鷹整翮當雲霄。

　　蘐常案:秋鷹,或以喻鄭成功。成功於去歲八月奉表於肇慶,十月,封爲威遠侯。連克詔安、雲霄。今年三月,又破惠來,七月,進封廣平公。詩首二句,蓋謂其事。

　　青骹初下赤霄空[一],千里江山一擊中[二]。忽見晴皋鋪白草[三],頓令涼野動秋風。當時遂得荆文寵[四],佐運終成尚父功[五]。試向平蕪看獵火,六雙還在上林東[六]。

【彙注】

〔一〕青骹句　原注:陳思王《孟冬篇》:獵以青骹,掩以修竿。　徐注:《淮南子》:背負青天,膚摩赤霄。

　　　蘐常案:張衡《西京賦》:青骹摯於靮下。薛綜注:青骹,鷹青脛者。

〔二〕一擊　徐注:李白《獨漉篇》:爲君一擊,鵬搏九天。

〔三〕忽見句　徐注:貢師泰《翦燈聯句》:蟏蛸薄晴皋。李白《行行且游獵篇》:胡馬秋肥宜白草。

　　　蘐常案:《漢書·西域傳》:鄯善國多白草。《大同府志》：塞草皆白。案：此似喻清兵之蔓衍。

〔四〕當時句　徐注：《幽冥録》：楚文王好獵，有人獻一鷹，獵於雲夢。毛羣羽族，爭噬共搏，此鷹獨瞪目雲際。俄有一物，鮮白不辨，其鷹便竦翮而升，須臾羽墮若雪，血下如雨，有大鳥墜地，其兩翅廣十餘里，喙邊有黃，衆莫能知。有博物君子曰：此大鵬雛也。乃厚賞之。

〔五〕佐運句　徐注：陳琳《武庫賦》：當天符之佐運。《詩》：維師尚父，時維鷹揚。

〔六〕六雙句　蘧常案：此云"六雙"，猶《京口即事》詩所云"六雙"之意，望其恢復失土也。

八　尺

【解題】

徐注：先生《郡國利病書》：蘇州水利，其橫塘，在崑山，則爲八尺涇。《吴江舊縣志》載施世傑《酉戌雜記‧孫烈士傳》：貝勒振旅還京，行至八尺，孫兆奎等以神鎗來擊，頗多傷者。"尺"亦作"斥"。

蘧常案：《元譜》：秋，至吴江，過八尺。詩蓋感事而作。

八尺孤帆一葉舟〔一〕，相將風水到今秋。曾來白帝尋先主〔二〕，復走江東問仲謀〔三〕。海上魚龍應有恨〔四〕，山中草木自生愁〔五〕。憑君莫話興亡事〔六〕，舊日長年已白頭〔七〕。

【彙注】

〔一〕八尺句　蘧常案：張《譜》："八尺孤帆一葉舟"云云，八尺二字,似非地名,所未詳也。案:"八尺孤帆",當係隱語。八尺自是地名。

〔二〕曾來句　徐注:《三國志·蜀先主傳》:章武二年,孫權聞先主住白帝,甚懼,遣使請和。

蘧常案:當有所指,或謂魯監國乎?《孫烈士傳》云:魯王監國浙東,奎等遙受其節制。奎者,烈士兆奎也。

〔三〕復走句　徐注:《三國志·孫破虜討逆傳》:呼權佩以印綬,謂曰:舉江東之衆,決機於兩陣之間,與天下爭衡,卿不如我;舉賢任能,各盡心力,以保江東,我不如卿。又《吳主傳》:字仲謀。

蘧常案:仲謀當謂兆奎。《孫烈士傳》云:順治二年,大兵南渡,勢如風雨。我邑舉人孫兆奎者,素懷殉國之心,奮不顧難。與職方吳易倡義興復。散家財,募水卒,旬日間得三千餘人,遂推易為主盟,而奎佐之。於六月朔,起兵湖中,傳檄遠近,廣樹聲援,於是雲間沈猶龍、崑山顧錫疇、秀水陳謨、平湖陳長圩等,皆同時起兵。自京口至餘杭八百餘里,東西飆動,所在蠭起,吟嘯四顧,舳艫雨集,皆奎等為倡也。誠江東之雄哉! 故以仲謀為況。此兩句"曾來"、"復走"云云,皆自謂。亭林嘗謀入海就魯王,故曰尋;又與吳易善,前卷一有詩上之,奎其上佐,必與稔,且同志,故訪之也。錢肅潤《南忠記》:孫兆奎字君昌,吳江人。中丙子鄉榜。

〔四〕海上句　蘧常案:魚龍,見卷一《海上行》"或言"句注。此句承上第三句,似謂魯王飄泊海上。《小腆紀年》:順治六年,六月,明魯定西侯張名振復健跳所,表迎監國魯王。時閩地盡失,乃迎次健跳。秋七月,壬午,監國次健跳所。時鄭彩棄監國去,隨扈者大學士沈宸荃、劉沂春、禮部尚書吳鍾巒、兵部尚書李向中、戶部侍郎孫延齡、左副都御史黃宗羲、右僉都御史張煌言,每日朝于水殿。水殿者,御舟之稍大者,名河艇,即其頂爲朝房。落日狂濤,冠裳相對,臣主艱難,於斯爲極。此所謂"魚龍有恨"也。

〔五〕山中句　蘧常案:此句承第四句,當謂兆奎。山中當指吳、孫湖中山寨,卷一《上吳侍郎暘》詩所謂"依山成斗寨,保水得環洲"者也。吳、孫既敗没,故草木生愁也。敗没事,詳卷一《上吳侍郎暘》詩題注,及"曹沫"句注。

〔六〕憑君句　蘧常案:曹松《己亥歲詩》:憑君莫話封侯事,一將功成萬骨枯。案:憑猶請也。

〔七〕長年　蘧常案:杜甫《撥悶》詩:長年三老遥憐汝,捩柂開頭捷有神。蔡夢弼注:峽中以篙師爲長年,柂工爲三老。吳、孫善用舟師,見《上吳侍郎暘》詩"計用"等句注,故曰"長年"。

歲九月虜令伐我墓柏二株

【解題】

蘧常案:葉紹袁《啓禎記聞録》:己丑,議征剿舟山,造水船於吳淞,其船高大異常,須十數圍大木。凡木料人夫,皆責取於縣令。親下鄉村封木,僧寺及民家之樹,多被斬伐。又因造船,每圖撥夫三名,往吳淞做工。上官督促甚嚴,自夏至冬底未已,人深苦之也。案:紹袁,吳江人,久居蘇州。所言與詩合,正此事也。

老柏生崇岡〔一〕,本是蒼虯種〔二〕。何年徙靈根〔三〕,幸託先臣壟〔四〕。長持後凋節〔五〕,久荷君王寵〔六〕。歲月駸駸不相待〔七〕,漢時秦宮一朝改〔八〕。刳中流梯要名材〔九〕,乍擬相將赴東海〔一〇〕。發丘中郎來〔一一〕,符牒百道聲如雷〔一二〕。斫白書其處〔一三〕,須臾工匠來斤鋸〔一四〕。持鋸截此柏,柏樹東西摧〔一五〕。却顧別丘壟〔一六〕,辛苦行不辭。君不見泰山之廟柏如鐵,赤眉斫之嘗出血〔一七〕。我今此去去爲船,海風四面吹青天。秉性長端正〔一八〕,不敢作怪妖〔一九〕。東流到扶桑〔二〇〕,日月相遊遨。去爲天上榆〔二一〕,留作丘中樻〔二二〕。傳語松楸莫嘆傷〔二三〕,漢家雨露彌天下。

【彙校】
〔題〕此首潘刻本、徐注本無。"虜",孫校本作"虞",韻目代字也。朱刻本注云:屠維赤奮若,補卷二《桃花溪歌》上,己丑。孫託荀校本注云:《八尺》詩後。

【彙注】
〔一〕老柏句　蘧常案:杜甫《病柏》詩:有柏生崇岡。
〔二〕蒼虬　蘧常案:曹植《九詠》:駟蒼虬兮翼軫,駕陵魚兮驂騄。《文選》左思《吳都賦》:輪囷虬蟠。吕向注:虬,龍也。言木形屈曲,如龍之蟠,故云老柏爲"蒼虬種"也。
〔三〕靈根　蘧常案:張衡《南都賦》:因靈根於夏葉,終三代而始蕃。
〔四〕先臣壟　蘧常案:見卷一《十月二十日奉先妣葬》詩"神宗"句注。先臣,見《金陵雜詩》第五首"記得"句注。
〔五〕後凋節　蘧常案:《論語·子罕》篇:歲寒,然後知松柏之後凋也。此與下句蓋雙寫,似寫物,實寫人。《文集·鈔書自序》云:先曾祖歷官至兵部侍郎,中間歷方鎮三四,清介之操,雖一錢不以取諸官。

〔六〕君王寵　蘧常案:白居易詩:誓酬君王寵,願使朝廷肅。

〔七〕歲月駸駸　蘧常案:《詩·小雅·四牡》:載驟駸駸。毛傳:駸駸,驟貌。梁簡文帝《納涼》詩:斜日晚駸駸。

〔八〕漢時秦宮　蘧常案:《史記·封禪書》:秦宣公作密畤於渭南,祭青帝;靈公作吳陽上畤,祭黃帝;作下畤,祭炎帝;獻公作畦畤櫟陽,祀白帝。及秦并天下,諸祠唯雍四時上帝爲尊。漢興,高祖曰:吾聞天有五帝,而有四,何也?莫知其說。於是高祖曰:吾知之矣,乃待我而具五也。乃立黑帝祠,命曰北畤。《說文解字》:畤,天地五帝所基止祭地也。　段注:所基止祭地,謂祭天地五帝者,立基止於此而祭之之地也。《史記·秦始皇本紀》:始皇以爲咸陽人多,先王之宮廷小,乃作朝宮渭南上林苑中。先作前殿阿房,東西五百步,南北五十丈,上可以坐萬人,下可以建五丈旗。令咸陽之旁二百里內宮觀二百七十復道甬道相屬。　盧照鄰詩:漢時光如月,秦祠聽似雷。

〔九〕剠中句　蘧常案:《易·繫辭》:剠木爲舟。《晉書·王濬傳》:濬造船於蜀,其木柿蔽江而下,吳建平太守吾彥(案:"吳"應作"吾"。)取流柿以呈孫皓曰:晉必有攻吳之計,宜增建平兵。皓不從。案:柿,果名,應從《晉書》作柹,《說文解字》作"柹",削木札朴也。時清吏伐樹造船,將攻舟山,故用此事。或作"流涕",涉形近而誤。

〔一〇〕東海　蘧常案:《左傳》襄公二十九年:表東海者,其大公乎?案:此東海謂舟山也。舟山在東海中,時明總兵黃斌卿據之,受隆武封而拒魯監國。嘗與定西侯張名振助吳勝兆反正,故清軍謀攻之。當勝兆事敗,斌卿甚悔其不肯與海上義師相犄角,又與名振等失歡。是年九月乙酉,名振與蕩湖伯阮進、平西伯王朝先合攻殺之。冬十月，魯監國入駐而清軍謀攻益急矣。此詩作於九月，斌卿或猶未死，或死而尚未知也。

〔一一〕發丘句　蘧常案：陳琳《爲袁紹檄豫州文》：操又特置發丘中郎將、摸金校尉。

〔一二〕符牒句　蘧常案：《舊唐書·職官志》：百司應請月俸符牒。《詩·小雅·采芑》：嘽嘽焞焞，如霆如雷。

〔一三〕斫白句　蘧常案：《史記·孫子吳起列傳》：臏度其（案：指龐涓）行，暮當至馬陵。馬陵道狹，而旁多阻隘，可伏兵。乃斫大樹白而書之曰："龐涓死於此樹之下。"

〔一四〕須臾句　蘧常案：屈原《離騷》：聊須臾以相羊。《莊子·在宥》篇：釿鋸制焉。陸德明《經典釋文》：釿，音斤，本亦作斤。

〔一五〕持鋸二句　蘧常案：樂府《豔歌行》：斧鋸截是松，松樹東西摧。

〔一六〕丘壟　蘧常案：《楚辭》東方朔《七諫·沈江》：封比干之丘壟。

〔一七〕君不見二句　蘧常案：《太平御覽》卷九五四引伍緝之《從征記》：大山（案：即泰山）廟中柏皆三十餘圍，夾兩階。赤眉嘗斫一樹，見血而止，今斧創猶在。

〔一八〕秉性句　蘧常案：《莊子·德充符》篇：受命於地，唯松柏獨也正，在冬夏青青。杜甫《古柏行》：正直元因造化功。

〔一九〕不敢句　蘧常案：舊傳樹木爲怪妖之事：如《史記·秦本紀》：文公二十七年，伐南山大梓，豐大特。《正義》引《錄異傳》：秦文公時，雍南山有大梓樹，文公伐之，輒有大風雨，樹生合不斷。公伐樹斷，中有一青牛走出。《述異記》亦言千年木精爲青牛。又《續神仙傳》言呂嵒遇松精，《臨川記》、《朝野斂載》皆言"楓樹靈怪",并是。此云"不敢作",蓋冀其不爲清軍所用耳。

〔二〇〕扶桑　蘧常案：《山海經·海外東經》：黑齒國下有湯谷，湯谷上有扶桑。郭璞注：《東夷傳》曰：倭國東四千餘里有裸國（案："四千"原作"四十"，依郝懿行説改），裸國東南有黑齒國，船行一年可至也。

〔二一〕天上榆　蘧常案：古樂府《隴西行》：天上何所有，歷歷種白榆。《春秋緯·運斗樞》：玉衡星散爲榆。

〔二二〕丘中櫏　蘧常案：《左傳》哀公十一年：吳將伐齊，越子率其衆以朝焉。唯子胥懼曰：是豢吳也夫！諫不聽。使於齊，屬其子於鮑氏。王聞之，使賜之屬鏤以死。將死曰：樹吾墓櫏，櫏可材也，吳其亡乎？三年其始弱矣，盈必毀，天之道也！案：此望清之亡也。

〔二三〕松楸　蘧常案：見卷一《十月二十日奉先妣葬》詩"止存"句注。

桃花溪歌贈陳處士梅

【解題】

李注：常熟張瑛《知退齋稿·語溪顧先生祠堂記》：語濂溪即桃花溪。《記》謂：先生與陳處士梅隔垣而居，贈以《桃花溪歌》者也。

蘧常案：歸莊《陳君墓表》：余友顧寧人嘗避亂海虞之唐市。余訪寧人，因識其居停陳君。君歿後二十年，孫芳績以其所撰行狀請余表其墓。按狀：君諱梅，字鼎和，蘇州常熟之唐市人。弱冠補學官弟子。既遭世變,君杜門掃迹,安以待盡。卒之日,索衣冠。家人以時裝進,擲去,取故巾服服之。《餘集·常熟陳君墓誌銘》:君年七十有一。亭林陳《誌》有"崇禎十七年,君從容謂余曰:吾年六十有六"云云,至是年爲七十一。此詩蓋補壽其七十也,故有"四百甲子顔猶少",及"七十年來"云云。結亦有眉壽無疆之意。

陶君有五柳,更想桃花源。山迴路轉不知處,到今高士留空言〔一〕。太丘之後多君子〔二〕,門前正對桃花水〔三〕。嘉蔬名木本先疇〔四〕,海志山經成外史〔五〕。曾作諸生三十年〔六〕,老來自種溪前田〔七〕。四百甲子顔猶少,有與疑年但一笑〔八〕。有時提壺過比鄰,笑談爛熳皆天真。酒酣却説神光始〔九〕,感慨汍瀾不可止〔一〇〕。老人尚記爲兒時〔一一〕,煙火萬里連江畿,斗米三十穀如土,春花秋月同遊嬉〔一二〕。定陵龍馭歸蒼昊〔一三〕,國事人情亦草草〔一四〕。桑田滄海幾回更,只今尚有遺民老〔一五〕。語罷長謡更浮白〔一六〕,七十年來似疇昔。與君同是避秦人〔一七〕,不醉春光良可惜。春非我春,秋非我秋〔一八〕,惟有桃花年年開,溪水年年流,爲君酌酒長無愁。

【彙校】
〔比鄰〕各本皆同,徐注本"比"作"北",誤。
【彙注】
〔一〕陶君四句　徐注:陶潛《桃花源記》:忽逢桃花林,林盡水源,便得一山。又:便扶向路,處處誌之。及郡下,詣太守説如此。太守即遣人隨其往,尋向所誌,遂迷不復得路。南陽劉子驥,高尚士也。聞之,欣然規往,未果。尋病終。後遂無問津者。

　　葊常案：五柳，見卷一《擬唐人五言八韻・陶彭澤歸里》"蔭柳"句注。

〔二〕太丘句　徐注：《後漢書・陳寔傳》：爲太丘長。《左傳》襄公二十九年：衛多君子。

　　葊常案：歸莊《陳君墓表》：君素孝友，敦族誼，葬其祖時，費悉出自君，不以諉諸父；同姓之貧無養、死無槥者，皆取給於君；而凌侮者時有，君終其身忍詢不與校，君子以爲難。又云：君爲人長厚有信義，里中人皆從而辨曲直，有鼠牙雀角之爭，往往以君一言而解。權量必平，有斗稍大，取而毁之。鼎革之初，有盜入其村，方肆劫掠，至君之門，曰：此積善之家也，去之。蓋長者之稱素著聞云。

〔三〕門前句　徐注：常建《三日尋李九莊》詩：故人家在桃花岸，直到門前溪水流。

〔四〕嘉蔬句　徐注：《禮》：稻曰嘉蔬。班固《西都賦》：農服先疇之畎畝。

　　葊常案：鄭玄《曲禮》"嘉蔬"注：嘉，善也；稻，菰蔬之屬也。元結《唐亭銘》：名木夾户，疏竹傍簷。

〔五〕海志句　徐注：《後漢書・西南夷傳》：論箸自山經海志者，亦略及焉。

　　葊常案：《周禮・春官》：外史掌書外令，掌四方之志，三皇五帝之書，掌達書名於四方。《餘集・陳君墓誌銘》云：少以通經著聞，中年旁覽諸子及醫藥、卜筮、種樹之書，而不言其著述。案：前人瑣記雜纂有稱外史者，如王逢年《天禄閣外史》、蔡羽《太藪外史》等，其名即本《周官》，或陳亦有此類之作乎？

〔六〕曾作句　葊常案：歸莊《陳君墓表》：弱冠補學官弟子，試高等,爲增廣生。陳侍御、許太史輩皆視爲畏友,諸君先後登第去,君遂以諸生老。

〔七〕老來句　蘧常案:《餘集·陳君墓誌銘》:課其家人,耕舍旁地數十畝以餬口。

〔八〕四百二句　原注:《左傳》襄公三十年:絳縣人或年長矣,無子而往與於食,有與疑年,使之年。曰:臣,小人也,不知紀年。臣生之歲正月甲子朔,四百有四十五甲子矣!

　　蘧常案:《左傳正義》:有與同食者問此老人之年,不告以實,疑其年也。

〔九〕神光　蘧常案:神宗,見前卷一十月二十日《奉先妣葬》詩"神宗皇帝"注。《明史·光宗本紀》:諱常洛,神宗長子。萬曆二十九年,立爲皇太子。四十八年七月,神宗崩,八月丙午朔,即皇帝位。以明年爲泰昌元年。丙寅,不豫,甲戌,大漸,鴻臚寺官李可灼進紅丸,九月乙亥朔,崩。在位一月。

〔一〇〕汎瀾　蘧常案:《文選》歐陽建詩李善注:汎瀾,涕流貌也。

〔一一〕老人句　原注:《史記·封禪書》:老人爲兒時,從其大父識其處。

〔一二〕煙火三句　徐注:《史記·平準書》:天下殷富,斗粟至十數錢,鳴雞吠狗,煙火萬里。又《律書》:文帝時,人民樂業,自年六七十翁,亦未嘗至市井,遊遨嬉戲如小兒狀。《明史·張居正傳》:崇禎十三年,尚書李日宣等言:居正受遺輔政,事皇祖者十年,肩勞任怨,舉廢飭弛,弼成萬曆初年之治。中外乂安,海内殷阜,紀綱法度,莫不脩明,功在社稷。《日知錄》:予少時,見山野之氓,有白首不見官長,安於畎畝者;洎於末造,役繁訟多,終歲之功,半在官府,而小民有"家有二頃田,頭枕衙門眠"之諺。已而山有負嵎,林多伏莽,遂舍其田園,徙於城郭。

蘧常案：亭林《天下郡國利病書》引《歙縣志·風土論》：國家厚澤深仁，重熙累洽，至於弘治，蓋綦隆矣。于時家給人足，居則有室，佃則有田，薪則有山，藝則有圃，催科不擾，盜賊不生，婚媾依時，閭閻安堵，婦人紡織，男子桑蓬。馴至正德末嘉靖初，則稍異矣；迨至嘉靖末隆慶初，則尤異矣。可參。

〔一三〕定陵句　徐注：《明史·神宗紀》：葬定陵。《隋書·音樂志》：虹斾麾，青龍馭。《梁書·武帝紀》：天監四年詔：非所以仰虔蒼昊。

蘧常案：前代以天子殂逝曰"龍馭上賓"，取義於《史記·封禪書》"黃帝騎龍上天"事，如弘光詔云"燕畿掃地以蒙塵，龍馭賓天而上陟"是。徐注引《隋書·音樂志》，非。

〔一四〕國事句　原注：《詩》：勞人草草。毛傳：草草，勞心也。

蘧常案：《明史·光宗紀贊》：光宗嗣服一月，天不假年，措施未展，三案構爭（案：謂梃擊、紅丸、移宮三案），黨禍益熾。又《熹宗紀》：神宗遺詔：皇長孫及時冊立。未及行，光宗崩，遺詔皇長子嗣皇帝位。時選侍李氏居乾清宮，周嘉謨等疏請移宮，王安舜疏論李可灼進藥之誤。紅丸、移宮二案自是起。即位，封乳保客氏爲奉聖夫人，官其子。天啓元年五月，禁訛言。此皆神宗歿後一年中事，所謂"定陵龍馭歸蒼昊，國事人情亦草草"也。

〔一五〕只今句　徐注：《左傳》閔公二年：衛之遺民。先生《陳君墓誌銘》：從容謂余曰：吾年六十有六矣，不幸，遭此大變，不能效徐生絶脰之節，將從衆翦髮，餘年無幾，當實之於棺，與我俱葬耳。

〔一六〕語罷句　徐注：呂安《與嵇茂齊書》：登嶽長謠。《說苑》：魏文侯與大夫飲，使公乘不仁爲觴政，飲不盡者（蘧常案：見

《善説》篇。"盡"應作"釂"。《禮記·曲禮》鄭注:"盡爵曰釂"),浮以大白。

　　蔣常案:左思《吳都賦》:飛觴舉白。李善注:大白,杯名。有犯令者,舉而罰之。

〔一七〕與君句　徐注:陶潛《桃花源記》:先世避秦時亂。先生《陳君墓誌銘》:崇禎十七年,余在吳門,聞京師之報,人心汹懼。余乃奉母避之常熟之語濂涇,依水爲固,與陳君鼎和隔垣而居。乃未一歲而戎馬馳突,吳中諸縣,並起義兵自守,與之抗衡。而余以母在,獨屏居水鄉不出。自六月至於閏月,無夜不與君露坐水邊樹下,仰視月色,遥聞火砲。無何,城破,余母不食以終。余始出入戎行,猶從君寓居水濱。

〔一八〕春非我春二句　原注:《漢書·郊祀歌·日出入》篇:故春非我春,夏非我夏,秋非我秋,冬非我冬。

瞿公子元銷將往桂京
不得達而歸贈之以詩

【解題】

　　徐注:元銷,《元譜》作"玄銷"。常熟人。父式耜,時留守桂林。

　　蔣常案:康熙《常熟縣志·孝友》:瞿玄銷,字生甫,中丞稼軒之幼子。中丞在粤,長孫昌文間關往省,玄銷繼往,不能達,卒於永安,人憐其孝焉。考《南疆逸史·瞿式耜傳》及《小腆紀傳》本傳(見本詩附錄),玄銷之行,在本年秋,歸則當在冬季,并詳下。下距式耤之殉,僅一年耳。

不成南去又東還〔一〕,行盡吳山與越山〔二〕。萬里一身天地外,五年方寸虎豸間〔三〕。厓門浪拍行人舸〔四〕,桂嶺雲遮驛使關〔五〕。我望長安猶不見〔六〕,愁君何處訪慈顏?

【彙校】
〔題〕孫託荀校本,吳、汪兩校本"元"作"玄"。丕績案:《晉書·杜預傳》:"釜、瓮、銚、槃、鎢、錥皆民間之急用也。"《玉篇》:"鎢錥,小釜名。"蓋取義於此。"鎢"有黑義,則作"玄"是。作"元"者豈避清諱而然歟?潘刻本、徐注本、孫託荀校本、孫吳汪各校本"京"皆作"林"。 潘刻本卷一止此。 〔越山〕馮、曹兩校本"越"作"粵"。

【彙注】
〔一〕不成句 徐注:《蘇州府志·常熟·人物》:瞿昌文,字壽名,式耜孫。年十七,憐其祖在遠,襆被獨行。間關萬里,幾死者再,然後得達。初,昌文既往,家書久不至。其叔父玄錥繼往,道阻不得達,歿於永安。 冒云:壽名當作壽明。先巢民徵君晚遊常熟,曾主其家。
蘧常案:歸莊《己丑稿》有《送瞿公子玄錥入廣西》詩云:山川間隔殺氣盛,欲覲晨昏患無繇。今年行旅去來便,從之不患道阻修。母妻兄弟不相告,子然擔簦夜入舟。家人追及百里外,苦言相迫牽裾留。豈知丈夫已決計,此志不遂不得休。一朝揚帆去不顧,慷慨擊楫江中流。又云:頗聞羊城李將軍,精甲十萬雄貔貅。何公連年戰湖湘,荷戟之士皆同仇。詩次《七月七日集譚明經郊園》詩後,則其南行,當在初秋。

維時何騰蛟已殉節湘潭，李成棟亦兵潰於信豐，溺死，閱時半載，而猶未知，則訊遞限之也。此詩次在己丑詩末，則其歸當在冬季矣。玄錥此行，實安然東還。而其道卒，則在第二次南省時。佚名《東明聞見錄》云：清凝上人者，能急人難，留守愛而禮之。桂陷時，適在昭平，同留守次子玄錥崎嶇赴難。走至永安州，遇兵，玄錥失于路。清凝倉皇入桂林，而留守已没。清凝結廬於柩側，終依依不忍去。玄錥有至性，五月，航海覲親，艱苦備嘗。至十月，始至粵西，萬里尋親，不獲一見，可哀也已！或曰已死，或曰入滇，不知所終。頗疑玄錥第一次南行，當在昌文之前，玄錥既歸，昌文始登程，及無音問，而玄錥再往也。

〔二〕吳山與越山　蘧常案：越山為越地之山，則吳山亦謂吳地之山也。詩不及湘、楚，似由越航海，故曰"行盡"。第二次南行，固航海也。《小腆紀年》：是年九月，明魯定西侯張名振、蕩湖伯阮進、平西伯王朝先合兵討黃斌卿，誅之。或以此兵爭，故不能南進歟？

〔三〕五年句　徐注：杜甫《夏日歎》詩：至今大河北，化作虎與豺。
　　蘧常案：自江南淪陷，至是時凡五年。《蘇州府志》：東皋在常熟縣北郭外拂水橋左。少參瞿汝説所構，子式耜增拓之。吳偉業《梅村詩話》：稼軒倡義粵西，其子伯升，門戶是懼，故山別墅，皆荒蕪斥賣。又詩集《後東皋草堂歌》：一朝龍去辭鄉國，萬里烽煙歸未得，可憐雙戟中丞家，門帖悽涼題賣宅。有子單居持戶難，呼門吏怒索家錢，窮搜廢篋應無計，棄擲城南尺五山。伯升，式耜長子，名嵩錫。此詩正寫瞿氏子孫在豺虎間之情形也。

〔四〕厓門句　徐注：《宋史·陸秀夫傳》：張弘範襲厓山，張世傑力戰禦之。二月甲申，師大潰，秀夫負帝赴海死之。又《張世傑傳》：厓山兩門如對立，其北淺，舟膠不可近。世傑將趨安南，至平章口下，遇颶風大作，舟人欲檥向岸，世傑仰天呼曰：我爲趙氏，亦已至矣，天不欲復存趙氏，則大風覆我舟！舟覆，世傑溺死。

〔五〕桂嶺句　蘧常案：桂嶺，見前《懷人》詩"五嶺"句注。

〔六〕我望句　徐注：《世説·夙惠》篇：晉明帝數歲，坐元帝膝上，有人從長安來，元帝因問明帝：汝意謂長安何如日遠？答曰：日遠，不聞人從日邊來，居然可知。元帝異之。明日，集羣臣宴會，告以此意，更重問之。乃答曰：日近。元帝失色曰：爾何故異昨日之言耶？答曰：舉頭見日，不見長安。李白《登金陵鳳皇臺》詩：長安不見使人愁。

附録：《南疆逸史·瞿式耜傳》

瞿式耜字起田，號稼軒，常熟人。登萬曆丙辰進士。授給事中，坐事下詔獄。南渡，擢右僉都御史，巡撫廣西。江南既破，唐王立于閩，召理戎政，未至而閩敗，丙戌八月也。時兩粤未被兵，衆議立桂恭王之子永明王監國肇慶，進式耜吏部右侍郎，東閣大學士。王坤爲司禮監，竊國柄，式耜不少屈。蘇觀生立唐王聿鐭于廣州，式耜乃奉王即帝位。十二月，清兵破廣州，坤挾王西走。丁亥正月朔，至梧州，從官散失，隨行惟式耜一人。二月至桂林，時肇慶、梧州皆破，清兵先驅過平樂，坤請召武岡鎮劉承胤入援，因入楚。式耜泣曰：東藩已失，所存惟桂林一隅，若復委而去之，武岡雖金城湯池，何能長久？臣本起此以舉事，願與此地俱存亡。乃以式耜爲吏、兵兩部尚書，總督軍務，留守廣西。焦璉鎮桂林，陳邦傳守昭平。上竟赴武岡。未三日，而清兵至，衝入文昌門，城中大恐。式耜立中衢，召璉拒戰，連殺數百騎，騎奔，勢始定。督璉且戰且守，自三月至五月，曉夜立矢石中。善拊循士卒，與同甘苦，故人無變志。焦璉進復陽朔及平樂府，陳邦傳復梧州，廣西再定，式耜之力也。捷聞，進少師、太子太師，封臨桂伯。秋八月，武岡破，長沙、衡州並失，何騰蛟等俱至桂林；郝永忠、盧鼎諸鎮兵雲集。式耜籌畫糧糗，日不暇給。十一月，上自象州回桂林，式耜與新輔嚴起恒並典機務，何騰蛟督師出全州。戊子二月，郝永忠之衆潰于靈川，入桂林，上倉卒欲西幸，式耜泣諫曰：敵騎在二百里外，何事張皇？今播遷無寧日，國勢愈弱，兵氣愈難振，民心皇皇，復何所依？且勢果急，甲士正山立，咫尺天威，勸激將士，背城借一，勝敗未可知。若以走爲策，我能走，敵獨不能躡其後耶？上厲聲曰：卿不過欲朕死社稷耳！式耜泣下沾衣。駕甫出，永忠放兵大掠，煙火漲天。清兵聞之，乘虛進兵桂林，式耜爲亂兵傷足臥。騰蛟聞變馳回，持之痛哭。招集散亡，焦璉、胡一清、趙印選等兵數千人，復入城守禦，戰于城下，又戰于甘棠坡、嚴關，俱大捷。清兵回楚。是役也，桂林危同累卵，非式耜忍死鎮定，嶺西如破竹矣。事既定，遣使慰問三宮起居。上始知式耜無恙，爲之泣下，賜"精忠貫日"金章，以旌其功。五月，李成棟以廣東内附，來迎上。式耜請留桂林，不得。八月，上由南寧至肇慶。自成棟之反正也，天下欣然有中興之望。然大臣材智卑下，經理無術，成棟與陳邦傳新舊爭寵，文臣亦互相左右，式耜每事持正，東西皆藉以爲重，四方人士爭歸桂林焉。未幾，成棟死，騰蛟被執，勢益不支。庚寅正月，南雄破，上復西走。十一月五日，清定南王入嚴關，諸鎮兵皆潰，桂林空無一兵。式耜出令招撫，不復聽，衣冠坐署中。總督張同敞亦至，曰：事已迫矣，公將奈何？式耜曰：封疆之臣，知有封疆耳！同敞曰：然。君恩師義（案：《同敞傳》云："受知于大學士瞿式耜，執贄稱弟子"），同敞當共之！遂與式耜飲。厥明，被執。式耜以死自誓，不復一言；同敞大罵。同幽於別所，爲詩歌，題牆壁俱滿。閏十一月十七日，遇害。式耜生平愛佳石，行至獨秀山中見一石，命行刑者曰：吾死于此！

從之。事聞，贈粵國公，謚文忠。此式耜終始桂林之事。惟於本年事不甚詳。《小腆紀傳·本傳》：己丑正月，騰蛟兵潰被執，李成棟、金聲桓亦相繼敗没。公卿集議代騰蛟者，僉曰：惟留守望尊德鉅，足以折制諸將。上是之，賜式耜彤弓鈇鉞。永、寶、鄂、岳上下三軍之在行間者，生殺予奪惟命。式耜辭不獲，乃疏請兵科給事中吳其靁爲監軍，薦張同敞知兵得士，總督軍務。十二月，王永祚敗績於永州，軍貲盡散。式耜聞之頓足曰：我蓄鋭兩年，一朝崩潰，豈天果不祚明耶！

金壇縣南五里顧龍山上有太祖高皇帝御題詞一闋 已下上章攝提格

【解題】

徐注：順治七年庚寅（蘧常案：是爲明永曆四年，魯監國五年，公元一六五〇年）。《元譜》：山在縣南五里，元末丁酉十一月，明太祖駐蹕此山，題詞云：望東南隱隱神壇，獨跨征車，信步登山。烟寺迂迂，雲林鬱鬱，風竹珊珊。　塵不染，浮生九寰，客中有僧舍三間。他日偷閒，花鳥娛情，山水相關。《方輿紀要》：一名烏龍山，俗呼土山，前望白龍蕩，因名顧龍山。　戴注：按山脈自茅山迴龍顧祖，故名。　冒云：先生是年年三十八。

蘧常案："迴龍顧祖"，蓋形家語。《方輿紀要》説是。

突兀孤亭上碧空，高皇於此下江東[一]。即今御筆留題處，想見神州一望中。黃屋非心天下計[二]，詞有"他日偷閒，花鳥娛情，山水相關"之句。青山如舊帝王宫。丹陽父老多遺恨，尚與兒童誦《大風》〔三〕。

【彙校】
〔題〕潘刻本、徐注本、曹校本無"太祖"二字。徐注本、曹校本"上"作"下"。潘刻本卷二始此。

【彙注】
〔一〕高皇句　徐注：《明史・太祖紀》：元至正廿六年，太祖既定集慶，虜士誠、壽輝強，江左、浙右諸郡爲所并，於是遣徐達攻鎮江，拔之。《鎮江府志》：明太祖取鎮江，命徐達爲大將，率諸將浮江東下，戒之曰：爾等當體吾心，戒輯士卒，城下之日，毋焚掠，毋殺戮。達等受命。師至鎮江，元平章定定遁去，即日克其城，城中晏然，不知有兵。遂分兵下丹陽、金壇。

〔二〕黃屋句　原注：范曄《樂遊苑應詔》詩：黃屋非堯心。宋濂《大明日曆序》：元季驛騷，奮起於民間，以圖自全，初無黃屋左纛之念。
　　蘧常案：《史記・高祖本紀》：車服黃屋左纛。又《項羽本紀》：紀信乘黃屋車。《正義》：李斐云：天子車以黃繒爲蓋裏。是皆天子乘輿之制也。

〔三〕丹陽二句　徐注：《明史》志《地理》：鎮江府丹陽縣。《方輿紀要》：府東南六十里，本楚之雲陽，天寶初，改曰丹陽縣。《明史・太祖紀》：九月戊寅，如鎮江。謁孔子廟，遣儒士告諭父老，勸農桑。尋還應天。案：丁酉十一月，駐蹕顧龍山，即自鎮江還應天時也。《史記・高祖本紀》：高祖還歸過沛，留，置酒沛宮，悉召故人父老子弟縱酒。自爲歌詩曰：大風起兮雲飛揚，威加海內兮歸故鄉，安得猛士兮守四方！令沛中兒皆和習之。高祖乃起舞，慷慨傷懷，泣數行下。
　　蘧常案：《明史・太祖本紀》：九月戊寅，如鎮江。爲元順帝至正十六年丙申,非丁酉。丁酉爲十七年,《本紀》不言太祖至鎮江,蓋失書。徐注附會,誤。

贈于副將元凱

【解題】

蘧常案:光緒《金壇縣志·選舉志》:崇禎中,于元凱禮部積分貢士。授京營副總兵。《明史》志《職官五》:總兵、副總兵無品級,無定員。總鎮一方者爲鎮守,獨鎮一路者爲分守。凡總兵、副總兵,率公侯伯都督充之。至崇禎時,紛不可紀,而權位亦非復當日。是副總兵又稱副將,明京營又有左右副將。清初尚沿明制,無定品。至乾隆十八年,始定品秩,副將從二品,爲提鎮分守。

常笑蘇季子[一],未足稱英俊。雒陽二頃田,不佩六國印[二]。當世多賢豪,斯言豈足信。于君太學髦[三],文才冠諸生。悵然感時危,遂被曼胡纓[四]。乍領射聲兵[五],南都已淪傾[六]。芒鞵走浙東[七],千山萬山裏。饑從猛虎食[八],暮向鸇巢止[九]。召對越王宮[一〇],胡沙四面起[一一]。間道復西來[一二],潛身入吴市。崎嶇赭山渡[一三],迫阨三江壘[一四]。七月出雲間[一五],蒼茫東海灣[一六]。孤帆依北斗[一七],幾日到舟山[一八]。海水鹹如汁,海濤觸舟急,日夜白浪翻,蛟龍爲君泣[一九]。瀕死達閩中[二〇],閩中事不同。平虜奉降表[二一],胡兵入行宮[二二]。途窮復下海[二三],兩月愁艨艟[二四]。七閩盡左衽[二五],一身安所容？攀厓更北走，滿地皆山戎[二六]。歸家二載餘，闊絕無音書。故人久相念，命駕問何如。君家本華胄，高門徧朱紫[二七]。囷倉禾百廛[二八]，趨走僮千指[二九]；侍妾裁羅紈[三〇]，中廚膾魴鯉[三一]。更有龍山園[三二]，池亭風景繁。水聲穿北固[三三]，花色蔭南軒。有琴復有書[三四]，足以安丘壑[三五]。身有處士名[三六]，不失素封樂[三七]。何用輕此生，久試風波惡[三八]？不辟風波惡，不辟干戈患，敝屣棄田園[三九]，孤遊凌汗漫[四〇]。乃知鴻鵠懷，燕雀安能伴[四一]。君看張子房[四二]，不愛萬金家[四三]，身爲王者師[四四]，名與天壤俱[四五]。所貴烈士心，曠然自超卓。是道何足臧，願君大其學。異日封侯貴，黃金爲帶時。知君心不異，無使魯連疑[四六]！

【彙校】

〔題〕此首潘刻本、徐注本無。孫校本"凱"作"剴"。朱刻本注云："上章攝提格，在《重至京口》前，庚寅。"孫託荀校本注云："《金壇縣》詩後。" 〔常笑〕朱刻本、孫託荀校本、孫校本"常"作"嘗"。 〔遂被〕冒校本"被"作"披"，《蔣山傭詩集》本作"披"。"披"、"被"古通。 〔萬山〕朱刻本、孫校本"山"作"水"。 〔饑從〕朱刻本、孫校本"饑"作"飢"。丕續案：作"飢"是。 〔戴巢〕孫校本"戴"作"鳶"，異體字也。 〔胡沙〕孫校本"胡"作"虞"，韻目代字也。 〔閩中〕孫校本兩"閩中"皆作"關中"，誤。 〔平虜〕孫校本"虜"作"虞"。應作"虞"，韻目代字也。 〔胡兵〕孫校本"胡"作"虞"，韻目代字也。 〔膾魴鯉〕孫託荀校本"魴"作"芳"，誤。 〔北固〕孫、冒、吳、汪各校本皆作"北户"。 〔風波惡〕孫校本"風波"作"波濤"。丕續案：此與下爲疊句，自應作"風波"爲是。〔不辟〕孫校本"辟"作"避"。丕績案："辟"、"避"係通假字。

【彙注】

〔一〕蘇季子　蘧常案：《史記·蘇秦列傳》：蘇秦者，東周雒陽人也。東事師於齊而習之於鬼谷先生。求説周顯王，弗信。乃西入秦，説惠王，弗用。乃東説燕、趙、韓、魏、齊、楚，於是六國從合而併力焉。蘇秦爲從約長，并相六國。北報趙王，封爲武安君。乃投從約書於秦，秦兵不敢闚函谷關十五年。蘇秦去趙而從約皆解。齊宣王以爲客卿，爭寵者使人刺蘇秦死。《集解》：譙周曰：蘇秦字季子。

〔二〕雒陽二句　蘧常案：《史記·蘇秦列傳》：蘇秦喟然歎曰：使我有雒陽負郭田二頃，吾豈能佩六國相印乎？

〔三〕太學髦　蘧常案：孫詒讓《周禮正義》：周太學之名見此經者，唯成均。見《禮記》者，則又有辟廱、上庠、東序、瞽宗，東序亦曰東膠，與成均爲五學，皆太學也。周制：國中爲小學，在王宮之左；南郊爲五學，是爲太學。《明史·選舉志》：學校有二：曰國學，曰府、州、縣學。府、州、縣學諸生入國學者，乃可得官。入國學者，通謂之監生。《詩·小雅·甫田》：烝我髦士。《爾雅·釋言》：髦，俊也。郭璞注：士中之俊，如毛中之髦。案：此謂其爲禮部積分貢士。

〔四〕遂被句　蘧常案：《左傳》襄公十四年：被苫蓋。王念孫《廣雅疏證》：荷衣不帶曰"被"。《莊子·説劍》篇：吾王所見劍士，皆蓬頭突鬢，垂冠，曼胡之纓，短後之衣。司馬彪注：曼胡，謂麤纓無文理也。

〔五〕射聲兵　蘧常案：《漢書·百官表》：射聲校尉，掌待詔射聲士。杜佑《通典·職官典》：士工射者，冥冥中聞聲射則中之，因以名也。案：此謂其任京營副總兵。蓋在南渡以後。

〔六〕南都句　蘧常案：《小腆紀年》：順治二年，明弘光元年五月己丑,清兵渡江。庚寅,明援師悉潰,清兵遂取鎭江。辛卯,明福王出奔太平。癸巳,奔蕪湖,如黃得功營。乙未,清兵駐郊壇門,明忻城伯趙之龍、魏國公徐允爵、大學士王鐸、禮部尚書錢謙益迎降。丙申,清豫親王多鐸入南京。癸卯,明叛將劉良佐追福王,黃得功死之。總兵田雄、馬得功劫福王以叛,降於清。餘見卷一《上吳侍郎暘》詩"鑾輿"句注。

〔七〕芒鞵句　蘧常案:《明史》志《地理五》:浙江,元置江浙等處行中書省,又分置浙東道宣慰使司,屬焉。注:紹興府,元紹興路。寧波府,元慶元路。台州府,元台州路。金華府,元婺州路。衢州府,元衢州路。處州府,元處州路。溫州府,元溫州路。屬浙東道宣慰使司。案:唐、宋於浙江,已有東道、東路之置,置浙東道,則始於元。

〔八〕饑從　蘧常案:"饑"一本作"飢",是。《說文解字》:饑,穀不熟曰饑。飢,餓也。然故書饑、飢通用者多,如《論語》"年饑,因之以饑饉",鄭玄注:本皆作飢。趙宧光《說文長箋》:近代喜茂密者通作"饑",趨簡便者通作"飢",遂成兩謬。

〔九〕鷇巢　蘧常案:黃公紹《古今韻會》:"鳶"或作"䳒"。《漢書·梅福傳》:䳒鵲遭害,則仁鳥增逝。

〔一〇〕召對句　蘧常案:徐芳烈《浙東紀略》:乙酉,七月廿五日,越中大老及起義諸君子,具疏敦請魯藩監國臨戎,乃發台州。八月初三日,抵越城,遂以分守衙署作行宮焉。《明史·諸王傳》:崇禎十二年,清兵克兗州,魯王以派被執,死。弟以海,轉徙台州。張國維等迎居於紹興,號魯監國。案:《小腆紀年》:順治二年乙酉,閏六月戊申,明魯王監國於紹興。月日與《紀略》不同。《紀年》又云:順治三年丙戌六月,清兵渡錢塘江,魯王航海。據此則元凱之召對,必在乙酉、丙戌之間矣。

〔一一〕胡沙句　蘧常案：李白《千里曲》：李陵沒胡沙。《小腆紀年》：順治三年，明魯監國元年五月，明江上兵潰，六月，明監國航海。清兵取紹興、東陽，克金華、衢州、嚴州、盤山關。於是溫、台、福寧相繼降。

〔一二〕間道　蘧常案：《史記·淮陰侯列傳》：從間道萆山而望趙軍。間道，僻徑也。

〔一三〕赭山渡　蘧常案：《明史》志《地理五》杭州府海寧注：西南有赭山，與蕭山縣龕山相對，浙江經其中，東接大海，謂之海門。西南有赭山鎮。

〔一四〕三江　蘧常案：顧夷《吳地記》：松江東北行七十里，得三江口，東北入海，爲婁江；東南入海，爲東江；幷松江爲三江。

〔一五〕七月句　蘧常案：《清一統志》：《元和郡縣志》：華亭，天寶十年置。《明史》志《地理一》：松江府領縣三，華亭、上海、青浦。《吳地志》：地名雲間。雲間驛在婁縣西門外，雲間第一橋在婁縣西南八里。案：七月，當爲清順治三年、明隆武二年、魯監國元年之七月也。時明叛將李成棟已以清兵陷松江。

〔一六〕東海灣　蘧常案：《明史》志《地理一》松江府華亭注：東南濱海。

〔一七〕孤帆句　蘧常案：杜甫《秋興》詩：每依北斗望京華。孤帆謂元凱，依北斗，當謂元凱依隆武，故下言"瀕死達閩中"。或謂當依魯監國，故下言"幾日到舟山"。然舟山黃斌卿奉隆武，拒魯監國（詳下），監國方飄泊海上，迄無定所，或說非。其至舟山，爲轉閩也。

〔一八〕舟山　蘧常案：《明史·張可大傳》：舟山居海中，有七十二墺，爲浙東要害。吳偉業《鹿樵紀聞》：舟山東西七十里，南北倍。西去蛟門二百六十里，東距普陀四十里，黛山屏其南,桃花劍列其北,即傳所謂甬句東也。宋以前曰瀚洲,元爲昌國縣,明初併入寧波之定海。崇禎間,閩人黃斌卿嘗爲其地參將,後陞去。乙酉夏,斌卿自江上逃歸,上書唐藩,言"舟山民俗淳樸,通商舶,饒魚鹽,西連越郡,北溯長江,此進取之地"。唐藩然之,賜劍印,率麾下至舟山。《小腆紀年》:順治三年六月,魯王航海,富平將軍張名振奉至舟山,黃斌卿拒不納。餘詳前《歲九月虜令伐我墓柏》詩"東海"注。

〔一九〕蛟龍句　蘧常案:曹唐《勸劍》詩:暗臨黑水蛟螭泣。

〔二〇〕閩中　蘧常案:《史記·東越列傳》:閩越王無諸及越東海王搖者,其先皆越王句踐之後也。秦已并天下,皆廢爲君長,以其地爲閩中郡。《集解》:徐廣曰:今建安、侯官是。案:後人遂以今福建省爲閩中。

〔二一〕平虜句　蘧常案:平虜謂鄭芝龍也。鷺島道人夢菴《海上聞見錄》云:弘光封福建總兵鄭芝龍爲南安伯。唐王即位,晉封平虜侯。《思文大紀》作"平夷侯",非。《小腆紀年》:王(案:謂隆武。)責芝龍攬權逗兵。芝龍免冠頓首曰:臣武夫戇直,不能逢迎,今既見疑,願角巾私第,以終聖世。《小腆紀傳·鄭芝龍傳》:中懷怨悱,去志遂堅。尋揚言海寇來犯,令守關將施福盡撤兵還安平,於是仙霞嶺二百里遂爲空壁。未幾,芝豹亦棄泉州奔回,共保安平以待款,然猶懼以輔立隆武爲罪。清貝勒招以書曰:人臣事君,必竭其力,力盡不勝天,則投明而事,建不世勳,此豪傑之舉也。今兩粵未平,鑄閩粵總督印以待。芝龍得書大喜,即劫其衆,奉表出降。(案:史惇《慟餘雜記》:林爾亮云:洪承疇一到江南,即差人入閩通鄭芝龍,許之福建、廣東、廣西三省,封爲閩越王。芝龍即修降款。不意鄭鴻逵從海道内糾合羣臣,擁戴唐王,芝龍屈於大義,大失自王之望。故仙霞嶺原不設防,日夜望清兵耳。

備一説。)餘詳卷一《塞下曲》第二首"一從"句注。秦翰才《滿宮殘照記》云：長春僞宮藏有順治八年鄭芝龍《知天命歸順大清始終決意投誠》之件，豈即所謂降表歟？惟芝龍降清在順治三年十一月，投誠之件，必在此時，則"八年"字誤。

〔二二〕胡兵句　蘧常案：《小腆紀年》：順治三年，明隆武二年八月甲午，王聞仙霞不守，自延平出奔。丁酉，清兵取延平，取明天興府。《思文大紀》：九月十九日，清兵至福州，從北門而入。

〔二三〕途窮句　蘧常案：途窮，見卷一《將有遠行作》"窮途"注。下海，似就鄭成功。鄒漪《明季遺聞》：芝龍既行，鄭彩、鄭鴻逵、鄭成功皆率所部入海。

〔二四〕艨艟　蘧常案：王念孫《廣雅疏證》：《玉篇》云：艨艟，戰船也。字本作"蒙衝"。船之有"蒙衝"，猶車之有"衝車"。蒙，冒也。衝，突也。

〔二五〕七閩句　蘧常案：《周禮·夏官·職方氏》：掌四夷、八蠻、七閩、五戎、六狄之人民。鄭注：閩，蠻之別也；七，周之所服國數也。孔疏：叔熊避難，居濮，如蠻。後子從分爲七種，故謂之七閩。《論語·憲問》篇：微管仲，吾其被髮左衽矣。劉寶楠《正義》：中國禮服皆右衽，戎狄無禮服，止隨俗所好服之，而多左衽。案：《小腆紀年》：八月辛丑，清兵入汀州，明唐王殂。九月，入泉州。十月，取興化、漳州。十一月，鄭芝龍降。故曰七閩盡左衽也。

〔二六〕山戎　蘧常案：《春秋》莊公三十年：冬，齊人伐山戎。胡三省《通鑑》注：自漢北平、無終、白狼以北皆大山重谷，諸戎居之，《春秋》謂之山戎。《史記·五帝本紀·索隱》，謂匈奴、唐、虞以上曰山戎。

〔二七〕君家二句　蘧常案：《晉書·石季龍載記》：衣冠華胄。

《史記·孟子荀卿列傳》：高門大屋尊寵之。《北史·高允傳》：先盡高門，次及中等。《新唐書·鄭餘慶傳》：時每朝會，朱紫盈庭。案：據此二句則元凱當出其地望族。考《明史·于孔兼傳》云：字元時，金壇人。萬曆八年進士，再遷儀制郎中。以疏救趙南星謫安吉判官，投牒歸。家居二十年，杜門讀書，矩矱整齊，鄉人稱之無間言。天啓中，贈光祿少卿。于氏爲金壇望族，孔兼祖湛，戶部侍郎，兄文熙，大名兵備副使，再從弟仕廉，南京戶部侍郎，有清望。與詩所謂"華胄"、"高門"、"朱紫"者皆合。元凱必爲其後，特不詳何人之後耳。

〔二八〕禾百廛　蓮常案：《詩·魏風·伐檀》：胡取禾三百廛兮。毛傳：一夫之居曰廛。案：此言其囷倉之富也。

〔二九〕趨走句　蓮常案：《戰國策》：不佞寢疾，不能趨走。《史記·貨殖列傳》：馬蹄躈千，牛千足，羊彘千雙，僮手指千。此亦比千乘之家，其大率也。

〔三〇〕侍妾句　蓮常案：桓寬《鹽鐵論》：夫羅紈文繡者，人君后妃之服也。《後漢書·王符傳》：京師貴戚，奢過王制，其徒御僕妾，皆服文組綵牒，錦繡綺紈。

〔三一〕中廚句　蓮常案：古樂府《隴西行》：談笑未及竟，左顧敕中廚。曹植樂府《箜篌引》：中廚辦豐膳，烹羊宰肥牛。嵇康《酒會》詩：玄池戲魴鯉。

〔三二〕龍山園　蓮常案：園在顧龍山下，故以爲名。張《譜》：順治七年庚寅，云怨家有欲傾陷之者，乃變衣冠，僞作商賈，游金壇，登顧龍山。此詩次其後，此行當即訪元凱，蓋有元凱爲東道主始投止者。故上詩云"故人久相念，命駕問何如"也。

〔三三〕北固　蓮常案：《蔣山傭詩集》本作"北戶"，上曰"穿"，則作

"北戶"爲長,且與下"南軒"作對,亦較工,應從改正。而北固在鎮江北。《明史》志《地理一》云:丹徒北有北固山,濱大江者是也。龍山園當在金壇縣南,與北固殊爲闊絕。雖詩人不厭誇侈,亦不至過甚,疑誤。且云"水聲穿北固",與園亦何涉也。

〔三四〕有琴句　蘧常案:陶潛《答龐參軍》詩:衡門之下,有琴有書。

〔三五〕丘壑　蘧常案:《晉書‧謝安傳》:放情丘壑。

〔三六〕處士　蘧常案:《荀子‧非十二子》篇:古之所謂處士者,德盛者也,能靜者也,修正者也,知命者也,箸是者也。

〔三七〕素封樂　蘧常案:《史記‧貨殖列傳》:無秩祿之奉,爵邑之入,而樂與之比者,命曰素封。

〔三八〕輕生二句　蘧常案:此稱元凱家道富足,何必蹈兵戎之險也。

〔三九〕敝屣　蘧常案:徐陵《梁禪陳策文》:居之如馭朽索,去之如脫敝屣。"屣"一作"跣",又作"躧"。《孟子‧盡心》篇:舜視棄天下猶棄敝蹝也。《戰國策‧燕策》:猶釋敝躧。

〔四〇〕孤遊句　蘧常案:陶潛《扇上畫贊》:緬懷千載,託契孤游。《淮南子‧道應訓》:若士謂盧敖曰:吾與汗漫期於九垓之外。高誘注:汗漫,不可知之也。

〔四一〕乃知二句　蘧常案:《史記‧陳涉世家》:陳涉少時嘗與人傭耕,輟耕之壟上,悵恨久之,曰:苟富貴,無相忘。傭者笑而應曰:若爲傭耕,何富貴也?陳涉太息曰:嗟乎!燕雀安知鴻鵠之志哉!

〔四二〕張子房　蘧常案:《史記‧留侯世家》:留侯張良者,其先韓人也。秦滅韓,良年少,爲韓報仇。陳涉等起兵,良遇沛公,拜爲厩將。項梁立韓王,良爲申徒。沛公之從洛陽南出,良引兵從。西入武關,遂至咸陽,良歸韓。項王不肯遣韓王,又殺之,良閒行歸漢,從東擊楚。良多病,未嘗特將,常爲畫策臣。漢六年,封功臣,高帝曰:運籌策帷帳中,決勝千里外,子房功也。封爲留侯。《漢書‧張良傳》:良,字子房。

〔四三〕不愛句　蘧常案。《史記‧留侯世家》:韓破,良家僮三百人,弟死不葬,悉以家資求客刺秦王。

〔四四〕王者師　蘧常案:《史記‧留侯世家》:老父出一編書,曰:讀此則爲王者師矣。

〔四五〕名與句　蘧常案:張協《詠史》詩:清風激萬代,名與天壤俱。

〔四六〕異日四句　蘧常案:此四句,以田單勉之也。《史記‧田單列傳》:田單以即墨拒燕,夷殺其將騎劫,燕軍擾亂奔走,而齊七十餘城,皆復爲齊。乃迎襄王於莒,入臨菑而聽政。襄王封田單號曰安平君。《戰國策‧齊策》:田單將攻狄,往見魯仲子。魯仲子曰:將軍攻狄不能下也。田單攻狄三月而不克,乃懼,問魯仲子。魯仲子曰:將軍之在即墨,坐而織蕢,立則丈插,爲士卒倡,當此之時,將軍有死之心,而士卒無生之氣,此所以破燕也;當今將軍東有夜邑之奉,西有菑上之虞(案:"虞"與"娛"同),黃金爲帶,而馳乎淄、澠之間,有生之樂,無死之心,所以不勝者也。《史記‧魯仲連列傳》:魯仲連者,齊人也。好持高節。遊於趙。秦破趙,圍邯鄲。魏王使辛垣衍謂趙王,尊秦爲帝,魯仲連責而歸之。秦爲卻軍五十里。平原君欲封魯連,終不肯受。其後燕將攻下聊城,田單攻歲餘不下。魯仲連乃爲書遺燕將,燕將自殺。田單歸而言魯連,欲爵之,魯連逃隱海上曰:吾與富貴而詘於人,寧貧賤而輕世肆志焉。

重至京口

【解題】

蘧常案：見卷一《京口即事》詩題注。

雲陽至京口[一]，水似巴川縈[二]。逶迤見北山[三]，乃是潤州城[四]。城北江南舊軍壘，當年戍卒曾屯此[五]。西上青天是帝京，天邊淚作長江水[六]。江水遶城回[七]，山雲傍驛開。遙看白羽扇，知是顧生來[八]。

【彙注】

〔一〕雲陽　蘧常案：見前《金壇縣南五里顧龍山上有太祖高皇帝御題詞一闋》詩"丹陽"句注。

〔二〕水似句　徐注：《明史》志《河渠》：正德五年，御史林應訓言：練湖自西晉陳敏遏馬林溪引長山八十四溪之水以溉雲陽，隄名練塘，又名練河，凡四十里許。環湖立涵洞十三。宋紹興時，中置埂，分上下湖，立上中下三閘，八十四溪之水，始經辰溪衝入上湖，復由三閘轉入下湖。譙周《三巴志》（蘧常案："志"應作"記"）：閬白水東南流，自漢中經始寧城下，入涪陵，曲折三回如巴字，曰巴江。

　　蘧常案：《明史》志《地理一》丹陽注：北濱大江，又有練湖，南有運河。

〔三〕北山　徐注：《鎮江府志》：北固山在城北一里府治後，下臨大江，自晉以來，郡治皆據其上，三面臨水，迴嶺斗絕，勢最險固。

〔四〕潤州　徐注：《方輿紀要》：鎮江府，隋曰潤州，以州東潤浦爲名。

〔五〕城北二句　蘧常案：《南疆逸史·楊文驄傳》：遷兵備副使，分巡常、鎮二府，監大將鄭鴻逵、鄭彩軍。文驄移駐金山，扼江而守。築長垣以蔽礌石（案：所謂"舊軍壘"也）。及清兵臨江，文驄還軍，與鴻逵等軍並列南岸，隔江相持。清兵編竹木爲筏，縛葦爲人，持戈執燈，黑夜亂流以渡。南岸礌石叢發，以爲克敵也，日奏捷。初九日，大霧，清兵潛濟，泊岸，諸軍相顧驚駭，文驄倉皇列陣甘露寺前，清兵以鐵騎馳之，悉潰。文驄南還。

〔六〕西上二句　蘧常案：此謂永曆也。劉湘客《行在陽秋》：四年庚寅二月朔，駕至梧州。百官請修行臺，上欲以舟爲家。八月十五日，御舟泊繫龍洲。洲在梧州之東，自春至秋，王化澄、嚴起恒二相隨駕，逍遙河上。有民謠云：漢宮秋也，昭陽愁也。起恒字秋冶，化澄字昭陽。是日，上與太后三宮置酒，樓船簫鼓，于洲之上下。起恒手書"水殿"二字，挂於御舟前。上飲至中宵，不樂而罷，以有敗報也。梧州在西南，故有上句。水殿淒清，故有下句。曰"西上青天"，蓋謂欲往從之之難也。

〔七〕江水句　徐注：李白《金陵》詩：城回江水流。

〔八〕遙看二句　蘧常案：虞世南《北堂書鈔》卷一三四《晉中興書》：顧榮與甘卓等攻陳敏，於是榮等並登岸上，以白羽扇麾之，敏衆皆潰散。"顧生"不知何指，承上文言之，其謂瞿式耜乎？式耜事詳前《瞿公子元鋗將往桂京》注。屢却強對，堅守桂林，冀其卷土重來也。曰"遙看"，可以知詩意之所在矣。考《行在陽秋》"本年十一月初六日，孔有德破桂林，留守大學士瞿式耜被執"，則在作詩後。或據《晉書·顧榮傳》：陳敏反，假榮右將軍，丹楊內史。明年，周玘與榮及甘卓、紀瞻潛謀起兵攻敏。詩使此事，蓋謂降清之將謀反正，如吳勝兆之類者。於史不符,於事無徵,非。或謂顧生自況,亦非。

榜 人 曲 二首

【解題】
   蔣常案:榜人,見卷一《吳興行贈歸高士祚明》詩"榜人"注。

儂家住在江洲,兩槳如飛自繇〔一〕。金兵一到北岸,踏車金山三周〔二〕。

【彙校】
〔自繇〕潘刻本"繇"作"繇",誤。
【彙注】
〔一〕自繇　蔣常案:《爾雅·釋水》:繇邺以下為揭。邢昺疏:"繇"與"由"同。
〔二〕金兵二句　原注:《宋史·虞允文傳》:臨江按試,命戰士踏車船,中流上下,三周金山,回轉如飛。徐案:時金兵屯船北岸。

真州城子自堅〔一〕,京口長江無恙。艤舟夜近江南,恐有南朝丞相〔二〕。

【彙注】
〔一〕真州句　徐注:《方輿紀要》:儀真縣,宋曰真州。《宋史·文天祥傳》:天祥至鎮江,與其客杜滸等十二人夜入真州。苗再成出迎,喜且泣,曰:兩淮兵足以興復,特二閫小隙,不能合從耳。天祥問:計將安出？再成曰:今先約淮西兵趨建康,彼必悉力以扞吾西兵,指揮淮東諸將,以通、泰兵攻灣頭、寶應,淮安兵攻揚子橋,以揚兵攻瓜步,吾以舟師直搗鎮江,同日大舉,要其歸路,其大帥坐可致也。天祥未至時,揚有脫歸兵言:元密遣一丞相入真州說降矣。李廷芝信之,以爲天祥來說降也,使再成亟殺之。

蕘常案:《明史》志《地理一》揚州府儀真注:府西北,元真州,洪武二年,州廢改縣,曰儀真。

〔二〕艤舟二句　原注:文信國《指南錄》:敵船滿江,百姓無一舟可問,與人爲謀,皆以無船,長嘆而止。余元慶遇其故舊,爲敵管船,遂密叩之,許以承宣使、銀千兩。其人曰:吾爲宋朝救得一丞相回,建大功業,何以錢爲？但求批帖爲他日趨承之證。因授以批帖,仍强委之以白金。義人哉！使吾無此一遭遇,已矣！　徐注:《明史·史可法傳》:可法死,覓其遺骸,天暑,衆屍蒸變,不可辨識。逾年,家人舉袍笏招魂,葬於揚州郭外之梅花嶺。其後四方弄兵者,多假其名號以行,故時謂可法不死云。李瑤《逸史摭遺·史八·夫人傳》:先是,揚州開府時,有幕客浙中厲韶伯者,軀貌類閣部,遂冒其名,集亡命數百人,由舒、廬破巢縣、無爲,沿流而下,大帥率省兵禽之。詢之,則堅冒督輔名,衆莫能辨。《南疆逸史》:酉、戌後,江、浙間義旗雜樹,有寨主、洞主之號,廬州馮宏圖因訛言史閣部未死,假其名召衆,遠近信之。戊子春,攻英、霍、六安,旬日皆下。大江南北,忻然謂閣部尚存也。

蕘常案:此以文天祥擬史可法。黃注謂先生於史,極望於前,恝然於後,蓋其慎。今讀此,則不特極望於生,亦且極望於死後。謂其恝然,蓋猶未審歟？

剪髮

【解題】
黄注:《明季遺聞》云:大兵之下江、浙也,薙髮令嚴,蘇、松間以不薙髮死者不可勝紀。題作《剪髮》,明其非薙髮,詩所謂"稍稍去鬢毛",可想見也。

流轉吳會間[一],何地爲吾土[二]?登高望九州[三],憑陵盡戎虜[四]。寒潮盪落日,雜遝魚鰕舞。饑烏晚未棲,弦月陰猶吐。晨上北固樓[五],慨然涕如雨。稍稍去鬢毛,改容作商賈。却念五年來,守此良辛苦[六]。畏途窮水陸[七],仇讎在門戶[八]。故鄉不可宿,飄然去其宇。往往歷山澤[九],又不避城府。丈夫志四方,一節亦奚取?毋爲小人資,委肉投餓虎[一〇]。浩然思中原,誓言向江滸。功名會有時,杖策追光武[一一]。

【彙校】
〔題〕潘刻本、徐注本作"流轉"。〔憑陵句〕孫託荀校本"虜"作"鹵";潘刻本、徐注本、孫校本作"極目皆榛莽",徐并出注,引《明史·忠義》魯世任等傳,言其南五郡十一州七十三縣,靡不殘破,有再破三破者,城廓丘墟,人民百不存一,朝廷亦不復設官。中原禍亂,於是爲極。〔山澤〕潘刻本、徐注本作"關梁"。〔光武〕潘刻本作"□□",京師本作"明主"。

【彙注】
〔一〕流轉句 徐注:全祖望《亭林先生神道表》:既抱故國之戚,焦原毒浪,日無寧晷。庚寅,有冤家欲陷之。乃變衣冠作商賈遊京口，又遊禾中。徐《譜》：案先生自乙酉以後，展轉江、浙之境，於今五年。至此，乃欲北至中原，故《鈔書自序》云：炎武之遊四方，十有八年，亦以此年爲始也。宋施宿《會稽志》：按《三國志》吳郡、會稽二郡，引《張紘》、《孫賁》、《朱桓》、《全琮傳》語證之。先生《日知錄》引魏文帝詩、陳思王《求自試表》、晉文王《與孫皓書》、魏元帝《加晉文王九錫文》、陳壽《上諸葛亮集》、羊祜上疏諸説辨其非，謂不得以爲會稽之"會"。蓋漢初元有此名，如曰"吳都"云爾。

　　蘧常案：此尚用施宿説也。

〔二〕何地句　徐注：王粲《登樓賦》：雖信美而非吾土兮。

〔三〕九州　蘧常案：《書·禹貢》：冀州（鄭玄注："兩河間曰冀州"），濟、河惟兗州，海、岱惟青州，海、岱及淮惟徐州，淮、海惟揚州，荆及衡陽惟荆州，荆、河惟豫州，華陽、黑水惟梁州，黑水、西河惟雍州。

〔四〕憑陵　蘧常案：《左傳》襄公二十四年：今陳介恃楚國，以憑陵我敝邑。憑陵，同"馮陵"，猶言"侵陵"，謂恃勢陵人也。

〔五〕北固樓　徐注：《鎮江府志·古蹟》：北固樓在北固山上，晉蔡謨鎮京口，起樓嶺上，以置軍實。梁武帝大同十一年，幸京口城北固樓，改名北顧。

〔六〕却念二句　黃注：《亭林餘集·與潘次耕札》云：昔有陳亮工者，與吾同居荒村，堅守毛髮，歷四五年，莫不憐其志節。考亮工，陳芳績也。其祖名鼎和（蘧常案：當云名梅，鼎和其字，詳前《桃花溪歌》題注），與亭林隔垣而居者。後又與亮工同居，當時二人皆全髮，非亮工獨全也。然亮工當時雖全髮，而其後不能堅守其志節，而有干禄之願，故亭林於《潘札》中引以爲戒。然則亮工雖全髮，而不能保其志節；亭林雖翦髮，而無損其志節。

〔七〕畏途　蔣常案："途"通"塗"。《莊子·達生》篇：夫畏塗者，十殺一人，則父子兄弟相戒也，必盛卒徒而後敢出焉。

〔八〕仇讎句　蔣常案：《望雲樓帖》亭林《與歸玄恭手札》云：醉德無何，忽云改歲，兄今其脫然愈乎？弟則馬學士所云百憂熏心，三冬少暇。往日之舉，逆獸已無所用其鳧悠。今乃黑夜令人縱火，焚佃屋一所。弟既蕩無一椽，僕輩亦瞻烏靡集。夫行強雖武士之恒談；火攻則兵家之下策，況於臨池之畏，實爲扇焰之謀。包藏禍心，日甚一日。公宮之火，先告於寺人；陵門之戟，首誅乎元濟。燎原之惡已盈，自焚之禍行及。布諸左右，憑楮愴然。下署名絳。張《譜》云：時尚未更名炎武，則與葉方恒構釁無涉。當即此所謂"仇讎"也。《蔣山傭殘稿》有《答再從兄書》云：弟之與兄，分屬同曾，恩叨再從。第念人之生也，有母而後有兄，母貼危且死，不得顧兄矣；有身而後有兄，身將死，不得顧兄矣！爲我也兄者，則必不爲主人也暴客；爲主人也暴客者，則不爲我也兄；人之暴客而我以爲兄，不得顧兄矣！今兄曰主持有人，同謀有人，吾無與焉。不思燎原之燄，始自何人；虎項金鈴，當問繫者。況寶玉大弓，未歸魯庫；法書名畫，尚在桓玄。苟曰事不繇身，何異盜鐘之惑？且貞母何辜，遂同抄沒；即藐孤有罪，未至溢亡。共有人心，得無哀痛！伏冀翻然易慮，取之以天，還之以天，俾老母得以籠糲終天年，而八口不至填溝壑，其何樂乎與同枝爲不戴之讎也！前後兩書，實多相同。此書作於其母未歿以前，與前書爲一時，此其一；此書曰"不思燎原之燄，始自何人"，前書曰"燎原之惡將盈"，此其二；此書曰"暴客"，前書曰"惡獸"，一對言，一背語，雖異而實同也，此其三；此書前有云："孰使我旅人焚巢，舟中遇敵，共姬垂逮於宋火，子胥幾殞于蘆漪者乎。"與前書"縱火""火攻"皆合，此其四。則前後兩書所言乃爲一事。此書題下亭林嗣子衍生注云,諱維。又,書前有云:"姪洪徽之詞也",則仇讎實其從兄與從姪,故曰"仇讎在門戶"。門戶猶言家,舊注以《明史·華允誠傳》"角户分門"釋之,非。"舟中遇敵","幾殞蘆漪",并可以釋上句,自來譜家所未及,故詳言之。又案,玉峰楊君友仁云:當時亭林因母喪及賦傜,以遺田八百畝典于鄉宦葉方恒。方恒意存吞併,會亭林之僕陸恩得罪于主,葉氏鉤致之,令誣亭林以不軌通海之事,將興大獄。事泄,亭林自淮上返里,率親友掩其僕而箠之死。其壻復投葉氏,謀報怨,以千金賄松江太守,告亭林通海,不繫之訟曹,而繫之奴家,脅令自裁,勢甚危急。至友歸莊奔走爲之營救,又有路舍人澤溥爲之愬冤,事乃解。葉氏猶不釋然,比亭林之鍾山,復遣客刺之傷首,遇救得免。見歸莊《送顧寧人北遊序》。自是,亭林浩然有去志,所謂"奴隸鴟張,親朋瀾倒,終憑公論,得脱危機",見《文集答原一公肅兩甥書》。此亦"仇讎在門戶"之事也。足以補予之闕,錄存之。

〔九〕山澤　蘧常案:或作"關梁",於義爲長。蓋歷關梁,故不得不剪髮。如爲"山澤",則又何必乎?

〔一○〕委肉句　徐注:《史記·陳餘列傳》:所以不俱死,欲爲趙王、張君報秦,今必俱死,如以肉委餓虎,何益?

〔一一〕功名二句　蘧常案:並見卷一《將有遠行作》詩"杖策"注。

秀　州

【解題】

　　蘧常案:歐陽修《新五代史·職方考》:秀州,吴越王錢元瓘置,割杭州之嘉興縣爲屬而治之。

秀州城下水,日夜生春雲。雲含秀州塔〔一〕,鳥下吳江濆〔二〕。我願乘此鳥〔三〕,一見倉海君。異人不可遇,力士難再得〔四〕。海内不乏賢,何以酬六國?將從馬伏波,田牧邊郡北。復念少游言,憑高一悽惻〔五〕。

【彙校】
〔將從〕徐注本、曹校本作"願從"。

【彙注】
〔一〕秀州塔　徐注:《一統志》:嘉興府:東塔寺在嘉興縣東三里。《嘉興府志》:真如寺在縣南四里,唐至德二年立。宋嘉祐七年,建仁王護國塔。宣和十九年,方臘私毁,慶元三年重建,正德間修。
〔二〕吳江濆　徐注:《説文》:濆,厓也。
　　蘧常案:《新五代史・職方考》:蘇州吳江,梁開平三年錢鏐置。《明史》志《地理五》嘉興府秀水注:析嘉興縣地置。西有運河,北經聞家湖達南直吳江縣之運河。吳江爲吳易、孫兆奎等建義之地,時吳、孫雖已殉國,其合志同方者,疑尚有在,故託之鳥以見意歟?
〔三〕我願句　蘧常案:《莊子・應帝王》篇:予方將與造物者爲人,厭則又乘夫莽眇之鳥,以出六極之外。
〔四〕一見三句　蘧常案:見卷一《秦皇行》"博浪"二句注。
〔五〕將從四句　徐注:《後漢書・馬援傳》:援年十二而孤。少有大志,欲就邊郡田牧。又:吾從弟少游常哀我多大志,曰:士生一世,但求衣食裁足,乘下澤車,御款段馬,鄉里稱善人足矣。當吾在浪泊西里間,虜未滅之時,下潦上霧,毒氣熏蒸,仰視飛鳶,跕跕墮水中,臥念少游平生時語,何可得也?全祖望《先生神道表》:每念馬伏波、田疇皆從塞上立業,欲往代北。

恭謁孝陵 已下重光單閼

【解題】

徐注:《明會典》:太祖高皇帝陵曰孝陵,在南京鍾山之陽,高皇后馬氏合葬,懿文太子祔葬於左。設神宮監、孝陵衛及祠祭署。　冒云:先生是年年三十九。

蘧常案:歲在辛卯。明《大統曆》於庚寅十一月置閏,而清則於本年二月置閏,故是年明永曆五年正月己卯朔,實爲清順治八年二月朔也。魯監國六年,公元一六五一年。據後《孝陵圖》詩自序,初謁孝陵爲本年二月乙巳。

閏曆窮元季,真符啓聖人[一]。九州殊夏裔[二],萬古肇君臣[三]。武德三王後[四],文思二帝鄰。卜年乘王氣,定鼎屬休辰[五]。江水縈丹闕[六],鍾山擁紫宸[七]。衣冠天象遠,法駕月遊新[八]。正寢朝羣后[九],空城走百神[一〇]。九嶐超嵼嵽[一一],原廟逼嶙岣[一二]。寶祚方中缺[一三],炎精且下淪[一四]。郊坰來獵火[一五],苑籞動車塵[一六]。繫馬神宮樹,樵蘇御道薪[一七]。巋然唯殿宇[一八],一望獨荆榛。流落先朝士[一九],間關絕域身[二〇]。干戈逾六載,雨露接三春。患難形容改,艱危膽氣真[二一]。天顏杳靄接,地勢鬱紆親。尚想初陵制,仍詢徙邑民[二二]。因山皆土石,用器不金銀〔二三〕。時有倡開煤之説。紫氣浮天宇,蒼龍捧日輪〔二四〕。願言從鄧禹,修謁待西巡〔二五〕。

【彙校】

〔閏曆〕潘刻本、徐注本"曆"作"位",乃避清高宗諱。

【彙注】

〔一〕閏曆二句　原注:《漢書・王莽傳贊》:餘分閏位。　徐注:《舊唐書・禮儀志》:納真符於蒼水。《明史・太祖紀》:當是時,元政不綱,盜賊四起,劉福通奉韓山童假宋後起潁,徐壽輝僭帝號起蘄,李二、彭大、趙均用起徐,眾各數萬,並置將帥,殺吏,侵略郡縣。而方國珍已先起海上,他盜擁兵據地,寇掠甚眾,天下大亂。十二年春二月,定遠人郭子興與其黨孫德崖等起兵濠州,元將徹里不花憚不敢攻,而日俘良民以邀賞。太祖時年二十四,以閏三月甲子朔入濠,見子興。子興奇其狀貌,留爲親兵,戰輒勝。又《贊》曰:太祖以聰明神武之資,抱濟世安民之志,乘元末運,豪傑景從,戡亂摧強,十五載而成帝業。崛起布衣,奄奠海宇,西漢以後,所未有也。　段注:《南史・謝晦傳論》:黜昏啓聖。

　　蘧常案:據原注則"曆"應作"位"。潘刻本作"閏位",是也,應從改。《漢書》注:服虔曰:閏位,言莽不得正王之命,如歲月之餘分閏也。

〔二〕九州句　徐注:《左傳》定公十年:裔不謀夏,夷不亂華。杜注:裔,遠也。

　　蘧常案:見前《翦髮》詩"九州"注。

〔三〕萬古句　原注:班固《東都賦》:建武之元,天地革命。四海之内,更造夫婦,肇有父子。君臣初建,人倫實始。

〔四〕武德句　徐注：《明史・太祖紀》：帝天授智勇，統一方夏，緯武經文，爲漢、唐、宋諸君所未及。揚雄《羽獵賦》：以爲昔在二帝三王。注：應劭曰：堯、舜、夏、殷、周也。　段注：《書》：欽明文思安安。

　　蘧常案：《後漢書・明帝紀》：烝祭光武廟，初奏《文始》、《五行》、《武德》之舞。注：《武德》者，高祖四年作，言行武以除亂也。

〔五〕卜年二句　徐注：《宋史》樂章：涓選休辰，齊明朝夕。

　　蘧常案：見前《元日》"卜年"句注。

〔六〕江水句　徐注：《應天府志》：江水南岸過當塗入江寧縣界，東受慈姥港水，又東過烈山港。衛次公《渭水貫都賦》：照雙鳳之丹闕。

〔七〕鍾山句　徐注：《江寧府志・山水》：鍾山在上元東北朝陽門外。周圍六十里，高一百五十八丈。一名金陵山，一名蔣山，一名紫金山，一名神烈山。山兩峰，其北曰最高峰，其峴曰栽松；其巖曰太子，曰楊梅，曰道卿；其嶺曰頭陀，曰屏風，曰挂嶺；其塢曰桃花，曰道士，曰茱萸；其岡曰孫陵，曰白土，曰南岡，曰獨龍。其相連有西山，有石山，有馬房山。（蘧常案：此注移自下一首，以鍾山爲先生"蔣山傭"之所取號，又先生之所曾依居焉。）《唐六典》：宣政北曰紫宸門。其内曰紫宸殿，即内朝正殿也。

　　蘧常案：見卷一《帝京篇》"德過"句注。

〔八〕衣冠二句　徐注：《史記・叔孫通列傳》：願陛下爲原廟渭北，衣冠月出遊之。上乃詔有司立原廟。又：陛下何自築複道高寢，衣冠月出游高廟？奈何令後世子孫乘宗廟道上行哉？應劭曰：月出高帝衣冠，備法駕，名曰"游衣冠"。如淳曰：《三輔黃圖》：高寢在高廟西，高祖衣冠藏在高寢，月出游於高廟,其道值所作複道下,故言乘宗廟道上行。

　　蘧常案:不聞明有衣冠月游之制,然吳偉業《遇南廂園叟感賦》詩亦有"高帝遺衣冠,月出修烝嘗"云云,考《明史》志《禮一》云"孝陵每月朔望,用特羊祠祭",殆謂是歟?

〔九〕正寢句　徐注:《明史》志《禮》:洪武八年,詔翰林院議陵寢朔望節序祭祖禮。學士樂韶鳳等言:漢諸廟寢園有便殿,日祭於寢,月祭於廟,時祭於便殿。《明會典》:每歲聖旦、孟冬、忌辰、酒果行香;清明、中元、冬至,太牢致祭。特遣勳舊大臣一員行禮,南京文武官俱陪祭。親王之國過南京者,官員以公事入城者,俱謁陵;出城者詣辭。《書》:羣后四朝。

〔一〇〕空城句　徐注:《江寧府志》:明舊紫金城即今駐防城,在鍾山之麓。《詩》:懷柔百神。

　　蘧常案:"空城"似指寶城。《明史》志《禮十四》所謂"凡山陵規制有寶城"者也。有城之名,無城之實,故曰"空城"。意謂雖爲"空城",而爲百神之所趨走。此所敍尚在明祚無恙之時,不應謂紫金城爲"空城"。徐注非。

〔一一〕九嵕句　徐注:班固《西都賦》:其陰則冠以九嵕,陪以甘泉。李善注:《漢書》:谷口縣,九嵕山在西。杜甫《赴奉先縣》詩:凌晨過驪山,御榻在嶭嵽。《韻會》:嶭嵽,山高貌。

〔一二〕原廟句　徐注:揚雄《甘泉賦》:岭嶒嶙峋,洞無涯兮。

　　蘧常案:見上"衣冠"二句注。

〔一三〕寶祚句　徐注:《隋書・音樂志》:延寶祚,渺無疆。班固《東都賦》:往者王莽作逆,漢祚中缺。

〔一四〕炎精　徐注:馮衍文:社稷復存,炎精更輝。

　　蘧常案:袁宏《漢紀》:獻帝詔曰:炎精之數既終,行運在乎曹氏。炎精,日也。此指明祚。

〔一五〕郊坰　徐注:沈約《郊居賦》:潁跨郊坰。

蔣常案：《爾雅·釋地》：林外謂之坰。

〔一六〕苑篽　蔣常案：《漢書·宣帝紀》：詔池篽未御幸者，假與貧民。注：應劭曰：篽者，禁苑也。

〔一七〕樵蘇句　蔣常案：御道，似謂孝陵神道。吳偉業《遇南廂園叟感賦》詩有"鍾陵十萬松，大者參天長，根節猶青銅，屈曲蒼皮僵，不知何代物，同日遭斧創"云云；又《蘆洲行》有"萬束千車運入城，草場馬厩如山積，樵蘇猶向山中去，軍中日日燒陵樹"云云；可知當時清軍斬伐之酷。

〔一八〕巋然句　徐注：《江寧府志》：孝陵寶城、明樓、御橋、孝陵殿、廊臺、墀道、戟門、文武方門、大殿門、左右方門、御河橋、櫺星門，多同大內。沿山周圍，繚垣四十五里。　李注：王延壽《魯靈光殿賦》：遭漢中微，盜賊奔突。自西京未央、建章之殿，皆見頽壞，而靈光巋然獨存。

〔一九〕先朝士　蔣常案：見卷一《帝京篇》"念昔"二句注。

〔二〇〕間關句　蔣常案：絕域身，詳卷一《李定自延平歸》詩"身留"句注及《墟里》詩"絕域"注。

〔二一〕干戈四句　黃注：其時亭林已翦髮，兩京久亡，故曰：干戈逾六載，雨露接三春。患難形容改，艱難膽氣真。

　　蔣常案：後《孝陵圖》自序云：重光單閼，二月己巳，來謁孝陵，值大雨。即此初謁事。此所云"雨露接三春"及下"天顏杳靄接"，當寫雨景，非泛詞也。

〔二二〕尚想二句　徐注：《漢書·元帝紀》：頃者，有司奏徙郡國民以奉園陵，令百姓遠棄先祖墳墓。又：今所爲初陵者，勿置縣邑，使天下咸安土樂業。案：洪武十六年，孝陵殿成。

　　蔣常案：洪武十六年，孝陵殿成，所謂"初陵"也。事見卷一《帝京篇》"山陵"句注。

〔二三〕因山二句　原注：《史記·孝文本紀》：治霸陵皆以瓦器，

不得以金銀銅錫爲飾。《太祖實錄》：遺命喪葬儀物，一以儉素，不用金玉。　全云：可以慟哭。開煤事，詳見李研齋侍郎《天問閣集》。

　　蘧常案：《明史·太祖紀》敍遺詔"毋用金玉"外，尚有"孝陵山川因其故，毋改作"句。疑亭林曾見遺詔全文，故有上句。而原注遺之，足證原注非出自注也。

〔二四〕蒼龍句　徐注：《渾儀》：東方蒼龍七宿則角、亢、氐、房、心、尾、箕也。角爲蒼龍之首，其南爲太陽道。

　　蘧常案：見前《元日》詩"日出"句注。

〔二五〕願言二句　原注：《後漢書·鄧禹傳》：南至長安，率諸將齋戒，擇吉日，修禮謁祠高廟，因循行園陵，爲置吏士奉守焉。　黃注：考庚寅，桂王在肇慶。十一月，廣州破，繼而桂林亦破。此猶曰"願言從鄧禹，修謁待西巡"，蓋仍望桂王之恢復，而未知廣州、桂林之相繼破也。

　　蘧常案：《後漢書·鄧禹傳》：禹字仲華，南陽新野人也。年十三，受業長安，光武亦游學，遂相親附。及光武安集河北，即北渡追及，光武大悅。與定計議，拜前將軍。遣西入關，遂定河東，拜大司徒，封酇侯，時年二十四。於是引兵北，赤眉西走，禹乃至長安。天下平定，封爲高密侯。顯宗即位，拜太傅。薨，諡元。

拜先曾王考木主於朝天宮後祠中

【解題】

詳前卷一《金陵雜詩》第五首"俎豆"句注。

晉室丹楊尹,猶看古柳存〔一〕。先公嘗爲應天府尹。山河今異域〔二〕,瞻拜獨曾孫。雨靜鍾山閉,雲深建業昏〔三〕。自憐襤褸客〔四〕,拭淚到都門。

【彙校】
〔丹楊〕徐注本,吳、曹兩校本"楊"作"陽"。

【彙注】
〔一〕晉室二句　原注:《南史・劉瓛傳》:瓛六世祖惔,晉時爲丹陽尹。袁粲曾於後堂請瓛,指聽事前古柳樹謂瓛曰:人言此是劉尹時樹,每想高風,今復見卿,清德可謂不衰矣。

　　蘧常案:"晉室丹陽尹"用杜甫送《元二適江左》詩句。考《漢書・地理志》:丹楊郡故鄣郡,屬江都。武帝元封二年更名丹楊,屬揚州。《晉書・元帝紀》:太興元年六月改丹楊內史爲丹楊尹。又《地理志》:丹楊山多赤柳。蓋丹楊以多赤柳而名,自漢迄晉皆作"丹楊"。

〔二〕異域　蘧常案:異域,猶前卷一《李定自延平歸》詩所謂"絕塞",《墟里》詩及前《恭謁孝陵》詩所謂"絕域"。

〔三〕建業　徐注:《三國志・吳主權傳》:建安十六年,徙治秣陵。明年城石頭,改秣陵爲建業。《江寧府志・古蹟》:建業縣城即臺城,魏、晉間或曰金陵,或曰秣陵,或曰建康,皆更名而不更治。及太康分水北爲建業,仍治此城;及元帝以爲臺城,而建康今廨乃移在城外。

〔四〕襤褸客　原注:《南史・劉瓛傳》:瓛與張融、王思遠書,自謂"貧困纏縷,衣裳容髮有足駭者"。

　　蘧常案:先生此行變衣冠,去鬢毛,作商賈裝,故云然。

贈萬舉人壽祺_{徐州人}

【解題】

徐注：萬壽祺《隰西草堂集·自志》：字介若，一字内景，江西南昌人。曾祖以醫游徐州，遂家焉。崇禎三年庚午，中楊廷樞榜第十九名舉人。好讀書，善楷隸。家世忠孝，守咫尺之志，不慕榮利。《元譜》：壽祺，字年少。工詩文書畫，又工寫美人。他若棋琴刀劍，百工技藝，細而女紅刺繡，粗而革工縫紉，無不通曉。風流豪宕，傾動一時。滄桑後，自名明志道人、沙門慧壽，痛飲食肉如故。邳、徐之亂，移家公路浦，著有《隰西·草堂集》。《淮安府志》有傳。

蘧常案：《元譜》：辛卯八月十四日，至淮安，與萬年少壽祺定交。常庸《張穆顧亭林年譜斠識》：年少，萬曆癸卯生，是年四十九。

　　白龍化爲魚，一入豫且網[一]。愕眙不敢殺[二]，縱之遂長往。萬子當代才，深情特高爽。時危見縶維，忠義性無枉[三]。翻然一辭去，割髮變容像[四]。卜築清江西[五]，賦詩有遐想[六]。楚州南北中[七]，日夜馳輪鞅[八]。何人詞北方[九]，處士才無兩[一〇]。回首見彭城，古是霸王壤。更有雲氣無？山川但坱莽[一一]。一來登金陵，九州大如掌。還車息淮東，浩歌閉書幌。尚念吳市卒，空山弔魑魅[一二]。南方不可託[一三]，吾亦久飄蕩[一四]。崎嶇千里間，曠然得心賞。會待淮水平[一五]，清秋發吳榜[一六]。

【彙注】

〔一〕白龍二句　徐注：《説苑》：子胥諫曰：昔者，白龍化爲魚，漁者豫且射中其目。帝曰：魚固人之所射也，豫且何罪？《莊子·外物》：宋元君夢人被髮曰：余爲清江使河伯之所，漁者余且得余。又，仲尼曰：神龜能見夢於元君，不能避余且之網。

　　蘧常案：《史記·龜策列傳》"余且"作"豫且"。

〔二〕愕眙　原注：《西都賦》：猶愕眙而不能階。眙，丑吏反，驚貌。

〔三〕時危二句　徐注：萬壽祺《自志》：其《泛湖圖》云：乙酉五月，江以南郡縣皆陷，炳、儁、苞起陳湖，瑞龍起泖，易起笠澤，皆來會。八月，潰，被執，不屈，將加害，有陰救之者，囚繫兩月餘，得脫。還江北。　段注：《詩》：縶之維之。

　　蘧常案：《小腆紀年》：順治二年乙酉八月，明吳易、孫兆奎敗績於長白蕩，兆奎死之，華京、吳旦、趙汝珪與沈自炳、自駉皆戰死，一軍盡殲。壽祺與易等合，敗之時亦同，被執其在是役歟？

〔四〕割髮句　徐注：萬壽祺《自志》：家既近寺，丙戌春，禮三寶，祝髮從浮屠氏學。久之，脫去世諦，人我兩忘，時時從靜攝中頓起五嶽，此是知言語食息時，受之於君親師者，不能忘也。

〔五〕卜築句　徐注：萬壽祺《自志》：既脫難，攜妻子渡江北，隱於山陽之浦西，築廬治圃，號曰隰西草堂。自負甕，妻徐、子睿荷臿隨之，灌園以自給。西鄰普應寺，時時曳杖入退院中，與沙彌爭餘瀋也。嗟乎！天下之大，四海之廣，所爭者不知何許人？聖帝明王，忠臣義士，此時皆不知何往？數畝之内，偃仰食息，苟活其中，志足悲矣！又《隰西草堂詩·自序》：戊子仲冬，徙宅於浦西，西近淇澤，南曰徐湖，北則河、淮合流，東入於海，四區皆隰也。築其原爲隰西草堂，載老幼，攜瓶罍，鹿車一乘，往居之。《淮安府志》：清河縣，以山陽之清江浦爲清河縣治。

〔六〕賦詩句　徐注：萬壽祺《內景堂詩序》：余髮燥時時為詩；既壯，詩益日衆，無刻本。癸酉，一刻於京師。庚辛以來避亂走四方，四方君子，唱和間作，哀時念亂，則唱歎生焉。壬午冬，歸彭城，書籍散佚，新舊本皆亡失。其明年，居京口，偃仰一室中，憶向所作者，始就二氏刻之。

〔七〕楚州句　徐注：《淮安府志》：隋開皇初，山陽郡廢。十二年實楚州。《沿革敍》：以一隅當天下左脇，南北視為重輕。

　　蘧常案：楚州即今江蘇省淮安縣。

〔八〕輪軮　蘧常案：陶潛《歸園田居》詩：窮巷寡輪軮。劉熙《釋名·釋車》：軮，嬰也。喉下稱嬰，言纓絡之也。

〔九〕詗北方　原注：《唐書》：權臯為驛亭保，以詗北方。

　　蘧常案：《漢書音義》孟康注：詗音偵，西方人以反間為偵。今所謂偵察、刺探之意也。

〔一〇〕處士句　徐注：《漢書·周勃傳》：許負相亞夫曰：於人臣無兩。

　　蘧常案：處士謂壽祺也。歸莊《哭萬年少》詩：惟君不世才，胸臆包宇宙。視天復畫地，知略洵輻輳。

〔一一〕回首四句　徐注：《一統志》：徐州府，漢楚國，治彭城。《史記·淮陰侯列傳》：項王雖霸天下，臣諸侯，不居關中而都彭城。又《項羽本紀》：項籍者，下相人也。又《高祖本紀》：高祖，沛豐邑中陽里人。又：高祖即自疑，亡匿隱於芒、碭山澤巖石之間。呂后與人俱求，常得之。高祖怪問之。呂后曰：季所居上常有雲氣，故從往，常得季。杜甫《八哀·鄭虔》詩：胡塵昏坱莽。

　　蘧常案：司馬長卿《上林賦》：行乎洲淤之浦，過乎泱漭之野。泱漭，如淳曰：大貌。"漭"與"莽"通。

〔一二〕一來六句　原注：《漢書・梅福傳》：變名姓爲吳市門卒。徐注：《後漢書・岑彭傳》：田戎欲降，妻兄辛臣諫曰：洛陽地如掌耳！《北户錄》梁簡文帝《答徐摛書》：特設書幌。《家語》：木石之怪夔魍魎。《左傳》作"罔兩"，《國語》作"蜩蛃"。萬壽祺《文的》：僕甲戌蘇門歸，昔嘗泛淮入江，縱觀吳會，東西甌越之區，及於荆林之西，涉宋、魏、趙、韓、秦、晉之國。東登泰山，臨碣石以觀滄海，四方豪傑之士，大概可覩矣。

蘧常案："吳市卒"二句，當指同建義之幸免逃空者，惟與魍魎相弔而已，與前"入網"、"縶維"等句相應。

〔一三〕南方句　徐注：《楚辭・招魂》：東方不可以託些。

〔一四〕吾亦句　蘧常案：事詳前《翦髮》詩"流轉"句注。

〔一五〕淮水　徐注：《淮安府志》：淮水至清口會黃河分運河入海。

〔一六〕吳榜　徐注：《楚辭・九章・涉江》：齊吳榜以擊汰。

蘧常案：王逸《楚辭》注：吳榜，船櫂也。洪興祖《補注》引字書：艅，船也。"吳"疑借用。

淮　東

【解題】

徐注：《南疆逸史》：劉澤清，字鶴洲，曹州人。以將材授遼東衛守備，積官至總兵，加左都督，鎮山東。嘗率五千人渡河救汴，賊來即拔營去，惶擾奔迸，將略無所長，惟貨利聲色，賂貽權貴，招納賓客。部兵所至，焚掠一空。福王立，以爲四鎮之一，與馬士英暱，封東平伯。誣劾劉宗周並及姜曰廣、吳甡，署得功、傑、良佐名上之。得功馳奏不與聞。傑亦曰：我輩武人，乃預朝事耶？是冬，進澤清爵爲侯，駐淮安新城，大治邸，實以伎樂，立關徵稅。時武夫各占分地，賦入不上供，恣肆殘殺，封疆兵事，置不問也。史可法謀恢復，遣高傑趨河南，檄澤清防河，不應。比傑死，復與二鎮謀分其衆。四月，揚州告急，詔澤清往援。澤清已與良佐潛謀輸款矣。尋與田仰掠舟東浮廟灣。七月，率所部降，遂北行。順治五年，勾結曹縣叛首作亂。是冬十月，伏誅。王士禎《香祖筆記》：劉澤清，天啓中戶部尚書郭胤厚家奴也。後充本州捕盜弓手。少無賴，爲鄉里所惡，徙居曹縣。遭離亂，從軍，積功至總兵官。　全云：指劉澤清。

淮東三連城[一]，其北舊侯府[二]。昔時王室壞，南京立新主[三]。河上賊帥來，東南費撐拄[四]。詔封四將軍，分割河淮土[五]。侯時擁兵居[六]，千里暫安堵。促觴進箏瑟，堂上坎坎鼓。美人拜帳中，請作胡旋舞[七]。爲歡尚未畢，羽檄來旁午[八]。揚舲出廟灣，欲去天威怒。舉族竟生降，一旦爲俘虜[九]。傳車詣幽燕[一〇]，猶佩通侯組[一一]。長安九門中[一二]，出入黃金塢[一三]。故侯多嫌猜，黃金爲禍胎。白日不爾待，長夜來相催。傍偟闕門前，一時下霆雷。法吏逢上意，羅織及嬰孩[一四]。具獄阿房宮，腰斬咸陽市。踟躕念黃犬，太息諱諸子。父子一相哭，同日歸蒿里[一五]。有金高北邙[一六]，不得救身死。地下逢黃侯[一七]，舉手相揶揄[一八]。昔在天朝時，共剖河山符[一九]。何圖貳師貴，卒受匈奴屠[二〇]。一死留芳名，一死骨已枯。寄語後世人，觀此兩丈夫。

【彙校】

〔胡旋舞〕潘刻本,徐注本,孫、吳兩校本"胡"皆作"便",蓋有所諱。然"便旋"訓"徘徊",或"便溺",不聞舞名"便旋"也。　〔九門中〕徐注本,吳、王、曹三校本"中"皆作"市"。　〔譁諸子〕孫校本"譁"作"嘩"。　〔昔在四句〕孫校本"匈奴"作"冬虞",韻目代字也;潘刻本作"我爲□朝將,爾作燕山俘,俱推凶門轂,各剖山河符;嗟公何不死,死在淮東郛";徐注本同,惟"□"作"天",并引《明史·黃得功傳》以爲注。

【彙注】

〔一〕淮東句　徐注:《一統志》:淮安府有三城:南曰舊城,晉時故址,宋守臣陳敏重築,明初甃甎,其北一里曰新城,宋爲北辰鎭地,張士誠將史文敏土築;明洪武十一年,甃甎二城之中曰聯城,俗謂之夾城。嘉靖三十九年,增築之,聯貫新舊二城。

〔二〕其北句　徐注:《淮安府志》:澤清以六月杪至,與史閣部、路軍門、王巡按集議湖心寺。以敕印未至,選名園避暑其中。其姪率將校强占人宅。八月,蒞任,移居新城閻世選宅,而別治藩府,大興工役,即大河衛故治而更創之,壞諸生祠及民舍以爲用。十二月,府第成,奉母居其中。

〔三〕昔時二句　蘧常案:王室壞,詳見卷一《大行皇帝哀詩》注。新主,見卷一《感事》詩第一首"擁立"句注。

〔四〕河上二句　徐注:吳玉搢《山陽志遺》:甲申三月,淮撫路振飛令淮安七十二坊各集義兵,每坊一生員爲社長,團練巡邏。舉人湯調鼎等咸易戎服,設壯丁守城。四月,禽僞官胡來賀、宋自誠、李魁春,沉於河,斬叛將趙洪禎等。又禽僞防禦使武愫解南京、僞制將軍董學禮等十三人悉斬之。與按臣王燮同心固守,燮守河,振飛守城。僞淮安知府鞏克順至,燮碎其牌,斬克順以徇,士民恃以屹然。復殛僞防禦使吕弼周、僞參將王富。已而振飛爲馬士英所論，得旨提問，闔城不平，尋以憂去。士英用其戚田仰爲淮撫。劉澤清遂營窟於淮之新城。

〔五〕詔封二句　黃注：亭林著《聖安記事》，最終記曰：癸卯，良佐率清兵犯駕，左柱國太師靖國公黃得功死之。其將田雄等奉上如虜營。丙午，上至南京。九月甲寅，上北狩。其於南都之亡，聖安之遇害，不復繼書，而於此篇記得功之忠，澤清之叛（蘧常案：《記事》不言澤清之叛，蓋涉良佐而誤），皆補《記事》之闕也。《記事》稱劉宗周在籍上疏，請上親征，又言四鎮不宜封。《南疆逸史》論曰：南渡畏四鎮之跋扈，奉之若驕子，而以靖南與東平等並提而論，此不知御將之道也。夫澤清、良佐妄人耳；傑雖粗暴，其驍桀足賴焉；若靖南之忠勇善戰，一時宿將莫尚也。使立國之初，不定分鎮之議，茅土之封，以俟策勳。築壇授鉞，拜得功爲大將，而以傑副之，傑畏得功，其勢不敢不聽。傑聽而澤清、良佐惟所指揮矣。然後可法居中調度，經略中原，即未能迅掃河、洛，亦未至令敵人不血刃而飛渡也。觀靖南告弘光之詞（蘧常案：見後"黃侯"注引《南疆逸史》，語尤詳），君子有餘慟焉！節讀亭林《感事》詩，曰"分陝寄周邦"，而繼之曰"一旦表軍功"，此篇曰"詔封四將軍，分割河淮土"，則亭林不滿於四鎮之拜爵，即此亦可見矣。

蘧常案：事詳卷一《感事》詩第三首"分陝"句注。

〔六〕侯時句　徐注：鄒流綺《遺聞》：淮安自路振飛、王燮拮据義士，同心戮力，頗成鞏固。五月，劉澤清突來盤據，散遣義士，桀驁者籍之；部下搶掠，村落一空。造宅極壯麗，四時之室俱備，僭擬皇居，休卒淮上，無意北征。《淮安府志》：乙酉四月，左良玉兵東下，夜有急詔，啓譙下扉而入，召田仰及澤清入援。澤清實不欲行，乃集官及士民會議府第，先使人去橋下橫木，及士民至，橋忽崩，壓死數十人。翌日，上疏云：臣已刻期進兵，而紳士挽留，至有投河攀轅者，恐軍旅一動，淮人騷然。緣此澤清遂不行。

〔七〕促觴四句　葦常案：《小腆紀傳・劉澤清傳》：大治淮邸，極宮室之盛，以鐘鼓美人充之。樂史《太真外傳》：禄山于上前胡旋舞，旋如風焉。段安節《樂府雜録》：胡旋舞，居一小圓球子上舞，縱横騰擲，兩足終不離球上，其妙如此。

〔八〕旁午　徐注：《漢書・霍光傳》：傳使者旁午。師古曰：一縱一横爲旁午，猶言交横也。

〔九〕揚舲四句　徐注：《淮安府志》：阜寧縣舊爲山陽廟灣鎮，在射陽湖濱。萬曆二十二年，倭警益甚，官民以無城爲患，請於漕撫李戴，築城跨運鹽河。

　　葦常案：“揚舲”即“揚靈”。《楚辭・湘君》：横大江兮揚靈。王夫之《楚辭通釋》：靈同艫，鼓枻而行如飛揚也。《類篇》：艫，舟也。一曰舟有牕者。或作艫、舲。靳榮藩《吳詩集覽・臨淮老妓行》注：澤清聞大兵至，即棄淮安，裝金玉子女，避廟灣，爲航海許。因所領兵漸散，復至淮安投誠，舉家入京。

〔一〇〕傳車　葦常案：《左傳》昭公二年正義：孫炎云：傳車，驛馬也。

〔一一〕猶佩句　徐注：《廣雅・釋器》：組，綬也。《逆臣傳》：都統準塔分兵由徐州趨淮安，澤清率總兵馬化豹等五十餘人，兵二千，船三十迎降。九月，至京，賜居宅衣服，授三等子爵。

　　葦常案：《史記・李斯列傳》：封爲通侯。《漢書・高帝紀》：通侯諸將。注：應劭曰：舊曰徹侯，避武帝諱曰通侯。通亦徹也，言其功德及於王室也。

〔一二〕長安句　葦常案：長安，謂北京也。《明史》志《地理一》北京注：永樂四年閏七月，建北京宮殿，修城垣。十九年正月告成。宮城之外曰皇城,皇城之外爲京城,周四十五里。門九:正南曰夔正,正統初,改曰正陽;南之左曰文明,後曰崇文;南之右曰順城,後曰宣武;東之南曰齊化,後曰朝陽;東之北曰東直,西之南曰平則,後曰阜成;西之北曰彰義,後曰西直;北之東曰安定,北之西曰德勝。

〔一三〕黃金塢　徐注:《淮安府志》:澤清封東平侯,廢鈔部,立榷關於小壩口,收船稅;立團牌,起柴抽;丈海蕩,行小鹽;罷引目。更張變置,漁利不已。

　　蘧常案:戴復古詩:人將金作隖。"隖"同"塢",當謂董卓之萬歲隖,此亦宜同。《後漢書・董卓傳》:築隖於郿,高厚七丈,號曰萬歲隖。

〔一四〕徬徨四句　徐注:《逆臣傳》:澤清遣人往東明,與從子之幹、之檜書。事覺,命內院會同兵部鞫實,請治罪。九月,械之幹及李化鯨、李洪基至,鞫化鯨等爲之幹煽誘,澤清潛主謀,寄書有"不可露我姓名"語,六部研訊確議,遂磔於市。親屬流徙。《舊唐書・來俊臣傳》:招集亡賴,令其告事,共爲羅織,千里響應。

　　蘧常案:《清史稿・世祖本紀》:順治五年冬十月丙辰,降將劉澤清及其黨李洪基等俱伏誅。上言"故侯多嫌猜,黃金爲禍胎",此言"法吏逢上意,羅織及嬰孩",其事今無可考。《明史・劉澤清傳》語尤簡,僅云澤清潛謀輸款,惡其反覆,磔誅之而已。疑《逆臣傳》所謂"六部研訊確議,遂磔於市",其"逢上意"歟?"羅織及嬰孩",似與同死,涉其親族也歟?

〔一五〕具獄六句　徐注:《史記・李斯列傳》:具斯五刑,論腰斬咸陽市。斯出獄,顧其中子曰:吾欲與若復牽黃犬,出上蔡東門逐狡兔,豈可得乎?遂父子相哭,而夷三族。又《秦始皇本紀》:先作前殿阿房。《古今注》:《薤露》、《蒿里》俱喪歌,出田横門人，謂人死魂魄歸乎蒿里。

　　蘧常案：王士禛《香祖筆記》：澤清迎降，歸於京師。以叛案有連，至蘆溝橋伏法，行路快之。不數年，子姪無孑遺，故居爲墟。

〔一六〕有金句　蘧常案：《明一統志》：北邙山在河南府北十里，連偃師、鞏、孟津三縣，綿亙四百餘里。東漢諸陵及唐、宋名臣墳多在焉。

〔一七〕黃侯　徐注：《明史·黃得功傳》：得功，字虎山，開原衛人，累功至副總兵，擊賊皆有功。十四年，以總兵護陵。十七年，封靖南伯。福王立江南，進封侯。命與劉良佐、劉澤清、高傑爲四鎮。乙酉四月，左良玉東下，以清君側爲名，至九江病死。軍中立其子夢庚。命得功趨上江禦之，駐師荻港。得功破夢庚於銅陵，解其圍。命移軍太平，一意辦賊，論功加左柱國。時清兵已渡江，知福王奔，分兵襲太平。得功方收兵屯蕪湖，福王潛入其營。得功驚泣曰：陛下死守京城，臣等猶可盡力，奈何聽奸人言，倉猝至此！且臣方對敵，安能扈駕？王曰：非卿無可仗者。得功泣曰：願效死。得功戰荻港，時傷臂幾墮，衣葛衣，以帛絡臂，佩刀坐小舟，督麾下八總兵結束前迎敵，而劉良佐已先歸命，大呼岸上招降。得功怒牝曰：汝乃降乎？忽飛矢至，中其喉，偏左，得功知不可爲，擲刀，拾所拔箭刺吭死。其妻聞之，亦自經。總兵翁之琪投江死。得功忠義出天性，每戰，飲酒數斗，酒酣，氣益厲。喜持鐵鞭戰，鞭漬血沾手腕，以水濡之，久乃得脱。軍中呼爲黃闖子。其軍行紀律嚴，下無敢犯。所至人感其德，廬州、桐城、定遠皆爲立生祠。葬儀真方山母墓側。　戴注：指黃得功也。

〔一八〕舉手句　徐注：《後漢書·王霸傳》：市人皆笑，舉手揶揄之。

〔一九〕昔在二句　徐注：《漢書·高帝紀》：與功臣剖符作誓，丹書鐵券，曰：黃河如帶，泰山如礪。

　　　　蘧常案：事見上"黄侯"注。

〔二〇〕何圖二句　蘧常案：《漢書·李廣利傳》：太初元年，以廣利爲貳師將軍，期至貳師城取善馬，故號。誅宛，宛貴人共殺王，出其馬，罷而引歸，封廣利爲海西侯。後十一歲，征和三年，貳師復將出，五年，擊匈奴，兵敗，降匈奴，爲單于所殺。又《匈奴傳》：貳師降，單于以女妻之，尊寵在衛律上，衛律害其寵。會母閼氏病，律飭胡巫言先單于怒，曰："胡故時祠兵，常言得貳師以社，今何故不用？"於是遂屠貳師以祠。

贈　　人 二首

【解題】

　　全云：前一首諷降臣，後一首爲桑海諸君作。

楊朱見路歧，泫然涕沾臆。路旁多行人，一南一以北〔一〕。南北遂分手，去去焉所極〔二〕？南指越裳山，北適氈裘國〔三〕。同在天地間，合并安可得？此去道路長，哀哉各努力。

【彙注】

〔一〕楊朱四句　徐注：《淮南子·説林訓》：楊子見逵路而哭之，爲其可以南，可以北。

　　　　蘧常案：《爾雅·釋宮》：九達謂之逵。

〔二〕南北二句　徐注：徐《譜》：案先生《贈人》詩，蓋所送之人北行，而先生仍南歸吳，故拜黃門公墓；而《路澤溥》詩亦云"相逢金閶西"也。此詩意似譏明臣出仕北入京華者，然不可考矣。

　　蘧常案：以下句"南指越裳山"言之，則南者非先生自謂。

〔三〕南指二句　徐注：《後漢書·南蠻傳》：交阯之南有越裳國。《日知錄》：今有顛沛之餘，投身異姓，至擯斥不容，而後發爲忠憤之論，與夫名汙僞籍，而自託乃心，比於康樂、右丞之輩，吾見其愈下矣。

　　蘧常案："南指越裳山"，似謂奔赴南明者。時永曆在南寧，南寧與越南鄰。越南，古交趾也，故以爲喻乎？是年十二月初七日，清兵破南寧，永曆由水道走土司，非作詩時所及知矣。"旃裘"或作"旃裘"，《漢書·司馬遷傳》：旃裘之君長咸震怖。王先謙《補注》：《文選》旃作氊。注：氊裘，匈奴所服也，故曰旃裘之君長。"北適旃裘國"，自當斥明臣之將仕清者。《日知錄》所云"投身異姓，至擯斥不容，而後發爲忠憤之論"云云，蓋謂錢謙益一流，則事在前，與此不合。"自託乃心，比於康樂、右丞之輩"云云，謂吳偉業一流，此差近之，惟偉業非先生之所相與也。

　　步上太行山〔一〕，盤石鬱相抱。行人共太息，此是摧輈道。前路無康莊，回車苦不早。聞君將有適，念此令人老〔二〕。山下有丈夫，窮年折芝草。不出巖谷間，長得顏色好〔三〕。

【彙注】

〔一〕太行山　徐注：郭緣生《述征記》：太行山首始於河內，自河內北至幽州凡百嶺，連亘十三州之界，有八陘十道。《地理通釋·十道山川考》：太行山在懷州河內縣西北，連亘河北諸州，爲天下之脊。一名王母，一名女媧，一名五行山，一名大形山。《通志》：綿亘數千里，其間峰谷巖洞，景物萬狀，雖各因地立名，實皆太行也。

〔二〕行人六句　徐注：孟郊詩：道險不在山，平地有摧輈。《説文解字》：輈，轅也。《爾雅》：五達謂之康，六達謂之莊。《郡國利病書》：天井關在澤州南四十五里，大行山絶頂，即孔子回車處。

蘧常案：此君當謂未仕於明而求仕者，如陳芳績一流。芳績字亮工，見前《翦髮》詩"却念"二句注。《餘集·與潘次耕札》：陳亮工玉峰坐館連年，遂忘其先人之訓，作書來薊，干祿之願，幾於熱中。今吾弟又往矣，此前人墜坑之處也。楊惲所云足下離舊土，臨安定，而習俗之移人者，其能自保乎？

〔三〕山下四句　徐注：《太平廣記》：吕恭少好服食，於大行山中采藥，忽見三人在谷中，問恭曰：若能隨我采藥，語公不死之方。及歸，二百年。有數世子孫吕習者，恭因以神方授習，習已八十餘，服之即還少壯，至二百歲，乃入山中。曹植《飛龍篇》：忽逢二童，顔色鮮好，乘彼白鹿，手翳芝草。

同族兄存愉拜黄門公墓 已下玄黓執徐

【解題】

徐注：順治九年，壬辰。　冒云：先生是年年四十。

蘧常案：是年爲明永曆六年，魯監國七年，公元一六五二年。

公姓顧氏，諱野王，字希馮[一]。以梁臨賀王記室參軍，起兵討侯景。入陳，官至黃門侍郎。墓在今蘇州府吳縣橫山東五里越來溪上[二]。盧襄《石湖志》曰[三]：墓上有一巨石橫臥[四]，可二丈許。石上古松一株似蓋，湖上望見之，即知爲野王墳。今樹與石無恙。天啟中有勢家欲奪其地而葬，竁已穿矣[五]，族兄存愉發憤，訟於官，得止。其勢家所築周垣及樹木，皆歸顧氏。

古墓橫山下[六]，遺文郡志中[七]。才名留史傳[八]，譜系出先公[九]。歲月千年邈，郊坰百戰空。立松標舊竁，偃石護幽宮。地自豪家奪，碑因貴客礱。賢兄能發憤，陳迹遂昭融[一〇]。念昔遭離亂，於今事略同。登車悲出走，雪涕問臨戎[一一]。述記名山業，提戈國士風[一二]。荒祠亡血食[一三]，汗簡續孤忠[一四]。山勢仍吳鎮[一五]，溪流與越通[一六]。眷言懷往烈[一七]，感慨意無窮。

【彙校】
〔石上古松一株〕潘刻本，徐注本，孫、曹兩校本"株"皆作"枝"。

【彙注】
〔一〕公姓顧氏三句　蘧常案：《陳書·顧野王傳》：野王，字希馮，吳郡吳人也。徧觀經史，精記默識，天文、地理、蓍龜、占候、蟲篆、奇字無所不通。梁大同四年，除太學博士。侯景之亂，隨義軍援京邑。高祖作宰，爲諮議參軍。天嘉元年，補撰史學士。太建六年，領大著作，掌國史，知梁史事，兼東宮通事舍人。遷黃門侍郎，光祿卿。十三年卒，時年六十三。贈右衛將軍。

〔二〕墓在句　徐注：《蘇州府志·冢墓一》：陳黃門侍郎顧野王墓

在楞伽山下,近越來谿。

　　蔣常案:祥符《吳郡圖經》:顧侍郎墓在吳縣西南三十五里橫山。

〔三〕盧襄《石湖志》　蔣常案:《四庫全書提要‧史部‧地理類存目》:《石湖志略》一卷,明盧襄撰。襄字師陳,吳縣人。嘉靖癸未進士。官至兵部職方司郎中。石湖在蘇州府城西南。宋范成大爲執政時,有別墅在湖上,孝宗御書"石湖"二字以賜,其名始顯。盧氏世居於此,乃述其山川古蹟爲《志略》。

〔四〕巨石　徐注:范成大《吳郡志》:紹興間,其碑石雖皴剝斷裂,尚巍然植立。後爲醉人推仆,石碎於地,今尚有存者。

　　蔣常案:《石湖志》言"巨石",下詩言"偃石",皆不言"碑",則巨石非碑也。

〔五〕竁　蔣常案:《周禮‧春官‧冢人》:大喪既有日,請度甫竁。《說文解字》:竁,穿地也。

〔六〕橫山　徐注:《蘇州府志》:橫山在府西南十五里(蔣常案:錢泳《履園叢話》作"十八里")。《隋書‧十道志》:山四面皆橫,故名。山有七墩,俗稱七子山,又名踞湖山。《吳郡志》:山背臨太湖,若箕踞之勢。又名薦福山。

〔七〕遺文句　徐注:《陳書‧顧野王傳》:其所撰著《玉篇》三十卷、《輿地志》三十卷、《符瑞圖》十卷、《顧氏譜傳》十卷、《分野樞要》一卷、《續洞冥記》一卷、《立象表》一卷,並行於世。又撰《通史要略》一百卷,《國史紀傳》二百卷,未就而卒。有《文集》二十卷。

〔八〕才名句　蔣常案:《陳書‧顧野王傳》:太建六年,兼東宮通事舍人。時宮僚有濟陽江總、吳國陸瓊、北地傅縡、吳興姚察,並以才學顯著,論者推重焉。

〔九〕譜系句　徐注：先生《顧氏譜系考》：按顧氏相傳有二：一爲己姓之顧，一爲姒姓之顧。己姓顧國，祝融之後，《國語》所云昆吾蘇、顧、溫、董者也，湯滅之，《詩》云"韋顧既伐"是也。姒姓之顧，漢封越王句踐七代孫閩君搖于東甌，搖別封其子爲顧余侯者也。然則二者安從？曰：從姒姓。何以知其姒姓乎？考己姓之顧，歷殷、周、秦三代無傳人，以左氏之該，載未有稱焉。而顧族之著，乃自東漢，其爲越王之後，章章者一。己姓顧國在濮州范縣東南二十八里；而顧氏乃世居會稽，至孫吳時稱爲四姓，其爲越王之後，章章者二。太史公贊越王句踐以爲有禹之遺烈焉。然則吾顧氏之蟬聯于吳，固亦禹之明德也。

〔一〇〕昭融　徐注：《詩·大雅·既醉》：昭明有融。傳：融，長也。

〔一一〕念昔四句　徐注：《陳書·顧野王傳》：及侯景之亂，野王丁父憂，歸本郡。乃招募鄉黨數百人，隨義軍援京邑。京城陷，野王逃會稽。尋往東陽與劉歸義合軍，據城拒賊。

〔一二〕提戈句　蔣常案：《陳書·顧野王傳》：野王體素清羸，裁長六尺，又居喪過毁，殆不勝衣。及杖戈被甲，抗辭作色，見者莫不壯之。國士，見前卷一《感事》詩第三首"國士"句注。

〔一三〕荒祠句　徐注：先生《與盧某書》：閶門外義學所，中奉先師，旁以寒宗始祖黃門公配食。嘗爲利濟寺僧所奪，寒宗子姓，訟而復之。《左傳》莊公六年：抑社稷實不血食。

　　蔣常案：《史記·封禪書》：周興而邑邰，立后稷之祠，至今血食天下。注：祭有牲牢，故言血食遍於天下。

〔一四〕汗簡句　徐注：《後漢書·吳祐傳》注：以火炙簡令汗，取其青，易書復不蠹，謂之殺青，亦謂之汗簡。（蔣常案：原文作

"汗青"。)

　　　　蔣常案:孤忠,見前卷一《江介多悲風》詩"孤忠"注。
〔一五〕山勢句　蔣常案:山謂橫山。《書·舜典》傳:每州之名山
　　殊大者,以爲其州之鎮。此言橫山足爲吴之鎮也。
〔一六〕溪流句　徐注:《蘇州府志》:越來溪在吴縣西南橫山下,
　　與石湖連,北至橫塘。
〔一七〕眷言句　徐注:先生《顧氏譜系考》:其先苗裔繇王、居股
　　等猶尚封爲萬户侯,由此知越世世爲公侯矣,蓋禹之餘烈也。
　　沈約《南郊恩詔》:仰尋往烈。

贈路舍人澤溥

【解題】

　　徐注:《元譜》:澤溥時攜家奉母寄居湖上。　　戴注:曲周路
文貞公振飛第二子。
　　蔣常案:路振飛生子三,長即澤溥,次澤淳,次澤濃,見歸莊
《路文貞公行狀》。詳卷三《贈路光禄太平》詩題注。戴謂澤溥爲振
飛第二子,誤。《路文貞公行狀》:公之子中書舍人澤溥。

秋雁違朔風,來集三江裔〔一〕。未得遂安棲,徘徊望雲
際。嗚呼先大夫〔二〕,早識天子氣〔三〕。謁帝福州宮,柄用
恩禮備〔四〕。汀州失警蹕〔五〕,一死魂猶視〔六〕。君從粤中
來〔七〕,千里方鼎沸〔八〕。絕跡遠浮名,林皋託孤詣。東山
峙大湖〔九〕,昔日軍所次〔一〇〕。奉母居其中〔一一〕,以待天下
事。相逢金閶西〔一二〕,坐語一長喟。復叙國變初,山東並

賊吏[一三]。長淮限南北,支撐賴文帥。擒魁獻行朝,逆黨皆戰悸[一四]。江外甫晏然[一五],卒墮權臣忌[一六]。鑠金口未白[一七],胡馬彎弓至[一八]。天子呼恩官,干戈對王使[一九]。詔書曰:朕有守困恩官路振飛。感激千載逢,一下君臣淚[二〇]。嶺表多炎風,孤棺託蕭寺[二一]。怒聲瀧水急[二二],遺策空山悶。君才賈董流[二三],矧乃忠孝嗣。恭惟上中興,簡在卿昆季[二四]。經營天造始,建立須大器。敢不竭微誠,用卒先臣志。《明夷》猶未融,善保艱貞利[二五]。

【彙校】

〔天子氣〕潘刻本"天子"作"□□";冒校本作"興王"。 〔謁帝句〕潘刻本"帝福州"作"□□□";徐注本、孫校本"福州"作"三山";冒校本作"大明",注:"一作福州";徐注本,吳、曹兩校本"帝"作"見"。 〔柄用〕孫託荀校本、曹校本"柄"作"秉"。 〔汀州句〕徐注本、孫校本"州"作"江",潘刻本同,惟"蹕"作"□"。 〔天下事〕潘刻本"事"作"□";冒校本作"治"。 〔口未白〕京師本"白"作"息"。 〔胡馬〕潘刻本、徐注本、孫校本"胡"作"牧"。 〔天子句〕潘刻本"天子"作"□□"。 〔干戈句〕潘刻本"詔"作"□","朕"作"□","闓"作"困";吳、汪、曹三校本"闓"亦作"困";徐注本"詔"作"制"。 〔恭惟句〕潘刻本、徐注本作"國步方艱危",徐並出注:《詩》:國步蔑資。 〔先臣〕潘刻本作"□□"。

【彙注】

〔一〕三江 蘧常案:見前《贈于副將元凱》詩"三江"注。
〔二〕先大夫 蘧常案:《左傳》襄公二十五年:先大夫蔿子之功

也。此謂路振飛。歸莊《路文貞公行狀》：公諱振飛，字見白，號皓月，廣平曲周人。中天啓五年進士，授涇陽知縣。崇禎四年，擢四川道監察御史，以言事忤旨，降河南按察使檢校。陞光祿寺少卿。十六年，擢都察院右僉都御史，總督漕運。十七年，解任。即家加右副都御史。明年，唐王召爲左都御史，尋拜太子太保，吏部尚書，兼兵部尚書，文淵閣大學士。賜玉督師。明年，進太子太師，武英殿大學士。後二年卒。粤中贈太傅，諡文貞。

〔三〕早識句　蘧常案：天子氣，見卷一《帝京篇》"望雲"句注。《明史·路振飛傳》：振飛初督漕，謁鳳陽皇陵，望氣者言高牆有天子氣。唐王聿鍵方以罪錮守陵，中官虐之，振飛上疏乞概寬罪宗，竟得請。歸莊《路文貞公行狀》：朱國弼疏劾公，謂公嘗言鳳陽有天子氣。

〔四〕謁帝二句　徐注：《漢書·谷永傳》：永知王鳳方見柄用，陰欲自託。《後漢書·桓榮傳》：乘輿嘗幸太常府，令榮坐東面，設几杖，會百官，天子親自執業。每言，輒曰：太師在是。既罷，悉以大官供具賜太常家，其恩禮若此。《南略·閩紀》：王募能致振飛者官五品，賜二千金，振飛乃赴召。

　　蘧常案：福州宮，見卷一《聞詔》詩"中興"句注。歸莊《路文貞公行狀》：弘光中，唐王得赦出，避亂南奔，遺公手書，勉以恢復大業，毋輕一死。至是，王立於閩中，下詔徵公。公與幼子間關至閩，遂入綸扉。時主眷雖隆，事權不屬，大將逍遥河上，藩鎮潛懷二心，公以義不可去，數數在告。

〔五〕汀州句　蘧常案：汀州事見卷一《精衛》詩"大海"句注。崔豹《古今注》：警蹕，所以戒行徒。《周禮》：蹕而不警。秦制：出警入蹕。《漢官儀》注：皇帝輦，左右侍帷幄者稱警；出殿則傳蹕，止行人，清道也。另見前卷一《感事》詩第五首"清蹕"

句注。失警蹕,謂天子蒙難也。

〔六〕一死句　徐注:《左傳》襄公十九年:荀偃卒而視,不可含,宣子盥而撫之曰:事吳敢不如事主。猶視。吳《譜》:聿鍵走汀州,振飛追赴不及。汀州破,走居海島。明年,將赴永明王召,以悲憤成疾而卒(蘧常案:此《元譜》文,徐作吳《譜》,誤)。

　　蘧常案:歸莊《路文貞公行狀》云:伯顏壓境(案:謂清征南大將軍貝勒博洛),劉整叛降(案:謂鄭芝龍)。公於是將奔問官守,襄王已不可知(案:謂隆武);欲更奉宗室,聖公復不可得。遂入鯨波,犯颶風,飄搖海外者久之,悲憤疾作。迨聞靈武正位(案:謂永曆),南粵歸誠,道路漸通,敕書屢至。公乃奔赴行在,願效馳驅,而病已革,遂卒於中途。又云:以己丑四月二十二日卒於廣州之順德。《元譜》言未晰,一若卒於海島者,非也。《南疆逸史·路振飛傳》:延平陷,振飛不獲扈從,依鄭成功於廈門。則前時事也。

〔七〕君從句　蘧常案:《路文貞公行狀》:方公之在閩也,澤溥奉王夫人避亂洞庭,已而數千里省公於廈門,不值。即此"君從粵中來"事,實從閩來也。《小腆紀傳·路振飛傳》:丁亥,有誤傳上在粵者,偕主事萬年英泛海求之,抵虎門,始知爲上弟聿鐭,已敗死,乃回廈門。澤溥或以此相左歟?

〔八〕千里句　蘧常案:紹武之亡在丙戌十二月,據《紀年》。振飛於丁亥抵虎門後始知之,似在是年春,即父子相左之時。則澤溥之歸,或在其年夏秋之際乎?是年春,清軍先後取梧州、平樂、長沙、衡山等地。四月,清命降將孔有德、耿仲明、尚可喜分道取湖廣。福建雖已全陷於清,而南明猶屢圖恢復。四月,鄭成功復海澄。六月,魯王攻漳州。七月,又會鄭彩、周瑞、周鶴芝、阮進攻福州;八月,又襲連江,成功亦攻泉州。九月,魯王又下長樂、永福、閩清諸城,故曰"千里方鼎沸"也。

〔九〕東山句　蘧常案：正德《姑蘇志》：莫釐山以在洞庭之東，稱東洞庭山。周回八十六里。王鏊《七十二山記》：兩洞庭分峙湖中。

〔一〇〕昔日句　徐注：《明史》：其時起兵旁掠郡縣者，有吳易與同邑舉人孫兆奎、諸生沈自駉、自炳、武進吳福之等屯於長白蕩，出入旁近諸縣。《南疆逸史》：盧象觀謀攻南京，不克。遂亡入太湖，與葛麟、王期昇合，有衆二萬，奉通城王盛澂，居長興。

　　蘧常案：此當謂振飛率家丁鄉兵保東洞庭事。《路文貞公行狀》云：公尋有削杖之戚（案：謂丁母憂），遂移家寓蘇州。及江南郡縣皆失，公保洞庭山。洞庭素稱沃饒，太湖舟師環聚，爭欲據山，公率家丁及鄉兵禦却之。徐注所引諸人，屯兵雖在太湖，而不在東山，且與路氏何關而及之，非。

〔一一〕奉母句　戴注：按先生年譜，舍人時攜家奉母，寄居洞庭之東山。

〔一二〕相逢句　徐注：《吳越春秋》：城立閶門者，象天通閶闔風也。

　　蘧常案：金閶亭在吳縣閶門外，《清一統志》：陸龜蒙謂梁鴻墓在金閶亭下是也。《元譜》：壬辰，遇路舍人澤溥於虎丘。虎丘在閶門西。

〔一三〕山東句　蘧常案：佚名《淮城紀事》：甲申春，闖預遣僞官於山東、河南各處代任，僞官遣牌先至，輒以大兵在後，恐嚇地方。於是官逃民懼，往往執香遠迎，漸及江北，日夜震恐。

〔一四〕長淮四句　蘧常案：《明史·路振飛傳》：崇禎十六年秋，擢右僉都御史，總督漕運，巡撫淮、揚。明年正月，流賊陷山西，振飛遣將金聲桓等十七人，分道防河，由徐、泗、宿遷至安東、沭陽，且團練鄉兵，得兩淮間勁卒數萬。四月初，聞北都陷,福王立於南京。河南副使呂弼周爲賊節度使,來代振飛,進士武愫爲賊防禦使,招撫徐、沛,而賊將董學禮據宿遷。振飛擊擒弼周、愫,走學禮。竿弼周法場,命軍士人射三矢,乃解磔之;縛愫徇諸市,鞭八十,檻車獻諸朝,伏誅。

〔一五〕江外句　蔣常案:《路文貞公行狀》:公守淮之功爲最,閣部史可法疏言:撫臣親在河干,與民共守,聲勢之壯,屹若長城。碎僞牌,斬僞吏,所遣諸將,各有斬獲。又恢復宿遷,賊將宵遁,江南奠安,實賴此舉,其有功於國家甚大。

〔一六〕卒墮句　蔣常案:《路文貞公行狀》:先是,鳳督馬士英兵船八百餘,道淮而南,舟中多載火器。公留之,以爲禦賊之備,士英不快。撫寧侯護漕總兵朱國弼在淮嘗檄縣索義勇名籍,公不許,其去淮也,擅取福建解京銀十萬寄淮庫者以行,公與力爭,留其二萬,國弼亦銜公。及士英當國,國弼進保國公,用事,遂共排公,責公捍禦無功。淮人不平,幾至激變。

〔一七〕鑠金句　蔣常案:《國語·周語》:衆口鑠金。韋昭注:鑠,銷也。衆口所毀,雖金石猶可銷也。

〔一八〕胡馬句　蔣常案:賈誼《過秦論》:胡人不敢南下而牧馬,士不敢彎弓而報怨。《南疆逸史·路振飛傳》:國弼與行人朱統鐮合疏劾之,士英乃用其所親田仰撫淮。大兵至,不戰而潰,江南遂亡。

〔一九〕天子二句　蔣常案:錢秉鐙《所知錄》:上規模闊大,仿佛光武,平時恩舊,皆以南陽故人目之。如路振飛遠隔三吳,募能召至者,賞銀五百兩,給六品京秩。《思文大紀》:隆武元年八月十一日,發手敕與吳松江縣生員孫久中(案:《南疆逸史》作孫可久)往訪舊漕撫督路振飛,詔內第十二款,有"守困恩官路振飛訪察莫遇,日夜思念,非僅一時豆粥麥飯之感"。故久中以昔曾聞其寓於洞庭,蹤跡可據,願往訪之。《大紀》作者爲隆武近臣,詔制章奏多見原文也。

〔二〇〕感激二句　徐注:杜甫《送從弟亞赴河西判官》詩:君臣俱下淚。蘧常案:《南疆逸史·路振飛傳》:振飛達行在,拜太子太保,吏、兵二部尚書兼文淵閣大學士;賜宴,至夜分,撤燭送歸,解玉帶及"鹽梅弘濟"銀章賜之。官一子職方員外郎。又錄守淮功,廕錦衣世千户,振飛感知遇,竭盡誠節。

〔二一〕蕭寺　徐注:《杜陽雜編》:梁武帝好佛,造浮屠,命蕭子雲飛白大書曰"蕭寺"。

〔二二〕瀧水　蘧常案:"瀧水"與"空山"作對,則應解作水勢湍急。《廣韻》:瀧,奔湍也。南人名湍曰瀧。或以《水經注》之瀧水當之,非。

〔二三〕賈董　徐注:《漢書·賈誼傳贊》:劉向稱賈誼言三代與秦治亂之意,其論甚善。通達國體,雖古之伊、管,未能遠過也。又《董仲舒傳贊》:劉向稱董仲舒有王佐之才,雖伊、吕無以加,管、晏之屬,伯者之佐,殆弗及也。

〔二四〕簡在　蘧常案:《論語·堯曰》篇:簡在帝心。注:簡,閱也。

〔二五〕《明夷》二句　原注:《左傳》昭公五年:《明夷》之《謙》,明而未融。其當旦乎?　徐注:《易》:明夷:利艱貞,晦其明也。

清　江　浦

【解題】

徐注:《郡國利病書》:宋轉運使喬維嶽開故沙河建清口,後蔣之奇又開洩洪澤，歲久俱淤。永樂初，平江伯陳瑄因舊渠開通，置牐蓄洩，更名清江浦。《淮安府志》：清江浦今清河縣治，在山陽縣治西三十里。　　黃注：亭林於辛卯年抵清江浦。壬辰年至吳縣之橫山，拜顧野王墓；過虎丘，遇路澤溥；後再歸常熟之唐市，復返崑山之千墩。尋再至清江浦，渡河，抵王家營。此詩乃再至清江浦時作也。《東華錄》：順治九年，河決邳州。此詩作於是年，蓋有感而作歟？

　　蘧常案：或據歸莊《與王于一書》：敝邑顧寧人，德甫先生之孫也。兄問者爲我言：方杖茸時，德甫先生不遠二千里，遣使致生芻，有古君子之風。今寧人亦素車白馬，走九百里，哭萬年少。家風古誼，不墜益敦云云。以爲先生此行即赴淮浦哭萬壽祺之喪。舉孫運錦《萬先生傳》、羅振玉《萬年少年譜》，皆云"壽祺卒於壬辰五月"爲證。然歸莊《勃齋詩》癸巳有《彭城萬年少流寓淮陰特來吳中延余教其子》、《過萬年少淮浦隰西草堂題贈》、《哭萬年少》諸詩，本集後有《送歸高士之淮上》詩，即送歸莊赴淮陰萬壽祺處授讀也，亦在癸巳，與《勃齋詩》合；又歸《與蔣路然書》，云"弟自渡江抵淮，主年少家，亡何而年少長逝"，與《勃齋詩》亦合。則壽祺實卒於癸巳，而非壬辰明甚。孫《傳》、羅《譜》皆誤，或說不足信也。至歸書所云，事當在明歲癸巳夏秋之交，於《詩譜》詳之，不贅。

此地接邳徐[一]，平江故蹟餘。開天成祖代，轉漕北京初[二]。牐下三春盡，湖存數尺瀦。淮安城西有五牐，每歲糧船以春月北上，夏初閉牐，以防黃水灌入裏河，俟秋水退，九月開牐回空。牐內所瀦，皆高郵、寶應諸湖南來之水。舳艫通國命[三]，倉廩峙軍儲[四]。陵谷天行變[五]，山川物態殊。黃流侵內地[六]，清口失新渠[七]。米麥江淮貴，金錢帑藏虛[八]。蒼生稀土著,赤地少櫌鋤[九]。廟食思封券[一〇],河防重璽書[一一]。路旁看父老,指點問舟車。

【彙校】

〔題〕常庸《張穆顧亭林年譜斠識》云:《清江浦》二首。今本詩集止一首。

【彙注】

〔一〕此地句　徐注:明《淮安府志》:邳州、宿遷、睢寧並隸淮安,西界徐州。

〔二〕開天二句　徐注:《明史·河渠志三·運河上》:湖漕者,由淮安抵揚州三百七十里,地卑積水,匯爲澤國。山陽則有管家、射陽,寶應則有白馬、氾光,高郵則有石𦥑、甓社、武安、邵伯諸湖,仰受上流之水,傍接諸山之源,巨浸連亘,由五塘以達於江。永樂四年,成祖命平江伯陳瑄督轉運。瑄於湖廣、江西造平底船三千艘,二省及江、浙之米,皆由江以入,至淮安新城,盤五壩過淮。仁、義二壩在東門外東北,禮、智、信三壩在西門外西北,皆自城南引水抵壩口。其外即淮河。清江浦者,直淮城西,永樂二年,嘗一脩閘。其口淤塞,則漕船由二壩、官民商船由三壩入淮,輓輸甚勞苦。瑄訪之故老,言淮城西管家湖西北距淮河鴨陳口僅二十里,與清江口相值,宜鑿爲河,引湖水通漕,宋喬維嶽所開沙河舊渠也。瑄乃鑿清江浦導水由管家湖入鴨陳口達淮。十三年五月工成,緣西湖築堤亘十里以引舟。淮口置四閘,曰:移風、清江、福興、新莊,以時啓閉,嚴其禁。是時,淮上、徐州、濟寧、臨清、德州皆建倉轉輸。濱河置舍五百六十八所,舍置淺夫,水澀舟膠,俾之導行。增置淺船三千餘艘,設徐、沛、沽頭、金溝、山東、穀亭、魯橋等閘，自是漕運直達通州，而海陸俱廢。

〔三〕舳艫句　徐注：《後漢書・宦者傳論》：寄之國命（蘧常案：以上十一字，自後《昔有》時"奈此國命何"句注移此）。此指南北漕運，溝通國家命脈。

〔四〕倉廩句　徐注：《郡國利病書》：復置常盈倉於清江浦，積糧以備轉兌，爲公私便。《吳志・吳主傳》：輦資運糧，以爲軍儲。

　　蘧常案：梅賾《書・費誓》：峙乃糗糧。《爾雅・釋詁》：峙，具也。王先謙《尚書孔傳參正》：峙當爲庤，轉寫之誤。

〔五〕陵谷　蘧常案：見卷一《十月二十日奉先妣葬》詩"陵谷"注。

〔六〕黃流句　徐注：《明史》志《河渠二・黃河下》：萬曆……時朝政日弛，河臣奏報多不省。四十二年，劉士忠卒，閱三年不補。四十六年，始命工部侍郎王佐督河道，河防日以廢壞，當事者不能有爲。天啟元年，河決雙溝、黃鋪，由永姬湖出白洋、小河口，仍與黃會，故道淤涸。總河侍郎陳道亨役夫築塞，時淮安霪雨連旬，黃、淮暴漲數尺，而山陽裏外河及清河決口匯成巨浸，水灌淮城，民蟻城以居，舟行街巷。久之始塞。三年，決徐州青田大龍口，徐、邳、靈、睢河並淤。六年七月，河決淮安，逆入駱馬湖，灌邳、宿。《東華錄》：順治九年，河決邳州。　黃注：《日知錄》云：丘仲深謂以一淮受黃河之全，然考之先朝徐有貞治河，猶疏分水之渠於濮、氾之間，不使之並趨一道；自弘治六年，築黃陵岡以絕其北來之道，而河流總於曹、單之間，乃猶於蘭陽、儀封各開一口，而洩之於南。今復塞之，故河之在今日，欲北不得，欲南不得，唯以一道入淮，淮狹不能容，又高而不利下，則頻歲決於邳、宿以下，以病民而妨運，而邳、宿以下，左右皆有湖陂，河必從而入之，而生民魚鼈之憂，殆未已也。此詩所言"地接邳、徐"，"黃流內侵",皆與《日知錄》相應。

〔七〕清口句　徐注:《明史》志《河渠》,淮水東北至清河,南會於大河,即古泗口也,亦曰清口,是謂黃、淮交匯之衝。淮之南岸,漕河流入焉,所謂清江浦口。又:天啟元年,黃、淮漲溢,決裏河王公祠。淮安知府宋統殷、山陽知縣練國事力塞之。三年秋,外河復決數口,尋塞。崇禎三年,淮安蘇家嘴、新溝大壩並決,沒山、鹽、高、泰民田。五年,又決建義北壩。

〔八〕米麥二句　徐注:《淮安府志·物産》:五穀之屬,稻麥。山、鹽、阜,食稻者多,麥菽佐之。清、安、桃,食麥菽者多,稻佐之。又《五行》:萬曆四十三年,大旱,麥盡枯。秋,山、安、清、桃大水。天啟六年,禾稼損盡。自四年至是連三歲荒歉,民不聊生。《日知錄》:聞之先達言,天啟以前無人不利於河決者,侵尅金錢,則自總河以至於閘官,無所不利;支領工食,則自執事,以至於游閒無食之人,無所不利。又《明史》志《河渠·黃河》:大役踵興,歲費數百萬,帑藏爲虛。

〔九〕蒼生二句　蘧常案:此言災區庶民之流徙,赤地無人耕作也。

〔一〇〕廟食句　徐注:《漢書·高帝紀》:高祖與功臣剖符作誓,丹書鐵券。《明史·陳瑄傳》:瑄,字義純,合肥人。凡所規畫,精密宏遠,身理漕河者三十年,舉無遺策。仁宗即位之九月,瑄上疏陳七事。帝覽奏曰:瑄言皆當,令所司速行。遂降敕獎諭,尋賜券,世襲平江伯。八年十月卒於官,年六十有九,追封平江侯,諡恭襄。初,瑄以濬河有德於民,民立祠清河縣。正統中,命有司春秋致祭。子豫嗣。傳至明亡,爵絶。

〔一一〕河防句　黃注:《日知錄》云:因河以爲漕者禹也,壅河以爲漕者本朝也,故古曰河渠,今曰河防。詩謂"廟食思封券,河防重璽書",總上"平江故蹟"以下而言,蓋不足之辭也。

蘧常案:《史記·秦始皇本紀》:爲璽書賜公子扶蘇。

《國語·魯語》韋昭注：古者，大夫之印亦稱璽，璽書，印封書也。蔡邕《獨斷》：秦以來天子獨以印稱璽。《明史》志《河渠一》：弘治二年九月，命白昂爲户部侍郎，修治河道，賜以特敕。六年，陳政卒官，帝命廷臣會薦才識堪任者，僉舉劉大夏，遂賜敕以往。此所謂"敕"，即詩所謂"璽書"。

丈　夫

【解題】

蘧常案：《穀梁傳》文公十二年：男子二十而冠，冠而列丈夫。

丈夫志四方，有志先懸弧〔一〕。焉能釣三江〔二〕，終年守菰蒲〔三〕。如何駒隙間，流光日已徂〔四〕。矯首望太行，努力驅鹽車〔五〕。風吹河北雁，颯沓雲中呼〔六〕。豈無懷土心，所羨千里途。

【彙校】
〔有志〕潘刻本、徐注本作"有事"。
【彙注】
〔一〕懸弧　徐注：《禮·內則》：國君世子生，射人以桑弧蓬矢六，射天地四方。注：期其有事於遠大也。
〔二〕三江　蘧常案：見前《贈于副將元凱》詩"三江"注。
〔三〕菰蒲　徐注：鮑照《野鵝賦》：立菰蒲之寒渚。
　　蘧常案：菰蒲爲水鄉所生，句意謂不欲株守江南也。蓋至是而北遊之志漸定矣。一作"菰蘆"。許嵩《建康實錄》：殷禮與張溫使蜀,諸葛亮見而歎曰:江東菰蘆中,生此奇才。先生有《菰中隨筆》,即取義於此。

〔四〕如何二句　徐注:《禮》:君子三年之喪二十五月而畢,若駟之過隙。劉峻《答劉秣陵書》:雖隙駟不留,流光電謝。《爾雅·釋詁》:徂,往也。

〔五〕矯首二句　徐注:《戰國策·楚策》:驥之齒至矣,服鹽車而上太行。

蘧常案:鹽車,喻賢才之屈居賤役也。

〔六〕颯沓　徐注:鮑照《舞鶴賦》:颯沓矜顧。

蘧常案:李善《文選》注:颯沓,羣飛貌。

王　家　營

【解題】

徐注:《淮安府志》:王家營在清河縣治北七里。又,集鎮下有王營鎮。

荒坰據淮津〔一〕,彌望徧秋草。行人日夜馳,此是長安道〔二〕。雞鳴客車出,四野星光早。征馬乏青芻,山川色枯槁。燕中舊日都〔三〕,風景猶自好。衣殘苔上繒,米爛東吳稻〔四〕。公卿不難致,所患無金寶〔五〕。還顧旅舍中,空囊故相惱。回頭問行人,路十如何老〔六〕?

【彙校】

〔星光早〕徐注本、曹校本"早"作"照"。　〔枯槁〕潘刻本"槁"作

"稿",誤。

【彙注】

〔一〕荒坰句　徐注:《爾雅》:野外謂之林,林外謂之坰。

　　蘐常案:荒坰,謂王家營。淮水自縣南來,東北與黄河合,營在縣北,故曰"據淮津"。

〔二〕行人二句　徐注:《輿地紀勝》:楚州方全盛時,北客所經,從一道至南渡門絶淮,則之齊、魯、山東。《元和郡縣志》:關内道京兆府管長安縣。長安故城在縣西北十三里,漢舊都。

　　蘐常案:長安,此指北京,故下云"燕中舊日都"也。

〔三〕燕中句　徐注:《金史·梁襄傳》:燕都地處雄要,北倚山險,南壓區夏,若坐堂隍,俯視庭宇。遼衹以得燕,故能控制南北,坐致宋幣。燕蓋京都之選首也。《元史·劉秉忠傳》:初,帝命秉忠相地於桓州東灤水北,建城郭於龍岡,三年而畢,名曰開平;繼升爲上都,而以燕爲中都。四年,又命秉忠築中都城,始建宗廟宮室。八年,奏建國號曰大元,而以中都爲大都。

　　蘐常案:"舊日都",謂北京原爲明之故都,故下用晉周顗新亭語,云"風景猶自好",寓河山已異之痛。事見卷一《京口》詩第二首"相對"句注。與金、元無涉,徐注非。

〔四〕衣殘二句　徐注:《湖州府志》:苕溪在府西,合霅溪水,南達前溪。《宋史·路振傳》:蜀錦吳繒。杜甫《後出塞》詩:杭稻來東吳。

　　蘐常案:此兩句蓋歎竭東南民力以奉京師,爲食肉者言也,故下有"公卿"云云。徐注引《日知録》吳華甗上書,欲"禁綾綺錦繡"一節,未得詩意。

〔五〕公卿二句　徐注:先生《與友人論門人書》:納貲之例行,而目不識字者,可爲郡邑博士。又曰:位高者至公卿。《明史·奸臣·馬士英傳》:時朝政濁亂,貨賄公行,大僚降賊者,賄入輒復其官,諸白丁隸役輸重賂,立躋大帥。諸人爲之語曰:職方賤如狗,都督沿街走。

　　蘧常案:此似亦譏明遺民之欲仕清者。徐注引《明史》,非。

〔六〕路十句　原注:《通鑑》:路巖佐崔鉉於淮南爲支使,鉉知其必貴,嘗曰:路十終須作彼一官。既而入爲監察御史,不出長安城,十年至宰相。其自監察入翰林日,鉉猶在淮南,聞之,曰:路十今已入翰林,如何得老? 後皆如鉉言。

傳　　聞 二首

【解題】

　　徐注:《元譜》:是歲,永明王在肇慶。李定國攻陷廣州,王使人召定國入衛,蓋王爲孫可望所制,間關奔竄故也。

　　蘧常案:所謂"傳聞",當謂李定國捷報,詳下。李尊孫可望,受約束者也,故亦歸功於可望。《元譜》云云,與詩意不符。徐引非。《小腆紀傳·李定國傳》云:方捷書之發自桂林也,其人窮日夜易馬而奔,既至貴陽(案:時永曆駐此,詳下),直入殿墀,下馬卧地不能起,灌以湯藥,乃甦。探懷中出捷書,於是大宴三日。蓋桂林之克,於當時局勢所關至鉅,詩意喜可知也。或謂辭若有不足者,似求之過深矣。

傳聞西極馬〔一〕,新已下湘東〔二〕。五嶺遮天霧,三苗落木風〔三〕。間關行幸日〔四〕,瘴癘百蠻中〔五〕。不有真王禮,誰收一戰功〔六〕?

【彙校】

〔題〕此題二首,各本同。《張譜斠識》云:《傳聞》三首,今本詩集只二首。 〔西極馬〕潘刻本"西"作"□"。 〔行幸〕潘刻本作"□□"。 〔真王〕潘刻本、徐注本、孫校本"真"作"三"。

【彙注】

〔一〕西極馬　徐注:《史記・大宛列傳》:得烏孫馬好,名曰天馬。及得大宛汗血馬,益壯,更名烏孫馬"西極",名大宛馬曰"天馬"云。

蘧常案:杜甫《贈崔十三評事公輔》詩:飄飄西極馬。西極馬當喻李定國。定國,延安人。張獻忠時爲安西將軍。獻忠敗没,自稱爲安西王,降明。孫可望請封爲西寧王,故稱之爲"西極馬"歟?

〔二〕新巳句　徐注:《南略》:庚寅秋,可望出黔,命定國守雲南。定國練軍制械,得精兵三萬。至壬辰三月,致書可望,欲出楚立功,以報朝廷。四月,至黔,與馮雙禮領兵三萬,五月,由鎮遠下偏橋,一戰復沅州,復攻靖州,至全州。八月,復衡州,凡永、郴一帶,望風而降。

〔三〕五嶺二句　黃注:三苗,三種之苗,猶《爾雅》言六蠻也。《戰國策》曰:三苗之居,左彭蠡,右洞庭。蔡沈謂三苗在荆、揚之間。五嶺三苗,指粵、桂、湖、湘、滇、黔而言。此二句即徐注所引《南略》事。

蘧常案:"五嶺"見前《懷人》詩"五嶺"句注。

〔四〕間關句　蘧常案:《行在陽秋》:永曆四年庚寅春正月,清陷南雄。初九日,駕發端州(案:即肇慶)。二月朔,駕至梧州。十一月,駕幸藤縣。初二日,清陷廣州。初六日,破桂林。十二月,駕幸南寧。《小腆紀年》:辛卯,清順治八年,明永曆五年九月,陳邦傅率潯州文武降於清。壬寅,明桂王自南寧出奔。十月,次新寧。十二月,清兵取南寧,孫可望迎王入雲南。壬辰,順治九年,永曆六年正月癸酉朔,王次龍英。戊子,次廣南。二月戊申,至安隆所,改名安龍府。徐鼒曰:詳紀何?傷之也。眢井魚枯,䋄干雀凍,求爲黔首,何可得哉!

〔五〕瘴癘　徐注:《玉篇》:瘴,癘也。山川厲氣成疾也。

　　　蓬常案:范成大《桂海虞衡志》:瘴,二廣惟桂林無之。自是而南,皆瘴鄉矣。邕州兩江,水土尤惡。《小腆紀年》:明桂王在南寧,欲移蹕,羣臣以兩江瘴癘,秋甚於夏,請俟霜降後。會潯州報至,遂倉卒登舟。

〔六〕不有二句　黃注:《南疆逸史》:順治九年壬辰,清兵入蜀,白文選遁回雲南。可望乃使李定國、馮雙禮由黎平出靖州,馬進忠由鎮遠出沅州,會於武岡,以圖桂林,步騎八萬;劉文秀與張先璧由永寧取敘州;白文選由遵義取重慶,會嘉定,以圖成都,步騎五萬。疏請封定國西寧王,文秀南康王。五月,定國進攻靖、沅、武岡,皆下之,疾趨桂林,孔有德自焚死。劉文秀、白文選亦陷敘州,重慶。據此則封爵在前,戰勝在後,詩云"不有三王禮,誰收一戰功",蓋不足之辭也。

　　　蓬常案:《史記·淮陰侯列傳》:信平齊,使人言漢王,願爲假王便。漢王罵曰:大丈夫定諸侯,即爲真王耳,何以假爲?黃從潘、徐本作"三王",誤。作"真王"是。玩詩意,蓋深喜之辭。意謂不與可望"真王",何能成此大功?蓋爲當時嚴起恒、金堡輩拘執文義,堅慳王號,徒以釀亂損威言之也。且

此詩旨在定國，不過推而及可望耳，不見所謂不足者也。《小
腆紀傳・孫可望傳》：可望念同輩不相下，得朝命加王封，庶
可相制。故雲南巡撫楊畏知，憤可望僭妄，喜其革面也，因而
慫慂之。己丑春，可望乃遣畏知赴肇慶，進表請王封。給事
中金堡七疏爭之，議久不決。畏知曰：可望欲權出劉（案：劉
文秀）、李（案：李定國）上耳。今晉之公，而卑劉、李為侯可
耳。乃議封可望景國公，文秀、定國皆列侯。令大理卿趙昱
為使，加畏知兵部尚書，同銜命入滇。昱知可望必不受，謀之
督師堵胤錫。胤錫曾賜寶敕，得便宜行事，因承制改封平遼
王，易敕書以往。南寧密邇雲南，可望之求册封也，謂不允，
即提兵殺出。守將陳邦傳聞之，大懼。其部將胡執恭請先矯
命封為秦王，邦傳乃範金為文曰"秦王之寶"，填所給空敕，令
執恭齎往。可望肅然就臣禮，叩頭呼萬歲。既聞朝議未決，
私詰執恭。執恭誑之曰：此敕印乃太后與皇上在宮中私鑄
者，外廷諸臣實不知也。可望雖心知其偽，然假以誇示於下。
既畏知、昱齎平遼王敕書至，可望駭，不受，曰：我已得秦封。
畏知曰：此偽也。執恭曰：彼亦偽也，所封實景國公，敕印故
在。可望怒，下畏知、執恭於獄。明年八月，遣使至梧州問
故，馬吉翔請封為澂江王。使者謂非秦王不敢復命。閣臣嚴
起恒、文安之力持之，議遂寢，而可望稱秦王如故。是冬十一
月，桂林、廣州相繼陷，上走南寧，王師日逼。乃遣編修劉菼
封可望為冀王，至平越不得入。畏知曰：秦、冀等耳，假何如
真！不聽。定國請令畏知終其事。畏知復至南寧，乃真封可
望為秦王。可望既獲秦封，心甚慰。潯州陷，上倉卒登舟，壬
辰正月，次廣南，可望遣兵迎駕，上至安隆，遣太常寺卿吳之
俊齎璽書慰勞可望。三月，可望聞王師將自楚入黔，奏遣定
國及征虜將軍馮雙禮出全州，文秀及討虜將軍王復臣出敘

州、重慶。秋七月,定國拔桂林,孔有德自殺,執叛將陳邦傳父子送貴陽。冬十一月,戰於衡州,失利,而我敬謹親王尼堪以窮追没於陣。是時定國連復楚、粤,兩蹶名王,聲威大震。文秀入蜀,亦所向克捷。《小腆紀年・附考》云:以調遣皆歸可望,故紀事者言可望云。詩意宜亦然。

廿載吴橋賊,於今伏斧碪〔一〕。國威方一震,兵勢已遥臨〔二〕。張楚三軍令〔三〕,尊周四海心〔四〕。書生籌往略,不覺淚痕深〔五〕。

【彙校】
〔吴橋〕徐注本"吴"作"河"。　〔國威〕潘刻本"國"作"囗"。

【彙注】
〔一〕廿載二句　徐注:《明史・莊烈帝紀》:四年閏十一月,登州游擊孔有德率師援遼,次吴橋,反,陷陵縣,連陷臨邑、商河、齊東,屠新城。五年正月辛丑,陷登州,游擊陳良謨戰死,總兵張可大死之。辛亥,孔有德陷黄縣。丙寅,總兵官楊御蕃、王洪率師討賊,敗績於新城鎮。二月己巳,朔,有德圍萊州,巡撫都御史徐從治固守。辛巳,陷平度。夏四月,兵部侍郎劉宇烈敗績於沙河。癸未,徐從治中傷卒。五月丙午,參政朱大典督師巡撫山東。七月,孔有德僞降,誘執登萊巡撫謝璉,知府朱萬年死之。甲申,朱大典督師救萊州,前鋒參將祖寬敗賊於沙河。乙酉,萊州圍解。癸巳,官軍大敗孔有德於黄縣,進圍登州,六年二月戊子,總兵官陳洪範等克登州水城。辛卯,孔有德遁入海。五月,孔有德及其黨耿仲明等航海降於清。全云:當是下桂林孔有德焚死事也。

蘧常案：《明史》志《地理一》京師河間府景州吳橋注：州東少南，今屬河北省。《戰國策·秦策》：白刃在前，斧質在後。《漢書·項籍傳》：孰與身伏斧質妻子爲戮乎？注：質謂鑕也。古者斬人，加於鑕上而斫之。"碪"亦作"砧"，又作"鑕"。佚名《吳耿尚孔四王合傳》：廣西平，有德開府桂林。敬謹親王尼堪統大兵進取黔中。九年壬辰二月，有德出河池，向貴州。五月，李定國率兵收復湖南，由黎平出靖州，進攻靖、沅、武岡，俱下之。有德聞警，急回守禦，而定國由西延、大埠偃旗捲甲，倍道疾進，七月二日襲全州破之，遂奪嚴關。關在全州西南，爲桂林出入所必由，有德馳救不及。定國營於嚴關，設象陣以待。兩軍既接，有德令素嚴，將士殊死戰，象奔還。定國斬御象者，嚴鼓進兵，象復衝突，天大雷雨，敵兵呼聲動地，乘象陣而入，我軍不能支，遂退，馳入桂林，閉城拒守。時粵西初定，人心未固，定國攻城，守陴者皆不立，桂林遂陷。有德衣冠坐府中，謂夫人曰：我受國厚恩，誓以身殉，若輩亦早自爲計。夫人曰：君無慮我不死。指其子及女曰：第兒曹何罪而亦遭此刦乎！屬老嫗負之去，泣而送之曰：此子苟脫於難，當度爲沙彌，無效乃父一生馳驅南北，下場有今日也！與其妾皆自經。有德縱火焚其府，拔劍自刎死。家口一百二十人，皆被害。子尋爲定國軍士所訴，死於安隆，女亦見獲。

〔二〕國威二句　黃注：敍州、重慶方下，而文秀全軍俱覆；靖、沅、武岡方捷，而定國又敗於衡州。詩云"國威方一震，兵勢已遙臨"，蓋痛之之辭也。"兵"字當爲"虜"字之譌。

蘧常案：詩旨在定國。定國克靖、沅、武岡之後，既破桂林，又取永州，復取衡州。後衡州雖敗，然敵渠授首，震撼清廷，正如黄宗羲所謂"李定國桂林、衡州之役，兩蹶名王，天下震動,此萬曆戊午以來全盛天下所不能有"。詩與同意,似尚未知衡州之敗。謂"國威方一震,兵勢已遥臨"(虜廷),蓋深喜之辭,不見所痛。其後致敗,由於孫、李内訌,乃明年事。即如黄説,則虜直壓境矣,亦不得曰遥臨,改"兵勢"爲"虜勢",尤非。

〔三〕張楚句　徐注:《史記·秦始皇本紀》:陳勝等反故荆地,爲"張楚"。《南略》:堵胤錫與騰蛟抱頭大哭。胤錫徐揮涙進策曰:"徒楚囚泣無益也!不措餉能輯兵乎?不招降,能張楚乎?"　黄注:張楚,據《史記集解》李奇曰:張大楚國也。考《南疆逸史》:李自成之死也,其部下劉體仁、郝永忠等以衆無主,欲歸何騰蛟。騰蛟遣部將單騎往迎之,乃同其黨袁宗第、藺養成、王進才、牛有勇各以其衆來歸騰蛟。而堵胤錫亦降李錦、高一功等十八營於松滋之草坪。當是時,降者既衆,騰蛟欲以舊軍參之,乃奏授諸降將爲總兵官,開鎮湖南、北,謂之十三鎮。詩云"張楚三軍令",蓋謂此也。

　　蓬常案:何、堵受降事,已見前《懷人》詩"欽崟"二句注,黄注有删節。細玩句意,似與此無關涉。蓋何騰蛟殉國,十三鎮散亡亦已久矣。考《小腆紀傳·李定國傳》:壬辰春,可望請以定國出楚,率步騎八萬,連復沅、靖,殺我總兵楊國勳;進攻湖南,我續順公沈永忠棄寶慶,退保湘潭。定國時駐兵武岡,於是下全州、桂林,又取永州、梧州。及衡州之敗,復收兵屯武岡。其根本在楚地,故望其張楚也。黄注非。

〔四〕尊周句　徐注:《穀梁傳》莊公十六年:同盟于幽,同者有同也,同尊周也。　黄注:《逸史》載:辛卯,可望既受封,迎上入安隆府,以兵守之,歲給銀八千,米百石而已。錦衣衛馬吉翔、内侍龐天壽私通款可望,議受禪,可望度衆心未附而止。乃駐貴州,大造宫殿,署百官,以明臣雷躍龍、范鑛、任僎、程源、龔彝、朱運久,張重任、方于宣等爲宰相,九卿、科道、翰林等官。躍龍等皆起家進士,受朝廷顯秩,至是皆導可望以僭逆。而方于宣尤諂諛,爲可望起朝儀,易印章,立四廟,製鹵簿九奏萬舞之樂;且撰僞史,稱獻忠爲太祖,頌爲湯、武,而指懷宗爲桀、紂,聞者駭焉。詩云"尊周四海心",蓋有所聞而發也。

　　蘧常案:黄謂有所聞而發,是也,惟仍當就定國言。定國以關、張、姜伯約自許,永曆帝爲孫可望所脅時,亦有"出朕於險者必此人"之語。蓋定國忠義素著,故以尊周黜逆望之,曰:此四海人之心也。

〔五〕書生二句　徐注:往略,見上"廿載"句注。　黄注:往略,往事也,謂張楚尊周之事也。其後十三鎮之兵不爲用,而宗藩在貴州者,可望皆殺之,故曰"淚痕深"也。徐注非。

　　蘧常案:徐注是。《漢書·五行志》:籌所以計數,則籌有計義。蓋默計二十年前之往事,今日始殲厥渠魁,不覺喜極而涕也,回應首句。黄注非。

隆武二年八月上出狩未知所之其先桂王即位於肇慶府改元永曆時太子太師吏部尚書武英殿大學士臣路振飛在廈門造隆武四年大統曆用文淵閣印頒行之九年正月臣顧炎武從振飛子中書舍人臣路澤溥見此有作已下昭陽大荒落

【解題】

　　徐注:順治十年癸巳。《元譜》:舍人父文貞公在閩縣特請製新曆。《逸史摭遺》補注：鄭成功能援天復、天祐之例，稱隆武三年，則其所以報唐王者，志亦可矜。當時海上，丁亥至辛卯自有二曆，成功修頒詔之怨，不奉魯王。其在金門，奉淮王監國，頒隆武四年曆。《東南紀略》：十月，成功從大學士路振飛、曾櫻議，頒明年隆武四年《大統曆》。《南疆逸史》：成功頒隆武四年曆，錢忠介肅樂在長垣，頒魯二年曆。己丑，粵中使至，成功奉正朔，淮王去監國號，舟山仍奉魯王。辛卯以後，魯王盡失其地。壬辰，次中左所，尋次金門，亦去監國號，通表滇中，於是海上之曆始合。　全云：《東武四先曆》，乃延平所頒於二島者，仍用思文年號，路、曾二相之議也。　李佩秋云：桂王即位於肇慶，爲丙戌十月，在唐王出走後。此詩題內"其先"二字，乃其年也，潘鈔漏未改正。桂王即位於肇慶，實在丙戌十一月十八日，非十月也。　黃注：唐王以順治二年乙酉六月，即位福州，改元隆武。明年丙戌十一月，清兵下建寧、延平等府，唐王走汀州，被執見殺。《元譜》所記如此，與此題所記不同。然考《南疆逸史》：丙戌七月，清兵破浙東，何騰蛟遣郝永忠以鐵騎五千迎駕，將至韶州，而清兵已入衢州。八月乙未，抵關上，即日如汀州。庚子入城，追騎執上，遇害於福京。或曰代死者爲唐王聿𨮁，上實未死。據《逸史》與詩題相合，則《元譜》所記之十月，誤也。隆武建元僅一年有餘，而造曆則稱四年，蓋遺臣猶冀唐王之未死，題曰"上出狩不知所之"，詩曰"猶看正朔存，未信江山改"，此文貞製曆與亭林作詩之意也。節又考談遷《國榷》：甲申十月朔，頒明年弘光曆，此福王曆也。《鮚埼亭集外編》有《殘明東江丙戌大統曆書跋》，記知餘姚縣事王正中表進大明《監國魯元年丙戌大統曆》一卷，曆爲黃宗羲所造。謝山論之曰：四王迭起，其自爲正朔者尚十餘年，節氣正閏晦朔互有不同，是亦權史者所不可略也。此魯王曆也。《南疆逸史》又記：己亥永曆十三年十月戊子朔，頒曆於緬，是桂王亦有曆書。王正中《表》云：雖百務未遑，始次第夫典禮；乃一統爲大,將肇始夫春王。南明君臣在播越之中,破亡之後,猶復不忘國曆如此。　冒云:先生是年年四十一。

蘧常案:路振飛見前《贈路舍人澤溥》詩"先大夫"注。中書舍人路澤溥,見題注。

　　夏后昔中微,國絕四十載。但有少康生,即是天心在[一]。曆數歸君王[二],百揆領冢宰[三]。路公文貞公識古今[四],危難心不息。屬車乍蒙塵,七閩盡戎壘[五]。粵西已建元[六],來歲直丁亥[七]。侵尋一年半,迫蹙限匡海[八]。廈門絕島中[九],大澤一空壘[一〇]。新曆尚未頒,國疑更誰待[一一]?遂命疇人流[一二],三辰候光彩[一三]。印用文淵閣[一四],丹泥勝珠琲[一五]。龍馭杳安之[一六],台星隕衡鼐[一七]。猶看正朔存[一八],未信江山改。在昔順水軍,光武戰幾殆。子顏獨奮然,終竟齊元凱[一九]。叔世乏純臣,公卿雜鄙猥[二〇]。持此一册書,千秋戒僚采[二一]。

【彙校】

〔題〕吴、汪兩校本"吏部"作"禮部",餘同。丕績案:路振飛官吏部尚書兼兵部尚書,未嘗官禮部尚書,作"禮部"誤。徐注本及徐校京師本作"路舍人家見隆武四年曆"。潘刻本作"路舍人家見東武四先□",孫校本注,"□"原作"曆"。孫校本"隆武"作"東武";"桂王"作"霽陽";"肇慶"下無"府"字;"永曆"作"梗錫";"路振飛",作"路振微";"廈門"作"廈元";"隆武四年"作"東武四先";"《大統曆》"作"大統錫";"文淵閣"作"文先閣";"顧炎武"作"蔣山傭";"振飛子"作"振微子",皆韻目代字也。　〔蒙塵〕潘刻本作"□□"。　〔七閩〕潘刻本作"□□";冒校本作"閩越"。　〔建元〕潘刻本、徐注本、孫校本作"踰年"。〔來歲〕潘刻本、徐注本、孫校本"來"作"其"。〔一年半〕潘刻本、徐注本、孫校本作"各自擁"。〔廈門〕潘刻本"廈"作"□"。〔新曆〕此本"曆"原作"歷",猶避清諱,兹依孫、吳、汪各校本正。潘刻本作"□";徐注本、曹校本作"厤"。〔正朔存〕潘刻本作"正□□"。〔未信〕潘刻本作"□□"。

【彙注】

〔一〕夏后四句　徐注:《左傳》哀公元年:昔有過澆,殺斟灌以伐斟鄩,滅夏后相。后緡方娠,逃出自竇,歸於有仍,生少康焉。《史記索隱》:帝相自被篡弒,中間經羿、浞二氏,蓋三數十年。《書》:克享天心。

　　　蘧常案:互見後卷三《濰縣》詩"夏祚"四句注。

〔二〕曆數句　蘧常案:《論語·堯曰》篇:天之曆數在爾躬。何晏《集解》:曆數,謂曆次也。

〔三〕百揆句　蘧常案:《書·舜典》:納于百揆。傳:揆,度也。度百事,總百官。《周禮·天官》:乃立天官冢宰,使帥其屬而掌邦治。鄭注:百官總焉,則謂之冢;列職於王,則稱大。冢,大之上也。

〔四〕路公句　蘧常案:文貞公即路振飛,見前《贈路舍人澤溥》詩"先大夫"注。"識古今"猶言"通達古今"也。《漢書·楚元王傳贊》:自孔子後,綴文之士衆矣,唯孟軻、孫況、董仲舒、司馬遷、劉向、揚雄。此數公者,皆博物洽聞,通達古今,其言有補於世。

〔五〕屬車二句　徐注:《漢書·司馬相如傳》:犯屬車之清塵。《音義》曰:大駕,屬車八十一乘。《左傳》僖公二十四年:天子蒙塵於外。

　　　蘧常案:七閩,見前《贈于副將元凱》詩"七閩"句注。事散見卷一《精衛》詩"大海"句注。

〔六〕粵西句　蘧常案：事見卷一《大漢行》"扶風"句注及《哭顧推官》詩"獨奉"句注。

〔七〕丁亥　蘧常案：見題注，是歲爲明永曆元年，魯監國二年，清順治四年，公元一六四七年。時鄭成功起兵海上，駐劄中左所。中左所即廈門，以唐、魯舊嫌，不欲奉監國，稱隆武三年。

〔八〕侵尋二句　蘧常案：一年半，蓋并丙戌八月隆武之亡，十月永曆之立，至丁亥此時言之，一年餘矣，故云。自丁亥八月武岡變起，永曆播遷於靖、柳之間，甚有傳不知乘輿所在議立榮王由榿者，故曰"迫蹙限厓海"也。厓海，見前《翟公子玄鍹》詩"厓門"句注。或以錢肅樂奉魯王監國及航海事當之，非。

〔九〕廈門句　徐注：《東南紀略》：時諸鄭潰散，咸集廈門中左所。《臺海使槎錄》：廈門至澎湖水程七更。杜甫《白帝城放舟》詩：絶島容煙霧。

〔一〇〕大澤句　原注：《莊子·秋水》篇：計四海之在天地間也，不似礨空之在大澤乎？

　　蘧常案：陸德明《經典釋文》：礨空，小穴也。李云：小封也。郭慶藩《莊子集釋》引郭嵩燾曰：礨空自具兩義，言高下之勢也。

〔一一〕國疑　蘧常案：《史記·吳起列傳》：主少國疑，大臣未附，百姓不信。言幼主登極，人心疑懼未安也。

〔一二〕疇人　蘧常案：《史記·曆書》：幽、厲之後，周室微，陪臣執政，史不記時，君不告朔，故疇人子弟分散。《集解》：家業世世相傳爲疇。《索隱》：韋昭云：疇，類也。孟康云：同類之人，明曆者也。

〔一三〕三辰　蘧常案：見前《元日》詩"三辰"注。

〔一四〕印用句　徐注：《明史》志《職官》：文淵閣大學士。《小腆紀年》：明朱成功頒戊子《大統曆》於海上，從大學士路振飛、曾櫻議，仍稱隆武四年，頒曆用文淵閣印鈐之。

　　蘧常案：路、曾在隆武時皆官文淵閣大學士，故以文淵閣印行之。

〔一五〕丹泥句　原注：左思《吳都賦》：珠琲闌干。　徐注：楊慎《外集》：今之紫粉，古謂之芝泥；今之碫砂，古謂之丹臒。皆濡印染籀之具。

〔一六〕龍馭句　黃注：謂唐王。

　　蘧常案：見前《桃花谿歌》"定陵"句注。

〔一七〕台星句　黃注：謂路文貞。

　　蘧常案：《史記·天官書》：魁下六星，兩兩相比者，名曰三能。輔星明近，輔臣親彊，斥小，疏弱。《集解》：蘇林曰：能音台。案：《晉書·天文志》作"台"。《詩·商頌·長發》：實維阿衡，左右商王。鄭箋：阿，倚；衡，平也。伊尹，湯所依倚而取平，故以爲官名。夷門隱叟《國老談苑》：寇準出入宰相三十年，不營私第，魏野贈詩曰：有官居鼎鼐，無地起樓臺。蓋古以鼎足喻三公。《漢書·彭宣傳》：三公鼎足承君。鼐，鼎之絕大者，見《説文解字》。此喻路振飛之歿。振飛以己丑四月二十二日卒於順德，見前《贈路舍人澤溥》詩"一死"句注。

〔一八〕正朔　蘧常案：見前《元日》詩"正朔"注。

〔一九〕在昔四句　原注：《後漢書·光武紀》：光武北擊尤來、大搶、五幡於順水北，乘勝輕進，反爲所敗。軍中不見光武，或云已没，諸將不知所爲。吳漢曰：卿曹努力！王兄子在南陽，何憂無主？眾恐懼，數日乃定。又《吳漢傳》：吳漢，字子顏。　徐注：《書》：益拜稽首，讓于朱、虎、熊、羆。疏："益所讓四人皆在元凱之中。"《晉書·裴秀傳》：勳德懋著，配蹤元凱。

〔二〇〕叔世二句　徐注：《左傳》隱公四年：石碏，純臣也。《前漢書·文三王傳》：何故猥自發舒？師古曰：猥，曲也。《廣韻》：圖也。《明史·姜曰廣傳》：所得閣臣，則淫貪巧猾之周延儒也，逢君朘民、奸險刻毒之溫體仁、楊嗣昌也，偷生從賊之魏藻德也；所得部臣，則憸邪貪狡之王永光、陳新甲；所得勳臣，則力阻南遷、盡撤守禦、狂釋之李國楨；所得大將，則紈袴支離之王樸、倪寵；所得言官，則貪橫無賴之史䇲、陳啓新也。又《奸臣傳》：莊烈帝手除逆黨，而周延儒、溫體仁懷私植黨，誤國覆邦。南都末造，本無足言，馬士英庸瑣鄙夫，饕殘恣惡。又互見《大行哀詩》"求官"句注。　段注：劉峻《廣絕交論》：叔世民訛，狙詐飆起。

〔二一〕僚采　徐注：陸機《周處士碑》：昂藏僚寀之上。

蘧常案：《左傳》文公七年：同官曰寮。《爾雅·釋詁》：寀，寮，官也。郭注：官地爲寀，同官爲寮。《經典釋文》寮字又作僚。郝懿行《爾雅義疏》：寀者當爲采。

再謁孝陵

【解題】

蘧常案：《元譜》：順治十年癸巳春，至金陵。二月，再謁孝陵，並謁太祖御容於靈谷寺。

再陟神坰下[一]，還經禁嶺隈[二]。精靈終浩蕩，王氣自崔嵬[三]。突兀明樓峙[四]，呀庨御殿開[五]。彤雲浮苑起〔六〕,碧巘到宫迴〔七〕。鼎叶周家卜〔八〕,符占漢代災〔九〕。蒼松長化石〔一〇〕,黑土乍成灰〔一一〕。城闕春生草,江山夜起雷。興王龍虎地〔一二〕,命世鄂申才〔一三〕。瞻拜魂猶愓,低徊思轉哀。《上陵》餘舊曲〔一四〕,何日許追陪?

【彙校】

〔禁嶺隈〕潘刻本作"□□□";冒校本"禁嶺"作"輦路"。 〔彤雲〕潘刻本"彤"作"□";冒校本作"紅"。

【彙注】

〔一〕神坰　徐注:沈約《游鍾山應教》詩:襟帶繞神坰。

〔二〕禁嶺隈　徐注:《江寧府志》:明舊紫禁城在鍾山之麓。

〔三〕精靈二句　徐注:荀悦《漢紀·高祖贊》:焚魚斬蛇,異功同符,豈非精靈之感哉!

　　　　蘧常案:屈原《離騷》:怨靈修之浩蕩兮。王氣,見前卷一《帝京篇》"王氣"句注。崔嵬,見卷一《海上行》"崔嵬"句注。此兩句以漢高祖喻太祖也。

〔四〕明樓　徐注:《明史》志《禮十四》:凡山陵規制有寶城,正前爲明樓,樓中立帝廟諡石碑,明樓前有石几筵。

〔五〕呀庨　原注:柳宗元《遊昭陽巖》詩:反宇臨呀庨。

　　　　蘧常案:呀庨,宮室高貌。

〔六〕彤雲　徐注:《後漢書·班固傳》注:時至氣動,謂高祖聚彤雲於碭山。

〔七〕碧巘句　徐注:《詩·大雅·公劉》篇毛傳:巘,小山別於大山也。《江寧府志·古蹟》:明故宮在今駐防城内,即舊紫禁城。由西華門出東華門,兩門之中有高牆,依牆有廢址,爲文華、武英等殿基。

〔八〕鼎叶句　蕅常案：見前《元日》詩"卜年"句注。

〔九〕符占句　蕅常案：見卷一《感事》詩第一首"漢災"句注。

〔一〇〕蒼松句　原注：唐人小説：馬湘至永康縣東天寶觀，有大枯松，湘曰：此松後三十餘年即化爲石。自後松果化爲石。

〔一一〕黑土句　蕅常案：曹毗《志怪》：漢武鑿昆明池極深，悉見灰墨，無復土，以問東方朔，朔曰：試問西域胡。至明帝時，外國道人入洛時，有憶朔言，問之。胡人云：經云：天地大劫將盡，則劫燒，此劫燒之灰。

〔一二〕興王句　蕅常案：顔延年《赭白馬賦》：泰階之平可升，興王之軌可接。韋昭《吳録》：劉備曾使諸葛亮至京，因觀秣陵山阜，乃歎曰：鍾山龍蟠，石城虎踞，帝王之宅也。

〔一三〕命世句　徐注：李陵《答蘇武書》：其人皆信命世之才。《新唐書·長孫無忌傳》：尉遲敬德，宣州刺史，國於鄂；高士廉，申州刺史，國於申。

〔一四〕《上陵》句　徐注：《後漢書·禮儀志》：西都舊有上陵。東都之儀，太常樂奏食舉，《文始》、《五行》之舞。《明史》志《禮十四》：嘉靖二十一年，工部尚書顧璘請以帝所上顯陵聖製歌詩定爲樂章，享獻陵廟。

　　蕅常案：《上陵》，漢《鐃歌》十八曲之一。

恭謁太祖高皇帝御容於靈谷寺

【解題】

　　徐注：《江寧府志》：靈谷寺在城東北鍾山左獨龍岡。梁天監十三年，爲寶誌公建塔於鍾山玩珠峰前，名開善精舍，後爲開善寺，宋改名太平興國寺，後名蔣山寺。明初，敕改寺地於舊基之東五里，有明祖《大靈谷寺記》，而舊基遂爲孝陵。《元譜》：太祖帝、后御容，今攝山優曇菴中亦有摹本，不知即孝陵中藏本否。

蘧常案：潘刻本、徐注本無"太祖"二字。

　　肅步投禪寺〔一〕，焚香展御容。人間垂法象，天宇出真龍〔二〕。隆準符高帝〔三〕，虬鬚軼太宗〔四〕。掃除開八表，盪滌罄羣凶〔五〕。大化乘陶冶〔六〕，元功賴發蹤〔七〕。本支書胙德〔八〕，臣辟記勳庸〔九〕。遺像荒山守〔一〇〕，塵函古刹供〔一一〕。神靈千載後〔一二〕，運會百年重〔一三〕。痛迫西周威〔一四〕，愁深朔虜烽。萬方多蹙蹙〔一五〕，薄海日嗈嗈〔一六〕。臣籍東吳產〔一七〕，皇恩累葉封〔一八〕。天顏仍左顧，國難一趨從。飄泊心情苦，來瞻拜跪恭。異時司隷在〔一九〕，可許下臣逢？

【彙校】

〔虬鬚〕孫校本"鬚"作"髯"。丕續案：此用杜甫《贈汝陽王璡》詩"虬髯似太宗"，則作"髯"是。　〔胙德〕徐注本，吳、汪、曹三校本"胙"作"祚"。　〔朔虜〕潘刻本，徐注本，孫、吳、汪各校本"虜"作"漠"。

【彙注】

〔一〕禪寺　徐注：《江寧府志》：靈谷寺梵王宮殿不施一木，皆疊甓空洞而成。其殿廡規制，彷彿大內，前有石泉回曲，僧曇隱所得八功德水也。

〔二〕天宇句　蘧常案：天宇，見卷一《金陵雜詩》第四首"蒼生"句注。真龍，見卷一《哭楊主事廷樞》詩"真龍"句注。

〔三〕隆準句　蔣常案：《史記・高祖本紀》：高祖爲人隆準而龍顏。《集解》：文穎曰：準，鼻也。

〔四〕虯髯句　徐注：杜甫《八哀・汝陽王璡》詩：虯髯似太宗。
　　蔣常案：段成式《酉陽雜俎》：太宗虯髯，常戲張弓掛矢。《明史・太祖紀》：姿貌雄傑，奇骨貫頂。

〔五〕翦羣兇　徐注：《明史・太祖紀》：元至正二十三年八月，陳友諒突湖口，太祖邀之，搏戰及涇江，中流矢死。二十六年十二月，韓林兒卒，以明年爲吳元年。九月辛巳，徐達克平江，執張士誠，吳地平。十一月辛巳，湯和克慶元，方國珍入海。洪武元年，湯和克延平，執元平章陳友定。四月丙寅，馮勝克潼關，李思齊、張思道遁。四年六月癸卯，湯和至重慶，明昇降。七月辛酉，傅友德下成都，四川平。

〔六〕大化句　徐注：《書》：肆予大化，誘我友邦君。《淮南子》：包裹天地，陶冶萬物。

〔七〕元功句　徐注：《漢書・景武昭宣元成功臣表》：輯而序之，續元功次云。注：元功，謂佐興其帝業者也。《史記・蕭相國世家》：夫獵，追殺獸兔者，狗也；發蹤指示者，人也。謂獵者放狗逐獸，以喻指揮進戰之人也。

〔八〕本支句　徐注：《詩》：本支百世。陸雲詩：天保祚德，式穀以寧。《明史・太祖紀贊》：子孫承業二百餘年，士重名義，閭閻充實。至今苗裔蒙澤，尚如東樓、白馬，世承先祀。

〔九〕臣辟句　徐注：《文心雕龍》：勳庸有聲。《明史・太祖紀》：永樂元年，謚神聖文武欽明啓運峻德成功統天大孝高皇帝。嘉靖十七年，增謚開天行道肇紀立極大聖至神仁文義武峻德成功高皇帝。
　　蔣常案：《周書・武順》篇：三卿一長曰辟。

〔一〇〕荒山　蔣常案：王士禎《游靈谷寺記》云：寺燬于乙酉、丙戌間,惟無量殿寶公塔存。余鴻客《金陵覽古詩序》云:靈谷舊有松徑五里,交柯雲蔚,霾天晦景,今無矣。《江寧府志》亦云:靈谷寺有五里松,今樵伐盡。蓋時寺已廢,山亦荒矣。

〔一一〕塵函句　徐注:《江寧府志》:洪武二十年,改創雞鳴寺,遷靈谷寶誌公法函,瘞於山麓。

　　蘧常案:函似謂藏象之函,是時寶誌法函久遷雞鳴寺,無由及之,此其一;上下文皆述明太祖,不應插入寶誌,此其二。徐注非。

〔一二〕神靈句　徐注:《江寧府志》:靈谷寺石旁有古松偃幹,明高帝月夜掛衣於上,蟲蟻不生。方丈匾以青松堂,牓明高帝《山居》詩於上。

　　蘧常案:神靈當謂明祖之神武威靈,與上"掃除"諸句相應。徐注其事甚細,且涉怪異,非詩旨。

〔一三〕運會　蘧常案:見前卷一《感事》詩第一首"漢災"句注。

〔一四〕西周感　徐注:《詩》:赫赫宗周,褒姒威之。

　　蘧常案:《說文解字》:威,滅也。

〔一五〕蹙蹙　徐注:《詩》:蹙蹙靡所騁。

　　蘧常案:《詩·小雅·節南山》鄭箋:蹙蹙,縮小之貌。案:時永曆局促安隆,受制於孫可望;魯監國所得郡縣俱失,飄泊島嶼間。湘、桂則湘潭、衡州、藤縣、平樂復陷;閩海則鄭成功既敗於九龍江,復敗於古縣。故有"蹙蹙靡騁"之歎也。

〔一六〕薄海句　徐注:《漢書·司馬相如傳》:延頸舉踵,喁喁然皆鄉風慕義。

　　蘧常案:梅賾《書·益稷》:外薄四海。《傳》:薄,迫也。言至海。

〔一七〕臣籍句　蘧常案:先生《顧氏譜系考》:顧氏系出吳郡。周祈《名義考》：蘇州，東吳也。《吳地記》：孔子登山望東吳閶門。

〔一八〕皇恩句　段注：《後漢書·耿弇傳論》：耿氏累葉以功名自終。

〔一九〕司隸　蔣常案：見前卷一《金陵雜詩》第三首"司隸"句注。望復見漢官威儀也。

贈朱監紀四輔_{寶應人}

【解題】

徐注：《寶應縣志》：朱四輔著有《鐵輪集》。朱彬《白田風雅》：鐵楞少稟異志，讀書五行俱下，有用世志。鼎革後，棄諸生，游四方。詩文不自愛惜，隨手散佚，祇有《淮揚治水或問》一卷行世。

蔣常案：康熙《寶應縣志》：朱四輔，字監紀，少負異才，涉獵羣書，諳經濟之學，有用世志。至是棄諸生，交海內悲歌慷慨之士。平南王尚可喜聞其名，延致幕下。久之，知尚之信必叛，辭歸，人服其智。

十載江南事已非〔一〕，與君辛苦各生歸。愁看京口三軍潰〔二〕，痛說揚州七日圍〔三〕。碧血未消今戰壘，白頭相見舊征衣。東京朱祐年猶少〔四〕，莫向尊前歎《式微》〔五〕。

【彙校】

〔今戰壘〕孫校本"今"作"新"。

【彙注】

〔一〕十載句　黃注：此詩作於癸巳，去甲申明亡已十載矣。

〔二〕愁看句　蔣常案：見卷一《京口》詩第二首"末代"句注。本卷《重至京口》詩"城北"二句注。

〔三〕痛説句　蔣常案：王秀楚《揚州十日記》：乙酉夏四月十四日，督鎮史可法從白洋河失守，踉蹡奔揚州，閉城禦敵。至二十四日未破城前，禁門之内，各有兵守，越次早，守城丁紛紛下窴，敵兵操弧先登。案：據此則城守凡十一日，或前數日尚未合圍，故只言七日圍乎？

〔四〕東京朱祜　徐注：《後漢書·朱祜傳》：祜，字仲先，南陽宛人也。爲人質直，尚儒學。將兵率衆多受降，以克定城邑爲本，不存首級之功。

〔五〕歎《式微》　黃注：朱彬《白田風雅》載監紀詩四首。《微子祠》云：去就心皆苦，君親恨未磨。故封依亳社，冷廟傍城阿。宋地仍文獻，周原滿薜蘿。何須歌《麥秀》，極目感懷多。即此一詩，已足見《式微》之歎。"宋地仍文獻，周原滿薜蘿"，觀《周頌·有客》一章，知周之所以待殷後有禮，而秦之待周則不然。《史記》曰：秦莊襄王滅東西周，周既不祀。《索隱》曰：既，盡也。言周祚盡滅，無主祭祀。觀秦之滅周，則微子可不必作《麥秀》之歌矣。清之於明，殺福王、唐王（蔣常案：又殺唐王之弟立於廣州者）；是年三月，魯王又去監國號（蔣常案：作詩在二月），不知所終（蔣常案：辯見下《昔有》詩題注）。明之遺裔，惟桂王在廣西耳。下一篇《監紀示遊粵詩》，言粵事無望，即亭林亦不能無《式微》之歎也。

　　蔣常案：《詩·邶風·式微》：式微式微，胡不歸？朱熹《集傳》：式，發語辭。微，猶衰也。再言之者，衰之甚也。《詩序》：《式微》，黎侯寓於衛，其臣勸以歸也。

監紀示遊粵詩

【解題】

　　徐注：《白田風雅》載詩四，內有《韶州道中》七律云："好山無數逐人來，紫翠千重面面開。樹下有蹊皆鹿跡，巖間不雨自莓苔。蘿生斷壁垂還上，水作驚湍去復回。獨惜征帆容易過，無由繫纜一徘徊。"即《游粵》詩之一，餘不可考。　全云：謂成棟與聲桓。

　　知君前自廣州來[一]，瀧水孤雲萬壑哀[二]。兩路攻虔皆不下[三]，一軍守嶺竟空回[四]。同時金李多驍將，遺事江山只戰臺[五]。獨有臨風憔悴客，新詩吟罷更徘徊！

【彙校】

〔攻虔〕潘刻本作"□□"；冒校本作"奪關"。　〔一軍〕潘刻本作"□□"。

【彙注】

〔一〕知君句　徐注：《明史》志《地理》：廣東廣州府。《粵事記》云：四月初十日，清廣州統兵固山李成棟將所轄廣東、廣西兵馬錢糧，戶籍土地，悉歸永曆，遣帳下投誠進士洪天擢、潘曾緯、李綺等齎奏稱臣，併請聖駕東蹕肇慶，為踰嶺策應地。滿朝驚喜，詳詢其反正之故，亦未甚悉。成棟，高傑部將，棄徐州遁。大兵破揚州，率所部將先驅，下蘇、松、浙、閩，督軍征兩廣者也。丁亥兩月，收繳兩廣文武印信，取總督印藏之。有愛妾某，松江妓也，獨揣知成棟意，朝夕慫恿。成棟撫几曰：惜此雲間眷屬也。妾曰：我敢獨享富貴乎？先死尊前，以成君志。遂引刀自刎。成棟抱屍大哭曰：女子乎是已！即服梨園袍帶，拜而殮之，用廣督印具疏迎永曆於南寧。

　　蘧常案：李成棟劫與同降者，爲清兩廣總督佟養甲。成棟妾《小腆紀傳》以爲原陳子壯之妾。子壯殉於高明抗清之役。

〔二〕瀧水　蘧常案：見前《贈路舍人澤溥》詩"瀧水"注。或以《輿地志》韶州樂昌之三瀧水當之，似非，蓋"瀧水"與"孤雲"並列，與《贈路舍人》詩之"瀧水"相同也。

〔三〕兩路句　徐注：《一統志》：江西贛州府，隋、唐皆曰虔州。《南疆逸史》：戊子正月，金聲桓集諸將士密議。二十六日夜，王得仁部勒全營，杜七門，圍撫、按署，示諸營悉去辮，稱隆武四年，迎明故太保姜曰廣入省爲盟主。二月朔，得仁取九江。胡澹言：宜直趨建業，下流猝無備，建業舉而充、豫響應，更引兵北，中原可傳檄定也。幕客黃人龍不可，曰：贛居上游，文武重臣俱在，宜先取之；不然，且擬我後。姜曰廣亦言宜取贛。聲桓、得仁乃提兵偕行，以宋奎光守南昌；遺書廣東總督李成棟共圖恢復。成棟亦叛清，圍贛三月，巡道張鳳等固守，城不可拔。

　　蘧常案：金聲桓事，互見前《春半》詩"洪州"句注。

〔四〕一軍句　徐注：《南略》：成棟既歸明，永明王入肇慶，封成棟衛國公，賜御袍、韡帶、尚方劍，內外文武悉畏之。十月二十日，以兵二十萬出庾嶺。二十五日，營贛州城外。次日五鼓，聞城上呼董大哥者三，成棟夢中驚醒，曰：董大成，乃我中軍，彼呼之，我軍已爲彼有！亟披藍布短馬衣，跨一騾，疾走梅嶺，兩晝夜奔蹶大雨中，不一語。初出關，分十營，每營一總鎮，成棟棄軍走，十總戎亦尾之。行抵南安，成棟恍然覺，顧十人曰：爾何得來？怒刃親將楊大用。二十萬衆器械悉委贛州城外。自是不敢踰梅關，駐軍信豐。

〔五〕同時二句　蘧常案：金聲桓部副將王得仁，驍勇善戰，軍中呼爲王雜毛者也。南昌之役,清師雖屬勝,而軍中每夜驚王雜毛來,其威名讋人至如此。城陷,猶以短兵突得勝門,三出三入,被獲,死之。又副將白朝佐,故鐵嶺驍將,皆見《小腆紀傳·金聲桓傳》。又部將郭天才所統皆川卒,精銳無敵,清軍頗憚之。中軍官宋奎光多機智,能肆應,清兵初薄南昌得勝門,城壞,奎光壘石囊土,悉力却之。皆見《小腆紀年》。李成棟養子李元胤,榆林人。治軍得成棟遺法。李建捷,真定人,亦成棟養子,深沈有大略,善騎射。皆見《南疆逸史·李元胤傳》。

贈鄔處士繼思

【解題】
徐注:徐《譜》:先生此數年中往來無定,而金陵、揚州市井皆屢至,故《贈鄔繼思》詩云:年年尋杜甫,一過浣花溪。鄔賣藥揚州市,先生頻過之。

蕅常案:萬壽祺有《再過京口鄔大繼思宅》詩,則繼思家京口也。

市中問韓康,藥肆在何許[一]?牀頭《本草》書[二],門外長桑侶[三]。每吟詩一篇,泠然在雲天[四]。筇穿北固雪,艇迷京口煙[五]。六代江山好,愁來恣搜討。蘭蓀本獨芳[六],薑桂從今老[七]。去去復棲棲,河東王伯齊[八]。年年尋杜甫,一過浣花溪[九]。

【彙注】

〔一〕市中二句　蘧常案：《後漢書・韓康傳》：韓康，字伯休，霸陵人。採藥名山，賣於長安市，口不二價，三十餘年。時有女子從康買藥，康守價不移。女子怒曰：公是韓伯休那，乃不二價乎？

〔二〕《本草》　徐注：《明史・方伎傳・李時珍》：醫家《本草》自神農所傳，止三百六十五種，梁陶弘景所增亦如之，唐蘇恭增一百一十四種，宋劉翰又增一百二十種，至掌禹錫、唐慎微輩先後增補，合一千五百五十八種，時稱大備。然品類既煩，名稱多雜，或一物而析爲二三，或二物而混爲一品。時珍窮搜博采，芟煩補闕，歷三十年，閱書八百餘家，稿三易而成書，曰《本草綱目》。增藥三百七十四種。

〔三〕長桑　徐注：《史記・扁鵲倉公傳》：少遇長桑君，傳以禁方，出其懷中藥，盡予扁鵲，飲以上池之水。

〔四〕每吟二句　蘧常案：鄔詩無徵。萬壽祺《隰西草堂集》有《秋柳和錢大邦芑鄔大繼思》詩及《乙酉二月十有一日夜同鄔大集錢氏兄弟之廬各爲七律近體》一首，詩亦未附見也。

〔五〕笻穿二句　徐注：《隰西草堂集》有《再過京口鄔大繼思宅》詩，有《將自京口移雲間留別鄔大》詩，有《早雪渡江贈錢二鄔大》詩。北固，見前《翦髮》詩"北固樓"注。京口，見卷一《京口即事》詩題注。

〔六〕蘭蓀句　徐注：《舊唐書・崔慎由傳》：挺松筠之貞姿，服蘭蓀之懿行。

　　　　蘧常案：《楚辭・九歌・湘君》：蓀橈兮蘭旌。王逸注：蓀，香草也。屈原言己動以香潔自修飾也。

〔七〕薑桂句　徐注：李燾《續資治通鑑長編》：秦檜使人諭晏亨爲謀士，亨答曰：爲我謝秦公，薑桂之性，到老愈辣。

〔八〕河東句　原注：《後漢書・第五倫傳》：客河東，變名姓，自稱王伯齊。載鹽往來太原、上黨，所過輒爲糞除而去，陌上號爲道士。親友故舊，莫知其處。

蔣常案：另詳後卷三《出郭》詩第二首"相逢"二句注。

〔九〕年年二句　徐注：《寰宇記》：杜甫宅在成都西郭外，地屬犀浦，接浣花溪，地名百花潭。

蔣常案：《舊唐書·文苑傳》：杜甫，字子美，本襄陽人，後徙河南鞏縣。《新唐書·文藝傳》：天寶十三載，甫獻賦，擢右衛率府胄曹參軍。祿山亂，至德二載，走鳳翔上謁，拜左拾遺。出爲華州司功參軍，關輔饑，棄官去。流落劍南，會嚴武節度劍南東、西川，往依焉。武再帥劍南，表爲參謀檢校工部員外郎。大曆中，客耒陽卒。爲歌詩傷時橈弱，元稹謂詩人已來，未有如子美者，世號詩史。鮑彪杜甫《卜居》詩注：公到成都之日，劍南節度使裴冕爲公卜成都浣花溪上，作浣花草堂。審詩意，蓋以杜甫自況也。

昔　有 二首

【解題】

全云：不知何指。豈即吳人妄傳賜姓沉監國之説耶？又云：大略即此事，然妄傳也。

蔣常案：全所云，當爲第一首。第二首則別有所指，非一事也。魯監國沈海之説，全於《答陸聚緱論三藩紀事帖子》中辨之甚詳。其言曰：《三藩紀事本末》盡屬不經之語，其中謬之大者，莫如監國魯王死於鄭氏一案。魯王癸巳去監國號，舟山舊臣，日益消落，王竟依鄭氏爲寄公。丁酉，次南澳。蓋成功黨不奉王，而其致餼仍以宗藩之禮,未嘗相陵。辛丑,成功入臺灣,壬寅,緬甸赴至,成功亦卒。海上遺臣,復奉王監國,然成功子經亦不奉王,徒然而已。甲辰,王薨。是不特成功無背逆事,即其子亦無之,特相傳其致餼少衰於父。而《紀事》謂魯王在南澳,成功沈之海中,不亦謬歟!考之《臺灣外紀》、《臺灣紀事》、《魯春秋》諸書,皆足證成其說。《外紀》謂本年鄭芝龍遣其私人招降成功,有如未投誠,先獻監國魯王之語。成功乃送王於粵中行在以避之。王躊躕不欲行,成功強之,始揚帆出海,遇風,回居南澳,則成功所以全之者至矣。蓋先生得諸傳聞而致慨,未暇深考也。

昔有楚項羽,宰割封侯王。徙帝都上游,殺之於南方〔一〕。大權既分裂,海內爭雄疆。何況咫尺間,嬴秦尚未亡〔二〕。時會互反覆,壯盛豈有常?感事再三歎,令我一徬徨。

【彙注】

〔一〕昔有四句　徐注:《史記・項羽本紀贊》:分裂天下而封王侯。又《本紀》:使人徙義帝曰:古之帝者,必居上游。乃徙長沙郴縣,陰令衡山、臨江王擊殺之江中。

蘧常案:此借喻魯王之沉海。當時傳說如楊陸榮《三藩紀事本末》云:甲午,鄭成功奉王居金門。未幾,王將往南澳,成功使人沈之海中。即官書亦然。《明史・諸王傳》:大兵克紹興,以海遁入海。久之,居金門,鄭成功禮待頗恭。既而懈,以海不能平,將往南澳,成功使人沉之海中。惟諸書多謂沉海在甲午,即《小腆紀年》謂魯王移居南澳,爲謠傳沉海之自來,亦繫諸甲午,則在明年而非本年。考徐松先生《年譜》:癸巳三月,魯王去監國號,不知所終。或當時已有沉海之說歟?

〔二〕嬴秦　蔣常案：《史記·秦本紀》：非子居犬丘，周孝王召使主馬于汧、渭之間，馬大蕃息。於是孝王曰：其分土爲附庸。邑之秦，使復續嬴氏祀，號曰秦嬴。案：此借喻清。

魏政昔濁亂，兵甲興尒朱〔一〕。唐臣多險浮，全忠肆誅屠〔二〕。貪夫分自當，不用重哀吁。河陰與白馬，千載同一途〔三〕。奈此國命何，大勢常與俱。天意未可窺，或爲真人驅〔四〕。

【彙注】

〔一〕魏政二句　徐注：《北史·孝武靈皇后胡氏傳》（蔣常案："孝武"當作"宣武"，徐誤）：太后復臨朝，大赦改元。自是朝政疏緩，威恩不立，天下牧守，所在貪惏。鄭儼汙亂宮掖，勢傾海内；李神軌、徐紇並見親侍，一二年中，位總禁要。宣淫於朝，爲四方之所穢，文武解體，所在亂逆。武泰元年二月，明帝暴崩，立臨洮王子釗爲主，年始三歲。及尒朱榮稱兵渡河，太后盡召明帝六宮，皆令入道，太后亦自落髮。榮遣騎拘送太后及幼主於河陰。太后對榮多所陳説，榮拂衣而起。太后及幼主並沈於河。又《尒朱榮傳》：内外百官，皆向河橋迎駕。榮惑武衛將軍費穆之言，謂天下乘機可取，乃譎朝士共爲盟誓，將向河陰西北三里，至南北長隄，悉命下馬西渡，即遣胡騎因面圍之，妄言丞相高陽王欲反，殺百官王公卿士二千餘人，皆斂手就戮。

〔二〕唐臣二句　徐注：《五代史·後梁紀》：朱全忠弒昭宗，會有星變，李振謀誅朝士裴樞等三十餘人於白馬驛，以塞災異。初，振屢舉進士不第，深疾縉紳之士，故言於全忠曰：此輩自謂清流，宜投之黃河，使爲濁流。全忠笑而從之。

蘧常案：先生《菰中隨筆》：自煬帝以來，風俗浮靡，始有進士之科。唐室因之，孝廉、秀才之科雖在，然唯明經、進士二科最盛，而孝廉衰矣；其後文華之士日盛，進士益重，而明經稍衰減矣。是以鄭覃嫉進士浮薄，屢請罷之，文宗不可。案：李振亦言於朱全忠曰：朝廷所以不理，良由衣冠浮薄之徒紊亂綱紀，且王欲圖大事，此曹皆朝廷之難制者也，不若盡去之。見《五代史》。不久遂有白馬驛之變。"險浮"云云，當謂此也。

〔三〕河陰二句 徐注：案《明史‧嚴起恒傳》：可望遣其將賀九儀等率勁卒五千，迎王至南寧，直上起恒舟，怒目攘臂問王封是秦非秦？起恒曰：君遠迎主上，功甚偉，朝廷自有隆恩，若專問此，是挾封，非迎主上也。九儀怒，格殺之，投屍於江。遂殺給事中劉堯珍、吳霖、張載述，追殺兵部尚書楊鼎和於崑崙關。又《楊畏知傳》：可望怒畏知，使召至貴陽，面責數之。畏知大憤，除頭上冠擊可望，遂被殺。《逸史摭遺》：吉翔馳報可望，可望大怒，遣其將鄭國赴南寧，械吉翔至安龍，與諸臣面質。國狠甚，挾（吳）貞毓直入文華殿脅王，索主謀者。王不敢正言。國即怒出，與天壽至朝房械貞毓並蔡縯、徐極、張鐫、鄭允元、蔣乾昌、朱東旦、胡士瑞及太僕少卿趙賡禹、御史林鍾、周允吉、朱議㴐，員外郎任斗墟，主事易士佳、李元開等；又入宮禽張福祿、全爲國。其黨冷孟銋等逼王速具主名，王悲憤而退。翌日，國等嚴刑拷掠，衆不勝楚，大呼二祖列宗，且大罵。時日已暮，風雷忽震烈，縯屬聲曰：今日縯等直承此獄，稍見臣子報國苦衷！由是皆自承。國又問：主上知否？縯大聲曰：未經奏明。乃復收繫，以欺君誤國，盜寶矯詔爲罪，報可望請王親裁。王不勝憤，下廷議。吏部侍郎張佐辰等謂國曰：此輩盡當處死，儻留一人，將爲後患。於是蔣御曦執筆，張佐辰擬旨以鐫。福祿、爲國爲首罪，凌遲；餘爲從罪,斬。王以貞毓大臣,言於可望,罪絞。諸人就刑,神色不變,各賦詩大罵而死,合瘞於安龍北關之馬場。已而林青陽逮至,亦被殺,時順治十一年三月也。居二載,定國奉前敕扈王入雲南,乃贈貞毓等官諡各有差。建廟馬場,勒碑大書"十八先生成仁處"。《明史·吳貞毓傳》同。

　　蔣常案:徐注引《逸史拾遺》,截去上文,使人不知所謂十八先生致禍之由。且引此事以注此二句,蓋有四不合:所謂十八先生被殺事,在明年三月,非本年事,安能預知,此其一;十八人者,在當時言之,爲慷慨赴義,與河陰、白馬斂手就戮者迥殊,此其二;十八人者,不聞有貪黷事,不當與河陰、白馬同謂之貪夫,此其三;十八人者死,永曆勢益孤,不當謂"或爲真人驅",此其四。或謂上一首言魯王沈海爲移南澳之訛言,移南澳在明年,則此首自亦在明年,蓋編詩者誤繫。然詩由自編,前已言之,宜必無誤;且亦無以解於下三不合。惟此外亦無其他時事可附會者,姑懸此以待考。

〔四〕或爲句　徐注:《史記·秦楚之際月表》:向秦之禁,適足爲賢者驅除難耳。

　　蔣常案:真人,見前《春半》詩"白水"句注。

楊明府永言_{雲南人}昔在崑山起義不克爲僧於華亭及吳帥舉事去而之蘭谿今復來吳下感舊有贈

【解題】

　　蔣常案:趙與旹《賓退錄》:明府,漢人以稱太守,唐人以稱縣令。至明猶然,如高啓有《送石明府之崑山》詩,《送何明府之秦郵》詩,皆是。《小腆紀傳》:楊永言,字岑立,昆明人。崇禎癸未進士。官崑山知縣。王師南下,棄官逃。已復與顧炎武及參將陳弘勳、諸生歸莊、吳其沆等起兵拒守,事敗爲僧,晚卒於滇。華亭,見前《贈于副將元凱》詩"七月"句注。《明史》志《地理五》金華府領縣蘭谿注:元蘭谿州,洪武三年三月降爲縣。

絕跡雲間日,分飛海上秋〔一〕。超然危亂外,不與少年儔。閱歲空山久,尋禪古寺幽〔二〕。干戈纏粵徼〔三〕,妻子隔寧州〔四〕。乍解桐江纜〔五〕,仍回谷水舟〔六〕。刀寒餘斗色〔七〕,血碧帶江流。舊卒蒼頭散〔八〕,新交白眼休〔九〕。同年張翰在張行人玢之〔一〇〕,賓客顧榮留〔一一〕。海日初浮嶼,吳霜早覆舟。與君遵晦意〔一二〕,不負一匡謀〔一三〕。

【彙校】

〔題〕徐注本、曹校本無自注"雲南人"三字,"起"作"倡"。孫校本注:"起"一作"倡";"今"下有"年"字,無"有贈"二字,有"悲歌不能已於言也"八字。吳校本"起義不克"作"乙酉城陷",無自注。

〔一匡〕徐注本、曹校本作"成"。丕續案:作"匡"勝。

【彙注】

〔一〕絕迹二句　戴注:吳帥即提督吳勝兆。

蘧常案:《元譜》:永言崑山城破後,走陳墓,訌事彌月,知不可爲,復入黃浦依吳帥。《小腆紀傳·楊永言傳》以爲吳志葵,是也。《明史·沈猶龍傳》云:吳淞總兵官吳志葵。又志《地理一》松江府上海注:北有吳淞江,東有黃浦。故詩曰"海上",《元譜》曰:黃浦也。若吳勝兆,此時爲清總兵。查繼佐《國壽錄》云：總松江府戎事。與此不合。且勝兆方略江南，永言安得從之乎？戴注非。

〔二〕超然四句　戴注：楊亂後出家華亭之香山。

蕅常案：《小腆紀傳・楊永言傳》：志葵敗，祝髮爲僧。《元譜》：祝髮珠涇萬壽庵中，釋名嬾雲，旋入中峰。案：志葵敗事，見前卷一《秋山》詩"今日"句及"一朝"二句注。

〔三〕干戈句　蕅常案：見前《監紀示游粵》詩"知君"句、"一軍"句注。

〔四〕寧州句　蕅常案：此謂雲南。《晉書・地理志》：寧州於漢、魏爲益州之域。泰始七年，武帝以益州地廣，分益州之建寧、興古、雲南、交州之永昌，合四郡爲寧州。杜佑《通典》：晉寧州理雲南。永言，雲南昆明人，因粵亂不能歸，故曰"隔寧州"。或以明雲南臨安府之寧州一地當之，非。

〔五〕桐江　徐注：《桐廬縣志》：桐江在縣南。

〔六〕谷水　徐注：《松江府志》：婁縣一名谷泖，或以縣南舊西湖爲谷水。

〔七〕刀寒句　徐注：《晉書・張華傳》：吳之未滅也，牛斗之間，常有紫氣，吳平之後，紫氣愈明。華聞豫章人雷煥妙達緯象，乃要煥宿，登樓仰觀。煥曰：寶劍之精，上徹於天耳。在豫章豐城。華即補煥爲豐城令。煥到縣，掘獄屋基，入地四丈餘，得一石函，光氣非常。中有雙劍並刻題，一曰龍泉，一曰太阿。其夕，斗牛間氣不復見焉。

〔八〕蒼頭　徐注：《戰國策》：蘇秦說魏王曰：武力二十餘萬，蒼頭二十餘萬。鮑彪注：蓋以青帕首。《史記・項羽本紀》：陳嬰者，故東陽令史。東陽少年殺其令，欲立嬰，使爲王，異軍蒼頭特起。

〔九〕白眼　蕅常案：《世說新語・簡傲》篇注引《晉百官名》：阮籍

能爲青白眼,見凡俗之士,以白眼對之。

〔一〇〕同年　徐注:《國史補》:進士爲人所尚久矣,俱捷謂之同年。

蔣常案:《晉書·張翰傳》:翰,字季鷹,吳郡吳人也。有清才,而縱任不拘,時人號爲江東步兵。齊王冏辟爲大司馬東曹掾。翰謂同郡顧榮曰:天下紛紛,禍難未已,夫有四海之名者,求退良難。吾本山林間人,無望於時,子善以明防前,以智慮後。榮執其手,愴然曰:吾亦與子採南山蕨,飲三江水耳!案:張玢之與先生合志同方,故以張翰擬玢之,而下以顧榮自擬,彌見比況之切。

〔一一〕顧榮　蔣常案:見前《重至京口》詩"遥看"二句注。

〔一二〕遵晦　徐注:《詩》:遵養時晦。

蔣常案:《詩·周頌·酌》毛傳:遵,率;養,取;晦,昧也。此用朱熹《詩集傳》說。《集傳》云:遵,循。退自循養,與時皆晦。考《宋史·邢恕傳》"得崇文院校書,王安石因賓客諭意,使養晦以待用",則此義不始於朱矣。

〔一三〕一匡　蔣常案:《論語·憲問》篇:子曰:管仲相桓公,霸諸侯,一匡天下,民到于今受其賜。微管仲,吾其被髮左衽矣!

送歸高士之淮上

【解題】

蔣常案:歸高士,見卷一《吳興行贈歸高士祚明》詩解題。淮上,見前《淮東》詩"淮東"句注。

送君孤棹上長淮〔一〕,千里談經意不乖〔二〕。卜宅已安王考兆〔三〕,攜書還就故人齋。簷前映雪吟偏苦〔四〕,窗下聽雞舞亦佳〔五〕。此日邴原能斷酒〔六〕,不煩良友數縈懷!

【彙注】

〔一〕送君句 蘐常案:趙經達《歸玄恭年譜》:永曆七年(順治十年)癸巳五月,萬年少壽祺來崑山,聘先生往淮陰教其子,挈琨兒偕年少北渡。案:趙《譜》皆取歸莊癸巳《勃齋詩稿》詩題語。

〔二〕千里句 蘐常案:歸莊《與蔣路然書》:初夏,偕萬年少北渡,千里授經,豪士短氣,所幸主人是我輩人,可與共商天下事耳。

〔三〕卜宅句 蘐常案:《孝經》:卜其宅兆而安厝之。《歸玄恭年譜》:永曆七年癸巳三月七日,葬三世七人於新阡。注:七人者,先生之祖父母、父母、兄爾復夫婦及仲嫂也。新阡名沙村,本先世故居,改爲墓。見《展墓》詩。歸莊《先王考太學府君權厝誌》:府君諱子駿,字叔永。父諱有光,是爲莊之曾祖。府君入貲爲太學生,屢應舉不中,遂絕意進取。以崇禎五年卒。子昌世,孫昭、繼登、莊。子孫今獨莊在。

〔四〕簷前句 徐注:《孫氏世錄》:孫康家貧,常映雪讀書。先生《從叔父穆庵府君行狀》:叔父不多作詩而好吟詩。歸生與余無時不作詩。

〔五〕窗下句 徐注:《幽明錄》:晉兗州刺史宋處宗常買一長鳴雞,籠置窗下,雞遂作人語。

蘐常案:聽雞舞,見卷一《擬唐人五言八韻祖豫州聞雞》詩解題。

〔六〕此日句　原注：《三國志·邴原傳》注：原舊能飲酒，自遊學八九年，酒不向口。及臨別，師友以原不飲酒，會米肉送原。原曰：本能飲酒，但以荒思廢業，故斷之耳。今當遠別，因見餞，可一飲燕。於是共坐飲酒，終日不醉。

　　蘧常案：乾隆《崑新合志》：歸莊性豪放，善飲，酒酣落筆，輒數千言不能止。爲諸生應院試，酒餠纍纍筆墨間。

贈劉教諭永錫_{大名人}

【解題】

　　徐注：《元譜》：永錫，字欽爾，號滕庵，魏縣人。崇禎丙子舉人。癸未，謁選長洲教諭。已署上海令事，與妻子日食蔬粥，居三月，還長洲。朱彝尊《靜志居詩話》：永錫有《洹水遺詩》。又曰：洹水至性之士。兵後，隱居相城，有大吏強之仕，袒裼疾視曰：我中原男子，年二十，渡漳河，登大伾，躍馬鳴鞘，兩河豪傑，誰不知我，欲見辱耶？取壁上所挂劍自到。門下士抱持之，得解。既而女妻相繼餓死，子爲盜所傷，亦死。久之，洹水歿。其弟子徐晟、陳三島經紀其喪，葬之虎丘山塘。

　　蘧常案：《明史》志《地理一》大名注：元與元城縣同爲大名府治，洪武十年五月，省入魏縣，十五年二月，復置。故他書又稱魏縣人。

　　棲遲十載五湖湄〔一〕，久識元城劉器之〔二〕。百口凋零餘僕從，一身辛苦別妻兒〔三〕。心悲漳水春犁日〔四〕，目斷長洲夕雁時〔五〕。獨我周旋同宿昔〔六〕，看君臥起節頻持！劉君時未薙髮〔七〕。

【彙注】

〔一〕棲遲句　徐注：李元度《國朝先正事略》：賸庵買破船一，往來江湖間，時從諸遺老游。錢牧齋念其窮，招之往。賸庵曰：彼爲黨魁，受主眷，枚卜時，天子以伊、傅期待，今豈忘之耶？卒不往。　黃注：徐《譜》云：案先生去年自王家營仍歸洞庭山，由洞庭山至江寧，復自江寧歸吳。《贈楊永言詩序》云"今復來吳下，感舊有贈"（蓬常案：此"題"而非"序"，下同），又《贈郝將軍詩序》云"今爲醫於吳之上津橋，言及舊事，感而有贈"，《贈劉教諭》詩亦云"棲遲十載五湖湄"，皆在吳之蹟也。徐《譜》所云，仍謂亭林作此詩時在吳。至此詩云"棲遲十載五湖湄"，則指劉教諭也。劉爲大名人，崇禎癸未選長洲教諭。乙酉之變，遂隱居相城。《方輿紀要》云：相城在蘇州府東北五十里。由癸未至癸巳亭林作此詩之年，則劉之居吳已逾十年矣。詩故云"棲遲十載"也。

　　蓬常案：棲遲，見卷一《偶來》詩"便可"句注。五湖，見卷一《將有遠行作》詩"浮五湖"注。　黃說是。《明一統志》云：相城相傳子胥初築城時，先於此相地，壘土爲城，下濕乃止，其地因以爲名。或以河南之相州當之，誤。

〔二〕久識句　蓬常案：《宋史・劉安世傳》：劉安世，字器之，魏人。登進士第。累進左諫議大夫，寶文閣待詔，樞密都承旨。正色立朝，面折廷爭，旁伺者悚汗，目之曰"殿上虎"。卒謚忠定。案：安世於永錫同姓，又同鄉里，故以相擬。安世號"鐵漢"，史稱其儀狀魁碩；永錫亦剛挺不屈，《元譜》謂其"容貌甚偉"，尤相似也。元城，詳題下注。

〔三〕百口二句　黃注：此二句，即《元譜》：乙酉之變，偕妻栗氏及童僕二十餘人，隱居相城。大吏遣人說之，永錫拔劍欲自裁，乃止，謂其妻曰：彼再至，我與若立自決矣！皆裂尺帛握之。

會海上兵起,乃罷。永錫有女許字未嫁,恐貽父母憂,絕粒而死。其母哭之成疾,亦死。後大水乏食,家僮相繼死,埋骨道旁。永錫遣子臨與婦歸魏。臨既歸,思父不置,假貸得百金,欲馳以獻父,星夜南下,馬驚墮地,被傷死。初,永錫長八九尺,容貌甚偉,至是毀形骨立,見者哀之。

〔四〕心悲句　徐注:《一統志》:大名府,舊魏縣,有舊漳、新漳西北流至府城西。　黃注:《元譜》云:永錫遣子臨與婦歸魏。繹此句意,蓋遣其歸耕也。

　　蘧常案:子臨歸而復來,終以致死,蓋悔遣其歸,故曰"心悲"也。

〔五〕目斷句　黃注:《元譜》:永錫選長洲教諭。乙酉後,隱居相城。《先正事略》:永錫既無家,乃買破船一,往來江湖間。嘗泛舟中流,鼓枻而歌曰:白日堕兮野荒荒,逐鳧雁兮侶牛羊,壯士何心兮歸故鄉!風水蕩激,歌聲伊鬱,聞者哀之。此句"長洲夕雁",即歌中意。"目斷"謂故鄉,即上句之"漳水"也。

〔六〕獨我句　黃注:亭林詩扶持名教,言當世不容己之言,作後世不可少之作,此亦其一也。當時錢謙益念教諭窮,招之往,教諭却之。亭林此詩贈於癸巳,逾年甲午秋,教諭病死,則亭林作此詩時,應已有謙益招致之事。詩云"獨我周旋同宿昔",蓋有感於當時之貳節者而發也。《日知錄》有"素夷狄行乎夷狄"一條,刻本已刊落,今從鈔本錄出,以證"周旋同宿昔"之言。亭林曰:素夷狄行乎夷狄,然則將居中國而去人倫乎?非也。處夷狄之邦而不失吾中國之道,是之謂素夷狄行乎夷狄也。六經所載,帝舜"滑夏"之咨,殷宗"有截"之頌,《禮記》明堂之位,《春秋》會之書(案:鈔本多誤脱,"春秋"下有奪字),凡聖人所以爲內夏外夷之防也,如此其嚴也。《文中子》以《元經》(蘧常案:此書或謂阮逸僞託)之帝魏,謂"天地有奉,生民有庇,即吾君也",何其語之偷而悖乎!宋陳同甫謂:黃初以來,陵夷四百餘載,夷狄異類,迭起以主中國。而民生常覬一日之安寧於非所當事之人,以王仲淹之賢,而猶爲此言,其無以異乎凡民矣。夫亡有迭代之時,而中華無不復之日,若之何以萬古之心胸,而區區於旦暮乎?此所謂偷也。漢和帝時,侍御史魯恭上疏曰:夫戎狄者,四方之異氣,蹲夷踞肆,與鳥獸無別,若雜居中國,則錯亂天氣,汙辱善人。夫以亂辱天人之世,而論者欲將毁吾道以殉之!此所謂悖也。孔子有言:居處恭,執事敬,與人忠,雖之夷狄,不可棄也。夫此之謂素夷狄行乎夷狄也。若乃相率而臣事之,奉其令,行其俗,甚者導之以爲虐于中國,而籍口於素夷狄之文,則子思之罪人也已。節讀亭林此文,知其所動於中者,志在萬古之人倫,而不偷偷於旦暮,故曰"我獨周旋同夙昔",此其義之所發者歟?

〔七〕看君句　蘧常案:卧起持節,見卷一《贈顧推官咸正》詩"君持"句注。《清史稿・遺逸二・劉永錫傳》:有老奴從魏縣來,勸之歸。永錫曰:我非不欲歸,然昔奉君命來,義不可離此一步。

郝將軍太極滇人也天啓中守霑益余於敍功疏識其姓名今爲醫客於吴之上津橋言及舊事感而有贈

【解題】

徐注:《明史》志《地理》:雲南曲靖府霑益州。又《沈儆炌傳》:安邦彦反,諸土目並起,安效良陷霑益。《蘇州府志》:府城外吴、長洲二縣合治。上津橋在渡僧橋西,跨運河。

蕘常案：徐注本題作《贈郝將軍太極》。又，《明史·熹宗本紀》：天啓二年二月癸酉，水西土同知安邦彥反，陷畢節、安順、平壩、霑益、龍里，遂圍貴陽。

曾提一旅制黔中，水藺諸酋指顧空〔一〕。入楚廉頗猶未老〔二〕，過秦扁鵲更能工〔三〕。風高劍氣蛉川外〔四〕，水沸茶聲鶴澗東〔五〕。橋畔相逢不相識，漫將方技試英雄〔六〕。

【彙注】

〔一〕曾提二句　徐注：《左傳》哀公元年：有衆一旅。《戰國策》：蘇秦曰：南有巫山、黔中之限。案《明史·朱燮元傳》：天啓元年，永寧奢崇明反。永寧古藺州地。奢氏，僰僚種也。當是時，崇明未平而安邦彥又起，安氏世有水西，宣慰使安位方幼，邦彥以故得倡亂。三年，燮元謀直取永寧，盡挈諸軍會長寧，連破麻塘坎、觀音庵、青山厓、天蓬洞諸砦，與秦良玉兵會，進攻永寧。副總兵秦良玉、總兵秦衍祚等亦攻克遵義。崇明父子逃入紅崖大囤，官軍蹙而拔之。賊奔舊藺州城。五月，爲參將羅象乾所攻，崇明父子率餘衆走水西，而邦彥張甚。四年，陷貴州，巡撫王三善敗没，乃命燮元以兵部尚書兼督三省軍。燮元赴重慶，邦彥偵知之。六年二月，謀乘官軍未發，分犯雲南、遵義。燮元遣間殺奢寅，邦彥亦乞撫，燮元以父喪歸。張鶴鳴視師年餘，未嘗一戰，賊得養鋭。崇禎元年，復召燮元代之，督諸軍分道進攻，疊勝，至紅土川，邦彥、崇明皆授首，時二年八月十有七日也。

〔二〕入楚句　徐注：《史記·廉頗藺相如列傳》：廉頗，趙之良將也。爲趙將，王使樂乘代廉頗，遂奔大梁。居梁，久之，魏不能信用。

趙以數困於秦兵,趙王思復得廉頗,廉頗亦思復用於趙。趙王使使者視廉頗尚可用否。廉頗之仇郭開,多與使者金,令毀之。趙使者既見廉頗,廉頗爲之一飯斗米,肉十斤,被甲上馬,以示尚可用。趙使還報王曰:廉將軍雖老,尚善飯,然與臣坐,頃之,三遺矢矣。趙王以爲老,遂不召。楚聞廉頗在魏,陰使人迎之。廉頗一爲楚將,無功,曰:我思用趙人!廉頗卒死于壽春。

〔三〕過秦句　徐注:《史記·扁鵲倉公列傳》:扁鵲者,勃海郡鄭人也。姓秦氏,名越人。爲醫,或在齊,或在趙。扁鵲名聞天下,過邯鄲,聞貴婦人,即爲帶下醫;過雒陽,聞周人愛老人,即爲耳目痺醫;來入咸陽,聞秦人愛小兒,即爲小兒醫,隨俗爲變。秦太醫令李醯自知伎不如扁鵲也,使人刺殺之。至今天下言脈者,由扁鵲也。

〔四〕蛉川　原注:《隋書·史萬歲傳》:入自蜻蛉川。
　　蘧常案:《水經注》若水注:青蛉水出青蛉縣西,東逕其縣下,縣以氏焉。《明史》志《地理七》:雲南姚安軍民府姚州。注:南有青蛉河,源出三㟨山下,流合大姚河。

〔五〕鶴澗　徐注:陸友仁《硯北雜志》:虎阜有清遠道士養鶴澗。

〔六〕方技　徐注:《史記·倉公列傳》:意家居,詔問故太倉長臣意方伎所長。
　　蘧常案:此歸結出郝將軍之行醫也。

孝陵圖 有序

【解題】
　　徐注:《江寧金鼇待徵錄記事》:顧炎武作《孝陵圖》,補《實錄》

之缺,寄禾黍之思。

蔣常案:周實《丹無盡庵詩話》:顧亭林先生數謁孝陵,繪有《孝陵圖》,并題五古一章,載集中。嗣閱粵之張葯房《逃虛閣集》,知先生《孝陵圖》久失。而清湘老人有橅本,葯房嘗題一律于卷末云:亭林詩本系于圖,詩在圖亡孰與摹?却賴殘僧寫堂寢,如同處士拜榛蕪。蜿蜒雲氣山千疊,黯淡煙光樹幾株。樵採久聞申厲禁,墨痕空復認模糊!今清湘本亦不知存没矣。庚戌秋九月,偕同社諸子,同拜孝陵,順德蔡哲夫有守偕其配張傾城獨立,雅善繪事,因商量補繪一圖,以上繼顧先生之志。嗚呼!顧先生所謂"空山掌故"者,其在斯乎!其在斯乎!案:清湘老人即釋道濟,字石濤,清湘其晚號,亦明裔。此圖兩經重繪,雖亡實存。"空山掌故",例得附書。

重光單閼二月己巳,來謁孝陵,值大雨,稽首門外而去〔一〕。又二載昭陽大荒落二月辛丑〔二〕,再謁。十月戊子〔三〕,又謁,乃得趨入殿門,徘徊瞻視。鞠躬而登,殿上中官奉帝后神牌二。其後,蓋小屋數楹,皆黃瓦,非昔制矣。升甬道,恭視明樓寶城〔四〕。出門,周覽故齋宮祠署遺址〔五〕。胡騎充斥〔六〕,不便攜筆硯,同行者故陵衛百户束帶玉稍爲指示〔七〕,退而作圖。念山陵一代典故〔八〕,以革除之事〔九〕,《實録》、《會典》,並無紀述。當先朝時,又爲禁地,非陵官不得入焉。其官於陵者,非中貴則武弁,又不能通語國制,以故其傳鮮矣。今既不盡知,知亦不能盡圖;而其録於圖者,且不盡有。恐天下之人,同此心而不獲至者多也,故寫而傳之。臣顧炎武稽首頓首謹書。

鍾山白草枯〔一〇〕,冬月蒸宿霧。十里無立榴〔一一〕,岡阜但回互。寶城獨青青,日色上霜露。殿門達明樓,周遭尚完固[一二]。其外有穹碑，巍然當御路。文自成祖爲，千年繫明祚[一三]。侍衛八石人，祗肅候靈輅。下列石獸六，森然象鹵簿。自馬至獅子，兩兩相比附。中間特崒崔，有二擎天柱。排立榛莽中，凡此皆尚具[一四]。又有神烈山，世宗所封樹。卧碑自崇禎，禁約煩聖諭。石大故不毀，文字猶可句[一五]。至於土木工[一六]，俱已亡其素。東陵在殿左，先時懿文祔[一七]。云有殿二層，去門可百步。正殿門有五，天子升自阼。門内廡三十，左右以次布；門外設兩廚，右殿上所駐[一八]。祠署并宫監，羊房暨酒庫，以至各廨宇，並及諸宅務[一九]。東西二紅門[二〇]，四十五巡鋪[二一]。一一費搜尋，涉目仍迷瞀。山後更蕭條，兵牧所屯聚。洞然見銘石，崩出常王墓[二二]。何代無厄蕃，神聖莫能度[二三]。幸兹寢園存[二四]，皇天永呵護。奄人宿其中，無乃致褻汙[二五]。陵衛多官軍，殘毀法不捕[二六]。伐木復撤亭，上觸天地怒。雷震樵夫死，梁壓陵賊仆[二七]。乃信高廟靈，却立生畏怖。若夫本衛官，衣食久遺蠹。及今盡流冗，存兩千百户[二八]。下國有蟣臣[二九]，一年再奔赴。低徊持寸管，能作《西京賦》[三〇]。尚慮耳目褊，流傳有錯誤。相逢虞子大，獨記陵木數。未得對東巡，空山論掌故[三一]。

【彙校】

〔重光單閼〕孫校本作"臣山備於重光大荒落"。丕續案："重光大荒落"則爲辛巳，辛巳爲崇禎十四年，明尚未亡。下辛巳則爲康熙四十年，先生亡已十九年矣。孫校誤。　〔胡騎〕潘刻本，徐注本,孫、曹兩校本"胡"作"牧"。〔臣顧炎武句〕孫校本"顧炎武"作"山傭";潘刻本、徐注本、曹校本無此句。〔森然〕徐注本、曹校本"然"作"焉"。案:似音近而誤。〔厄菌〕徐注本、曹校本"厄"作"危"。丕績案:似形近而誤。〔低徊〕徐注本、曹校本作"徘徊"。〔流傳〕徐注本、曹校本作"流轉"。丕績案:形近致誤。

【彙注】

〔一〕值大雨　蘧常案:辛卯《恭謁孝陵》詩有"雨露接三春"及"天顔杳靄接"句,蓋皆遇雨事。

〔二〕昭陽句　蘧常案:《元譜》:癸巳春,至金陵。二月,再謁孝陵。案:此次再謁,有《再謁孝陵》詩。

〔三〕十月句　蘧常案:《元譜》:癸巳十月,三謁孝陵,并作圖。

〔四〕明樓寶城　蘧常案:見前《恭謁孝陵》詩"空城"句注,及《再謁孝陵》詩"明樓"注。

〔五〕齋宫句　蘧常案:《國語·周語上》:虢文公曰:王即齋宫,百官御事,各即其齋三日。韋注:所齋之宫也。《明史》志《禮十二·凶禮一》:孝陵設神宫監,并孝陵衛及祠祭署。

〔六〕胡騎句　蘧常案:吴《譜》:國朝定鼎後,置守陵太監二名,兵四十名。

〔七〕陵衛百户　蘧常案:《明史》志《職官五》:南京衛指揮使司下有孝陵衛。有兵百人者,曰百户,正六品。

〔八〕山陵　蘧常案:《廣雅疏證·釋丘》:秦名天子冢曰山,漢曰陵。《明史》志《禮十二·凶禮一》:山陵。

〔九〕革除句　蘧常案:《明史》志《禮十二》:太祖崩,建文帝詔行三年喪,事在《本紀》,以遭革除,喪葬之制皆不傳。又《恭閔帝紀贊》:革命而後,紀年復稱洪武,嗣是子孫臣庶,以紀載爲嫌。

〔一〇〕鍾山　蘧常案：見前《恭謁孝陵》詩"鍾山"句注。

〔一一〕十里句　徐注：《爾雅》：木立死曰椔。　黃注：屈翁山《孝陵恭謁記》云：金陵山舊有松數十萬株，皆六朝古物，今無一存矣。可相證也。

　　　蘧常案：見前《恭謁孝陵》詩"樵蘇"句，及《恭謁太祖高皇帝御容於靈谷寺》詩"荒山"注。

〔一二〕寶城四句　徐注：劉禹錫《石頭城》詩：山圍故國周遭在。　黃注：屈《記》云：踰橋至墜道，上有明樓，樓後爲寶城；周遭完固，梓宮實奠其中，封之崇三四丈，望若崇丘然。可相證也。

　　　蘧常案：《江寧府志》：孝陵陵前寶城，特起朱闕，享殿九楹，制極宏壯。

〔一三〕其外四句　徐注：《江寧府志》：孝陵有成祖御製碑。　黃注：屈《記》云：數百步至大金門，有《神功聖德碑》，巍然高大，中當御道，則文皇帝所立。其文亦撰自文皇帝，有御名焉。可相證也。

〔一四〕侍衛十句　徐注：《史記·天官書》：魁下六星兩兩相比者。　黃注：屈《記》云：御河橋以北，有石獸六種：首爲獅子，次獬豸，次橐駝，次象，次麒麟，次馬。每種有四，皆兩立兩蹲，東西相向，森然若鹵簿焉。擎天柱二，白如玉，雕鏤雲龍文。石人凡八，高可四五丈，四將軍，介冑執金吾，四文人，朝冠秉笏，若祗肅而候靈輅者。可相證也。

　　　蘧常案：蔡邕《獨斷》：天子出，車駕次第謂之鹵簿。

〔一五〕又有六句　徐注：《明史》志《禮》：嘉靖十年，名孝陵爲神烈山。《明史》志《選舉》：洪武十五年，頒學規於國子監；又頒禁例十二條於天下，鐫立臥碑，置明倫堂之左。《春明夢餘錄》：崇禎辛巳四月，上召諸勳戚及禮部侍郎入內，諭之曰：

孝陵爲高皇帝弓劍之所，關係重大。《會典》所載，近陵不許開窰取石，斫伐樹木，其例甚嚴。近來法久人玩，須遣重臣親勘。　黃注：屈《記》云：自朝陽門入，東行至下馬坊，有碑曰神烈山，肅皇帝之所封樹。又有卧碑一，聖諭存焉，爲烈皇帝所立。可相證也。

〔一六〕土木工　徐注：《列子·周穆王》篇：土木之工，精至之色，無遺巧焉。

〔一七〕東陵二句　徐注：《明史》志《禮》：懿文太子陵在孝陵左。　黃注：屈《記》云：寶城東有小丘，特起穹窿，與其南之獨龍岡相似。其下爲東陵，懿文皇太子之所葬也。可相證也。

〔一八〕云有八句　徐注：《禮記》：升自阼階。　黃注：屈《記》云：御道盡爲櫺星門。又踰橋越百步，有文武方門五，三大而二小，今塞其左四，出入僅右一門。又大殿中門左右方門亦五，門內神帛鑪二，左右廡三十；門外御廚亦二，其左爲宰牲亭，右曰具服殿，皇帝駐以具服者也。可相證也。

〔一九〕祠署四句　蕖常案：“祠署”、“宮監”見序注。《明史》志《職官三》：孝陵神宮監，設太監一人，左右少監各一人，左右監丞各一人。各祠祭署設署令、丞、司香奉御，甲乙丙丁戊五庫各設大使、副使。

〔二〇〕紅門　徐注：《明史》志《禮》：南京司禮太監陳祖圭言：魏國公徐俌每祭孝陵，皆由紅券門直入，至殿內行禮，僭妄宜改。俌言：入由紅券門者，所以重祖宗之祭，尊皇上之命；出小旁門者，所以守臣下之分；循守故事，幾及百年，豈敢擅易？　全云：王詩云“東西兩紅門”句誤。

　　蕖常案：王詩只言其誤，屈《記》未及，不知果何誤也？

《明史·兵志》言：宦官守門有左右紅門。此在宮禁。而志《禮十四》言謁祭陵廟，謂永陵中爲券門，長陵神道正南爲紅門，不言左右，或與宮禁有殊歟？待考。

〔二一〕四十五句　徐注：《東京夢華錄》：每坊巷三百步許，有軍巡舖一所，夜間巡警及領公事。　黃注：東西二紅門，四十五巡舖，屈《記》無之，而徐注亦未能舉。考《大明會典》卷九十陵墳等祀，孝陵設神宮監、孝陵衞及祠祭署，並未設巡舖等官。惟顯陵設校尉二十名，供巡視，不名巡舖，亦無四十五之數。卷一百三十六，巡捕分設在京，在外，而非設在陵墳。詩言"四十五巡舖"，"舖"當爲"捕"。舖、捕同聲字，《廣韻》：舖，普胡切，又普故切，兼入虞、暮兩韻。或避下文"殘毀法不捕"而假用"舖"，然其制則吾仍待考也。

　　蘧常案：徐注是。先生《日知錄》卷十"驛傳"條云：今時十里一舖，設卒以遞公文。原注引《金史》"泰和六年，初置急遞舖"，與《東京夢華錄》所言相似。在都邑則所重在巡警，其設密；鄙野則職在急遞，其設疏。古所謂"舖"，今謂之站，"巡舖"猶言"巡查站"也。《明史》志《兵二》：孝陵衞犧牲千户所。又云：設衞大率五千六百人爲衞，千一百二十人爲千户所，此"巡舖"所以有四十五之多乎？黃未見徐補注，漫以爲官名，解"巡舖"爲"巡捕"，誤。

〔二二〕洞然二句　徐注：《江寧府志》：《開平忠武王常遇春神道碑》，宋濂撰，在鍾山。《明史·常遇春傳》：賜葬鍾山原，給明器九十事，納墓中。

〔二三〕神聖句　徐注：《古詩十九首》：萬歲更相送，賢聖莫能度。

〔二四〕寢園　蘧常案：《後漢書·祭祀志》：漢諸陵皆有園寢，承秦所爲也。

〔二五〕奄人二句　徐注：《江寧府志·古蹟》：明太祖孝陵，國朝定鼎，設立守陵監二員，陵戶四十名，撥給司香田地；後裁革守陵司香太監，但留陵戶看守。　黃注：屈《記》云：殿後門者三，爲夾室數楹，皆用黃瓦，中官居之，以司香火灑掃焉，非舊制也。可相證也。

　　蘐常案：《周禮·天官》：酒人，奄十人。鄭注：奄，精氣閉塞者，今謂之宦人。

〔二六〕陵衛二句　黃注：屈《記》云：有牧馬蕃兒，方斫殿柱，柱上金龍鱗爪，半欲摧殘，臣大均輿以多錢，拜之而求免。可相證也。

　　蘐常案：綜上屈《記》，詞句多與此同。如云"夾室數楹，皆用黃瓦，非舊制也"，則同序；"周遭完固"、"巍然"、"當御道"、"森然若鹵簿"、"祗肅而候靈輅"、"肅皇帝之所封樹"，則同詩。必非偶然，疑大均重先生，即以此爲藍本也。

〔二七〕伐木四句　徐注：《明史》志《五行一》：正德元年六月丙子，雷震孝陵皇岡樹。又：十二年秋八月癸酉，南京祭歷代帝王廟，雷震死齋房吏。崇禎十五年四月癸卯，雷震南京孝陵樹，火從樹出。"雷震樵夫，梁壓陵賊"，未詳。

〔二八〕若夫四句　原注：《後漢書·光武紀》：流冗道路。　徐注：陸倕《新漏刻銘》：建武遺甿。

　　蘐常案：《明史》志《兵二》：正德以來，軍職冒濫，爲世所輕。五軍府如贅疣，弁帥如走卒；至於末季，衛所軍士，雖一諸生可役使之。積輕積弱，重以隱佔虛冒諸弊，至舉天下之兵，不足以任戰守，而明遂亡矣。

〔二九〕蟻臣　原注：盧仝《月蝕詩》：地上蟻蝨臣仝，告訴帝天皇。

〔三〇〕《西京賦》　蘐常案：見前卷一《帝京篇》"張衡"注。

〔三一〕相逢四句　原注：《後漢書·虞延傳》：光武東巡，路過小黃，高帝母昭靈后園陵在焉。時延爲部督郵，詔呼引見，問園陵之事。延進止從容，占拜可觀。其陵樹株蘖，皆謚其數；俎豆犧牲，頗曉其禮。帝善之。《史記·司馬相如列傳》：宜命掌故悉奏其義而覽焉。《漢書音義》曰：掌故，太師官屬，主故事者。　徐注：延字子大。

十　　廟
南京雞鳴山下有帝王功臣十廟後人但謂之"十廟"

【解題】

　　徐注：《明史》志《禮四》：南京神廟初稱十廟。北極真武以三月三日、九月九日，道林真覺普濟禪師寶誌以三月十八日，都城隍以八月祭帝王後一日，祠山廣惠張王渤以二月十八日，五顯靈順以四月八日、九月二十八日，皆太常寺官祭。漢秣陵尉蔣忠烈公子文、晉成陽卞忠貞公壼、宋濟陽曹武惠王彬、南唐劉忠肅王仁贍、元衛國忠肅公福壽，俱以四孟朔歲除，應天府官祭，並功臣廟爲十一。又：功臣廟，太祖既以功臣配享太廟，又命別立廟於雞籠山，論次功臣二十有一人，死者塑像，生者虛其位。正殿：中山武寧王徐達、開平忠武王常遇春、岐陽武靖王李文忠、寧河武順王鄧愈、東甌襄武王湯和、黔寧昭靖王沐英，西序：越國武莊公胡大海、梁國公趙德勝、巢國武壯公華高、虢國忠烈公俞通海、江國襄烈公吳良、安國忠烈公曹良臣、黔國威毅公吳復、燕山忠愍侯孫興祖，東序：鄖國公馮國用、西海武莊公耿再成、濟國公丁德興、蔡國忠毅公張德勝、海國襄毅公吳楨、蘄國武義公康茂才、東海郡公茅成。

　　我來雞籠下，十廟何蒼涼[一]？周垣半傾覆，棟宇皆頹荒。樹木已無有，寂寞餘山岡。功臣及卞劉[二]，並作瓦礫場。衛國有遺主,尚寓五顯堂〔三〕。武惠僅一間〔四〕,廟貌猶未亡〔五〕。蔣廟頗完具〔六〕,欹側惟兩廊。帝王殿已撤,主在門中央〔七〕。或聞道路言,欲改祀三皇〔八〕。真武並祠山〔九〕,香火仍相當。其南特煥然,漢末武安王〔一〇〕。云是督府修〔一一〕,中絕以堵牆。金陵自入胡,百司已更張。神人悉異名,不改都城隍〔一二〕。乃信夷奴心,亦知畏菑殃。朔望及雩祈〔一三〕,頓首誠恐惶。神奉太祖敕,得治諸東羌。留此金字題,昭示同三光〔一四〕。上天厭夷德,神祇顧馨香〔一五〕。上追洪武中,遣祀明綸將。二百七十年,吉蠲存太常〔一六〕。三靈俄乏主〔一七〕,一代淪彝章〔一八〕。圜丘尚無依〔一九〕,百神焉得康?騎士處高廟〔二〇〕,陵闕來牛羊。何時洗妖氛,逐去諸不祥。無文秩新邑〔二一〕,人鬼咸迪嘗〔二二〕。復見十廟中,冠佩齊趨蹌〔二三〕。此詩神聽之,終古其毋忘!

【彙校】

〔金陵句〕潘刻本、徐注本、孫校本作"陪京板蕩餘"。 〔乃信二句〕潘刻本、徐注本、孫校本無此二句。 〔得治句〕冒、吳、汪各校本"東"作"戎";潘刻本、徐注本作"得以威遐荒"。 〔上天二句〕孫校本"夷"作"支",韻目代字也;潘刻本,徐注本無此二句。 〔上追句〕潘刻本、徐注本作"追惟定鼎初"。 〔乏主〕潘刻本作"□□";冒校本作"改卜"。 〔尚無依〕潘刻本作"□□□"。 〔何時句〕潘刻本、徐注本作"何當挽天河"。 〔逐去句〕潘刻本、徐注本、曹校本"逐"作"滌"。 又:潘刻本"不祥"作"□□"。

【彙注】

〔一〕雞籠二句　徐注：《太平寰宇記》：雞籠山在覆舟山西南，一曰雞鳴山，府西北七里。西接落星岡，北臨棲元塘。《江寧府志》：即鍾山之南麓也，一曰龍山，今曰龍廣山。

〔二〕卞劉　徐注：《江寧府志·祠祀》：卞建興忠貞公，字望之，晉侍中驃騎將軍。廟為劉三吾撰碑。《明史·太祖紀》：至正二十四年，繪塑功臣像於蔣子文、卞壼廟。陸游《南唐書》：劉仁贍，字守惠。清淮節度使。保大十五年，周世宗復至淮上，仁贍獨堅守危城，不可下。卒時晝晦，雨沙如霧，州人皆哭。贈太師中書令，諡忠肅。宋政和時，列仁贍於祀典，賜祠額曰忠顯。《南都察院志》：劉忠肅王廟，黃子澄撰碑。

　　蘧常案：《晉書·卞壼傳》：卞壼，字望之，濟冤句人也。蘇峻稱兵，詔以壼都督大桁東諸軍事，假節，復加領軍將軍。與峻大戰於西陵，為峻所破。峻進攻青溪，六軍敗績。壼時發背創，力疾苦戰，遂死之。二子眕、盱，相隨赴賊，同時見害。又，徐注謂"《明史·太祖紀》：至正二十四年繪塑功臣像於蔣子文、卞壼廟"，查《明史·太祖紀》至正二十四年無此文；且至正二十四年前洪武建元四年，天下未定，安得有此舉？復查《明史》志《禮四》"功臣廟"有"初，胡大海等殁，命肖像於卞壼、蔣子文之廟。及功臣廟成，移祀焉"記載，亦未繫年。徐注顯誤。

〔三〕衛國二句　徐注：《元史·順帝紀》：至正十六年春三月，滁州兵復攻集慶，行臺御史福壽拒戰於蔣山，敗績。庚寅，城陷，與達魯花赤達尼達斯、治書侍御史賀方俱死之。《江寧府志·祠祀》：衛國忠肅王廟在蔣山，宋訥撰碑。五顯靈順祠見題注，宋訥撰碑。

〔四〕武惠　徐注：《江寧府志·祠祀》：曹濟陽武惠王名彬，宋樞密使，昇州行營統帥。《南都察院志》：曹武惠王廟，劉三吾撰碑。

蕘常案：《宋史·曹彬傳》：字國華。乾德初，平蜀，諸將多取子女玉帛，彬橐中唯圖書衣衾而已。七年，伐江南，擢都部署。城垂克，彬忽稱疾，諸將皆來問疾。彬曰：余之疾，非藥石所能愈，惟願諸公誠心自誓，以克城之日，不妄殺一人，則自愈矣。諸將許諾。自出師至凱旋，士衆畏服，無輕肆者。

〔五〕廟貌　蕘常案：《公羊傳》桓公二年：納于太廟。注：廟之爲言貌也，思想儀貌而事之。諸葛亮《黄陵廟記》：廟貌廢去，使人太息。

〔六〕蔣廟　徐注：《日知録》：永樂七年正月，進封漢秣陵尉蔣君之神爲忠烈武順昭靈嘉佑王。《南都察院記》：蔣忠烈廟，劉三吾撰碑。

蕘常案：《白帖》：建康東北十里有鍾山，舊名金山。漢末，金陵尉蔣子文討賊戰亡，靈發于山，因立蔣侯祠焉，號曰蔣山。

〔七〕帝王殿二句　徐注：《明史》志《禮》：洪武六年，帝以五帝三王及漢、唐、宋創業之君，俱宜於京師立廟致祭，遂建歷代帝王廟於欽天山之陽，倣太廟同堂異室之制，爲正殿五室：中一室三皇，東一室五帝，西一室夏禹、商湯、周文王，又東一室周武王、漢光武、唐太宗，又西一室漢高祖、唐高祖、宋太祖、元世祖。每歲春秋仲月甲日致祭。又：二十一年，詔以歷代名臣從祀，禮官李原名奏擬三十六人以進。帝以趙普負太祖，不忠，不可從祀。乃定風后、力牧、皋陶、夔、龍、伯夷、伯益、伊尹、傅説、周公旦、召公奭、太公望、召虎、方叔、張良、蕭何、曹參、陳平、周勃、鄧禹、馮異、諸葛亮、房玄齡、杜如晦、李靖、郭子儀、李晟、曹彬、潘美、韓世忠、岳飛、張浚、木華黎、博爾忽、博爾朮、赤老温、伯顔凡三十七人從祀於東西廡。

〔八〕欲改句　徐注：《江寧府志》：帝王廟，明洪武間建，祀歷代帝王。國初，廟發，改祀伏羲、神農、黃帝於其地，爲三皇祠，以其爲醫師之祖也。而俗仍呼曰帝王廟。

〔九〕真武祠山　徐注：《上江兩縣志・祠祀》：吳於後湖立玄武觀，疑非廟祀。宋始有真武廟，真武即玄武。《南都察院志》：北極真武廟，宋訥撰碑。祠山廣惠廟，宋訥撰碑。程榮《三柳軒雜記》：廣德祠山神姓張，避食豨。而引《祠山事要》云：王姓張，名燉，烏程縣人。始自長興縣疏聖瀆，欲通津廣德，化身爲豨，縱使陰兵，爲夫人李氏所覘，其工遂輟，是以祀之，避豨。元泰定帝加封曰普濟王。張大帝乃流俗之稱。

〔一〇〕其南二句　徐注：趙翼《陔餘叢考》：關壯繆侯，宋徽宗始封爲忠惠公。大觀二年，加封武安王。元文宗天曆元年，加封顯靈威勇武安英濟王。明洪武中復侯元封。萬曆二十二年，因道士張通元之請，進爵爲帝，廟曰英烈。四十二年，又敕封三界伏魔大帝神威遠鎮天尊關聖帝君。《南都察院志》：漢壽亭侯廟，溫陽撰碑。

　　　蘧常案：《明史》志《禮四》：關公廟，洪武二十七年建於雞籠山之陽。

〔一一〕督府修　徐注：趙翼《陔餘叢考》：國朝順治九年，加封忠義神武關聖大帝，詔天下修廟祀。

〔一二〕神人二句　徐注：《明史》志《禮》：洪武二年，禮官言：城隍之祀莫詳其始。宋以來，其祠徧天下，或錫廟貌，或頒封爵，至或遷就附會，各指一人以爲神之姓名。今宜附祭於嶽瀆諸神之壇。乃命加以封爵，京都、開封、臨濠、太平、和州皆封明靈王，其餘府爲威靈公，州爲靈佑侯，縣爲顯佑伯，命詞臣撰制文以頒之。三年，詔去封號，祇稱某府、州、縣城隍之神。永樂中，建廟都城之西，曰大威靈祠。嘉靖九年，罷山川壇從祀，歲以仲秋祭旗纛日，并祭都城隍之神。

〔一三〕雩祈　徐注：《論衡》：春二月雩，秋八月亦雩。春祈穀雨，秋祈穀實。

〔一四〕神奉四句　徐注：《白虎通》：天有三光，日、月、星。

蘧常案：羌分東西，始於後漢，東羌僅指安定、北地、上郡、西河等地所居而言。得治一句係泛言，不應局指。一本作"戎羌"，是。

〔一五〕上天二句　蘧常案：《左傳》隱公十一年：天而既厭周德矣，吾其能與許爭乎？又，僖公五年：若晉取虞，而明德以薦馨香，神其吐之乎？案：此反言之，謂天既厭夷德，神祇豈反受其馨香乎？

〔一六〕上追四句　徐注：《日知錄》：洪武三年六月癸亥，詔曰：凡嶽、鎮、海、瀆，並去其前代所封名號，止以山水本名稱其神。郡縣城隍神號，一體改正。歷代忠臣烈士，亦依當時初封以爲實號，後世溢美之稱，皆與革去。庶幾神人之際，名正言順，於禮爲當，用稱朕以禮事神之意。《明史紀事本末》：明十六主歷二百七十七年。《詩》：吉蠲爲饎。《書》：紀於太常。

蘧常案："吉蠲"，亦作"蠲吉"；"蠲"同"涓"，言齋戒沐浴以擇吉日也。太常，官名，秦置奉常，漢更名太常，沿至北齊曰太常寺，有卿、少卿各一人。清末始廢。此指二百七十年來唯存祀典之吏耳。

〔一七〕三靈句　徐注：庾信《哀江南賦》：始中原之乏主。

蘧常案：《文選》班固《典引》：答三靈之蕃祉。注：三靈，天、地、人也。

〔一八〕彝章　徐注：《晉書・八王傳論》：禮備彝章。

蘧常案：彝章即彝憲，常法也。

〔一九〕圜丘句　蘧常案：《周禮・春官・大司樂》：冬日至于地上之圜丘奏之。《明史》志《禮一》：明初建圜丘於正陽門外，鍾山之陽。案：即冬至祭天之所也。又，《太祖紀》：洪武元年十一月，始祀圜丘。案：清天聰十年，已建圜丘於盛京，順治入關，即於冬至祀圜丘。而曰圜丘尚無依者，即上"上天厭夷德，神祇顧馨香"意。蓋謂神所弗馨，而殘明播越，又久缺祀天之儀，故曰"尚無依"也。

〔二〇〕騎士句　原注：《漢書·王莽傳》：莽感高廟神靈，遣虎賁武士入高廟，拔劍四面提擊，斧壞戶牖，桃湯赭鞭，鞭灑屋壁，令輕車校尉居其中。又令北軍中壘居高寢。

　　蘧常案：其事見前《孝陵圖》序"胡騎"句注，及詩"陵衛"二句注。

〔二一〕無文句　原注：《書·洛誥》：咸秩無文。　段注：《書》：祀於新邑，咸秩無文。原注漏引上句。

　　蘧常案：此言新都既定，當祭者雖不載於文，亦皆按序次而祭也。

〔二二〕人鬼句　原注：《漢書·郊祀歌》：登成甫田，百鬼迪嘗。

　　蘧常案：顏師古《漢書》注：迪，進也。嘗，謂歆饗之也。

〔二三〕冠佩句　徐注：《詩·齊風·猗嗟》：巧趨蹌兮。趨蹌，趨行有容之謂也。

　　蘧常案：《史記·仲尼弟子列傳》：子路冠雄雞，佩豭豚。此兩句，亭林期望之意也。

金　山 已下閼逢敦牂

【解題】

　　徐注：順治十一年甲午。《地理約義》：金山自銀山過脈，又名妙高峰,又名浮玉山,又名金鰲峰,一名伏牛山,一名獲符山,又名五父山,又名頭陀巖。　冒云:先生是年年四十二。

蘧常案:是年爲明永曆八年,公元一六五四年。金山,見卷一《京口》詩第一首"一上"句注。

　　東風吹江水,一夕向西流[一]。金山忽動搖,塔鈴語不休[二]。海師一十萬[三],虎嘯臨皇州[四]。巨艦作大營,飛艫爲前茅[五]。黄旗亘長江,戰鼓出中洲。舉火蒜山旁[六],鳴角東龍湫[七]。故侯張子房定西侯張名振[八],手運丈八矛[九]。登高矚山陵,賦詩令人愁[一〇]。沈吟十年餘,不見旌旆浮。忽聞王旅來,先聲動燕幽。闔廬用子胥,鄢郢不足收[一一]。況兹蠢逆胡,已是天亡秋。願言告同袍,乘時莫淹留[一二]。

【彙校】

〔海師〕潘刻本、徐注本作"水軍";孫校本作"䏈師"。案:"䏈",韻目代字也。　〔皇州〕潘刻本"皇"作"□";冒校本作"潤"。　〔張子房〕潘刻本作"□□□";徐注本、曹校本作"張車騎";徐校京師本作"褒鄂姿"。　〔十年餘〕潘刻本"十年"作"□□";徐注本作"十餘年";徐校京師本、冒校本作"横槊餘"。　〔不見〕潘刻本作"□□";徐校京師本作"天際"。　〔王旅〕潘刻本作"□□";京師本作"黄屋"。　〔燕幽〕潘刻本"燕"作"□"。　〔子胥〕潘刻本作"□□";冒校本作"伍胥"。　〔況兹二句〕孫校本"逆胡"作"逆虜",韻目代字也。潘刻本、徐注本作"祖生奮擊楫,肯效南冠囚"。　〔同袍〕潘刻本"袍"作"□";冒校本作"志"。　〔乘時〕潘刻本作"□□";冒校本作"努力"。

【彙注】

〔一〕東風二句　蘧常案：此意外喜極之詞。徐注以《舊唐書·僧一行傳》"一行求師門前水西流"事當之，非。

〔二〕金山二句　原注：《晉書·佛圖澄傳》：段末波攻石勒，衆甚盛。勒懼，問澄，澄曰：昨日寺鈴鳴，云明旦食時當禽段末波。劉曜攻洛陽，勒將救之，以訪澄，澄曰：相輪鈴音云，秀支替戾岡，僕谷劬禿當。此言軍出捉得曜也。　徐注：《金山志略》：金山塔在定蟒洞側，唐雲坦禪師建。　李注：蘇軾《大風留金山兩日》詩：塔上一鈴獨自語。

　　蘧常案：此兩句承上而來，言張名振等戰迹輝煌也。

〔三〕海師　全云：謂蒼水以定西之軍入瓜州。

　　蘧常案：《日知錄》"海師"條云：海道用師，古人蓋屢行之矣。以下八句，皆言其事。《南疆逸史·張煌言傳》：煌言，字玄著，號蒼水，鄞縣人。魯王立國，授翰林院編修。松江吳勝兆反，以右僉都御史監定西侯張名振軍以應之。舟山破，從王至閩海。癸巳冬，返浙。明年，復監名振軍，入長江，登金山，遙祭孝陵，三軍皆慟哭，烽火達於江寧。《南略》：越二日，二十三日(案：遙祭孝陵爲正月二十一日)，掠輜重東下，旌旆蔽江，砲聲辟歷，人人有懼色。

〔四〕皇州　徐注：謝朓《和徐都曹》詩：春色滿皇州。

〔五〕前茅　徐注：《左傳》宣公十二年：前茅慮無，中權後勁。

　　蘧常案：杜預《左傳》注：茅，明也。或曰：時楚以茅爲旌幟。孔穎達《正義》：茅，明，《釋言》文。在前者明，爲思慮其所不及之事，恐其卒有非常，當預告軍中兵衆，使知而爲之備也。此爲前鋒也。

〔六〕蒜山　徐注：《方輿紀要》：蒜山，鎮江府西三里江岸上。山多澤蒜，因名。

〔七〕龍湫　徐注：《金山志》：龍門又名龍渦，水深二百丈，在筆架山之右，相傳龍宫在下。

〔八〕故侯句　蘧常案：《史記·蕭相國世家》：召平者，故秦東陵侯。鄧文原詩：學種於今説故侯。張子房，見前《贈于副將元凱》詩"張子房"注。《石匱書·張名振傳》：名振性和易得人，而内多機智，故以子房爲况。并參見本詩附録《小腆紀傳·張名振傳》。

〔九〕手運句　徐注：晉《隴上歌》：丈八蛇矛左右盤，十盪十決無當前。
　　蘧常案：諸傳記不見有言名振善運長矛者。《小腆紀傳》有言：癸巳十二月平陽沙之役，名振鼓衆迎戰，溶日將軍王善良挺矛當先，姚志倬、任麟、王有才以三百人衝其左，張煌言、王浚以三百人突其右，崇明兵大敗。或以此而訛傳歟？

〔一〇〕登高二句　徐注：《南略》：甲午正月，海船數百抵鎮江，泊金山，大帥張名振等登山。二十一日，紗幘青袍角帶，復登山遙祭孝陵，泣下沾巾。設醮三日，題詩金山曰：十年横海一孤臣，佳氣鍾山望裏真。鶉首義旗方出楚，燕雲羽檄已通閩。王師桴鼓心肝噎，父老壺漿涕淚親。南望孝陵兵縞素，會看大纛襢龍津。前云"予以接濟秦藩師泊金山，遥拜孝陵有感"，後云"甲午年孟春月，定西侯張名振題并書"。

〔一一〕闔廬二句　蘧常案：《史記·伍子胥列傳》：至於吳，説吳王僚曰：楚可破也。公子光曰：彼伍胥父兄爲戮於楚，而勸王伐楚者，欲以自報其讎耳，伐楚未可破也。伍胥知公子光有内志，未可説以外事。乃進專諸於公子光，公子光乃令專諸襲刺吳王僚而自立，是爲吳王闔廬。乃召伍員，以爲行人，而與謀國事。六年，楚伐吳，吳使伍員迎擊，大破楚軍於豫章。九年，五戰遂至郢。己卯，楚昭王出奔。《左傳》：王沿夏，將入於鄢。服虔注：鄢，楚別都也。

〔一二〕乘時　徐注：《南略》：張煌言復郎廷佐書：同仇漸廣，晚節彌堅，練兵海宇，秖爲乘時。《楚辭・九辯》：蹇淹留而無成。

蘧常案：張煌言書在後，此注僅説明兩先生所見略同而已，唯宜乘勝而進，毋瞻顧徬徨也。

附錄：《小腆紀傳・張名振傳》

張名振字侯服，江寧人。少有大略，與復社諸人通聲氣。崇禎癸未，授台州石浦游擊。南都破，安撫使至浙東，不受命。魯王監國，加富平將軍。監國脱方國安之危，走南田，名振棄石浦扈監國。永勝伯鄭彩以其軍扈監國入閩，名振得封定西伯。己丑冬十月，監國入舟山，名振晉侯爵、太師，當國。辛卯九月，城陷，母、妻自焚死。復扈監國航於海。明年春，次於鷺門，收餘燼，往見朱成功。秋，拜爲總制。戊辰春，請兵北上，號召舊旅，破京口，截長江，駐營崇明。尋被讒撤回。九月，復駐平陽，糧絶，名振與士卒同餓，有"太師枵腹，我輩忘飢"之謠。十二月朔，我崇明駐防兵萬餘乘凍涉江，入平陽沙，名振鼓衆迎之，崇明兵大敗，無一還者。甲午春正月，遡流而上，至觀音門，掠輜重東下。乙未，成功拜名振爲元帥，統二十四鎮入長江，進攻舟山，我鎮將降。名振痛哭以祭其母，哀動三軍。十一月，寢疾，起坐擊牀，連呼先帝數聲而逝。遺言以所部歸張煌言。論者謂陶謙之讓豫州，不是過也。

僑居神烈山下

【解題】

徐注：《廣韻》：寓曰僑。《明史》志《禮十四》：嘉靖十年，名祖陵曰基運山,皇陵曰翌聖山,孝陵曰神烈山,顯陵曰純德山及天壽山,並方澤從祀,所在有司祭告各陵山祇。《鮚埼亭集·神道表》:先生僑居神烈山下,徧游沿江一帶,以觀舊都畿輔之勝。王煒《得寧人書知在金陵奉寄》詩:鍾山一草廬,九鼎此中寄。

　　蔣常案:《元譜》:甲午春,卜居神烈山下,由儀真歷太平,登采石磯,東抵蕪湖。秋,遊燕子磯,至冬始還。

　　典得山南半畝居[一],偶因行藥到郊墟[二]。依稀玉座浮雲裏[三],落莫金莖淡日初[四]。塔葬屬支城外土[五],營屯塞馬殿中廬[六]。猶餘伯玉當年事,每過陵宮一下車[七]。

【彙校】
〔典得四句〕鐵琴銅劍樓藏《蔣山傭集》本作"典得山南宅一區,出門時復到山隅。參差碧瓦仍高下,約略金莖近有無"。

【彙注】
〔一〕典得句　蔣常案:唐人質身為傭曰典,貼以田屋等為質,亦曰典。典與賣絕不同,得約期而贖,此即謂質人之屋而居也。
〔二〕偶因句　徐注:《北史·邢巒傳》:孝文因行藥至司空府南,見巒宅,謂巒曰:朝行藥至此,見卿宅乃住。陸龜蒙詩:偶因行藥到村前。
　　　　蔣常案:行藥,本為魏晉、六朝人生活習慣之一,鮑照《行藥至城東橋》詩,即記其事。謂服五石散後行走散發,後人乃作散步言也。詳見俞正燮《癸巳存稿》及魯迅《魏晉風度及文章與藥及酒之關係》。
〔三〕玉座　蔣常案:李商隱《垂柳》詩:隔斷靈和殿,先皇玉座空。

見後卷三《賦得秋柳》詩"先皇"二句注。
〔四〕金莖　蔣常案：見卷一《帝京篇》"別館"句注。
〔五〕塔葬句　蔣常案：屬支，當即"屬夷"，韻目代字也。潘抄漏未改正。屬夷，即所屬之夷，後卷四《羌胡引》云"一旦與其屬夷"，義同。疑謂清軍所屬之夷，遠侵至此，死即葬城外耳。下句言生者，此言死者，文正相成。外蕃俗尚火葬，如清太宗、世祖及棟鄂妃，皆爲荼毗，故詩云"塔葬"（見《陳垣學術論文集》）。康熙官始禁火葬。舊注以長干塔、牛首山方塔及"辟支佛"釋之，非。
〔六〕營屯句　蔣常案：事見前《孝陵圖》詩序及詩"陵衛"二句注。
〔七〕猶餘二句　原注：《列女傳》：衛靈公與夫人夜坐，聞車聲轔轔，至闕而止，過闕，復有聲。公問夫人曰：知此爲誰？夫人曰：此蘧伯玉也。其人不以闇昧廢禮，是以知之。公使人視之，果伯玉也。

古　隱　士 二首

【解題】

徐注：《韓非子》：閑靜安居謂之隱。

幼安遭漢季，一身客遼東〔一〕。世亂多傾危，築室深山中。自非學者流，名字罕得通〔二〕。研心《易》六爻，不用希潛龍。根矩好清評，行止乃未同〔三〕。

【彙注】

〔一〕幼安二句　徐注：《三國志・管寧傳》：寧，字幼安，北海朱虛人。天下大亂，聞公孫度令行於海外，遂與邴原等至于遼東，度虛館以候之。既往見度，語惟經典，不涉世事。由是度安其賢，民化其德。黃初四年，浮海還郡，詔以爲太中大夫，固辭不受。明帝詔爲光祿勳，特具安車蒲輪束帛加璧聘焉，會卒。年八十四。

〔二〕築室三句　蘧常案：《管寧傳》：營居山谷間，因山爲廬，鑿坏爲室。時避難者多居郡南，而寧居郡北，示無遷志。越海避難者，皆來就之，旬月而成邑。遂講《詩》、《書》，陳俎豆，飾威儀，明禮義，非學者弗見也。寧在遼東三十七年乃歸。

〔三〕研心四句　徐注：《易》：能悦諸心，能研諸慮。又《乾卦》：六爻發揮。又，初九，潛龍勿用。

　　蘧常案：《管寧傳》：邴原性剛直，清議以格物，度以下心不安之。寧謂原曰：潛龍以不見成德，言非其時，皆招禍之道也。密遣令西還。《三國志・魏書・邴原傳》：原，字根矩，北海朱虛人。篤意經傳，尤厲行義，與管寧俱以操尚稱。原在遼東，一年中往歸者數百家。遊學之士，絃誦之聲不絕。管寧以度終不容原，勸原歸。太祖辟爲司空掾，徙署丞相徵事，爲五官將長史。太祖征吳，原從行，卒。

嘗聞龐德公，自守甘窮餓。且率妻子耕，不知州牧過〔一〕。關中催汜攻〔二〕，河上袁呂破〔三〕。默默似無聞〔四〕，但理芸鋤課。獨識諸葛君，一言定王佐〔五〕。

【彙校】

〔且率〕徐注本，吳、汪、曹三校本"且"皆作"但"。

【彙注】

〔一〕嘗聞四句　蘧常案：《後漢書·逸民傳》：龐公者，南郡襄陽人也。居峴山之南，未嘗入城府，夫妻相敬如賓。荊州刺史劉表數延請，不能屈，乃就候之。因釋耕于壟上，而妻子耘於前。表指而問曰：先生苦居畎畝，而不肯官祿，後世何以遺子孫乎？龐公曰：世人皆遺之以危，今獨遺之以安，雖所遺不同，未爲無所遺也。表歎息而去。後遂攜其妻登鹿門山，因采藥不反。案：《襄陽耆舊傳》作"龐德公"。《襄陽記》云：世人謂龐公是德公，非也。德公字山民，亦有令名。娶諸葛孔明小姊。爲魏黃門吏部郎。早卒。

〔二〕關中句　徐注：《後漢書·王允傳》：卓部曲將李傕、郭汜等先將兵在關東，因不自安，遂合謀爲亂，攻圍長安。《南略》：壬辰十月，可望兵沅江，連書催定國會靖州，意欲圖之。龔彝密報定國，謂來必不免。癸巳正月，定國行至武岡，見書歎曰：本欲共圖恢復，今忌刻如此，安能成大功乎！率所部走廣西。八月，可望遣馮雙禮襲定國於柳州，定國燒糧而走。

　　蘧常案：此似只詠史而已，並無時事比附。如以此喻孫、李，則孫、李並無合謀犯明之事；如以喻孫、李內訌，則應出李傕攻郭汜事，亦與此無當。且以此喻孫、李，則下句又將何指？徐注似鑿。

〔三〕河上句　徐注：《後漢書·獻帝紀》：建安二年，袁術自爲天子，三月，袁紹自爲大將軍。三年四月，呂布叛。十二月，曹操擊呂布於徐州，斬之。四年夏六月，袁術死。五年九月，曹操與袁紹戰於官渡，紹敗走。

〔四〕默默句　徐注：《莊子·在宥》：至道之極，昏昏默默。

〔五〕獨識二句　徐注：《後漢書·逸民傳》注引《襄陽記》：諸葛孔

明每至德公家,獨拜牀下,德公初不令止。又《襄陽耆舊傳》:孔明爲卧龍,龐士元爲鳳雛,皆德公語也。

　　蘧常案:裴松之《三國志·蜀書·諸葛亮傳》注引習鑿齒《襄陽記》:劉備訪世事於司馬德操,曰:此間有伏龍、鳳雛。備問爲誰,曰:諸葛孔明、龐士元也。

真　　州

【解題】
　　蘧常案:見前《榜人曲》第二首"真州"句注。

　　擊楫來江外,揚帆上舊京[一]。鼓聲殷地起[二],獵火照山明。楚尹頻奔命[三],宛渠尚守城[四]。真州非赤壁,風便一臨兵[五]。真州牐外,焚船數百艘。

【彙校】
〔風便句〕句末自注,潘刻本、徐注本無。
【彙注】
〔一〕擊楫二句　全云:亦定西軍。
　　　　蘧常案:擊楫,見卷一《京口即事》詩第一首"祖生"二句注。《後漢書·杜篤傳》:篤以關中表裏山河,先帝舊京,不宜改營洛邑,乃上奏《論都賦》。案:此謂南京。
〔二〕殷地　蘧常案:杜甫《秦州雜詩》:秋聽殷地發。
〔三〕楚尹句　蘧常案:《左傳》成公七年:吳始伐楚、伐巢、伐徐,子重奔命。馬陵之會,吳入州來,子重自鄭奔命;子重、子反於是乎一歲七奔命。曾國藩《求闕齋讀書錄》：奔命，奔走之極急也。

〔四〕宛渠句　徐注：《漢書·李廣利傳》：宛兵迎擊漢兵，漢兵射敗之。宛兵走入保其城。貳師欲攻郁成城，恐留行而令宛益生詐，乃先至宛，決其水原移之，則宛固已憂困。圍其城，攻之四十餘日，宛貴人謀曰：王毋寡匿善馬，殺漢使。今殺王而出善馬，漢兵宜解；即不，乃力戰而死，未晚也。宛貴人皆以爲然，共殺王。其外城壞，虜宛貴人勇將煎靡，宛大恐，走入中城。

　　蘧常案：梅賾《書·胤征》：殲厥渠魁。傳：渠，大；魁，帥也。孔疏：史傳因此謂賊之首領爲渠帥。

〔五〕真州二句　徐注：《三國志·蜀先主傳》：遣諸葛亮自結於孫權，權遣周瑜、程普等水軍數萬，與先主併力與曹公戰于赤壁，大破之，焚其舟船。《江表傳》：時東南風急，蓋因以十艦最著前，中江舉帆，去北軍二里餘，同時舉火。火烈風猛，往船如箭，飛埃絶爛，燒盡北船，延及岸邊營砦。瑜等率輕銳尋繼其後，雷鼓大進，北軍大壞。

　　蘧常案：《明史》志《地理五》湖廣武昌府嘉魚注：西有赤壁山，與江夏縣界，北岸對烏林，西北濱大江。杜牧《赤壁》詩：東風不與周郎便，銅雀春深鎖二喬。《南略》：四月初五日，海艘千數，復上鎮江，焚小閘，至儀真，索鹽商金（案：《小腆紀年》"鹽商"下有"助餉"二字），弗與，遂焚六百艘而去。《小腆紀年》：尋以沙船六十入山東登、萊諸處，直抵高麗，乃還。案：此望其力争上游，即《上吳侍郎暘》詩所謂"争雄必上游"意。故曰"真州非赤壁"，特"風便一臨兵"而已。

太 平

【解題】

徐注：《明史》志《地理一》：太平府，太祖乙未年爲府。東距南京百三十五里。領縣三：當塗，蕪湖，繁昌。

天門采石尚嶙峋〔一〕，一代興亡此地親〔二〕。雲擁白龍來戍壘〔三〕，日隨青蓋落江津〔四〕。常王戈甲先登陣，花將鬚眉罵賊身〔五〕。猶是南京股肱郡〔六〕，憑高懷往獨傷神。

【彙注】

〔一〕天門句　蘧常案：《明史》志《地理一》當塗注：城北有采石山，一名牛渚山，臨大江。西南有博望山，與和州梁山夾江相對，亦曰東梁山。《圖經》：天門山在太平州當塗縣西南二十里，二山夾大江對峙，東曰博望，西曰梁山。

〔二〕一代句　蘧常案：先生《聖安本紀》：弘光元年五月己丑夜，清以小舟自七里江（案：佚名《江南聞見錄》作七里港）渡，庚寅旦，抵南岸。鄭鴻逵以水師奔福建，清陷鎮江府。辛卯夜二鼓，上出通濟門，幸太平。

〔三〕雲擁句　蘧常案：白龍，見前《贈萬舉人壽祺》詩"白龍"二句注。言弘光之被俘也。《小腆紀傳·弘光紀》：癸巳，上至太平，劉孔昭不納，走蕪湖，總兵黃斌卿已遁，上匿黃得功麾下總兵翁之琪舟中，往就得功營。將幸杭州，命朱大典、方國安以部兵先發，得功斷後。未發，而叛將劉良佐引追兵至，得功自刎死，良佐麾兵劫其營。將士倉卒謀渡，而浮橋鎖忽斷，中軍翁之琪投江死。左協總兵田雄入上舟，負上，與右協總兵馬得功出降。

〔四〕日隨句　原注：《吳志・孫皓傳》注引干寶《晉紀》：庚子歲，青蓋當入雒陽。　徐注：《地理通釋》：太平，江津之要害也。

　　蔣常案：此言弘光之檻送北京也。《小腆紀傳・弘光紀》：丙午，良佐挾上至南京，以無幔小轎入城，首蒙帕，衣藍布衣，油扇掩面。拘於江寧縣。九月甲寅，北去。隆武帝立，遥上尊號曰聖安皇帝。明年五月，殂於北京。夏完淳《續幸存錄》：潞王與上及之明（案：即北來太子所謂王之明者），同以檻車北狩。

〔五〕常王二句　原注：《太祖實錄》：上渡江，抵采石磯，常遇春舍舟奮戈先登，衆皆披靡，遂拔采石。陳友諒陷太平，守將樞密院判花雲大罵而死。

〔六〕股肱郡　徐注：《地理通釋》：太平，左天門，右牛渚磯，鐵甕直其東，石頭枕其北，襟帶秦淮，自吳迄陳，常爲鉅屏。

　　蔣常案：《史記・季布列傳》：河東，吾股肱郡，故特召君耳。《讀史方輿紀要》：金陵有事，姑孰爲必爭之地。案：姑孰，當塗也。東晉置。

蝦蟆磯

【解題】

　　蔣常案：先生《日知錄》卷三十一：蕪湖縣西南七里大江中蝦蟆磯，相傳昭烈孫夫人自沈於此，有廟在焉。《水經注・油水》：（武陵）縣治故城，王莽更名屛陵。劉備孫夫人，權妹也，又更修之。其城背油向澤。則是隨昭烈而至荆州矣。《蜀志》曰：先主既定益州，而孫夫人還吳。是孫夫人自荆州復歸於權，而後不知所終。螺磯之傳殆妄。案：詩中絶不涉傳説，以此也。李時珍《本草綱目》：陸㯋云：螺，即蛟也。陸游《入蜀記》：凡山臨江皆曰磯。

下接金山上小孤[一]，一磯中立鎮蕪湖[二]。千年形勢分南極[三]，萬里梯航達帝都。嶺色遠浮黃屋纛[四]，江風寒拂白頭烏[五]。高皇事業山河在，留得奎章墨未枯[六]！廟中有高皇帝御製詩金字牌一扇。

【彙校】
〔嶺色句〕徐注本"色"作"石"，誤。　〔事業〕徐注本"事"作"世"，誤。

【彙注】
〔一〕下接句　徐注：《明史》志《地理》九江府彭澤注：府東少北，濱大江。北有小孤山，在江中；江濱有彭浪磯與小孤對。
　　　　　　蘧常案：金山，見卷一《京口》詩第一首"一上"句注。王士禎《登燕子磯記》：西則大孤山、小孤山，東則潤州之金、焦。
〔二〕一磯句　徐注：《方輿紀要》：大江中有螺磯山。磯南有石穴，廣一尺，深不可測。《志》云：磯高千丈，周九畝有奇，往來者皆經其下。《明史》志《地理》太平府蕪湖注：府西南。
〔三〕千年句　徐注：先生《形勢論》：昔都於南者，吳、東晉、宋、齊、梁、陳、南唐、南宋，凡八代。又：北失淮、泗，以長江爲境，於是乎守江矣。幅員日狹，國祚彌短。《淮南子》：禹使豎亥步自北極，至於南極。
〔四〕黃屋纛　蘧常案：見前《金壇縣南五里顧龍山》詩"黃屋"

句注。

〔五〕白頭烏　原注：《三國典略》：侯景篡位，令飾朱雀門。其日，有白頭烏萬許集於門樓，童謠曰：白頭烏，拂朱雀，還與吳。

〔六〕高皇二句　徐注：岳珂《桯史》：山南有萬杉寺，仁皇所建，奎章在焉。

　　蘧常案：《孝經緯援神契》云：奎，主文章。"奎章"當取義於此。

江　　上 二首

清霜覆蘆花，秋向江岸白。青山矗江天[一]，飛鳥去無跡。行行獨愁思，今爲遠行客[二]。晨樵水上峰，夜釣磯邊石。酌水復烹魚，可以供日夕。且此恣盤桓[三]，安能守阡陌。

【彙校】

〔江岸白〕徐注本，"白"作"北"。案：音近而誤。

【彙注】

〔一〕青山　徐注：《江寧府志》：青山在城南四十里，周迴四十五里，高一百二十五丈，一曰大青山。又：青龍山在上元麒麟門外，一曰青山。

　　蘧常案：詩首寫秋景，下兩言"磯"，當即《元譜》所云"秋游燕子磯留宿僧院"時所作也。燕子磯在南京西北，青山在京南四十里，青龍山在上元東，皆不相近，且兩山皆不濱江，與此不合。疑"青山"蓋泛言，非實指也。徐注似非。

〔二〕行行二句　徐注：古詩：行行重行行。又：忽如遠行客。
〔三〕盤桓　徐注：《易・屯卦》：初九，盤桓。程傳：未能便往濟屯，故盤桓也。

　　蘧常案：虞翻《周易・屯》初九"盤桓"注：震起艮止，動乎險中，故盤桓。前《翦髮》詩有云：畏途窮水陸，仇讎在門戶，故鄉不可宿，飄然去其宇。則先生此時方避讎違難，或取虞義乎？鄭玄《書・禹貢》"因桓是來"注：桓是隴阪名，其道盤旋曲而上，故名曰桓。其義近之。

江風吹回波，垂鈎魚不上。歲旱耕山田，抱甕禾不長〔一〕。閒來走磯下，輕舟駕兩槳。何處是新洲〔二〕？日入秋砧響。聞有伐荻人〔三〕，欣然願偕往。恐復非英流，空結千齡想。

【彙注】

〔一〕抱甕　徐注：《莊子・天地》：子貢過漢陰，見一丈人方將爲圃畦，鑿隧而入井，抱甕而出灌。
〔二〕新洲　徐注：《方輿紀要》：江南應天府新洲在府北四十里，一云在京口西大江中。三國吳太平中，孫琳使其黨孫慮襲執朱據於新洲。
〔三〕伐荻人　原注：《南史》：宋武帝嘗伐荻新洲。　徐注：《南史・宋武帝紀》：少時，伐荻新洲，見大蛇長數丈，射之傷。明日，復至洲裏，聞有杵臼聲。往覘之，見童子數人，皆青衣，擣藥，問其故，答曰：我王爲劉寄奴所射，合散傅之。帝曰：王神，何不殺之？答曰：寄奴王者，不死不可殺。

　　蘧常案：此似喻海師諸帥，望其殺敵也。

久留燕子磯院中有感而作

【解題】

徐注：《一統志》：燕子磯，府西北觀音門西，幕府山東。《江濱名勝志》：自江中望之如神山，與宏濟寺對岸相望，翻江石壁，勢欲飛動。張《譜》：先生四十二歲，春至金陵，卜居神烈山下，由儀真，歷太平，登采石磯，東抵蕪湖，秋游燕子磯，留宿僧院，至冬始還。

寄食清江院〔一〕，從秋又涉冬。水侵慈姥竹〔二〕，風落孝陵松。野宿從晨釣，山居傍夕烽〔三〕。相逢徐孺子，多謝郭林宗〔四〕。

【彙校】

〔夕烽〕潘刻本"烽"作"峰"。

【彙注】

〔一〕清江院　徐注：《江寧府志》：燕子磯舊有水雲、大觀、俯江諸亭。其側有宏濟寺，洪武初，即山建觀音閣，正德初，就閣建寺。

　　蘧常案：此"清江院"當爲張《譜》所云"留宿僧院"，係泛指也。

〔二〕慈姥竹　原注：《輿地志》：慈姥山積石臨江，岸壁崚絕。出竹，堪爲簫管。宋梅聖俞有《慈姥山石崖上竹鞭記》。

〔三〕夕烽　徐注：杜甫《夕烽》詩：夕烽來不近，每日報平安。

　　蘧常案：徐注是。朱鶴齡《杜詩輯注》云：《唐六典》：凡放烽有一炬、二炬、三炬、四炬者。按：唐鎮戍每日初夜放烟一炬，謂之平安火。《安禄山事跡》：潼關失守，是夕平安火不至，帝懼焉。據此，則此"夕烽"當亦謂平安火，蓋自本年張名振再入京口、儀真，北至觀音門後，江南警報無聞焉，故上詩云"聞有伐荻人，欣然願偕往。恐復非英流，空結千齡想"，此復慨然有斯二句也。或謂即指張名振軍至觀音門之役，然如真寫烽火之事，則必欣躍鼓舞之不暇，何云"多謝郭林宗"乎？

〔四〕相逢二句　原注：《後漢書・徐穉傳》：謂茅容曰：爲我謝郭林宗，大樹將顛，非一繩所維，何爲棲棲，不遑寧處。

蘧常案：《後漢書・徐穉傳》：徐穉，字孺子，豫章南昌人也。家貧常自耕稼，非其力不食；恭儉義讓，所居服其德。又《郭太傳》：郭太，字林宗，太原介休人也。博通墳籍，善談論，美音制，雖善人倫，而不爲危言覈論，故宦官擅政而不能傷。其獎拔士人，皆如所鑒。注：范曄父名泰，故改爲"太"。

范文正公祠

【解題】

徐注：《蘇州府志・壇廟》：范文正公祠在義宅東，宋咸淳十年知府潛說友奏建。又見姜順蛟《吳縣志》：有元徐琰碑記；明徐有貞《重建祠記》：其東爲范文正公坊，其西則文正公故宅。

蘧常案：《宋史・范仲淹傳》：仲淹，字希文。其先邠人，後徙吳縣。大中祥符八年進士。爲祕閣校理。每感激論天下事，奮不顧身，一時士大夫矯厲尚氣節，自仲淹倡之。遷吏部員外郎，權開封府。忤呂夷簡，罷知饒州。元昊反，夏竦爲陝西經略安撫招討使，進仲淹以副之。改參知政事，天子倚以爲治。而仲淹以天下爲已任,爲僥倖者所不悦,出爲河東陝西宣撫使。徙青州、潁州。卒謚文正。

先朝亦復愁元昊〔一〕,臣子何人似范公〔二〕?已見干戈纏海内,尚留冠佩託江東〔三〕。含霜晚穗遺田裏〔四〕,噪日寒禽古廟中〔五〕。吾欲與公籌大事,到今憂樂恐無窮〔六〕。

【彙校】
〔田裏〕徐注本"裏"作"表"。丕績案:形近而誤。
【彙注】
〔一〕先朝句　蘧常案:《宋史·夏國傳》:曩霄本名元昊,性雄毅,多大略。既襲封,明號令,以兵法勒諸部,自號嵬名吾祖。宋寶元元年,元昊表遣使詣五臺山供佛寶,實欲窺河東道路。與諸豪歃血,約先攻鄜延,欲自靖德、塞門砦、赤城路三道並入,遂築壇受册,即皇帝位。國稱大夏,年號天授禮法延祚。
〔二〕臣子句　徐注:《宋史·范仲淹傳》:仲淹爲將,號令明白,愛撫士卒,諸羌來者,推心接之不疑,賊不敢輒犯其境。諫官歐陽修等言仲淹有相材,遂改參知政事。帝開天章閣,召二府條對,仲淹上十事,悉采用之。陝西用兵,天子拔用之。人相語曰:軍中有一范,敵人聞之驚破膽。又曰:小范老子胸有數萬甲兵,不似大范老子可欺也。
〔三〕冠佩句　蘧常案:冠佩,謂祠像。江東,見卷一《感事》詩第七首"父老"句注。
〔四〕晚穗遺田　徐注:《詩》:彼有遺秉,此有滯穗。
〔五〕寒禽古廟　徐注:黃庭堅《游范文正公祠》詩:公歸未百年,鶴巢荒古屋。我吟殄瘁詩,悲風韻喬木。

〔六〕大事二句　徐注：《范文正公集·褒賢録》：韓魏公曰：若成就人事，以濟天下，則希文可也。又，王洙《范文正公神道碑》：慨然有志於天下，常自誦曰：士當先天下之憂而憂，後天下之樂而樂。

錢生肅潤之父出示所輯方書

【解題】

徐注：《蘇州府志·雜記》：國初，吳中驚隱詩社，梁谿錢肅潤。　戴注：生字季霖，號礎日，無錫人。著有《南忠紀》諸書。常庸《顧譜斠識》：按肅潤字季木，又號十峰。前諸生。

蘧常案：字季木，疑誤。當從戴注。《錫金縣志·儒林傳》：錢肅潤幼從學於鄒期相，期相故高攀龍弟子也。授以靜坐法，頗有得。既補博士弟子員，鼎革後，棄去。隱居教授。當事見其衣冠異，執而笞之，折脛。肅潤笑曰：夔一足，庸何傷。因自號"跛足生"。自此名益高，四方學者尊爲"東林老都講"，年八十八卒於家。

和扁日以遥〔一〕，治術多瞀亂。方書浩無涯，其言比河漢〔二〕。彭鏗有後賢〔三〕，物理恣探玩。恥爲俗人學，特發仁者歎。五勞與七傷〔四〕，大抵同所患。循方以治之，於事亦得半。條列三十餘，有目皆可看。略知病所起，可以方理斷〔五〕。哀哉末世醫，誤人已無算〔六〕。頗似郭舍人，射覆徒夸誕〔七〕。信口道熱寒〔八〕，師心作湯散〔九〕。未達敢嘗之〔一〇〕，不死乃如綫〔一一〕。豈如讀古方，猶得依畔岸〔一二〕。在漢有孝文，仁心周里閈。下詔問淳于，一篇著醫案〔一三〕。

如君静者流〔一四〕，嗣子况才彦〔一五〕。何時遇英明，大化同參贊？

【彙校】
〔題〕孫校本作"錢翁□示所輯方書"。小注：肅潤之父。　〔條列〕徐注本，吳、汪、曹三校本"列"皆作"别"。　〔畔岸〕徐注本，吳、汪、曹三校本皆作"岸畔"。　〔孝文〕潘刻本誤作"孝父"。

【彙注】
〔一〕和扁　徐注：《史記·扁鵲倉公列傳》：扁鵲者姓秦氏，名少齊，越人（蘧常案：此據《周禮·天官·疾醫》釋文引，今本作勃海郡鄭人也，名越人）。扁鵲以長桑君言飲藥三十日，視見垣一方人，以此視病，盡見五藏癥結，特以診脈爲名耳。

蘧常案：《左傳》昭公元年：晉侯求醫於秦，秦伯使醫和視之。曰：疾不可爲也，是謂近女室，疾如蠱。趙孟曰：何謂蠱？對曰：淫溺惑亂之所生也。趙孟曰：良醫也！厚其禮而歸之。《史記·扁鵲列傳》：長桑君乃悉取其禁方書盡與扁鵲。

〔二〕方書二句　徐注：潘耒《鍼灸集要序》：醫術之不明，方書害之也。古者，扁鵲、倉公、華佗之流，操術至神妙，乃其書不少概見。後之醫，才伎不如古而著書日益多。凡言湯藥者無慮數百種。莊子《逍遥遊》：吾驚怖其言，猶河漢而無極也。

〔三〕彭鏗　徐注：《姓苑》：彭祖裔孫，爲周錢府上士，用官名氏。

蘧常案：《史記·楚世家》：陸終生子六，三曰彭祖。《索隱》引《世本》：三曰籛鏗，是爲彭祖。嚴可均《全上古三代文》

云：彭祖，國名，即大彭。夏商爲方伯，唐、虞封國，傳數十世，八百歲而滅於商。此其實事，後世傅會，乃謂壽八百歲，此不經之談也。案：其説新且確，足掃前人之積誤。惟《世本》云"籛鏗是爲彭祖"，謂爲大彭之祖也。嚴以彭祖爲國名，誤。

〔四〕五勞七傷　徐注：《素問·宣明五氣》篇第二十二：五勞所傷：久視傷血，久卧傷氣，久坐傷肉，久立傷骨，久行傷筋，是謂五勞所傷。《靈樞·本神篇》第八：心怵惕思慮則傷神，肝悲哀動中則傷魂，肺喜樂無極則傷魄，腎盛怒不止則傷志，脾恐懼而不解則傷筋。張志聰注：此分論七情傷五臟之神志也。《周禮·醫師》：十失四爲下。注：以失四爲下者，五則半矣。

〔五〕略知二句　徐注：《周禮·疾醫》：以五氣、五聲、五色眡其死生。注：三者，劇易之徵見於外者，病所起也。察其盈虚休王，吉凶可知。

〔六〕哀哉二句　徐注：《日知録》：古之時，庸醫殺人；今之時，庸醫不殺人，亦不活人，使其人在不死不活之間，其病日深而卒至於死。又曰：嗚呼！此張禹之所以亡漢，李林甫之所以亡唐也。朱文公與劉子澄書所論四君子湯，其意亦略似此。又《後漢書·華佗傳》：精於方藥，處劑不過數種。是故官多則亂，將多則敗，天下之事，亦猶此矣。

〔七〕頗似二句　徐注：《漢書·東方朔傳》：郭舍人曰：朔幸中耳，非至數也。臣願令朔覆射，中之，臣榜百；不中，臣賜帛。乃覆樹上寄生，令朔射之。曰：寠藪也。上令榜舍人。

〔八〕熱寒　蓬常案：《素問·風論篇》：風者善行而數變，腠理開則洒然寒，閉則熱而悶。其寒也則衰食飲，其熱也則消肌肉，故使人怢慄而不能食，名曰寒熱。

〔九〕師心句　徐注：《莊子·人間世》：夫何可及，猶師心者也。

蘐常案：《漢書·藝文志·方技略》：經方有《湯液經法》。王應麟《考證》云：《事物紀原》：《湯液經》出於伊尹。皇甫謐曰：仲景（案：東漢張機字）論伊尹《湯液》為十餘卷。張機《金匱要略》有寒食散，《後漢書·華佗傳》有麻沸散、漆葉青黏散。

〔一〇〕未達句　徐注：《論語》：某未達，不敢嘗。

〔一一〕不死句　徐注：《北史·隋文帝紀》：不絕如綫。

〔一二〕畔岸　徐注：《詩》：淇則有岸，隰則有畔。

〔一三〕在漢四句　徐注：《後漢書·成武孝侯傳》：與光武同里閈。《日知錄》：淳于意之對孝文，尚謂時時失之，臣意不能全也。案：《史記·扁鵲倉公列傳》：齊太倉長，臨菑人也。姓淳于氏，名意。少而喜醫方術，更受師同郡元里公乘陽慶。慶年七十餘，使意盡去其故方，更悉以禁方予之。傳黃帝、扁鵲之脈書，五色診病，知人死生，決嫌疑，定可治，及藥論，甚精。受之三年，為人治病，決死生多驗。又：意家居，文帝詔召問所為治病死生驗者幾何人也，主名為誰？方伎所長及所能治病者？有其書無有？皆安受學？意對曰：臣得見師臨菑元里公乘陽慶，受其脈書上下經、五色診、奇咳術、揆度陰陽外變、藥論、石神、接陰陽禁書，受讀解驗之。又曰：扁鵲雖言若是，然必審診起度，量立規矩，稱權衡，合色脈，表裏有餘，不足順逆之法，参其人動靜與息相應，乃可以論。又，臣意所診者皆有診籍。注：猶今之醫案。

蘐常案：倉公所對凡二十六條，又詔問對八條，共三十四條。

〔一四〕靜者　蘐常案：謝靈運《過始寧墅》詩：還得靜者便。蔡夢弼《杜詩注》：靜者，公三用之：《送孔巢父》詩：蔡侯靜者意有餘；《貽阮隱居》詩：貧知靜者性；《寄張彪》詩：靜者心多妙。

〔一五〕嗣子句　蘧常案:《顧譜斠識》:肅潤,宋德宜薦應博學鴻儒,不就。著有《尚書體要》六卷、《道南正學編》三卷、《十峰草堂文集》、《文瀫》。

顧亭林詩集彙注卷三

王蘧常　輯注
吴丕績　標校

元旦陵下作 二首 已下旃蒙協洽

【解題】

　　徐注：順治十二年乙未。張《譜》：元旦，四謁孝陵。　冒云：先生是年年四十三。

　　蘧常案：是年爲明永曆九年，公元一六五五年。

　　十載逢元日，朝陵有一臣〔一〕。山川通御氣〔二〕，節物到王春〔三〕。闕下樵蘇盡，江東戰伐新〔四〕。相看園殿切，鵠立幾縈神。

【彙注】

〔一〕十載二句　徐注：《同志贈言》釋嘗明《讀蔣山傭元日謁陵詩感而有作》：一介儒生循故事，普天臣子愧深恩。嘗明，故懷遠侯常延齡也。

　　　　蘧常案：自甲申後至本年凡十有一年，曰十載者，舉成數也。

〔二〕通御氣　蘧常案：杜甫《秋興》詩：花萼夾城通御氣。

〔三〕王春　蔣常案：見卷二《元日》詩"天王春"注。

〔四〕江東句　徐注：《南疆逸史》：甲午，清下令招撫，鄭芝豹等皆降。成功不應，乘機登岸措餉，大擾福州、興化等郡，沿海震動。《貳臣傳》：田雄十一年奉旨移駐定海。十二年，阮進餘黨阮思、陳六御等復踞舟山。命寧海大將軍伊爾德統師征勦。雄率精銳會大軍，誓師登舟，由定海大洋進烈港。思等連接迎戰。雄與伊爾德麾兵並進，以礮毀數船。思等習風濤，左右衝突。雄恐兵志未定，稍却必爲所乘，揚帆據上游，攻其巨艦，副將常進功等從右奮擊。思衆大潰，投海死者大半。轉戰至日夕，乃振旅還。

　　蔣常案：此句當謂上年正月，張名振以鄭成功之師入長江，四月，復以海艘上鎮江、儀真事。《南疆逸史》所云，在閩不在江東；《貳臣傳》所云，則爲此後事，非作詩時所知。徐注非。江東，見卷一《感事》詩第七首"父老"句注。

　　是日稱三始〔一〕，何時見國初？風雲終日有〔二〕，兵火十年餘。甲子軒庭曆〔三〕，《春秋》孔壁書〔四〕。幸來京兆里〔五〕，得近帝王居。

【彙校】
〔軒庭曆〕"曆"原作"歷"，猶避清諱。孫、吳、汪各校本皆作"曆"，茲據正。潘刻本作□；徐注本、曹校本作"厤"；冒校本作"籙"。
【彙注】
〔一〕三始　蔣常案：見卷二《元日》詩"三始朝"注。
〔二〕風雲句　原注：《史記·天官書》：正旦欲終日有雲、有風、有日。

〔三〕甲子句　蘧常案：茆泮林輯《世本·作篇》：黄帝令大撓作甲子，容成造曆。《史記·五帝本紀》：黄帝姓公孫，名曰軒轅。

〔四〕《春秋》句　徐注：《漢書·藝文志》：《古文尚書》者，出孔壁中。

　　　蘧常案：徐注非。《漢書·劉歆傳·移太常博士書》曰：魯恭王壞孔子宅，欲以爲宮，而得古文於壞壁之中。逸《禮》有三十九，《書》十六篇，及《春秋》左氏丘明所修，皆古文舊書，多者二十餘通。此句明言《春秋》，旨在"春王正月"一語也。《春秋經》：元年春王正月。《左傳》：元年春王周正月。杜注：言周正月，以見建子，言別夏、殷也。《日知錄》卷四云：《左氏傳》曰：元年春王周正月。此古人解經之善。後人辯之，累數百千言而未明者，傳以一字盡之矣。蓋以左氏最得《春秋》之義，故言之如此。隱喻奉明正朔，非謂《書》也。

〔五〕京兆　徐注：《隋書·地理志》：京兆，王都所在，俗具五方。王應麟《急就篇》注：絶高曰京，十萬曰兆。

常熟歸生晟陳生芳績書來以詩答之

【解題】

　　徐注：《蘇州府志·常熟·人物·陳芳績傳》：與歸文學晟爲友，均爲亭林所賞。《歸氏世譜》、《虞陽科名録》，晟，均作恒，字成伯。諸生。劬學勵品，工吟。二人嘗以書訊亭林，亭林以詩答之。張《譜》：芳績，字亮工，常熟人。處士鼎和之孫。先生避難語濂涇時，與鼎和比鄰，亮工時猶少也。著有《歷代地理沿革表》四十七卷，道光十三年，其鄉人張觀察大鏞爲刊行之。

十載江村二子偕〔一〕，相逢每詠步兵懷〔二〕。猶看老驥心偏壯〔三〕，豈惜飛龍羽乍乖〔四〕。海上戈船連滬瀆〔五〕，石頭烽火照秦淮〔六〕。先朝舊事君休問，鼓角淒其滿御街〔七〕。

【彙注】

〔一〕十載句　蘧常案：《同志贈言》：陳芳績《秋日懷涂中先生》詩"把臂十年風雨夕"注：涂中亦亭林號。《顧譜斠識》：《柳南續筆》卷四：所謂江村，即語濂涇。先生寓居於常熟，始自乙酉歲，後遂久淹於此，故云十載也。

〔二〕相逢句　徐注：《晉書·阮籍傳》：聞步兵廚營人善釀，有貯酒三百斛，乃求爲步兵校尉，遺落世事。又：籍作《詠懷》詩八十餘篇。爲世所重。

〔三〕猶看句　徐注：魏樂府《龜雖壽》：老驥伏櫪，志在千里。歐陽修《送張生》詩：老驥骨奇心尚壯。

〔四〕豈惜句　徐注：蘇武詩：何況雙飛龍，羽翼臨當乖。李善注：雙龍，喻己及朋友也。

〔五〕海上句　徐注：《東華錄》：順治十一年，海寇犯崇明、靖江、泰興，官兵擊走之。海寇犯金山。十二月，命貝子濟度爲定遠大將軍征勦鄭成功。《貳臣傳》：張天祿留駐延平，勦各山賊。十一年，明魯王定西侯張名振由浙江犯崇明，天祿馳還松江，調將出洋橫勦。正月，奪卑沙老營，追至高家嘴，名振遁入浙。尋乘潮突犯吳淞、采淘港，傷兵焚船。《晉書·袁山松傳》：山松爲吳郡太守。孫恩作亂，松守滬瀆城。城陷，被害。

〔六〕石頭句　原注：《金陵志》：烽火樓在石頭城西南最高處。吳時舉烽火於此。　徐注：《方輿紀要》：秦淮在上元縣治東南三里。《建康實録》云：舊名龍藏浦。有二源：一發句容縣北之華山，一發溧水縣東南之東廬山，北流至於方山，西經府城中至石頭城。

蘧常案：此似謂去歲張名振軍至觀音門事。觀音門者，南京外郭之北門也。

〔七〕御街　蘧常案：《江寧府志·古蹟》：古御街自大司馬門至朱雀門。

贈路光禄太平

【解題】

徐注：張《譜》：先生有《送書小帖》云：路安卿名澤濃，故總督皓月公長子。又《廣師篇》云：險阻備嘗，與時屈伸，吾不如路安卿。《南略》：澤濃賜名太平。

蘧常案：閔爾昌《書顧亭林廣師後》：案《耆獻類徵》卷三八一載金德嘉代某撰《路澤農墓誌》云：君諱澤農，字吾徵，一字安卿。計六奇《明季南略》云：路文貞公流寓蘇州。南京陷，率家丁保洞庭山。隆武詔使至，與季子澤濃入閩，澤濃賜名太平，授職方郎，遣徵兵湖南。《歸玄恭文續鈔路中書家傳》云：君諱澤淳，字聞符。兄中書舍人澤溥，弟光禄少卿太平。張氏《亭林年譜》引錢飲光《明末野史·永曆紀事》云：振飛至，即日拜相，官其子太平爲卿。又《申鳧盟年譜》云：大妹適曲周路澤農。《聰山詩選》有《寄妹壻路三吾徵並乃兄蘇生》詩，又有《寄路甦生兄弟久客吴門》詩。大抵文貞三子，長澤溥，字蘇生；次澤淳，字聞符；季初名澤濃，偏傍從水，與兩兄同。唐王賜名太平後，名澤農，字吾徵，一字安卿。路、申早締姻好,故詩中稱其初字,金誌及申《譜》用其後名。亭林遺逸,乃用南中官職及賜名,並及其後字也。張《譜》後出,所謂《送書小帖》既屬孤證,安能定其果爲亭林真跡耶？常庸《張譜斠識》:《粵游見聞錄》:振飛第三子年十七,賜名太平,授錦衣百户。復改職方司主事,尋升廣西按察司僉事,復奉敕招撫。丁公艱,南歸。與其兩兄居洞庭兩山之間。案:閔説極詳確。惟先生《送韻譜帖子》,《國粹學報》庚戌第七號載之,云"路安卿名澤濃,故總漕皓月公之子",不云長子。振飛於崇禎末總督漕運,巡撫淮揚,未嘗爲封疆總督,張《譜》引誤。閔謂《小帖》孤證,且疑非亭林真跡,過已！《見聞錄》敍官職甚詳,惟未及光禄卿。先生稱之,當爲南明最後之官,或在奉敕招撫時所授,而《見聞錄》失敍乎？ 尹云:亭林於友人稱謂,多用明官。如路光禄太平,錢編修秉鐙,皆南明所授官。

已下數首,皆余蒙難之作[一]。先是,有僕陸恩服事余家三世矣。見門祚日微[二],叛而投里豪[三]。余持之急,乃欲告余通閩中事[四],余聞,亟擒之,數其罪,沉諸水。其壻復投豪訟之官,以二千金賂府推官求殺余。余既待訊,法當囚繋,乃不之獄曹而執諸豪奴之家。同人不平,爲代懇之兵備使者。移獄松江府,以殺奴論[五]。豪計不行[六],遂遣刺客伺余,而余乃浩然有山東之行矣[七]。

弱冠追三古[八],中年賦《二京》[九]。一門更喪亂[一〇],七尺尚崢嶸。江海存微息,山陵鑒本誠[一一]。落其裁十畝,覆草只三楹[一二]。變故興奴隸,奸豪出里閈[一三]。彌天成夏網[一四],畫地類秦阬[一五]。獄卒逢田甲[一六],刑官屬寧成[一七]。文深從鍛鍊[一八],事急費經營。節俠多燕趙,交親即弟兄[一九]。周旋如一日,忼慨見平生。疾苦頻存問,阽危得拄撐〔二〇〕。不侵貞士諾,逾篤故人情〔二一〕。木向猿聲老,江隨虎跡清〔二二〕。更承身世畫,不覺涕霑纓。

【彙校】
〔題〕孫校本"贈"作"上"。徐注本題下有"有序"二字。 〔已下〕潘刻本、徐注本、曹校本,有"數首"二字。 〔乃欲句〕潘刻本、徐注本作"乃欲陷余重案"。 〔訟之官句〕潘刻本、徐注本作"訟之郡,行千金求殺余"。 〔遂遣刺客句〕潘刻本、徐注本作"而余有戒心,乃浩然有山東之行矣"。 〔奸豪〕潘刻本、徐注本作"并蜂"。 〔秦阬〕徐注本"阬"作"坑"。案:坑、阬同。 〔交親〕徐注本、曹校本"親"作"清"。丕績案:音近而誤。

【彙注】
〔一〕已下二句　黃注:此篇各譜皆列於乙未,而各本於此題下皆錄自序一段。余考乙未五月,乃獄之初發時也。吳《譜》、張《譜》並載丙申春獄始解,亭林乃回崑山。閏五月至鍾山舊居。獄解後,葉氏憾不釋,遣刺客擊傷首。據此則自序云"豪計不行,遂遣刺客伺余",謂此也。由此求之,序是獄解後始作。而此詩所云"疾苦頻存問,阽危得拄撐","木向猿聲老,江隨虎跡清",皆是獄後將遠行之言。至《永夜》一首云"山憐虎阜從波涌,路識閶門與帝通。待客荊卿愁日晚,檥舟漁父畏天風";《酬陳生芳績》云"笠澤水清連底日,虞山葉落到根初。從今世事無煩問,但掩衡門學種蔬";《贈路舍人》云"大麓陽颷回宿草,岷江春水下枯魚。丁寧未忍津頭別,此去防身計莫疏";《贈錢行人邦寅》云"彤年黃浦雪,殘臘玉山春"、"南徐游歷地,儻有和歌辰"等句,絕非獄中之言。即以上各詩全首,亦無一獄中語。而諸譜皆列之乙未在獄之年,蓋未之考也。惟《酬王生仍》云"演《易》已成殷牖賾,援琴猶學楚囚音",則是獄中語,當列之乙未耳。序既爲獄解後作,詩又不是獄中之詩,而諸譜列之乙未,則因序言而然。顧序祇言蒙難,不言在獄。如此篇所云"獄卒逢田甲,刑官屬寧成",《酬陳生》云"發憤終成太史書",《贈錢行人》云"生涯從吏議,直道託羣倫",皆追言蒙難之事而已,不得强列之在獄之年也,此宜訂譜者也。

蔓常案:幽光閣本及潘鈔各校本,皆無"數首"二字。惟潘刻本有之,有之是。蓋無此二字,則失斷限,茲從潘刻補之。所謂數首,當指此下至《贈錢行人邦寅》,凡六首。此序則六首之總序也。黄注云云,誠言之成理。然詩由先生手編,此數詩亦列諸乙未年,當亦有故。考歸莊《送顧寧人北游序》云:葉公子與寧人訟,執寧人囚諸奴家。同人走叩憲副行提,始出寧人。乃移獄雲間守。則訟起非始終在獄者。全祖望《神道表》云:獄日急,有爲先生求救於某公者(案:某公指錢謙益),某公欲先生自稱門下而後許之。其人知先生必不可,而懼失某公之援也,乃自書一刺與之。先生聞之,急索刺還,不得,列揭通衢以自白。益可證獄急時,猶未在獄,故能索刺列揭也。詩言如此,固不足怪。不能指爲出獄後補作也。

〔二〕門祚日微　蔓常案:《新唐書·柳玭傳》:門祚衰落。歸莊《送顧寧人北遊序》:寧人故世家,崇禎之末,祖父蠡源先生暨兄孝廉捐館,一時喪荒,賦徭蝟集,顧氏勢衰。案:《蔣山傭殘稿·答再從兄書》有云:孰使我一家三十餘口,風飛電散,孑然一身,無所容趾者乎?孰使我遺貲數千金,盡供獮攫,四壁并非己有,一簪不得隨身,絕粒三春,寄滄他氏者乎？孰使我四世祖居，日謀侵占，竟歸異姓，謝公辭世，不保五畮之家，欲求破屋數間而已亦不可得者乎？孰使我倍息而舉，半價而賣，轉盼蕭然，伍子吹篪，王孫乞食者乎？孰使我一塵不守，寸晦無遺，奪沁水之田，則矯烝嘗爲號；攘臨川之宅，則假廟宇爲辭，巧立奇名，併歸鯨罟者乎？蓋宗人肆毒，竟至破家（別詳卷二《翦髮》詩"仇讎"句注），不獨喪荒賦徭而已。

〔三〕里豪　蘧常案：《元譜》：順治九年壬辰，先生有世僕陸恩，叛投里豪葉方恒。方恒字嵋初。崇禎壬午舉人，順治戊戌進士。官至山東濟寧道僉事。吳《譜》：方恒，太常卿重華三子。

〔四〕余持之急二句　黃注：沈奴一事，序未明言其故，詩亦但云"變故興奴隸"而已。歸玄恭《送顧寧人北游序》云"寧人率親友執而箠之死"，亦未明言其故。張《譜》另有自訂一編云：陸清獻《日記》：寧人鼎革初，嘗通書於海上，黏在《金剛經》後，使一僧挾之以往。其僕知之，以金與僧，買而藏之。後其僕轉靠葉方恒，葉重託之。寧人有所冀於此僕，僕曰：《金剛經》上何物也？乃欲詐我乎？寧人懼，夜使力士入其家殺之，取其所有，并葉所託者亦盡焉。歸序、陸記，或言"箠之死"，或言"入其家殺之"，與序"沉諸水"之言不同，然其所以必殺之之故，則如陸記所言。

蘧常案：《元譜》：順治十二年乙未五月十三日，擒叛奴陸恩，數其罪，沉諸水。

〔五〕其壻復投豪九句　黃注：所謂代愬兵備者，乃路舍人澤溥也。事見全謝山《亭林先生神道表》。

蘧常案：歸莊《送顧寧人北遊序》：寧人以遺田八百畮典葉公子，券價僅當田之半，仍靳不與。寧人請求，無慮百次，乃少畀之，而逢國變。公子者，素倚其父與伯父之勢，凌奪里中。其產逼鄰寧人,見顧氏勢衰,本蓄意吞之。而寧人自母亡後,居山中不出。同人不平,代爲之請,公子意不善也。適寧人之僕陸恩得罪於主,公子鈎致之,令誣寧人不軌,將興大獄。事泄,寧人率親友掩其僕,執而箠之死。其同謀者懼,告公子。公子挺身出,與寧人訟,執寧人囚諸奴家,脅令自裁。同人走叩憲副行提,始出寧人。比刑官以獄上,寧人殺無罪奴,擬城旦。憲副與公子年家,然心知是獄冤,又知郡之官吏,上下大小,無非公子人者,乃移獄雲間守,坐寧人殺有罪奴,擬杖而已。

〔六〕豪計不行句　蘧常案:《元譜》:十三年丙申春,獄解,回崑山。閏五月,至鍾山舊居。獄解後,葉氏憾不釋,遣刺客偵所往,至是追及於金陵太平門外,擊之傷首,遇救得免。案:先生《蔣山傭殘稿》載有與葉崛初二書:一謂"夏初可至歷下,憚暑未便山遊,更以異日可耳。肅此附謝"。一謂"纔入署,未便外出。年兄至此而不得一晤,真交臂失之矣。紬葛之惠,敬佩雅愛,對使拜登,尚容面謝",皆此後事。歸莊有與先生書,首云"一別四載",下云"知託跡濟上",後云"兄之仇讎行且入都",與書歷下云云合,相晤當在此時。不謂刻骨之讎,乃忽相悅以解。或方恒迫於公論,如先生《答原一公肅書》所云,或悚於歸莊輩之責勸,如《歸玄恭集·與葉崛初書》所言而幡然改悔,終至輸誠傾服。先生大度,亦不咎既往耶?此前人年譜詩注所未及,附識於此。

〔七〕山東之行句　蘧常案:歸莊《送顧寧人北遊序》:寧人廋與公子訟,力不勝,則浩然有遠行。

〔八〕弱冠句　蘧常案:《漢書·藝文志》"世歷三古"注:孟康曰:《易·繫辭》曰:《易》之興,其於中古乎?然則伏羲爲上古,文王爲中古,孔子爲下古。《餘集·三朝紀事闕文序》:先帝即位,天下翕然,又當先帝頒《孝經》、《小學》,釐正文字之日,臣乃獨好五經。崇禎元年,先生十六歲。

〔九〕中年句　蘧常案:賦《二京》,見前卷一《帝京篇》"張衡"注。案:此似謂作《帝京篇》。《元譜》:崇禎十七年甲申,年三十二歲。是年詩有《京闕篇》。《京闕篇》即《帝京篇》也。詳校記。篇末云:小臣搖彩筆,幾欲擬張衡。

〔一〇〕一門句　蘧常案:張《譜》:順治二年乙酉,七月初六日巳刻,清兵下崑山城。先生生母何太孺人被游騎斫右臂折;弟子嵩、子武並遭難;子嵩妻朱氏引刀自刺其喉,僵卧瓦礫中得免。吳《譜》:先生先以省母至語濂涇,得不與難。越二日,常熟城破。貞孝王碩人於二十四日(《元譜》作十四日)聞變即絕食,至三十日而終。

〔一一〕江海二句　蘧常案:謂江海流轉,存其微息;山陵屢謁,鑒其本誠也。

〔一二〕落其二句　徐注:楊惲《報孫會宗書》:種一頃豆,落而爲萁。

　　　蘧常案:"覆草只三楹",見卷一《墓後結廬三楹作》詩題注。

〔一三〕變故二句　蘧常案:見本詩序及注。

〔一四〕彌天句　原注:《吕氏春秋》:湯見祝網者置四面,其祝曰:從天墜者,從地出者,從四方來者,皆罹吾網。湯曰:嘻!盡之矣!非桀其孰爲此?晉傅玄詩:夏桀爲無道,密網施山阿!徐注:應璩《報梁季然書》:頓彌天之網。

〔一五〕畫地句　徐注:太史公《報任少卿書》:畫地爲牢,勢不可入。《史記‧秦始皇本紀》:諸生在咸陽者,吾使人廉問,或爲訞言,以亂黔首。於是使御史悉案問諸生。諸生傳相告引,乃自除犯禁者四百六十餘人,皆阬之咸陽,使天下知之以懲後。

〔一六〕獄卒句　蘧常案：《史記・韓長孺列傳》：其後安國坐法抵罪，蒙獄吏田甲辱安國。安國曰：死灰獨不復然乎？田甲曰：然，即溺之！

〔一七〕刑官句　蘧常案：《史記・酷吏列傳・寧成》：寧成者，穰人也。滑（案：通"猾"）賊任威。稍遷至濟南都尉，而郅都爲守，與結驩。郅都死，後長安左右宗室多暴犯法，於是上召爲中尉。其治效郅都，其廉弗如。宗室豪桀皆人人惴恐。《集解》：徐廣曰：寧一作甯。案：此喻府推官威而不廉也。

〔一八〕文深句　徐注：《漢書・路温舒傳》：上奏畏却，則鍛鍊而周內之。

　　蘧常案：《史記・酷吏列傳・張湯》：與趙禹共定諸律令，務在深文。

〔一九〕節俠二句　徐注：韓愈《送董邵南序》：燕、趙古稱多慷慨悲歌之士。　黃注：舍人爲曲周人。曲周即直隸（案：今河北省）廣平府曲周縣治。詩稱燕、趙節俠，謂舍人、光禄兄弟也。

　　蘧常案：《史記・刺客列傳・荆軻》：田光曰：夫爲行而使人疑之，非節俠也。

〔二〇〕疾苦二句　徐注：《史記・孟嘗君列傳》：客去，孟嘗君已使人存問。

　　蘧常案：《離騷》：阽余身而危死兮。注：阽，猶危也，或云近也。

〔二一〕不侵二句　徐注：《韓非子》：託天下於堯之法，則貞士不失分。《史記・張耳陳餘列傳》：貫高不侵然諾者也。

〔二二〕木向二句　蘧常案：此兩句蓋即身世畫中語，勸其遠遊以避禍也。

酬王生仍

【解題】

徐注：《蘇州府志·雜記》：驚隱詩社王仍，字雲頑。案：驚隱詩社一作逃社，在吳江唐湖北渚古風莊，有煙水竹木之勝。《同志贈言》：王仍《同力田過寧人寓》詩：山水他鄉迥，乾坤二槔移。

蔞常案：徐《譜》引作"字雲頡"。

故國羈人怨誹深，感君來往數相尋。都將文字銷餘日〔一〕，難把幽憂損壯心。演《易》已成殷牖隤〔二〕，援琴猶學楚囚音〔三〕。鶬顏白髮非前似，只有新詩尚苦吟。

【彙注】

〔一〕都將句　徐注：沈約《郊居賦》：以斯終老，於焉消日。《震澤志》：國初，吾邑之高蹈而能文相率爲驚隱詩社，四方同志咸集。今見於葉桓奏詩集與其他可考者：苕上范風仁梅隱、沈祖孝雪樵、陳忱雁宕，禾中顏俊彥雪臞、朱臨載揚、鍾俞琴俠，武陵戴笠曼公，玉峰歸莊玄恭、顧炎武寧人，梁谿錢肅潤礎石，吳門陳濟生皇士、程棟杓石、施誰又王，同邑吳珂，匡廬吳宗潛東籬、吳宗漢南村、宗泌西山、吳炎赤溟、周燦爾昭、顧有孝茂倫、顧樵樵水、戴笠耘野、鈕明儒晦復、王錫闡兆敏、潘檉章力田、吳宗北窗、葉世侗開期、葉敷夏康哉、李受恒北山、王礽雲頑、沈永馨建芳等。迹其始起，蓋在順治庚寅。諸君以故國遺民，絕意仕進，相與遯迹林泉，優游文酒。角巾方袍，時往來於五湖三泖之間。而執法之吏，不相誰何，國家文網之寬，諸君氣誼之篤，兩得之矣。其後史案株連，同社有罹法者,社集遂輟。

〔二〕演《易》句　原注:梁庾肩吾詩:殷牖爻雖賾。

蘧常案:《史記·殷本紀》:紂囚西伯羑里。《正義》:"牖"一作"羑"。羑城在相州湯陰縣北九里。《周本紀》:其囚羑里,蓋益《易》之八卦爲六十四卦。《易·繫辭》:聖人有以見天下之賾,而擬諸其形容,象其物宜,是故謂之象。聖人有以見天下之動,而觀其會通,以行其典禮,繫辭焉以斷其吉凶,是故謂之爻。案:先生不信文王重卦之說,見《日知錄》。此特數典而已。

〔三〕援琴句　蘧常案:《左傳》成公九年:晉侯觀於軍府,見鍾儀,問之曰:南冠而縶者,誰也?有司對曰:鄭人所獻楚囚也。使稅之,召而弔之。問其族。對曰:泠人也。使與之琴,操南音。

永　　夜

【解題】

徐注:謝靈運《羅浮山賦》:發潛夢於永夜。案:此以詩首二字爲題。

永夜刀鳴動箭中〔一〕,起看征雁各西東。山憐虎阜從波湧〔二〕,路識閶門與帝通〔三〕。待客荆卿愁日晚〔四〕,艤舟漁父畏天風〔五〕。當時多少金蘭友〔六〕,此際心期未許同〔七〕。

【彙注】

〔一〕永夜句　徐注:彭大翼《山堂肆考》:楊貴妃父少時嘗有一

刀，每出入道途間多佩之。或前有惡獸盜賊，則刀鏗然鳴，似警於人也。名警惡刀。《説文・刀部》：削，鞞也，從刀，肖聲。案：《革部》：鞞，刀室也。

　　蘧常案：《説文》：箾，以竿擊人也。又以爲虞舜樂之箾韶。此假爲削。

〔二〕山憐句　原注：晉王珣《虎丘山銘》：虎丘山先名海涌山。

〔三〕路識句　原注：《孫權記》注：吳西郭門曰閶門，夫差作。以天門通閶闔，故名之。

〔四〕待客句　徐注：《史記・刺客列傳》：荊軻，燕人謂之荊卿。又：僕所以留者，待吾客與俱。今太子遲之，請辭決矣。遂發。

〔五〕艤舟句　徐注：《史記・項羽本紀》：烏江亭長檥船待。又《伍子胥列傳》：追者在後。至江，江上有一漁父，乘船。知伍胥之急，乃渡伍胥。

〔六〕金蘭友　蘧常案：《易・繫辭》：二人同心，其利斷金。同心之言，其臭如蘭。劉峻《廣絕交論》：自昔把臂之英，金蘭之友。

〔七〕此際句　徐注：陳芳績《秋日懷涂中先生》詩：莫漫將心託朋友，近時豪俠未全真。

酬 陳 生 芳 績

【解題】

　　蘧常案：見前《常熟歸生晟陳生芳績書來》詩解題。鈔本無"芳績"二字。

百里相思路阻紆〔一〕，每承遺札訊何如〔二〕。《絕交》已廣朱生論〔三〕，發憤終成太史書〔四〕。笠澤水清連底日，虞山葉落到根初〔五〕。從今世事無煩問，但掩衡門學種蔬〔六〕。

【彙注】

〔一〕百里句　蘧常案：下云"笠澤水清連底日"，笠澤爲松江之別名。上詩序云"移獄松江府"，作此詩時當已在松江，而芳績在其鄉常熟，故云。

〔二〕每承句　徐注：《古詩十九首》：客從遠方來，遺我一書札。　段注：杜甫《送孔巢父》詩：南尋禹穴見李白，道甫問訊今何如？

〔三〕絕交句　徐注：《後漢書·朱穆傳》：字公叔。爲侍御史。感俗澆薄，莫尚敦篤，著《絕交論》以矯之。

　　　蘧常案：《朱穆傳》李賢注：朱穆與劉伯宗絕交，因此著論。李善《文選》注引《梁典》：劉峻見任昉諸子西華兄弟等流離不能自振，生平舊交，莫有收恤。西華冬月著葛巾帔練裙，路逢峻，峻泫然矜之，乃廣朱公叔《絕交論》。到溉見其論，抵几於地，終身恨之。《廣絕交論》：此朱生得玄珠於赤水，謨神睿而爲言。

〔四〕發憤句　徐注：太史公《報任少卿書》：《詩》三百篇，大抵聖賢發憤所爲作也。亦欲以究天地之際，通古今之變，成一家之言。草創未就，會遭此禍，惜其不成，是以就極刑而無慍色。

　　　蘧常案：事詳後《贈潘節士檉章》詩"二十有四年"二句注。

〔五〕笠澤二句　徐注：《史記正義》：笠澤，松江之別名。又云：笠澤即太湖。《揚州記》：太湖一名震澤，一名笠澤。陸龜蒙有《笠澤叢書》。《吳郡志》：常熟一名海虞山，相傳虞仲隱於此。《越絶書》：虞山者，巫咸所出也。在縣治西北一里，高一百六十丈，長十八里，周四十六里六十步。　段注：《大唐新語》馮履謙條：河北尉張懷道與謙疇舊，餉一鏡焉。謙曰：水清見底，明鏡照心，余之效官，必同於此。《厚德錄》：君錫清修孤潔，人號爲連底清。陸游詩：葉落喜歸根。

　　蘧常案：笠澤原有兩説：一謂松江，詳卷一《哭楊主事廷樞》詩"魚麗"句注；一謂太湖，如徐注所引。此當謂松江，徐注模棱，非。上句蓋謂移訊松江後，或有清明平反之望。常熟語濂涇爲先生避難與陳氏祖孫久居之地。下句謂如獄有大白之日，當仍歸隱虞山也。

〔六〕但掩句　徐注：《南史》：褚介爲山陰令。去官之日，不堪自致，因留縣種蔬。

　　蘧常案：此句似用《三國志·蜀書·先主傳》裴注引胡沖《吳歷》事。其言曰：曹公數遣親近覘諸將有賓客酒食者，輒因事害之。備時閉門將人種蕪菁，曹公使人闚門。既去，備謂張飛、關羽曰：吾豈種菜者乎？曹公必有疑意，不可復留。閉門種菜，意在韜晦，與此合。徐注非。

贈路舍人

【解題】

　　蘧常案：見卷二《贈路舍人澤溥》詩題注。

自分寒灰即溺餘[一]，非君那得更吹噓[二]。窮交義重千金許[三]，疾吏情深一上書[四]。大麓陽飈回宿草[五]，岷江春水下枯魚[六]。丁寧未忍津頭別，此去防身計莫疏！

【彙注】

〔一〕自分句　段注：鮑照詩：寒灰溺更燃。

　　蘧常案：見前《贈路光祿太平》詩"獄卒"句注。

〔二〕非君句　蘧常案：《後漢書・鄭太傳》：孔公緒清談高論，噓枯吹生。注：出氣急曰吹，緩曰噓。全祖望先生《神道表》：曲周路舍人澤溥者，故相文貞公振飛子也。僑居洞庭之東山，識兵備使者，乃為懇之，始得移訊松江而事解。

〔三〕窮交句　徐注：劉峻《廣絕交論》：是曰窮交，其流四也。

　　蘧常案：李白《敘舊贈陸調》詩：一諾許他人，千金雙錯刀。《史記・季布列傳》：楚人諺曰：得黃金百斤，不如得季布一諾。案：或以季札解劍繫徐君墓樹事當之，非。

〔四〕疾吏句　原注：《漢書・路溫舒傳》：疾吏之風，悲痛之辭。

〔五〕大麓句　徐注：《書》：納于大麓。《廣雅・釋詁》：飈，風也。《爾雅・釋天》注：猋，暴風從下上。《禮》：朋友之墓有宿草而不哭焉。

　　蘧常案：徐注引《舜典》"納于大麓"，下應增"烈風雷雨弗迷"句。陽飈，即烈風也。

〔六〕岷江句　徐注：《書》：岷山導江。

　　蘧常案：《莊子・外物》篇：周曰：我且激西江之水而迎子。鮒魚曰：吾得斗升之水然活耳，君乃言此，曾不如早索我於枯魚之肆。成玄英疏：西江，蜀江也。案：蜀江即岷江。句意謂岷江春水，真能活枯鮒矣。

贈錢行人邦寅 丹徒人

【解題】

徐注：《丹徒縣志·儒林》：錢邦寅，字馭少，明季諸生。兄邦苊，走閩、粵不歸。邦寅棄諸生，日以著書爲樂。常出遊，每登高望遠，輒思其兄哭泣。年七十卒。門人私諡介節先生。所著有《歷代徵信編》、《明詩鈔》、《若華堂詩草》、《楚遊草》、《稽古稗鈔》、《家課提綱》共百餘卷。邦苊因招孫可望，後爲僧，名大錯。

蘧常案：邦寅官行人，他無可徵。《歷代徵信編》，其名不全，《張譜斠識》作《歷代輿地徵信編》，是。《四庫全書提要》收其殘本六卷，入史部地理類存目一，謂"考證議論頗博辯"，可以概其餘矣。

李白真狂客〔一〕，江淹本恨人〔二〕。生涯從吏議〔三〕，直道託羣倫〔四〕。之子才名重，相知管鮑親〔五〕。起風還鶡羽，決海動龍鱗〔六〕。孤憤心尤烈〔七〕，窮愁氣未申〔八〕。彫年黃浦雪〔九〕，殘臘玉山春〔一〇〕。貫日精誠久〔一一〕，回天事業新〔一二〕。南徐游歷地，倘有和歌辰〔一三〕。

【彙注】

〔一〕李白句　徐注：杜甫《憶李白》詩：昔年有狂客。

蘧常案：《新唐書·文藝傳》：李白字太白，興聖皇帝九世孫。（案：興聖謂李暠，則白本隴西成紀人。《舊唐書》作山東人，非。）其先神龍初客巴西。白十歲通詩書，長喜縱橫術，爲任俠，日沈飲。天寶初，至長安，賀知章言於玄宗，召見，供奉翰林。不爲親近所容，放還。安禄山反，永王璘辟爲府僚，佐璘起兵。敗當誅，有詔長流夜郎。會赦，還潯陽，坐事下獄。宋若思釋囚，辟爲參議，未幾辭職。代宗立，以左拾遺召，而白已卒，年六十餘。案：白與下江淹皆曾坐事下獄，故以自況，非獨才地相比也。

〔二〕江淹句　原注：江淹《恨賦》：僕本恨人。

　　蔣常案：李善《文選注》引劉璠《梁典》：江淹，字文通，濟陽考城人。六歲能作詩。及長，愛奇尚異，自以孤賤，勵志篤學。洎于強仕，漸得聲譽。《南史・江淹傳》：廣陵令郭彥文得罪，辭連淹，淹自獄中上書建平王景素，即日出之。及齊高帝輔政，引入中書省，累遷秘書監侍中。淹少以文章顯，晚節才思微退云。

〔三〕從吏議　徐注：《史記・自序》：因爲誣上，卒從吏議。

〔四〕直道句　蔣常案：《文集・答原一公肅兩甥書》：奴隸鴟張，親朋瀾倒。或有聞死灰之語，流涕而省韓安；覽《窮鳥》之文，撫心而明趙壹。終憑公論，得脫危機。歸莊《與葉嵋初書》：知寧人兄窘於事勢，輿論多以兄爲已甚。又：獨不畏清議乎？

〔五〕相知句　徐注：《史記・管晏列傳》：管仲曰：生我者父母，知我者鮑子也。

　　蔣常案：《呂氏春秋》：管仲與鮑叔同賈南陽，及分財利，而管仲常欺鮑叔，多自取。鮑叔知其有母，不以爲貪。

〔六〕起風二句　徐注：《左傳》僖公十六年：六鷁退飛，過宋都，風也。

　　蔣常案：二句似自寫志復明室，雖蹶而仍思自振也。

〔七〕孤憤　徐注：太史公《報任少卿書》：韓非囚秦，《說難》、《孤憤》。

　　蔣常案：韓非子有《孤憤》篇，李瓚注：言法術之士，既無黨與，孤獨而已。故其材用，終不見明。卞生既以抱玉而長號，韓公由之寢謀而內憤。

〔八〕窮愁　徐注：《史記・虞卿列傳》：虞卿非窮愁，亦不能著書以自見於後世云。

〔九〕彫年句　原注：鮑照《舞鶴賦》：急景彫年。　徐注：《一統志》：松江府東南有黃浦，即古之東江。楚黃歇鑿其旁支流。或稱春申浦。

〔一〇〕玉山　蘧常案：見卷一《哭陳太僕子龍》詩"玉山"注。

〔一一〕貫日句　徐注：《史記·鄒陽列傳》：荊軻慕燕丹之義，白虹貫日。王惲詩：我知精誠耿不滅，白虹貫日霜橫秋。

〔一二〕回天　蘧常案：《後漢書·單超傳》：左回天。《通鑑》胡三省注：回天，言權力能回天也。此假用，謂旋乾轉坤也。

〔一三〕南徐二句　徐注：《輿地紀勝》：兩浙西路鎮江府，宋文帝以南徐州治京口。《史記·刺客列傳》：荊軻嗜酒，日與狗屠及高漸離飲於燕市。酒酣以往，高漸離擊筑，荊軻和而歌於市中相樂也。

　　蘧常案：先生凡數至京口，乙酉有《京口即事》詩，戊子又有《京口》詩，己丑復有《重至京口》詩，故曰"南徐游歷地"。邦寅，丹徒人，地近京口，當亦常至其地。此句承上"回天事業新"句。上年正月，張名振以鄭成功之師，凡再入京口。四月，復以海艘上鎮江。今年五月，名振復統二十四鎮入長江。蓋深寄以回天之望，故曰"儻有和歌辰"也。

松江別張處士慤王處士煒暨諸友人　已下柔兆涒灘

【解題】

　　徐注：順治十三年丙申。案：是時獄解，回崑山。《松江府志‧人物》：張彥之，字洮侯，華亭人。初名慤，之象玄孫。幼與弟漢度、九旬有三張之目。讀書細林山中。後盡斥田宅，即細林別業亦讓其弟，隱居窮巷，取遺書讀之，託酒狂以自廢。著有《浴日樓詩稿》。又《封典》：王煒以子陞貴，贈太僕寺少卿。《同志贈言》：王煒，字雄右，歙縣人。　冒云：先生是年年四十四。

　　蘧常案：是年爲明永曆十年，公元一六五六年。朱彝尊《明詩綜輯評》：朱朗詣曰：洮侯爲人，寬博無異同。其詩莽蒼，不事繩尺。

　　十載違鄉縣，三年旅舊都〔一〕。風期嘗磊落〔二〕，節行特崎嶇。坐識人倫傑〔三〕，行知國器殊〔四〕。論兵卑起翦〔五〕，畫計小《陰符》〔六〕。世事陵夷極〔七〕，生涯閱歷枯。人情來轥藉〔八〕，鬼語得揶揄〔九〕。郭解多從客〔一〇〕，田儋自縛奴〔一一〕。事危先與手〔一二〕，法定必行誅〔一三〕。義洩神人憤〔一四〕，歡騰里閈呼。匣餘剚咒劍，橐解射狼弧〔一五〕。卦值《明夷》晦〔一六〕，時逢聽訟孚〔一七〕。邑豪方齮齕〔一八〕，獄吏實求須〔一九〕。裳帛經時裂〔二〇〕，南冠累月拘〔二一〕。橐饘誰問遺〔二二〕？衣食但支吾〔二三〕。薄俗吳趨最〔二四〕，危巇蜀道俱〔二五〕。每煩疑載鬼〔二六〕，動是泣歧塗〔二七〕。畜是樊中雉〔二八〕，巢鄰幕上烏〔二九〕。霜因鄒衍下〔三〇〕，日爲魯陽驅〔三一〕。抱直來東土，含愁到海隅〔三二〕。春生三泖壯，雪盡九峰紆〔三三〕。異郡情猶徹〔三四〕，同人道不孤〔三五〕。未窮憐舌在〔三六〕，垂死覺心蘇〔三七〕。大義摧牙角〔三八〕，深懷虺尾胡〔三九〕。奸雄頻斂手〔四〇〕，國士一張鬚〔四一〕。知己憐三釁〔四二〕，名流重八廚〔四三〕。欲將方寸報〔四四〕，惟有漢東珠〔四五〕。

【彙校】

〔起翦〕　孫校本作"左氏"。

【彙注】

〔一〕十載二句　徐注：宋之問詩：萬里違鄉縣。

　　　蘧常案：徐《譜》：甲午四十二歲。先生此數年未歸崑山。觀松江別友人詩言"十載違鄉縣，三年旅舊都"可知矣。

　　　案：爲陸恩事，去歲自南京始一歸。至今春獄解，又歸。

〔二〕風期句　徐注：高逸《沙門傳》：支遁少而任心獨往，風期高亮。庾信《長孫儉碑》：風神磊落。

　　　蘧常案："甞"與"常"通。《史記·高祖本紀》：高祖常繇咸陽，《漢書》同。劉攽曰："常"作"甞"。

〔三〕坐識句　蘧常案：見卷一《哭楊主事廷樞》詩"人倫望"注。

〔四〕國器　徐注：《荀子》：口不能言，身能行之，國器也。

〔五〕論兵句　蘧常案：《史記·白起王翦列傳》：白起者，郿人也。善用兵。事秦昭王爲左庶長，遷武安君。爲秦戰勝攻取者七十餘城，南定鄢、郢、漢中，北禽趙括之軍。與應侯有隙，免爲士伍。至杜郵，秦王賜劍自裁。王翦者，頻陽東鄉人也。少而好兵，事秦始皇。始皇二十六年，盡并天下，王氏、蒙氏功爲多，名施於後也。

〔六〕《陰符》　蘧常案：嚴可均《全上古三代文·太公陰符》注：《陰符》謂陰符之謀；《戰國策》：蘇秦得太公陰符之謀，《史記》作《周書陰符》，蓋即《漢志·太公謀》八十一篇矣。案：《隋書·經籍志》有《太公符鈐錄》一卷、《太公伏符陰陽謀》一卷，當亦在《陰符》中，多出後人僞託。後世所傳題黃帝撰太公等作注者，則更不足論矣。

〔七〕陵夷　蘧常案：《史記·高祖功臣侯年表序》：始未嘗不欲固其根本，而枝葉稍陵夷衰微矣。

〔八〕輔藉　徐注：《新唐書·高宗皇后武氏傳》：恐百世後，爲唐宗室輔藉。

〔九〕鬼語句　徐注：《晉陽秋》：羅友在桓溫府，以家貧乞禄，溫許而不用。後同府人有得郡者，溫爲席起別，友至尤晚。問之，曰：民首旦出門，路逢一鬼，大見揶揄，云：我只見汝送人作郡，何以不見人送汝作郡？

〔一〇〕郭解句　徐注：《史記·游俠列傳》：郭解，軹人也，字翁伯。又：客乃見郭解。解夜見仇家，仇家曲聽解。

蘧常案：《郭解列傳》云：邑中少年及旁近縣賢豪，夜半過門，常十餘車，請得解客舍養之。此所謂"多從客"也。多從客，蓋即歸莊《送顧寧人北遊序》所云"率親友掩僕"事。據此，則知陸隴其《日記》使力士說爲不可信。徐注似非。

〔一一〕田儋句　原注：《史記·田儋列傳》：田儋佯爲縛其奴，從少年之廷。

蘧常案：《史記·田儋列傳》：儋，狄人，故齊王田氏族。陳涉之初起王楚也，儋擊殺令，自立爲齊王。將兵救魏，章邯殺儋於臨濟下。案：縛奴喻擒叛奴事。

〔一二〕事危句　原注：《宋書·薛安都傳》：小子無宜，適卿往，與手甚快。《通鑑》：宇文化及揚言曰：何用持此物出，亟還與手。胡三省注：與手，魏、齊間人率有是言，言與之毒手而殺之也。

〔一三〕法定句　徐注：《周禮·秋官·大司寇》：以邦典定之。注：典，灋也。

〔一四〕神人憤　徐注：《舊唐書·于頔傳》：神人共憤。

〔一五〕射狼弧　蘧常案：見卷一《擬唐人五言八韻班定遠投筆》"天弧動"注。

〔一六〕卦值句　蘧常案：見前卷二《贈路舍人澤溥》詩"《明夷》"二句注。

〔一七〕聽訟乎　蓬常案：《書·呂刑》：哀敬折獄（案："敬"應依《尚書大傳》作"矜"）。明啟刑書胥占，咸庶中正，其刑其罰，其審克之。獄成而孚，輸而孚，其刑上備，有并兩刑。蔡沈《書集傳》：此言聽訟者，當盡其心也。若是則獄成於下，而民信之；獄輸於上，而君信之。

〔一八〕邑豪句　徐注：《史記·田儋列傳》：秦復得志於天下，則齮齕用事者墳墓矣。齮齕，猶"齰齧"。

　　蓬常案：歸莊《與葉嵋初書》云：兄前已諾和議，而忽出最難之題目，迫之以必不能從之事，是名雖曰和，實欲戰也。崑老極和平之人，亦以兄為太甚。兄若不肯就和，即和而必欲云云，寧人計無復之，必自經溝瀆無疑也。此亦"齮齕"之一也。"邑豪"見前《贈路光祿太平》詩序"里豪"注。

〔一九〕求須　徐注：司馬光：賦浮費省而物不屈於求須。

〔二〇〕裳帛句　原注：《左傳》昭公元年：叔孫召使者裂裳帛而與之，曰：帶其褊矣！

〔二一〕南冠　蓬常案：見卷一《哭楊主事廷樞》詩"竟入"二句注，及本卷《酬王生仍》詩"援琴"句注。

〔二二〕橐饘句　蓬常案：《左傳》僖公二十八年：晉人執衛侯，歸之於京師，寘諸深室。寧子職納橐饘焉。杜注：橐，衣囊；饘，糜也。先生《左傳杜解補正》：蓋以饘寘橐中。《正義》云：橐以盛衣，亦可盛食。宣二年傳"為簞食與肉，置諸橐以與之"是也。《漢書·酷吏傳》：問遺無所受。

〔二三〕支吾　蓬常案：朱熹《上宰相書》：至其必不可支吾而去。楊萬里《中秋》詩：去歲中秋政病餘，愛他月色強支吾。強勉支撐之意。原作"枝梧"。

〔二四〕薄俗　蓬常案：《漢書·元帝紀》：詔曰：周、秦之弊，民漸薄俗。《古今注》：《吳趨曲》，吳人以歌其地也。全祖望先生

《神道表》：先生雖世籍江南，顧其資禀不類吴會人，以是不爲鄉里所喜，而先生亦厭裴屧浮華之習。

〔二五〕危巇句　徐注：李白《蜀道難》詩：噫吁巇，危乎高哉！蜀道之難難於上青天。

　　　　蘧常案：張衡《南都賦》：嶔巇屼嶱。注：嶔巇，危險貌。

〔二六〕載鬼　徐注：《易·睽卦》：載鬼一車。

〔二七〕泣歧塗　蘧常案：見前卷二《贈人》詩第一首"南北"二句注。阮籍《詠懷》詩：楊朱泣歧路。《一統志》：楊歧山在平鄉縣，世傳楊朱泣歧之所。案：《吕氏春秋·疑似》篇云：墨子見歧道而哭之。蓋傳聞異辭也。

〔二八〕畜是句　徐注：《莊子·養生主》：澤雉十步一啄，百步一飲，不蘄畜乎樊中。

〔二九〕幕上烏　蘧常案：《左傳》莊公二十八年：諸侯救鄭，楚兵夜遁。鄭人將奔桐丘，諜告曰：楚幕有烏。乃止。案：似有所隱。或謂同人走叩憲副，憲副出之，移獄松江，讎人知難而退乎？

〔三〇〕霜因句　蘧常案：《太平御覽》卷四引《淮南子》：鄒衍事燕惠王，盡忠。左右譖之王，王繫之獄。仰天哭，夏五月，天爲之下霜。案：《文選》卷三十九亦引之，今《淮南子》佚。

〔三一〕日爲句　徐注：《淮南子》：魯陽公與韓遘難，戰酣，日暮，援戈而撝之，日爲之反三舍。

〔三二〕抱直二句　蘧常案：此謂移獄松江府。

〔三三〕春生二句　徐注：《吴郡圖經》：泖有上中下三名，縣圖以近山涇泖益圓曰團泖，近泖橋泖益闊曰大泖，自泖橋而上，縈繞百餘里曰長泖。《江南通志》：松江府有九峰：一鳳皇；二陸寶，今以厙公當之；三佘，四細林；五薛；六機；七横雲；八干；九昆也。

〔三四〕異郡句　蘧常案：吴《譜》：先生方繫獄松江時，郡人多愛重先生而通問者。案：當謂張慤、王煒及諸友人。慤，松江人；煒，歙縣人，皆異郡人也。

〔三五〕同人句　徐注：《易·同人卦》程《傳》：以中正之道相應，乃君子之正道也。

　　蕗常案：《論語·里仁》：德不孤。案：此統同郡、異郡之友人仗義者而言。歸莊《送顧寧人北遊序》屢言同人，如"同人不平，代爲之請"，"同人走叩憲副行提"云云，皆所謂"不孤"也。或以此文多言同人，即以作此注；然贈行爲明春事，似不當。

〔三六〕未窮句　徐注：《史記·張儀列傳》：謂其妻曰：視吾舌在不？妻笑曰：舌在也。曰：足矣。《同志贈言》潘檉章《贈寧人》詩：但令舌在寧論辱。

〔三七〕心蘇　徐注：杜甫《喜達行在》詩：心蘇七校前。

　　蕗常案：仇兆鰲《杜詩詳注》：蘇，蘇醒也。

〔三八〕牙角　徐注：庾信《枯樹賦》：平鱗鏟甲，落角摧牙。

　　蕗常案：此似用《詩·行露》"誰謂雀無角"、"誰謂鼠無牙"義。《行露》爲召伯聽訟，於此爲合。

〔三九〕疐尾胡　徐注：《詩》：狼疐其尾，載跋其胡。

　　蕗常案：《詩·豳風·狼跋》傳：跋，躐；疐，跲也。老狼有胡，進則躐其胡，退則跲其尾。進退有難，然而不失其猛。陳奐《傳疏》：老狼躐胡跲尾，進退有難，興周公四國流言，成王不知，遠近皆有難，傳申之云。然而不失其猛者，喻周公不失其聖。案：此蓋於危難之中，引周公以自飭也。

〔四〇〕奸雄句　徐注：《史記·春申君列傳》：韓必斂手。

　　蕗常案：《孔子家語·始誅》篇：少正卯，人之姦雄者也。

〔四一〕國士句　蕗常案：國士，見卷一《感事》詩第三首"登壇"二句注。韓愈《張中丞傳後敘》：巡怒，鬚髯輒張。案："國士"，似指潘檉章。《同志贈言》載潘檉章詩云：感君國士深期許。戴笠《潘檉章傳》云：論事，鬚髯戟張，疾惡如讎，赴義若渴。皆可證也。

〔四二〕三釁　徐注：劉峻《廣絕交論》：因此五交，是生三釁：敗德殄義，禽獸相若，一釁也；難固易攜，讎訟所聚，二釁也；名陷饕餮，貞介所羞，三釁也。

　　蘧常案：陳氏云：此用《國語·齊語》"三釁三浴"之語，比于管夷吾之見知於齊桓。徐氏用《廣絕交論》，不知其與交游釁隙之意，迥然不侔也。管仲亦初囚而後脫者，故以爲況。案：陳氏説是。韋昭《國語》注：以香塗身曰釁。即《周官·女巫》所謂釁浴也。

〔四三〕八廚　徐注：《後漢書·黨錮傳》：度尚、張邈、王考、劉儒、胡毋班、秦周、蕃嚮、王章爲八廚。廚者，言能以財救人者也。

〔四四〕方寸　蘧常案：《三國志·蜀書·諸葛亮傳》：徐庶辭先主而指其心曰：本欲與將軍共圖王霸之業者，以此方寸之地也。今已失老母，方寸亂矣。

〔四五〕漢東珠　蘧常案：《淮南子·覽冥訓》：隋侯之珠。高誘注：隋，漢東之國，姬姓諸侯也。隋侯見大蛇傷斷，以藥傅之。後蛇於江中銜大珠以報之。成玄英《莊子·讓王》篇疏：隋國近濮水，濮水出寶珠。

贈潘節士檉章

【解題】

黃注：亭林此詩，作於順治十三年丙申。越八年，爲康熙二年癸卯，吳、潘二子始遇史禍。亭林祭之以詩，云"一代文章亡左馬，千秋仁義在吳潘"及《書吳潘二子事》，皆並稱焉。此詩獨贈力田，而詩中言作史，又獨稱"同方有潘子"。於《書二子事》文中，復記"潘子刻《國史考異》三卷，寄予於淮上。予服其精審"，及《寄潘節士之弟耒》詩，云"筆削千年在，英靈此日淪，猶存太史弟，莫作嗣書人"，皆獨稱潘而已。潘耒撰《國史考異序》，亦祗稱"亡兄力田"。以是推之，亭林所見，惟潘之史稿，而吳稿未見。故其《書事》云"二子所著書若干卷，未脫稿"，則亭林所見祗《國史考異》三卷，此外概未之見也。常庸以《國史考異》爲吳、潘合撰之書，然潘耒所作序，祗稱"亡兄力田"，未言赤溟同作，不可牽合也。赤溟之書，亭林詩文中未著其目，惟於《書事》文中，云"二子皆高才，年皆二十以上，且其人實史才"云云，然則後人讀此詩，並當爲赤溟惜也。常庸又云：按《耐冷譚》卷十三言：吳、潘分詠勝國時事，每人多至百首，名曰《新樂府》。乾、嘉中尚有藏本。節考繆荃孫《顧譜校記》云：曾得吳撰潘注、潘撰吳注《明史樂府》二册。是潘、吳合撰之書，傳於今者，只此也。

　　蘧常案：徐注本此詩在《桃葉歌》前，且爲卷七之首。戴笠《潘力田傳》：潘檉章，字聖木，一字力田。生有異禀，穎悟絶人。九歲從父受文，裁過目，燼於燈，責令覆寫，不差一字。年十五，補桐鄉弟子員。亂後，隱居韭溪，肆力於學，綜貫百家，天文、地理、皇極、太乙之學，無不通曉。已而專精史事，欲仿馬遷作《明史記》，而友人吳炎所見略同，遂與同事。撰述數年，成十之六七。會南潯莊氏史獄起，俱及於難。莊氏書兩人未嘗寓目，徒以名重爲所攙引。遂罹慘禍。《漢書·藝文志·詩賦略》有《臨江王及愁思節士歌詩》。《荀子·君子》篇：節者，死生此者也。

北京一崩淪[一]，國史遂中絶[二]。二十有四年，記注亦殘缺[三]。中更夷與賊,出入互轇轕。亡城與破軍,紛錯難具説[四]。三案多是非,反覆同一轍。始終爲門户,竟與國俱滅[五]。我欲問計吏[六],朝會非王都;我欲登蘭臺[七],祕書入東胡[八]。文武道未亡[九],臣子不敢誣。竄身雲夢中,幸與國典俱[一〇]。有志述三朝,并及海宇圖[一一]。一書未及成,觸此憂患途。同方有潘子,自小耽文史。犖然持巨筆,直遡明興始[一二]。謂惟司馬遷,作書有條理[一三]。自餘數十家,充棟徒爲爾[一四]。上下三百年,粲然得綱紀[一五]。索居患無朋,何意來金陵。家在鍾山旁,雲端接觚稜[一六]。親見高帝時,日月東方升。山川發秀麗,人物流名稱。到今王氣存,疑有龍虎興[一七]。把酒爲君道,千秋事難討。一代多文章[一八],相隨没幽草。城無絃誦生,柱勿藏書老[一九]。同文化夷字,劫火燒豐鎬。自非尼父生,六經亦焉保[二〇]。夏亡傳《禹貢》,周衰垂《六官》。後王有所憑,蒼生蒙治安[二一]。皇祖昔賓天[二二],天地千年寒[二三]。聞知有小臣,復見文物完[二四]。此人待聘珍[二五],此書藏名山。顧我雖逢掖[二六],猶然抱遺册。定哀三世間[二七],所歷如旦夕。頗聞董生語[二八],曾對西都客[二九]。期君共編摩,不墜文獻迹。便當挈殘書,過爾溪上宅[三〇]。

【彙校】

〔題〕徐注本此首次《王處士自松江來拜陵》詩後,與各本不同。 〔北京〕潘刻本"京"作"□";冒校本作"都"。 〔夷與賊〕潘刻本"夷"作"□";徐注本、曹校本作"虜";孫校本作"支",韻目代字也。 〔登蘭臺〕徐注本、曹校本"登"作"問"。 〔東胡〕潘刻本、徐注本、孫校本"胡"皆作"虞"，韻目代字也。〔觚稜〕徐校京師本作"柧稜"。案：字皆通。〔王氣〕潘刻本"王"作"囗"。〔夷字〕潘刻本、徐注本、孫校本"夷"作"支"，韻目代字也。〔夏亡〕徐注本"亡"作"王"。

【彙注】

〔一〕北京句　蕭常案：《明史》志《地理一》：永樂元年正月，建北京於順天府。崩淪，見前卷一《大行皇帝哀詩》題注。

〔二〕國史　徐注：《明史》志《職官二》：翰林院史官：修撰、編修、檢討。史官掌修國史，凡天文、地理、宗潢、禮樂、兵、刑諸大政及詔册、書檄、批答、王言皆籍而記之，以備實錄。又：凡記注起居，六曹章奏，膳黃册封等咸充之。

〔三〕二十有四年二句　徐注：《史記·太史公自序·索隱述贊》：惜哉殘缺，非才妄續。　黃注：徐注未明。節考《亭林餘集·三朝紀事闕文序》云：臣祖所手錄皆細字草書，一紙至二千餘字。而自萬曆四十八年七月至崇禎七年九月，共二十五帙。中間失天啓二年正月至五年六月，而其後則臣祖老不能書，略取邸報標識其要，然兵火之餘，又十失其一二。臣伏念國史未成，記注不存，爲海內臣子所痛心；而臣祖二十年抄錄之勤，不忍令其漫滅，以負先人之志。於是旁搜斷爛之文，采而補之，書其大略，其不得者則闕之，名曰《三朝紀事闕文》。非敢比於成書，以備遺亡而已。世之君子，尚憐其志，而助之見聞，以卒先人之緒，其文、武之道，實賴之。節據此序，考萬曆四十八年庚申七月，神宗崩。八月，光宗即位。九月，崩。熹宗即位。自萬曆四十八年庚申七月，下遡至崇禎十七年甲申五月，爲二十有四年。詩云"記注亦殘闕"者，謂《三朝紀事闕文》也。亭林此書不傳，只於其序略窺大概。

蕭常案：《日知錄》卷十八"記注"條：古之人君，左史記事，右史記言，所以防過失而示後王。記注之職，其來尚矣。

〔四〕中更四句　徐注：張衡《東京賦》：闟戟轇轕。《史記・傅靳蒯成列傳》：破軍降城以十數。轇轕，一作"轇輵"，又作"膠葛"，《文選》引薛綜注：雜亂貌。四句事，見卷一《大行皇帝哀詩》"細柳"、"雈苻"兩句注。

〔五〕三案四句　徐注：《明史・光宗紀》：萬曆四十三年夏五月己酉，薊州男子張差持梃入慈慶宫。事復連鄭貴妃内璫，太子請以屬吏，獄具，戮差於市，斃内璫二人於禁中。自是遂有梃擊之案。《熹宗紀》：丙子，頒遺詔時，選侍李氏居乾清宫，吏部尚書等及御史左光斗疏請選侍移宫。《光宗紀》：甲戌，大漸，復召方從哲等受顧命。是日，鴻臚寺官李可灼進紅丸。九月乙亥朔，崩於乾清宫。御史王安舜疏論李可灼進藥之誤。紅丸、移宫自是起。天啓五年，給事中楊所修請以梃擊、紅丸、移宫三案編次成書。從之。六年春正月，修《三朝要典》。又楊漣諸傳《贊》曰：國之將亡也，先自戕其善類，而水旱盜賊乘之。故禍亂之端，士君子恒先被其毒。異哉！明之所稱三案者，舉朝士大夫喋喋不去口，而元惡大憝因用以翦善類。卒致楊、左諸人，身填牢户。與東漢季年，若蹈一轍。國安得不亡乎？又《王允成傳》附李希孔：天啓三年，上《折邪議》，以定兩朝實錄。疏言：張差之梃，誰授之而誰使之乎？貫高身無完膚，而詞不及張敖，故漢高得釋敖不問，可與張差之事造謀主使口招歷歷者比乎？昔寬處之以全倫，今直筆之以存實、以戒後，自兩不相妨。而奈之何欲諱之！且諱之而爲君父隱可也；爲亂賊輩隱則何爲？臣所以折邪議者二也。先帝之令德考終，自不宜謂因藥致崩，被不美之名。而當時在内視病者，烏可於積勞積虛之後，投攻尅之劑！羣疑汹汹，方蓄疑盧變之深，而遽值先帝升遐，又適有下藥之事，安得不痛之恨之，疾首頓足而深望之？乃討奸者，憤激而甚其詞；而庇奸者，借題以逸其罰。君父何人，臣子可以僥倖而嘗試乎？臣所以折邪議者四也。先帝之繼神廟棄羣臣也，兩月之內，鼎湖再號。陛下子然一身，怙恃無託。宮禁深閟，狐鼠實繁，其於杜漸防微，自不得不加嚴慎。即不然，而以新天子儼然避正殿讓一先朝宮嬪，萬世而下謂如何國體？此楊漣等諸臣所以權衡輕重亟以移宮請也。宮已移矣，漣等之心事畢矣，本未嘗居以爲功，何至反以爲罪而禁錮之，擯逐之，是誠何心？即選侍久侍先帝，生育公主，諸臣未必不力請於陛下，而加以恩禮。今陛下既安，選侍又未嘗不安，有何冤抑而汲汲皇皇爲無病之沈吟？臣所以折邪議者五也。又《倪元璐傳》：疏曰：奈何逆璫害人，則借三案；羣小求榮，則又借三案。主梃擊者，力護東宮，爭梃擊者，計安神祖；主紅丸者，仗義之言，爭紅丸者，原心之論；主移宮者，弭變於未然，爭移宮者，持平於事後。六者各有其是，未可偏非。《明史》呂大器諸傳《贊》：寧坐視社稷之淪胥，而不能破除門戶之角立。又《華元誠傳》：四海漸成土崩瓦解之形，諸臣但有角戶分門之念。　黃注：《日知錄》十八論《三朝要典》曰：門戶之人，其立言之指，各有所借。章奏之文，互有是非，作史者兩收而並存之，則後之君子，如執鏡以炤物，無所逃其形矣。褊心之輩，謬加筆削，於此之黨，則存其是者，去其非者；於彼之黨，則存其非者，去其是者。於是言者之情隱，而單辭得以勝之。且如《要典》一書，其言未必盡非，而其意別有所爲，繼此之爲書者猶是也。此國論之所以未平，而百世之下難乎其信史矣。

　　蘧常案：沈彤《日知錄校本》：亭林嘗書小紙，黏史闕文簡端云：章奏大半皆門戶之見。

〔六〕計吏　徐注：《史記·儒林列傳》：二千石謹察，可者當與計偕。注：《索隱》曰：謂令與計吏俱詣太常也。王應麟《漢制考》：漢之朝集使謂之計吏，謂上一年計會文書及功狀也。
　　　　蕅常案：《漢儀注》：太史公，漢武帝置，位在丞相上。天下計書，先上太史公，副上丞相。
〔七〕蘭臺　蕅常案：《通典》：中丞在殿中蘭臺掌圖籍祕書。《隋書·經籍志》：光武中興，四方鴻生鉅儒，負袠自遠而至者，不可勝算。石室、蘭臺，彌以充積。另見卷一《擬唐人五言八韻·班定遠投筆》詩"蘭臺"注。
〔八〕祕書句　蕅常案：朱彝尊《文淵閣書目跋》：宋靖康二年，金人索祕書監文籍。洪邁《容齋隨筆》亦云：宣和殿、太清樓、龍圖閣所儲書籍，靖康蕩析之餘，盡歸於燕。元之平金也，楊中書惟中於軍前收伊、洛諸書，載送燕都。及平宋，王承旨構首請輦送三館圖籍。至元中，又徙平陽經籍所於京師，且括江西諸郡書板，又遣使杭州，悉取在官書籍板刻至大都。明永樂間，敕翰林院，凡南內所儲書，各取一部。於時修撰陳循督舟十艘，載書百櫃送北京。又嘗命禮部尚書鄭賜擇通知典籍者，四出購求遺書，皆儲之文淵閣內。相傳雕本十三，抄本十七。蓋合宋、金、元之所儲而匯於一，縹緗之富，古未有也。案：自清入北京，於是祕書盡歸其所有矣，故云。
〔九〕文武句　徐注：《論語》：文武之道，未墜於地。　黃注：案此二句即《三朝紀事闕文序》"其文武之道實賴之"之意。
〔一〇〕竄身二句　原注：《戰國策》：吳與楚戰於柏舉，三戰入郢，君王身出，大夫悉屬，百姓離散。蒙穀結鬪於宮唐之上，舍鬪奔郢，遂入大宮。負《雞次》之典，以浮于江，逃於雲夢之中。昭王返郢，五官失法，百姓昏亂。蒙穀獻典，五官得法，而百姓大治。蒙穀之功與存國相若。

蘧常案：國典，喻其祖所録三朝邸報也。《三朝紀事闕文序》：兩京淪覆，一身奔亡。比年以來，獨居無事，始出其篋中臣祖之所録。

〔一一〕有志二句　徐注：全祖望先生《神道表》：於書無所不窺，尤留心經世之學。其時四國多虞。太息天下乏材，以至敗壞。自崇禎己卯後，歷覽《二十一史》、《十三朝實録》、《天下圖經》、前輩文編説部，以至公移、邸抄之類，有關於民生之利害者隨録之，旁推互證，務質之今日所可行而不爲泥古之空言，曰《天下郡國利病書》。

蘧常案：三朝謂萬曆、天啓、崇禎三朝也。萬曆下尚有泰昌帝，在位僅一月，故不列。詳前"二十有四年"二句注。《天下郡國利病書》，非述三朝事也，當謂《三朝紀事闕文》一書。徐注非。"海宇圖"，似謂《肇域志》。《宋史·樂志》：慶均海宇。海宇，謂四海之内也。義與"肇域"合。全祖望先生《神道表》：别有一編曰《肇域志》，則考索利病之餘，合圖經而成者。可證。王士禄贈先生詩云：獨懷太史名山志，别撰《河圖》《括地》篇。《河圖》、《括地》，疑亦謂此。曰"海宇圖"，則《肇域志》初意，尚擬作圖歟？

〔一二〕直遡句　徐注：潘耒《國史考異序》：亡兄力田，以著作之才，盛年隱居，潛心史事。於是博訪有明一代之書，以實録爲網領，若志乘，若文集，若墓銘、家傳，凡有關史事者，一切抄撮薈萃，以類相從，稽其同異，核其虛實，積十餘年，數易手稿，而成《國史考異》一書。又：全書合有三十餘卷，今惟存六卷。高皇、讓皇、文皇三朝之事，當考正者，略具焉。

蘧常案：徐注引是。或謂指與吳炎合作《明史》，則不應不及炎，非。《國史考異》，《四庫全書總目》未收。《简明目録·史部·史評類》有《國史考異》六卷，不著撰人名氏。謂其書以實録、野史及諸家文集碑誌參證異同,所考僅洪武、永樂兩朝,與潘末序多合,即此書也。常庸《張譜斠識》以爲潘、吴合作之書,亦非。

〔一三〕謂惟二句　徐注:《孟子》:始條理者,智之事也。

　　蘧常案:《漢書·司馬遷傳》:司馬氏世典周史。談爲太史公,有子曰遷。遷生龍門。年十歲則誦古文。二十而講業齊、魯之都,於是仕爲郎中。談卒三歲,而遷爲太史令。紬史記石室金鐀之書,於是論次其文。十年而遭李陵之禍。卒述陶唐以來,至於麟止,凡百三十篇。既被刑之後,爲中書令,尊寵任職。遷既死後,其書稍出。宣帝時,遷外孫楊惲祖述其書,遂宣布焉。贊曰:自劉向、揚雄博極羣書,皆稱遷有良史之材,服其善序事理,辨而不華,質而不俚。其文直,其事核,不虛美,不隱惡,故謂之實録。戴笠《潘力田傳》:專精史事。謂諸史唯馬遷書最有條理,後人多失其意。

〔一四〕自餘二句　徐注:潘末《交山平寇始末序》:至明而無人不有劄記,其見存者,無慮千百家。專紀時事者,尚三四百種,可謂多矣。然體亦滋雜,類亦荒誕不根,鄙俚舛錯。可禆正史供采擇者,十不得一二。又《國史考異序》:明有天下三百年,而史無成書。奮筆編纂,凡十數家,淺陋蕪雜者,固不足道;即號稱淹雅,儼有體裁者,徐而案之,亦多疏漏舛錯,不得事情。柳宗元《陸文通墓表》:其爲書,處則充棟宇,出則汗牛馬。

　　蘧常案:"自餘數十家",承上文而言,謂司馬以外數十家,非謂《明史》作者也。徐注非。

〔一五〕上下二句　徐注:《詩》:勉勉我王,網紀四方。鄭箋:以網罟喻爲政,張之爲網,理之爲紀。

　　蘧常案:《國史考異》有三十餘卷,故云上下三百年。潘末《國史考異序》：專言國史者，野史、家史，不可勝駁。惟實錄有疏略與曲筆，不容不正。參之以紀載，揆之以情理，鈎稽以窮其隱，畫一以求其當，去取出入，皆有明徵，不徇單辭，不逞臆見，信以傳信，疑以傳疑。全史之良，略見於此矣。此所謂"得綱紀"歟？

〔一六〕觚稜　徐注：班固《西都賦》：設璧門之鳳闕，上觚棱而棲金爵。

　　蘧常案：呂向《文選》注：觚稜，闕角也。案：後人即以觚稜喻帝居，如魏闕之喻王室也。見《呂氏春秋·審爲》篇。

〔一七〕龍虎　蘧常案：見卷二《再謁孝陵》詩"興王"句注。

〔一八〕一代句　徐注：《上江兩縣志·藝文上》：明代南都藏書家有司馬氏泰、羅氏鳳、胡氏潙嘉、盛氏時泰、沈氏天啓、顧氏璘、焦氏竑、謝氏少南、徐氏霖、謝氏琳，惟羅氏、焦氏有書目，今亦未見。

〔一九〕柱殉句　徐注：《史記·老子列傳注》：老子爲柱下史，即藏書之柱下，因以爲官名。

〔二〇〕同文四句　徐注：《禮·中庸》：書同文。《金史·完顏希尹傳》：太祖命希尹撰本國字，備制度。希尹乃依倣漢人楷字，因契丹字制度，合本國語，製女直（蘧常案：即女真，避契丹主興宗宗真諱，乃改真爲直）字。又，熙宗製女直字與希尹字俱行。希尹所撰謂之女直大字，熙宗所撰謂之女直支字。《史記·周本紀贊》：成王使召公卜居，居九鼎焉，而周復都豐鎬。《禮·檀弓》：魯哀公誄孔子曰：嗚呼哀哉！尼父！《日知錄》：八股盛而六經微，十八房興而廿一史廢。又余少時見有一二好學欲通旁經而涉古書，則父師交相譙呵，以爲必不得專一於帖括，而將爲坎坷不利人，豈非患失而惑者歟？國之盛衰，時之治亂，則亦可知也已！　黃注：《日知錄》二十九論"國語"曰：後魏初定中原，軍容號令，皆以夷語。後染華俗，多不能通，故錄其本言，相傳教習，謂之"國語"。孝文帝命侯伏侯可悉陵以夷言譯《孝經》之旨，教於國人，謂之《國語孝經》。北齊劉世清以能通四夷語爲當時第一，後主命作突厥語，翻《涅槃經》，以遺突厥可汗。詩曰"同文化夷字，劫火燒豐鎬"，而於《述古》詩云"六經之所傳，訓詁爲之祖，仲尼貴多聞，漢人猶近古"，又曰"五國並時亡，世道當一變"；此詩曰"自非尼父生，六經亦焉保"；痛同文之化於夷字，猶劫火之燒豐、鎬也。徐注未達此旨，以同文化夷爲完顏之製女直字，以六經不保爲八股之盛行，則與亭林詩意相左矣。節往讀《魏書·帝紀》曰：黃帝有子二十五人，昌意少子，受封北土。國有大鮮卑山，因以爲號。黃帝以土德王，北俗謂"土"爲"托"，謂"后"爲"跋"，故以爲氏。嗚呼！此以夷字而託於同文。又，陳天祥《四書集注辨疑》云：自宋氏播遷江表，南北分隔，纔一百五六十年，經書文字已有不同。節初以爲陳氏所云蓋版刻之有異同也。既而治《春秋》三傳，檢清康熙時所輯《春秋傳說彙纂》觀之，則凡經傳之誅絕夷狄者，概從刊落。至於一文一字之間，猶復竄易不遺。此豈惟同文之化於夷而已，且亦并夷其義。乃歎亭林"六經焉保"之言，徵諸後來而益可痛心也。

　　蘧常案：徐注據潘刻本"夷"作"支"，不知爲韻目代字也。故引《金史》云"女直支"字。與詩意懸絕，黃注駁之，是。駁"六經不保"亦確。"劫火"見佛書，《仁王經》云：劫火洞然，大千俱壞。先生自言生平不讀佛書，見李顒《二曲集》卷十六《書牘上》附，故集中罕用佛典。偶有之，亦古人習用之語，不以佛典用之也。

〔二一〕夏亡四句　徐注：《書·禹貢》傳：禹制九州貢法。《正義》

曰：禹制貢法，故以《禹貢》名篇。賈公彥《序周禮廢興》：禮經三百，威儀三千。及周之衰，諸侯將踰法度，惡其害己，滅去其籍。又：其名《周禮》爲《尚書·周官》者，周天子之官也。又：然亡其《冬官》一篇，以《考工記》足之。故鄭氏傳曰：玄以爲括囊大典，網羅衆家，是以《周禮》大行後王之法。

〔二二〕賓天　蘧常案：皇祖，謂明太祖。周密《齊東野語》：度宗賓天。意同上賓。陸佃《埤雅序》：永裕上賓。皆謂帝王之死也。蓋宋人語，似取義道家説。《酉陽雜俎》引《仙經》云：換骨上賓。謂飛昇也。則賓天、上賓，即黃帝乘龍上天之意也。

〔二三〕天地句　蘧常案：劉敬叔《異苑》：晉太康二年冬，南州人見二白鶴語於橋下曰：今兹寒，不減堯崩年。

〔二四〕文物　徐注：《左傳》桓公二年：文物以紀之。

〔二五〕聘珍　徐注：《禮·儒行》：儒爲席上之珍以待聘。

〔二六〕逢掖　徐注：《禮·儒行》：衣逢掖之衣，冠章甫之冠。注：逢，大也。

〔二七〕定哀句　徐注：《史記·匈奴列傳》：孔子著《春秋》，隱、桓之間則章，至定、哀之際則微，爲其切當世之文而罔襃，忌諱之辭也。

〔二八〕董生語　徐注：《史記·太史公自序》：上大夫壺遂曰：昔孔子何爲而作《春秋》哉？太史公曰：吾聞董生曰：周道衰廢，孔子爲魯司寇，諸侯害之，大夫壅之。孔子知言之不用，道之不行也，是非二百四十二年之中，以爲天下儀表。貶天子，退諸侯，討大夫，以達王事而已矣。

〔二九〕曾對句　徐注：班固《西都賦》：有西都賓問於東都主人。
　　　　　　蘧常案：《東都賦》曰：今將語子以建武之治、永平之事。所對者，似謂此，蓋喻明之高、成諸帝也。

〔三〇〕便當二句　黄注：曹溶《絳雲樓書目敍》以爲"吳、潘底本出自亭林",蓋據亭林所蓄書,以爲二子底本所自出耳。非事實也。

　　蘧常案:《文集·與潘次耕書》云:吾昔年所蓄史事之書,並爲令兄取去。又《書吳潘二子事》:假予書千餘卷;又《答徐甥公肅書》云:所藏史録奏狀一二千本,悉爲亡友借觀。中郎被收,琴書俱盡。皆謂此兩句事也。溪上,謂韭溪,見本詩題注,詳後《酬歸祚明戴笠王仍潘檉章四子聯句見懷》詩題注。

閏五月十日恭謁孝陵

【解題】

　　蘧常案:《元譜》:閏五月初十日,五謁孝陵。

　　忌日仍逢閏〔一〕,星躔近一周。空山傳御幄,茀路想行騑〔二〕。寢殿神衣出〔三〕,祠官玉斚收〔四〕。蒸嘗憑絶隝,鞉磬託荒陬〔五〕。薄海哀思結,遺臣涕淚稠。禮應求草野,心可對玄幽〔六〕。寥落存王事,依稀奉月游〔七〕。尚餘歌頌在,長此侑春秋。

【彙校】

〔題〕徐注本,孫、吳、汪、曹各校本皆作"謁",潘刻本作"詣",誤。徐注本此與下一首《王處士自松江來》詩次《松江別張處士慤》詩後,與各本不同,誤。

【彙注】

〔一〕忌日句　徐注:《明史·太祖紀》:三十一年閏五月癸未,帝疾大漸。乙酉,崩於西宮,年七十一。《明史》志《禮十四·忌辰》:永樂元年,禮部尚書李至剛等奏定高皇帝忌辰前二日,帝服淺淡色衣,御西角門視事。至日親祀於奉先殿,仍率百官詣孝陵致祭。

〔二〕茀路句　原注:《國語》:道茀不可行也。　徐注:元稹《陽城驛》詩:步步駐行驂。

〔三〕寢殿句　原注:《漢書·孝平紀》:元始元年二月乙未,義陵寢神衣在柙中。丙申旦,衣在外牀上。寢令以急變聞,用太牢祠。《王莽傳》:地皇元年七月,杜陵便殿乘輿虎文衣廢藏在室匣中者,出自樹立外堂上,良久,乃委地。更卒見者以聞。莽惡之。

〔四〕玉斝　徐注:杜甫《朝享太廟賦》:芳菲菲兮玉斝。

　　蘧常案:《說文解字》:斝,玉爵也。或說受六升。《禮·明堂位》:夏后氏以琖,殷以斝,周以爵。王儉《漢武故事》:鄴縣有一人,于市貨玉盃。吏疑其御物,欲捕之,忽不見。縣送其器推問,乃茂陵中物也。

〔五〕烝嘗二句　徐注:《詩》:鞉磬柷圉。左思《吳都賦》:其荒陬譎詭。　黃注:蓋傷桂王之入雲南也。

　　蘧常案:《詩·小雅·天保》:禴祠烝嘗。《春秋繁露·四祭》:秋曰嘗,冬曰烝。賈昌期《羣經音辨》:經典烝祭之烝,多去艸。案:黃說是。"絕隩"、"荒陬",皆指雲南。或以"絕隩"指鍾山之桃花、道士、茱萸諸隩而言,非。時南京久淪於清,安有烝嘗可憑乎?《南疆逸史·永曆帝紀》:丙申十年春正月丙戌朔,上在安龍。李定國敗孫可望兵於田州,率兵疾趨安龍,迎駕入滇。可望偵知之,先遣白文選至安龍,促上移黔。太后聞之哭,從官亦哭。白文選見之心動,因以情告曰:姑遲行,俟西府至。遂以興徒不集報可望,陰留俟定國。

數日，定國至，遂奉之西走雲南。可望復使率兵邀之，定國已抵曲靖。時劉文秀守滇，亦素怨可望，聞定國至，即納之。沐天波迎上于馬龍驛。三月，上入雲南。又案：潘重規《顧亭林詩集》（中華書局標點本）校記，謂"陽"當作"陽"，字見司馬相如《上林賦》，今作"島"。明室傾覆之後，僅憑鄭成功延國祚於絕島之上。屈大均《感事》詩"落落一島是天南"，亦用"島"字。惟此詩爲清順治十二年作，時明永曆帝尚在南荒，至十八年始被殺，不得云僅憑鄭氏延國祚於絕島也。下句"託荒陬"，當亦指永曆。潘校或以此時明宗室多有往依鄭氏者，殆指此乎？

〔六〕薄海四句　段注：《漢書‧藝文志》：仲尼有言，禮失而求諸野。《後漢書‧朱浮傳》：中國失禮，求之于野。　黃注：知明之遺裔將盡，而禮在遺臣也。

　　蕙常案：永曆六年，孫可望殺宗室之在貴州者，故有遺裔將盡之歎也。

〔七〕月游　蕙常案：見卷二《恭謁孝陵》詩"衣冠"二句注。

王處士自松江來拜陵畢遂往蕪湖

【解題】

徐注：張《譜》：王處士即下同游栖洪橋之王潢。《乙卯年閏五月十日》詩有云：更憶王符老，飄零恨不同。自注：王徵君潢昔日同詣孝陵行香，今年七十七矣。車《譜》：潢，字元倬，上元人。父之藩，慷慨好義，潢能色養。崇禎丙子舉於鄉。先是，户部郎中倪篤之薦於朝，以賢良徵，不就。念世亂親老，賦《南陔》詩以見志。

著有《南陔集》,見《江寧府志》及《上元縣志》。

　　蘧常案:蕪湖,見卷二《蟂磯》詩"一磯"句注。

　　宵來騎白馬〔一〕,躡電向鍾山。忽遇窮途伴,相將一哭還。君來猶五月,不逐秦淮節〔二〕。攜手宿荒郊,行吟對宮闕。此去到蕪湖,山光似舊無?若經巡幸地,爲我少踟躕〔三〕!

【彙校】
〔相將〕徐注本,曹校本"將"作"期"。
【彙注】
〔一〕白馬　徐注:《拾遺記》:曹洪乘白馬,耳中風生,足不踐地。
〔二〕君來二句　徐注:《江寧府志》:正德庚辰午日,駕幸龍舟,故秦淮競渡爲勝游。
〔三〕爲我句　徐注:陶潛《贈羊長史》詩:路若經商山,爲我少躊躇。

桃　葉　歌

【解題】
　　蘧常案:釋智匠《古今樂録》:《桃葉歌》者,晉王子敬所作。桃葉,子敬妾名。緣於篤愛,所以歌也。案:子敬,王獻之字。

　　《桃葉歌》〔一〕,歌宛轉。舊日秦淮水清淺〔二〕,此曲之興自早晚〔三〕。青溪橋邊日欲斜〔四〕,白土岡下驅胡車〔五〕。

越州女子顏如花,中官采取來天家〔六〕,可憐馬上彈琵琶〔七〕。三月桃花四月葉,已報北兵屯六合〔八〕。兩宮塞上行〔九〕,日逐江東獵〔一〇〕。桃葉復桃根〔一一〕,殘英委白門。相逢冶城下〔一二〕,猶有六朝魂。

【彙校】

〔胡車〕潘刻本、徐注本、孫校本"胡"作"虞",韻目代字也。 〔兩宮〕潘刻本、徐注本作"宮車"。 〔日逐〕潘刻本、徐注本作"塞馬"。

【彙注】

〔一〕《桃葉歌》 原注:《隋書·五行志》:陳時江南盛歌王獻之《桃葉詞》。詞云:桃葉復桃葉,渡江不用楫。但渡無所苦,我自迎接汝。及隋晉王廣伐陳,置營桃葉山下。及韓擒虎渡江,大將任蠻奴至新林以導北軍,此其應也。 徐注:《江寧府志》:淮清橋東爲桃葉渡。

遽常案:王獻之所詠之桃葉渡,在江寧淮清橋東;隋兵所渡之桃葉,則在六合之桃葉山。本爲兩地,《隋書·五行志》加以牽合耳。徐注未析言之。

〔二〕秦淮 徐注:《建康實錄》:秦始皇東巡,望氣者云五百年後金陵有天子氣。因鑿鍾山,斷金陵長壠以洩之。今呼爲秦淮。

〔三〕此曲句 原注:《隋書·藝術傳》:樂人王令言妙達音律。大業末,煬帝將幸江都,令言之子嘗從,于戶外彈胡琵琶,作翻調《安公子》曲。令言時臥室中,聞之大驚,蹶然而起曰:變變!急呼其子,曰:此曲興自早晚?

遽常案:《小腆紀年》:揚州失守,舉朝惶惶。王師謀渡老鸛河、龍潭驛。探卒報我軍編木筏，乘風而下。無何，楊文驄令箭至，則云連發三炮，江筏粉碎矣。馬士英笞驛卒，而重賞楊使。自是警報寂然。夜有書長安門者：福人沈醉未醒，全憑馬上胡諂，幕府凱歌已休，猶聽阮中曲變。案：阮者，本樂器名，晉阮咸所造之月琴也。此借謂阮大鋮。

〔四〕青溪　徐注：《南畿志》：青溪發源鍾山，吳鑿東渠名青溪，九曲，有青溪小姑祠。《江寧府志》：青溪，其一自內橋至昇平橋與護龍河合，又過四象橋至淮清橋與淮水合。

〔五〕白土岡　徐注：《北史·賀若弼傳》：以大軍濟江襲陳南徐州，拔之，進屯蔣山之白土岡。

〔六〕越州二句　徐注：《獨斷》：天子無外，以天下爲家，故稱天家。《南略》：時上居深宮，惟漁幼女，飲火酒，伶官演戲爲樂。除夕，在興寧宮色忽不怡，韓贊周言：新宮宜歡。上曰：梨園殊少佳者。乙酉正月，馬、阮乃於舊院選進雛妓，由是曲中少女幾盡。四月十五，方選淑女於元輝殿。清兵已於十四日渡淮，將抵揚州。《吳詩箋注》：特遣內監田壯圖往杭州選到陳氏、王氏、李氏三人，命戶、工部各委官一員采辦中宮珠冠、禮冠三萬兩，常冠一萬兩。

　　蘧常案：梁昭明太子《五月啓》：蓮花汎水，艷如越女之顋。事詳卷一《金陵雜詩》第四首"正殿"、"中使"二句注。

〔七〕可憐句　徐注：《釋名》：琵琶，本出於胡中，馬上所鼓也。推手前曰琵，引手却曰琶。《樂府雜錄》：琵琶始自烏孫公主造，馬上彈之。吳偉業《玉京道人傳》：道人曰：吾在秦淮，見中山故第有女絕色，名在南內選擇中，未入宮而亂作，軍府以一鞭驅之去。

〔八〕三月二句　徐注：《方輿紀要》：六合縣，府北百三十里，東南至儀真縣七十里。《隋書》：開皇九年伐陳，晉王廣屯軍於六合鎮桃葉山，乘陳船而渡。桃葉渡由此而名，非王獻之渡桃葉處。《南略》：乙酉四月十四,清兵渡淮,十九,圍揚州。五月初九清兵渡江。

〔九〕兩宮句　蘧常案：顔師古《漢書·王莽傳》注：兩宫,謂帝與太后也。案此兩宫,謂弘光帝及其母后,"塞上行"謂被執北行也。《小腆紀年》：清順治二年,明弘光元年五月癸巳,明福王奔蕪湖。丙午,明叛將劉良佐挾福王至南京。九月甲寅,清豫王以福王歸於京師。明年五月,見殺。又：王師入皇城,太后微服,雜宮女逸出。弘光之拘於江寧縣也,與太后暨妃金氏共居一室。北上至淮,太后乘間墮水死。馬士英所挾之太后,僞也。此猶不知太后之道死,而曰"兩宫塞上行",以爲太后及弘光同北行也。

〔一〇〕日逐句　徐注：《三國志·吴主權傳》注引《江表傳》：曹公與權書曰：今治水軍八十萬衆,方與將軍會獵於江東。
　　　蘧常案：《漢書·宣帝紀》：匈奴日逐王先賢撣將人衆萬餘來降。《晉書·匈奴傳》：呼延氏最貴,則有左日逐、右日逐,世爲輔相。案：此日逐,當謂清豫王多鐸。

〔一一〕桃葉句　徐注：古樂府王獻之《桃葉歌》：桃葉復桃葉,桃樹連桃根。

〔一二〕冶城　徐注：《江寧府志》：冶城在上元縣治西。《世説》注引《丹楊記》曰：孫權築冶城,爲鼓鑄之所。

黄侍中祠在南京三山門外柵洪橋

【解題】

蘧常案：《明史·黄觀傳》：累官禮部右侍郎。建文初,更官制,左右侍中次尚書,改觀右侍中。車《譜》:栅洪橋祠,今已無跡可尋,城中金陵閘之祠,蓋續建也。

侍中名觀〔一〕,洪武二十四年殿試第一〔二〕。建文末〔三〕,奉詔募兵安慶,聞南京不守〔四〕,自沈於江。其妻翁氏及二女爲官所簿錄〔五〕,將給配象奴,亦赴水死。後人即其葬地爲侍中立祠〔六〕。

侍中祠下水奔渾〔七〕,有客悲歌叩郭門。古木夜交貞女冢〔八〕,光風春返大夫魂〔九〕。先朝侍從多忠節〔一〇〕,當代科名一狀元〔一一〕。莫道河山今便改,國於天地鎮長存〔一二〕。

【彙校】
〔奔渾〕孫校本作"雲昏"。
【彙注】
〔一〕侍中句　蘧常案:《明史・黃觀傳》:字伯瀾,一字尚賓,貴池人。父贅許,從許姓。
〔二〕洪武句　蘧常案:《明史》本傳:受學於元待制黃冔。冔死節,觀益自勵。洪武中,貢入太學,二十四年,會試廷試皆第一。累官禮部右侍郎,乃奏復姓。建文初,改右侍中,與方孝孺等並親用。
〔三〕建文句　蘧常案:《明史》本傳:燕王舉兵,觀草制諷其散兵歸藩,束身謝罪,辭極詆斥。四年,奏召募兵上游,且督諸郡兵赴援。至安慶,燕王已渡江入京師。下令暴左班文職姦臣罪狀,觀名在第六。
〔四〕聞南京句　蘧常案:《明史》本傳:觀聞金川門不守,命舟至羅刹磯,朝服東向拜,投湍急處死。

〔五〕其妻句　蕖常案:《明史》本傳:收其妻翁氏并二女給象奴,奴索釵釧市酒肴,翁氏悉與之,持去。急攜二女及家屬十人,投淮清橋下死。

〔六〕後人句　蕖常案:《江寧府志》:黃公祠在府治利涉橋左,一在府治馴象門外賽虹橋。趙用賢、葉向高、焦竑皆有碑記。《南雍志》"翁"作"雍"。案:"賽虹"當爲"栅洪"之音變。"翁氏"作"雍氏",諧音也。

〔七〕奔渾　徐注:元稹詩:安得天上雨,奔渾河海傾。

〔八〕古木句　徐注:《搜神記》:宋大夫韓馮取妻而美,康王奪之。馮自殺,妻自投臺下死。王怒,使人埋之,冢相望也。宿昔,有文梓木生於二冢之端,旬日而大合抱,屈體相就,根交於下。《明史·黃觀傳》:觀聞金川門不守,歎曰:吾妻有志節,必死。招魂葬之江上。初,觀妻投水時,嘔血石上,成小影,陰雨則見。後移至觀祠,名翁夫人血影石。今尚存。

〔九〕光風句　徐注:《楚詞》:光風轉蕙,汎崇蘭些。王逸注:光風謂雨已日出而風,草木皆有光也。《十洲記》:聚窟洲有神鳥山,多大樹,與楓相類而花葉香,名爲返魂樹。香氣聞數百里,死者聞香氣乃活。

〔一〇〕先朝句　徐注:《明史》齊泰、黃子澄、方孝孺、練子寧諸傳贊曰:齊、黃、方、練之儔,抱謀國之忠而乏制勝之策,然其忠憤激發,視刀鋸鼎鑊,甘之若飴,百世而下,凛凛猶有生氣,是豈泄然不卹國事,而以一死自謝者所可同日語哉!(蕖常案:徐注所引傳主過煩,因予删節。)

〔一一〕當代句　蕖常案:《宋史·馮京傳》:進士自鄉舉至廷試皆第一者三人:王曾、宋庠爲名宰相,馮京爲名執政,風節相映,不媿其科名焉。案:觀會試、廷試皆第一,官至侍中,故以馮京相況。《明史》志《選舉二》：廷試分一、二、三甲，以爲名第之次。一甲止三人，狀元、榜眼、探花，賜進士及第。

〔一二〕國於句　原注：《左傳》昭公元年：秦后子曰：國於天地，有與立焉。

王徵君潢具舟城西同楚二沙門小坐柵洪橋下

【解題】

　　蔣常案：王徵君潢見前《王處士自松江來》詩題注。餘見詩注。

　　大江從西來，東抵長干岡〔一〕。至今號柵洪，對城橫石梁〔二〕。此橋蓋古時立柵處，本當名柵江，後訛爲"洪"耳，猶射江之爲射洪也。落日照金陵，火旻生秋涼〔三〕。都城久塵坌〔四〕，出郊且相羊〔五〕。客有五六人，鼓枻歌滄浪〔六〕。盤中設瓜果，几案羅酒漿。上坐老沙門〔七〕，舊日名省郎〔八〕。熊君開元。曾折帝廷檻，幾死丹陛旁〔九〕。天子自明聖，畢竟誅安昌〔一〇〕。南走侍密勿〔一一〕，一身再奔亡〔一二〕。復有一少者，沈毅尤非常〔一三〕。釋名髡殘。不肯道姓名，世莫知行藏。其餘數君子，鬚眉各軒昂。爲我操南音，未言神已傷。流賊自中州，楚實當其吭。出入十五郡，南國無安疆〔一四〕。血成江漢流，骨與灊廬望〔一五〕。赫怒我先帝，親遣元臣行〔一六〕。北落開和門〔一七〕，三台動光芒〔一八〕。一旦賈大命,藩后殘荆襄[一九]。遂令三楚間[二〇],哀哉久戰場。寧南佩侯印,忽焉竟披猖。寧南侯左良玉。稱兵據上游,以國資戎羌[二一]。豈無材略士,忍死奔遐荒！落雁衡北回,窮烏樹南翔。可憐洞庭水,遺烈存中湘[二二]。何騰蛟追封中湘王。連營十三鎮[二三],恣肆無朝綱。夜半相誅屠,三宮離武岡[二四]。黔中亦楚地,君長皆印章[二五]。國家有驅除,往往用土狼[二六]。積雨閉摩泥,毒流漲昆明。蠻陬地斗絕,極目天茫茫[二七]。頃者西方兵,連歲爭辰陽。心悼黃屋遠,眼倦烽火忙[二八]。楚雖三戶存。其人故倔彊。崎嶇二君子,志意不可量。鄖公抗忠貞[二九],左徒吐潔芳[三〇]。舉頭是青天,不見日月光。何意多同心,合沓來諸方[三一]？僕本吳趨士[三二],雅志凌秋霜。適來新亭宴,得共賓主觴。戮力復神州,斯言固難忘。我寧爲楚囚,流涕空霑裳。

【彙校】

〔題〕潘道根《吳(映奎)譜校》云:"楚楚沙門"他本作"楚二沙門",未知孰是? 丕續案:蓋以"二"形近複符號而訛"楚",吳《譜》誤。 〔出郊〕徐注本,吳、汪、曹三校本"郊"作"門"。 〔尤非常〕徐注本、曹校本"尤"作"大"。 〔數君子〕冒校本"數"作"諸"。 〔上游〕潘刻本,孫、曹兩校本"游"作"流"。 〔戎羌〕潘刻本,徐注本,孫、曹兩校本作"東陽",韻目代字也。 〔黃屋〕潘刻本"黃"作"□"。 〔不可量〕潘刻本"可量"作"□□"。 〔日月光〕潘刻本、徐注本、孫校本"日月"作"二曜"。 〔復神州〕潘刻、徐注本、孫校本"復"作"事"。

【彙注】

〔一〕大江二句　徐注：《江寧府志》：大江發源岷山，合湘、漢、豫章諸水，西自安徽當塗縣流入江寧縣界。《梁京寺記》：建康南五里有山岡，其間平地有大長干、小長干、東長干。梁初起長干寺。

〔二〕對城句　徐注：陳直方《聞見錄》：明初築城，工部與應天府競勝。府有餘財，建石橋，名曰賽工。有所橋、江東橋、萬壽橋，皆石橋。

　　蘧常案："石梁"承上言，當指柵洪橋，非謂賽工、江東諸橋也。徐注非。

〔三〕火旻　徐注：謝靈運詩：火旻團朝露。

　　蘧常案：李善《文選》謝詩注：火，大火心星。七月，火星西流。《爾雅》：秋爲旻天。

〔四〕塵坌　徐注：《儀禮》：宰夫内拂几。注：内拂几，不欲塵坌尊者。

〔五〕相羊　蘧常案：《楚辭·離騷》：聊須臾以相羊。洪興祖《補注》：相羊，猶徘徊也。

〔六〕鼓枻句　徐注：《楚辭·漁父》：漁父莞爾而笑，鼓枻而去，遂歌曰：滄浪之水清兮，可以濯我纓。滄浪之水濁兮，可以濯我足。

〔七〕沙門　蘧常案：《阿含經》：舍離恩愛，出家修道，攝御諸根，不染外欲，慈心一切，無所傷害，遇樂不欣，逢苦不戚，能忍如此，故名沙門。釋法雲《翻譯名義集》：沙門或云桑門，此言功勞，言修道有多勞也。

〔八〕舊日句　蘧常案：《南史·王韶之傳》：晉自孝武以來，以省官一人管詔誥，住西省，因謂之西省郎。《明史·熊開元傳》：字魚山，嘉魚人，天啓五年進士。除知縣。徵授吏科給事中，貶秩調外。崇禎十三年,遷行人司副。帝以畿輔被兵求言,開元論周延儒,遣戍杭州。京師陷,福王召起吏科給事中,丁母艱不赴。唐王立,起工科左給事中,連擢左僉都御史,隨征東閣大學士,乞假歸。汀州破,棄家爲僧,隱蘇州之靈巖以終。案:省郎,謂給事中也。劉宋隸集書省,隋隸門下省,唐、宋因之。開元凡三授給事中,故特言之,非其最後官也。

〔九〕曾折二句　徐注:《漢書・朱雲傳》:願請尚方斬馬劍,斷佞臣一人頭。上問爲誰?曰:安昌侯張禹。上怒。御史將雲下,雲攀殿檻,檻折,呼曰:得從龍逢、比干游於地下,足矣!

　　蘧常案:朱彝尊《明詩綜・詩話》:魚山欲劾宜興,適思陵許奏事者于弘正門召對。及入見,宜興侍側,因言軍事而出。既而召見德政殿,輔臣亦入,乃言曰:《易傳》有云:君不密則失臣,臣不密則失君。臣所言,願輔臣暫退。思陵諭之曰:輔臣管密勿,熊開元前所奏,卿等皆可與聞,可以不退。是日不敢盡言。思陵命草疏入,仍有茶果餅餌之賜。迨疏入,遂被收,思陵怒且不測矣。會姜公如農疏有"皇上何所見而云然乎"等語,怒益甚。兩公受杖之苦,用刑之慘,其不死者幸也。爰書既上,思陵一曰"讒譖輔弼",再曰"讒譖陰狡",三曰"謗毀狡肆",人皆疑思陵曲護宜興。獨尹樞部宣子謂思陵時已恚宜興,命魚山具疏者,度必列款,欲據之,便按問。及見疏,乃曰:如此不痛不癢,思兩邊做好人耶?蓋實怒其不力,而反以誹謗大臣爲罪,非思陵本意也。

〔一〇〕天子二句　徐注:《漢書・谷永傳》:天子發明聖之德。

　　蘧常案:安昌喻周延儒。《明史・奸臣傳》:延儒,宜興人,性警敏,善伺意指。崇禎十四年,復爲首輔,帝尊禮特重。實庸懦無材略,且貪。當天下大亂,一無所謀畫。門下客因緣爲奸利。又信用文選郎吳昌時輩。行人司副熊開元廷劾延儒納賄狀,觸帝怒,下詔獄。已而御史劾吳昌時贓私巨萬,大抵牽連延儒,而中言昌時通中官,洩漏機密。給事中曹良直亦劾延儒十大罪。帝怒甚,親鞫昌時,下獄論死。始有意誅延儒,遣緹騎逮入京師,勒自盡,籍其家。

〔一一〕南走句　蔣常案:南走,見前"舊日"句注。密勿,見卷一《帝京篇》"密切"句注。

〔一二〕一身句　蔣常案:亦見前"舊日"句注。

〔一三〕復有二句　蔣常案:《小腆紀傳·方外列傳》:髡殘字介丘,號石谿,武陵劉氏子。一夕,大哭不已,引刀自薙其頭,血流被面。同里教諭龍人儼,儒而禪者也,一見絕愛之,令遊江南參學。至白門,反楚,居桃源;再往白門,謁浪杖人,一見皈依。所交遊皆前朝遺逸,顧炎武其一也。髡殘脫略一切,獨嗔怒不可解。疾革,語大衆:死後焚骨灰投大江中。衆從之。歿後十餘年,有瞽僧至燕子磯,募工升絕壁,刻"石谿禪師沈骨處"。

〔一四〕流賊四句　徐注:《史記·天官書》:夜半建者衡。衡,殷中州河、濟之間。《爾雅·釋鳥》:亢,鳥嚨。注:謂喉嚨,通作吭。《明史·李自成傳》:十四年正月,自成陷河南,福王遇害。十五年九月,決河灌開封,合革、左五營西迎孫傳庭兵於南陽,傳庭軍潰走。豫人所謂柿園之敗也。時清兵南侵,京師告急,不暇復討賊。自成乃收羣賊,連營五百里,再屠南陽,攻汝寧,虎大威中礮死。遂由確山、信陽、泌陽向襄陽。左良玉望風南走。自成入襄陽,分徇屬城及德安諸州縣,皆下。再破夷陵、荆門州。自成自攻荆州,湘陰王儼鉙遇害。十六年春,陷承天,旁掠潛山、京山、雲夢、黃陂、孝感諸州縣,先驅偪漢陽,攻郢陽。自成在中州所掠城,輒焚燬之。及渡漢江,謀以荆、襄爲根本,改襄陽曰襄京,改禹州曰均平府,承天府曰揚武州，他府縣多所更易。使高一功、馮雄守襄陽，任繼光守荆州，藺養成、牛萬成守夷陵，王文曜守澧州，白旺守安陸，蕭雲林守荆門，謝應龍守漢州，周鳳梧守禹州。又《張獻忠傳》：獻忠入湖廣。是時，河南、湖廣賊十五家，惟獻忠最狡黠驍勁。十一年春，遣間齎重幣獻陳洪範，願率所部降。洪範喜，爲告熊文燦，受其降。獻忠遂據穀城，請十萬人餉。明年，獻忠訓卒，治甲仗。言者頗疑其欲反，帝方信兵部尚書楊嗣昌言，謂文燦能辦賊也。夏五月，獻忠反，躐穀城，陷房縣，十三家降賊，一時並叛。嗣昌拜大學士，乃自請督師。時羣賊大掠，賀一龍、賀錦犯隨、應、麻、黃，與官軍相持；汝才及過天星竄伏漳、房、興遠；獻忠踞湖廣、四川界，將西犯。十三年，入川。十四年正月東出，取軍符給陷襄陽城，縛襄王翊銘殺之。分軍陷隨州，犯茶山、應城，入泌陽，拔鄖西，羣盜附者萬計。十六年春，連陷廣濟、蘄州、蘄水，入黃州。麻城人湯志以城降。獻忠改麻城爲州，又西陷漢陽渡，陷武昌，執楚王華奎，籠而沈諸江。盡殺楚宗室，錄男子二十以下十五以上爲兵，餘皆殺之。

蘧常案：先生《明季實錄》附錄蒼梧兄《酉陽隨筆》：湖廣不一年而失十四府，所存者惟辰州耳。襄陽以壬午十二月初二日破，荆州十二月十六日破，承天癸未元旦破，漢陽三月二十二日破，黃州三月二十三日破，武昌三月三十日破，岳州八月初五日破，長沙八月二十三日破，衡州八月二十九日破，常德三月初十日破，十一月二十三日再破，惟鄖陽、德安之破，不記月日。又，"柿園"疑作"柹園"，《明史・孫傳庭傳》、紀昀《閱微草堂筆記》雖均作"柿園"，但《明史》孫傳謂士卒採青柿爲食，時當秋日，正晉、豫間柿青之時。柿爲木片，雖青，亦豈堪食？或以草根樹皮當之，亦非。附書存疑。

〔一五〕灊廬　徐注：《一統志》：灊山西北一曰皖山，一曰天柱山，漢武帝南巡狩，禮灊之天柱山，以代南嶽。又：廬山，南康山之南，九江山之陰，疊嶂九層，崇巖萬仞，周五百餘里，有香爐峰、康王谷，石梁瀑布諸勝。

〔一六〕赫怒二句　徐注：《詩》：王赫斯怒。
　　蘧常案：元臣謂楊嗣昌也。《明史・楊嗣昌傳》：十二年五月，熊文燦所撫張獻忠反，穀城羅汝才九營皆反。八月，羅猴山敗書聞。帝大驚，詔逮文燦。特旨命嗣昌督師，賜尚方劍，以便宜誅賞。九月四日，召見賜宴，手觴三爵，御製贈行詩一章。嗣昌跪誦拜且泣。越二日陛辭，二十九日，抵襄陽。

〔一七〕北落句　原注：《宋史・天文志》：北落師門一星，在羽林軍南。北者，宿在北方；落者，天軍之藩落也。師門，猶軍門。　徐注：《周禮・大司馬》注：軍門曰和，立兩旌以爲之，致和出用，次第出和門也。

〔一八〕三台句　蘧常案：見卷二《隆武二年八月上出狩》詩"台星"句注。《史記・天官書・正義》：三能，大臣象也。暗而遠斗，臣不死則奪。案：三能即三台，亦詳此詩"台星"句注。或以《天官書》"賊星數動，有光出，則禍合天下"釋此，則與"三台"何涉耶？

〔一九〕一旦二句　徐注：《韓非子》：天有大命，人有大命。
　　蘧常案：藩后，謂襄王翊銘也。《明史・楊嗣昌傳》：崇禎十四年正月，嗣昌知賊必出川，遂統舟師下雲陽，檄諸軍陸行追賊，賊折而東返，歸路盡空，不可復遏。賊遂下夔門，抵興山，攻當陽，犯荊門。獻忠自以輕騎一日夜馳三百里。殺督師使者於道，取軍符，以二月十一日抵襄陽近郊。以二十八騎持軍符先馳，呼城門守者，合符而信，入之。夜半從中起，城遂陷。獻忠縛襄王置堂下，屬之酒曰：吾欲斷楊嗣昌頭,嗣昌在遠,今借王頭,俾嗣昌以陷藩伏法,王努力盡此酒。遂害之。未幾,渡漢水,走河南。嗣昌初以襄陽重鎮,倚爲天險,賊乃出不意而破之。嗣昌在夷陵,驚悸,上疏請死。聞洛陽已於正月被陷,福王遇害,益憂懼,遂不食,以三月朔日卒。

〔二〇〕三楚　徐注:《史記‧貨殖列傳》:自淮北沛、陳、汝南、南郡,此西楚也;彭城以東東海、吳、廣陵,此東楚也;衡山、九江、江南、豫章、長沙,是南楚也。

〔二一〕寧南四句　蕖常案:《明史‧左良玉傳》:良玉字崑山,臨清人。官遼東車右營都司。已,隸昌平督治侍郎侯恂麾下,薦爲副將。良玉目不知書,多智謀,撫士卒得其歡心,以故戰輒有功,署都督僉事,爲援剿總兵官。崇禎十三年,拜平賊將軍,寖驕,不肯受督師約束,亦漸衰多病,不復能與李自成角矣。十六年,自成入關,良玉掎賊後,收其空虛地,以自爲功。十七年正月,詔封爲寧南伯。福王立,晉爲侯,南都倚爲屏蔽。良玉之起由侯恂,恂,故東林也。馬士英、阮大鋮用事,慮東林倚良玉爲難,謾語修好而陰忌之,築西防。良玉歎曰:今西何所防?殆防我耳!會朝事日非,監軍御史黃澍挾良玉勢,面觸馬、阮。既返,遣緹騎逮澍,良玉不遣。澍與諸將日以清君側爲請,良玉躊躅,弗應。亡何,有北來太子事。澍借此激眾,以報己怨,召三十六營大將,與之盟。良玉反意乃決,傳檄討馬士英。自漢口達蘄州,列舟二百餘里。良玉疾已劇,至九江,嘔血數升死。楊陸榮《三潘紀事本末》:乙酉三月,大兵入儀封,破歸、睢,進逼江北,直下淮、潁。四月,左良玉以掃清君側爲名,提兵下九江。遣靖南伯黃得功禦之。上游空虛。五月初九,大兵渡江,一技不施。另詳後《賈倉部必選説易》詩"都城防虜"注。韓愈《此日足可惜》詩:詭怪相披猖。

〔二二〕可憐二句　蕅常案："洞庭"、"何騰蛟"皆見卷二《懷人》詩"似是"句注。

〔二三〕十三鎮　蕅常案：見卷一《賦得江介多悲風》詩題注。

〔二四〕夜半二句　蕅常案：《南略·武岡播遷始末》：劉承胤鎮守武岡。丁亥正月，永曆駕躓桂林，承胤具疏迎駕。三月，車駕幸武岡，承胤遂挾天子作威福。時總兵張先璧自江西潰入，欲入朝，承胤弗許。先璧怒，駐兵武岡城外，承胤與戰，屢為所敗，相持不解。八月，清兵破常德，上召承胤，茫然無策，但強言"我兵多，他決不敢來"。越數日，警報迭至，承胤與部下密議投降。上覺之，與輔臣吳炳議，由古泥幸柳州。二十五日，上奉兩宮太后先發，上及中宮隨行，至二渡水，車駕甫過，而浮橋遂斷。循大道，竟抵靖州，乃由古泥幸柳州。《明史》志《地理五》：湖廣寶慶府領武岡州，洪武元年為府，九年四月降為州。以州治武岡縣省入來屬。東距府二百八十里。

〔二五〕黔中二句　徐注：案：孫可望據黔挾封秦王，滇、黔降賊及諸鎮將無不封公侯者。《明史·文安之傳》：桂王奔南寧，安之自請督師，加諸鎮封爵，王從之。進諸將王光興、郝永忠、劉體仁、袁宗第、李來亨、王友進、塔天寶、馬雲翔、郝珍、李復榮、譚弘、譚詣、譚文、党守素等公侯爵，即令安之齎敕印行。

〔二六〕國家二句　徐注：《明史》志《兵三》：西南邊服有各土司兵。湖南永順、保靖二宣慰所部，廣西東蘭、那地、南丹、歸順諸狼兵，四川酉陽、石砫秦氏、冉氏諸司，宣力最多。末年邊事急，有司專以調三省土司為長策，其利害亦恒相半云。又《土司傳》：調遣日繁，急而生變，恃功怙過，侵擾益深，故歷朝徵發，利害各半。天啓二年，調保靖土司彭象乾兵五千援遼，以病戰於渾河，子姪親兵全軍皆没，一門殉戰，義烈爲土司冠云。酉陽宣撫司冉躍龍兵四千援遼，再援瀋陽，其弟見龍戰死。石砫女土司秦良玉援遼勦賊，尤所向克捷。崇禎三年，永平四城失守，良玉與子翼明奉詔勤王，出家財濟餉。莊烈帝優詔褒美，召見平臺，賜彩幣羊酒，賦四詩旌其功。良玉自京師還，專辦蜀賊。川撫邵捷春不用其計，良玉乃歎息歸。獻忠陷蜀，良玉悉召所部，誓曰：有從賊者族無赦！乃分兵守四境。賊徧招土司，獨無敢至石砫者。石屏州土官舍人龍在田亦以戰功著，擢副總兵。破賀一龍、李萬慶於雙溝。又大破賊固始，斬首三千五百有奇，諸將多忌，在田罷歸。又《朱天麟傳》：乃奉命經略左右兩江土司，以爲勤王之助。又《楊廷麟傳》：廷麟，字伯祥，清江人。赴贛招峒蠻張安等四營，降之，號龍武新軍。聞王將由汀赴贛，將往迎王。四月，大兵逼城下，廷麟遣使調廣西狼兵，而身往雩都趣新軍。又《萬元吉傳》：廷麟調廣西狼兵八千人踰嶺，亦不即赴。城破，廷麟、元吉皆赴水死。　李注：杜甫《留花門》詩：中原有驅除，隱忍用此物。

　　蘧常案：徐注尚得詩意，惟所引多誤。彭象乾援遼，在萬曆四十七年；其子姪親兵戰没，在天啓元年，徐皆誤爲天啓二年。秦良玉、龍在田《明史》有列傳，徐引之乃混入《土司傳》。秦翼明乃良玉兄邦屏子，於良玉爲姪，徐誤爲子。《兵志》酉陽謂冉躍龍，石砫謂秦良玉，徐於秦氏、冉氏誤倒。《明史·兵志》語扼要，《土司》等傳則支蔓，因以《兵志》列前。

〔二七〕積雨四句　徐注：《明史·朱燮元傳》：閔夢得以偏沅巡撫代燮元，陳用兵機宜，請自永寧始，次普市、摩泥、赤水，百五十里皆坦途。赤水有城，可屯兵。又《楊畏知傳》：乙酉，武定土官吾必奎反，連陷禄、通、豐、廣諸縣及楚雄府。畏知督兵復楚雄。而阿迷土官沙定洲繼亂，據雲南。沐天波走楚雄，畏知說天波走永昌，而已以楚雄當定洲。定洲至，畏知復紿之分兵陷大理、蒙化。畏知乘間清野繕堞，徵鄰境援兵。定洲還攻楚雄，不能下。

蘧常案：此四句，似謂孫可望。可望本名可旺。《小腆紀傳·逆臣傳》：張獻忠死，可旺與李定國等率餘衆破涪江、遵義，入貴州。時雲南苦沙定洲之亂，石屏副將龍在田遣使告急於可旺，因詐稱黔國焦夫人弟，舉兵復讎。滇人延頸望之，而不知其爲賊也。既破沙賊於革泥關，遂屠曲靖，連陷南寧、師宗，進逼楚雄。巡撫楊畏知拒戰敗，可旺與同鄉，重之，願相與同扶明室。畏知要以三事，皆許諾，用是定迤西八郡。別遣定國定迤東八郡。可旺既據有雲南，恥名不雅，改可望，自稱平東王，謀竊大號。其下稱之曰"國主"。庚寅九月，親至貴州，執貴陽鎮皮熊，奪其兵。令貴州所屬文武，呈繳濫劄，裁革文武職銜名，無敢抗拒者。惟巡按御史郭承汾、威清道黃應運、總兵姚某、劉某等六人，詬賊求死。可望怒，縛六人於地，驅劣馬數十蹴踏之，籍其家，陳尸平越之四門，以怖不順己者。己丑春，可望遣楊畏知等進表求王封，議久不決。可望怒，不能待，遣其將率勁兵五千，稱迎扈，殺閣臣嚴起恒及沮封之尚書楊鼎和、給事中劉堯珍、吳霖、張載述於南寧舟中。畏知因痛哭自劾，極言可望擅殺大臣罪。可望召而殺之。壬辰正月，可望迎駕，上至安隆，將吏無人臣禮。馬吉翔、龐天壽之徒，詔附可望，謀逼上禪位，擬國號曰後明。上聞之懼，與閣臣吳貞毓等謀，遣主事林青陽齎密敕召定國入衛。謀洩，甲午三月，可望遣其將至安龍，械貞毓等十八人殺之。事詳卷二《昔有》詩第二首"河陰"二句注。此所謂"積雨閉摩泥，毒流漲昆明"歟？摩泥，《明史·地理志》作"摩尼"，貴州赤水衞領所有摩尼千戶所。注：衞北，洪武二十二年九月置。孫可望事與下文銜接，徐注則以爲乙酉事，與是時相距十餘年，非。左思《魏都賦》：蠻陬夷落。

〔二八〕頃者四句　徐注：《明史·諸王傳》：可望以妻子在滇，未敢動。明年由榔送其妻子還黔，遂舉兵與定國戰於三垒。《方輿紀要》：湖廣辰州府，秦黔中，隋曰辰州。《明史·諸王傳》：十一年，李定國敗於新會，將由安龍入滇。可望患之，促由榔移貴陽就己。由榔故遲行。定國至，奉由榔由安南衞走雲南。　全云：謂李定國兵。

蘧常案：《行在陽秋》：永曆元年丁亥十月，清攻辰州，榮王遇害。三年己丑二月朔，張先璧率水陸兵數萬攻辰州，不克。六年十一月十三日，官軍復衡州，擒清辰州總兵徐勇及劉升祚等。十年九月十九日，清入辰州。《小腆紀年》：順治九年，明永曆六年十一月，明白文選復取辰州。初，桂林之破也（案：謂李定國破桂林），明兵屯荔溪，距辰州四十里。我總兵徐勇渡江迎戰。尋命敬謹親王尼堪進剿，未至而明兵攻掠益急，勇援絕餉匱，堅不下。可望自至沅州遣白文選以儸㑩兵五萬，列象陣進攻。我將張鵬、吳光霈迎戰，並敗沒。勇方督戰北門樓，明兵已自東門入，勇巷戰，中創墮馬死。十年三月，孫可望自將追李定國，與清兵遇於寶慶，大敗；既而李定國亦敗於肇慶；白文選又敗於辰州；凡所得州縣皆爲清師所復取，於是楚事大變矣。案：詳詩意，似謂復辰州，猶用土司兵，但以同室操戈，無濟大事。永曆入雲南，則"黃屋"益"遠"，孫、李相爭，則"眼倦烽火"矣。全以西方兵屬李定國，非。徐注以"連歲爭"爲孫、李相爭，以三垒當辰陽，亦誤。

〔二九〕鄖公句　徐注：《明史·楊畏知傳》：文安侯馬吉翔請封可望澂江王。使者言"非秦不敢復命"。會鄖國公高必正等入朝,召使者言:本朝無異姓封王例,我破京師,逼死先帝,滔天大罪,蒙恩赦宥,亦止公爵爾,張氏竊據一隅,罪固減等,封上公足矣,安能封王爵?自今當與我同心報國,洗去賊名,毋欺朝廷孱弱,我兩家士馬足相當也。又致書可望,詞義嚴正。使者唯唯退,議遂寢。必正者,自成妻弟,名一功,同陷京師者也。又:李赤心諸營皆曰忠貞營。

　　蘧常案:郳公疑非高必正。此所云"郳公"、"左徒"皆在上所云"客有五六人"中。考《小腆紀年》云:高必正、李來亨之衆,久竄賓、橫、南寧間,畏王師之逼,率衆渡瀘,分據川、湖,耕田自給。川中舊將王光興、譚弘等附之,衆猶數十萬。來亨,赤心養子。赤心死,推必正爲主。必正死。而來亨代之焉。則此時必正必無棄軍東游之事,此其一。前所云熊開元、髡殘,後所云左徒,皆係文人;必正武人,實非其儕,此其二。詩前云"其餘數君子,爲我操南音",郳公、左徒皆在其列,必正北人,此其三。頗疑郳公爲郳陽兵備道高斗樞。《小腆紀傳》:斗樞字象先,鄞人。崇禎戊辰進士。十四年六月,進按察使。撫治王永祚移斗樞守郳陽,闖軍四至,皆大創去。當是時,湖南、北十四郡皆陷,郳獨存。南都陷,與子宇泰與於江上之役,累被名捕,竟得脱。蓋合於詩所謂"抗忠貞"者,且係文士,南人,亦皆合。惟"崎嶇"云云,不可考。

〔三〇〕左徒句　徐注:《史記·屈原傳》:爲楚懷王左徒。又:其志潔,故其稱物芳。　冒云:左徒疑屈大均。

　　蘧常案:冒説近是。番禺鄔慶時《屈翁山年譜》據屈大均《華嚴寶鏡跋》謂"本年大均侍道獨于海幢寺",又據梁紹壬《兩般秋雨盦隨筆》謂"大均曾爲海幢寺僧",海幢寺在河南。或大均雲遊,便道出江寧,而與此會歟?《譜》又據《翁山佚文輯·送凌子歸秣陵序》云:己亥(案:爲永曆十三年,順治十六年)三月十九日,在秣陵,與林茂之古度、方爾止文、楊炯伯、洪方舟、湯玄翼燕生諸遺民,集王元倬璜南陔草堂。王元倬璜,即此王徵君潢。"璜"蓋"潢"之誤。或大均與潢之定交,已在此年乎?姑備一説。大均事詳卷五《屈山人大均自關中至》詩題注。

〔三一〕何意二句　徐注:《易》:二人同心。王褒《洞簫賦》:薄索合沓,罔象相承。注:合沓,重沓也。

〔三二〕吳趨　蔣常案:《古今注》:《吳趨曲》,吳人以歌其地也。

攝　　山

【解題】

徐注:《江寧府志·山水》:攝山,在上元東北四十里,一名繖山,一名棲霞山。有千佛嶺、唐公巖、中峰澗,周迴四十里,高一百三十二丈。

蔣常案:王士禛《遊攝山記》:山爲鍾阜支脈,多藥草,可攝生,故名。

徵君舊宅此山中〔一〕,山館屍顔往蹟空〔二〕。藥徑春添千嶂雨〔三〕,松崖夜起六朝風〔四〕。忘情魚鳥天機合,適意川巖物象同〔五〕。一入籬門人世別〔六〕,幾人能不拜蕭公〔七〕?

【彙注】

〔一〕徵君句　徐注:《南齊書·明僧紹傳》:字承烈,平原鬲人也。

宋元嘉中，再舉秀才，明經有儒術。隱長廣郡嶗山，聚徒立學。淮北沒虜，乃南渡江。昇明中，太祖徵爲記室參軍，不至。建元元年，徵爲正員外郎，稱疾不就。住江乘攝山。太祖謂僧紹弟慶符曰：卿兄高尚其事，亦堯之外臣，朕雖不相接，有時通夢。遺僧紹竹根如意、筍籜冠。僧紹聞沙門釋僧遠風德，往候定林寺。太祖欲出寺見之。僧遠問僧紹曰：天子若來，居士若爲相待？僧紹曰：山藪之人，政當鑿坏以遁。若辭不獲命，便當依戴公故事耳。《江寧府志》：棲霞寺在攝山，南齊明僧紹故宅。永明七年，舍爲寺。陳江總有碑。

　　蘧常案：《遊攝山記》：東北一峰，卓立天外，散爲三峰，鬱爲精藍者，棲霞寺也。循中峰澗而上，出紫峰閣，取道峰左，緣中峰澗東北行，得優曇庵。再上，白雲庵，即明公故宅。從密竹中訪之，地稍閑曠，可以見遠。案：據此，則明僧紹故宅爲白雲庵，而非棲霞寺矣。

〔二〕屠顔　原注：《漢書‧司馬相如傳》：放散畔岸，驤以屠顔。顔師古曰：屠顔，不齊也。

〔三〕藥徑句　徐注：江總《攝山棲霞寺碑》：南徐州琅琊郡江乘縣有攝山，尹先生記云：山多藥草，可以攝養。

　　蘧常案：藥徑，見題注。《遊攝山記》：攝山兩峰相對，中外隔絶，層巒疊巘，凸凹起伏。

〔四〕松崖句　徐注：《江寧府志》：又南爲萬松山房，下有大石，刻"醒石"二字。左爲般若臺，臺右爲珍珠泉。又有六朝松。蔡甘泉詩"寺門閒煞六朝松"，龔文思詩"到門先見六朝松"是也。

〔五〕適意句　徐注：《江寧府志》：棲霞寺中峰澗水從石蓮孔中噴出爲品外泉；倚山石佛千身，爲千佛巖、紗帽峰、明月臺。循中峰而上有白鹿泉、珍珠泉、疊浪巖；再上爲天開巖，爲明徵君宅。後有白乳泉、僧寮倚山架壁，各擅其勝。

〔六〕一入籬門　原注：《宫苑記》：舊京南北兩岸籬門五十六所，蓋京邑之郊門也。江左初立，並用籬爲之，故曰籬門。《南齊書·王儉傳》：宋世外六門設竹籬。建元初，有發白虎樽者，言"白門三重門，竹籬穿不完"。上感其言，改立都牆。　徐注：《南史》：梁散騎常侍韋載有田十餘頃在江乘縣之白山。築室屏居，不入籬者十載。

〔七〕幾人句　冒云：言拜於車下之巢、由多也。

蘧常案：見上"徵君"句注。蕭公，指齊高帝蕭道成。

賈倉部必選説易

【解題】

徐注：《江寧府志·儒林》：賈必選，字徙南，上元人。萬曆己酉舉人，官户部主事，筦西新倉。時巨璫總理兩部，復遣其黨分伺六倉。必選盡黜陋規，無所染，璫爲稍斂。會同官倪篤之以屯豆下獄，必選知其冤，據事陳辯，謫九江幕。俄選桂林司理，升南工部虞衡司，未任，丁父艱歸，即杜門不出，以講《易》著書爲事。卒年八十七。著《松蔭堂學易》行世。

昔年清望動公車〔一〕，此日耆英有幾家〔二〕。古注已聞傳孟喜〔三〕，遺文仍許授侯芭〔四〕。竹牀排硯頻添墨，石屋支鐺旋煮茶。更說都城防虜事〔五〕，至今流涕賈長沙〔六〕。

【彙校】

〔防虜〕潘刻本、徐注本、孫校本"虜"作"寇"。

【彙注】

〔一〕昔年句　段注：《南史·張緒傳》：少有清望。

　　　蔣常案：《後漢書·光武紀》：遣詣公車。注：公車，門名，公車所在，因以名焉。此謂舉人入京應禮部試。

〔二〕耆英　徐注：《宋史·文彥博傳》：彥博與富弼、司馬光等十三人用白居易九老會故事，置酒賦詩相樂，序齒不序官，爲堂繪象其中，謂之洛陽耆英會。

　　　蔣常案：賈必選爲萬曆己酉舉人，至此已四十七年，年必耄老，故以耆英擬之。

〔三〕古注句　原注：《漢書·儒林傳》：蜀人趙賓好小數書。後爲《易》，持論巧慧，《易》家不能難云。受孟喜，喜爲名之。　徐注：《漢書·儒林傳》：孟喜，字長卿，蘭陵人。從田王孫受《易》，舉孝廉爲郎，曲臺署長。

〔四〕遺文句　徐注：《漢書·揚雄傳》：侯芭，鉅鹿人。常從雄居，受其《太玄》、《法言》。

〔五〕都城防虜　蔣常案：《小腆紀傳·弘光紀》：順治元年十一月，時邊警日逼，上深居禁中，惟漁幼女，縱酒演劇，工役不已，宴賚不訾。佃練湖，放洋舶，鹽場蘆洲之課，搜括殆盡。內則張執中、田成，外則阮大鋮、楊維垣，比周固寵，政以賄成。十二月乙卯朔，我清兵下河南，許定國、李際遇已潛約降，而舉朝莫之知也。戊寅，清兵自孟津渡河。清順治二年，上在南京，稱弘光元年。三月戊申，左良玉舉兵反，焚武昌東下。命史可法督諸軍入援。四月乙丑，清兵取泗州，丙寅渡淮。史可法退保揚州，連章告急，言"上游不過欲除君側之奸，未敢與君父爲難；北兵至，則宗社可虞"。大理寺卿姚思孝等請備淮、揚。上諭士英曰：良玉雖不應興兵，然看他本上，原不曾反；淮、揚急則赴淮、揚。馬士英厲聲指諸臣曰：此皆良玉死黨爲游說。我君臣寧死於清,不可死良玉手。上無如何也。丁丑,清兵克揚州。庚寅,蔽江而南,諸軍悉潰,遂取鎮江。辛卯,都中各城閉門。上集梨園子弟,雜坐酣飲。漏二鼓,與内官數十人跨馬出通濟門,文武百官無知者。癸巳,總督京營忻城伯趙之龍具表迎降。

〔六〕流涕賈長沙　蘧常案:賈長沙見卷一《帝京篇》"文才"句注。《漢書·賈誼傳》:拜爲梁懷王太傅。是時匈奴彊,侵邊;天下初定,制度疏闊,諸侯王僭儗,地過古制,淮南、濟北王皆以逆誅。誼上疏陳政事,多所欲匡建。其大略曰:臣竊惟事勢可爲痛哭者一,可爲流涕者二,可爲長太息者六。

出　郭 二首

【解題】

蘧常案:此以詩首二字爲題。或謂用王稽事,則題謂"出郭",似非泛言。《博異志》云:馬燧寓遊北京,謁府主不見,寄於園吏。吏曰:莫欲謁護戎否?護戎諱數字,若犯之,無逃其死。明晨入謁,果犯諱,庭叱而出。園吏匿燧於糞車中,載出郭而逃。似用此事,言避禍也。與下詩有關合。

出郭初投飯店,入城復到茶庵〔一〕。秦客王稽至此,待我三亭之南〔二〕。

【彙校】

〔題〕此首朱刻本,孫託荀校本,孫、汪兩校本皆有,潘刻本、徐注本無。朱刻本,孫校本題作"《六言》"。孫校本二首誤合爲一。朱刻本注云:柔兆涒灘,《旅中》詩前,丙申。孫託荀校本注云:《賈倉部》詩後。

【彙注】

〔一〕出郭二句　蘧常案:此一出一入,似敍當時實事,蓋有所期也。

〔二〕秦客二句　蘧常案:《史記·范雎列傳》:須賈爲魏昭王使於齊,范雎從。齊襄王聞雎辯口,乃使人賜雎金及牛酒,雎辭謝。須賈以爲雎持魏國陰事告齊,以告魏相魏齊。齊大怒,使舍人笞擊雎。佯死得出。魏人鄭安平聞之,乃遂操范雎亡,更名姓曰張禄。當此時,秦昭王使謁者王稽於魏,鄭安平侍王稽。王稽問魏有賢人可與俱西游者乎?鄭安平曰:臣里中有張禄先生,欲見君言天下事。其人有仇,不敢晝見。王稽曰:夜與俱來。鄭安平夜與張禄見王稽,語未究,王稽知范雎賢,謂曰:先生待我於三亭之南。與私約而去。王稽辭魏去,過載范雎入秦。《括地志》:三亭岡,在汴州尉氏縣西南三十七里。案:王稽云云,當有所託。疑南明當有使至。此詩與下《旅中》詩似前後一事。惟當是約後獨行,並非同載而去,下詩所謂"愁人獨遠征"也。然所期仍不能達,與前丁亥秋海上之行相同,故其末云"買臣將五十,何處謁承明"也。時永曆初入雲南;魯王已去監國號,鄭成功奉居金門;成功方應永曆詔,欲北上爭衡。則先生此行,或滇或閩乎?又案:此行與避禍亦有關,據年譜,松江獄解後,葉氏憾不釋,遣刺客狙擊,詳前《贈路光禄太平詩序》"豪計不行"注。此次決於遠征,實亦一因,故詩使馬燧、王稽二事,皆言避禍也。南行既不遂,乃有明歲北游之計,故歸莊送先生北遊序,特詳言葉氏事。且云"寧人之出也,其將爲伍員之奔吳乎,范雎之入秦乎",言范雎與此合,可以推想也。

相逢問我名姓,資中故王大夫〔一〕。此時不用便了,只須自出提酤〔二〕。

【彙注】

〔一〕相逢二句　蘧常案:下詩云"甘心變姓名",則此所謂"問我名姓"、"資中故王大夫"者,當即所變之姓名矣。《蔣山傭殘稿·與李紫瀾書》有云:第五倫變姓名,自稱王伯齊,往來河東,陌上號爲道士。親友故人,莫知其處,心竊慕之。其所以變名爲王姓與? 又案:卷二《贈鄔處士繼恩》詩有云:"去去復棲棲,河東王伯齊",則已以伯齊自命矣。據《後漢書·第五倫傳》,倫晚遇光武,得柄用,此先生所以自期。與卷二《翦髮》詩"功名會有時,杖策追光武"同意。倫曾爲蜀郡太守,故用王褒《僮約》語稱資中王大夫乎。詳下注。資中,漢置,在明四川資陽縣北,今同。

〔二〕此時二句　蘧常案:王褒《僮約》:蜀郡王子淵,以事到湔,止寡婦楊惠舍。惠有夫時奴名便了。子淵倩奴行酤酒,便了拽大杖,上夫冢顛,曰:大夫買便了時,但要守家,不要爲他人男子酤酒。子淵大怒曰:奴寧欲賣耶? 惠曰:奴大忤人,人無欲者。子淵即決買券云云。奴復曰:欲使,皆上券。不上券,便了不能爲也。子淵曰:諾。券曰:神爵三年正月十五日,資中男子王子淵從成都安志里女子楊惠買亡夫時户下髯奴便了,決賈萬五千。(下略)讀券文適訖,詞窮詐索,仡仡叩頭:如王大夫言,不如早歸黄土陌。早知當爾,爲王大夫酤酒,真不敢作惡。案:此詩全用《僮約》,不知其意何居? 或謂己變名獨去,事必躬親邪?

旅　　中

【解題】

蘧常案:此詩作於清順治十三年,所言自是本年事。舊以歸莊送先生《北遊序》注之,序所言北遊乃十四年事,與此詩無涉,誤。

久客仍流轉,愁人獨遠征。釜遭行路奪[一],席與舍兒爭[二]。混跡同傭販,甘心變姓名[三]。寒依車下草,饑糝鏎中羹[四]。浦雁先秋到,關雞候旦鳴。蹠穿山更險,船破浪猶橫[五]。疾病年來有,衣裝日漸輕。榮枯心易感,得喪理難平!默坐悲先代,勞歌念一生[六]。買臣將五十[七],何處謁承明[八]。

【彙注】

〔一〕釜遭句　徐注:《戰國策》:蔡澤見逐於趙而入韓、魏,遇奪釜鬵於途,乃西入秦。

〔二〕席與句　徐注:《莊子·寓言》:其往也,舍者迎將其家,公執席,妻執巾櫛,舍者避席,煬者避竈;其反也,舍者與之爭席矣。

〔三〕變姓名　徐注:《後漢書·李固傳》:固門生王成將固子燮入徐州界內,令變姓名爲酒家傭。事詳前《出郭》詩第二首"相逢"二句注。

〔四〕饑糝句　徐注:《廣韻》:鏎,與鍋同,鼎屬。

　　蘧常案:《禮·內則》:和糝不蓼。孔穎達《正義》:此等之羹,宜以五味調和,米屑爲糝,不須加蓼也。

〔五〕蹠穿二句　徐注:《戰國策》:蹠穿膝暴。注:蹠,足下也。

　　蓮常案:"釜遭行路奪"以下十句,述途中艱苦之情狀。此行當在夏令,故云"浦雁先秋到",又明謂自北而南也。考《元譜》,本年於閏五月初十日五謁孝陵後,即書冬在鍾山度歲,中有所諱,其跡可尋。其歸當在七八月之交,下有《酬王處士九日見懷之作》可推也。王處士,王煒也。其原作起云"孤窮迢遞八荒遊",似指此行。

〔六〕勞歌　徐注:《韓詩外傳》:飢者歌食,勞者歌事。

〔七〕買臣句　徐注:案先生是年四十四歲。

　　蓮常案:《漢書·朱買臣傳》:買臣,字翁子,吳人也。家貧,好讀書,不治產業。其妻求去,買臣笑曰:我年五十當富貴,今已四十餘矣。待我富貴報汝功。妻恚怒,即聽去。後數歲,詣闕上書,不報。會邑子嚴助貴幸,薦買臣。召見,帝甚悅之,拜爲中大夫。久之,拜會稽太守。徵入爲主爵都尉,免,復爲丞相長史。告張湯陰事,湯自殺,上亦誅買臣。

〔八〕承明　蓮常案:見卷一《哭楊主事廷樞》詩"承明"注。案:《小腆紀年》:本年正月明桂王在安龍府。三月,孫可望遣將白文選犯安龍,文選與李定國連和,遂共扈王入雲南,改雲南府爲滇都。

酬王處士九日見懷之作

【解題】

　　蓮常案:王處士,見前《松江別張處士慤王處士煒》詩解題。

案:《同志贈言》:王煒原詩有"雪水菰蘆誰弔影"句,考《文集·書吳潘二子事》云:方莊生作書時,屬客延予一至其家。予薄其人不學,竟去。莊生謂湖州史案之莊廷鑨也,詳卷四《聞湖州史獄》詩題注。湖州有苕、霅二水,則"雪水菰蘆",似謂赴湖。《同志贈言》王潢有《送顧寧人之吳興》詩,自注:"湖州府又號霅州",即詠此行。詩有"燦燦春華榮槁木"句,則此行當在本年春日。或疑此行即爲上《旅中》事,則非是。此時史獄未起,赴湖州何至變姓名艱窘如《旅中》詩云云也。

是日驚秋老,相望各一涯。離懷銷濁酒,愁眼見黃花[一]。天地存肝膽,江山閱鬢華。多蒙千里訊,逐客已無家[二]。

【彙注】

〔一〕愁眼句　徐注:杜甫《遣懷詩》:愁眼看霜露,寒城菊自花。
〔二〕逐客　徐注:《戰國策》李斯《諫秦王疏》:臣聞吏議逐客。

附:《同志贈言》王煒《秋日懷寧人道長先生》詩
　　孤窮迢遞八荒遊,肯逐輕肥與世謀。雪水菰蘆誰弔影?蔣山風雨自深秋。已從敝笈留千古,欲向空原助一抔。滿眼黃花無限酒,不知元亮可銷憂?

送張山人應鼎還江陰

【解題】

　　蓬常案:張應鼎,山陰人。《山陰縣志》無傳。《明史》志《地理一》：南京常州府領江陰。注：《一統志》：常州府江陰，漢毗陵縣地。晉太康二年析置暨陽縣，屬毗陵郡，府西北，元江陰州直隸江浙行省。太祖甲辰年曰連洋州，尋復江陰州，吴元年四月，降爲縣，來屬。

舊京秋色轉霏微〔一〕，目送毗陵一雁飛。笑我畏人能久客〔二〕，嗟君懷土便思歸。風高海氣龍王廟〔三〕，水落江聲燕子磯〔四〕。卉布家鄉多已作〔五〕，此行須換芰荷衣。

【彙校】

〔轉霏微〕徐注本、曹校本"轉"作"見"。

【彙注】

〔一〕舊京句　蘧常案：《晉書·桓温傳》：王述曰：方當蕩平區宇，旋軫舊京。此謂南京。

〔二〕笑我句　徐注：魏文帝《雜詩》：吴會非我鄉，安得久留滯？棄置勿復陳，客子常畏人。

〔三〕風高句　徐注：《輿地紀勝》：江陰軍邊臨大江，正是下流。東連海道，西接鎮江，最爲控扼。又云：風檣萬里，順流而縱者，朝江湖而夕毗陵。《宋史·韓世忠傳》：兀朮分道渡江，諸屯皆敗，世忠亦自鎮江退保江陰，杜充以建康降敵。兀朮自廣德破臨安，帝如浙東。世忠以前軍駐青龍鎮，中軍駐江灣，後軍駐海口，俟敵歸，邀擊之。及金軍至，世忠已先屯焦山寺，謂敵至必登金山觀我虛實。乃遣蘇德將兵百人伏龍王廟中，百人伏岸滸，約：聞鼓聲，岸兵先入，廟兵合擊之。

　　蘧常案：龍王廟事，又見卷一《京口》詩"東胡"句注。

〔四〕燕子磯　蘧常案：見卷二《久留燕子磯院中》詩題注。

〔五〕卉布句　徐注：《一統志》：常州土產布。又《元和志》：貢細苧紅紫二色絉布。《離騷》：製芰荷以爲衣兮，集芙蓉以爲裳。張《譜》：案道光二十年新修《江陰縣志·藝文》采先生此詩，而應鼎之名字翳如。然則山人信能卉布荷衣，鴻冥塵外者矣。

　　蕘常案：《書·禹貢》：島夷卉服。鄭玄注：此州下濕，故衣草服。蔡沈傳：卉，草也，葛越木綿之屬。

陳生芳績兩尊人先後即世適皆以三月十九日追痛之作詞旨哀惻依韻奉和 三首

【解題】

　　徐注：先生《常熟陳君墓誌銘》：五年而君以疾捐館，二子相繼不禄，貧不克葬。而其孫芳績以書來，曰將以十二月庚申，舉其兩世六喪，葬於所居之西雙鳳鄉吳塘里。潘道根《吳譜校》（蕘常案：原誤作《吳譜》）：鼎和三子，汝珣、汝瑜、汝琳，未知芳績誰之子也。

　　蕘常案：陳生芳績，見前《常熟歸生晟陳生芳績書來》詩解題。

　　一生愁恨積今辰，尚有微軀繫五倫〔一〕。淚盡《宛》詩言我日〔二〕，悲深魯史筆王春〔三〕。山頭馬鬣封孤子〔四〕，天上龍髯從二親〔五〕。留此一絲忠孝在，三綱終古不曾淪。

【彙校】

〔題〕徐注本題作《和陳生芳績追痛之作》。潘刻本、徐注本無第三首。徐注本、曹校本題末有"二首"二字。孫校本第三首誤次《出郭》(六言)詩題後。〔積今辰〕潘刻本、徐注本、孫校本"積"作"集"。

【彙注】

〔一〕尚有句　徐注:《南齊書‧豫章文獻王嶷傳》(蔆常案:原誤《豫王文獻王山賢傳》):以飾微軀。《書》:五品不遜。疏:五倫也。

〔二〕淚盡句　徐注:《詩‧小宛》:我日斯邁,而月斯征。

　　蔆常案:徐注非。當謂《宛》詩:我心憂傷,念昔先人。明發不寐,有懷二人。二人謂父母,蓋切題兩尊人先後即世也。

〔三〕悲深句　蔆常案:見卷二《元日》詩"天王春"注。

〔四〕山頭句　徐注:《禮‧檀弓》:馬鬣,封之謂也。又《曲禮》:孤子當室,冠衣不純采。

　　蔆常案:事詳解題。

〔五〕天上句　蔆常案:見卷一《十月二十日奉先妣葬》詩"先皇"句注。崇禎帝以甲申三月十九日死,芳績父母先後即世,適皆以是月是日,故云。

帝后登遐一忌辰〔一〕,天讎國恥世無倫〔二〕。那知考妣還同日,從此河山遂不春。弘演納肝猶報主〔三〕,王哀泣血倍思親〔四〕。人間若不生之子〔五〕,五嶽崩頹九鼎淪〔六〕。

【彙校】

〔天讎國恥〕潘刻本"讎國恥"作"□□□"。　〔弘演〕潘刻本,徐注本,孫、曹兩校本"弘"作"宏",避清諱也。　〔人間二句〕潘刻本、徐注本作"人寰尚有遺民在,大節難隨九鼎淪。"徐并出注:杜甫

《三川觀水漲》詩：人寰難容身。遺民，見卷二《桃花溪歌贈陳處士梅》詩注。《論語》：臨大節而不可奪也。

【彙注】

〔一〕帝后句　蘧常案：《禮·曲禮》：告喪曰：天子登假。孔疏：此謂天王崩而遣使告天下萬國之辭。登，上也；假，已也。言天子上升已矣，若僊去然也。《列子·周穆王》篇：世以爲登假焉。張湛注：假音遐，字當作遐。"帝后登遐"事，見卷一《大行皇帝哀詩》題注，及"霧起"句注。忌辰，見卷一《金陵雜詩》第二首"遙祭"句注。

〔二〕天讎句　原注：《梁書·邵陵王綸傳》：大敵猶強，天讎（蘧常案：潘刻本作□）未雪。

　　蘧常案：國恥，見卷一《感事》詩第四首"千秋"句注。

〔三〕弘演句　徐注：《呂氏春秋》：衛懿公有臣曰弘演。翟人攻衛，及懿公於熒澤，盡食其肉，獨舍其肝。弘演曰：臣請爲襮。因自殺，先出其腹實，内懿公之肝。

〔四〕王裒句　蘧常案：見卷一《墟里》詩"豈有"二句注。

〔五〕之子　蘧常案：《爾雅·釋訓》：之子，是子也。

〔六〕五嶽句　徐注：《史記·封禪書》：其後百二十歲而秦滅周，周之九鼎入於秦。或曰：宋太丘社亡而鼎没於泗水彭城下。

　　蘧常案：《周禮·大宗伯》：祭社稷、五祀、五嶽。《爾雅·釋山》：泰山爲東嶽，華山爲西嶽，霍山爲南嶽（案：又謂湖南衡山），恒山爲北嶽，嵩高爲中嶽。郝懿行《爾雅義疏》：唐、虞惟言四嶽，《周禮·大宗伯》及《司樂》乃有五嶽之名。

昔年盟誓告三辰，欲爲生人植大倫〔一〕。祭禰不從王氏臘〔二〕，朝正猶用漢家春〔三〕。阡原處處關心苦〔四〕，几杖年年入夢親〔五〕。一上鍾山東極目,南湖煙水自清淪〔六〕。

【彙校】
〔鍾山〕朱刻本、孫詒榖校本、孫校本作"蔣山"。

【彙注】
〔一〕昔年二句　蘧常案:《左傳》昭公十六年:世有盟誓,以相信也。"三辰",即日月星,已屢見。案:此首皆謂芳績祖父處士梅也。《餘集·常熟陳君墓誌銘》云:謂芳績曰:士不幸而際此,當常爲農夫以没世。一經以外,或習醫卜,慎無仕宦。歸莊《陳君墓表》亦云:既遭世變,君語子孫,宜自守,毋急功名。杜門掃跡,安以待盡。或即所謂"盟誓",所謂"植大倫"者耶?

〔二〕祭禰句　蘧常案:《禮記·曾子問》:擇日而祭于禰。《儀禮·特牲饋食禮》疏:《祭法》云:適士二廟,官師一廟。若祭,則無問一廟二廟,皆先祭祖,後祭禰。《後漢書·陳寵傳》:寵曾祖父咸,成、哀閒爲尚書。及莽篡位,父子相與歸鄉里,閉門不出入,猶用漢家祖臘。人問其故,咸曰:我先人豈知王氏臘乎?

〔三〕朝正句　蘧常案:《左傳》襄公二十九年:公在楚,釋不朝正於廟也。又文公六年疏:朝廟,《周禮》謂之朝享。歲首爲之,則謂之朝正。董仲舒《春秋繁露》:親赤統,故日分平明,平明朝正。

〔四〕阡原句　蘧常案:《陳君墓誌銘》:里中凡有縣役爭訟之事,君未嘗不爲之調劑,或片言立解。當天啓之末,縣之豪宦,縱其僕幹,魚肉鄉民,而獨於君里無所及。至今民間有不平之事,輒相嚮太息,以爲陳君在,當不令我至此也。另見卷二《桃花谿歌》"太丘"句注。

〔五〕几杖句　蘧常案:《禮記·曲禮》:謀於長者,必操几杖以從之。《陳君墓誌銘》：陳君視余年長以倍。

〔六〕南湖　蔣常案：此謂陳處士所居。然常熟無南湖，有尚湖，或"南""尚"形近而誤乎？《明一統志》：尚湖在常熟縣西南四里，長十五里，廣九里。徐崧《百城煙水》：尚湖又名西湖，以擬杭之西湖。或曰：太公望嘗釣於此，故曰尚湖。

元　日 已下彊圉作噩

【解題】

徐注：順治十四年丁酉。張《譜》：丁酉，四十五歲。元旦，六謁孝陵。

蔣常案：是年爲明永曆十一年，公元一六五七年。

晨興自江上，踰嶺走鍾山〔一〕。肅然至殿門，雙扉護重關。初日照宮闕，隱映城郭間。空山寂無人，獨來拜榛菅〔二〕。流轉雖不居，咫尺猶天顏〔三〕。喜會胡馬收，岡巒乍清閒。歲序一更新，陽風動人寰〔四〕。佇期龍虎氣〔五〕，得與春光還。復想在宥初〔六〕，蒼生願重攀〔七〕。

【彙校】

〔胡馬〕潘刻本、徐注本、孫校本"胡"作"牧"。　〔佇期〕潘刻本"期"作"□"；冒校本作"看"。

【彙注】

〔一〕晨興二句　蔣常案：徐《譜》：先生是時雖寓金陵，而非神烈山之居。其說是也。《元譜》：順治十一年春至金陵，卜居神烈山下。神烈山即孝陵。今謁陵而踰嶺走鍾山，則所寓非故可知。居當在江上，詩云"自江上"可推也。

〔二〕空山二句　徐注：蘇軾《十八阿羅漢像頌》：空山無人，水流花開。韓愈《雪後寄崔二十六丞公》詩：豈念幽桂遺榛菅。

〔三〕咫尺句　蘧常案：《左傳》僖公九年：天威不違顔咫尺。

〔四〕陽風句　徐注：《史記·律書》：景風居南方。景者，言陽氣道竟。

〔五〕龍虎氣　蘧常案：見卷二《再謁孝陵》詩"興王"句注。《明史》志《樂三》：洪武十五年：重定宴饗九奏樂章，六奏《金陵之曲》：鍾山蟠蒼龍，石城踞金虎，千年王氣都，於今歸聖主。

〔六〕在宥　徐注：《莊子·在宥》：聞在宥天下也，未聞治天下也。在之也者，恐天下之淫其性也；宥之也者，恐天下之遷其德也。

　　蘧常案：郭注：故所貴聖王者，非貴其能治也，貴其無爲而任物之自爲也。

〔七〕蒼生句　原注：杜甫《有感》詩：武德開元際，蒼生豈重攀！

萊　　州

【解題】

徐注：《明史》志《地理二》：元萊州屬般陽路，洪武元年升爲府。六年，降爲州。九年五月，復升爲府。領州二：平度、膠。縣五：掖、濰、高密、昌邑、即墨。《方輿紀要》：春秋時萊子國。漢曰東萊郡。府内屏青、齊，外控遼、碣，藉梯航之便，爲震疊之資，足以威行海外，豈惟島嶼之險足以自固乎哉！北至海五十里。今自府西北環昌邑、濰縣界，東南環膠州、即墨界，皆大海也。　黃注：上年春，獄解，回崑山；三月，本生母何太孺人卒，於是乎決計北遊。此詩，北遊之第一篇也。

蔣常案：《元譜》：順治十四年春，自金陵仍返崑山，避讎將北游，同人餞之，歸玄恭爲文以贈其行。至萊州。

　　海右稱名郡〔一〕，齊東一大都〔二〕。山形當斗入〔三〕，人質並魁梧〔四〕。月主秦祠廢〔五〕，沙壇漢蹟孤〔六〕。已無巡狩蹕〔七〕，尚有戍軍郛〔八〕。瀘海鹽千斛〔九〕，栽岡棗萬株〔一〇〕。罣梁通日際〔一一〕，蜃市接神區〔一二〕。轉漕新河格〔一三〕，分營絕島迂〔一四〕。三方從廟算，二撫各兵符〔一五〕。天啓初議三方布置，始設登萊巡撫。礮甲初傳造，戈鋋已擊屠〔一六〕。中丞謝璉愁餌賊〔一七〕，太守朱萬年痛捐軀〔一八〕。郊壘青燐出，城陴白骨枯〔一九〕。危情隨事往，深慮逐年徂。計士悲疵國〔二〇〕，遺民想霸圖。登臨多感概，莫笑一窮儒〔二一〕。

【彙校】

〔一大都〕徐注本"一"作"亦"。

【彙注】

〔一〕海右　徐注：江淹《恨賦》：巡海右以送日。
　　　　蔣常案：杜甫《陪李北海宴歷下亭》詩：海右此亭古。趙次公注：海在東，州在西，故云海右。

〔二〕齊東句　蔣常案：《國語》：通齊國之鹽於東萊。韋昭注：東萊，齊東萊夷也。
　　　　蔣常案：東萊郡，故屬秦瑯琊郡，漢高帝分置，屬齊國。齊國治臨菑爲都。《史記·貨殖列傳》：臨菑亦海、岱間一都會也。故此亦稱東萊爲齊東大都。

〔三〕山形句　原注：《史記·封禪書》：成山斗入海。　黄注：《讀史方輿紀要》：成山在登州府文登縣東北百五十里。《史記》：秦始皇二十八年，並渤海，窮成山。三十七年，又自琅邪北至榮、成山。榮山，勞山之譌也。此萊州詩，而及登州之成山，蓋勞、成二山相連，勞山在膠州即墨縣東南六十里。《讀史方輿紀要》曰：海岸之山，莫大於成山、勞山，故往往並言之。詩曰"山形當斗入"，兼勞山而言，蓋勞山屬萊州也。《史記集解》引韋昭曰：成山屬東萊。《索隱》曰：斗入海，謂斗絶曲入海也。

蘧常案：榮成山，《史記正義》曰：即成山也，在萊州。黄注誤。

〔四〕人質句　徐注：《史記·留侯世家》：太史公曰：予以爲其人計魁梧奇偉。《寰宇記》：萊州人性剛强，志氣緩慢，語聲上，形容大，此水土之風也。

〔五〕月主句　原注：《史記·封禪書》"八神"：六曰月主，祠之萊山。

蘧常案：詳見後《勞山》詩"八神"句注。

〔六〕沙壇句　原注：《史記·封禪書》：天子乃禱萬里沙。應劭曰：萬里沙，神祠也。在東萊曲成。　徐注：《漢書·郊祀志》：武帝元封元年，旱，禱萬里沙。

蘧常案：《明史》志《地理二》山東萊州府掖縣注：東北有萬里沙。

〔七〕巡狩蹕　徐注：《書》：歲二月，東巡狩。《史記·封禪書》：公孫卿言，見神人東萊山，若云願見天子。天子於是幸緱氏城，拜卿爲中大夫。遂至東萊，宿留之數日，無所見，見大人迹云。

蘧常案：蹕，見卷一《感事》詩第五首"清蹕"句注。

〔八〕戍軍郭　徐注：《説文》：郭，郭也。《風俗通》：郭謂之郭。

蘧常案：《明史》志《地理二》：萊州府即墨縣。注：即墨營，舊在縣南，宣德八年移置縣北，有城。

〔九〕瀧海句　徐注：《明史》志《地理二》萊州府掖縣注：北濱海，有鹽場。

〔一〇〕栽岡句　徐注：《明史》志《食貨二》：秋糧曰棗子易米，曰棗株課米。

〔一一〕黿梁句　蘧常案：徐堅《初學記》引《竹書紀年》：周穆王至於九江，叱黿鼉以爲梁。

〔一二〕蜃市句　徐注：鮑照《舞鶴賦》：踐區其未遠。

蘧常案：伏琛《三齊紀略》：海上蜃氣，時結樓臺，名曰海市。

〔一三〕轉漕句　徐注：《明史》志《食貨三》：隆慶中，運道艱阻，議者欲開膠萊河復海運，由淮安清江浦口，歷新壩、馬家壕至海倉口，徑抵直沽，止循海套，不泛大洋。上遣官勘報，以水多砂磧而止。

蘧常案：有明一代，議開膠萊新河利漕運者，無慮十數起。膠萊河者，在山東平度州東北。源出高密，分南北流，南流自膠州麻灣口入海，北流經平度州至掖縣海倉口入海。議開新河者，始於元至正十七年萊人姚演。其議鑿池三百餘里，起膠西東陳村海口，達膠河，出海倉口，謂之膠萊新河。尋以勞費難成而罷。至明，議者蜂起。如正統六年，昌邑民王坦上書言：往者江南常海運，自太倉抵膠州。州有故河道接掖縣，宜濬通之，由掖浮海，抵直沽，可避東北海險數千里。此其一。嘉靖十一年，御史方遠宜等復議開新河。此其二。嘉靖十七年，山東巡撫胡纘宗請濬元時新河淤道。此其三。

十九年,副使王獻請鑿馬壕,以趨麻灣,濬新河,以出海倉,誠便。此其四。總河王以旂議復海運,先開平度新河。此其五。三十一年,給事中李用敬請從王獻議,宜急開通。此其六。隆慶五年,給事中李貴和復請開濬。此其七。萬曆三年,南京工部尚書劉應節、侍郎徐栻復議海運,先主通海,自膠州以北,楊家圈以南,濬地百里。此其八。其後中書程守訓,御史高舉、顏思忠,尚書楊一魁復相繼議及之。崇禎十四年,山東巡撫曾櫻、戶部尚書邢國璽,復申王獻、劉應節之議。凡此大都被阻格不行,或行之而未就,詳見《明史》志《河渠五》,故曰"新河格"也。格,止也。見《漢書·梁孝王傳》注。詩言"格",一若有惜之之意。徐注未明。

〔一四〕分營句　徐注:《明史》志《地理二》萊州府掖縣注:東北有王徐砦守禦千户所。膠州注:東南海口有靈山衞,又有安東衞,又有夏河寨千户所,在靈山衞西南;石臼島寨千户所,在安東衞南。即墨縣注:東有鼇山衞,又東北有雄崖守禦千户所,南有浮山守禦千户所。

〔一五〕三方二句　黃注:自注,徐注誤作《明史·職官志》(蘧常案:蓋涉上句注文而誤)。考《明志》云:巡撫登萊地方督理軍務一員,天啟元年設。崇禎二年罷,三年復設。據此并不同自注所云,故知徐注之誤也。《明史·熊廷弼傳》:天啟元年六月,廷弼入朝,建三方布置策。廣寧用馬步列壘河上,以形勢格之,綴敵全力;天津、登、萊各置舟師,乘虛入南衞,動搖其人心,敵必内顧,而遼陽可復。於是登萊議設巡撫如天津,以陶朗先爲之,而山海特設經略,節制三方,一事權。遂進廷弼兵部尚書,兼右副都御史,駐山海關,經略遼東軍務。詩曰"三方從廟算",蓋謂此也。"三方"者,廣寧以馬步,天津及登、萊以舟師也。據《明史·職官志》,巡撫登萊地方督理軍務一員,而詩云"二撫",蓋指徐從治與謝璉也。《明史·徐從治傳》:孔有德反,山東巡撫余大成檄從治監軍,馳赴萊州,而登州已陷。大成削籍,遂擢從治代之,與登萊巡撫謝璉並命,詔璉駐萊州,從治駐青州,調度兵食。從治曰:吾駐青,不足鎮萊人心;駐萊,足以係全齊。命乃與璉同受事於萊。據此,則"二撫"者,一山東巡撫,一登萊巡撫也。

〔一六〕礮甲二句　徐注:《明史·徐從治傳》附孫元化:字初陽,嘉定人。天啓間,舉於鄉。所善西洋礮法,蓋得之徐光啓云。廣寧覆没,條《備京》、《防邊》二策。孫承宗請於朝,得贊畫經略軍前,主建礮臺教練法。三年,復設登萊巡撫,遂擢元化右僉都御史任之,駐登州。及有德反,朝野由是怨元化之不能討也。《舊唐書·李嗣業傳》:戈鋋鼓鼙,震曜山野。《明史·徐從治傳》:從治,字仲華,海鹽人,孔有德反,山東巡撫余大成檄從治監軍。明年正月馳赴萊州,而登州已陷。大成、元化主撫,檄賊所過郡縣無邀擊。賊長驅,無敢一矢加者。登州陷,總兵張可大死之,元化被執,大成馳入萊州。有德既破登州,推李九成爲主,己次之,仲明又次之。用巡撫印檄州縣餉,趣元化移書於大成求撫,曰"畀以登州一郡則解"。先是,賊攻破黃縣,知縣吳世揚死之;至是攻萊。從治與謝璉、楊御蕃分陣守禦。賊攻萊不下,分兵陷平度,知州陳所問自經。賊益攻萊,輂元化所製西洋大礮,日穴城,坡多頹。從治等投火灌水,穴者死無算。使死士時出掩擊之,毁其礮臺,斬獲多。而熊明遇卒惑大成撫議也,令主事張國臣往撫之。從治等遣間使三上疏,言賊不可撫。最後言:萊城被圍五十日,危如纍卵,日夜望援兵,卒不至,知必爲撫議誤矣。又云:臣死當爲厲鬼以殺賊,斷不敢以撫謾至尊,淆國是,誤封疆,而戕生命也。疏入,未報。賊困萊久,璉、從治、御蕃日堅守待救。

至四月十六日,從治中礮死,萊人大臨,守陴者皆哭。贈兵部尚書,賜祭葬,廕錦衣百户,建祠曰忠烈。　黄注:"礮甲初傳造",徐注引孫元化得其法於徐光啓。考光啓於崇禎初年,痛滿洲禍亟,乃上疏請效西洋礮法曰:其及遠命中,爲其物料真,製作巧,藥性猛,法度精也。彼國之人所以能然者,爲其在海外所當敵人,技術相等,彼此求勝,故漸進工也。欲盡其術,必造我器盡如彼器,精我法盡如彼法,練我人盡如彼人而後可。今天下之民恥甚矣,怒甚矣,欲用其恥與怒,莫若使之造器以殺敵。光啓卒於崇禎六年,而萊州陷於崇禎五年。《明史》云"賊攻萊,輩元化所製西洋大礮日穴城,城多頹",嗚呼!此漢人自相攻殺,非光啓製礮以禦滿洲之意也。詩曰"戈鋋已擊屠",言雖有利器,而無如同種之自殘也。

〔一七〕中丞句　徐注:《明史・徐從治傳》及附:璉字君實,監利人。孔有德反,璉爲登萊巡撫,詔駐萊州,與從治困守禦賊。從治死,萊州推官屈宜陽請入賊營講撫,賊佯禮之。宜陽使言賊已受命。總督劉宇烈奏得請,乃手書諭賊令解圍。賊邀宇烈,宇烈懼不往。營將嚴正中昇龍亭及河,賊擁之去,而令宜陽還萊,趣文武官出城開讀。御蕃不可。璉曰:圍且六月,既已無可奈何,宜且從之。遂偕監視中官徐得時、翟昇、知府朱萬年出。有德等叩頭扶伏,涕泣交頤。璉慰諭久之。明日,復令宜陽入,請璉、御蕃同出。御蕃曰:我將家子也,知殺賊,何知撫事!璉等遂出,有德執之,猝攻城,却令萬年呼降。萬年呼曰:吾死矣,汝等宜固守!罵不絕口而死。賊送璉及二中官至登囚之。正中、宜陽皆死。初,撫議興,獨從治持不可,宇烈諸將信之,而尚書熊明遇主其議。後朱大典合兵救萊,賊敗,圍解。有德走登州,殺璉及二中官。

〔一八〕太守句　徐注:《明史・忠義傳》:朱萬年,黎平人。萬曆中,舉於鄉。歷萊州知府,有惠政。賊詭乞降,璉率萬年往受,爲所執。萬年曰:爾執我無益,盍以精騎從我,呼守者出降。賊以精騎五百,擁萬年至城下,萬年大呼曰:我被禽,誓必死,賊精銳盡在此,急發礟擊之,毋以我爲念。守將楊御蕃不忍。萬年復頓足大呼,賊怒殺之。城上人見萬年已死,遂發礟。賊死過半。事聞,贈太常卿,賜祭葬,建祠,官一子。

〔一九〕城陴　徐注:《萊州府志》:趙燿《修萊城記》:城舊制圍一千四百七十六丈九尺,崇三丈五尺,闊二丈。有門四:南曰景暘,北曰定海,東曰澄清,西曰武定。《左傳》宣公十二年:守陴者皆哭。《釋名》:城上垣曰陴。杜注:陴,城上僻倪。

〔二〇〕疵國　原注:《書·大誥》:天降威,知我國有疵。　徐注:《禮》:刑肅而俗敝,則民弗歸也,是謂疵國。

〔二一〕登臨二句　黃注:此篇之後,若《安平君祠》,若《不其山》,若《勞山歌》,若《張饒州允掄山中彈琴》,皆就萊州山川人物爲詩。《安平君祠》,傷今也;《不其山》,自傷也;《勞山歌》、《張饒州彈琴》,寄慨也,而沈痛無若此篇。

安　平　君　祠在即墨縣,今廢

【解題】

徐注:《史記·田單列傳》:燕師長驅平齊,而田單走安平。徐廣曰:今之東安平也,在青州臨淄縣東十九里。古紀之酅邑,齊改爲安平。秦滅齊,改爲東安平縣,屬齊郡。以定州有安平,故加東字。又:齊七十餘城皆復爲齊,乃迎襄王於莒,入臨淄而聽政。襄王封田單號曰安平君。《萊州府志》:安平君祠在即墨縣西北一里,祠田單、田橫。

太息全齊霸業遺〔一〕,如君真是一男兒。功成棧道迎王日〔二〕,志決危城仗錎時〔三〕。飢鳥尚銜庭下粒〔四〕,老牛猶飲穴邊池〔五〕。可憐王建降秦後〔六〕,千古無人解出奇〔七〕。

【彙注】

〔一〕太息句　徐注:《戰國策》:樂毅報燕王書曰:夫齊,霸國之餘烈,而最勝之遺事也。

〔二〕功成句　徐注:《戰國策》:安平君爲棧道木閣,以迎王與后於城陽山中,王乃得反。

〔三〕志決句　徐注:《史記·田單列傳》:單知士卒之可用,乃身操版錎,與士卒分功,妻妾編於行伍之間,盡散飲食饗士。

　　蘧常案:此用《戰國策·齊策》魯仲子謂田單"將軍之在即墨,坐而織蕢,立則丈插,爲士卒倡"語。"丈插"同"仗錎",詳卷二《贈于副將元凱》詩"異日"四句注,非用《史記·田單列傳》文也。徐注不確,且不出即墨二字,則於危城無着。

〔四〕飢鳥句　徐注:《史記·田單列傳》:田單乃令城中人食必祭其先祖於庭,飛鳥悉翔舞城中下食,燕人怪之。

〔五〕老牛句　徐注:《詩》"陶復陶穴"箋:鑿地爲穴。

　　蘧常案:見卷一《不去》詩第三首"火牛兵"注。穴謂田單鑿城縱牛之穴也。"穴邊"與上"庭下"作對,皆用《田單列傳》中語。

〔六〕可憐句　徐注:《史記·田敬仲完世家》:襄王既立,立太史女爲王后,是爲君王后。生子建。十九年襄王卒,子建立。四十四年,秦兵擊齊,齊王聽相后勝計,不戰,以兵降秦。秦虜王建,遷之共,遂滅齊爲郡。

〔七〕千古句　李注:《史記·田單列傳贊》:兵以正合,以奇勝。善之者出奇無窮。

蘧常案:此傷時無安平君,不能出奇以復國也。

附:潘檉章《過安平君祠有感和寧人》詩

駐馬膠東落日橫,依然祠廟有安平。却燕實荷三千鎰,脫兔全收七十城。修劍大冠慚辯士,火攻車戰奈書生。只今豈少臨淄掾,碌碌無人識姓名。

不其山
在即墨縣。漢不其縣有康成書院,今廢

【解題】

徐注:《一統志》:不其山,即墨東南四十里。鄭康成居不其城南山中教授。山下草如薤葉,長尺餘,人號康成書帶草。又名馴虎山。

蘧常案:《方輿紀要》:即墨縣西南二十七里有不其城。漢不其縣屬琅琊郡。武帝太始四年,帝幸不其山。後漢屬東萊郡。"其"一作"期"。

荒山書院有人耕〔一〕,不記山名與縣名。爲問黄巾滿天下,可能容得鄭康成〔二〕!

【彙注】

〔一〕荒山句　徐注:《萊州府志》:即墨縣康成書院在縣東南二十

里不其山下,明正德中建。

〔二〕爲問二句　原注:《後漢書·鄭玄傳》:自徐州還高密,道遇黃巾賊數萬人,見玄皆拜,相約不敢入縣境。　徐注:《後漢書·鄭玄傳》:玄字康成,高密人。尚書崇八世孫。少爲鄉嗇夫,不樂,西入關,事馬融。家貧,客耕東萊,學徒數百千人。所注六經傳凡百餘萬言,稱爲純儒。　黃注:自傷也。

勞山歌

【解題】

徐注:《山東通志·山川》:勞山,在萊州府即墨縣東南六十里。濱海。山有二:其一高大,曰大勞山;其一差小,曰小勞山。二山相連。先生《勞山圖志序》:勞山在今即墨縣東南海上,距城四五十里,或八九十里。有大勞、小勞,其峰數十,總名曰勞。《志》言:秦始皇登勞盛山,望蓬萊,因謂此山亦名勞盛。而不得其所以立名之義。案:《南史》明僧紹隱於長廣郡之嶗山,則字或從山。又《漢書》盛山作成山,在今文登縣東北,則勞、盛自是兩山,古人立言尚簡。齊之東偏,三面環海,其斗入海處,南勞而北盛,則盡乎齊東境矣。

蘧常案:徐注引《勞山圖志序》至"不得其所以立名之義"而止,其意未完。序下云:夫勞山皆亂石巉巖,偪仄難度,秦皇登之,是必萬人除道,百官扈從,四民廢業,千里騷騷,於是齊民苦之,而名曰勞山也。應補。

勞山拔地九千丈,崔嵬勢壓齊之東〔一〕。下視大海出日月〔二〕,上接元氣包鴻濛〔三〕。幽巖秘洞難具狀〔四〕,煙霧合沓來千峰〔五〕。華樓獨收衆山景,一一環立生姿容〔六〕。上有巨峰最崱屴〔七〕,數載榛莽無人蹤〔八〕。重崖複嶺行未極,澗壑窈窕來相通。天高日入不聞語,悄然衆籟如秋冬。奇花名藥絶凡境〔九〕,世人不識疑天工。云是老子曾過此,後有濟北黄石公。至今號作神人宅,憑高結構留仙宫〔一〇〕。吾聞東嶽泰山爲最大〔一一〕,虞帝柴望秦皇封〔一二〕。其東直走千餘里,山形不絶連虚空。自此一山奠海右,截然世界稱域中。以外島嶼不可計,紛紜出没多魚龍。八神祠宇在其内,往往碁置生金銅〔一三〕。古言齊國之富臨淄次即墨〔一四〕,何以滿目皆蒿蓬〔一五〕?捕魚山之旁〔一六〕,伐木山之中〔一七〕。猶見山樵與村童,春日會鼓聲逢逢〔一八〕。此山之高過岱宗,或者其讓雲雨功〔一九〕。宣氣生物理則同〔二〇〕,旁薄萬古無終窮。何時結屋依長松,嘯歌山椒一老翁〔二一〕。

【彙注】

〔一〕勞山二句　徐注:《勞山圖志序》:其山高大深阻,旁薄二三百里。

　　　蘧常案:《山東通志》:勞山高二十五里,周圍八十里。

〔二〕下視句　徐注:《勞山圖經序》:勞山下臨大海。

　　　蘧常案:曹操《觀滄海》詩:日月之行,若出其中。陳沂《鼇山記》:鼇山一名勞山。雞鳴,見日自海隅湧出,海氣蒼涼,浮金萬里。

〔三〕上接句　徐注:《淮南子》:東開鴻濛之光。

蘧常案：《漢書·律曆志》：大極元氣，函三爲一。

〔四〕幽巖句　徐注：《萊州府志》：勞山，其上有迎仙峴、清風嶺、碧落巖、王喬峒、玉皇洞、翠屏巖、黃石宮、猶龍洞、華嚴洞、明霞洞、三標山、鶴山、龍眼洞諸勝。

〔五〕煙霧句　徐注：元張起元《勞山聚仙宮記》：下插巨海，高出天半。連峰複嶺，綿結環抱，隱見於煙雲杳靄之間。

〔六〕華樓二句　徐注：《即墨縣志》：華樓，在縣西南四十里。勞山自麓至巔十餘里，有石似樓臺，故名華樓峒。又總名華樓，一名華表峰。鄒善《游勞山記》：山之奇盡華樓，涉固不能盡，亦不必盡。

〔七〕上有句　徐注：鄒善《游勞山記》：觀玉皇洞，坐玉女盆。稍東，坐仙巖以望巨峰。或曰：上苑南即上宮華樓，東爲巨峰。游若未盡者。王延壽《魯靈光殿賦》：剚犵嵫釐。

〔八〕數載句　蘧常案：《勞山圖志序》：亂石巉巖，偪仄難度，其險處，土人猶罕至焉。

〔九〕奇花句　徐注：《勞山圖志序》：惟山深多生藥草，而地煖能發南花。

〔一〇〕云是四句　徐注：鄒善《游勞山記》：下憩於老君洞，又復穿黃石洞，游黃石宮。《勞山圖志序》：余游其地，觀老君、王喬、黃石諸蹟，類皆後人之所託名。

蘧常案：《史記·老子列傳》：姓李氏，名耳。周守藏室之史也。脩道德，其學以自隱無名爲務。見周之衰，迺遂去。至關，關令尹喜曰：子將隱矣，彊爲我著書。於是老子迺著書上下篇，言道德之意五千餘言而去，莫知其所終。黃石公見卷一《帝京篇》"黃石"句注。

〔一一〕東嶽泰山　蘧常案：見前《陳生芳績兩尊人先後即世》詩第二首"五嶽"句注，另詳後《登岱》詩題注。

〔一二〕虞帝句　蘧常案：《書·舜典》：歲二月，東巡守，至於岱宗，柴，望秩於山川。注：岱宗，泰山也。《史記·封禪書》：秦始皇即帝位三年，徵從齊、魯之儒生博士，至乎泰山下。議各乖異，由是絀儒生。而遂除車道，上自泰山陽至顛，立石頌秦始皇帝德，明其得封也。從陰道下，禪於梁父。其禮封頗采太祝之祀雍上帝所用，而封藏皆祕之，世不得而記也。"柴望"，蔡注：柴，燔柴以祀天也。望，望秩以祀山川也。秩者，其牲幣祝號之次第。如五嶽視三公，四瀆視諸侯，其餘視伯子男者也。"柴"一作"祡"，亦作"䄏"，見許氏《說文》。

〔一三〕八神二句　徐注：《史記·封禪書》：八神：一曰天主，祠天齊；二曰地主，祠泰山梁父；三曰兵主，祠蚩尤；四曰陰主，祠三山；五曰陽主，祠之罘；六曰月主，祠之萊山；七曰日主，祠成山；八曰四時主，祠琅邪。先生《勞山圖志序》：乃自田齊之末，有神仙之論，而秦皇、漢武謂真有此人在窮山巨海之中，於是八神之祠，徧於海上；萬乘之駕，常在東萊。而勞山之名，由此起矣。《史記·貨殖列傳》：銅鐵則千里往往山出碁置。

〔一四〕古言句　徐注：《戰國策》：蘇秦曰：臨淄甚富而實，其民無不吹竽鼓瑟，擊筑彈琴。《史記·貨殖列傳》：故齊冠帶衣履天下，海岱之間斂袂而往朝焉。《索隱》曰：言齊既富饒，能冠帶天下。

〔一五〕何以句　徐注：《郡國利病書·山東官莊論》：邑介山海之間。嘉靖中年荒，墾方多，然蒿萊彌望者，尚在在有之。先生《錢糧論上》：山東登、萊並海之人，多言穀賤。處山谷不得銀以輸官，故穀日賤而民日窮。逋欠則年多一年，人丁則歲減一歲。

〔一六〕捕魚句　徐注：《勞山圖志序》：五穀不生，環山以外土皆疏瘠；海濱斥鹵，僅有魚蛤。明高出《游勞山記》：觀漁於海。

《郡國利病書》：萊州海上捕魚所用之網，名曰"作網"。數十家合夥出網，相連而用。網至百，則長二百丈，乘潮布之。待潮退動，魚皆滯網中，可得雜魚巨細數萬，堆列若巨丘。

〔一七〕伐木句　徐注：《郡國利病書》：山東，其山林高深，足以供斧斤。高出《游勞山記》：有壯哉松數千株，亦有伐木者。

〔一八〕春日句　徐注：徐《譜》：案詩云"春日會鼓聲逄逄"，則游勞山猶在春時。

　　　　　　蘧常案：《詩·大雅·靈臺》：鼉鼓逄逄。逄逄或作韸韸。《廣雅》：韸韸，聲也。

〔一九〕此山二句　徐注：《齊記》：泰山雖云高，不如東海勞。《公羊傳》：觸石而出，膚寸而合，不崇朝而徧雨天下者，惟泰山爾。

〔二〇〕宣氣句　原注：《說文》：山，宣也，宣氣散生萬物。

〔二一〕山椒　蘧常案：《漢書·外戚傳》：孝武李夫人，少而蚤卒。上自爲作賦，以傷悼夫人，其辭曰：釋輿馬於山椒兮。劉熙《釋名》：山顛曰椒。

張饒州允掄山中彈琴

【解題】

徐注：張《譜》：《進士履歷便覽》：允掄，字慈叔，萊陽人。崇禎甲戌進士，户部主事。丙子，升員外。丁丑，升郎中。戊寅，升饒州知府。徐《譜》：此詩亦作於遊勞山時也。

趙公化去時，一琴遺使君〔一〕。五年作太守，却反東皋耘〔二〕。有時意不愜,來躡勞山雲。臨風發宮商〔三〕,二氣相絪縕〔四〕。可憐成連意,空山無人聞〔五〕。我欲從君棲,山崖與海濆。

【彙注】

〔一〕趙公二句　徐注:《宋史·趙抃傳》:帝謂抃曰:聞卿以匹馬入蜀,以一琴一鶴自隨。案《元譜》:先生至萊州,與掖趙汝彥士完、任子良唐臣等交。注:士完,字汝彥。崇禎壬午舉人。遭亂後,棄家而南,羈棲廢寺。弟士冕,官鎮江太守,物色得之,強之歸。士完故萊之巨族,從兄士喆,入復社有名;同懷兄士元、士亮、士寬、弟士冕,並以才稱。《明史》尚有趙士驥,萊州破,死之。注俟考。

　　蘧常案:詩意必有一趙姓為允掄師者,以輩行言,徐注所引諸趙,未必在其中。俟考。

〔二〕五年二句　徐注:陶潛《歸去來辭》:登東皋以舒嘯,或植杖而耘耔。

〔三〕宮商　蘧常案:見卷一《海上行》"聲如"句注。

〔四〕二氣句　蘧常案:《易·繫辭》:天地絪縕。孔穎達《正義》:絪縕,相附着之義。言二氣絪縕,共相和會。

〔五〕可憐二句　徐注:《樂府古題要解》:伯牙學鼓琴於成連先生,三年而成,至於精神寂寞,情志專一,尚未能也。先生曰:吾師方子春在海中,能移人情。乃與伯牙齎糧從之。至蓬萊山,留宿,謂伯牙曰:吾將迎吾師。刺船而去,旬時不返。

　　蘧常案:吳兢《要解》下尚有"伯牙延望無人,但聞海水洞汩崩折之聲,山林窅冥,羣鳥悲鳴。愴然而歎曰:'先生將移我情'"云云。此方見成連之意。徐注未達。

淮北大雨

【解題】

徐注：《安徽省志》：順治十四年，鳳陽、泗州大水。

秋水橫流下者巢[一]，踚淮百里即荒郊[二]。已知舉世皆行潦[三]，且復因人賦苦匏[四]。極浦雲垂翔濕雁[五]，深山雷動起潛蛟[六]。人生只是居家慣，江海曾如水一坳[七]。

【彙注】

〔一〕秋水句　徐注：《孟子》：洪水橫流。又：下者爲巢。
〔二〕踚淮句　徐注：《皇朝通志》：順治十三年，河南衛輝府屬、湖南常德府屬大水。十五年，河決山陽之柴灣、姚家灣。
　　　　蘧常案：《蔣山傭殘稿·答人書》(案：書有"與吾兄語濂讀書"云云，蓋與陳芳績者)云：丁酉之秋，啓塗淮北，正值淫雨沂沭，下流並爲巨浸。跣行二百七十里，始得乾土，兩足爲腫。即指此事。非謂十三年大水，至十五年大水，更非所預知矣。徐注非。
〔三〕已知句　徐注：《日知錄》：自天術不正，王路傾危，塗潦徧於郊關，污穢鍾於輦轂。
〔四〕且復句　原注：《國語》：夫匏苦不材於人，共濟而已。
　　　　蘧常案：韋昭注：材讀若裁，不裁於人，言不可食；共濟而已,佩匏可以渡水也。

〔五〕極浦句　徐注:《楚辭・九歌》:望涔陽兮極浦。庾信《喜雨》詩:濕雁斷行來。

〔六〕深山句　徐注:《左傳》襄公二十一年:深山大澤,實生龍蛇。蘇軾《前赤壁賦》:舞幽壑之潛蛟。

〔七〕水一坳　徐注:《莊子・逍遥遊》:覆杯水於坳堂之上,則芥爲之舟。

濟　南 二首

【解題】

徐注:《明史》志《地理二》:濟南府,元濟南路。太祖吴元年爲府,領州四,縣二十六;歷城、章丘、鄒平、淄川、長山、新城、齊河、齊東、濟陽、禹城、臨邑、長清、肥城、青城、陵;泰安州:新泰、萊蕪;德州:德平、平原;武定州:陽信、海豐、樂陵、商河;濱州:利津、霑化、蒲臺。《方輿紀要》:春秋戰國並屬齊。吕氏初,割齊之濟南爲吕國。文帝分置濟南國。景帝改爲濟南郡。

落日天邊見二峰〔一〕,平臨湖上出芙蓉〔二〕。西來水竇緣王屋〔三〕,南去山根接岱宗〔四〕。積氣蒼茫含斗宿,餘波瀺灂吐魚龍〔五〕。還思北海亭中客,勝會良時不可逢〔六〕。

【彙注】

〔一〕二峰　徐注:《明史》志《地理二》歷城注:南有歷山,東有華不注山。

〔二〕平臨句　徐注：《方輿紀要》：大明湖在府城内西北隅。源出歷下諸泉，匯而爲湖，周十餘里，由北水門出，流注小清河，一名西湖。《一統志》：舊時湖流浩衍，望華不注峰如浸水中。王士禎《香祖筆記》：環明湖有七橋：曰芙蓉、水西、湖西、北渚、百花、灤源、石橋。

　　蘧常案：此句承首句，"芙蓉"似喻二峰。古人每以芙蓉喻山峰，如李白詩"廬山東南五老峰，青山削出金芙蓉"，又"太華三芙蓉"；金幼孜詩"天垂瓊島綻芙蓉"皆是。此言兩峰臨水，若出芙蓉也。徐注以芙蓉橋當之，非。

〔三〕西來句　徐注：《明史》志《地理二》：小清河即濟之南源，一名灤水，出城西趵突泉，經城北下流至樂安縣入海。又：趵突泉在府西，濟南名泉七十二，以趵突泉爲勝。《水經》：濟水出河東垣縣王屋山，其下流東北入海。

　　蘧常案：詳後《濟南》詩"名泉"句注。

〔四〕岱宗　蘧常案：見前《勞山歌》"虞帝"句注，及後《登岱》詩題注。

〔五〕餘波句　徐注：劉基詩：魚龍瀺灂，日月掩靄。

　　蘧常案：《漢書·司馬相如傳》：瀺灂霣隊。吕忱《字林》：瀺灂，小水聲也。案：餘波故曰瀺灂。或以宋玉《高唐賦》"巨石溺溺之瀺灂兮"注之，非。

〔六〕還思二句　徐注：《晉書·謝尚傳》：以其有勝會。

　　蘧常案：北海謂李邕也。《新唐書·李邕傳》：廣陵人，字泰和。官北海太守，時稱李北海。善書，文名滿天下。李林甫素忌邕，傅以罪，詔就郡杖殺之。杜甫有《陪李北海宴歷下亭》、《同李太守登歷下古城員外新亭》兩詩，後詩爲和李邕作。兩詩作於同時，"北海亭"，當合歷下亭、新亭言之。錢謙益《杜詩箋注》：《水經注》：灤水出歷縣故城西南。城南對山,其水北爲大明湖,西即大明寺。寺東北兩面側湖,此水便成浄池也。池上有客亭。《齊乘》曰:池上有亭,即渚池。客亭當爲歷下古亭,故曰"海右此亭古"也。《水經注》又云:其水北流,逕歷城東,又北引水爲流杯池,州僚賓燕,公私多在其上。疑此即員外新亭之地也。曰新亭,所以別於古。杜前詩有原注云"時邑人蹇處士輩在坐";後詩有"芳宴此時具,哀絲千古心,主稱壽尊客,筵秩宴北林";仇兆鰲《詳註》云:主指李之芳員外,客指太守。此所謂"勝會良時"也。或單以歷下亭一會注之,非。

水翳牆崩竹樹疏,廿年重説陷城初〔一〕。濟南以崇禎十二年元旦陷。荒涼王府餘山沼〔二〕,寥落軍營識舊墟。百戰只今愁海岱〔三〕,一麾猶足定青徐〔四〕。經生老却成何事,坐擁三冬萬卷書〔五〕。

【彙注】

〔一〕廿年句　徐注:《明史·列傳·忠義三·張秉文傳》:秉文,桐城人,山東左布政使。十一年冬,清兵自畿輔南下,本兵楊嗣昌檄山東巡撫顔繼祖移師德州,於是濟南空虛,止鄉兵五百,萊州援兵七百,勢弱不足守。巡按御史宋學朱方行部章丘,聞警馳還,與秉文及副使周之訓、翁鴻業、參議鄧謙、鹽運使唐世熊等議城守,連章告急於朝。嗣昌無以應。督師中官高起潛擁重兵臨清不救。清兵徇下州縣十有六,遂臨濟南。秉文等分城死守,晝夜不解甲,援兵竟無至者。明年正月二日,城潰,秉文巷戰被箭,力不能支,死之。之訓,黄岡人。城潰,望闕再拜死,闔門殉之。謙,孝感人。戰於城上,與季父有正偕死。學朱、世熊及知府苟好善、同知陳虞胤、通判熊烈獻、歷城知縣韓承宣皆死焉。德王由樞被執。其縉紳殉難者恩縣李應薦,身被數刃死。歷城劉化光與子漢儀先後舉於鄉,父子俱守城力戰死。《北略》：學朱六旬不解帶,髮盡白,被執不屈。竿於城樓,殺之。旋焚城樓,尸遂燼。謙露立十晝夜,斬射多人,被執磔死。

蘧常案：《明史·莊烈帝紀》：十二年春正月己未朔,以時事多艱,却廷臣賀。庚申,清兵入濟南,德王由樞被執,布政使張秉文等死之。庚申,二日也,與《張秉文傳》合。《諸王傳》敘由樞被執,言月不言日。自注云元日,似誤。

〔二〕王府　徐注：《明史·諸王傳》：德莊王見潾,英宗第二子。初國德州,改濟南。成化三年就藩。請得齊、漢二庶人所遺東昌、兗州間田及白雲、景陽、廣平三湖地。憲宗悉予之。十二年薨。子懿王祐榕嗣,嘉靖十八年薨。子恭王載墱嗣,萬曆二年薨。子定王翊錧嗣,十六年薨。子常潔嗣,崇禎五年薨。子由樞嗣,十二年正月,濟南破,見執。又《地理志》"歷城"注：天順元年,建德王府。

〔三〕百戰句　徐注：《酈食其傳》：齊負海、岱,阻河、濟,南近楚,雖數十萬師,未可旦夕破也。

〔四〕一麾句　徐注：顏延之《五君詠》：屢薦不入官,一麾乃出守。《方輿紀要》：山東界兩都之中,北走景、滄,南達徐、邳,東出遼海,西馳梁、宋,爲輻輳之道。又：其重險則有穆陵關,在青州府臨朐縣東南。杜甫《北征》詩：此舉開青徐。

〔五〕坐擁句　徐注：《北史·李謐傳》：丈夫擁萬卷書,何假南面百城。

蘧常案：《漢書·東方朔傳》：年十二,學書三冬,文史足用。如淳注：貧子冬日,乃得學書。

賦 得 秋 柳

【解題】

徐注：王士禛《菜根堂詩集·秋柳詩序》：順治丁酉秋，余客濟南，諸名士雲集明湖。一日，會飲水面亭。亭下楊柳千餘株，披拂水際，葉始微黃，乍染秋色，若有搖落之態。余悵然有感，賦詩四章。《漁洋詩話》：余少在濟南明湖水面亭賦《秋柳》四章，一時和者甚衆。後三年，官揚州，則江南北和者復數十家。又：王季木《和秋柳》句云：折來玉手曾三月，種向金城又幾年？（蘧常案：此和詩爲王西樵士祿，非季木。徐注引誤。）徐東癡亦有和詩。案：先生是年適游濟南，是詩亦和阮亭，未可知也。高丙謀《秋柳詩釋》：余初至濟南，謁朱曉村先生於錦秋老屋，見壁間揭一畫幅，乃《秋柳亭圖》。座中一女子，上繫跋云：王文簡公《秋柳》詩，爲明福藩故伎作也。伎，洛陽産。後隨至金陵。鼎革後，流落濟南，每於酒筵客座，談及當年舊事，因歎人生盛衰無常，穠華易謝，故託《秋柳》以寄意云。詩中引用白下、洛陽、永豐坊、隋隄水等字樣，無非傷其流落他鄉蕭條景況，實無關於遷革大故也。又夏津司諭唐葆年孝廉云：《秋柳》之詠，蓋爲鄭妥孃作也。妥孃，福藩時歌伎。鼎革後，流落濟南。且當時在座者姊妹二人，故有桃葉、桃根之句。曉村先生實新城王氏之外甥，壽逾古稀，多所見聞。　黃注：徐注頗疑此詩爲和王阮亭《秋柳》之作。予考阮亭《秋柳》詩，作於順治丁酉，其年二十四歲。亭林亦以丁酉遊濟南，年已四十五歲。明湖水面亭，楊柳千餘株，詠者不止阮亭一人。亭林此詩題曰"賦得"，不云"和作"，又衹一首，不是四章。知其非和阮亭也。且《漁洋詩話》舉《秋柳》和詩王西樵、徐東癡外，未舉亭林；其《詩話》全部，亦未嘗及亭林之詩；而《亭林詩集》不道漁洋一字，豈得以"秋柳"相同，遂目爲和作，此不可不辨也。齊、梁以前，未有以"賦得"命題者，梁簡文有《賦樂府得大垂手》、《賦樂名得箜篌》，又有《賦得隴坻雁初飛》、《賦得橘》、《賦得舞鶴》、《賦得入階雨》、《賦得薔薇》、《賦得白羽扇》諸篇，自是而後，以"賦得"命題者代有矣。亭林此篇題以"賦得"，明其非和。夫賦者，詠也，如梁簡文《詠柳》一首，與《和湘東王陽雲樓簷柳》一首，題各不同，可證亭林此篇命題之例。吳《譜》有"賦得"二字，張《譜》無之，此張《譜》之失也。予爲此辨，蓋恐當世以亭林此詩比之阮亭。相傳阮亭《秋柳》爲鄭妥孃作。故四章所言有兒女氣，無英雄氣；有悲惋意，無感慨意。亭林此詩則哀南明君臣，英雄感慨，視阮亭之兒女悲婉若天壤。就以體制論，和詩多步原韻。《漁洋詩話》述西樵和《秋柳》句云"折來玉手曾三月，種向金城更幾年"；東癡和句云"爲計使人西去日，不堪流涕北征年"，皆步阮亭第四首"新愁帝子悲今日，舊事公孫憶往年"韻。而亭林此詩用韻，與阮亭全然不同，此亦不可不知也。　尹云：《秋柳》自係和王貽上者，徐注亦採《漁洋詩話》等書注之。殆亭林以貽上後日顯貴，不欲以其名氏見集中耶？

　　蘧常案：徐、尹說似長，阮亭、貽上皆王士禛號，見士禛《年譜·世系表》。士禛《秋柳》之作，一時和者甚衆。先生時在濟南，考《同志贈言》此時有王士祿贈詩，徐元善濟南贈詩。元善詩云"窮秋搖落此相尋，吳下才名衆所欽"可證。（先生有酬詩，見下。）士祿爲士禛仲兄，元善則其外從兄也。士禛同在一地，不應獨無往還，和作自在意中，題爲"賦得"，疑後改，尹說近是。士禛之不及先生，或以其語多忌諱。和詩不用原韻，不依原數，則古人多矣。考曹溶《靜惕堂集》、朱彝尊《曝書亭集》，皆有和士禛《秋柳》詩，亦只一首，亦不用原韻，凡此皆不足爲非和詩之證，黃注辨之似過。至兩者用意不同，懸若天壤，則黃說誠是。

昔日金枝間白花[一]，只今搖落向天涯[二]。條空不繫長征馬,葉少難藏覓宿鴉〔三〕。老去桓公重出塞〔四〕,罷官陶令乍歸家〔五〕。先皇玉座靈和殿,淚灑西風夕日斜〔六〕。

【彙校】
〔夕日〕沈德潛《清詩別裁集》初刻本作"夕照",汪端《明三十家詩鈔》同。

【彙注】
〔一〕昔日句　徐注:李白詩:河隄弱柳鬱金枝。《樂府解題》:《楊白花》,魏胡太后作。
　　蘧常案:此比永曆,猶言金枝玉葉也。《白孔六帖》:金枝玉葉,帝王之子孫也。
〔二〕只今句　徐注:庾信《枯樹賦》:今看搖落,悽悽江潭。　黃注:時桂王在雲南。"只今搖落向天涯",猶丙申謁孝陵詩所云"絕徼荒陬"也。
〔三〕條空二句　徐注:李白《廣陵贈別》詩:繫馬高樓垂柳邊。李商隱《謔柳》詩:長時須拂馬,密處少藏鴉。　黃注:條空葉少,喻諸臣之或叛或降也。
〔四〕老去句　徐注:《晉書·桓溫傳》:北伐經金城,見少爲琅琊時所種柳,皆已十圍,慨然曰:木猶如此,人何以堪!攀枝執條,泫然流涕。　黃注:念桓溫北伐,而傷有明之恢復無期也。
〔五〕罷官句　黃注:念元亮棄官,而痛遺臣之屈節於虜也。
　　蘧常案:見卷一《擬唐人五言八韻·陶彭澤歸里》詩題注。
〔六〕先皇二句　原注:《南史》:宋武帝植蜀柳數株於靈和殿前。唐李商隱詩:腸斷靈和殿,先皇玉座空。　黃注:哀懷宗也。

酬徐處士元善昔年新城之陷其母死焉故有此作

【解題】

徐注:《元譜》:徐東癡,初名元善,字長公。慕嵇叔夜之爲人,更名夜,字東癡,號嵇菴。濟南新城人。束髮能詩。年二十九,遭難,母死。遂棄諸生,南遊江、浙,西遊宛、鄧,歸遂不出。舉博學鴻詞,以老病辭。爲文章原本經史。王漁洋嘗索其稿,但遜謝而已。後往江西,渡潯陽,稿盡没於水。漁洋爲撫拾遺詩二百餘首付之梓,名《東癡詩鈔》。王士禎《徐夜傳》:夜遭世亂,母死,遂棄諸生,隱系水之東。茅屋數椽,葭牆艾席,凝塵滿座,晏如也。爲文原本《史》、《漢》、《莊》、《騷》,工於哀艷。李元度《國朝先正事略》:徐東癡掘門土穴,絶迹城市,有朱桃椎、杜子春之風。詩格清峭,近韋左司、孟東野。案:新城陷在崇禎五年十一月,其後,則在十五年十二月。《漁洋詩話》:東癡,余叔祖季木公外孫,與余兄弟爲從兄弟。案:母當爲王氏。

蘧常案:新城之陷其母死,當爲崇禎十五年,夜時已成諸生,年二十九。不二年而北都亡,山東全淪於清,故棄諸生,隱系水。若爲崇禎五年,則夜十九歲,明祚未改,當不至絶人逃世也。

桓臺風木正蕭辰[一],傾蓋知心誼獨親[二]。季子已無觀樂地[三],偉元終是泣詩人[四]。愁看落日燕山夜,畏見荒江郢樹春[五]。來書勸爲昌平、承天之行。踏徧天涯更回轡,欲從吾友卜東鄰[六]。

【彙校】

〔題〕徐注本"昔年"以下十二字作爲原注,誤。

【彙注】

〔一〕桓臺句　原注：《山東名勝志》：新城縣東有戲馬臺，相傳齊桓公歇馬於此。　徐注：《晦庵題跋·跋趙中丞行實》：三復此書，不勝霜露風木之悲也。殷仲文詩：哲匠感蕭辰。

　　蘧常案："風木"猶言風樹，用皋魚"樹欲靜而風不止，子欲養而親不待"語，見卷五《先妣忌日》"風木"注。前人多用之。陸游《焚黃》詩"早歲已興風木歎"，劉宰詩"風木養不待"，及徐注引《晦庵題跋》云云，皆是。題云"新城之陷，其母死，故有此作"，因以"風木"起興。

〔二〕傾蓋句　徐注：《史記·鄒陽列傳》曰：白頭如新，傾蓋如故。《家語》：孔子之郯，遭程子於塗，傾蓋而語終日。李陵《答蘇武書》：人之相知，貴相知心。

　　蘧常案：先生嗣母王氏，亦以清兵入寇死，詳前卷一《表哀詩》題注。風木之痛同感，讎恨之心同切，故"傾蓋"而語，"誼獨親"也。

〔三〕季子句　徐注：《左傳》襄公二十九年：吳公子札來聘，請觀於周樂。

〔四〕偉元句　蘧常案：見卷一《墟里》詩"豈有"二句注。

〔五〕愁看二句　徐注：《方輿紀要》：江陵府江陵縣，春秋楚曰郢。杜甫《元日寄韋氏妹》詩：郢樹發南枝。

　　蘧常案：陳去病《徐東癡先生傳》：予讀亭林詩《酬徐處士元善作》，乃知先生六謁天壽山，四有事於懷宗欑宮，其端實處士發之。燕山見卷一《感事》詩第六首"燕山"注。

〔六〕卜鄰　徐注：《左傳》昭公三年：非宅是卜，唯鄰是卜。

附：《同志贈言》徐元善《濟南贈寧人先生》詩

　　窮秋搖落此相尋，吳下才名衆所欽。一自驅車來北道，即今遺瑟操南音。浯溪頌具元、顔筆,楚澤悲同屈、宋吟。歷覽國風幾萬里,就中何處最傷心?

登　　岱 已下著雍閹茂

【解題】

徐注:順治十五年戊戌。《圖書集成·山川典·泰山部》:《書》曰岱宗,《詩》曰泰山,《禮記》曰岱宗,《周禮》曰岱山,《爾雅》曰岱嶽,又曰東嶽,其陽則魯,其陰則齊。漢置泰山郡,今屬濟南府泰安州。周圍一百六十里,高四十餘里,聯新泰、萊、蕪、海豐、歷城諸縣界。凡徂徠、新甫等山,皆其輔也。張《譜》:先生《金石文字記·岱嶽觀造像》下曰:碑下爲積土所壅。予來遊數四,最後募人發地二尺,下而觀之,乃得其全文。又宋董元康題名下云:右小石刻,在岱嶽觀。余既録唐碑,往還數四。據《元譜》云云,先生凡至泰安者三。記中云云,未得其年。　冒云:先生是年年四十六。

蘧常案:是年爲明永曆十二年,公元一六五八年。

尼父道不行[一],喟然念東山[二]。空垂六經文,不覩西周年。七十二君代,乃有封禪壇。[三]書傳多荒忽,誰能信其然[四]?既嘗小天下[五],復觀邃古前。羲黃與堯舜,蕩滅同雲煙[六]。社首卑附地[七],徂徠高摩天[八]。下視大海旁[九],神州自相連。天地有變虧,何人得昇仙[一〇]?遺弓名烏號[一一],橋山葬衣冠[一二]。末世久澆訛,孰探幽明原[一三]。三萬六千年[一四],山崩黄河乾[一五]。立石既已刓[一六],封松既已殘[一七]。太陽不東昇[一八],長夜何漫漫。哀哉一顏淵，獨立瞻吳門。疲精不肯休，計畫無崖垠〔一九〕。復有孟子輿，眷眷明堂言〔二〇〕。庶幾大道還，民質如初元。上采黄金成，下塞宣房湍。何時一見之，太息徒潺湲〔二一〕。

【彙校】
〔東山〕潘刻本，徐注本，孫託荀校本，孫、吳、汪、曹各校本皆作"泰山"。〔疲精〕徐注本"精"作"情"，曹校本同。

【彙注】
〔一〕尼父句　徐注：《史記·孔子世家》：吾道不行矣。

　　蘧常案：見前《贈潘節士檉章》詩"同文"四句注。

〔二〕喟然句　徐注：《孔叢子》：孔子作《丘陵之歌》曰：喟然四顧，題彼泰山。

　　蘧常案：《孟子·盡心》篇：孔子登東山而小魯。趙岐注：蓋魯城東之高山。王鏊《四書地理考》：曲阜東二十里有防山，絶不高大也。或云，費縣西北蒙山正居魯四境之東，一名東山，孔子登東山指此。案：故書不見有孔子喟然念東山之文，且與題無關涉。"東山"，各本皆作"泰山"，"東山"疑誤。

〔三〕七十二句　徐注：《史記·封禪書》：管仲曰：古者封泰山、禪梁父者七十二家，而夷吾所記者十有二焉。又：齊人公孫卿曰：封禪七十二王，惟黄帝得上泰山封。《唐書·禮樂志》：命杜正倫行泰山上七十二君壇迹。《岱史·遺蹟》：登封臺，其一在嶽頂玉帝觀，臺下小碣題曰"古封禪壇"；其一在日觀峰，相傳爲宋築，石函方丈許，亦題刻曰"古封禪壇"。

　　蘧常案：《淮南子·繆稱訓》：泰山之上有七十壇焉。高誘注：封乎泰山，蓋七十二君也。

〔四〕書傳二句　徐注：章如愚《山堂肆考》：論封禪，以封禪爲非古者，王仲淹也；以封禪爲不經者，李泰伯也；以封禪爲不足信者，蘇子由也。夫六經無封禪之文，帝王無封禪之事，著是文者，管仲疏其源，史遷濬其流，季仲推其波，張説助其瀾；侈是事者，祖龍噓其煙，孝武封其燼，隋帝熾其膏，玄宗烈其餤。是封禪之典，證以六經之明文，質以帝王之實蹟，則後世之惑滋甚。　黄注：此詩可見亭林質疑之學。《史記・封禪書》曰：封泰山，禪梁父，七十餘王矣。其俎豆之禮不彰，蓋難言之。又曰：封禪用希，曠絕莫知其儀禮。史公記封禪，曰"難言"，曰"曠絕"，當昌言封禪之時，而立言如此，蓋史公已嘗疑之矣。亭林致疑於七十二君曰"書傳多荒忽，誰能信其然"，此質疑於封禪之儀也。

〔五〕小天下　徐注：《岱史・宮室志》：挾仙宮在嶽頂觀海亭之西。宮後石屏，大書"孔子小天下處"。吳同春《登泰山記》：登孔子崖，即孔子小天下處，一銅像置斗室。泰山祠宇輝煌，而孔子廟爾爾，輒爲歎息。

〔六〕羲皇二句　徐注：《山堂肆考》：既曰伏羲、神農禪云云，又曰三皇禪繹繹；既曰帝嚳、堯、舜禪云云，又曰五帝禪亭亭。紛紛異議，迄無定證。唐、虞、三代，果有是乎？七十二君，果足信乎？設有是事，六經遺文，豈得不載？鍾宗淳《泰山記》：因思七十二君，千乘萬騎，雜遝空際，皆淪於荒烟野草不可辨。如太虛過鳥，古今何者不朽！

〔七〕社首句　原注：《易》：山附於地。　徐注：《史記・封禪書》：周成王封泰山，禪社首。應劭曰：在博縣。晉灼曰：在鉅平南十三里。《岱史》：社首壇在嶽南二里，聯屬蒿里。先生《山東考古錄》：今高里山之左有小山，其高可四五丈，志云即社首山,在嶽旁諸山中最卑小。

〔八〕徂徠　徐注:《岱史·山水表》:徂徠山在嶽南三十里,嶽之案山也。上有紫源池、玲瓏山、獨秀峰、天平東西兩寨;其下曰白河灣,曰竹溪。《水經注》:徂徠在梁父、奉高、博三縣界。

〔九〕下視句　徐注:《三才圖會·泰山圖考》:其東南盡目力,微白而晃。

〔一〇〕天地二句　徐注:《史記·封禪書》:始皇遂東游海上,求仙人羨門之屬。又:公孫卿曰:黃帝仙,登於天。又:羣臣有言,老父則大以爲仙人也。　黃注:亭林致疑於神仙。曰"天地"云云,此質疑於封禪之效也。

〔一一〕遺弓句　蘧常案:見卷一《十月二十日奉先妣葬》詩"先皇"句注。

〔一二〕橋山句　蘧常案:《史記·封禪書》:還祭黃帝冢橋山,上曰:吾聞黃帝不死,今有冢何也?或對曰:黃帝已仙上天,羣臣葬其衣冠。橋山詳卷一《大行皇帝哀詩》"無路"句注。

〔一三〕末世二句　徐注:《後漢書·黨錮傳》:叔末澆訛。《易·繫辭》:仰以觀於天文,俯以察於地理,是故知幽明之故。楊時喬《泰山文碑刻》:自唐玄宗始封爲天齊王。又以司馬承禎言今五嶽神祠是山林之神,內有洞府,有上清真人冠冕章服;佐從神仙,皆有名數,於是始置土泥形像。李文達謂後世封名嶽爲王爲帝,垂旒端冕,儼若人鬼是已。至我高皇帝始尊稱曰泰山之神,可謂尊敬之至矣。又曰:往惟曰泰嶽,未有碧霞元君。自宋真宗以來,香火爲盛。先生《聖慈天慶宮記》:及其末世,至於天子之母,太后之尊,若不足重,而必假西域胡神之號以爲崇,豈非所謂國將亡而聽於神者耶!《日知錄》:嘗考泰山之故,仙論起於周末,鬼論起於漢末。《左氏》、《國語》未有封禪之文,是三代以上無仙論也;《史記》、《漢書》

未有考鬼之說,是元、成以上,無鬼論也。《鹽鐵論》云:今富者祈名嶽,望山川,椎牛擊鼓,戲倡舞像。則出門進香之俗,已自西京而有之矣。而讖緯之書出,然後有如《遁甲圖》所云"泰山在左,亢父在右。亢父知生,梁父主死",《博物志》所云"泰山一曰天孫,言爲天帝之孫,主召人魂魄,知生命之長短者"。鬼論之興,其在東京之世乎? 黄注:此二句亦質疑於封禪之效也。

〔一四〕三萬句 徐注:王蒙《登泰山》詩:人間瞬息三萬年,七十二君何茫然?

〔一五〕山崩句 徐注:《晉書·五行志》:武帝泰始四年,泰山崩墜三里。《穀梁傳》:梁山崩,壅遏河,三日不流。《竹書紀年》:貞定王六年,晉河絕於扈。《晉書·懷帝紀》:永嘉三年春三月,河竭可涉。

〔一六〕立石句 徐注:謝肇淛《登岱記》:李斯斷碣,循而讀之,通四行,首二字已刓毀,僅得"臣斯"以下二十九字。

蘧常案:《史記·秦始皇本紀》:二十八年,遂上泰山,立石封祠祀,禪梁父,刻所立石。《日知錄》:案秦碑在玉女池上,李斯篆書,高不過五尺。

〔一七〕封松句 黄注:亭林致疑於治化。曰"立石"云云,此質疑於封禪之功也。

蘧常案:應劭《漢官儀》:秦始皇上封泰山,逢疾風暴雨,得松樹,因覆其下,封爲五大夫。《岱史》:秦松在黄峴嶺,今止存其一,然非秦時物,疑後人續植者。范宗吴勒石樹其下,曰"五大夫松"。封松,《史記·秦始皇本紀》言之,應用《本紀》文。"三萬六千年"以下四句,似隱謂明之覆亡。"山崩黄河乾",猶卷一《大行皇帝哀詩》所云"伊水竭,杞天崩"之意。"立石"兩句,意謂諸帝功德與所封建,同歸於盡,蓋深痛之也,故下接"太陽不東昇"云云。黃注未得詩意。

〔一八〕太陽句　徐注:應劭《漢官儀》:泰山東南頂名曰日觀。雞鳴時見日出,高三丈。

　　蘧常案:"太陽"喻明;"不東昇",謂不能復國也。

〔一九〕哀哉四句　徐注:王充《論衡·書虛》篇:顏淵與孔子俱上魯泰山。孔子東南望吳閶外有繫白馬,引顏淵,指以示之曰:若見吳閶門乎?顏淵曰:見之。曰:門外何有?曰:有如繫練之狀。孔子撫其目而止之,因與俱下。下而顏淵髮白齒落,遂以病死。韓愈《陸渾山火》詩:赫赫上照窮崖垠。　冒云:"顏淵"四句,蓋自道。

　　蘧常案:冒云是。讀"疲精不肯休,計畫無崖垠"兩句,見先生抗清復明圖謀之切,計畫之廣。後此寄居關中,墾荒西北,皆可於此窺其萬一,不能等閒視之。或以爲丁亥以後,獨懷感慨,歷覽山川而已者,非也。

〔二〇〕復有二句　徐注:李陵《答蘇武書》:而主能復眷眷乎?《水經注》:汶水東南流,逕明堂下。古明堂於山之東北址,武帝以古處嶮狹而不顯也,欲治明堂於奉高而未曉其制。濟南人公玉帶上黃帝時明堂圖,圖中有一殿,四面無壁,以茅蓋之,通水圜宮垣爲複道,上有樓,從西南入,名曰崑崙。天子從之。於是令奉高作明堂於汶水。《岱史》:周明堂在嶽之東北,山谷聯屬四十里,遺址今尚存。漢明堂在嶽趾東南,去州治十里。

　　蘧常案:虞世南《北堂書鈔》引《孟軻傳》:軻,字子輿。《史記·孟子列傳》:鄒人也。道既通,游事齊宣王,宣王不能用。適梁,梁惠王不果所言,則見以爲迂遠而闊於事情。孟軻乃述唐、虞、三代之德,是以所如者不合。退而與萬章之徒序《詩》、《書》,述仲尼之意,作《孟子》七篇。《孟子·梁惠王》

篇：齊宣王問曰：人皆謂我毁明堂，毁諸？已乎？孟子對曰：夫明堂者，王者之堂也。王欲行王政，則勿毁之矣。趙注：泰山下明堂，本周天子東巡狩朝諸侯之處。

〔二一〕上采四句　原注：《史記·封禪書》：欒大言：臣之師曰：黄金可成而河決可塞，不死之藥可得，仙人可致也。　徐注：《孔叢子·記問》篇：夫子作《丘陵之歌》：惟以永歎，涕霣潺湲。　黄注：《史記·河渠書》：天子既臨河，悼功之不成，乃作歌曰：宣房塞兮萬福來。於是卒塞瓠子，築宫其上，名曰宣房宫。《漢書·溝洫志》作"宣防"，誤也。庾信《擬連珠》"蘆灰縮水，不能救宣房之河"，及亭林此詩"下塞宣房湍"，皆從《史記》。其於古事雖致疑，而立言態度，一如屈原《天問》。至篇終，歸重顔、孟反神仙之説，而正以儒家言曰"庶幾大道還，民質如初元"；曰"何時一見之，太息徒潺湲"，仍屬質疑而止。蓋孔子尚垂空文而不覿西周，亭林於此有儒術日微之懼。

　　蘧常案：篇終顔、孟，顔以自道，已如上述；"子輿"以下蓋夢想致太平，收則又傷其難於實見也。全詩多言在此而意在彼，黄注非。或云末句"潺湲"，蓋取武帝臨河作歌之第一句"河湯湯兮激潺湲"，備一説。

謁夫子廟

【解題】

　　徐注：《水經注》：孔廟，即夫子之故宅也。宅大一頃，所居之堂，後世以爲廟。《闕里志》：聖廟漢、魏、唐、宋，代有修飾。宋崇寧元年，詔名大成殿。金皇統、大定間，制始大備。元凡三修，明洪武初重修。永樂十四年,撤其舊而新之。成化十八年,廣正殿爲九間,規制益宏。弘治十二年災,奉詔鼎建。嘉靖、隆慶以來,守臣代有修葺。《一統志》:廟制中爲大成殿九楹,後爲寢殿七楹,又後爲聖蹟殿。大成殿前爲杏壇,壇左右兩廡各五十楹。壇前有宋真宗碑十二。又前爲大成門,門凡五間。旁有掖門,左曰金聲,右曰玉振。大成門外有唐、宋、元碑十八,各覆以亭。碑亭之左爲居仁門、毓粹門;右爲由義門、觀德門;碑亭前爲奎文閣,左右亦有掖門。掖門東爲衍聖公齋戒所,右爲有司齋戒所。閣前爲同文門,門亦五間。門左右有漢、魏諸碑。同文門前爲大中門,門左碑亭二,爲洪武、成化時修廟碑;右有碑亭二,爲永樂、弘治修廟碑。大中門前有三門,金舊制也。三門前爲石橋三,以跨璧水。石橋前後爲大門五間。東西各一坊。東曰"德侔天地",西曰"道冠古今"。其間有石坊,曰"太和元氣"。坊前爲欞星門,東西大道也。左右各樹下馬牌,金明昌二年立。

道統三王大,功超二帝優[一]。斯文垂《彖》《繫》[二],吾志在《春秋》[三]。車服先公制[四],威儀弟子修[五]。宅聞絲竹響,壁有簡編留[六]。俎豆傳千葉[七],章逢被九州[八]。獨全兵火代,不藉廟堂謀[九]。老檜當庭發[一〇],清洙繞墓流[一一]。一來瞻闕里[一二],如得與從遊[一三]!

【彙注】

〔一〕道統二句　徐注:韓愈《進士策問》:二帝三王之所守,聖人未之有改焉者也。《會典》:《直省文廟祝詞》:道冠百王。《孟子》:宰我曰:以予觀於夫子,賢於堯、舜遠矣。

　　蘧常案:《宋史‧朱熹傳》:嘗謂聖賢道統之傳,散在方册。

〔二〕斯文句　原注：杜甫《宿鑿石浦》詩：斯文憂患餘，聖哲垂《象》《繫》。　徐注：《史記·孔子世家》：孔子晚而喜《易》，序《彖》、《繫》、《象》、《説卦》、《文言》。先生《日知録》：《周易》自伏羲畫卦，文王作《彖辭》，周公作《爻辭》，謂之經。經分上下二卷。孔子作"十翼"，謂之"傳"。"傳"分十篇。《彖傳》上下二篇，《象傳》上下二篇，《繫辭傳》上下二篇，《文言》、《説卦傳》、《序卦傳》、《雜卦傳》各一篇。

〔三〕吾志句　徐注：黄震《黄氏日鈔》：孔子曰：吾志在《春秋》。孟子曰：《春秋》，天子之事，孔子作《春秋》而亂臣賊子懼。蓋方是時，王綱解紐，篡奪相尋，孔子不得其位，以行其權，於是約史記而修《春秋》。隨事直書，亂臣賊子無所逃其罪，而一王之法以明。所謂撥亂世而反之正，此其爲志，此其爲天子之事。　李注：《孝經緯·鉤命決》：吾志在《春秋》。

〔四〕車服句　徐注：《史記·孔子世家》：故所居堂，後世因廟藏孔子衣冠琴車書，至於漢二百餘年不絶。高皇帝過魯，以太牢祠焉。又《贊》云：適魯，觀廟堂車服禮器。

〔五〕威儀句　徐注：《詩》：敬慎威儀，維民之則。《史記·孔子世家贊》：諸生以時習禮其家。

〔六〕宅聞二句　徐注：《漢書·景十三王傳》：魯恭王初，好廣宫室，壞孔子舊宅以廣其宫。升堂，聞鐘鼓琴瑟之聲，遂不敢復壞。於其壁得古文經傳。李東陽《金絲堂銘序》：金絲堂舊在孔廟左廡之東。東直井，前直詩禮堂。

〔七〕俎豆句　徐注：《史記·孔子世家》：爲兒嬉戲，嘗陳俎豆，習禮容。《闕里志》：先師後裔，漢元始初，封褒城侯，東漢封褒亭侯，魏封宗聖侯，晉封奉聖亭侯，劉宋、後魏封崇聖侯。唐開元二十七年，始進封爲衍聖公，宋元祐三年，改爲奉聖公，崇寧三年仍改爲衍聖公,自後因之。　黃注:考《遼史·太祖本紀》:神册四年八月,謁孔子廟。《金史·熙宗本紀》:皇統元年二月,上親祭孔子廟。《元史·祭祀志》:宣聖廟,太祖始置於燕京。此雖非闕里孔廟,然以遼、金、元夷狄入中國,當兵戈未息之時,尚知尊孔,以視清順治二年,從祭酒李若琳之請,更孔子神牌爲大成至聖先師孔子,至順治十四年,又從給事中張文光言,去"大成"二字,改至聖先師孔子神位,仍明嘉靖九年舊稱,見蔣氏《東華録》。是清入關十餘年,不獨未釋奠闕里,即燕京孔廟亦未嘗一謁,蓋遼、金、元之不如也。詩曰"俎豆傳千葉",有深慨焉。

　　蘧常案:《論語·衛靈公》篇:俎豆之事,則嘗聞之矣。孔疏:俎豆,禮器。《詩·商頌·長發》:昔在中葉。毛傳:葉,世也。又案:《清史稿·世祖本紀》:九年九月辛卯,幸太學釋奠。黃説未確,説詳下。

〔八〕章逢句　黃注:蔣氏《東華録》又載:順治二年八月,原任陝西河西道孔聞謤言:臣家宗子衍聖公,已遵令薙髮。但念先聖爲典禮之宗,章甫逢掖,自漢暨明三千年未之有改,今一旦變更,恐于皇上崇儒重道之典有未備,應否蓄髮?以復本等衣冠,統惟聖裁。報曰:薙髮嚴旨,違者無赦,孔聞謤姑念聖裔,免死,著革職,永不敍用。詩曰"章逢被九州",有深慨焉。

　　蘧常案:見前《贈潘節士檉章》詩"逢掖"注。

〔九〕獨全二句　徐注:《明史·忠義傳·鄧藩錫》:十五年遷兗州知府,聞清兵入塞,亟繕守具。未幾,四萬騎薄城下。藩錫走告魯王曰:郡有吏,國有王,猶同舟也。列城失守,皆由貴家惜金錢而令寠人餓夫列陣扞禦。王誠能散積儲以鼓士氣,城猶可存。不然,大事一去,悔無及矣。王不能從。藩錫與監軍參議王維新、同知譚絲、滋陽知縣郝芳聲等及里居給事中范叔泰等分門死守。至十二月八日，力不支，城破，維新力戰，被二十一創，乃死。潘錫、芳聲等皆死之。魯王以派亦被殺。　　黃注：亭林謁夫子廟在兵火之餘，廟貌猶存，故曰獨全兵火代。清入據中國十餘年，而未一釋奠，故曰"不藉廟堂謀"，有深慨焉。以上四句，徐注未得詩意。

　　蘧常案：以上四句，似不過頌揚孔子傳道之久，聲教之廣，故能久歷兵火，而其廟獨全，固不借廟堂之謀也。徐注固非，黃注似亦求之過深。據《清史稿・禮志》：清未入關，即建孔子廟於盛京。《世祖本紀》：即皇帝位之次日，即以孔子六十五代孫允植襲封衍聖公，其五經博士等官，襲封如故。九年九月，又在太學釋奠。蓋歷代帝王，無不利儒學以自重，清亦未嘗獨異也。

〔一〇〕老檜句　徐注：《闕里志》：夫子手植檜三株，兩株在贊德殿前，高六丈餘，一株在杏壇東南隅，高五丈餘。其枝蟠屈如龍形，世謂之再生檜。晉永嘉三年枯，隋義寧元年復生；唐乾封二年枯，宋康定元年復生。金貞祐甲戌，寇焚三檜，元至元甲午春，東廡頹址甓隙間茁焉。其芽時，張頵為三氏學教諭，取而植之故所，復矯如龍形。

〔一一〕清洙句　徐注：《一統志》：孔林背泗面洙，繞以周垣，圍徑數里。先師墓在中央，高丈餘。前有碑曰"大成至聖文宣王墓"。左為伯魚墓，前為子思墓。東南為享殿。《水經注》：洙水出泰山蓋縣臨樂山。又西南流於卞城西，入泗水。西北流，逕孔里，是謂洙、泗之間矣。

〔一二〕闕里　徐注：《家語》：孔子始教學於闕里。《水經注》：闕里背洙面泗，牆南北一百二十步，東西六十步。四門各有石閘。北門去洙水百餘步。《日知錄》：春秋定公二年夏五月壬辰，雉門及兩觀災。冬十月，新作雉門及兩觀。注：雉門，公宮之南門兩觀闕也。《史記·魯世家》：煬公築茅闕門。蓋闕門之下，其里即名闕里，而夫子之宅在焉，亦名闕里。

〔一三〕從遊　徐注：《論語》：樊遲從遊於舞雩之下。

七十二弟子

【解題】

徐注：《史記·孔子世家》：孔子歸魯，魯不能用孔子，孔子亦不求仕。乃序《書》、傳《禮》、刪《詩》、正《樂》、贊《易》、修《春秋》，以教弟子，蓋三千人。身通六藝者，七十有二人。《五禮通考》：從祀七十子定於後漢明帝永平五年。《明史》志《禮四》：先師孔子，嘉靖中定制，先師南向；四配：復聖顏子、宗聖曾子、述聖子思子、亞聖孟子東西向；稍後十哲：閔子損、冉子雍、端木子賜、仲子由、卜子商、冉子耕、宰子予、冉子求、言子偃、顓孫子師皆東西向。兩廡從祀先賢：澹臺滅明、宓不齊、原憲、公冶長、南宮适、高柴、漆雕開、樊須、司馬耕、公西赤、有若、琴牢、申棖、陳亢、巫馬施、梁鱣（蘧常案：《史記》：字叔魚）、公皙哀字季次、商瞿字子木、冉孺字子魯、顏辛（《史記》作幸）字子柳、伯虔字子析、曹䘏字子循、冉季字子產、公孫龍字子石、漆雕哆字子斂、秦商字子丕、漆雕徒父（《史記》無字）、顏高字子驕、商澤（《家語》曰：字子季）、壤駟赤字子徒、任不齊字子選、石作蜀字子明、公良孺字子正、公夏首字樂公、肩定字子中、后處字子里、鄡單字子家、奚容箴字子晳、罕父黑字子索、顏祖字襄、榮旂字子祺、秦祖字子南、左人郢字行、句井疆（鄭玄曰：衛人）、鄭國字子徒、公祖句兹字子之、原亢字籍（一名冗）、縣成字子祺、廉潔字庸、燕伋字思、叔仲噲（《史記》作會）字子思、顏之僕字叔、邽巽字子斂、樂欬字子聲、公西輿如字子上、狄黑字皙、孔忠字子蔑、孔子兄子公西蒧字子上、步叔乘字子之、施之常字子恒、秦非字子之、顔噲字子聲。案《史記》有申黨字周、顔何字冉、秦冉字開、公伯寮字子周。嘉靖九年，從禮臣議，申黨即申棖，釐去其一，並去公伯寮、秦冉、顔何。又凡學別立祠中，叔梁紇題"啓聖公孔氏神位"，以顔無繇、曾蒧、孔鯉、孟孫氏配，俱稱先賢某氏。

　　蘧常案：朱彝尊《孔子弟子考》：梁玉繩《史記質疑》言：孔子弟子之數，《孟子》、《吕氏春秋·遇合》篇、《淮南子·泰族訓》及《要略訓》、《漢書·藝文志序》、《楚元王傳》皆作七十。《史記·孔子世家》、文翁《禮殿圖》、《後漢書·蔡邕傳》、鴻都《畫像》、《水經注》八、漢魯峻《冢壁象》、《魏書·李平傳》、《顔氏家訓·誡兵》篇皆作七十二。《史記·仲尼弟子列傳》、《漢書·地理志》作七十七。《孔子家語·七十二弟子解》實七十七人。此從《世家》。

　　亂國誰知爾，孤生且辟人[一]。危情嘗過宋[二]，困志亦從陳[三]。籥舞虞庠夕[四]，弦歌闕里春[五]。門人惟季次，未肯作家臣[六]。一時同人多入官長幕。

【彙注】

〔一〕亂國二句　徐注：《論語》：且而與其從辟人之士也，豈若從辟世之士哉。黃注：《亭林文集·華陰王氏宗祠記》曰：夫其處雜亂偏方閏位之日，而守之不變，孰勸率而然哉？國亂於上，而教明於下。《易》曰：改邑不改井，言經常之道，賴君子而存也。詩曰"亂國誰知爾，孤生且辟人"，有深慨焉。

　　　蘧常案：《莊子·人間世》篇：顔回見仲尼，請行曰：將之衛。曰：奚爲焉？曰：回嘗聞諸夫子曰：治國去之，亂國就之。

〔二〕危情句　徐注：《孟子》：微服而過宋,是時孔子當阨。
蘧常案：《史記·孔子世家》：孔子去曹適宋,與弟子習禮大樹下。宋司馬桓魋欲殺孔子,拔其樹,孔子去。
〔三〕困志句　徐注：《論語》：在陳絕糧,從者病,莫能興。
〔四〕簫舞句　徐注：《詩》：簫舞笙鼓。傳：簫,管也。《禮·檀弓》：虞庠,在國之西郊。　黃注：謂釋奠用舞也。見《禮記·文王世子》注。
〔五〕弦歌句　徐注：《史記·孔子世家》：孔子講誦,絃歌不衰。　黃注：正始以前,祠孔子,皆於闕里也。見《三國·魏志·齊王紀》。
〔六〕門人二句　原注：《史記·仲尼弟子列傳》：公晳哀,字季次。孔子曰：天下無道,多爲家臣仕於都,唯季次未嘗仕。　黃注：《亭林餘集·與潘次耕札》云：原一南歸,言欲延次耕同坐。在次耕今日食貧居約,而獲遊於貴要之門,常人之情,鮮不願者。然而世風日下,人情日詭,而彼之官彌貴,客彌多,便佞者留,剛方者去,今且欲延一二學問之士,以蓋其羣醜,不知薰蕕不同器而藏也。吾以六十四之舅氏,主於其家,見彼蠅營蟻附之流,駭人耳目。至於徵色發聲而拒之,乃僅得自完而已,況次耕以少年而事公卿,以貧士而依廡下者乎？夫子言：吾死之後,則商也日益,賜也日損。子貢之爲人,不過與不若己者遊,夫子尚有此言。今次耕之往,將與豪奴狎客朝朝夕夕,不但不能讀書爲學,且必至比匪之傷矣。孟子曰：飢者甘食,渴者甘飲,是未得飲食之正也,飢渴害之也。今以百金之脩脯,而自儕於狎客豪奴,豈特飢渴之害而已乎？荀子曰：白沙在泥,與之俱黑。吾願次耕學子夏氏之戰勝而肥也。吾駕不可迴,當以靖節之詩爲子贈矣。詩曰云云,自注云云。讀《與潘次耕札》,有深慨焉。　冒云：全是自道。

蔣常案：冒云是。黄注引《與潘次耕札》，其意雖是，然此札實作於八年後，以時言，不免有徑庭之別耳。

謁周公廟

【解題】

徐注：《公羊傳》：周公爲大廟，魯公爲世室，羣公爲宫。《一統志》：兗州府周公廟在曲阜縣東北三里，故魯太廟之墟。宋大中祥符時，追封周公爲文憲王，重建新廟。真宗親爲之贊，立石廟中。春秋委官致祭。歷代因之。今文憲王廟在城北高阜上，世所稱魯太廟舊址者，亦即其地。

蔣常案：《史記・魯周公世家》：周公旦者，周武王弟也。及武王即位，旦常輔翼。十一年，伐紂，周公佐武王。殷破，封於少昊之虚曲阜，不就封，留佐武王。武王既崩，成王少，周公恐天下聞武王崩而畔，乃踐阼，代成王攝行政，當國。成王長，乃還政，北面就臣位。周公既卒，葬於畢。子伯禽，已前受封，是爲魯公。

道化千年後〔一〕，明禋一國中〔二〕。禮猶先世守，制比百王崇〔三〕。配食唯元子〔四〕，烝嘗徧列公〔五〕。祠田還割魯〔六〕，氏系獨傳東〔七〕。有祭田碑，言周公之後東野氏，今爲東姓。舊史書茅闕〔八〕，新詩采《閟宫》〔九〕。巋然遺殿在，不與漢侯同〔一〇〕。

【彙注】

〔一〕道化句　徐注：《易》：聖人久於其道而天下化成。《五禮通考》：漢、魏以還，或以周公爲先聖，孔子爲先師。

〔二〕明禋句　徐注：《書・洛誥》疏：明，潔；禋，敬也。蔡沈《書集傳》：蘇氏曰：以黑黍爲酒，合以鬱鬯，所以祼也。宗廟之禮，莫盛於祼。王使人戒敕庶殷，且以秬鬯二卣綏寧周公，曰明禋，曰休享，事周公如事神明也。

　　蘧常案：《書・洛誥》：伻來毖殷，乃命寧予，以秬鬯二卣，曰明禋，拜手稽首休享。

〔三〕禮猶二句　徐注：《左傳》閔公元年：猶秉周禮，周禮所以本也。《詩》疏：成王以周公有大勳勞於天下，故賜伯禽以天子之禮樂，魯於是乎有頌，以爲廟樂。《史記・魯世家》：魯有天子禮樂者，以褒周公之德也。

〔四〕配食句　徐注：《詩・閟宮》：王曰叔父，建爾元子。《禮・明堂位》：魯公之廟，文世室也。《漢書・韋玄成傳》：非適不得配食。

〔五〕烝嘗句　徐注：《詩》：禴祠烝嘗。《史記・魯世家》：魯起周公，至頃公凡三十四世。

〔六〕祠田句　徐注：《左傳》隱公八年：鄭伯請釋泰山之祀而祀周公。以泰山之祊易許田。杜注：成王營王城，有遷都之意，故賜周公許田以爲魯國朝宿之邑，後世因而立周公別廟焉。

〔七〕氏系句　徐注：《一統志》：本朝康熙二十三年，聖祖仁皇帝幸魯，回鑾至兖州，特命恭親王長寧、禮部尚書介山往祭周公廟。御製碑文，勒石廟庭。以其後裔東野沛然爲五經博士。

　　蘧常案：《東野志》：東野，周公之後。伯禽之少子名魚，食邑於東野，因以爲氏。《通志・氏族略》：《家語》有東野畢弋。東野稷見《莊子》。

〔八〕舊史句　蔣常案:茅闕,見前《謁夫子廟》詩"闕里"注。

〔九〕新詩句　徐注:《詩》鄭箋:《閟宮》,頌僖公能復周公之宇也。

〔一〇〕巋然二句　徐注:王延壽《魯靈光殿賦序》:遭漢中微,盜賊奔突。自西京未央、建章之殿,皆見頹壞,而靈光巋然獨存。又:魯靈光殿者,蓋景帝程姬之子恭王餘之所立也。初,恭王始都下國,好治宮室,遂因魯僖基兆而營焉。

　　　　蔣常案:巋然遺殿,見卷二《恭謁孝陵》詩"巋然"句注。

謁孟子廟

【解題】

　　徐注:孫復《孟廟記》:景祐四年,孔道輔知兗州,訪孟子墓,得於鄒縣東三十里四基山,因於墓傍建廟。《一統志》:政和四年,奉詔重修。後以距城遼,徙建東門之外。宣和四年,復徙南門外。金太和中燬,元、明以來,相繼重修。門人樂正克以下皆從祀焉。朱彝尊《重修孟子廟碑》:宋元豐六年,從吏部尚書曾孝寬之請,詔追封鄒國公。政和五年,太常議以弟子十八人配。

　　古殿依邾邑〔一〕,高山近孔林〔二〕。游從齊魏老〔三〕,功績禹周深〔四〕。孝弟先王業,耕桑海內心。期應過七百,運豈厄當今〔五〕。辯說千秋奉〔六〕,精靈故國歆〔七〕。四基岡上柏,凝望轉蕭森〔八〕。

【彙注】

〔一〕古殿句　徐注:《方輿紀要》:在鄒縣東南二十六里,本邾婁之國。記曰：武王克商，封陸終第五子晏安之裔曹挾於邾。《史記》：吳夫差九年，會騶伐魯。蓋邾亦通謂之騶。孟子，騶人也，其地去魯甚近。傳曰：魯擊柝聞於邾。漢置騶縣，或曰秦置因之。自晉以後，皆曰鄒縣。

〔二〕高山句　徐注：《方輿紀要》：孔林在曲阜城北。《史記》：孔子葬魯城北泗水上，弟子及魯人從冢而家者百有餘室，因曰孔里。今爲孔林。又：鄒縣四基山西麓孟子墓，又東北十里曰昌平山，又東北二十里爲尼山，與曲阜縣接界。

〔三〕游從句　蘧常案：見前《登岱》詩"復有"二句注。

〔四〕功續句　徐注：《孟子》：昔者，禹抑洪水而天下平，周公兼夷狄，驅猛獸而百姓寧。又：我亦欲正人心。

　　　蘧常案：韓愈《與孟尚書書》：揚子雲曰：古者楊、墨塞路，孟子辭而闢之，廓如也。夫楊、墨行，正道廢，孟子雖賢聖，不得位，空言無施，雖切何補？然賴其言而今之學者，尚知宗孔氏，崇仁義，貴王賤霸而已；其大經大法，皆亡滅而不救，壞爛而不收，所謂存十一於千百，安在其能廓如也？然向無孟氏，則皆服左袵而言侏離矣！故愈嘗推尊孟氏，以爲功不在禹下者，爲此也。

〔五〕孝弟四句　徐注：《孟子》：入則孝，出則悌，守先王之道。又：百畝之田，匹夫耕之；五畝之宅，樹牆下以桑，匹婦蠶之。又：由周而來，七百有餘歲。又：當今之世，舍我其誰也！

〔六〕辯説句　徐注：《孟子》：予豈好辯哉！予不得已也。《春明夢餘錄》：洪武五年，罷孟子配享。六年，上曰：我聞孟子辯異端，闢邪説，發明孔子之道，宜配享如故。

〔七〕精靈句　蘧常案：謂其精靈至今猶歆享於舊邦也。與篇首呼應。

〔八〕四基二句　原注：《明一統志》：四基山在鄒縣東北三十里，山頂四石，狀類堂基。其西麓即孟子墓。　徐注：張九齡《郡舍南有園畦》詩：秋樹亦蕭森。

蔣常案：曹學佺《輿地名勝志》：孟子廟林木鬱蒼，有太山巖巖氣象。

鄒平張公子萬斛園上小集各賦一物得桔橰

【解題】

徐注：《元譜》：故明兵部尚書張延登所居。案《明史·百官表》：崇禎五年，工部尚書張延登六月召，十月改左都御史。《譜》作"兵部"誤。園無考。

蔣常案：徐注本題作《鄒平張公子萬斛園賦得桔橰》。張延登，字華東，鄒平人。張公子，必其子也。《莊子·天運》篇：且子獨不見夫桔橰者乎？引之則俯，舍之則仰。成玄英疏：桔橰，挈水木也。

鑿木前人制〔一〕，收泉《易卦》稱〔二〕。天機無害道，人巧合成能。壤脈涓涓出〔三〕，川流挏挏升〔四〕。入晴常作雨，當暑欲成冰。菜甲青奰地〔五〕，花容赤繞塍。彌令幽興劇，頓使化工增。坐愛平畦廣，行憐曲水澄。灌園今莫笑〔六〕，此地近於陵〔七〕。

【彙校】

〔成能〕徐注本作"能成"，誤。 〔成冰〕潘刻本、徐注本、孫校本"成"作"生"，似勝，且不與上"成"字複。 〔奰地〕原作"敷地"。潘刻本"敷"作"奰"，各本同，今從改。句下有原注："又曰震爲奰"

五字,各本同;徐注本無。

【彙注】

〔一〕鑿木句　原注:《莊子·天地》篇:鑿木爲機,後重前輕,挈水若抽,數如泆湯,其名爲槔。

〔二〕收泉句　原注:《易》:井收勿幕。

〔三〕壤脈　徐注:陸友《研北雜志》:久雨遇雷,壤脈必開。

〔四〕揖揖　徐注:《莊子·天地》篇:揖揖然用力甚多而見功寡。

〔五〕甹地　原注:《易》:震爲甹。

　　蕘常案:"敷",各本皆作"甹",《易·說卦》亦作"甹",甹、敷雖古今字,應改。《說卦》:震爲甹。疏:爲甹,取其春時氣至,草木皆吐,甹布而生也。《說文解字》:甹,布也。

〔六〕灌園　蕘常案:劉向《列女傳·楚於陵妻》:楚王聞於陵子終賢,欲以爲相。其妻曰:亂世多害,妾恐先生之不保命也。於是子終出謝使者而不許也。遂相與逃而爲人灌園。此"灌園",爲下於陵言之也,蓋先生以自況。或以《莊子·天地》篇漢陰丈人抱甕出灌事注之,非也。

〔七〕於陵　徐注:《方輿紀要》:山東濟南府長山縣於陵城本齊邑,陳仲子所居。漢置縣,晉改曰烏陵。

張隱君元明於園中眞一小石龕曰仙隱祠徵詩紀之 二首

【解題】

　　徐注:王士禛《居易錄》:張光啓,字元明,章丘人也。居白雲湖上。少爲諸生,有名,爲梅長公、朱未孩二公所知。崇禎庚午,年四十,遂棄諸生,闢一園曰省園,以種樹藝花自樂。亂後足不履城市。年八十餘卒。有《張仲集詩》若干篇。余刪存百餘首,往往可傳。有句云:盡日閒看《高士傳》,一生怕讀早朝詩。其志可想。

　　白日浮雲隔幾重〔一〕,三山五嶽漫相逢〔二〕。竭來未得從黃石〔三〕,老至先思伴赤松〔四〕。哲士有懷多述酒〔五〕,英流無事且明農〔六〕。猶憐末俗愚難瘳,故作幽龕小座供。

【彙校】
〔相逢〕徐注本,吳、汪、曹三校本"逢"作"通"。　〔英流句〕潘刻本,徐注本,吳、汪、曹三校本皆同;孫校本"英流"作"學人","且"作"自"。

【彙注】
〔一〕白日句　徐注:《古詩十九首》:浮雲蔽白日。
　　　蘧常案:合下數首觀之,張光啓非僅隱者,蓋深有故國之感,故與先生相契如此。則"白日浮雲",或指永曆之播越不可得見乎?
〔二〕三山句　徐注:李白《善哉行》:海陵三山,陸憩五嶽。
〔三〕竭來　蘧常案:《漢書·司馬相如傳》:回車竭來兮。《說文解字》:竭,去也。
　　　蘧常案:見卷一《帝京篇》"黃石"句注。
〔四〕赤松　蘧常案:《史記·留侯世家》:願棄人間事,欲從赤松子游耳。《索隱》:赤松子,神農時雨師。
〔五〕哲士句　蘧常案:湯漢《陶靖節集注自序》:陶公《述酒》之作,直吐忠憤,然猶亂以廋詞,千載之下,讀者不省為何語,是此翁所深致意者。又《述酒》篇注:晉元熙二年六月,劉裕廢恭帝爲零陵王。明年,以毒酒一甖授張偉,使酖王,偉自飲而卒。繼又令兵人踰垣進藥,王不肯飲,遂掩殺之。此詩所爲作,故以《述酒》名篇也。案:此所謂"多述酒",似陰喻南明弘光、隆武諸帝被害於清也。弘光之死,見前《桃葉歌》"兩宮"句注。隆武之死,見卷一《海上》詩第一首題注。

〔六〕英流句　徐注:《書》:兹予其明農哉。

百尺松陰十畝園〔一〕,此中人物似桃源。衣冠俎豆猶三代〔二〕,雞犬桑麻自一村。垣外白榆隨宿列,樹頭青鳥候風翻〔三〕。坐來髣髴疑仙境〔四〕,試問先生笑不言〔五〕。

【彙注】

〔一〕百尺句　徐注:王勃《送白七序》:長松百尺,對君子之清風。蘇轍詩:藹藹堂西十畝園。
〔二〕俎豆　蘧常案:見前《夫子廟》詩"俎豆"句注。
〔三〕青鳥　徐注:《漢武故事》:七月七夕,忽有青鳥飛集殿前,東方朔曰:此西王母欲來。有頃王母至,三青鳥夾侍王母傍。
〔四〕坐來句　徐注:宋之問《奉陪武駙馬宴·唐卿山亭序》:苔閣茅軒,髣髴入神仙之境。
〔五〕試問句　徐注:李白《山中問答》詩:問余何事棲碧山,笑而不答心自閒。

前詩意有未盡再賦四章　四首

濩落人間七十年〔一〕,年來三見海成田〔二〕。生當虞夏神農後〔三〕,夢在壺丘列子前〔四〕。性定自能潛福地〔五〕,機忘真已入寥天〔六〕。因思千古同昏旦,几席羹牆尚宛然〔七〕。

【彙校】

〔題〕此首朱刻本,孫、吳、汪各校本皆有;潘刻本、徐注本、孫託荀校本無。孫校本誤編於《出郭》(六言)題下,《出郭》詩及《陳生芳績兩尊人先後即世》詩第三首後。朱刻本仍原題"張隱君元明"云云,注云:著雍閹茂,戊戌。

【彙注】

〔一〕濩落句　蘧常案:杜甫《自京赴奉先縣詠懷五百字》詩:居然成濩落。張鋌注:濩落,廓落也。案:《莊子·逍遙遊》謂"五石之瓠,剖以為瓢,則瓠落無所容",梁簡文(蕭綱)云:瓠落猶廓落。考瓠、濩音同,《經典釋文》引司馬彪注"瓠落"云:瓠,音護。《周禮·春官·大司樂》"大濩"疏:濩亦音護,《呂氏春秋·古樂》篇作"大護"。則"濩落"即"瓠落",蓋有大而無所施用之意,故前人訓兩辭亦相同也。此句謂張光啓。王士禎《居易錄》謂其年八十餘卒,則此時年已古稀矣。

〔二〕年來句　蘧常案:《神仙傳》:麻姑謂王方平曰:接待以來,已見東海三為桑田。案:"三見海成田",似謂崇禎甲申之變,弘光、隆武之亡。

〔三〕生當句　蘧常案:《史記·伯夷列傳》:餓且死,作歌,其辭曰:登彼西山兮,采其薇矣。以暴易暴兮,不知其非矣。神農虞夏,忽焉沒兮,我安適歸矣?于嗟徂兮,命之衰矣!

〔四〕夢在句　蘧常案:《淮南子·繆稱訓》:列子學壺子。《莊子·逍遙遊》篇:列子御風而行。成玄英《南華真經》疏:列子姓列,名禦寇,鄭人也。與鄭繻公同時,師於壺丘子林,著書八篇。今本《列子·周穆王》篇:夢有六候。奚謂六候?一曰正夢,二曰噩夢,三曰思夢,四曰寤夢,五曰喜夢,六曰懼夢。此六者,神所交也。不識感變之所起者,事至則惑其所由然;識感變之所起者,事至則知其所由然。知其所由然,則無所怛,一體之盈虛消息皆通於天地,應於物類。子列子曰:神遇爲夢,形接爲事,故晝想夜夢,神形所遇。故神凝者想夢自消。信覺不語,信夢不達,物化之往來者也。古之真人,其覺自忘,其寢不夢,幾虛語哉!

〔五〕性定句　蘧常案:阮籍《通易論》:立仁義以定性。《雲笈七籤》:神仙所居,有七十二福地。

〔六〕機忘句　蘧常案:儲光羲詩:達士志寥廓,所在能忘機。《莊子·大宗師》篇:造適不及笑,獻笑不及排,安排而去化,乃入於寥天一。李白詩:觀化入寥天。

〔七〕几席句　蘧常案:《後漢書·鍾離意傳》注引《鍾離意別傳》:意爲魯相,到官,出私錢萬三千文,付户曹孔訢修夫子車。身入廟,拭几席劍履。又《李固傳》:昔堯殂之後,舜仰慕三年,坐則見堯於牆,食則覩堯於羹。

順時諏日卜靈氛[一],寶炬名香手自焚[二]。斟雉未能餉帝后[三],蠆魚聊可事山君[四]。尋常伏臘人間共[五],曠代宗祧上界分[六]。遂有精神通要眇[七],儼如飛舃下青雲[八]。

【彙校】

〔餉帝后〕孫校本作"觴帝后";朱刻本作"餉后帝"。丕績案:作

"鬺"是。　〔鱻薧〕孫校本"薧"作"薨"。丕績案：作"薧"是。《周禮·庖人》云：凡其死生鱻薧之物，以共王之膳。

【彙注】

〔一〕順時句　蘧常案：《儀禮·特牲饋食禮》：不諏日。鄭玄注：諏，謀也。《離騷》：命靈氛爲予占之。王逸注：靈氛，古明吉凶占者。

〔二〕寶炬句　蘧常案：皇甫曾詩：靜夜名香手自焚。

〔三〕斟雉句　蘧常案：屈原《天問》：彭鏗斟雉帝何饗？王逸注：彭祖以雉羹進堯，而堯饗之也。又：緣鵠飾玉，后帝是饗。《史記·封禪書》：禹收九牧之金，鑄九鼎，皆嘗亨鬺上帝鬼神。《集解》：徐廣曰：鬺，烹煮也。音殤。

〔四〕鱻魚句　蘧常案：《史記·封禪書》：古者天子常以春解祠，祠太一、澤山君、地長，用牛；武夷君，用乾魚。《周禮·天官·獻人》：辨魚物爲鱻薧，以共王腥羞。鄭玄注：薧，乾也。

〔五〕伏臘　蘧常案：《漢書·楊惲傳》：田家作苦，歲時伏臘，烹羊炮羔，斗酒自勞。《漢書·郊祀志》：秦德公作伏祠。注：孟康曰：六月，伏日也。周時無，至此乃有之。《說文解字》：臘，冬至後祭百神。

〔六〕曠代句　蘧常案：《禮記·祭義》：築爲宮室，設爲宗祧，以別親疏遠近，教民反古復始，不忘其所由生也。顧況《五源訣》：番陽仙人王遥琴子高言：下界功滿，方超上界。案：此二句，似有鬼神不歆非類之意。

〔七〕遂有句　蘧常案：班彪《王命論》：精誠通於神明。《楚辭·遠遊》：神要眇兮淫放。洪興祖《補注》：要眇，精微貌。

〔八〕飛鳧　蘧常案：《後漢書·方術列傳》：王喬爲葉令。喬有神術，每月朔望，常自縣詣臺朝。帝怪其來數，而不見車騎，密令太史伺望之。言其臨至，輒有雙鳧從東南飛來。於是舉羅張之,但得一隻焉。乃詔上方診視,則四年中所賜尚書官屬履也。

九尺身長鬢正蒼〔一〕,兒孫森立已成行。纔過冰泮烹魚饌〔二〕,未到秋深摘果嘗。繞院竹光浮茗椀,透簾花氣入書床。只應潔疾猶難化〔三〕,莫學當時費長房〔四〕。

【彙注】

〔一〕九尺句　蘧常案:杜甫《洗兵馬》:張公一生江海客,身長九尺鬚眉蒼。

〔二〕冰泮魚饌　蘧常案:《大戴禮記・誥志》篇:孟春,冰泮發蟄。梅堯臣詩:岸之側,多菖蒲;蒲之下,多乳魚。乳魚可以饌,菖蒲可以葅。

〔三〕潔疾　蘧常案:莊季裕《雞肋編》:米元章有好潔之癖。宗室華源郡王仲湖家多聲妓,嘗欲驗之。大會賓客,獨設一榻待之,使數卒解衣袒臂,奉其酒饌。姬侍環于他客,杯盤狼籍。久之,亦自遷坐於衆賓之間。乃知潔疾非天性也。

〔四〕莫學句　蘧常案:《後漢書・方術列傳》:費長房者,汝南人也。曾爲市掾。市中有老翁賣藥,懸一壺於肆頭,及市罷,輒跳入壺中。長房於樓頭覩之,異焉,遂欲求道。於是隨從入深山,踐荊棘於羣虎之中,留使獨處,長房不恐;又卧於空室,以朽索懸萬斤石於心上,衆蛇競來齧索,且斷,長房亦不移。翁還撫之曰:子可教也。復使食糞,糞中有三蟲,臭惡特甚,長房意惡之。翁曰:子幾得道,恨於此不成,如何?長房辭歸。

門前有客跨青牛〔一〕,倒屣相迎入便留〔二〕。不覺人間非甲子〔三〕,已知天外是神州〔四〕。宣尼願在終浮海〔五〕,屈子文成合遠遊〔六〕。笑指八仙皆上座〔七〕,使君今日老糟丘〔八〕。

【彙注】

〔一〕門前句　蘧常案:《史記索隱》引《列異傳》:老子西遊,關令尹喜望見其有紫氣浮關,而老子果乘青牛而過。案:《神仙傳》謂"封君達年百歲,如三十許,騎青牛,號青牛道士"。裴松之《三國志‧管寧傳注》謂"初平中,山東有青牛先生者,字正方,曉知星曆風角鳥情"。《清一統志》:廬山五老峰下有青牛谷,世傳宋道士洪志乘青牛處。此不知使何人事?當有所指,始並著之。常言每以青牛隱李姓,或時南明有李姓使來耶?下言天外神州,言浮海,似指鄭成功,則或鄭使耶?

〔二〕倒屐句　蘧常案:《三國志‧魏書‧王粲傳》:蔡邕才學顯著,貴重朝廷,常車騎填巷,賓客盈坐。聞粲在門,倒屣迎之曰:此王公孫也,有異才,吾不如也。據此則"屐"應作"屣"。

〔三〕不覺句　蘧常案:見卷一《賦得老鶴萬里心》詩"甲子"句注。

〔四〕已知句　蘧常案:此似指鄭成功。詩次《濟南》詩前,《濟南》詩有"湖上荷花"云云,則詩作於明永曆十二年,即順治十五年夏。時成功初受明封延平王,賜尚方劍,便宜行事,手詔令進師江南,伸大義於天下。成功亦久擬會滇、黔、粵、楚之師出洞庭,會江南,使天下跂足相從也。先生方寄以厚望,故詩云然。

〔五〕宣尼句　蘧常案:宣尼,見卷一《十月二十日奉先妣葬》詩"宣尼"句注。《論語‧公冶長》篇:子曰:道不行,乘桴浮於海,從我者其由與。案:此及下一句,皆先生借以自喻。時身已在北,而猶不忘浮海,真所謂"大海無平期,我心無絕時"矣。

〔六〕屈子句　蕸常案:王逸《楚辭·遠遊》序:《遠遊》者,屈原之所作也。屈原履方直之行,不容於世,章皇山澤,無所告訴。乃深惟玄一,修執恬漠。思欲濟世,則意中憒然;文采鋪張,遂敍妙思。託配仙人,與俱遊戲,周歷天地,無所不到。然猶懷念楚國,思慕舊故,忠信之篤,仁義之厚也。

〔七〕笑指句　蕸常案:《新唐書·李白傳》:白與賀知章、李適之、汝陽王璡、崔宗之、蘇晉、張旭、焦遂爲酒中八仙人。《翻譯名義集》:佛言上更無人爲上座。

〔八〕老糟丘　蕸常案:劉向《新序》:桀爲酒池,足以運船;糟丘,足以望七里。《南史·陳暄傳》:暄嗜酒,過差非度,其兄子秀憂之。暄聞之,與秀書曰:速營糟丘,我將老焉,爾無多言!

濟　南

【解題】

徐注:見前《濟南》詩題注。張《譜》:先生是年復至濟南訪徐東癡。

湖上荷花歲歲新〔一〕,客中時序自傷神。名泉出地環巖郭〔二〕,急雨連山净火旻〔三〕。絕代詩題傳子美〔四〕,近朝文士數于鱗〔五〕。愁來獨憶辛忠敏,老淚無端痛古人〔六〕。

【彙注】

〔一〕湖上句　徐注:《酉陽雜俎》:歷城北二里有蓮子湖。湖中多蓮花,周環二十里。

〔二〕名泉句　徐注:《明一統志》:趵突泉在濟南府城西,一名瀑流,源出山西王屋山,伏流至河南濟源縣湧出。過黃河溢爲滎。西北至黃山渴馬崖伏流五十里,至城西,出爲此泉。或以糠驗之,信然。會諸泉入城,匯爲大明湖,流爲小清河。濟南名泉七十二,瀑流爲上,金綫、珍珠次之,餘皆不能與三泉侔矣。

〔三〕火旻　蘧常案:見前《王徵君潢具舟城西》詩"火旻"注。

〔四〕絶代句　徐注:杜甫《陪李北海宴歷下亭》詩:東藩駐皂蓋,北渚凌青河。海右此亭古,濟南名士多。　黃注:亭林前有《濟南》二首,乃初到時作,故有"還思北海亭中客,勝會良時不可逢"語。此篇乃逾年重到濟南作,曰"絶代詩題傳子美",則并北海亭中之客而不思矣。

〔五〕近朝句　徐注:《明史·文苑》:李攀龍,字于鱗,歷城人。九歲而孤,家貧,自奮於學。嘉靖二十三年進士,歷擢陝西提學副使。念母思歸,遂謝病。既歸,構白雪樓,名日益高。隆慶改元,薦起浙江副使,擢河南按察使。奔母喪歸,哀毀得疾。一日,心痛卒。攀龍之始官刑曹也,與濮州李先芳、臨清謝榛、孝豐吳維嶽輩倡詩社。王世貞初釋褐,先芳引入社,遂與攀龍定交。又二年,宗臣、梁有譽入,是爲五子。未幾,徐中行、吳國倫亦至,乃改稱七子。其持論謂文自西京、詩自天寶而下,俱無足觀。攀龍才思勁鷙,名最高。獨心重世貞,天下亦並稱王、李。又與何景明、李夢陽並稱何李、王李。其詩務以聲調勝,文則聱牙棘口,好之者推爲一代宗匠,亦多受抉摘云。

　　蘧常案:包世臣《藝舟雙楫·讀亭林遺書》:亭林之詩,導源歷下。案:歷下謂李攀龍也。

〔六〕愁來二句　徐注：《宋史·辛棄疾傳》：棄疾，字幼安，齊之歷城人。少師蔡伯堅，與党懷英同學，號辛、党。始筮仕，決以蓍。懷英遇《坎》，因留事金；棄疾得《離》，遂決意南歸。金主亮死，中原豪傑並起。耿京聚兵山東，稱天下節度使，節制山東、河北忠義軍馬，棄疾爲掌書記，即勸京決策南向。紹興三十二年，京令棄疾奉表歸宋。會張安國、邵進已殺京降金，棄疾還至海州，與衆謀曰：我緣主帥來歸朝，不期事變，何以復命？乃約統制王世隆及忠義人馬全福等徑趨金營。安國方與金將酣飲，即衆中縛之以歸，金將追之不及。獻俘行在，斬安國於市。孝宗召對延和殿，時虞允文當國，帝銳意恢復，棄疾因論南北形勢，持論勁直，作《九議》並《應問》三篇。葉衡入相，薦棄疾忼慨有大略。尋知潭州兼湖南安撫。盜連起湖、湘，棄疾悉討平之。疏乞別創一軍，以湖南飛虎爲名，軍威雄鎮一方，爲江上諸軍之冠。棄疾豪爽尚氣節，識拔英俊。嘗跋紹興間詔書曰：使此詔出於紹興之前，可以無事仇之大恥；使此詔行於隆興之後，可以卒不世之大功。今此詔與仇敵俱存也，悲夫！人服其警切。嘗謂：人生在勤，當以力田爲先。北方之人，養生之具不求於人，是以無甚富甚貧之家；南方多末作以病農，而兼并之患興，貧富斯不侔矣。故以"稼"名軒，有《稼軒集》行世。德祐初，加贈少師，謚忠敏。　黃注：子美雖生亂世，而親見收京；亭林則身經亡國，視稼軒爲慘。曰"老淚無端痛古人"，則真痛也，不獨憶之而已。考稼軒雖歷城人，然自二十三歲，當宋紹興三十二年南歸於宋後，至六十八歲卒於江西鉛山縣，未嘗一歸歷城。亭林過濟南而憶之，一則以北人而南歸，一則以南人而北客，亡國之痛，有同感焉。徐注錄《宋史·辛棄疾傳》，語多可采。然稼軒亡國之痛，多發於詞。此篇子美、于鱗皆舉其詩，則獨憶忠敏，蓋因其詞而致其痛,詩義當可尋耳。

爲丁貢生亡考衢州君生日作

【解題】

　　蘧常案:丁貢生不詳。據序知名雄飛,據詩知爲南京人。《同志贈言爲顧寧人徵天下書籍啓》後有其署名。《明史》志《選舉》:生員曰貢監。同一貢監也,有歲貢,有選貢,有恩貢,有納貢。此詩原删,然不見有忌諱語,豈以"生忌"之説與《日知録》不符而去之乎?

　　《記》曰:君子有終身之喪〔一〕,忌日之謂也。世俗乃又以父母之生日設祭,而謂之生忌〔二〕,禮乎?考之自梁以後〔三〕,始有生日宴樂之事。而父母之存,固已嘗爲之矣。則於其既亡而事之如存,禮雖先王未之有,可以義起也。丁君雄飛乃追溯其考之年及其生日而曰:吾父存,今八十矣。乃陳其酒脯設其裳衣,如其存之事,而求詩於友人,其亦孝思之所推歟〔四〕!爲賦近體四韻。

　　傷今已抱終天恨〔五〕,追往猶爲愛日歡〔六〕。慄若户前聞歎息〔七〕,儼然堂上坐衣冠。馴烏止樹生多子〔八〕,慈竹緣池長百竿〔九〕。所居石城門内,有池有竹。欲向舊京傳孝友〔一○〕,當時誰得似丁蘭〔一一〕。

【彙校】

〔題〕此首朱刻本、孫、吴、汪各校本皆有;潘刻本、徐注本、孫託荀校本無。孫校本次重光赤奮若《元日》詩後。　〔生祭〕朱刻本、孫校本作"生忌"。〔如存禮〕朱刻本，吴、汪兩校本皆同；孫校本"存"作"生"。丕績案：作"生"是。〔追溯〕孫校本"溯"作"數"。

【彙注】

〔一〕《記》曰二句　蘧常案：見《禮記·祭義》。

〔二〕生忌　蘧常案：生忌對死忌言，世俗猶有此言。原作"生祭"，誤。茲從朱記榮佚詩刻本正。

〔三〕考之句　蘧常案：《日知錄》：生日之禮，古人所無。《顏氏家訓》曰：江南風俗，兒生一期，爲製新衣，盥浴裝飾，男則用弓矢紙筆，女則刀尺針縷，並加飲食之物，及珍寶服玩，置之兒前，觀其發意所取，以驗貪廉智愚，名之爲"試兒"。親表聚集，因成宴會。自茲以後，二親若在，每至此日，常有飲食之事。無教之徒，雖已孤露，其日皆爲供頓，酣暢聲樂，不知有所感傷。梁孝元年少之時，每八月六日載誕之辰，嘗設齋講。自阮修容（原注：元帝所生母）薨後，此事亦絕。是此事起於齊、梁之間。

〔四〕孝思　蘧常案：《詩·大雅·下武》：永言孝思，孝思維則。

〔五〕終天恨　蘧常案：宋庠《代李副樞乞終喪表》：構閔終天。

〔六〕愛日　蘧常案：《揚子法言·孝至》篇：事父母自知不足者，其舜乎？不可得而久者，事親之謂也，孝子愛日。注：無須臾懈於心。案："愛日"即"惜時"，故曰無須臾之懈也。

〔七〕愾若句　蘧常案：《禮記·祭義》：愾然必有聞乎其歎息之聲。王念孫《廣雅疏證》：愾，謂氣滿也。

〔八〕馴烏句　蘧常案：《晉書·孝友傳》：夏方家遭疫癘，父母死，廬於墓側，種植松柏，烏鳥猛獸，馴擾其旁。漢樂府有《烏生八九子》。

〔九〕慈竹句　蘧常案：《竹譜詳錄》：慈竹，又名義竹，又名孝竹，兩浙、江、廣,處處有之。高者二丈許,叢生,一叢多至數十百竿。根窠盤結,不引他處,四時出筍,經歲始成竹,子孫齊縈,前抱後引,故得此名。

〔一〇〕欲向句　蘧常案:舊京,見前《送張山人應鼎》詩"舊京"句注。《詩·小雅·六月》:張仲孝友。

〔一一〕丁蘭　蘧常案:曹植《靈芝篇》:丁蘭少失母,自傷早孤煢。刻木當嚴親,朝夕致三牲。暴子見陵侮,犯罪以亡刑。丈人爲泣血(案:丈當作木),免戾全其名。《初學記》孫盛《逸人傳》:丁蘭者,河内人也。少喪考妣,不及供養。乃刻木爲人,仿佛親形,事之若生,朝夕定省。其後,鄰人張叔妻從蘭妻有所借,蘭妻跪報木人,木人不悦,不以借之。叔醉,疾來詳罵木人,以杖敲其頭。蘭還,見木人色不懌,乃問其妻。妻具以告之,即奮劍殺張叔。吏捕蘭,蘭辭木人去,木人見蘭,爲之垂淚。郡縣嘉其至孝通於神明,圖其形像於雲臺也。

自　笑

自笑今年未得歸,酒樽詩卷欲何依?呼僮向曉牽長轡,覓嫗先冬綻故衣〔一〕。黃耳不來江表信〔二〕,白頭終念故山薇〔三〕。無因化作隨陽雁〔四〕,一逐西風笠澤飛〔五〕。

【彙校】

〔故山薇〕徐注本、曹校本"故山"作"首山"。

【彙注】

〔一〕綻故衣　徐注：古樂府《艷歌行》：故衣誰當補？新衣誰當綻？

〔二〕黃耳句　徐注：《晉書·陸機傳》：機有駿犬名黃耳，甚愛之。羈寓京師，久無家問，笑語犬曰：汝能齎書取消息不？犬搖尾作聲。機乃為書以竹筩盛之而繫其頸。犬尋路南走，遂至其家，得報還洛。《三國志·魏書·文帝紀》：黃初二年夏五月，以荊、揚、江表八郡為荊州。

〔三〕故山薇　蘧常案：見卷一《精衛》詩"西山"句注。陸璣《毛詩草木鳥獸蟲魚疏》：薇，山菜也。莖葉皆似小豆，蔓生，其味亦如小豆。藿可作羹，亦可生食也。

〔四〕隨陽雁　蘧常案：見卷一《賦得越鳥巢南枝》詩"隨陽"注。

〔五〕一逐句　黃注：稼軒詞：休說鱸魚堪膾，儘西風，季鷹歸未？求田問舍，怕應休見，劉郎才氣。此不期然而合，所謂亡國之痛有同感也。

　　蘧常案：詳前《酬陳生芳績》詩"笠澤"二句注。案：此似指太湖。

酬歸祚明戴笠王仍潘檉章四子韭溪草堂聯句見懷二十韻

【解題】

　　徐注：李元度《國朝先正事略》：戴笠、徐白皆吳江人，同以高逸著。笠，字耘野，明諸生。國變後，入秀峰山為僧。旋反初服，隱居朱家港，教授生徒。土屋三間，炊煙時絕，而編纂不輟。

潘檢討未嘗出其門。徐《譜》：戴笠，初名鼎立，字植之，後字耘野，又字曼公。先生《與戴耘野書》稱其著有《流寇編年》、《殉國彙編》。

蔣常案：歸祚明見卷一《吳興行》題注。戴笠見下注，王仍見前《酬王生仍》詩題注，潘檉章見前《贈潘檉章》詩題注。又案：韭溪，前人多以爲在嘉興，如錢邦彥先生《年譜校補》注此詩題云：《檇李詩繫》：韭溪在郡城內，即南湖支流，經城而達北運河。《川瀆記》：太湖東通嘉興韭溪。錢林《嘉禾獻徵錄》亦謂"力田本吳江人，寄籍桐鄉。國變後，隱居郡之韭溪"。然考潘檉章《觀復草廬賸稿》有《韭溪八詠》，自序云：韭溪名昉吳、越，地枕具區。類盤谷之窈深，非愚溪之邃隘。棲遲五載，擬卜終焉。或閉戶而山色湖光，來親几席；或追游而漁歌梵唱，互答襟期。詩目有：《龍舌漁翁》、《東林精舍》、《唐塔靈祠》、《沈望煙林》、《溝瀆夜泊》等。《遠浦歸帆》一目，詩有"浮玉煙際峰"云云，其景色地名，皆與嘉興之韭溪不合，則謂草堂在嘉興之韭溪者，誤矣。張《譜》順治十八年下引徐松《譜》云：是年適越，往來皆由吳江之江村。先生《書潘吳二事》云"余往越州，兩至其廬"，蓋至吳江江村，即訪潘檉章也。檉章於康熙二年遭莊氏史禍，《八詠》自序所謂"棲遲五載，擬卜終焉"，當即指江村而言，則所謂韭溪必在其地。所謂草堂，當即其草堂。檉章有《酬梅隱機高開朗其凝過湖濱新居見贈》詩，曰"湖濱"，則其地當在太湖之濱，故自序云"名昉吳、越，地枕具區"也。詩結句云"自是故園歸未得，風雲何處託菟裘"，則其所以卜終之意，亦可見矣。又案：歸莊《在韭溪草堂阻風雨不能歸》詩云：三旬客檇李，歲暮還姑蘇，中道尋吾友，詩酒爲歡娛。按輿圖，吳江正處嘉興、吳縣之中途，尤足爲韭溪不在嘉興而在吳江之證。

蔣常案：徐注本歸、戴、王、潘下均不署名，并無"二十韻"三字。

異地逢冬節,同人會韭溪〔一〕。蒼涼悲一別,廓落想孤棲〔二〕。刻燭初分韻〔三〕,抽毫亦共題。雪裝吳苑白〔四〕,雲幕越山低〔五〕。清醑傳杯緩〔六〕,哀弦入坐淒。詞堪爭日月,氣欲吐虹霓〔七〕。寫恨工蘇李,攄幽劇吕嵇〔八〕。風流知不墜,肝膽幸無暌〔九〕。掛帙安牛角,擔囊逐馬蹄〔一〇〕。飄颻過東楚,浩蕩適三齊〔一一〕。息足雩門下,停車汶水西。岱宗臨日觀,梁父躡雲梯〔一二〕。洞壑來仍異,關河去更迷。人看秋逝雁,客喚早行雞。卧冷王章被〔一三〕,窮餘范叔綈〔一四〕。夢猶經冢宅,愁不到中閨〔一五〕。來詩有"親朋愁帶甲,家舍祝添丁"之句。問字誰供酒〔一六〕?繙書獨照藜。雅言開竹徑,佳訊發蘭畦。遺鯉情偏切〔一七〕,班荆意各悽〔一八〕。《式微》君莫賦〔一九〕,春雨正塗泥。

【彙校】

〔蒼涼〕徐注本、曹校本"涼"作"茫"。 〔適三齊〕孫校本"適"作"遍"。 〔愁不到句〕句下自注"家舍",《同志贈言》作"家室",是。

【彙注】

〔一〕同人句　徐注:潘耒《梅花草堂詩集序》:延陵之派,散在桃墩、柳塘、嚴墓、韭溪,率多文人。

〔二〕廓落　蔣常案:《楚辭·九辯》:廓落兮羈旅而無友生。《文選》吕延濟注:廓落,空寂也。案:此"廓落",似與前《前詩意有未盡》詩"濩落"句注所云有別。

〔三〕刻燭句　徐注:《南史·王僧孺傳》:竟陵王子良嘗夜集學士,刻燭爲詩。四韻者則刻一寸,以此爲率。

〔四〕吳苑　蔣常案:見卷一《上吳侍郎暘》詩"春旂"句注。

〔五〕雲幕句　段注:應瑒《西狩賦》:雲幕被於廣野。

蘧常案：越山見卷二《瞿公子元銷將往桂京》詩"吳山與越山"注。

〔六〕清醑句　蘧常案：庾信《燈賦》：中山醑清。《玉篇》：醑，美酒也。

〔七〕詞堪二句　徐注：《史記·屈原列傳》：推此志也，雖與日月爭光可也。曹植《七啓》：慷慨則成虹霓。

〔八〕寫恨二句　徐注：《古詩》有蘇武李陵贈答詩。《晉書·嵇康傳》：康與呂安善。

蘧常案：《後漢書·班固傳》：獨攄意乎宇宙之外。注：攄，舒也。

〔九〕風流二句　徐注：《北史·李彪傳》：金石可滅，而風流不泯。《莊子·德充符》：自其異者視之，肝膽吳、越也。

蘧常案：此兩句寫同志間志節襟懷也。

〔一○〕掛帙二句　徐注：《新唐書·李密傳》：感厲讀書，聞包愷在緱山，往從之，以蒲韉乘牛，挂《漢書》一帙角上，行且讀。《戰國策》：蘇秦負書擔囊。全祖望先生《神道表》：凡先生之游，以二馬二騾載書自隨。所至阨塞，即呼老兵退卒，詢其曲折，或與平日所聞不合，則即坊肆中發書而對勘之。或經行平原大野，無足留意，則於鞍上默誦諸經注疏，偶有遺忘，則即坊肆中發書而熟復之。潘耒先生《日知錄序》：足迹半天下，所至交其賢豪長者，考其山川風俗疾苦利病，如指諸掌，精力絕人。無他嗜好，自少至老，未嘗一日廢書，出必載書數簏自隨。旅店少休，披尋搜討，曾無倦色。有一疑義，反復參考，必歸於至當。

〔一一〕飄颻二句　蘧常案：東楚，見前《王徵君潢具舟城西》詩"三楚"注。三齊，見卷一《不去》詩第三首"三齊"注。《蔣山傭殘稿》卷二《答人書》：啓塗淮北，寄食三齊。

〔一二〕息足四句　徐注：班昭《東征賦》：食原武之息足。《左傳》莊公十年：自雩門竊出。

　　蘧常案：孔穎達《左傳正義》：雩門爲魯南城門。《水經注》：汶水出太山萊蕪縣西南，入濟。岱宗、日觀、梁父並見前《登岱》詩各注。《同志贈言·爲顧寧人徵天下書籍啓》先生《書後》云：右十年前友人所贈，自此絶江踰淮，東躡勞山、不其，上岱嶽，瞻孔林，停車淄右。

〔一三〕王章被　徐注：《漢書·王章傳》：字仲卿，泰山鉅平人。初，章爲諸生學長安，獨與妻居。章疾病，無被，臥牛衣中，與妻決，涕泣。其妻呵怒之曰：仲卿！京師尊貴在朝廷人誰踰仲卿者？今疾病困厄，不自激卬，乃反涕泣，何鄙也！後章仕宦歷位。及爲京兆，欲上封事，妻又止之曰：人當知足，獨不念牛衣中涕泣時耶？

〔一四〕范叔綈　徐注：《史記·范雎蔡澤列傳》：魏使須賈於秦，范雎聞之，爲微行，敝衣閒步之邸見須賈。須賈見而驚曰：范叔固無恙乎？范雎曰：然。須賈笑曰：范叔有説於秦耶？曰：不也。雎前日得過於魏相，故亡逃至此，安敢説乎？須賈曰：今叔何事？范雎曰：臣爲人庸賃。須賈意哀之，留與坐飲食，曰：范叔一寒如此哉！乃取其一綈袍以賜之。《索隱》：按綈，厚繒也，音啼，蓋今之絁也。《正義》：今之麤袍。

〔一五〕夢猶二句　徐注：《國策·齊策》：公孫戌趨而去。未出，至中閨。高誘注：閨，閑也。

　　蘧常案："冢宅"謂其母之墓廬，見卷一《墓後結廬三楹》詩。"中閨"謂其妻王安人所居，在崑山。時北行久，故曰"愁不到"。蓋答來詩"家室祝添丁"也。

〔一六〕問字句　徐注：《漢書·揚雄傳贊》：劉棻嘗從雄學作奇字。又：家素貧，耆酒，人希至其門。時有好事者載酒肴從游學。

〔一七〕遺鯉句　蔣常案：古樂府《飲馬長城窟行》：客從遠方來，遺我雙鯉魚。呼兒烹鯉魚，中有尺素書。長跪讀素書，書中竟何如？上有加餐食，下有長相憶。

〔一八〕班荆　蔣常案：《左傳》襄公二十六年：楚伍舉與聲子相善。伍舉將奔晉，聲子遇之於鄭郊，班荆相與食而言復故。杜注：班，布也，布荆坐地。

〔一九〕式微　蔣常案：見前卷二《贈朱監紀四輔》詩"歎《式微》"注。

附：《同志贈言》歸祚明、戴笠、王仍、潘檉章《丁酉臘月八日在韭谿草堂奉懷寧人道兄聯句三十二韻》

　　十年遭喪亂，朋好歎凋零。作客頭將白，逢人眼孰青？歲華嗟已晚，風雨不堪聽。坐對昆山玉，難呼鍾嶽靈。彥先標譽望，元歎肅儀型。攬轡心千里，空囊腹五經。野王收地志，士雅誓江汀。肝膽惟餘劍，行藏總類萍。蒼茫南斗氣，隱見少微星。霧豹文仍耀，雪鴻影自冥。有心嘗險阻，無路拔羶腥。殊俗驚鳴鏑，皇圖覽建瓴。志堅追日渴，氣邁遇風泠。荆楚淹王粲，遼東重管寧。馬蹄輕越國，鵬翼任圖溟。羨爾游何壯！憐余戶獨扃。書留公路浦，跡絕子雲亭。一別稀烹鯉，相思幾落蓂。話言猶歷歷，燈火故熒熒。論史追當日，高談挾震霆。孰知胸有庫，不取說爲鈴。《梁甫》還成詠，燕然未勒銘。瓜期愆靮掌，蘭咇少娉婷。翹首天邊雁，傷心原上鴒。親朋愁帶甲，家室祝添丁。于役知良苦，言歸莫暫停。石城新卜築，吳苑舊林坰。有待瞻陵闕，重來葺戶庭。梅花春繞屋，竹葉酒盈缾。此日乖河漢。思君異影形。徒然望雲樹，聊復折芳馨。各有天涯思，相期共醉醒。

濰　縣 二首

【解題】

徐注：《明史》志《地理二》山東萊州府平度州：濰，元濰州，屬益都路。洪武元年以州治北海縣省入。九年屬萊州府。十年五月降爲縣。《一統志》：古寒國地，漢爲平壽、下密二縣。隋省平壽入下密，又置濰水縣，尋改曰北海。又：濰縣東北有寒亭。《左傳》注：北海，平壽縣東。

　　人臣遇變時，亡或愈於死〔一〕。夏祚方中微，靡奔一人爾。二斟有遺跡，當日兵所起〔二〕。世人不達權，但拜孤山祀〔三〕。孤山在昌樂縣東十里，有伯夷廟。

【彙注】

〔一〕亡或句　原注：《左傳》昭二十年：亡愈於死，先諸？
〔二〕夏祚四句　徐注：《日知錄》：夏之都本在安邑，太康畋於洛表而羿距於河，則冀之地入於羿矣。惟河之東與南爲夏所有。至后相失國，依於二斟，於是使澆用師殺斟灌（今壽光縣）以伐斟鄩（今濰縣）而相遂滅。（《左傳》哀元年）乃處澆於過（掖縣）以制東方；處豷於戈（杜氏注：在宋、鄭之間）以控南國。（襄四年）其時靡奔有鬲（今在德平縣），在河之東；少康奔有虞（今虞城縣），在河之南。而自河以内無不安於亂賊者矣。合魏絳、伍員二人之言，可以觀當日之形勢。而少康之所以布德兆謀者，亦難乎其爲力矣。

　　蘧常案：《左傳》襄公四年：昔有夏之方衰也，后羿因夏民以代夏政。寒浞樹之詐慝，以取其國家。靡奔有鬲氏。浞使澆用師滅斟灌及斟鄩氏。靡自有鬲氏收二國之燼以滅浞而立少康。互見卷二《隆武二年八月上出狩》詩"夏后"四句注。

〔三〕世人二句　徐注：崔寔《政論》：夫豈不美文、武之道哉！誠達權救弊之道也。　黃注：此篇以人臣遇變亡愈於死，引靡奔爲證。足見亭林恢復故國之心，隨所感而發。但不當以"達權"二字爲偷生者勸，而於死節之士，議及孤山，此亭林之失也，予安能無辯？《商書》曰：商其淪喪，我罔爲臣僕，詔王子出迪。又曰：自靖，人自獻于先王，我不顧行遯。此箕子告微子以去之之道也。《論語》稱"微子去之，箕子爲之奴，比干諫而死"，孔子曰：殷有三仁焉。曷嘗獨稱去之者而議譏死者乎？夫義當去則去，義不當去，則爲奴爲死，事各有當，而無所軒輊也。詩曰"世人不達權，但拜孤山祀"，衡之《商書》大義，則亭林爲失言矣。後篇《謁夷齊廟》云：甘餓首陽岑，不忍臣二姓，可爲百世師，風操一何勁！則又獨尊孤山。乃知亭林此詩，強於恢復之心，發爲一時奇論，而不知其有傷於義也。

蘧常案：詩皆因題立論，在濰縣則稱靡，登孤竹則稱夷、齊，義各有當，實無軒輊於其間。"但拜孤山祀"，蓋謂只知崇死節，而不知含垢忍恥，圖復舊物，尤難於一死。程嬰、公孫杵曰所謂"死易，立孤難；子強爲其難者，吾爲其易者"，此亦持平之論，何有譏訕之意？且通權達變，即以儒術言之，亦所雅言，如廢中權，嫂溺援之以手爲權。黃說以爲奇論傷義，似過；以爲勸偷生，尤非。若靡者，豈偷生惜死之倫所可藉口哉！

我行適東方，將尋孔北海〔一〕。此地有遺風，其人已千載。英名動劉備，一爲却管亥〔二〕。後此復何人，崎嶇但荒壘〔三〕！

【彙注】

〔一〕孔北海　蓬常案：《後漢書·孔融傳》：字文舉，魯國人。年十三，喪父，州里歸其孝。山陽張儉爲中常侍侯覽所怨，名捕儉，儉與融兄褒有舊，亡抵褒，不遇，融留舍之。事洩，并收褒、融，二人爭死，融由是顯名。州郡禮命皆不就，後辟司空掾，遷虎賁中郎將。忤董卓，轉爲議郎。爲北海相。融負其高氣，志在靖難，而才疏意廣，迄無成功。及獻帝都許，徵爲將作大匠，拜太中大夫。曹操積嫌怨，遂令路粹枉狀奏融，下獄棄市。

〔二〕此地四句　徐注：《世説·品藻》篇：庾道季云：廉頗、藺相如雖千載上死人，凜凜有生氣。《後漢書·孔融傳》：時黄巾寇數州，而北海最爲賊衝，卓乃諷三府同舉融爲北海相。融到郡，收合士民，起兵講武。時黄巾復暴，融乃出屯都昌。爲賊管亥所圍。融逼急，乃遣東萊太史慈求救於平原相劉備。備驚曰：孔北海乃復知天下有劉備耶？即遣兵三千救之，賊乃走散。　黄注：孔融以爲父母與人無親，譬若瓬器，寄存其中。見武帝《宣示孔融罪狀令》，載《魏志·崔琰傳》注引《魏氏春秋》。此非孝之論，自融發之也。融爲管亥所圍，求救於劉備，其事何足稱道，亭林全詩，此爲最濫矣。

　　蓬常案：孔融父母無親之論，《後漢書》本傳亦載之，蓋出曹操軍謀祭酒路粹之枉狀。按諸融傳，生平德操，絶不相符。李賢注引魚豢《典略》云：融誅之後，人覩粹所作，無不嘉其才而忌其筆。其爲虚構周内可知，何足爲融病。又劉備爲不相識之人而求救之,使其感激而力援,正見名德之動人,謂爲不足稱道,是非持平之論。黃注似可商。劉備,詳卷四《樓桑廟》詩及卷五《漢三君‧昭烈》詩各注。

〔三〕後此二句　徐注:《明史‧忠義傳》:邢國璽,長葛人。授濰縣知縣,改建石城,盡心民事。帝以修城郭,練民兵,儲糗糧,備戎器四事課天下,有司率視爲具文,惟國璽奉行如詔。上官交薦。遷户部主事。十五年,畿輔戒嚴,部檄徵山東兵入衛。國璽監督至龍岡,猝遇清兵,部卒驚懼欲竄,國璽叱止之。身先搏戰,矢刃交加,墮馬死。撫、按不奏,帝降旨嚴責,乃具聞。贈卹如制。

　　蘧常案:此歎繼起無人而已,似無與於邢國璽。國璽不過曾爲濰縣耳,其死難,亦無涉於濰縣。徐注善於附會,非詩旨。

衡　王　府

【解題】

　　徐注:《明史‧諸王傳》:衡恭王祐楎,憲宗第七子。弘治十二年之藩青州。嘉靖十七年薨,子莊王厚燆嗣。嘗辭禄五千石以贍宗室,宗人德之。隆慶六年薨,子康王載圭嗣。萬曆七年薨,無子,弟安王載封嗣。十四年薨,子定王翊鑊嗣。二十年薨,子常㴸嗣。又志《地理二》:山東青州府益都,成化二十三年建衡王府。

　　賜履因齊國〔一〕,分枝自憲宗〔二〕。能言皆詔予〔三〕,廣斥盡疏封〔四〕。地號東秦古〔五〕,王稱叔父恭〔六〕。穿池通海氣,起榭出林容〔七〕。嶽里生秋草〔八〕,牛山見夕烽〔九〕。蛇遊宮內道〔一〇〕,鳥啄殿前松。失國非奔莒,亡王不住共〔一一〕。雍門今有歎〔一二〕,流涕一相逢。

【彙注】

〔一〕賜履句　蔣常案:《左傳》僖公四年:春,齊侯以諸侯之師伐楚,楚子使與師言。管仲對曰:昔召康公命我先君太公以夾輔周室,賜我先君履,東至於海,西至於河,南至於穆陵,北至於無棣。

〔二〕分枝句　蔣常案:分枝,見卷一《感事》詩第一首"天枝"句注。《明史·本紀》:憲宗,諱見深,英宗長子也。天順八年正月,英宗崩,乙亥,即皇帝位,以明年爲成化元年。二十三年七月戊申,封皇子祐楎衡王。八月崩。

〔三〕能言句　原注:《史記·齊悼惠王世家》:諸民能齊言者皆予齊王。

〔四〕廣斥句　徐注:《書》:海濱廣斥。《明史》志《食貨一》:明時,草場頗多,占奪民業。而爲民厲者,莫如皇莊及諸王、勳戚、中官莊田爲甚。弘治中,敕諸王輔導官,導王奏請者罪之。然當日奏獻不絕,乞請亦愈繁。徽、興、岐、衡四王,田多至七千餘頃。先生《書太虛山人象象譚後》:異日,大臣無不以削弱王府爲務。嗣位諸王,又皆生深宮,長婦人之手,無不廣置田莊,放情酒色,而所在又皆文具。

〔五〕東秦　徐注:晁補之《北渚亭賦》:山河十二,號稱東秦。

〔六〕王稱句　徐注:《詩·閟宮》:王曰叔父。

〔七〕起榭句　蔣常案:《說文解字》新附:榭,臺有屋也。案:蓋取梅《書·太誓》"惟宮室臺榭陂池侈服"孔傳,故下曰"出林容」。徐注引《公羊傳》宣公十六年"廟無室曰榭",似非詩意。

〔八〕獄里　徐注:《左傳》襄公二十八年:慶封反陳於獄。注:獄,里名。

　　蘧常案:《孟子·滕文公》篇:引而置之莊、獄之間。趙注:莊、獄,齊街里名也。莊是街名,獄是里名。

〔九〕牛山　徐注:《貳臣傳》:王鰲永至德州,同都統覺羅巴哈納、石廷柱等擊走自成餘黨。尋赴濟南,遣官分路招撫。疏言東省士民願歸,特以盜賊充斥,無由達。《東華錄》:梅勒章京和託奏:臣等率師至山東,流賊旗鼓趙應元等詐降,入青州,殺招撫侍郎王鰲永,據其城。臣等往援,擒斬趙應元等,復青州。

　　蘧常案:《孟子·告子》篇:牛山之木嘗美矣。趙注:牛山,齊之東南山也。閻若璩《四書釋地續》:趙氏方向少錯。今目驗,在臨菑縣南一十里。

〔一〇〕蛇遊句　原注:《晉書·五行志》:臨淄有大蛇,長十餘丈,負二小蛇入城北門,逕從市入漢城陽景王祠中。已而齊王冏敗。

〔一一〕失國二句　徐注:《貳臣傳》:王鰲永同山東巡撫方大猷及登萊巡撫陳錦、沂州總兵夏成德等綏輯山東郡縣,剿餘賊。八月,疏報濟南、東昌、泰安、兗州、青州諸屬邑俱歸順。齊明德王朱由㰒、衡王朱由㰒降表以聞。先生《書太虛山人象象譚後》:先帝中年,德、魯二王戕於敵,福、唐、鄭、襄、崇五王戕於賊。汴水決而周宗魚。藩封之難,無歲不告。先帝赫然震怒,而無所以禦之之計。不三四年,京師淪覆,天子之禍,與親王同一轍。豈不哀哉!又云:及賊騎至城,而親王之勢與齊民無異。逆賊見藩封之大,所向輒陷,而國家無如之何也,則以爲天子之都,亦將如是而已;是以直犯京師而不之忌。

蘧常案：事皆見前《安平君祠》題注及"可憐"句注。

〔一二〕雍門　徐注：桓譚《新論》：雍門周以琴見孟嘗君。曰：先生鼓琴，亦能令人悲乎？雍門周引琴而鼓之，徐動宫徵，叩角羽，終而成曲。孟嘗君欷歔而就之。

督　亢

【解題】

徐注：今固安縣有督亢陌。劉向《別録》云：督亢，膏腴之地。

蘧常案：《戰國策·燕策》：荆軻曰：誠能得樊將軍首，與燕督亢之地圖獻秦王，秦王必説見臣。案：今河北省涿縣東南有督亢陂，又有督亢亭。

此地猶天府〔一〕，當年竟入秦。燕丹不可作〔二〕，千載自悽神。野燒村中夕，枯桑壠上春〔三〕。一歸屯占後，墟里少遺民〔四〕。

【彙注】

〔一〕天府　蘧常案：見卷一《京口》詩第二首"天府"句注。
〔二〕燕丹　蘧常案：見卷一《寄薛開封寀》詩"燕丹"注。
〔三〕枯桑句　徐注：《天下郡國利病書》引《涿州志》：土宜桑棗，桑之葉大於齊、魯。
〔四〕一歸二句　徐注：《郡國利病書》：國家設立屯田，有邊屯，有營屯。邊屯屯於各邊空閒之地，且耕且戰者也；營屯屯於各衛附近之所，且耕且守者也。又《三河縣志》：何勳戚之家，富貴已極，猶不能仰體祖宗至意，輒肆行侵占，將民間力開永業，指爲無糧地土，概奪爲己有？先生《營平二州史事序》：當屠殺圈占之後，人民稀少，物力衰耗。又《書故總督兵部尚書孫公清屯疏後》：國家之所以足食者，屯田也。承平既久，而額設之田，乃爲權豪有力者所踞，隱占侵沒。潘耒《廣南藩兵議》：近畿之地，悉爲莊屯。圈田占房，爲民大病。

京師作

【解題】

徐注：《明史·地理志》：京師，《禹貢》冀、兖、豫三州之域。永樂元年正月建北京於順天府，十九年正月，改北京爲京師。北至宣府，東至遼海，南至東明，西至阜平。

蔣常案：諸譜皆言順治十五年戊戌入都，不言季與月。考此詩前《衡山府》詩有云"嶽里生秋草"，詩後《永平》詩有云"灤河秋雁獨飛初"，則入京當在秋初，詩亦作於此時。

嗚呼古燕京，金元遞開創[一]。初興靖難師，遂駐時巡仗[二]。制掩漢唐閎，德儷商周王[三]。巍巍大明門，如辇峙南向[四]。其陽肇圜丘，列聖凝靈貺[五]。其內廓乾清[六]，至尊儼旒纊[七]。繚以皇城垣[八]，靚深擬天上[九]。其旁列兩街，省寺鬱相望[一〇]。經營本睿裁[一一]，斲削命般匠[一二]。鼎從郟鄏卜[一三]，宅是成周相[一四]。穹然對兩京，自古無與抗[一五]。鄜宮遽顯敞[一六]，未央失弘壯[一七]。西來大行條，連天矙崖嶂[一八]。東盡巫閭支，界海看湸濱[一九]。居中守在夷[二〇],臨秋國爲防[二一]。人物並浩穰[二二],風流餘慨忼[二三]。百貨集廣廛[二四],九金歸府藏[二五]。通州船萬艘[二六],便門車千兩[二七]。緜延祀四六,三靈哀《板》《蕩》[二八]。紫塞吹胡笳[二九],黄圖布氈帳[三〇]。獄囚圻父臣[三一]王洽,郊死凶門將[三二]滿桂。悲號煤山縊[三三],泣血思陵葬[三四]。虜酋上我先皇帝陵號曰思陵。中華竟崩淪,燔瘞久虛曠[三五]。宗子洎羣臣,鳶岑與黔漲[三六]。丁年抱國恥[三七],未獲居一障[三八]。垂老入都門,有願無繇償。足穿貧士履[三九],首戴狂生盎[四〇]。愁同箕子過[四一],悴比湘纍放[四二]。縱橫數遺事,太息觀今曏[四三]。農甿苦追求,甲卒疲轉饟[四四]。且調入沅兵[四五],更造浮海舫[四六]。索盜窮琅當,追亡敝箠杖[四七]。太陰掩心中,兩日相摩盪[四八]。大運有轉移[四九],胡天亂無象[五〇]。白水燄未然[五一],緑林烟已煬[五二]。空懷《赤伏》書[五三],虛想雲臺狀[五四]。不覯二祖興[五五],惸惸念安儻[五六]?復思塞上遊,汗漫誠何當[五七]。河西訪竇融,上谷尋耿況[五八]。聊爲舊京辭[五九],投毫一吁悵。

【彙校】

〔嗚呼〕潘刻本、徐注本、曹校本作"煌煌"。 〔巍巍〕潘刻本,徐注本,孫、曹兩校本作"巍峨"。 〔睿裁〕孫託荀校本"裁"作"想"。 〔大行〕潘刻本、孫校本"大"作"太"。丕續案:江沅《説文釋例》云:古衹作"大",不作"太"。由淺人以"大"爲不足盡之,因創説"太"尊於"大"。 〔守在夷〕潘刻本、徐注本、孫校本"夷"作"支",韻目代字也。 〔吹胡笳〕潘刻本、徐注本、孫校本"吹胡"作

"吟悲"。〔泣血句〕孫校本"虜酋"作"虞蕭",韻目代字也。潘刻本、徐注本無"虜酋上我"四字。〔中華二句〕潘刻本、徐注本無。〔農畎十二句〕潘刻本、徐注本無;孫校本"畎"作"眠","胡"作"虞"。案:字書無"眠"字,當爲"氓"字之誤。"氓"同"畎"。〔雲臺狀〕潘刻本、徐注本、吴校本"狀"作"仗"。丕續案:作"仗"是。杜甫詩:"飄飄雲臺仗。"〔二祖興〕潘刻本、徐注本作"舊官儀"。

【彙注】

〔一〕嗚呼二句　詳卷二《王家營》詩"燕中"句注。

〔二〕初興二句　徐注:《明史·成祖紀》:建文元年夏六月,燕山百户告變,下詔讓王。遂舉兵。自署官屬,稱其師曰"靖難"。四年六月,都城陷,即位。永樂七年春二月壬午,帝北巡。冬十一月甲戌,帝還京。十一年春二月乙丑,帝北巡。十四年秋九月癸未,帝還京。十五年春三月壬子,帝北巡。

〔三〕制掩二句　徐注:先生《歷代帝王宅京記》:漢高帝都長安,光武都雒陽;唐高祖都長安,以雒陽宮爲東都。又曰:湯居亳,仲丁遷于囂,河亶甲居相,祖乙遷耿,盤庚遷殷,武乙徙朝歌,文王作豐,武王宅鎬,平王東遷,居雒邑。

　　蘧常案:《明史》志《輿服四》:永樂十五年,作西宮於北京,凡爲屋千六百三十餘楹。十八年,建北京,凡宫殿門闕規制,悉如南京,壯麗過之。通爲屋六千三百五十楹。

〔四〕巍巍二句　徐注:《詩》:如翬斯飛。

　　蘧常案:《論語·泰伯》篇:巍巍乎唯天爲大。《明史》志《地理一》北京注:皇城門六,正南曰大明。

〔五〕其陽二句　徐注:《廣雅》:圜丘,大壇,祭天也。《後漢書·光武紀》:光武誕命,靈貺自臻。《明史》志《禮二·郊祀》:永樂十八年,京都大祀殿成,規制如南京。嘉靖九年,禮臣欲於具服殿少南爲圜丘,夏言復奏曰:圜丘祀天,宜即高敞,以展對越之敬;大祀殿享帝,宜即清閟,以盡昭事之誠。二祭時義不同,則壇相去亦宜有所區別。乞於具服殿稍南爲大祀殿,而圜丘更移於前。體勢峻極,可與大祀殿等。制曰:可。於是作圜丘。是年十月,工成。明年夏,北郊及東、西郊亦以次告成。

〔六〕其内句　徐注:《明史》志《輿服四》:建北京,正北曰乾清門,内爲乾清宫,是曰正寢。其他宫殿,名號繁多,不能盡,所謂千門萬户也。

〔七〕至尊句　徐注:《爾雅》疏:君者,至尊之號。《易》:君子以莅衆用晦而明。疏:君子用此明夷之道以臨衆,冕旒垂目,黈纊塞耳。天爲清净,民化不欺。藏明用晦,反得其明也。

〔八〕皇城垣　蘧常案:《明史》志《地理一》北京注:宫城之外爲皇城,周一十八里有奇。

〔九〕靚深　徐注:揚雄《甘泉賦》:稍暗暗而靚深。

蘧常案:《漢書·揚雄傳》顔師古注:"靚"即"静"字。

〔一〇〕其旁二句　徐注:《明史》志《輿服四》:又正南曰端門;東曰廟街門,即太廟右門也;西曰社街門,即太社稷壇左門也。先生《歷代帝王宅京記》"幽州"引《輟耕録》:附宫城,南面有宿衛直廬凡四十間,夾垣内有省院臺百司官侍直廬。《唐書·百官志》:省寺臺監十六衛,東宫五府,謂之外作。《古詩十九首》:兩宫遥相望。

〔一一〕經營句　徐注:《書》:厥既得卜則經營。《周書·謚法》:睿,聖也。

蘧常案:《明史·成祖紀》:永樂四年閏月壬戌,詔以明年五月建北京宫殿。分遣大臣採木於四川、湖廣、江西、浙江、山西。

〔一二〕斲削句　徐注：《論衡》：構架斲削，工匠之力也。張衡《西京賦》：命般、爾之巧匠。注：魯般。

　　　　蘧常案：《孟子‧離婁》篇：公輸子之巧，趙注：公輸子魯班，魯之巧人也。焦循《正義》：班與般同，般氏公輸，故稱公輸子。魯人，故又稱魯般。爾，王爾。《淮南子》：王爾無所錯其剞劂。

〔一三〕鼎從句　蘧常案：見卷二《元日》詩"卜年"句注。

〔一四〕宅是句　徐注：《詩譜》：召公既相宅，周公往營成周。今洛陽是也。

〔一五〕穹然二句　徐注：《一統志‧京師》：自古都會之勝，無過於此。在周爲燕召公封國，遼會同初，升爲南京，始建都焉。金爲中都。元爲大都。

　　　　蘧常案：二京，見卷一《帝京篇》"黃圖"句注。

〔一六〕酆宮　徐注：《左傳》昭公四年：康有酆宮之朝。注：酆在始平鄠縣東，有靈臺。曹植《七啓》：閒宮顯敞，雲屋皓旰。

〔一七〕未央句　蘧常案：見卷一《金陵雜詩》第三首"天居"、"規因"兩句注。

〔一八〕西來二句　徐注：《輟耕錄》：至元四年正月，城京師以爲天下本，右擁太行。《方輿紀要》：直隸太行山亦曰西山，順天府西三十里。志云：太行首起河内，北至幽州。今由廣平、順德、真定、保定之西迴環至京都之北，引而東，直抵海岸，延袤二千餘里，皆太行也。《畿輔通志》：西山潭柘山仰天如綫，赬山四合。李流芳《游西山小記》：青林翠巘，互相綴發。

　　　　蘧常案：別詳卷二《贈人》詩第二首"太行山"注。

〔一九〕東盡二句　徐注：《周禮‧職方氏》：東北曰幽州，其山鎮曰醫巫閭。《盛京通志》：醫巫閭山在廣寧城西十一里，高十餘里，周圍二百四十里。明初，尊爲北鎮醫巫閭之神。《遼史・地理志》：醫巫閭山南去海一百三十里。

　　蕖常案：《抱朴子・博喻》篇：滄海混瀁。

〔二〇〕守在夷　蕖常案：《左傳》昭公二十三年：沈尹戌曰：古者天子，守在四夷。

〔二一〕臨秋句　原注：《史記・李將軍列傳》：以臨右北平盛秋。　徐注：《新唐書・陸贄傳》：西北邊歲調河南、江淮兵，謂之防秋。

〔二二〕浩穰　徐注：《漢書・張敞傳》：京兆典京師，長安浩穰，於三輔尤劇。

〔二三〕風流句　徐注：《史記・貨殖列傳》：丈夫相聚游戲，悲歌忼慨。

　　蕖常案：此似用《史記・刺客列傳》"荊軻爲燕太子入秦，高漸離擊筑，荊軻和而歌，爲變徵之聲，復爲羽聲忼慨"事，切燕地。徐注引《貨殖列傳》所云，則趙地謠俗，與此似不合。

〔二四〕百貨句　徐注：《燕都游覽志》：王府街東，崇文門西，亘二里許，凡珠玉寶器，以達日用微物，無不悉具。衢中列肆棋置，數行相對，俱高樓，樓設氍毺、簾幕，爲宴飲地。《説文》：逵，達道也，與馗同。

〔二五〕九金句　徐注：《日知録・財用下》：以余所見有明之事，盡外庫之銀，以解戶部，蓋起於末造，而非祖宗之制也。又天啓中，用操江范濟世之奏，一切外儲，盡令解京，而搜括之令從此始矣。又聞南京内庫，祖宗時所藏金銀珍寶，皆爲魏忠賢矯旨取進。先帝諭中所云"將我祖宗庫貯傳國奇珍異寶盜竊幾至一空者，不知其歸之何所"。自此搜括不已，至於加派，加派不已，至於捐助，以迄於亡。由此言之，則搜括之令，始於范濟世，成於魏忠賢，而外庫之虛，民力之匱，所由來矣。

　　蕖常案：《漢書・郊祀志》：禹收九牧之金，鑄九鼎。

〔二六〕通州句　徐注：《明史》志《食貨三·倉庫》：永樂中，置天津及通州左衛倉。既又設通州衛倉於張家灣。宣德中，增置北京倉及通州倉。景泰初，移武清衛諸倉於通州。

〔二七〕便門　蘧常案：《明史》志《地理一》北京注：嘉靖二十三年，築重城，門七，東之北曰東便，西之北曰西便。

〔二八〕緜延二句　蘧常案："緜延"句，謂明之享國，見卷二《十廟》詩"上追"四句注。三靈，見同詩"三靈"句注。《詩小序》：《板》，凡伯刺厲王也。《蕩》，召穆公傷周室大壞也。厲王無道，天下蕩蕩無紀綱文章，故作是詩也。《後漢書·楊賜傳》：不念《板》《蕩》之作，虺蜴之戒。案："祀四六"，謂二百四十年。時正當萬曆中葉，張居正秉政之後。《明史·神宗紀贊》所云"因循牽制，晏處深宮，綱紀廢弛，君臣否隔，以致潰敗決裂，不可拯救"。論者謂明之亡實亡於神宗，故以《板》《蕩》哀之也。

〔二九〕紫塞　蘧常案：見卷一《感事》詩第五首"紫塞"句注。

〔三〇〕黃圖　蘧常案：見卷一《帝京篇》"黃圖"句注。

〔三一〕獄囚句　徐注：《詩》：祈父，予王之爪牙。《明史·王洽傳》：洽，字和仲，臨邑人。崇禎元年召拜工部右侍郎，擢兵部尚書。疏陳軍政十事，曰嚴債帥，修武備，核實兵，衡將才，覈欺蔽，懲朘削，勤訓練，釐積蠹，舉異才，弭盜賊。帝並褒納。二年十月，清兵由大安口入，都城戒嚴。洽急徵四方兵入衛。督師袁崇煥，巡撫解經傳、郭之琮，總兵官祖大壽、趙率教、滿桂、侯世祿、尤世威、曹鳴雷等先後至，不能拒。帝憂甚。十一月召對廷臣。侍郎周延儒言"本兵備禦疏忽，調度乖張"，檢討項煜繼之，且曰：世宗斬一丁汝夔，將士震悚，強敵宵遁。帝領之。遂下洽獄。明年四月，洽竟瘐死。尋論罪，復坐大辟。洽清修伉直，雅負時望。帝以廷臣玩愒，擬用重典，故於洽不少貸。厥後都城復三被兵,樞臣咸獲免。人多爲洽惜之。

〔三二〕郊死句　徐注:《明史·滿桂傳》:滿桂,蒙古人。幼入中國,家宣府。稍長,便騎射。年及壯,始爲總旗。楊鎬四路師敗,薦小將知兵,首及桂。天啓二年,大學士孫承宗行邊,與談兵事,大奇之。及出鎮山海,即擢副總兵領中軍事。承宗幕下文武輻輳,獨用桂。桂椎魯甚,然忠勇絕倫,不好聲色,與士卒同甘苦。明年,承宗擬出關,修復寧遠。桂與崇煥協心城築,屹然成重鎮。四年二月,襲大淩河,諸部咸服。六年正月,清兵以數萬騎來攻,遠近大震。桂與崇煥死守,圍解。七年五月,解錦州圍,桂亦身被重創。明年冬十月,清兵入近畿。十一月,詔諭勤王。桂率五千騎入衞,次順義,與宣府總兵侯世祿俱戰敗,遂趨都城。帝遣官慰勞,犒萬金,令與世祿俱屯德勝門。無何,合戰,世祿兵潰,桂獨前鬭。城上發大礮佐之,誤傷桂軍。桂亦負傷,令入休甕城。旋與袁崇煥、祖大壽並召見。桂解衣示創,帝深嘉歎。十二月,復召見,賜桂酒饌,令總理關、寧將卒,營安定門外。及大壽兵東潰,乃拜桂武經略,盡統入衞諸軍,賜尚方劍,趣出師。桂曰:敵勁援寡,未可輕戰。中使趣之急,不得已,督黑雲龍、麻登雲、孫祖壽諸大將以十五日移營安定門外二里許,列柵以待。清兵自良鄉回,明日昧爽,以精騎四面麕之。桂及祖壽戰死,雲龍、登雲被執。帝聞震悼,致祭,贈少師。有司建祠。

　　蔣常案:《淮南子·兵略》:將已受斧鉞,辭而行,乃翦指爪,設明衣,鑿凶門而出。高誘注:凶門,北出門也。將軍之出,以喪禮處之,以示必死也。

〔三三〕煤山縊　蔣常案:見卷一《大行皇帝哀詩》題注。

〔三四〕泣血句　蔣常案:《清史稿·世祖本紀》:順治元年五月己

酉,葬故明莊烈帝后如制。別詳卷一《千官》詩第一首"茂陵"句注。

〔三五〕燔瘞　蔣常案:《爾雅·釋天》:祭天曰燔柴,祭地曰瘞薶。郭璞注:燔柴,積薪燒之;瘞薶,既祭埋藏之。郝懿行《義疏》:燔也,柴也,二事也。燔以玉幣,柴以牲體。瘞薶亦兼牲玉而言。

〔三六〕宗子二句　徐注:"鳶岑"、"黔漲",未詳。《一統志》:滇人稱山小而高者爲岑。《馬援傳》:仰視飛鳶跕跕墮水中。又《一統志》:貴州遵義府有三漲水。

　　蔣常案:《禮記·曲禮》:支子不祭,祭必告於宗子。孔疏:宗子上繼祖禰,族人兄弟皆宗之。案:此謂永曆帝。《漢書·王莽傳》"左洎前七部"注:洎,及也。《小腆紀年》:清順治十五年,明永曆十二年春正月戊戌朔,明桂王在滇都。孫可望之未降也,我(案:謂清)李國英駐保寧、辰、泰,阿爾津駐荊州,洪承疇以經略駐長沙,尚可喜等分駐肇慶、廣州。遇出犯湖南、川北、廣東之寇,則擊却之,出境亦不窮追。以孫、李皆百戰之餘,地險兵悍,姑以雲、貴、川東南爲其延喘地。

〔三七〕丁年句　徐注:李陵《答蘇武書》:丁年奉使。

　　蔣常案:李善《文選注》:丁年,丁壯之年也。國恥,見卷一《感事》詩第四首"千秋"句注。案:年譜:崇禎四年,先生十九歲,清兵圍大淩河。六年取旅順;七年入上方堡,至宣府;九年入塞;十一年又入塞;十二年陷濟南,執德王由樞;十五年陷松山、錦州、薊州,連下畿南、山東州縣。此所謂"抱國恥"。故下有未獲一障之恨也。

〔三八〕居一障　徐注:《漢書·張湯傳》:博士狄山曰:臣固愚忠,若湯乃詐忠。上作色曰:吾使生居一郡,能無使虜入盜乎?曰:不能。居一縣?曰:不能。復曰:居一障間?山自度辯窮,且下吏,曰:能。

　　蔣常案:顏師古《漢書注》:障謂塞上要險之處,別築爲城,因置吏士而爲鄣蔽以扞寇也。

〔三九〕足穿句　原注:《史記・滑稽列傳》:東郭先生久待詔公車,貧困飢寒,衣敝,履不完,行雪中,履有上無下,足盡踐地。

〔四〇〕首戴句　原注:《後漢書・逢萌傳》:首戴瓦盆,哭於市,曰:新乎!新乎!

〔四一〕愁同句　徐注:《史記・宋微子世家》:成王封箕子於朝鮮而不臣也。其後箕子朝周,過故殷墟,感宫室毀壞,生禾黍,傷之,乃作《麥秀》之詩。

〔四二〕悴比句　徐注:揚雄《反離騷》:欽弔楚之湘纍。

　　蔣常案:《漢書・揚雄傳》注:李奇曰:諸不以罪死曰纍。屈原赴湘死,故曰湘纍也。

〔四三〕今繇　徐注:《莊子・秋水》篇"證繇今故"。《釋文》:繇,往也。

〔四四〕農甿二句　黃注:《亭林文集》卷一《錢糧論》上曰:往在山東,見登、萊並海之人,多言穀賤,處山僻不得銀以輸官。今來關中,自鄠以西,至於岐下,則歲甚登,穀甚多,而民且相率賣其妻子。至徵糧之日,則村民畢出,謂之人市。問其長吏,則曰,一縣之鬻於軍營而請印者,歲近千人,其逃亡或自盡者,又不知凡幾也。詩曰"農甿苦追求",可證也。《文集》卷六《答徐甥公肅書》曰:以今所覩國維人表,視昔十不得二三,而民窮財盡,又倍蓰而無算矣。而雞肋蠶叢,尚煩戎略;飛芻輓粟,豈顧民生。至有六旬老婦,七歲孤兒,挈米八升,赴營千里。于是強者鹿鋌,弱者雉經,闔門而聚哭投河,併村而張旗抗令。又蔣氏《東華錄》卷四:順治六年五月,諭兵部:滿、漢俱屬吾民,原無二視之理,但邇來用兵,亦出於不得已,豈可苦累良民。今後兵行，不論多寡，其糧料束草，悉照部定數目支用，不得多取。詩曰"甲卒疲轉饟"，可證也。

　　蘧常案：《左傳》襄公三十一年：誅求無時。《史記·高祖本紀》：丁壯苦軍旅，老弱罷轉饟。黃注徵引極詳，惜多涉後事。去年與本年，清於滇、黔用兵日急，誅求益苛，轉輸益苦。于洪承疇疏可見一二。《清史稿·洪承疇傳》：十五年正月，入貴州境。承疇上疏籌軍食，言：貴州諸府州縣衛所，僅留空城。即有餘糧，兵過輒罄。聞信郡王大兵自六月初發荊州，需糧多且倍蓰。貴州山深地寒，收穫皆在九月，臣方遣吏勸諭軍民，須納今歲秋糧之半；並檄下沅州運糧儲鎮遠；又令常德道府具布囊、樓套、木架、繩索；思南、石阡諸府州縣衛所及諸土司，募夫役，具工糈，以赴軍興。

〔四五〕且調句　黃注：蔣氏《東華錄》卷四：順治三年八月，以恭順王孔有德爲平南大將軍，與懷順王耿仲明、續順公沈志詳等往征湖廣，次定江西、贛南，由是入廣東。四年十二月，孔有德奏：臣等自岳州進兵長沙，僞撫何騰蛟、總兵王進才已遁；進兵武岡州，僞永曆僅以身遁。又遣護軍統領練國安追緝永曆於靖州，克其城，擒總兵蕭曠。姚有性趨沅州，攻克之。湖南悉平。詩曰"且調入沅兵"，可證也。

　　蘧常案：《水經》：沅水出牂牁，至長沙下雋西北入於江。"入沅兵"，似指洪承疇軍。《小腆紀年》：順治十五年，承疇以經略駐長沙，及孫可望降，知敵人內訌，於是承疇疏請大舉。《清史稿·世祖本紀》：十四年十二月癸酉，命洪承疇經略五省，同羅託等取貴州。又《洪承疇傳》：十五年正月，命信郡王多尼爲安遠靖寇大將軍，帥師南征。於是承疇與羅託會師常德，道沅州、靖州入貴州。曰"且調"者，謂既以多尼南犯矣，又調侵沅之洪軍並進也。黃注以清攻克沅州湖南平當之，只可曰克沅、克湘,何可曰調入沅兵? 似未合。

〔四六〕更造句　黄注:《小腆紀年》:順治十二年六月,命鄭親王世子濟度率師平海。蔣氏《東華錄》:順治十三年四月,浙撫秦世楨以造戰船,伐宋陵樹木。又《小腆紀年》:順治十三年六月,施琅陳剿寇五策,二曰造小舟以圖中左。詩曰"更造浮海舫",可證也。

　　蘧常案:鷺島道人《海上見聞錄》本年三月有清福建總督李率泰攻陷閩安事。其言曰:清部院李率泰,弔集漳、泉水哨,庶子王撥披甲下船,圍羅星塔;弔集民夫,自鼓山開路,直達鎮城。十四日,滿兵水陸齊攻,前提督右鎮程余守頂寨戰死,遂失閩安;護衛前鎮陳斌、神器鎮盧謙守羅星塔,被困無援,遂降。賜姓(案謂鄭成功)撥兵赴援,已無及矣。此圖中左之事也。曰"更"者,對攻滇、黔而言。

〔四七〕索盜二句　黄注:蔣氏《東華錄》:順治九年十二月,諭刑部:巨盜李應試、潘文學盤踞都下,多歷年所,官兵莫敢攖鋒,今因别事發覺。審得李應試係明朝重犯,專一豢養强盜,交納官司,役使衙蠧。遠近盜賊,競輸重貨,南城鋪行,盡納常例,明作威福,暗操生殺。他若崇文門一應稅務,自立規則,擅抽課錢。惡姪殺人,死者家不敢訴。潘文學自充馬販,潛通賊綫,挑取臕健馬贏,接濟遠近盜賊;且交通官吏,包攬不公不法之事,任意興滅。甚至文武官員,多與投刺會飲,道路側目,莫敢誰何。以上二犯,併伊子姪,俱行梟斬。又順治十二年正月,給事中李裀言:逃人一事,立法過重,株連太多,使海内無貧富,無良賤,無官民,皆惴惴焉莫保其身家。左都御史屠賴等言:年來因逃人衆多,立法不得不嚴,但逃人三次始絞,而窩主一次即斬,又將鄰右流徙,似非法之平也。竊謂逃人如有窩主者,逃人處死,即將窩主家産人口斷給逃人之主,両鄰甲長責懲,該管官員議處;無窩主者,仍鞭一百給主。其自投歸主及窩主出首者,仍照例免議。詩曰"索盜窮琅當,追亡敝箠杖",可證也。"敝"當作"斃"。

〔四八〕太陰二句 黃注:蔣氏《東華錄》:順治五年十一月,加皇叔父攝政王爲皇父攝政王。又順治七年十二月,尊攝政王爲義皇帝,廟號成宗。順治八年二月,詔曰:鄭親王、巽親王等同大臣合詞奏言:太宗皇帝賓天時,臣等扶立皇上,並無欲立攝政王之議,惟伊弟豫郡王唆詞勸進。彼時皇上曾將朝政付伊與鄭親王共理。逮後獨擅威權,不令鄭親王預政,以親弟豫郡王爲輔政叔王,背誓肆行,自稱皇父攝政王;又親至皇宮院內,以爲太宗文皇帝之位原係奪立,以挾制皇上;又偪死肅親王,遂納其妃;凡批本章,概用皇父攝政王之旨,不用皇上之旨;又悖理入生母於太廟。此等情形,謹冒死奏聞,伏願重加處治。朕反覆詳思,王、大臣豈有虛言。謹告天地宗廟社稷,將伊母子併妻罷追封,撤廟享,停其恩赦。詩曰"太陰掩心中,兩日相摩盪",可證也。

蘧常案:《春秋元命苞》:太陰水精爲月。《明史》志《天文二》:兩星經緯同度曰掩,光相接曰犯,亦曰凌。案:此二句,蓋信天人相應之古天文説,張衡所謂象物象官象事者。太陰掩心中,如《晉書・天文志》云"哀帝興寧元年十月景戌,月奄太白,占曰天下靡散","魏甘露二年己酉,月犯心中央大星,占曰逆臣爲亂,人君憂"之類是。《明史》志《天文二》云:崇禎三年八月辛亥,月掩太白;十一年四月己酉,掩熒惑於尾。"兩日相摩盪",見《明史》志《天文三》:崇禎十一年十一月癸亥,日中有黑子,及黑青白氣。日入時,日光摩盪,如兩日。十三年九月己巳,兩日並出,辰刻,乃合爲一,入時,又分爲二。《清史稿・天文志》亦言:崇德七年四月庚戌,二日並出，上大下小，須臾大日消散。崇德七年，崇禎四年也。詩意蓋謂清雖窮兵病民，然天示凶徵，不復祚明。故下曰"大運有轉移，胡天亂無象"也。黃注所引，則是胡亂有象矣，上下不相應，非詩旨。

〔四九〕大運句　蘧常案：《史記・孟子列傳》：鄒衍稱引天地剖判以來，五德轉移，治各有宜，作《主運》。

〔五〇〕胡天　蘧常案：岑參《白雪歌送武判官歸》：胡天八月即飛雪。

〔五一〕白水句　蘧常案：白水，見卷二《春半》詩"白水"句注。《後漢書・光武紀》：及始起兵，還舂陵，遠望舍南，火光赫然屬天。

〔五二〕綠林句　黃注：煬，音漾。《方言》：煬，炙也。謂火熾猛也。言明之亡也，雖當時無光武之中興，清雖得京師，而綠林山中，如王鳳、馬武之流，乘時而起，已有反清者也。以上十二句，所舉雖非一地一時之事，然詩曰"縱橫數遺事"，明明言非一地也；"太息觀今玆"，明明言非一時也。"入沅""浮海"，言其滅明；"農畝""甲卒""索盜""追亡"，言其失政；"太陰""兩日"，言其宮庭。曰"天運有轉移，胡天亂無象，白水燄未然，綠林烟已煬"，則言虜運未衰，而明興無日。

　　蘧常案："綠林"，見卷一《大漢行》"新市"句注。《後漢書・劉玄傳》注：綠林山在今荆州當陽縣東北。

〔五三〕《赤伏》書　徐注：《後漢書・光武紀》：光武先在長安時，同舍生彊華自關中奉《赤伏符》曰：劉秀發兵捕不道，四夷雲集龍鬬野，四七之際火爲主。

〔五四〕雲臺狀　徐注：《後漢書》鄧禹至馬武二十八傳《總論》：永平中，顯宗追感前世功臣，乃圖畫二十八將於南宮雲臺。

　　蘧常案："狀"或作"仗"。汪辟彊云"仗字爲勝"，是也。

應從改。孫盛《魏氏春秋》云：帝下雲臺鎧仗授兵。所謂雲臺仗也。徐陵《爲梁貞陽侯重與王太尉書》、庾信《哀江南賦》、杜甫《八哀》詩，皆用之，可證。或云如作"仗"字，則與上"遂駐時巡仗"韻複，然古人固不嫌複韻也。

〔五五〕二祖　　蘧常案："二祖"，謂太祖、成祖也。

〔五六〕惸惸　　徐注：《詩》：憂心惸惸。

〔五七〕復思二句　　徐注：《淮南子·道應訓》：吾與汗漫期於九垓之外。　黄注：亭林初到京師，遂出薊州，歷遵化、玉田，抵永平。於京師并無留滯。故曰"復思塞上游，汗漫誠何當"。

〔五八〕河西二句　　徐注：《後漢書·竇融傳》：更始敗，梁統等計議，咸以融世任河西，爲吏人所敬向，乃推融行河西五郡大將軍事。又：河西民俗質樸，而融等政亦寬和，上下相親，晏然富殖。修兵馬，習戰射，明烽燧之警。羌胡犯塞，輒自將與諸郡相救。其後匈奴懲艾，稀復侵寇。融等遥聞光武即位而心欲東向，以河西隔遠，未能自通。又《耿弇傳》：弇因從光武北至薊。聞邯鄲兵方到，光武將欲南歸，召官屬計議。弇曰：今兵從南來，不可南行。漁陽太守彭寵，公之邑人；上谷太守，即弇父也。發此兩郡，控弦萬騎，邯鄲不足慮也。光武官屬腹心皆不肯。光武指弇曰：是我北道主人也。會薊中亂，光武遂南馳，官屬各分散。弇走昌平就況，因説況使寇恂束約彭寵。冬，發突騎二千匹，步兵千人，弇與景丹、寇恂及漁陽兵合軍而南。　黄注：二句其意蓋欲走塞上，冀遇明之遺臣故將而與之圖謀也。無如過薊州，則"居人半霄羃，停驂聊一問"，無所遇也；道玉田，則"豈有田子春，尚守盧龍塞"，無所遇也；經永平，則"終與世疏，萬里徜徉"而已，無所遇也。此其失意，皆可於諸篇中窺之。

〔五九〕舊京辭　　蘧常案：見卷二《真州》詩"擊楫"二句注。

薊　州

【解題】

徐注：《明史》志《地理》：京師順天府領州五。薊州注：洪武初以州治漁陽縣省入。西北有盤山，東北有崆峒山。又：沟水在北，沽河在南。州北有黃崖峪、寬佃峪等關。

北上漁陽道〔一〕，陰風倍慘悽。窮魚浮淀白〔二〕，蘖鳥向林低〔三〕。故壘餘安史〔四〕，居人半霫奚〔五〕。停驂聊一問〔六〕，幾日到遼西〔七〕？

【彙注】

〔一〕漁陽　徐注：先生《京東考古録》：薊在漁陽之西。《唐書・地理志》：幽州范陽郡治薊。開元十八年，析治薊州。漁陽郡治漁陽。及遼，改薊爲析津縣。今人乃以漁陽爲薊，忘其本矣。

〔二〕窮魚句　徐注：梁簡文帝啓：怖鴿獲安，窮魚永樂。《長安客話》：水所聚曰淀。　李注：張載《魏都賦》注：掘鯉淀在河間莫縣之西。淀者，如淵而淺也。案：《唐志》莫州有九十九淀。今縣境以淀名者不一地。

〔三〕蘖鳥　原注：《戰國策》：雁從東方來，更羸以虛發而下之，曰：此蘖也。注：蘖者，謂隱痛於身，如蘖子也。

〔四〕故壘句　徐注：《唐書・柳冕傳》：自安、史亂常，始有專地。謂安禄山、史思明也。《北略》：崇禎二年九月，清兵偪薊州。又：十五年，清兵分道入塞。十一月庚辰，薊州失守。《明史・劉之綸傳》：明年正月，師次薊。當是時，清兵蒙古諸部號十餘萬,駐永平。諸勤王軍數萬,在薊。之綸乃與總兵馬世龍、吳自勉約,由薊趨永平,牽之無動。而自率兵八路進攻遵化。既,由石門至白草頂距遵化八里娘娘山而營。世龍、自勉不赴約。二十二日,清兵自永平趨三屯營,驍騎三萬,望見山上軍,縱擊之。之綸發礮,礮炸,軍營自亂。左右請結陣徐退,以爲後圖。之綸叱曰:毋多言!吾受國恩,死耳!嚴鼓再戰,流矢四集,之綸解印付家人歸報天子,遂死。

〔五〕霫奚　原注:《舊唐書·北狄傳》:奚國在京師東北四千餘里,東接契丹,西至突厥,南拒白狼河,北至霫國。　徐注:《方輿紀要》:霫亦東部種,一名白霫。唐貞觀四年,突厥亡,霫、奚、室韋等皆內附。二十八年,以白霫部爲居延州。《五代史》:霫與突厥同俗,保泠陘山南奧支水。《宋史》:靖康二年,金人劫上皇及帝於燕山,遷於霫郡,居於相府院。霫蓋爲女真所并也。又:奚亦東部種,或曰即烏桓蹋頓之後。晉永嘉以後有厙莫奚,屬鮮卑宇文部,與契丹同類而異種。其後單稱爲奚,有五姓。唐貞觀二十二年,奚帥所部皆內附,以其地爲饒樂府。萬歲通天中,奚叛附於契丹。五代初,分爲東西奚,附劉守光,復附後唐。石晉時,復附契丹,自是東西奚皆爲所并。今大寧衛境,廢,利州其故地也。

蘧常案:此以霫、奚喻滿族也。

〔六〕停驂　徐注:謝朓《別范雲》詩:停驂君悵望。

〔七〕遼西　徐注:《明史》志《兵三·邊防》:洪武二十年,置北平都司於大寧,其地在喜峰口外,故遼西郡,遼之中京大定府也。西大同,東遼陽,南北平。馮勝破納哈出,還師城之,因置都司及營州五屯衛。二十五年,又築東勝城於河州東受降城之東,設十六衛,與大同相望。自遼以西數千里,聲勢聯絡。《方輿紀要》:永平府治東有遼西城。《通典》:盧龍縣東有遼西故城。

玉 田 道 中

【解題】

　　徐注：《明史》志《地理》：順天府薊州領縣四：玉田，注：州東南。東北有無終山，又有徐無山。又：東有黎河，北有浭水，東南有興州左屯衛。《方輿紀要》：春秋時爲山戎無終子國。漢屬右北平郡。唐萬歲通天二年，改爲玉田縣。

　　我行至北方，所見皆一概〔一〕。豈有田子春，尚守盧龍塞〔二〕。驅車且東之，英風宛然在。山中無父老，故宅恐荒穢〔三〕。浭水久還流，《薊州志》：浭水在豐潤縣西門外，凡水東流，而此獨西，故名曰還鄉河。盤山仍面內〔四〕。地道無虧崩〔五〕，天行有蒙昧〔六〕。騁目一遐觀，浩然發深慨。可憐壯遊人，不遇熙明代〔七〕。

【彙校】

〔荒穢〕京師本"穢"作"薉"。案："薉"與"穢"同，見《楚辭·九歎》洪興祖《補注》。

【彙注】

〔一〕我行二句　徐注：《東華錄》：四月壬午，師次撫寧。癸未，次昌黎。甲申，次灤州。乙酉，次開平衛。丙戌，次玉田。又：燕京以北，居庸關內外各城及天津、真定、大同等處皆降。杜甫《秦州》詩：萬方聲一概。

蓬常案：《清史稿·世祖本紀》：順治元年四月，封吳三桂爲平西王，以馬步軍一萬隸之。直趨燕京，竄匿山谷者，爭還鄉里迎降，大軍所過州縣及沿邊將吏，皆開門款附。

〔二〕豈有二句　徐注：《一統志》：今永平府西一百九里有盧龍鎮，土色黑，山似龍形，即古盧龍塞云。《北略》：己巳之役，大兵南下，有先降而兵始至者，玉田、遷安也。所最劣者，則盧龍、遷安兩令。

　　　蓬常案：《三國志·魏書·田疇傳》：疇字子春，右北平無終人也。幽州牧劉虞署爲從事。虞爲公孫瓚所害，遂入徐無山中，躬耕以養父母。曹操伐烏桓，遣使辟疇，令將其衆爲鄉導，遂大斬獲，封疇亭侯，固讓不受。裴注：《先賢行狀》：太祖表論功曰：幽州始擾，胡漢交瘁，蕩析離居，靡所依懷。疇率宗人，避難於無終山，北拒盧龍，南守要害，清静隱約，耕而後食，人民化從，咸共資奉。

〔三〕驅車四句　徐注：孔稚圭《北山移文》：張英風於海甸。姬翼《雲山集》：漁陽西北之山本名四正，古有田盤先生自齊而來，棲遲此山，因名爲盤山焉。

　　　蓬常案：此四句，承上田子春而言也。玉田之東爲徐無山，田疇所隱。《三國志·田疇傳》云：疇得北歸，率舉宗族，他附從數百人，遂入徐無山中，營深險平敞地而居，百姓歸之，數年間至五千餘家。疇謂父老曰：諸君不以疇不肖，遠來相求，而莫相統一，恐非久安之道。願推擇其賢良者以爲之主。皆曰善。共僉推疇。疇乃爲約束，衆皆便之，北邊翕然服其威信。詩"驅車且東之"者，至徐無山下也；"英風"者，田疇之遺風也；"父老"者，田疇所告之父老也；"故宅"者，田疇所營之居也。

〔四〕盤山句　徐注：《名勝志》：盤山，一名盤龍山，在薊州西北二十五里,高二千仞,周百餘里。山北數峰林立如削,曰紫蓋,曰宿猿,尤爲奇特。最高者曰上盤,頂有巨石,以指搖之,輒動。稍下者曰中盤。東行十餘里,蔚然深秀,怪石突起,曰白巖。《畿輔通志》:山不可登,盤而登之,曰盤山。盤有三,上盤塔,中盤寺,下盤泉。司馬相如《封禪文》:昆蟲闓澤,回首面内。

〔五〕地道句　蔣常案:此承上二句言之也。
〔六〕天行句　蔣常案:此謂天不祚明也,與篇首相應。
〔七〕熙明代　徐注:《書》:百工熙哉。又:元首明哉。

永　　平

【解題】

　　徐注:《明史》志《地理》京師:永平府洪武二年改爲平灤府,四年三月,爲永平府,領州一,縣五:盧龍,注:倚。東南有陽山,西有灤河,自開平流經縣境。

　　流落天涯意自如,孤蹤終與世情疏〔一〕。馮驩元不曾彈鋏,關令安能強著書〔二〕。榆塞晚花重發後〔三〕,灤河秋雁獨飛初〔四〕。從兹一覽神州去,萬里徜徉興有餘。

【彙注】

〔一〕世情疏　徐注:王維《送孟六歸襄陽》詩:久與世情疏。
〔二〕馮驩二句　徐注:《史記·老子列傳》:老子居周。久之,迺遂去。至關,關令尹喜曰:子將隱矣,彊爲我著書。案先生《文集·營平二州史事序》:福之士人郭君造卿,在戚大將軍幕府，網羅天下書志略備；又身自行歷薊北諸邊營壘；又遣卒至塞外窮灤源，視舊大寧遺址。還，與書不合，則再造覆按，必得實乃止，作《燕史》數百卷，蓋十年而成，則大將軍已不及見。又以其餘日作《永平志》百三十卷，文雖晦澀，而一方之故，頗稱明悉。其後七十年，而炎武得遊於斯，則當屠殺圈占之後，人民稀少，物力衰耗，俗與時移，不見文字禮儀之教（蓬常案："其後"以下四十字原以忌諱删，今補）。求郭君之志且不可得，而其地之官長暨士大夫來言曰：府志稿已具矣，願爲成之。嗟乎！無郭君之學，而又不逢其時；以三千里外之人而論此邦士林之品第，又欲取成於數月之內，而不問其書之可傳與否，是非僕所能。

蓬常案：《史記·孟嘗君列傳》：馮驩聞孟嘗君好客，躡屩而見之。孟嘗君置傳舍。十日，問傳舍長曰：客何所爲？答曰：馮先生甚貧，猶有一劍耳。彈其劍而歌曰：長鋏歸來乎，食無魚！孟嘗君遷之幸舍，食有魚矣。五日，又問，答曰：客復彈劍而歌曰：長鋏歸來乎，出無輿！孟嘗君遷之代舍，出入乘輿車矣。五日，復問，答曰：先生又嘗彈鋏而歌曰：長鋏歸來乎，無以爲家！《戰國策》作馮諼，云齊人。《同志贈言》黃師正《奉酬寧人廣陵客舍見贈之作》詩云"從來爲客不歌魚"，可相證也。

〔三〕榆塞　徐注：《漢書·韓安國傳》：蒙恬爲秦侵胡，辟數千里，以河爲竟，累石爲城，樹榆爲塞。注：塞上種榆也。《水經注》：榆林塞，世又謂之榆林山，即《漢書》所謂榆谿舊塞者也。自谿西去，悉榆林之藪矣。《明史》志《兵三·邊防》：淮安侯華雲龍言：自永平、薊州、密雲迆西二千餘里，關隘百二十九，皆置戍守。又《邊略》：榆木嶺關，青山口東第一關也。亦曰榆塞。有榆木川，皆塞外地，亦以多榆故名。

〔四〕灤河　徐注：《一統志》：源自口北東南流經遷安縣界，至盧龍合漆河，又南至樂亭縣北岳婆港分爲二：東曰葫蘆河，西曰定流河。各入於海。景泰中，葫蘆河塞，定流河獨入海。其水清碧，亦謂之綠洋溝。《方輿紀要》：即管子所稱卑耳溪也。

謁夷齊廟

【解題】

徐注：《一統志》：永平府清節廟在盧龍縣西二十里孤竹故城，祀伯夷、叔齊。明洪武九年，重建於府城内東北隅，景泰中，復建於此。

言登孤竹山〔一〕，憮焉思古聖。荒祠寄山椒〔二〕，過者生恭敬。百里亦足君，未肯滑吾性〔三〕。遜國全天倫，遠行辟虐政〔四〕。甘餓首陽岑，不忍臣二姓〔五〕。可爲百世師，風操一何勁。悲哉尼父窮，每歷邦君聘。楚狂歌鳳衰，荷蕢譏擊磬。自非爲斯人，棲棲無乃佞〔六〕。我亦客諸侯，猶須善辭命〔七〕。終懷耿介心，不踐脂韋徑〔八〕。庶幾保平生，可以垂神聽〔九〕。

【彙注】

〔一〕孤竹山　徐注：《方輿紀要》：永平府盧龍縣洞山，在府西十五里。或以爲即古孤竹山。《水經注》：孤竹祠在山上，城在山側。今山陰即古孤竹城。志云：孤竹山在城西北二十里。其相近有雙子山，孤竹長君墓在焉，一名長君山；又西有馬鞍山,孤竹少君墓在焉,一名少君山;府西北二十五里又有團子山,孤竹次君墓在焉,一名次君山。皆洞山之支麓矣。

  蘧常案:《史記·伯夷列傳》:伯夷、叔齊,孤竹君之二子也。聞西伯昌善養老,盍往歸焉。及至,西伯卒,武王東伐紂。伯夷、叔齊叩馬而諫,左右欲兵之。太公曰:此義人也!扶而去之。武王已平殷亂,天下宗周,而伯夷、叔齊恥之,義不食周粟,隱於首陽山,采薇而食之,遂餓死。

〔二〕山椒 蘧常案:見前《勞山歌》"山椒"注。

〔三〕滑性 徐注:劉勰《新論》:靡麗之華,不以滑性。

〔四〕遜國二句 徐注:《史記·伯夷列傳》:父欲立叔齊。及父卒,叔齊遜伯夷,伯夷曰:父命也。遂逃去。叔齊亦不肯立而逃之。《孟子》:伯夷辟紂,居北海之濱。

〔五〕甘餓二句 徐注:《明一統志》:首陽山在盧龍東南二十五里,即峒山。《說文》:山在遼西,一名嵎夷。《輿地記》:首陽山在蒲州南四十五里。河南亦有首陽山。今二山皆有夷、齊冢。《九域志》兩從之。《河南通志·首陽山辨》凡六,從《山西通志》,在蒲阪南。

  蘧常案:見卷一《精衛》詩"西山"句注。

〔六〕楚狂四句 蘧常案:《論語·微子》篇:楚狂接輿歌而過孔子曰:鳳兮,鳳兮!何德之衰?往者不可諫,來者猶可追。已而,已而!今之從政者殆而!《憲問》篇:子擊磬於衛,有荷蕢而過孔氏之門者。曰:有心哉,擊磬乎!既而曰:鄙哉,硜硜乎!莫己知也,斯已而已矣。深則厲,淺則揭。《微子》篇:長沮、桀溺耦而耕,夫子憮然曰:鳥獸不可與同羣,吾非斯人之徒與而誰與?《憲問》篇:微生畝謂孔子曰:丘,何爲是栖栖者與?無乃爲佞乎?邢昺疏:栖栖,猶遑遑也。

〔七〕我亦二句 徐注:益都孫寶侗《都門送寧人先生之永平》詩:

海上諸侯能好客,莫愁邊路出東都。《孟子》:是故諸侯雖有善其辭命而至者。

〔八〕終懷二句　徐注:《楚詞》:堯舜之耿介兮,既遵道而得路。《日知錄》:讀屈子《離騷》之篇,乃知堯舜之所以行出乎人者,以其耿介。同乎流俗,合乎污世,則不可與入堯舜之道矣。《楚辭》:將突梯滑稽,如脂如韋,以挈楹乎?
　　蘧常案:《楚辭·卜居》:如脂如韋。王逸注:柔弱曲也。

〔九〕神聽　蘧常案:《詩·小雅·伐木》:神之聽之。

寄弟紓及友人江南 三首　已下屠維大淵獻

【解題】

　　徐注:順治十六年己亥。《崑新合志》:紓,字子嚴,同應第三子。少負經濟才,明亡後,隱居千墩舊廬。居喪哭過哀,目遂盲。秉性耿介。兄炎武,講學秦、晉間,屢徵不赴,紓寓書並相砥礪。甥徐乾學兄弟,勢望方隆,紓獨養高自重。華陰王弘撰稱其闇修於不見不聞之地,不愧隱君子。　冒云:先生是年年四十七。

　　蘧常案:是年明永曆十三年,公元一六五九年。

仲尼一魯人〔一〕,棲棲去齊衛〔二〕。當其在陳時,亦設先人祭。深哉告孟言〔三〕,緬矣封防制〔四〕。而我亦何爲,遠遊及三歲〔五〕。前年北踰汶〔六〕,頃者東過薊〔七〕。三世但一身〔八〕,南瞻每揮涕。未敢廢烝嘗〔九〕,無由辨羊彘。粟從仁者求〔一〇〕,酒向鄰家貰〔一一〕。庶幾儻來歆,精靈眇天際。不知自茲往,吾駕焉所稅〔一二〕。世故多屯邅〔一三〕,曰歸未成計〔一四〕。疚如切中心〔一五〕,没齒安蔬糲〔一六〕。

【彙校】
〔魯人〕徐注本與各本同,均作"旅人"。 〔告孟言〕徐注本、曹校本"孟"作"夢"。丕績案:作"夢"是。 〔揮涕〕徐注本、曹校本"涕"作"淚"。

【彙注】
〔一〕仲尼句　徐注:《易·旅卦》:旅人先笑後號咷。杜甫《兩當縣吳侍御江上宅》詩:仲尼甘旅人。

　　蘧常案:徐注本與各本同,均作"旅",作"旅"勝,正發下句。王弼《易》傳:仲尼旅行,則國可知矣。

〔二〕棲棲句　蘧常案:見前《謁夷齊廟》詩"楚狂"四句注。《史記·孔子世家》:魯亂,孔子適齊。齊大夫欲害孔子,孔子聞之。景公曰:吾老矣,弗能用也。孔子遂行。又適衛,或譖孔子於衛靈公,居十月,去衛。

〔三〕當其三句　原注:《家語》:孔子厄於陳、蔡,七日不食。子貢以所齎貨,竊犯圍而出,告糴於野人,得米一石焉。顏回、仲由炊之。子召顏回曰:疇昔,予夢見先人,豈或啓佑我哉?子炊而進飯,吾將祭焉。

　　蘧常案:"告孟",各本皆同。唯徐注本作"告夢",據原注應從徐注本。

〔四〕封防制　徐注:《禮·檀弓》:孔子既得合葬於防,曰:吾聞之古也,墓而不墳。今某也東西南北之人也,不可以弗識也。於是封之,崇四尺。

〔五〕遠遊句　徐注:歸祚明《寄懷寧人》詩:故人別去已三年。　冒云:自丁酉北遊,至是三年。

〔六〕前年句　蘧常案:見前《酬歸祚明戴笠王仍潘檉章四子見懷》

詩"息足"四句注。

〔七〕頃者句　葦常案：見前《京師作》詩"復思"二句注。

〔八〕三世句　原注：《北史·王慧龍傳》：自慧龍入國，三世一身。至瓊，始有四子。

　　　葦常案：三世謂先生嗣祖父紹芾、嗣父同吉及己也。據《顧氏譜系考》，紹芾一子同吉，早卒。據年譜，先生有子詒穀，四歲而殤。故曰"一身"也。

〔九〕烝嘗　葦常案："烝"見卷一《帝京篇》"烝尚"句及卷三《閏五月十日恭詣孝陵》詩"烝嘗"二句注。

〔一〇〕粢從句　徐注：《禮》：父母既没，必求仁者之粟以祀之，此之謂禮終。

〔一一〕酒向句　徐注：《史記·高祖本紀》：常從王媪、武負貰酒醉卧。韋昭注：貰，賒也。

〔一二〕吾駕句　葦常案：見卷一《哭顧推官咸正》詩"駕所税"注。

〔一三〕屯邅　徐注：《易·屯卦》：屯如邅如。

〔一四〕曰歸　徐注：《詩》：曰歸曰歸。

〔一五〕疢如句　原注：《詩》：疢如疾首。

〔一六〕没齒句　徐注：《論語》：没齒無怨言。《詩》：彼疏斯稗。《箋》：疏，糲也，謂糲米也。《南史·傅昭傳》：昭器服率陋，身安疏糲。

吾家有賜塋，近在尚書浦。前區百畝田，後啓重門堵[一]。子姓儼成行[二]，科名多接武[三]。家風萬石傳[四]，花竹平泉圃[五]。蟬聯二百祀[六]，魂魄猶兹土[七]。一旦閱滄桑，他人代爲主。痛我遊子身，中年遭薄祜[八]。驅車去關河，行行遠豺虎。親朋不可見，何況予同父[九]。碌碌想阿奴〔一〇〕,耕田故辛苦。行者歎四方,居者愁門戶〔一一〕。豈爲別離哀,戮力念爾祖。

【彙校】
〔戮力〕潘刻本、徐注本、孫校本"戮"作"努"。
【彙注】
〔一〕吾家四句　徐注:《蘇州府志》:給事中顧濟第在崑山尚書浦。(案:顧濟見下注。)《易》:重門擊柝。

蘧常案:"賜塋",見卷一《十月二十日奉先妣葬於侍郎公墓之左》詩題注,及"墓一區"注。《顧氏譜系考》:章志賜葬崑山縣六保嗚字圩尚書浦之西。
〔二〕子姓句　徐注:《周禮·夏官》"賜爵"注:此所賜王之子姓兄弟。疏:姓,孫也。
〔三〕科名句　徐注:《禮》:堂上接武。《顧氏譜系考》:溱,字梁卿,號小涇,正德庚午舉人,辛巳進士。濟,字舟卿,號思軒,正德丙子舉人,丁丑進士。章志,字子行,號觀海,嘉靖丙午舉人,癸丑進士。紹芳,字實甫,號學海,萬曆丙子舉人,丁丑進士。同應,字仲從,萬曆乙卯戊午副榜。緗,字遏篆,崇禎癸酉舉人。

蘧常案:科名,見前《黃侍中祠》詩"當代"句注。
〔四〕家風句　徐注:《漢書·石奮傳》:奮長子建,次甲,次乙,次慶,皆以循行孝謹,官至二千石。景帝曰:石君及四子皆二千石,人臣尊寵。號奮爲萬石君。

蘧常案:《世説新語·文學》篇:夏侯湛作《周詩》成,示潘安仁。安仁曰:此非徒溫雅,乃別見孝悌之性。潘因此作《家風詩》。

〔五〕花竹句　徐注：《劇談録》：李德裕東都平泉山莊去洛城三十里，卉木臺榭，若造仙府。

〔六〕蟬聯句　蔣常案：左思《吳都賦》：蟬聯丘陵。《南史·王筠傳》：自開闢以來，未聞爵德蟬聯，文彩相映，如王氏之盛者。案：蓋以王氏自况。

〔七〕魂魄句　原注：陸士衡《贈從兄車騎》詩：營魄懷兹土，精爽若飛沈。

〔八〕中年句　徐注：嵇康《幽憤詩》：嗟予薄祜。　李注："嗟予薄祜"下，當添入原詩"少遭不造"句。

〔九〕同父　徐注：《詩》：豈無他人，不如我同父。

〔一〇〕碌碌句　蔣常案：《世說新語·識鑒》篇：周伯仁母冬至舉酒賜三子曰：爾等並羅列吾前，復何憂。嵩曰：伯仁好乘人之弊，此非自全之道；嵩性狼抗，亦不容於世；唯阿奴碌碌，當在阿母目下耳。鄧粲《晉紀》：阿奴，嵩之弟周謨小字也。案：《崑新合志》稱先生弟紓秉性耿介，絶意仕進，故以阿奴爲况。

〔一一〕行者二句　徐注：《左傳》僖公二十四年：不有行者，誰扞牧圉？不有居者，誰守社稷？《唐書·宰相世系表》：有爵，爲卿大夫世世不絶，謂之門户。

自昔遘難初，城邑遭屠割〔一〕。幾同趙卒坑〔二〕，獨此一人活。既偸須臾生，詎敢辭播越〔三〕！十年四五遷〔四〕，今復客天末。田園已侵并〔五〕，書卷亦剽奪〔六〕。尚虞陷微文，雉羅不自脱〔七〕。却喜對山川〔八〕，壯懷稍開豁。秉心在忠信，持身類迂闊〔九〕。朋友多相憐〔一〇〕，此志貫窮達。雖鄰河伯居，未肯求呴沫〔一一〕。出國每徒行〔一二〕，花時猶衣褐。以此報知交，無爲久惻怛。

【彙注】

〔一〕自昔二句　徐注：《淮南子》：屠割烹殺。先生《從叔父穆庵府君行狀》：戎馬内入，邑居殘破，昔日賦詩酌酒之地，俄爲芻牧之場矣。

〔二〕趙卒坑　蘧常案：見前卷一《秋山》第一首"長平"二句注。

〔三〕播越　徐注：《國語》：晉使梁由靡告于秦穆公曰：隱悼播越，託在草莽。

〔四〕十年句　蘧常案：十年，舉成數，謂崇禎十七年失國後順治十四年北遊前十餘年也。據《元譜》，崇禎十七年四月，奉母遷居常熟之唐市，一遷也；十二月，復遷居常熟之語濂涇，二遷也；順治三年十月十二日，命家人趙和等遷居，未詳何地，三遷也；（案：四年又還語濂涇，先生廬墓，不數。）五年秋，至湖上，疑至洞庭山，四遷也；十一年春，至金陵，卜居神烈山下，是五遷也。

〔五〕田園句　蘧常案：見前《贈路光禄太平》詩序"其堳復投豪"數句注。

〔六〕書卷句　蘧常案：歸莊《送顧寧人北遊序》：公子（案：指葉方恒）遣刺客戕寧人，會救得免。而叛奴之黨受公子指，糾數十人，乘間劫寧人家，盡其數世之傳以去。案："書卷剽奪"，當在此時。

〔七〕尚虞二句　徐注：《晉書·刑法志》：王者惟當微文據法，以事爲斷。《詩》：雉罹于羅。

〔八〕却喜句　徐注：程先貞《贈顧徵君亭林序》：皆得周覽其名山大川，將以擬太史公之故事。

〔九〕迂闊　蘧常案：《史記·孟子列傳》：適梁，梁惠王不果所言，則見以爲迂遠而闊於事情。

〔一〇〕朋友句　徐注：《同志贈言·爲顧寧人徵天下書籍啓》，乃同學楊彝、顧夢麟、萬壽祺、王潢、方文、王猷定、丁雄飛、黃師正、陸圻、楊瑀、張慤、歸莊、毛驥、吳任臣、湯濩、吳炎、王錫闡、陳濟生、顧有孝、戴笠凡二十一人。

　　蘧常案：尚應列潘檉章，方足二十一人之數。
〔一一〕雖鄰二句　徐注：《莊子·秋水》：河伯欣然自喜。又《外物》：故往貸粟於監河侯。又《大宗師》：泉涸，魚相與處於陸，相呴以濕，相濡以沫，不如相忘於江湖。

　　蘧常案：似指徐氏兄弟，時方隆盛，先生無所沾染也。
〔一二〕出國句　徐注：《禮》：大夫耆老不徒行。

　　蘧常案：《蔣山傭殘稿·答人書》云：丁酉之秋，啓塗淮北，正值淫雨沂沐，下流並爲巨浸。跣行二百七十里，始得乾土，兩足爲腫。此去國徒行之一事也。

山　海　關

【解題】

　　徐注：《明史》志《地理》永平府撫寧縣注：東有山海關，洪武四年九月，置山海衛於此。《方輿紀要》：渝關一名臨渝，亦曰臨間關，今名山海關，在永平府撫寧縣東百里，遼東廣寧前屯衛西七十里，舊在縣東二十里。明初魏國公徐達將兵至此，以其非控扼之要，移建於東六十里，謂之山海關。北倚崇山，南臨大海，相距不過數里，實爲險要。築城置衛，爲邊郡之咽喉，京師之保障。　冒云：此首爲吳三桂作。

芒芒碣石東〔一〕，此關自天作。粵惟中山王，經營始開拓〔二〕。東夷限重門〔三〕,幽州截垠堮〔四〕。前海彌浩瀁〔五〕,後嶺橫峉崿〔六〕。紫塞爲周垣〔七〕,蒼山爲鎖鑰〔八〕。緬思皇祖時,猶然制戎索〔九〕。中葉狃康娛〔一〇〕,小有干王略〔一一〕。撫順矢初穿〔一二〕,廣寧旗已落。抱頭化貞逃,束手廷弼却〔一三〕。駸駸河以西〔一四〕,千里屯甋幕。關外修八城,指麾煩内閣孫承宗〔一五〕。楊公嗣昌築二翼,東西立羅郭〔一六〕。時稱節鎮雄,頗折氛祲惡〔一七〕。神京既顛隕,國勢靡所託。瓣頭元帥降吳三桂〔一八〕,歃血夷王諾〔一九〕。自此來域中,土崩無鬬格。海燕春乳樓,塞鷹曉飛泊〔二〇〕。七廟竟爲灰〔二一〕,六州難鑄錯〔二二〕。

【彙校】

〔東夷〕潘刻本、徐注本、孫校本"夷"作"支",韻目代字也。 〔皇祖時〕潘刻本、徐注本、孫校本作"開創初"。 〔猶然句〕孫託荀校本"戎"作"柬",潘刻本、徐注本、孫校本作"設險制柬索"。"柬",韻目代字也。 〔小有〕汪校本云:"有"當作"醜"。 〔瓣頭句〕潘刻本、徐注本、孫校本"瓣頭"作"啓關"。又,潘刻本、徐注本、孫校本句下無自注"吳三桂"三字。 〔夷王〕潘刻本、徐注本、孫校本"夷"作"名"。 〔塞鷹句〕孫校本"塞"作"胡";徐注本"曉"作"晚"。 〔七廟〕潘刻本作"□□";冒校本作"宗社"。

【彙注】

〔一〕芒芒句 徐注:《詩》:宅殷土芒芒。傳:芒芒,大貌。《方輿紀要》:昌黎縣西北二十里,山勢穹而隆,頂有巨石特出,因名碣石,即《禹貢》導河入海處也。 黃注:考《漢書·地理志》右北平郡驪成縣:大碣石山在縣西南。又:遼西郡絫縣有碣石水。《讀史方輿紀要》:撫寧縣,漢驪成縣地。又:昌黎縣有絫縣城。而《明史》志《地理》：撫寧縣東有山海關。詩云"芒芒碣石東"，正與《漢志》"山在縣西南"、《明志》"縣東有山海關"相合。亭林《營平二州地名記》第一條記"碣石"，即引《漢志》；又記"驪成"一條，亦同。徐注以昌黎之碣石注之，殆誤。

蘧常案：黃注是。《漢書·武帝紀》文穎注：碣石在遼西絫縣，此石著海旁。胡渭《禹貢錐指》謂驪成之出稱大碣石，則必有小碣石在，蓋即絫縣海旁之石矣。徐誤以小碣石爲大碣石也。

〔二〕粤惟二句　徐注：《方輿紀要》：遼、金時，以渝關爲腹裏地，故址漸湮。明初修復舊關，增置屯營，於今關城，甃以甎石，高四丈有奇，周八里有奇。月城二，水關三，門四，有池環之。東面又有夾池羅城，恃爲險固。　段注：高適《薊門行》：漢家能用武，開拓窮異域。

蘧常案：中山王，見卷一《京口》詩第二首"當年"句注，及本詩題注。先生《天下郡國利病書》"山海關"：此關北山南海，相距十里許，爲畿東險隘，遼、薊咽喉，徐武寧王營建之力也。

〔三〕東夷句　徐注：《郡國利病書》：山海關諸關之城，此最高堅，東西南北四門，各設重鍵，上設樓櫓，構鋪舍以便夜巡。水門三，居東西南三隅，因勢下城中積水，以便蓄洩。石柱爲砦，設兵直役。

蘧常案：宋白《續通典》：渝關，天所以限戎狄也。

〔四〕幽州句　徐注：《方輿紀要》：《傳》曰：舜以東北醫無閭之地爲幽州。《通典》：舜分燕以北爲幽州。《周禮·職方》：東北爲幽州。《説文》：垠，地垠也，一曰岸也。段注：古者邊界謂之垠咢。堮者，後人增土。

〔五〕前海句　徐注：《方輿紀要》：自山海關以南與遼東接界皆大海也。《上林賦》：灝溔潢漾。《玉篇》：浩溔，水無際也。

〔六〕後嶺句　徐注：《集韻》：崒嵂，高貌。

　　蘧常案：宋白《續通典》：渝關北有兔耳山、覆舟山，山皆斗峻。案：山在北，故曰"後嶺"。

〔七〕紫塞句　徐注：班固《西都賦》：繚以周垣。

　　蘧常案：紫塞，見前卷一《感事》詩第五首"紫塞"句注。《方輿紀要》：角山在山海關北六里。有前後二山，長城枕其上，爲薊、遼二境邊界。

〔八〕蒼山句　蘧常案：《新五代史》：渝關山皆斗絕，並海，東北有路，狹僅通車。案：《續通典》亦云：北行狹處，纔通一軌。此所謂爲鎖鑰也。舊注以《方輿紀要》所記永平府撫寧縣所屬諸山注之，非。

〔九〕緬思二句　徐注：《明史・外國傳》：朵顏、福餘、泰寧，高皇帝所設三衞也。其地爲兀良哈，在黑龍江南，漁陽塞北，漢鮮卑、唐吐谷渾、宋契丹，皆其地也。元爲大寧路北境。高皇帝有天下，東蕃遼王、惠寧王、朵顏元帥府相率乞內附，遂即古會州地、置大寧司營州諸衞，封子權爲寧王，使鎮焉。已，數爲韃靼所鈔。洪武二十二年，置泰寧、福餘、朵顏三衞指揮使司，俾其頭目各自領其衆以爲聲援。自大寧前抵喜峰口近宣府曰朵顏，自錦、義歷廣寧至遼河曰泰寧，自黃泥窪逾瀋陽、鐵嶺至開原曰福餘。獨朵顏地險而強，久之皆叛去，犯山海關，成祖將親討之，三衞頭目皆謝罪入貢，撫納之如初。　段注：《左傳》定公四年：啓以夏政，疆以戎索。

　　蘧常案：《左傳》杜注：索，法也。不與中國同，故自以戎法。案：《通鑑・魏紀》文帝二年云：南謂北爲索虜。此"索"似當作如是解，故曰"制"。若爲戎法，則不得曰"制"矣。

〔一〇〕中葉句　徐注：《明史‧外國傳》：韃靼迄明世邊陲無寧，致中原盜賊蜂起。當事者狃與俺答等貢市之便，見揷漢之恣於東也，謂歲捐金錢數十萬，冀苟安旦夕，且覬收之爲用，卒不得。國計愈困，邊事愈棘，朝議愈紛，明亦遂不可爲矣。韃靼地東至兀良哈，西至瓦刺。當洪、永世，國家全盛，頗受戎索，然畔服亦靡常。正統後，邊備廢弛，聲靈不振，諸部長多以雄傑之姿，恃其暴強，迭出與中夏抗，邊境之禍，遂與明終始云。

〔一一〕小有句　蕭常案：汪校云："有"當作"醜"。亭林詩原稿，多以韻目代本字，潘鈔每隨文改正，然亦有改之未盡者，如此是也。案：汪說是也。《國語‧周語》：王猶不堪，況爾小醜乎？韋昭注：醜，類也。王者至尊，猶且不堪，況爾小人之類乎！此謂清。《清史稿‧太祖紀》：天命三年戊午二月，詔將士簡軍實，頒兵法。壬辰，上伐明，以七大恨告天，祭堂子而行。此爲清侵明之始，實明神宗萬曆四十六年也。舊注以也先、韃靼等入寇當之，非。

〔一二〕撫順句　徐注：《明史‧神宗紀》：萬曆四十六年夏四月甲辰，清兵克撫順城，千總王命印死之。庚戌，總兵官張承允帥師援撫順，敗沒。閏月庚申，楊鎬爲兵部左侍郎，兼右僉都御史，經略遼東。又《張臣傳》：更歷四鎮，名著塞垣，爲一時良將。子承廕，勇而有謀，尤善騎射，未嘗挫衂，改鎮遼東。四十六年，我太祖高皇帝起兵拔撫順，巡撫李維翰趣承廕赴援，急率副將頗廷相、參將蒲世芳、游擊梁汝貴等諸營并發，次撫順。承廕據山險，分軍三，列營浚濠，布列火器。甫交鋒，清兵蹴之，大潰。承廕、世芳皆戰死。廷相、汝貴已潰圍出，見失主將，亦陷陣死。將士死者萬人，舉朝震駭。既而撫安、三岔兒、白家衝三堡連失，詔逮維翰。贈承廕少保左都督，立祠曰精忠。

　　蕭常案：《明史》志《地理二》"遼東瀋陽中衛"注：東北有

撫順千戶所,洪武二十一年置。所東有撫順關。

〔一三〕廣寧三句　徐注:《明史‧熊廷弼傳》:字飛百,江夏人。萬曆四十七年,楊鎬既喪師,廷議以廷弼熟邊事,擢兵部右侍郎,代鎬經略,人心復固。給事中姚宗文騰謗於朝,遂不安其位,以袁應泰代。天啓元年,瀋陽破,袁應泰死,廷臣復思廷弼。閣臣劉一燝曰:使廷弼在遼,當不至此。乃復詔起廷弼於家,而擢王化貞巡撫廣寧。化貞,諸城人。廣寧城在山隈,登山可俯瞰城內,恃三岔河爲阻。遼陽初失,遠近震驚,謂河西必不能保。化貞守孤城,時望赫然。中朝亦謂其才足倚,悉以河西事付之。六月,廷弼入朝,建三方布置策,遂進兵部尚書兼右副都御史,駐山海關,經略遼東軍務。化貞部置諸將,沿河設六營,廷弼不謂然,疏言:河窄難恃,堡小難容,今日但宜固守廣寧。自河抵廣寧,止宜多置烽堠。遼陽去廣寧三百六十里,不宜分兵防河,先爲自弱之計。化貞慍甚,而經、撫不和之議起矣。化貞爲人騃而愎,素不習兵,輕視大敵,好謾語,文武將吏進諫悉不入,與廷弼尤牴牾。妄意降敵者李永芳爲內應;信西部言,謂虎墩兔助兵四十萬,遂欲以不戰取全勝。尚書張鶴鳴深信之,所請無不允,以故廷弼不得行其志。廣寧有兵十四萬,而廷弼關上無一卒,徒擁經略虛號而已。中朝右化貞者多訛廷弼。是時,廷弼主守遼東,謂遼人不可用,西部不可恃,永芳不可信,廣寧多間諜可虞。化貞一切反之。鶴鳴亦以廣寧可慮,請敕廷弼出關。化貞且請兵六萬,一舉蕩平。廷臣集議撤廷弼。會清兵逼西平,化貞信中軍孫得功計,盡發廣寧兵畀得功及祖大壽往會祁秉忠進戰,廷弼亦檄劉渠赴援,遇清兵平陽橋。得功及參將鮑承先等先奔,鎮武、閭陽兵遂大潰。渠、秉忠戰歿沙嶺。西平守將羅一貫待援不至,與參將黑雲鶴亦戰歿。廷弼已離右屯,次閭陽,救廣寧,爲僉事韓初命所沮。時孫得功潛降於清,訛言敵已薄城,城中大亂。化貞莫知所爲。參將江朝棟掖之出,上馬,二僕徒步從,遂棄廣寧踉蹌走。與廷弼遇大凌河。化貞哭。廷弼微笑曰:六萬衆一舉蕩平,竟何如?化貞議守寧遠及前屯,廷弼曰:嘻!已晚,惟護潰民入關可耳。得功率廣寧叛將迎清兵入廣寧,化貞逃已兩日矣。五年八月,廷弼棄市,傳首九邊。魏忠賢矯旨籍沒嚴追,罄資不足,姻族家俱破。長子兆珪自剄死。崇禎元年,詔免追贓。明年,大學士韓爌等言廷弼冤狀。詔許其子持首歸葬。五年,化貞始伏誅。《漢書·蒯通傳》:常山王奉頭鼠竄,以歸漢王。《後漢書·隗囂傳》:束手自詣。 黃注:《明史》:萬曆四十六年夏四月,清兵克撫順城。閏四月,清河陷。四十七年六月,開原陷。天啓元年三月,瀋陽陷,遼陽陷。二年正月,廣寧陷。自清兵入撫順,經五年之久,遭六次之兵,而廣寧乃陷。詩云"撫順矢初穿,廣寧旗已落",當知事之先後,蓋閲五年也。

〔一四〕駸駸句　徐注:《詩》:載驂駸駸。《方輿紀要》:渝河一名獅子河,一名蒲泥河。渝關之稱,以關踞爲險也。

〔一五〕關外二句　徐注:案《明史·孫承宗傳》:承宗,字稚繩,高陽人。天啓二年,兵部尚書張鶴鳴懼罪出行邊,帝亦急東事,遂拜承宗兵部尚書兼東閣大學士入直辦事。會王在晉請於山海關外八里鋪築重關,承宗請親往決之。還朝,制置軍事十餘疏,面奏在晉不足任,自請督師。以原官督山海關及薊、遼、天津、登、萊諸處軍務,便宜行事。在關四年,前後修復大城九,堡四十五,練兵十一萬。分遣諸將城錦州、大、小凌河、松、杏、右屯、寧遠、覺華島諸要害,拓地四百里,開屯五千頃。立車營十二,水營五,火營二,前鋒後勁營八,造甲胄器械,弓矢礮石,渠答鹵盾之屬合數百萬。承宗復稱楊鎬、熊廷弼、王化貞之勞,請免死遣戍。朝端譁然。魏忠賢黨李蕃、崔呈秀等連疏詆之,至比之王敦、李懷光。承宗乃杜門求罷。臺省劾世龍,並及承宗,疏數十上,求去益力。又案:本傳修復大城九,詩云"八城",蓋謂錦州、右屯、松山、杏山、大小凌河、塔山、寧遠也。又《丘民仰傳》:巡撫遼東,按行關外八城,駐寧遠。又《職官志》:內閣中極殿大學士,舊名華蓋殿;建極殿大學士,舊名謹身殿;文華殿大學士,武英殿大學士,文淵閣大學士,東閣大學士,並正五品,掌獻替可否,奉陳規誨,點檢題奏,票擬批答,以平允庶政。又以其授餐大內,常侍天子殿閣之下,避宰相之名,故名內閣。迨仁、宣朝,大學士以太子經師恩,累加至三孤,望益尊,而內閣之權日重。至世宗中葉,夏言、嚴嵩迭用事,遂赫然爲真宰相,壓制六卿矣。

〔一六〕楊公二句　徐注:《郡國利病書》:山海關羅城即附山海城。東,萬曆十二年建;西,崇禎十五年建。　全云:亭林從不非武陵,不審其故。　黃注:《明史》:楊嗣昌以崇禎四年移山海關,飭兵備。五年,巡撫永平、山海諸處。七年秋,總督宣大、山西軍務。則嗣昌鎮山海始終三年有奇,其築二翼,當在此時。

蘧常案:《明史·楊嗣昌傳》:嗣昌,字文弱,武陵人。萬曆三十八年進士。累進户部郎中,歸。崇禎元年,起河南副使,加右參政,移霸州。四年,移山海關,飭兵備。五年,擢右僉都御史。七年,拜兵部右侍郎。以父憂去。九年,即家起爲兵部尚書,帝大信愛之。清兵入牆子嶺、青口山,所在列城多破。嗣昌據軍中報,請旨授方略,此下軍前,則機宜已變,進止乖違,疆事益壞。十二年五月,所撫張獻忠反穀城,羅汝才九營皆反,特旨命嗣昌督師。嗣昌雖有才,而好自用,倚襄陽爲天險,賊出不意破之。洛陽陷,益憂懼,遂不食卒。案:

史言嗣昌多不理於人口，故全氏以先生不非嗣昌爲怪。王世德《崇禎遺錄》云：楊嗣昌實心任事，廷臣所少，而才亦足以濟之。使廷臣不爲門户掣肘，未必無成。顧攻者紛紛，遂使嗣昌憂憤自經。詩云"無權無勇，職爲亂階"，其諸臣之謂乎！《明史》傳贊云：明季士大夫，問錢穀不知，問甲兵不知，於是嗣昌得以才顯。然迄無成功者，得非功罪淆於愛憎，機宜失於遙制故耶？亦有恕辭。先生其亦同此意歟？

〔一七〕時稱二句　徐注：《明史·職官志》：鎮守薊州總兵官一人，駐三屯營；協守副總兵三人，東路副總兵三人，駐建昌營，管理山海關。四路分守參將十一人，曰山海關參將。又總督薊遼、保定等處兼理糧餉一員。又：天啓元年，置遼東經略，以内閣孫承宗督師經略山海關，稱樞輔。又：巡撫，崇禎二年，永平分設巡撫，兼提督山海關軍務。《一統志》：山海關外又有南海口關，在山海關南十里。天啓二年，增設龍武營於此。又：義院口關在縣北四十五里。又：水門寺關，義院口東第四關口也。又：界嶺口關，縣北七十里。又：箭桿嶺關在縣北界嶺口東，第一關口也。又：董家口關，縣東北七十里。又：一片石關，縣東七十里，一名九門水口，皆戍守要地。《明史》志《兵三·邊防》：隆慶間，總兵官戚繼光總理薊遼，任練兵事，自是薊兵以精整稱。又：初，邊政嚴明，官軍皆有定職，總兵官總鎮軍爲正兵，副總兵分領三千爲奇兵，遊擊分領三千往來防禦，爲遊兵參將，分守各路，東西爲援。兵營、堡、墩、臺，分極衝次衝，爲設軍多寡。平時走陣哨探，守燎焚荒諸事無敢惰，稍違制，輒按軍法。　杜甫《送楊六判官使西蕃》詩：帝京氛祲滿。　黄注：《明史·孫承宗傳》：崇禎二年十二月，命承宗移鎮門。三年正月，清已拔遵化而守之。是月四日，拔永平，八日，拔遷安，遂下灤州。分兵攻撫寧。

祖可法等堅守不下。清兵遂向山海關，離三十里而營。副將官惟賢等力戰。乃還攻撫寧及昌黎，俱不下。當是時，京師道梗，承宗、祖大壽軍在東，馬世龍及四方援軍在西，承宗募死士沿海進，京師始知關城尚無恙。關西南三縣，曰撫寧、昌黎、樂亭；西北三城，曰石門、臺頭、燕河。六城東護關門，西繞永平，皆近關要地。承宗飭諸城嚴守，而遣將戍開平，復建昌，聲援始接。方京師戒嚴，天下勤王兵先後至者二十萬，皆壁於薊門及近畿，莫利先進。詔旨屢督趣，諸將亦時戰攻，莫能克復。世龍請先復遵化，承宗曰：不然。遵化在北，易取而難守，不如姑留之，以分其勢，而先圖灤。今當多為聲勢，示欲圖遵之狀以牽之。諸鎮赴豐潤、開平，聯關兵以圖灤，得灤則以開平兵守之，而騎兵決戰以圖永，得灤、永，則關、永合，而取遵易易矣。議既定，乃令東西諸營並進，親詣撫寧以督之。五月十日，大壽及張春、丘禾嘉諸軍先抵灤城下，世龍及尤世禄、吳自勉、楊麒、王承恩繼至，越二日克之；而副將王維城等亦入遷安。清兵守永平者盡撤而北還。承宗遂入永平。十六日，諸將謝尚政等亦入遵化，四城俱復。詩云"時稱節鎮雄，頗折氛祲惡"，蓋指此役也。徐注引《明史‧職官志》天啓元年置遼東經略，引《一統志》天啓二年增設龍武營，又引《明史‧兵志》隆慶間總兵官戚繼光總理薊遼，任練兵事以釋之，則與詩所謂"時"者不符，所謂"折"者無證，非詩意也。《明史》敍承宗在關四年，前後修復大城九、堡四十五，其事在天啓五年之後。徐注之誤，乃在引天啓二年事，更遠引隆慶間事，所謂與時不符也。承宗收復四城，大挫清兵，其事在化貞逃、廷弼却之後，詩意甚明，何緣而涉及隆慶間之戚繼光，此徐注之宜正也。《明史》"楊嗣昌以崇禎四年移山海關，飭兵備。五年巡撫永平、山海諸處"云云，是在承宗之後。據《明史·莊烈帝紀》，四城收復後，清兵不犯關者四年。是嗣昌繼承宗後而"頗折氛祲"之證也。

〔一八〕辮頭句　蘧常案：《史記·西南夷列傳》：嶲、昆明皆編髮。《正義》云：編，步典反。則"編"即"辮"也。胡三省《通鑑·魏紀注》：索虜者，以北人辮髮，謂之索頭也。宇文懋昭《大金國志》：金俗編髮垂肩。清其後裔，初號後金，仍沿其俗。吳三桂以明總兵降清，故稱之"辮頭元帥"。《清史稿·吳三桂傳》：三桂字長伯，江南高郵人。以武舉承父蔭，授都督指揮，擢總兵，守寧遠。順治元年，李自成自西安東犯，莊烈帝封三桂平西伯，徵入關。自成破明都，三桂還保山海關，上書睿親王乞師，屢戰皆勝。自成走山西，授三桂平西王。大軍西討自成，三桂從，自成走死。出鎮錦州、漢中。十八年，執由榔殺之，明亡。捷聞，詔進親王，並命兼轄貴州。康熙五年，三桂初以開關迎師，位望出諸降將右，功最高，洪承疇請以三桂世鎮雲南。是時，尚可喜鎮廣東，耿精忠鎮福建，與三桂並稱三藩。十二年，聖祖察三藩分鎮擅兵爲國患，命移藩，三桂遂舉兵反，自號周王。兵興六年，地日蹙，援日寡，思竊號自娛，以十七年三月稱帝，八月病死。其孫世璠稱帝，二十年自殺。

〔一九〕歃血句　徐注：《北略·吳三桂請兵始末》：甲申二月，封平南伯，徵兵入援，三桂不即行。二十日抵豐潤，京師陷矣。三桂聞變，頓兵山海關。自成遣叛將唐通、白廣恩犒以銀幣，齎其父襄手書招之。三桂受金幣，聞愛妾陳沅爲所掠，乃大憤，乞兵於清。時洪承疇與三桂舅祖大壽皆降仕用事，求發兵助中國。三桂又自潛詣大營，承疇、大壽即引見九王。三桂薙髮稱臣，以白馬烏牛祭天地，歃血折箭，定盟起師。先是，三桂受賊犒而襲殺守關兵殆盡。自成前鋒四萬與三桂十三戰，勝負相當。四月十七，自成率眾至永平薄三桂營，拔之,進圍山海城數匝;復分兵從關西一片石出口東突外城,逼關內。三桂不能敵。九王度勢已急,統大兵馳至。英王、豫王左右翼,統二萬騎從東西水關入。關內兵悉薙髮,不及薙者縛白布三條爲別。十九日,九王爲後隊,三桂爲前鋒,與自成戰,日暮,罷。二十日,復合。王遣鐵騎繞出吳兵之右,急擊賊,賊大敗走。令三桂西追賊。

〔二〇〕自此四句　徐注:《史記·主父偃列傳》:徐樂曰:臣聞天下之患在於土崩,不在於瓦解。　黃注:此詩云"海燕春乳樓,塞鷹曉飛泊",則此詩作於己亥春間也。是年二月,明桂王出奔至緬甸,明之國土,清將全而有之。惟朱成功尚駐軍廈門,張煌言尚駐軍舟山耳。詩曰"自此來域中,土崩無鬭格",非餒也,蓋痛也。

〔二一〕七廟句　徐注:《史記·秦始皇本紀贊》:一夫作難而七廟隳。杜甫《送從弟亞赴河西判官》詩:宗廟尚爲灰。《明季實錄》:至十九日,旋兵入京,燒毀九門及宮殿,皆成灰燼而去。

〔二二〕六州句　原注:《通鑑》:羅紹威召朱全忠盡殺魏博牙軍,雖去其逼,而魏兵自是衰弱。紹威悔之,謂人曰:合六州四十三縣鐵,不能爲此錯也。注:錯,鑢也,又誤也。羅以殺牙軍之誤,取鑄錯爲喻。

望　夫　石_{在永平府}

【解題】

徐注:《方輿紀要》:撫寧縣角山,下分注:山海關東八里海中有望夫石,俗名姜女墳。

威遠臺前春草萋〔一〕，望夫岡畔夜烏啼〔二〕。九枝白日扶桑上，萬疊蒼山大海西〔三〕。國是秖憑三寸舌〔四〕，老謀終惜一丸泥〔五〕。愁心欲共秦貞女，目斷天涯路轉迷〔六〕。

【彙校】

〔扶桑上〕徐注本、曹校本"上"作"下"。

【彙注】

〔一〕威遠臺　徐注：《一統志》：歡喜嶺在寧遠州西一百九十里，山海關東三里許。驛路所經，又名悽惶嶺。上有威遠臺。

〔二〕夜烏啼　徐注：《唐書·禮樂志》：《烏夜啼》，宋臨川王義慶所作也。

　　蘧常案：《樂府詩集》：《烏夜啼》者，宋彭城王義康、江州刺史衡陽王義季有罪同囚，文帝宥之。使未達潯陽，衡陽家人扣二王所囚院曰：昨夜烏夜啼，官當有赦。少頃，使至。與《唐志》言義慶不同，然皆於此無當。此不過言烏鳥夜啼，景物淒清而已。與上句"春草萋"作對，其意甚明。徐注附會。

〔三〕九枝二句　原注：《山海經》：陽谷上有扶桑，十日所浴，居水中，有大木，九日居下枝，一日居上枝。

　　蘧常案："白日"似謂永曆；"扶桑上"，似謂其位尊；"蒼山大海西"，似謂其由滇入緬。《明史》志《地理七》雲南大理府太和注：西有點蒼山，東有洱海。《元史·地理志》：點蒼山周四百里。簡稱蒼山，吳偉業《贈蒼雪》詩：洱水與蒼山。據《小腆紀年》：十五年冬十月，清以信郡王鐸尼爲安遠靖寇大將軍，總統三路入黔，吳三桂與會師平越府之楊老堡，刻期進兵。十二月，明李定國拒戰於炎遮河，馮雙禮、白文選分守七星關與雞公背，皆敗績。丁丑，明桂王出奔。十六年正月，清兵取明滇都。二月，明白文選敗績於大理之玉龍關，桂王奔騰越。明李定國復敗於永昌之磨盤山。桂王自騰越出奔，入緬甸。

〔四〕國是句　原注：《新序》：楚莊王問於孫叔敖曰：寡人未得所以爲國是也。孫叔敖曰：國之有是，衆非之所惡也。臣恐王之不能定也。　徐注：《史記・留侯世家》：今吾以三寸舌爲帝者師，封萬户，位列侯，此布衣之極，於良足矣。

蘧常案："但憑三寸舌"，即《史記・蘇秦列傳》所云"釋本而事口舌"之謂，似非張良語意。此當指永曆出奔前諸臣爭論事。《小腆紀年》云：十二月，李定國炎遮河敗後，微服還滇，請王出幸。丙子，王召諸臣議之。劉文秀之部將陳建舉文秀遺表，請王幸蜀。太僕寺正卿辜延泰亦請幸蜀，開荒屯練。中書金公趾極言入蜀之不利。定國曰：蕞爾建昌（案：在四川，爲劉文秀前駐地），何當十萬人之至！不如入湖南之峒，烏車里、里角諸蠻不相統攝，我今臨之，必無所拒。安蹕峒内，諸將護禦於峒口，勝則六詔復爲我有，不勝則入交趾，召針羅諸船，航海至廈門，與延平王合師進討。難之者曰：清兵乘勝踰黃草壩，則臨沅、廣南道路中斷，且喪敗之餘，焉能整兵以迎方張之敵乎？沐天波曰：自迤西達緬甸，其地糧糗可資。且出邊則荒遠無際，萬一追勢稍緩，據大理兩關之險，猶不失爲蒙段也。馬吉翔、李國泰咸是天波議，定國不敢爭，而泣請留太子督師，以牽制緬甸，王猶豫不忍。定國謂天波曰：公其努力，願無後悔而追憶予言也。明日發滇都。

〔五〕老謀句　原注：《晉語》：郤叔虎曰：既無老謀而又無壯事，何以事君？　徐注：《東觀漢記》：隗囂將王元説囂背漢曰：元請一丸泥，爲大王東封函谷關。

蘧常案："老謀"似謂劉文秀。客溪樵隱《求野錄》云：永曆十二年戊戌四月，蜀王劉文秀薨。文秀之追可望至貴陽也,盡收其潰兵可三萬人,練以備邊,漸有成局矣,而晉王請召之還。文秀以正月還滇,抑鬱不自得,至是病革,上遺表曰:臣精兵三萬人在黎、雅、建、越之間,嘗窖金二十萬,臣將郝承裔知之。臣死之後,若有倉猝,臣妻操盤匜以待,臣子御羈靮以備,請駕幸蜀。以十三家之兵出營陝、洛,庶幾轉敗爲功也。此表即《小腆紀年》所云其部將陳建所舉者。"終惜"云云者,惜其不能用以自固也。出營陝、洛,與先生《形勢論》"取天下者必居天下之上游,而後可以制人"之説合,宜其以爲老謀也。

〔六〕愁心二句　徐注:《一統志》:貞女祠在寧遠州西南中前所城西二十五里,祀秦貞婦許孟姜。

蘧常案:望夫石一名姜女墳,詩故云然。不必牽涉在遠之姜女祠也。姜女望其夫,先生則借以望其君,故曰"愁心欲共"也。"天涯"指緬甸。

昌　黎

【解題】

徐注:《明史》志《地理》永平府昌黎注:府東南,西北有碣石山,東南有溟水,亦曰七里海,有黑陽河,自天津達縣之海道也。北有界嶺口、箭桿嶺等關。先生《京東考古録》辨昌黎有五。此則《漢書》"遼西郡之縣,渝水下流,當海口"之昌黎也。

彈丸餘小邑[一],固守作東藩[二]。列郡誰能比[三]?雄關賴此存[四]。霜槎春砦出,風葉夜旗翻。欲問嬰城事〔五〕,聲吞不敢言〔六〕。

【彙注】
〔一〕彈丸句　徐注:庾信《哀江南賦》:地惟黑子,城猶彈丸。
〔二〕固守句　徐注:《北略》:崇禎二年,清兵至昌黎。邑令左應選初蒞任,膽略過人。聞報,登城周望,諭百姓勿恐,數日當自退。即閉城治火藥。兵至,列藥於城,俟攻時始發,止及百步外,亦不納礮中。臨敵,燃火散下,須臾,即火星飛墜,兵衆俱傷,乃退。《明史·孫承宗傳》:清兵乃還攻撫寧及昌黎,俱不下。《漢書·中山靖王傳》:位雖卑也,得爲東藩。
〔三〕列郡句　徐注:《北略》:己巳之役,大兵所向,有兵未至而城先空者,良鄉、涿州、香河、固安、張灣也;有城空而兵不入者,霸州、三屯也;有先降而兵始至者,玉田、遷安也;有兵將先降而守臣不知者,遵化、永平也;有虛守而兵不犯者,昌平、薊州也;有降而兵過不取者,順義也;有兵留而不攻者,房山也;有兵至而順,兵去而守,以援至免者,樂亭、撫寧也。向使各城盡如寶坻令史應聘、永清令王象雲、昌黎令左應選,何至一朝同歸於盡?
〔四〕雄關句　蕘常案:見前《山海關》詩"時稱"二句注。
〔五〕嬰城事　徐注:先生《拽梯郎君祠記》:余過昌黎,其東門有拽梯郎君祠。云方東兵之入遵化,薄京師,下永平而攻昌黎也,俘掠人民以萬計,驅使之如牛馬。是時,昌黎知縣左應選與其士民嬰城固守,而敵攻東門甚急,是人者,爲敵昇雲梯至城下。登者數人,將上矣,乃拽而覆之。其帥磔諸城下。積六日,不拔,引兵退,城得以全。事聞,天子立擢昌黎知縣爲山東按察使僉事,丞以下遷職有差。又四年,武陵楊公嗣昌以巡撫至,具疏上請,邑之士大夫,皆蒙襃敍。民兵死者三十六人,立祠祀之。而楊公曰:是拽梯者,雖不知其名,亦百夫之特。乃請旨封爲拽梯郎君,爲之立祠。嗚呼!吾見今日亡城覆軍之下,其被俘者,雖以貴介之子,弦誦之士,且爲之刈薪芻、拾馬矢,不堪其苦而死於道路之間者,何限也,而郎君獨以其事著。《漢書·蒯通傳》:則邊地皆將嬰城固守。

　　蕖常案:王先謙《漢書補注》:嬰城固守,謂繞城守禦。案:釋嬰爲繞,是。《荀子·議兵》篇:是猶使處女嬰寶珠。楊倞注:繫於頸也。繫有繞義。

〔六〕聲吞句　徐注:鮑照《行路難》詩:心非木石豈無感,吞聲躑躅不敢言。

三　屯　營

【解題】

　　徐注:《明史》志《職官》:鎮守薊州總兵官一人,隆慶二年改爲總理練兵事務兼鎮守,駐三屯營;協守副總兵三人,分駐中路副總兵,萬曆四年改設,駐三屯營,帶管馬蘭峪、松棚峪、喜峰口、大平寨四路。《方輿紀要》:遷安縣三屯營在縣西北百二十里景山之北,城周四里。《一統志》:順天府三屯營在遵化州東六十里。有城,周四里。東南至遷安縣治一百二十里。

　　三屯山勢鬱崢嶸,少保當年此建旌〔一〕。名似北平臨宿將〔二〕,制如河上築降城〔三〕。忠祠日落來山鬼,武庫苔封蝕禁兵〔四〕。三忠祠在城南山上,城西小門內有神器庫。一望幽燕人物盡〔五〕,頹垣荒草不勝情。

【彙注】

〔一〕少保句　徐注：《明史・戚繼光傳》：繼光，字元敬，世登州衛指揮僉事。嘉靖中嗣職，備倭山東，改浙江。"戚家軍"名聞天下。浙東平，閩中告急，繼光剿之，閩宿寇幾盡。上功繼光首，代俞大猷爲總兵。隆慶二年五月，命以都督同知總理薊州、昌平、保定三鎮練兵事，總兵官以下，悉受節制。至鎮，上疏言：薊門之兵，雖多亦少，其原有七。七害不除，邊備曷修？而又有士卒不練之失六，雖練無益之弊四。兵部言專任繼光，乃命繼光爲總兵官，鎮守薊州、永平、山海諸處。寇入青山口，拒却之。繼光上言建敵臺，立車營。募浙人爲一軍，用倡勇敢。節制精明，器械犀利，薊門軍容遂爲諸邊冠。二寇不敢犯薊門。繼光在鎮十六年，邊備修飭，薊門晏然。繼之者踵其成法，數十年得無事。卒贈少保。

〔二〕名似句　徐注：《漢書・李廣傳》：上乃召拜廣爲右北平太守。《明史》志《兵三・邊防》：洪武二年，命大將軍徐達等備北平邊，諭令各上方略。十五年，又於北平都司所轄關隘二百，以各衛卒守戍。建文元年，文皇起兵，改北平行都司爲大寧都司，徙之保定。《史記・魏公子傳》：晉鄙嚄唶宿將。

　　蓮常案：此句似全用《漢書・李廣傳》語。"臨"，用武帝報廣曰"以臨右北平盛秋"之"臨"；"宿將"，則用霸陵尉呵止廣，廣騎曰"故李將軍也"語。徐注引《明史・兵志》，非。

〔三〕制如句　徐注：《舊唐書・張仁愿傳》：於河北築三受降城。

　　蓮常案：此當指繼光建敵臺事。《明史・戚繼光傳》：自嘉靖以來，邊牆雖修，墩臺未建。繼光巡行塞上，議建敵臺，略言：薊鎮邊垣，延袤二千里，一瑕則百堅皆瑕，比來歲修歲圮，徒費無益。請跨牆爲臺，睥睨四達，臺高五丈，虛中爲三層，臺宿百人，鎧仗糗糧具備。令戍卒畫地受工，先建千二百座。隆慶五年秋,臺功成,精堅雄壯,二千里聲勢始接。萬曆二年,增建敵臺。先生《昌平山水記》:臺之東西,因山爲城,參差曲折,千里不絕。其衝處則建空心敵臺,高或三四丈,廣或十四五丈。凡衝處,或四五十步一臺,緩處或二百步一臺。每臺百總一人,主殺敵,臺頭副二人,主輜重。五臺一把總,十臺一千總。每一二里鈴柝相聞,爲一墩。每墩軍五人,主瞭望。每路傳烽官一人。有警舉烽,左右分傳,數百里皆見,應速而備豫,故鮮亡失。大抵皆戚少保繼光之遺畫也。

〔四〕忠祠二句　徐注:《一統志》:永平府三忠祠在遷安縣西北景忠山上,祀諸葛忠武侯、岳忠武、文信國。《離騷·九歌·山鬼》王逸注:《莊子》曰:山有夔。《淮南子》曰:山出隱陽,楚人所祠。豈類此乎?

　　蘧常案:王筠《巡城》詩:禁兵連武庫。

〔五〕幽燕　徐注:《輿地廣記》:舜十二州曰幽。武王封召公奭於燕,都此。秦滅燕,以爲上谷郡。漢高帝封立燕國,東漢建武中,并入上谷郡。永平八年,復立爲郡,兼立幽州。魏、晉爲燕國。元魏立幽州及燕郡。唐武德元年爲幽州,天寶元年曰范陽郡。耶律德光升幽州爲南京,亦曰燕京。《方輿紀要》:自漢以後,幽、燕皆爲巨鎮。

恭謁天壽山十三陵

【解題】

　　徐注:《畿輔通志·山川考》:天壽山在順天府北百里外昌平州東北,千峰圭挺,萬嶂螺分,蜿蜒若游龍鼓濤,開閃如翥鳳淩漢,天然異秀,人境特雄。舊名東山,成祖閱陵時稱觸於此,因名天壽。先生《昌平山水記》:永樂五年七月,皇后徐氏崩,上命禮部尚書趙羾等往擇地,得吉壤於昌平縣東黃土山。及車駕臨視,封其山爲天壽山。以七年正月己卯作長陵。自是列聖因之,皆兆於長陵之左右而同爲一域焉。

蘧常案:十三陵,見卷一《金陵雜詩》第二首"遥祭"句注。

成祖昔定都[一],乃省兹山陽。羣山自天來,勢若蛟龍翔[二]。東趾據盧龍[三],西脊馳太行[四]。後尻坐黃花,前面臨神京[五]。中有萬年宅,名曰康家莊[六]。可容百萬人,豁然開明堂[七]。維時將作臣,奉旨趨傍傍[八]。盛德比霸杜[九],宏規軼灃邙[一〇]。雷電驅玄冥[一一],白雲升帝鄉[一二]。三光墜榆木,窮北回輼輬[一三]。駾駥金粟堆[一四],寂寞橋山藏[一五]。右獻左次景,裕茂迤西旁。泰陵在茂西,稍折南維康。永陵在東南,規模特恢張[一六]。碬石爲元堧,丹青煥雕梁[一七]。昭近九龍池[一八],定依昭左方。其制亦如永,工麗踰孝長[一九]。慶居獻西隅[二〇],德奠永東岡[二一]。環山數十里,松柏參天蒼。列宗每駕朝,百執恒趨蹌。一年祭三舉,侍從來班揚[二二]。詩追《安世歌》,典與郊禘光[二三]。自傷下土臣,不睹昭代章。天禍降宗國[二四],滅我聖哲王[二五]。渴葬池水南,靈宮迫妃殤。上無寶城制,周匝唯甎牆[二六]。下有中涓墳[二七],陪葬義所當。殿上立三主,並列田娘娘[二八]。問此何代禮?哽咽不可詳。麥飯提一簞,棗榛提一筐[二九]。村酒與山蔬,一一自攜將。下階拜稽首,出涕雙浪浪。主祭非曾孫[三〇],

降假非宗祊〔三一〕。重上諸陵間,裴回復彷徨。茂陵樹千株,獨立不受戕。門闉尚完具,上頭安御牀〔三二〕。自康以接慶〔三三〕,小樹多榆枋。殿樓盡黃瓦〔三四〕,逶迤各相望。康昭二明樓,並遭劫火亡〔三五〕。定陵毁大殿,以及東西廊〔三六〕。餘陵半無門,累甓仍支牚〔三七〕。尚存宰牲亭〔三八〕,暨外諸監房。石人十有二,袍笏兼戎裝。六獸柱則四,制與鍾山侔。跨以七孔橋,崎以白石坊。仁宗所製碑,嶜崟當中央〔三九〕。行宮已頹壞,御路徒荒涼〔四〇〕。每陵二太監,猶自稱司香〔四一〕。人給地數畮,把耒耕山場。春秋祭碑下〔四二〕,共用一豕羊。皆云胡騎來,斫伐尤彼猖〔四三〕。并力與之爭,僅得保界疆。有盜貴妃冢〔四四〕,首從竿以槍〔四五〕。於時姦宄民,瞿然始懲創〔四六〕。繞陵凡六口,六口各有兵〔四七〕。一陵立一衛,衛設屯與倉〔四八〕。居庸有總兵〔四九〕,昌平有侍郎〔五〇〕。一朝盡散迸,無復陵京防〔五一〕。燕山自峨峨〔五二〕,沙河自湯湯〔五三〕。皇天自高高,后土自芒芒〔五四〕。下痛萬赤子,上呼十四皇〔五五〕。哭帝帝不聞,籲天天無常〔五六〕。幽都蹲土伯〔五七〕,九關飛虎倀〔五八〕。日月相蝕齕,列宿爲參商〔五九〕。自古有殂落,劇哉哀姚黃〔六〇〕。從臣去鼎湖〔六一〕,二妃沈江湘〔六二〕。倉皇一抔土,十五零秋霜〔六三〕。天運未可億〔六四〕,天心未可量。仲華復西京〔六五〕,崔損修中唐〔六六〕。誰能寄此詩,《雅》《頌》同洋洋〔六七〕!

【彙校】

〔踰孝長〕徐注本,汪、曹兩校本"踰"作"於"。　〔浪浪〕徐注本、曹校本作"淚浪"。 〔胡騎〕潘刻本、徐注本、孫校本"胡"作"牧"。 〔狓猖〕潘刻本,徐注本,孫、汪、曹三校本"狓"作"披"。 〔首從〕潘刻本,徐注本,孫、曹兩校本"首從"作"斬首"。 〔十四皇〕潘刻本"四皇"作"□□";冒校本"四"作"三"。 〔哭帝帝〕潘刻本作"□□□"。 〔土伯〕潘刻本"土"作"□"。 〔天運〕潘刻本"運"作"□",冒校本作"心"。 〔天心〕潘刻本"天"作"□";冒校本作"人"。 〔復西京〕潘刻本"復"作"□";冒校本作"謁"。

【彙注】

〔一〕成祖句　蘧常案:《明史·成祖紀》:成祖諱棣,太祖第四子也。洪武三年,封燕王,十三年,之藩北平。建文元年,舉兵,稱其師曰"靖難"。四年六月,都城陷,即皇帝位。明年,爲永樂元年。二十二年三月,親征阿魯台,六月,班師,至榆木川崩。定都,見卷一《帝京篇》"黃圖"句注。

〔二〕羣山二句　徐注:《郡國利病書》:太行崛起西南,以趨東北,蜿蜒逶迤,倏忽騰踔,如屏擁,如襟抱,二千里而大會於碣石。形家以爲盡龍,占者以爲王氣。

〔三〕盧龍　蘧常案:見前《玉田道中》詩"豈有"二句注。

〔四〕西脊句　徐注:《昌平山水記》:陵西南數十里爲京師西山。《括地志》:大行山又東北連直河北諸州,凡數千里,爲天下之脊。

〔五〕後尻二句　徐注:《昌平山水記》:州北八十里爲黃花鎮,城三門,直天壽山之後,爲長陵、永陵,爲京師北門,當居庸、古北二關之中,而北連四海冶。昔人所謂擁護山陵,勢若肩背者也。其水曰黃花鎮川河。

　　蘧常案:《楚辭·天問》:崑崙縣圃,其尻安在? 王逸注:尻,脊骨盡處。以山至高,其下必有託根之所也。

〔六〕中有二句　徐注：《昌平山水記》：陵故爲康家莊。長陵之東百餘步，有土一丘，康老葬焉。

〔七〕明堂　徐注：《汲冢周書》：南方曰明堂。瞿佑《葬書》：明堂爲砂石美惡之綱。

〔八〕維時二句　徐注：《史記‧景帝本紀》：更名將作少府爲將作大匠。《詩》：王事傍傍。

〔九〕霸杜　徐注：《漢書‧文帝紀》：葬霸陵。《宣帝紀》：葬杜陵。

〔一○〕瀍邙　蘧常案：《水經》：瀍水出河南穀城縣北。酈道元注：縣北有朁亭，瀍水出其北梓澤中。澤北對原阜，即裴氏墓塋所在；水西南有帛仲理墓。邙，見卷二《淮東》詩"有金"句注。

〔一一〕雷電句　蘧常案：《禮記‧月令》：孟冬之月，其神玄冥。鄭注：水官之臣。此云"雷電驅玄冥"，似指成祖親征阿魯台事。阿魯台從元主本雅失里居漠北，故以"玄冥"爲喻。《明史‧成祖紀》：永樂二十二年正月，阿魯台犯大同、開平，詔羣臣議北征。三月，諭諸將親征。四月，發京師。六月，前鋒至答蘭納木兒河，不見敵，命張輔等窮搜山谷三百里，無所得，班師。

〔一二〕白雲句　蘧常案：見前卷一《大行皇帝哀詩》"白雲乘"注。案：此謂永樂之死，下乃言其地。

〔一三〕三光二句　徐注：文天祥《正氣歌》：傳車送窮北。《史記‧秦始皇本紀》：恐諸公子及天下有變，乃祕之，不發喪，棺載輼輬車中。《明史‧成祖紀》：二十二年，六月甲子，班師。七月己丑，至蒼崖戍，不豫。庚寅，至榆木川，大漸，遺詔傳位皇太子。辛卯，崩，年六十五。太監馬雲密與大學士楊榮、金幼孜謀，以六軍在外，祕不發喪，鎔錫爲椑以斂，載以龍轝，所至朝夕上膳如常儀。壬辰，馳訃皇太子。即日，遣太孫奉迎於開平。己酉,次雕鶚谷,皇太孫至軍中發喪。壬子,及郊,皇太子迎入仁智殿,加殮納梓宮。

　　蘧常案:三光,見卷二《十廟》詩"神奉"四句注。

〔一四〕駊騀句　原注:揚雄《甘泉賦》:崇丘陵之駊騀兮。師古注曰:高大之狀。

　　蘧常案:《舊唐書‧玄宗紀》:親拜五陵。至睿宗橋陵,見金粟山岡有龍盤虎踞之勢,謂侍臣曰:吾千秋萬歲後葬此。《新唐書》:玄宗泰陵在奉先縣東北三十里金粟山。案:杜甫《觀曹將軍畫馬歌》云"君不見金粟堆前松柏裏",即謂此。此句以泰陵比長陵也。

〔一五〕橋山藏　蘧常案:見卷一《大行皇帝哀詩》"無路"句注。

〔一六〕右獻六句　徐注:《昌平山水記》:長陵在天壽山中峰之下,獻陵在西峰之下,距長陵西少北一里。景陵在東峰之下,距長陵東少北一里半。裕陵在石門山,距獻陵西三里。茂陵在聚寶山,距裕陵西一里。泰陵在史家山,距茂陵西少北二里。康陵在金嶺山,距泰陵西南二里。永陵在陽翠嶺,距長陵東南三里。寶城前東西垣各爲一門,門外爲東西長街,而設重垣於外垣,凡三周,皆屬之寶城,其規制特大云。

〔一七〕碝石二句　原注:司馬相如《子虛賦》:碝石碔砆。注:張揖曰:碝石,白者如冰,半有赤色。

　　蘧常案:《昌平山水記》:凡山陵大工所用白石黝堊,皆取於順義西北諸山。　段注:杜甫詩:日月近雕梁。

〔一八〕昭近句　蘧常案:《昌平山水記》:昭陵在文峪山,距長陵西南四里。又:昭陵之左九龍池。

〔一九〕定依三句　徐注:《昌平山水記》:定陵在大峪山,距昭陵北一里,制如永陵。

　　蘧常案:永陵享殿明樓皆以文石爲砌,壯麗精緻,孝陵、長陵不及也。《明史》志《禮十二》：明自仁宗獻陵以後，規制儉約，世宗葬永陵，其制始侈。及神宗葬定陵，陵工費至八百餘萬云。

〔二〇〕慶居句　徐注：《昌平山水記》：慶陵在天壽山西峰之右，距獻陵西少北一里。

〔二一〕德奠句　徐注：《昌平山水記》：德陵在檀子峪，距永陵東北一里。

〔二二〕列宗四句　徐注：《昌平山水志》：仁、宣、英、武、世、穆、神七宗之朝，車駕親謁山陵，勳戚、文武大臣、百司扈從。魏文帝《典論·論文》：孔融亦揚、班儔也。

〔二三〕詩追二句　徐注：《漢書·禮樂志》：《安世房中歌》，漢房中祠樂，高祖唐山夫人所作也。《禮·祭法》：有虞氏禘黃帝而郊嚳，夏后氏亦禘黃帝而郊鯀，殷人禘嚳而郊冥，周人禘嚳而郊稷。

〔二四〕宗國　蕙常案：《孟子·滕文公》篇：吾宗國魯先君莫之行。

〔二五〕聖哲王　徐注：《詩》：世有哲王。

蕙常案：謂崇禎帝。

〔二六〕渴葬四句　原注：《公羊傳》：不及時而日，渴葬也。注：喻急也。《釋名》：日月未滿而葬曰渴。《昌平山水志》：大行皇帝御宇之日，未卜山陵。田妃薨，葬悼陵之下，南距西山口一里餘。遣工部右侍郎陳必謙等營建，未畢而都城失守。賊以大行帝、后梓宮至，昌平州之士民，率錢募夫葬之田妃墓內，移田妃於右。帝居中，后居左。以田妃之椁為帝椁，斬蓬藋而封之。後乃建碑亭各一座，門三道，殿三間，無陛。兩廡各三間，有周垣而規制狹小。曾不及東西井之閎深。《逸史·趙一桂傳》：一桂以省祭官署昌平州吏目，營葬思陵事竣，列其狀申州，略曰：職於三月二十五日奉順天府僞官李檄昌平州官吏，即動帑銀僱夫穿田妃壙，葬先帝及周后。四月戊子朔，職用夫三十六名舁先帝梓宮，十六名舁周后梓宮至州。越三日庚申，發引。翼日辛酉，下窆。時會州庫如洗，又葬日促，監葬官僞禮部主事許作梅束手無策。職與義士孫繁祉、劉汝樸等十人，斂錢三百四十千，僦夫穿故妃壙。方中羨道長十三丈五尺，廣一丈，深三丈五尺。督工四晝夜，至四日寅時，羨道開通，始見壙宮。石門工匠以拐丁鑰匙啓門入。享殿三間，陳祭器，中設石案石几，懸萬年燈二。又啓中羨門，內大殿九間，正中石牀高一尺五寸，闊一丈，陳設衾褥如前殿，田妃棺槨厝其上。申時，帝、后梓宮至陵，陳牲牷粢盛金銀紙帛祭品，率衆伏謁，哭盡哀，奉梓宮下。職躬領夫役，移田妃柩於石牀右次，奉周皇后梓宮於石牀左，然後奉安先帝梓宮居中。職見先帝有棺無槨，遂移田妃槨用之。梓宮前各設香案祭器，手然萬年燈，度不滅。久之，事畢，掩中羨，閉外羨門，復土與地平。初六日癸亥，又率諸人祭奠。集西山居民百餘人，畚土起冢，又築牆高五尺有奇。

〔二七〕下有句　蘧常案：《墨子‧號令》篇：執盾、中涓及婦人侍前者。《史記‧高祖功臣侯表集解》引《漢儀注》：天子有中涓，如黄門皆中官者。案：涓即宦官。亦有謂中謁爲中涓者，如《史記‧曹相國世家》"高祖爲沛公而初起也，參以中涓從"，則非宦官矣。此則謂宦官王承恩。詳後《王太監墓》詩題注。

〔二八〕田娘娘　徐注：《唐韻》：娘通作孃，後世稱母后曰孃孃。蘇軾《龍川雜志》：仁宗謂劉氏爲大孃孃，楊氏爲小孃孃。

蘧常案：《明史‧后妃傳》：恭淑貴妃田氏，陝西人，後家揚州。侍莊烈帝於信邸。崇禎元年，封禮妃，進貴妃。十五年薨,葬昌平天壽山。

〔二九〕棗榛　徐注:《禮》:棋榛脯修棗栗。

　　　蘧常案:《昌平山水記》:密雲多棗,北人重之。又:十二陵各有果園,其十二榛廠,則分置在他縣。

〔三〇〕主祭句　徐注:《詩·行葦》:曾孫維主。注:曾孫,主祭者之稱。《曲禮》云:外事曰曾孫某侯某。

　　　蘧常案:明太廟祝文,稱"孝曾孫嗣皇帝"。詳卷一《金陵雜詩》第二首"祝版"句注,故詩云然。

〔三一〕降假句　徐注:《詩》:來假來饗,降福無疆。

　　　蘧常案:宗祊,見卷一《帝京篇》"泣血"句注。

〔三二〕茂陵四句　徐注:《昌平出水記》:茂陵垣內外及冢上樹千餘株。十二陵惟茂陵獨完,他陵或僅存御榻,茂陵則簨簴之屬,猶有存者。《說文》:闔,門扇也。《史記·宋微子世家》:牧齒着門闔。

〔三三〕自康句　徐注:《莊子·逍遙遊》:蜩與鷽鳩笑之曰:我決起而飛搶榆枋。注:榆枋,小樹也。

　　　蘧常案:《昌平山水記》:康陵垣內外樹二三百株,慶陵殿門前垣內樹四五百株。

〔三四〕殿樓句　蘧常案:《昌平山水記》:德陵凡殿樓門亭俱黄瓦。

〔三五〕康昭二句　蘧常案:《昌平山水記》:康陵明樓,爲賊所焚。又:昭陵明樓,爲賊所焚。

〔三六〕定陵二句　蘧常案:《昌平山水記》:定陵殿廡門,爲賊所焚。

〔三七〕累甍句　徐注:《博雅》:甍,甑也。《說文》:宋,棟也。

〔三八〕尚存句　徐注:《昌平山水記》:十二陵各有宰牲亭,在祾恩門之左,西向廳五間,廡各三間,亭一座,有血池,外有周垣，黄瓦。惟長陵止一亭，無廡廂。而長陵門右别有具服殿五間。又十二陵各有祠祭署，在宰牲亭左；各有朝房，在陵下，或左或右。又十二陵各有神官監，在陵下，或左或右，有重門廳室，内臣居之。永、昭、定、慶四陵，多至三百餘間，設内守備太監一人，神宮監掌印太監十二人。

〔三九〕石人八句　徐注：《昌平山水記》：自州西門而北六里至陵下，有白石坊一座五架，又北有石橋三空，又二里至大紅門。門三道，東西二角門。門外東西各有碑，刻曰："官員人等至此下馬。"入門一里有碑亭，重檐四出。陛中有穹碑高三丈餘，龍頭龜趺，題曰：大明長陵神功聖德碑，仁宗皇帝御製文也。亭外四隅有石柱四，俱刻交龍環之。又前可二里爲櫺星門，門三道，俗名龍鳳門。門之前有石人十二，四勳臣，四文臣，四武臣。石獸二十四，四馬、四麒麟、四象、四橐駝、四獬豸、四獅子，各二立二蹲。近者立，遠者蹲。石柱二，刻雲氣，並夾侍神路之旁。櫺星門北一里半爲山坡。城西少南有舊行宫，坡北一百步有石橋五空。又北二百步有大石橋七空。大石橋東北一里許有新行宫。宫有感恩殿，今亡。宫東南有二部廠及内監公署，今並亡。又階三道，中一道爲神路，東西二道皆有級，執事所上也。兩廡各十五間，殿後爲門三道。又進爲白石坊一座，又進爲石臺，其上爐一，花瓶燭台各二，皆白石爲之。又前爲寶城，城下有甬道，内爲黄琉璃屏一座，旁有級分東西上。折而南，是爲明樓，重檐四出。陛前俯享殿，後接寶城。十二陵皆有寶城、明樓。

〔四〇〕行宫二句　徐注：《昌平山水記》：嘉靖十七年五月，始於沙河店之東建行宫。又：長陵碑亭東有行宫，今亡。櫺星門北一里半爲山陂，陂西少南有舊行宫，今有土垣一周。大石橋東北一里許有新行宫，宫有感恩殿，今亡。又：獻陵神路至殿門可二里,景陵神路至殿門三里。自獻陵碑亭前分西爲裕陵神路,自裕陵碑亭西爲茂陵神路,自茂陵碑亭前分西爲泰陵神路,自泰陵橋下分西南爲康陵神路。永陵神路長三里,昭陵神路長四里。

〔四一〕每陵二句　徐注:《明史》志《職官三・宦官》:洪武十年,置司香奉御。《畿輔通志》:今制,每陵撥派三名看守及巡邏樵採。

　　蘧常案:《清史稿・世祖本紀》:順治元年八月,給故明十三陵陵户祭田。参前卷二《孝陵圖》詩"奄人"二句注。

〔四二〕碑下　徐注:《畿輔通志》:長陵碑樓在紅門内,洪熙元年建。其餘各陵,俱有碑樓,碑皆無文,惟思陵碑樓碑有文。

〔四三〕皆云二句　蘧常案:《昌平山水記》:長陵自大紅門以内,蒼松翠柏,無慮數十萬株,今翦伐盡矣。又:東山口有松園,方廣數里,皆松檜,無一雜木,今盡矣。《集韻》:狻猊,飛鼯也。

〔四四〕有盗句　徐注:吴偉業《銀泉山》詩:五陵小兒若狐兔,夜穴紅牆縣官捕。玉椀珠襦散若煙,云是先朝貴妃墓。

　　蘧常案:《昌平山水記》:昭陵東向。又:南有鄭貴妃墓,神宗妃也。《明史・后妃傳》:恭恪皇貴妃鄭氏,大興人。崇禎三年薨。

〔四五〕首從　徐注:應廷育《刑部志》:盜賊開棺槨見屍者,斬;得贓者,梟示。

　　蘧常案:《清律令》:凡共犯罪者,以造意爲首,隨從者減一等。

〔四六〕於時二句　徐注:《書》:奸宄竊姦宄。又:罰懲非死。疏:言聖人之制刑罰,所以懲創罪過。

〔四七〕繞陵二句　徐注:《昌平山水記》:環山凡十口,自大紅門東三口曰中山口,又東北六里曰東山口,又北而西十里曰老君堂口。又西十五里曰賢莊口,距泰陵北五里。又西三里曰灰嶺口,又西南十二里曰錐石口,距康陵東北二里。三口並有垣,有水門。崇禎九年,昌平之陷,自此入也。又南十二里曰雁子口,距康陵西北三里。又西南三里曰德勝口,距九龍池四里,有垣,有水門。又東南十里曰西山口,距悼陵南二里,有小紅門距州西門八里。又東二里曰榨子口,距大紅門三里。凡口皆有垣。陵後通黃花城。自老君堂口至黃花城四十里。又:州城之內,舊有總督兵部侍郎一人,整飭兵備。山西按察使副使若僉事一人鎮守。總兵官一人,標下坐營左騎營、右騎營、左車營、右車營、游擊各一人。天壽山守備一人。又《明史》志《職官五》:鎮守昌平總兵下分守參將三人:曰居庸關,曰黃花鎮,曰橫嶺口。

　　蘧常案:"繞陵六口",謂中山口、老君堂口、賢莊口、錐石口、雁子口、西山口也。

〔四八〕一陵二句　徐注:《昌平山水記》:十二陵各有衛,衛各領左右中前後五千戶,所至率領軍士防護陵寢,其公署皆在州城中。嘉靖二十九年,以四千人立永安營,三千人立鞏華營。無事在州教場操演,有警赴各隘口把截。《明史》志《兵二》衛所親軍上二十一衛下分注:長陵衛舊爲南京羽林右衛,永樂二十二年改;獻陵衛舊武成左衛,宣德元年改;景陵衛舊武成右衛,宣德十年改;裕陵衛舊武成前衛,天順八年改;茂陵衛舊武成後衛,成化二十三年改;泰陵衛舊忠義左衛,弘治十八年改;康陵衛舊義勇中衛,正德十六年改;永陵衛舊義勇左衛,嘉靖二十七年改;昭陵衛舊神武後衛,隆慶六年改。定陵衛、慶陵衛、德陵衛、奠靖千戶所,嘉靖二十一年設,俱不屬五府。

蘐常案：《明史》志《食貨三》：邊境有倉，收屯田所入，以給軍。永樂中，設北京三十七衛，正統初，增置京衛倉凡七。隆慶初，密雲、薊州、昌平諸鎮皆設庫。

〔四九〕居庸句　徐注：《明史》志《職官五》：鎮守昌平總兵官一人。舊設副總兵，又有提督武臣；嘉靖二十八年，裁副總兵，改爲鎮守總兵，駐昌平城。

〔五〇〕昌平句　徐注：《北略》：崇禎九年丙子，清兵入塞。七月，攻居庸關昌平路北，帝分遣諸内臣李國輔等各守關隘，以張元佐爲兵部右侍郎，鎮守昌平。

蘐常案：《明史》志《地理一》：順天府昌平州，正德元年七月，升爲州，旋罷。八年，復升爲州。注：舊治白浮圖城。景泰元年，築永安城於東，三年遷縣治焉。

〔五一〕一朝二句　徐注：《北略》：七月，清兵間道逼昌平，降丁内應，城陷。巡關御史王肇坤死之，總兵巢丕昌降，主事王一桂、趙悦，太監王希忠等皆被殺。《烈皇小識》：北兵陷昌平，天壽山陵寢裡殿，盡行拆毀。北兵退後，督撫奏稱忽有怪風從東北起，盡行吹壞云云。旨著估修，上下相蒙，不復究竟。又《北略》：十七年三月十二，賊陷昌平，諸軍皆降，惟總兵李守鑅罵賊不屈，拔刀自刎死。又：十二陵享殿悉焚。

蘐常案：明居庸關之失，見卷一《大行皇帝哀詞》"關門"句注。昌平之失，見同卷《千官》詩第二首"罷官"句注。《左傳》襄公二十五年：鳩山澤，辨京陵。杜注：絶高曰京，大阜曰陵。

〔五二〕燕山句　徐注：《一統志》：燕山在薊州東，高千仞，陡絶不可攀，與遵化州玉田縣接界。《列子·湯問》篇：伯牙鼓琴，鍾期曰：善哉，峨峨兮若泰山！

〔五三〕沙河句　徐注：《昌平山水記》：京師西北曰德勝門，出門八里爲土城。又二十里爲清河。其水出玉泉山,分流而北,逕此,又東會於沙河,入於白河。又十八里爲沙河店。店南有水,出昌平州西南五十里龍泉池,合西山諸泉東流爲南沙河,有橋曰安濟;店北有水,出昌平州西南四家莊,逕雙塔村南流爲北沙河,有橋曰朝宗。二水至店東南竇家莊而合,又東南至通州界入白河。《漢書》軍都有濕餘水,東至潞,南入沽,即此水也。《北略》:甲申三月十六日,賊自沙河而進,犯平則門。《詩》:其流湯湯。

〔五四〕皇天二句　徐注:《左傳》僖公十五年:皇天后土,實聞君之言。《詩》:無曰高高在上。

　　蔣常案:芒芒,見前《山海關》詩"芒芒"句注。

〔五五〕十四皇　蔣常案:景帝陵在北京西直門外沙河之南,金山之麓,不在天壽山。王士禎《景帝陵懷古》詩所謂"咫尺天壽雲氣接,坏土猶葬西山隅",與天壽山之十三陵爲十四也。或以爲當數孝陵,然孝陵遠在南京,非。

〔五六〕籲天句　徐注:《書》:以哀籲天。又:天難諶,命靡常。

〔五七〕幽都句　徐注:《楚辭·招魂》:君無下此幽都些。土伯九約,其角觺觺些。注:土伯,后土之侯伯也。

　　蔣常案:此以幽都喻北京。"土伯",喻清帝也。

〔五八〕九關句　徐注:《本草》:人死於虎,則爲倀鬼,導虎而行。

　　蔣常案:《楚辭·招魂》:君無上天些。虎豹九關,啄害下人些。

〔五九〕日月二句　徐注:《左傳》昭公元年:后帝不臧,遷閼伯於商丘,主辰,商人是因,故辰爲商星;遷實沈於大夏,主參,故參爲晉星。

　　蔣常案:《晉書·天文志》:日月薄蝕,明治道有不當者。

〔六〇〕自古二句　徐注:《書》:帝乃殂落。"姚"謂有虞,"黃"謂黄帝。

  蘧常案：皇甫謐《帝王世紀》：舜母名握登，生舜於姚虛，因姓姚氏也。

〔六一〕從臣句　徐注：《明史》范景文等傳：崇禎十七年三月十九日，莊烈帝殉社稷。文臣死國者，東閣大學士范景文而下凡二十有一人。皇清順治九年，世祖章皇帝表章前代忠臣，所司以范景文、倪元璐、李邦華、王家彥、孟兆祥、子章明、施邦曜、凌義渠、吳麟徵、周鳳翔、馬世奇、劉理順、汪偉、吳甘來、王章、陳良謨、陳純德、申佳胤、許直、成德、金鉉二十一人名上。命所在有司各給地七十畝建祠致祭，且予美諡焉。

  蘧常案：見前卷一《十月二十日奉先妣葬》詩"先皇"句注。

〔六二〕二妃句　蘧常案：《列女傳・有虞二妃》：舜爲天子，娥皇爲后，女英爲妃。舜陟方，死於蒼梧，二妃死於江、湘之間。江淹《悼室人》詩：二妃灑瀟湘。案：此喻崇禎周皇后、袁貴妃之死。事詳卷一《大行皇帝哀詩》"霧起"句注。

〔六三〕倉皇二句　蘧常案：《史記・張釋之列傳》：今盜宗廟器而族之，有如萬分之一，假令愚民取長陵一抔土，陛下何以加其法乎？《索隱》：抔，手掬之。字從手，或作盃。案：上句言渴葬，下句言至今已十五年矣。

〔六四〕未可億　蘧常案：《論語・先進》篇：億則屢中。劉寶楠《正義》：億，度也。

〔六五〕仲華句　蘧常案：見卷二《恭謁孝陵》詩"顧言"二句注。

〔六六〕崔損句　原注：《唐書・德宗紀》：貞元十四年，以左諫議大夫平章事崔損爲修奉八陵使。先是，昭陵寢殿爲火所焚，至是，獻、昭、乾、定、泰五陵各造屋三百七十八間，橋陵一百四十間，元陵三十間，惟建陵仍舊，但修葺而已。陵寢中牀褥帷幄，一事以上，帝皆親自閱視，然後授損送於陵所。

〔六七〕《雅》《頌》句　徐注：《論語》：《雅》《頌》各得其所。又：洋洋乎盈耳哉！

王太監墓

【解題】

徐云：《明史·宦官傳》：王承恩累官司禮秉筆太監。崇禎十七年，李自成犯闕，帝命承恩提督京營。是時，事勢已去，城陴守卒寥寥，賊架飛梯攻西直、平則、德勝三門，承恩見賊坎牆，急發礟擊之，連斃數人，而諸璫泄泄自如。帝召承恩，令急督內官備親征。夜分，內城陷。天將曙，帝崩於壽皇殿。承恩即自縊其下。福王時，諡忠愍。本朝賜地六十畝，建祠立碑旌其忠，坿葬故主陵側。

先帝賓天日〔一〕，諸臣孰扈從〔二〕？中涓能一死〔三〕，大節獨從容。地切山陵閟〔四〕，魂扶輦御恭。遠同高力士〔五〕，陪葬哭玄宗。

【彙注】

〔一〕賓天　蘧常案：見卷二《桃花溪歌》"定陵"句注及卷三《贈潘節士檉章》詩"賓天"注。

〔二〕扈從　徐注：《漢書·司馬相如傳》：扈從橫行。
　　蘧常案：《廣雅》：扈，使也。案：此言從死者寡。張岱《石匱書·宦者列傳贊》云：先帝股肱心腹之臣滿天下，而攀髯鼎湖者止王承恩（案：原作王之俊，而其目錄作王承恩）一人，何其寥寥也！舊注以當時諸文武殉難者釋之，非詩意。

〔三〕中涓　蔣常案：見前《恭謁天壽山十三陵》詩"下有"句注。

〔四〕地切句　徐注：《昌平山水記》：大行皇帝欑宫門外，右爲司禮監太監王承恩墓。以從死，祔焉。

〔五〕遠同句　原注：《唐書·高力士傳》：力士配流黔中，赦歸，至朗州，聞上皇厭代，北望號慟，嘔血而卒。代宗以其耆宿，保護先朝，贈揚州大都督，陪葬泰陵。

　　蔣常案：《新唐書·高力士傳》：力士，馮盎曾孫。中人高延福養爲子，冒其姓。帝寵任極專。肅宗在東宫兄事之。累官驃騎大將軍，帝幸蜀，力士從，進齊國公。

劉諫議祠 在昌平舊縣，今廢

【解題】

　　徐注：《唐書·劉蕡傳》：字去華，昌平人。明《春秋》，能言古興亡事，沈健有謀，浩然有救世意。擢進士第。方宦人握兵，横制海内，號爲北司，蕡常痛疾。太和二年，舉賢良方正能直言極諫第，策官馮宿等見蕡對嗟伏，以爲過於古晁、董，而畏中官不敢取。《昌平山水記》：諫議，太和二年舉賢良方正，對策指斥宦官，遂不第。令狐楚在興元，牛僧儒在襄陽，皆辟爲從事，待如師友，授祕書郎。爲宦官所嫉，誣以罪，貶柳州司户參軍，卒。昭宗時贈右諫議大夫。元時，以昌平驛官宫祺奏請，始爲之立祠。《元史》泰定二年，置諫議書院於昌平縣，祀唐劉蕡者，此也。祠本在舊縣，縣徙，祠亦徙焉。在大成門之西，今鞠爲蔬圃矣。

　　皂囊青史漫傳名〔一〕，白日黄泉氣未平〔二〕。自古國亡緣宦者〔三〕，可憐身没尚書生〔四〕。荒阡草長妖狐出，舊驛風寒劣馬行。一自德陵升馭後，山河祠廟總淪傾〔五〕。

【彙校】
〔題〕戴望藏本題下"自注"之首，戴有注曰："即劉蕡也。"潘刻本，徐注本，孫、吳、汪合校本皆無。丕續案：疑涉戴注而誤入；且兩句不承接，應刪。

【彙注】
〔一〕皂囊句　蘧常案：《後漢書·蔡邕傳》：密特稽問，宜披露失得，指陳政要，具對經術，以皂囊封上。李賢注：《漢官儀》曰：凡章表皆启封。其言密事，得皂囊也。《漢書·藝文志·諸子略》：《青史子》五十七篇。班固自注：古史官記事也。

〔二〕白日黄泉　徐注：江總《哭魯廣達》詩：黄泉雖抱恨，白日自留名。悲君感義死，不作負恩生。

〔三〕自古句　徐注：《明史》志《職官三》：宦官，英之王振，憲之汪直，武之劉瑾，熹之魏忠賢，太阿倒握，威柄下移；神宗礦稅之使，無一方不罹厥害。其他怙勢薰灼，不可勝紀，而蔭弟蔭姪，封伯封公，則撓官制之大者。莊烈帝初翦大憝，中外頌聖。既而鎮守、出征、督餉、坐營等事，無一不命中官爲之，而明亦遂亡矣。吳偉業《綏寇紀略》：自崔、魏之後，内璫視權寵爲固然，東廠、錦衣衛虎冠之卒，不下數千。豈有賊在畿甸，奸細布列，城中緝事者，茫然不察！自古國蹙君危，必有大臣領城門兵爲之扞圉，以同其生死。今以刀鋸闒茸如兒戲，以至於敗。嗚呼！三百年來，君臣闊絶，其密邇萬不及北司。人主孤危，已落近倖之手。雖以帝之明察，前後左右，罔非刑人。兵制軍機，牽於黄門之壅遏，不能釐舉，緣此抵於危亡。

蘧常案：《後漢書·宦者傳論》：自古喪大業，絕宗禋者，其所漸有由矣。三代以嬖色取禍，嬴氏以奢虐致災，西京自外戚失祚，東都緣閹尹傾國，先史商之久矣。《新唐書·宦者傳序》：開元、天寶中，宦官黃衣以上三千員，衣朱紫千餘人。其在殿頭供奉，委任華重，持節傳命，光燄殷殷動四方。監軍持權，節度反出其下。然猶未得常主兵也。德宗以左右神策、天威等軍委宦者主之，是以威柄下遷，政在宦人。又日夕侍天子，狎則無威，習則不疑，故昏君蔽於所昵，英主禍生所忽，玄宗以遷崩，憲、敬以弑殂，文以憂憤，至昭而天下亡矣。禍始開元，極於天祐。案：此句蓋綜括《後漢書·宦者傳論》首段語成之。

〔四〕可憐句　蘧常案：《舊唐書·劉蕡傳》：蕡對策詆宦者，考官不敢取。李郃曰："劉蕡下第，我輩登科，能無厚顏！"又：宦人深疾蕡，誣以罪，貶柳州司戶參軍卒。

〔五〕一自二句　徐注：《明史·熹宗紀贊》曰：明自世宗而後，綱紀日以凌夷。神宗末年，廢壞極矣。重以帝之庸懦，婦寺竊柄，濫賞淫刑，忠良慘禍，億兆離心，雖欲不亡，何可得哉！先生《明季實録·諸臣乞貸疏》：山河之險盡失。

居　庸　關 二首

【解題】

徐注：《明史》志《地理》：昌平州西北有居庸關。又：延慶州東南有岔道口，與居庸關相接。關口有居庸關守禦千户所。又：

延慶右衛,永樂二年置於居庸關北口,直隸後軍都督府。《昌平山水記》:自太行山迤北至此,數百里不絕。自麓至脊,皆陡峻,不可登。中間爲徑者八,名之曰陘,居庸其第八陘也。設關於此,不知始於何代。《後漢書》:建武十五年徙雁門、代、上谷三郡民置常山居庸關以東。則自漢有之矣。亦謂之西關,見《三國志》田疇言;亦謂之軍都關,見《魏書》;亦謂之納款關,見《唐書》,又見《通典》。《方輿紀要》:昌平州西北二十四里,關內南北相距四十里。

居庸突兀倚青天,一澗泉流鳥道懸〔一〕。終古成兵煩下口〔二〕,本朝陵寢託雄邊〔三〕。車穿褊峽鳴禽裏〔四〕,烽點重岡落雁前〔五〕。燕代經過多感慨〔六〕,不關遊子思風煙。

【彙校】
〔泉流〕徐注本、曹校本作"流泉"。　〔本朝〕潘刻本"本"作"□";冒校本作"先"。

【彙注】
〔一〕一澗句　徐注:《方輿紀要》:兩山夾峙,下有巨澗,懸崖峭壁,稱爲絕險。十五里爲關城,跨水築之。又七里曰彈琴峽,水流石罅,聲若彈琴。李白《蜀道難》:西當太白有鳥道。
〔二〕終古句　原注:《魏書·常景傳》:都督元譚據居庸下口。亦作夏口。《北齊書·文宣紀》:築長城自幽州北夏口至恒州九百餘里,即今之南口也。　徐注:《明史》志《兵三·邊防》:洪武九年,敕燕山前後等十一衛分守古北口、居庸關、喜峰口、松亭關烽堠百九十六處,參用南北軍士。又《成祖紀》：永樂十三年春正月丙午,塞居庸以北隘口。二十一年七月戊申,次宣府,敕居庸關守將止諸司進奉。正統十二年,兵部侍郎滕昭、英國公張懋條上邊備,言居庸關黃花鎮、喜峰口、古北口、燕河營有團營馬步軍萬五千人戍守,請益兵五千分駐永平、密雲,以應遼東。《方輿紀要》：明初既定元都,洪武二年,大將軍徐達壘石爲城,以壯幽、燕門户,即今南口城也。

〔三〕本朝句　徐注：《明史》志《兵三》：先是,翁萬達之總督宣大也,籌邊事甚悉。其言曰：東北爲順天界。歷高崖、白羊抵居庸關約一百八十餘里,皆峻嶺層岡,險在内者,所謂次邊也。敵犯山西,必自大同入；紫荆,必自宣府,未有不經外邊能入内邊者。乃請修築宣、大邊牆千餘里,烽堠三百六十三所。後以通市,故不復防,遂半爲敵毁。　段注：庚信《慕容寧碑銘》：斂氣發勇,雄邊遺則。

　　蘧常案：本朝陵寝,見前《恭謁天壽山十三陵》詩題注。

〔四〕車穿句　《水經注》：居庸關山岫層深,側道褊陿,林障據險,路才容軌。曉禽暮獸,寒鳴相和,羈官游子,聆之者莫不傷思矣。

〔五〕烽點句　徐注：《方輿紀要》：自宣府迤西迄山西,緣邊皆峻垣深濠,烽堠相接。

〔六〕燕、代　徐注：《史記·匈奴列傳》：冒頓西擊走月氏,南并樓煩、白羊、河南王,侵燕、代。悉復收秦所使蒙恬所奪匈奴地與漢關故河南塞,至朝那、膚施,遂侵燕、代。

極目危巒望八荒〔一〕,浮雲夕日徧山黄。全收胡地當年大〔二〕,不斷秦城自古長〔三〕。北狩千官隨土木〔四〕,西來羣盜失金湯〔五〕。空山向晚城先閉,寥落居人畏虎狼。

【彙校】
〔夕日〕汪端選本作"夕照"。 〔胡地〕潘刻本、徐注本、孫校本"胡"作"朔"。

【彙注】
〔一〕八荒　徐注:《說苑·辨物》:八荒之內有四海,四海之內有九州。

〔二〕全收句　蔣常案:《明史·成祖紀贊》:文皇雄武之略,同符高祖。六師六出,漠北塵清。至其季年,威德遐被,四方賓服,幅員之廣,遠邁漢、唐。

〔三〕不斷句　蔣常案:《史記·匈奴列傳》:秦滅六國,而始皇帝使蒙恬將十萬之衆北擊胡,悉收河南地。因河爲塞,築四十四縣城臨河,徙適戍以充之。而通直道,自九原至雲陽,因邊山險塹谿谷可繕者治之,起臨洮至遼東,延袤萬餘里。又:度河據陽山北假中。案:先生《京東考古錄》考長城,即取此文。云:此秦并天下之後,所築之長城也。

〔四〕北狩句　徐注:《明史·英宗前紀》:十四年秋七月己丑,瓦剌也先寇大同,參將吳浩戰死。下詔親征,吏部尚書王直率羣臣諫,不聽。癸巳,命郕王居守。甲午,發京師。乙未,次龍虎臺,軍中夜驚。丁酉,次居庸關。辛丑,次宣府,羣臣屢請駐蹕,不許。丙午,次陽和。八月戊申,次大同,鎮守太監郭敬諫議旋師。庚戌,師還。丁巳,次宣府。庚申,瓦剌兵大至,恭順侯吳克忠、都督吳克勤戰歿。成國公朱勇、永順伯薛綬救之,至鷂兒嶺遇伏,全軍盡覆。辛酉,次土木,被圍。壬戌,師潰,死者數十萬。英國公張輔,泰寧侯陳瀛,駙馬都尉井源,平鄉伯陳懷,襄城伯李珍,遂安伯陳塤,修武伯沈榮,都督梁成、王貴,尚書王佐、鄺埜,學士曹鼐、張益,侍郎丁鉉、王永和,副都御史鄧棨等皆死,帝北狩。又《曹鼐傳》:也先入寇,中官王振挾帝親征,朝臣交章諫,不聽。鼐與張益以閣臣扈從,未至大同,士卒已乏糧,宋瑛、朱冕全軍沒。羣臣請班師,振不許,趣諸軍進。大將朱勇膝行請命,尚書鄺埜、王佐跪草中,至暮,不得請。欽天監正彭德清言天象示警,振罵曰:爾何知!若有此,亦天命也。鼐曰:臣子固不足惜,主上繫天下安危,豈可輕進?振終不從。前驅敗報踵至,始懼,欲還。定襄侯郭登言於鼐、益曰:自此趨紫荆裁四十餘里,駕宜從紫荆入。振欲邀帝至蔚州,幸其宅,不聽。復折而東,趨居庸。八月辛酉,次土木,地高,掘地二丈,不及水,瓦剌大至。

〔五〕西來句　原注:陳江總《魯廣達墓銘》曰:災流淮、海,險失金湯。　徐注:《漢書·蒯通傳》:必將嬰城固守,皆爲金城湯池,不可攻也。注:師古曰:金以喻堅;湯,喻沸熱不可近。《後漢書·光武紀贊》:金湯失險。

　　　　蘧常案:事見卷一《大行皇帝哀詩》"關門"句注。

重 登 靈 巖 在長清縣東南九十里

【解題】

　　徐注:先生《山東考古錄》:靈巖在宋時爲山東名刹,士大夫來者,往往與寺僧酬和,迨今幾五百年,屢經兵火,而石刻之存者,尚有數千。自金之末年,遂爲屯兵之地。《方輿紀要》:長清縣方山即《水經注》所云玉符山。山北有靈巖寺。先生《金石文字記》:靈巖寺宋李迪詩下云：右小石刻在長清縣靈巖山寺中。其山距府九十里，自前代稱爲勝境。宋、金、元人題字最多。余至則當兵火之後，縱橫偃踣，委之荊棘瓦礫之中，然猶得唐一，宋、金、元人合四十餘，以後不能悉數。

蕢常案：張《譜》：逕長清，訪碑靈巖山寺。

重來絶巘一攀緣〔一〕，壞閣崔嵬起暮煙〔二〕。山靜鼪狖棲佛地〔三〕，堂空龍象散諸天〔四〕。芟林果熟紅椒後，入定僧歸白鶴前〔五〕寺有雙鶴泉。莫問江南身世事，殘金兵火一淒然〔六〕。寺自宋以來最盛，金末侯摯屯兵，張汝楫據守，而寺丘墟矣。

【彙注】

〔一〕絶巘　蕢常案：張協《七命》：發絶巘。張銑注：絶巘，高峰也。

〔二〕壞閣句　蕢常案："壞閣"謂靈巖寺。宋滕涉遊靈巖詩所謂"山半舊招提，捫蘿躡石梯，佳名標四絶，勝境出三齊"者也。先生《求古錄》云：予至當兵火之後，寺已毀圮。故云。

〔三〕山靜句　徐注：《齊乘》：靈巖寺爲佛圖澄卓錫之地。

　　蕢常案：《爾雅·釋獸》"鼬鼠"郭璞注：鼬，赤黃色，大尾。江東呼爲鼪。《詩·小雅·角弓》：毋教猱升木。《埤雅》：狖，輕捷善緣木，尾金色。一名猱。唐玄奘《佛地經》：佛地五相。

〔四〕堂空句　徐注：《長阿含經》：先於佛所净修梵行，生忉利天，使彼諸天，增益五福。

　　蕢常案：《智度論》：是五千阿羅漢，於諸阿羅漢中最大力,以是故言如龍如象。水行中龍力大,陸行中象力大。
〔五〕入定句　蔣常案:《觀無量壽經》:出定入定,恆聞妙法。
〔六〕殘金句　徐注:《金史》:靈巖寺有屋三百餘間,且連接泰安之天聖寨,介於東平、益都之間。駐兵於此,足相應援。又:元初,泰安張汝楫據靈巖,以拒蒙古之兵。

　　蔣常案:《金史》云云,見《侯摯傳》。"又"下,則《元史·嚴實傳》文,非《金史》也。

秋　雨

【解題】

　　蔣常案:徐《譜》:案《顧與冶詩序》云:余行三歲,乃歸揚州。蓋秋雨之時,先生正南下。

　　生無一錐土〔一〕,常有四海心〔二〕。流轉三數年,不得歸園林。蹠地每塗淖〔三〕,闚天久曀陰〔四〕。尚冀異州賢〔五〕,山川恣搜尋〔六〕。秋雨合淮泗,一望無高深〔七〕。眼中隔泰山,斧柯未能任〔八〕。車沒斷崖底,路轉崇岡岑。客子何所之?停驂且長吟。夸父念西渴〔九〕,精衛憐東沈〔一〇〕。何以解吾懷,嗣宗有遺音〔一一〕。

【彙注】

〔一〕一錐土　蔣常案:《荀子·非十二子》篇:無置錐之地。
〔二〕四海心　徐注:曹植《贈白馬王彪詩》:丈夫志四海。全祖望先生《神道表》:先生徧觀四方,其心耿耿未下。

〔三〕蹋地句　徐注：傅毅《舞賦》：蹋地遠羣。韓維《朝發靈樹》詩：敧危涉塗淖。《説文》：淖，泥也。

〔四〕曀陰　徐注：《詩》：曀曀其陰。

〔五〕尚冀句　原注：《後漢書・梁鴻傳》：冀異州兮尚賢。

〔六〕山川句　徐注：《同志贈言》大城王秉乘《贈亭林》詩：矢志歷九域，山川費討詢。

〔七〕秋雨二句　徐注：《皇朝通志》：順治十六年，江南蘇州、揚州、淮安、徐州、鳳陽等屬大水。《書・禹貢》：導淮自桐柏，東會於泗沂。

〔八〕眼中二句　孔子《龜山操》：予欲望魯兮，龜山蔽之。手無斧柯，奈龜山何！

〔九〕夸父句　徐注：《山海經》：夸父與日逐走，入日，渴欲得飲，飲於河、渭，河、渭不足，北飲大澤。未至，道渴而死。棄其杖，化爲鄧林。

　　蘧常案：時永曆帝在緬甸者梗，編竹爲城，結茅而處。念之切，故曰"念西渴"也。

〔一〇〕精衛句　蘧常案：見卷一《精衛》詩題注。此似謂鄭成功進攻南京，七月敗績入海之事。詳後《江上》詩及注，故曰"憐東沈"也。

〔一一〕何以二句　徐注：《禮・樂記》：一倡而三歎，有遺音者矣。

　　蘧常案：《晉書・阮籍傳》：籍字嗣宗，陳留尉氏人也。任性不羈。爲從事中郎。高貴鄉公即位，封關內侯。徙散騎常侍。求爲步兵校尉，遺落世事。李善《文選・詠懷》詩注：嗣宗身仕亂朝，常恐罹謗遇禍，因茲發詠，每有憂生之嗟。雖志在刺譏，而文多隱避，百代下難以猜測。餘詳前《常熟歸生晟陳生芳績書來》詩"相逢"句注。

與江南諸子別

【解題】

徐注：徐《譜》：南下，旋復北行至天津。

絕塞飄零苦著書[一]，揭來行李問何如[二]？雲生岱北天多雨[三]，水決淮壖地上魚[四]。濁酒不忘千載上[五]，荒雞猶唱二更餘[六]。諸公莫效王尼歎，隨處容身足草廬[七]。

【彙注】

〔一〕苦著書　徐注：《同志贈言》黃師正《奉酬寧人廣陵客舍見贈》詩：山經水志關王略，豈爲窮愁始著書？又王猷定等《爲顧寧人徵天下書籍啓》：寧人自歎士人窮年株守一經，不復知國典朝章，官方民隱，以至試之行事，而敗績失據。於是取天下府、州、縣志書及一代奏疏文集徧閱之，凡一萬二千餘卷。復取二十一史並實錄，一一考證，擇其宜於今者，手録數十帙，名曰《天下郡國利病書》。餘詳《詩譜》。

〔二〕揭來句　原注：杜甫《簡王明府》詩：行李須相問。　徐注：《左傳》僖公三十三年：行李之往來。

　　蘧常案：揭來，見前《張隱君元明》詩"揭來"注。

〔三〕雲生句　蘧常案：見前《勞山歌》"此山"二句注。

〔四〕水決句　原注：《史記》：秦始皇八年，河魚大上。《漢書·五行志》：魚逆流而上也。《北史·劉豐傳》：王思政據長社，民訛言大魚道上行，豐建水攻之策，遏洧水灌城。水長，魚鼈皆游焉。城遂陷。　徐注：《史記·河渠書》：故盡河墡。注：墡，岸道也。 段注：韋應物詩：少事河陽府，晚守淮南墡。

〔五〕濁酒句 徐注：陶潛《時運》詩：清琴橫牀，濁酒半壺。黄唐莫逮，慨獨在余！

〔六〕荒雞句 原注：《管輅別傳》：雞一二更鳴者爲荒雞。 徐注：華復蠡《兩廣紀略》：甲申七月二十一日，抵臨高任。每二更聞雞啼聲，愀然曰：此亂徵也。乙酉十月，客雷州，二更，雞啼更甚。

〔七〕諸公二句 原注：《晉書・王尼傳》：尼早喪婦，有一子。無居宅，唯畜露車，有牛一頭，每行輒使御之，暮則共宿車上。嘗歎曰：滄海橫流，處處不安也。

　　蘧常案：《王尼傳》：尼，字孝孫，城陽人也。卓犖不羈。初爲護軍府軍士，給事養馬。胡母輔之等入，坐馬厩下，與尼飲酒。護軍大驚，因免爲兵。避亂江夏，荆土饑荒，餓死。

江　　上

【解題】

　　蘧常案：以首句首二字爲題，蓋有所隱。江謂長江，記鄭成功、張煌言會師泝江北伐之事也。

　　江上傳夕烽，直徹燕南陲〔一〕。皆言王師來〔二〕，行人久奔馳〔三〕。一鼓下南徐〔四〕，遂拔都門籬〔五〕。黄旗既隼張〔六〕，戈船亦魚麗〔七〕。幾令白鷺洲〔八〕，化作昆明池〔九〕。于湖擔壺漿〔一〇〕，九江候旌麾〔一一〕。宋義但高會〔一二〕，不知用兵奇〔一三〕。頓甲守城下〔一四〕,覆亡固其宜〔一五〕。何當整六師〔一六〕,勢如常山蛇。一舉定中原,焉用尺寸為〔一七〕!天運何時開?干戈良可哀。願言隨飛龍〔一八〕,一上單于臺〔一九〕。

【彙校】

〔題〕此首朱刻本,孫託荀校本,孫、吳、汪各校本皆有;潘刻本、徐注本無。孫校本題下注云:刻本只載一首。丕續案:或謂,此詩為卷二《江上》之第二首。然《江上》實有二首。《萬有文庫·顧詩徐注》後附莊義孫校本校補作"刻本只載二首",則以此詩為第三首矣。考《江上》二首為送別之作,作於順治十一年;此詩則作於十六年,合為一題,大誤。朱刻本注云:屠維大淵獻,在《江南與諸子別》後,己亥。孫託荀校本同,與此本合。 〔燕南陲〕朱刻本、孫校本"陲"作"垂"。"垂"為本字。 〔王師〕孫校本作"陽師",韻目代字也。 〔久奔馳〕孫校本"久"作"又"。 〔既隼張〕孫校本"既"作"□"。 〔于湖〕冒校本"于"作"千"。誤。 〔守城下〕孫校本"守"作"堅"。 〔單于臺〕孫校本"單"作"先",韻目代字也。

【彙注】

〔一〕江上二句　蘧常案:《後漢書·公孫瓚傳》載童謠:燕南垂,趙北際。《說文解字》:垂,遠邊也。陲,危也。段玉裁注:俗書邊垂字作陲,乃由用垂為埀,不得不用陲為垂矣。《小腆紀年》:順治十六年,明永曆十三年五月癸酉,明延平王朱成功、兵部左侍郎張煌言會師,舉兵北上以援滇。成功聞王師三路攻雲南,乃約煌言大舉北上,以圖牽制。戊寅,抵崇明,我總兵梁化鳳堅守。成功欲順風取瓜州,煌言曰:崇明為江海門戶,有懸洲可守,先定之以爲老營。脫有疏虞,進退可據。成功曰:崇明城小而堅,取之必淹日月。今先取瓜州,破其門戶,截其糧道,腹心潰則支體隨之,崇明可不攻而破也。請煌言以其所部兵爲前軍嚮導。己卯,經江陰,舟蔽江而上。六月丁酉,至丹徒。壬寅,泊焦山,祭太祖、崇禎、隆武帝,慟哭誓師,三軍皆泣下。沈子培先生曾植錢謙益《投筆集注》:戊戌春,成功始奉滇詔,封延平王,張蒼水同日拜兵部侍郎之命,定會師江南之策。己亥,四月,永曆入緬。五月,延平、蒼水會師北上以援滇。六月,克鎮江。七月,薄金陵。案:此役,順治聞警,至南苑集六師,議親征。見《小腆紀年》。足徵清廷震驚之甚,所謂"直徹燕南陲"也。

〔二〕王師　蔣常案:《詩·周頌·酌》:於鑠王師。案:此次軍容之盛,諸書失載。惟《清史稿·世祖本紀》云:成功擁師十餘萬,戰艦數千,抵江寧城外,列八十三營,絡繹不絕。出清官書,或得其實。當時朱衣佐謂衆不過數萬,船不過數百,不可信。

〔三〕行人句　蔣常案:《周禮·秋官》有大行人、小行人。《明史》志《職官三》:行人司,司正一人,左右司副各一人,行人三十七人,職掌捧節奉使之事。鄭達《野史無文·鄭成功傳》:戊戌,春正月,永曆皇帝在雲南。遣使以璽書來,招討乃以徐孚遠偕使人浮海,取道安南國入雲南。因奏言:期以今夏出師,北定中原。案:《江上見聞錄》:永曆使人爲彰平伯周金湯及太監劉柱,以丁酉九月至。與《野史無文》少異。行人往來爲去歲事。去歲夏,成功會張煌言北伐,至羊山,颶風破舟,班師。今年復起兵,句謂師行稽遲,行人奔馳已久也。

〔四〕一鼓句　蔣常案:《左傳》莊公十年:夫戰,勇氣也。一鼓作氣。《宋書·州郡志》:晉永嘉大亂,幽、冀、青、并、兗州及徐州之淮北流民,相率過淮,亦有過江在晉陵郡界者。晉成帝咸和四年,立僑郡以司牧之。武帝永初二年,加徐州曰南徐,而淮北但曰徐。文帝元嘉八年,更以江北爲南兗州,江南爲南徐州,治京口。案:明、清爲鎮江府治。《小腆紀年》:順治十六年六月丙午,朱成功攻瓜州,克之,擒操江朱衣佐。悉師趨鎮江。守將告急於南京,以鐵騎千人赴援。京軍憍躁欲戰,而海舟忽上忽下,我駐南則泊於北,駐北則泊於南,王師隨之三日夜不息,酷暑遇雨,人馬飢疲。海師分五隊,五色旗第一,蜈蚣旗第二,狼煙三,銃四,大刀五。每隊有滚被以蔽箭,過則捲被,持刀滚進,斫人馬足。一人敲鼓,鼓聲緩則兵行亦緩,急則亦急。然皆步卒,王師甚輕之。凡我騎兵遇步卒,勒馬退數丈,加鞭突前,敵陣動,則乘勢衝之,步卒自相踐踏,以此常勝。至是,施之海師,則嚴陣屹然不動,團牌自蔽,望之如堵。王師三却三進,方欲却馬再衝,而海師疾走如飛,突犯我陣,合戰良久。見白旗一揮,兵即兩開如退避狀,或伏於地。王師謂其將遁也,馳馬突前,忽彼陣發大礟,擊死千餘人,乃退保銀山。成功以銀山爲必争地,辛亥夜,令陳魁統鐵人軍逼柵。守兵見之駭然,不敢出戰,射之則箭不能入,鐵人冒死進,柵遂破。遲明,王師分五路三疊壓其壘而軍。成功令發大礟,多鼓鈞聲,江水騰沸,廊瓦皆震,我兵士下馬殊死戰。薄午,海師益奮,我提督管效忠身衝其陣,入之而陣變,首尾相應,效忠自負旗而走,遂大敗,啑血填壕。效忠部衆四千人,存者百四十人,走南京,歎曰:吾自滿洲入中國十七戰,未有此死戰也。我鎮江守將高謙、知府戴可進獻城降。

〔五〕遂拔句　蓮常案:《小腆紀年》:朱成功與諸將議曰:瓜鎮爲金陵門户,宜先破之。

〔六〕黃旗句　蘧常案：《三國志・吳書・吳主傳》裴注：紫蓋黃旗，運在東南。別見卷一《京口即事》詩第一首"黃旗"句注。《周禮・春官・司常》：鳥隼爲旗。

〔七〕戈船句　蘧常案：《三輔黃圖》：昆明池中有戈船各數十。吳均《西京雜記》：戈船上建戈矛，四角悉垂幡旄，旍葆麾蓋，照灼涯埃。《左傳》桓公五年：爲魚麗之陳。《野史無文・鄭成功傳》：戈船八千。詳上。

〔八〕白鷺洲　蘧常案：《金陵圖經》：白鷺洲在城西南八里，周迴十五里，對江寧之新林浦。《太平御覽》卷六十九山謙之《丹陽記》曰：洲上多聚白鷺，因名之。

〔九〕昆明池　蘧常案：《史記・平準書》：作昆明池。《三輔黃圖》：武帝穿昆明池，周四十里，以習水戰。宋敏求《長安志》：漢武帝欲征昆明國，故就此名。至秦姚興時竭。

〔一〇〕于湖句　蘧常案：丹陽郡統縣于湖。《宋書・州郡志》：于湖，晉武帝二年分丹陽縣立。案：《晉書・地理志》：于湖、蕪湖，同屬丹陽郡。此似以于湖爲蕪湖也。黃宗羲《賜姓始末》：六月二十八日，煌言抵觀音門。七月五日，蕪湖以降書至。即所謂"于湖擔壺漿"也。《孟子・梁惠王》篇：簞食壺漿，以迎王師。《野史無文》張煌言《攻江寧府城紀略》：延平屬予督水師往，以直至蕪湖爲約。夫蕪關乃七省孔道，商賈畢集，居江、楚下流，爲江介鎖鑰重地，予何敢辭。於是江潮縮朒，水行如駛，未至儀真五十里，吏民齎版圖迎王師。鷁首所向，無不瓣香相迎。七月初，蕪湖降。七日，抵蕪湖，傳檄郡邑，江之南北，相率來歸。

〔一一〕九江句　蘧常案：《明史》志《地理四》：九江府，元江州路，屬江西行省。太祖辛丑年爲九江府，領縣五。《海上聞見錄》：時杭州、江西、九江等處，俱有密謀舉義，前來驗札者。

〔一二〕宋義句　蔣常案：《史記·項羽本紀》：懷王召宋義，與計事而大悦之，因置以爲上將軍。救趙，行至安陽，留四十六日不進。遣其子宋襄相齊，身送之至無鹽，飲酒高會。天寒大雨，士卒凍飢。《野史無文·鄭成功傳》：延平既破京口軍，集兵金陵城下，不施礮火，縱將士置酒高會。

〔一三〕用兵奇　蔣常案：《老子》"以正治國，以奇用兵"，《孫子·勢》篇"凡戰者，以正合，以奇勝"，曹操注：先出合戰爲正，後出爲奇。正者當敵，奇兵擊不備。

〔一四〕頓甲句　錢云：查繼佐《罪惟録·魯王紀》：海師列十二營于白土山，困金陵之觀音門，候陸師併力。不即至，歷五旬，師老。

　　蔣常案：《史記·淮陰侯列傳》：今將軍欲舉倦罷之兵，頓之燕堅城之下，欲戰恐久，力不能拔，情見勢屈，曠日糧竭。案：此句"守"一本作"堅"，義長，應從改。張煌言《攻江寧府城紀略》：延平大軍圍江寧城已半月，初不聞發一矢射城中。予聞之，即上書延平，大略謂：頓師堅城之下，師老，易生他變。亟宜分遣諸將，盡取江寧諸邑。若江寧出兵他援，我則邀擊而殲之。否則不過自守虜耳。俟四面克復，以全力注之，彼直檻羊穽獸爾！

〔一五〕覆亡句　蔣常案：婁東無名氏《研堂見聞雜記》：海師既破京口，據瓜步，圍江寧，以擁戴先朝爲名，人咸拭目觀望，以爲中興事業反掌可致。而予觀其頓堅城，徘徊兩月，無尺寸效，竊疑其志雖果，（案：下似有闕文）從古如鄧艾之滅蜀，王濬之伐吳，桓溫之取李勢，苻堅之擒慕容，尅人國者，無不星行電邁，雷動風馳，速者一二月，緩者三月四月，即君臣面縛，輿櫬出降；若遲留進退，情見勢屈，則釁隙潛生，潰散必不旋踵，此自古已然之明效也。彼連艦數千，直指石頭，勢似建瓴，而久不進割州郡，徒旅泊於風濤險惡之中，此豈有全理！宜乎一戰而潰，勝勢都失也。褚裒伐趙不克，退還京口，聞哭聲甚多，以問左右，曰：此必代陂死之家也。嗟乎！今日京口哭聲，不知何似？然聞大兵焚殺已盡，恐聞哭聲又不可得矣！

《小腆紀年》：秋七月癸亥，成功登舟傳檄，丙寅，至觀音門。以黃安督水師，守三汊河口。戊辰，由儀鳳門登岸，軍於獅子山。我操江朱衣佐之被擒也，成功曰：此腐儒也，殺之污我劍。釋之。歸言於總督郎廷佐曰：海賊衆不過數萬，船不過數百，請卑辭寬限，以驕其志。乃遣人說成功曰：我朝有例，守城過三十日，罪不及妻孥，乞寬三十日之限。參軍潘庚鍾曰：《孫子》有云：卑辭者，詐也；無約而請和者，謀也。降則降，豈戀內顧？此緩兵之計也。成功曰：自舟山興師至此，戰必勝，攻必取，彼焉敢緩我之兵耶？攻城為下，攻心為上。今既來降，驟攻之，何足以服其心哉？中提督甘輝曰：兵貴先聲。彼衆我寡，及其熠且未定，其勢宜拔；俟彼守禦固，則難圖也。張煌言亦自蕪湖貽書諫之。而成功以累捷自驕，但命八十三營牽連困守，以待其降；釋戈開宴，縱酒捕魚為樂。庚辰，有閩人林某犯法，逃歸於我，具言二十三日為成功誕辰，諸將卸甲飲酒，乘之可破，且請為導。我副將梁化鳳自崇明繞道赴援，與城守，聞之，夜穴神策門，引五百騎突犯前鋒鎮余新營。海師出不意，驚潰，新被擒。王師既敗前鋒營，乃盡出騎兵列城外。甘輝、潘庚鍾勸成功退屯觀音門，以圖再舉。成功曰：小挫豈便思退，明日正欲觀諸君建功耳。二十三日質明，化鳳率驍騎薄營，營大潰，王師乘勝掩殺，海師營壘咸搖動。成功在山上觀戰，見敗，屬潘庚鍾曰：爾立蓋下代指揮，吾往催水軍也。駕船至江心，望諸軍披靡不堪，乃飛帆去。庚鍾揮劍督戰，至死不去其蓋。是役也，甘煇、潘庚鍾、萬禮、張英、林勝、藍衍、陳魁、魏標、林世用、洪復等咸陣亡，惟左右提督、右虎衛、右衝鋒、援勦後鎮軍得全。癸未，成功至鎮江，黃安全隊亦至，成功大慟曰：是我輕敵，非爾等之罪也。遂棄瓜鎮，出泊排沙嶼。

〔一六〕何當句　蘧常案：古詩：何當大刀頭？《樂府解題》：何當，何日也。六師，見卷一《感事》詩第二首"須知"二句注。

〔一七〕勢如三句　蘧常案：《孫子·九地》篇：故善用兵者，譬如率然。率然者，常山之蛇也，擊其首則尾至，擊其尾則首至，擊其中則首尾皆至。《神異經》：會稽常山最多此蛇，故《孫子兵法》云將之三軍，勢如率然也。諸葛亮《出師表》：北定中原。《史記·項羽本紀》：羽非有尺寸，乘勢起隴畝之中，三年遂將五諸侯滅秦。案：《文集·形勢論》以爲：荆、襄者，天下之吭，蜀者，天下之領，而兩淮、山東其背也。無蜀，猶可以國，東晉是也；無荆、襄，不可以國，楚去陳徙壽春是也；無淮南北而以江爲守則亡，陳之禎明、南唐之保大是也，故厚荆、襄急。古之善守者，所憑在險，而必使力有餘於險之外。守淮者不於淮，于徐、泗，守江者不于江，于兩淮。此則我之戰守有餘地，而國勢可振，故阻兩淮急。如愚之策，聯天下之半，以爲一用之，若常山之蛇，蓄威固銳，以伺敵人之瑕，則功可成也。可以見其恢復大計。卷一《上吳侍郎暘》詩"爭雄必上游"云云，亦此意。其説有似於宋汪若海之言。《宋史·汪若海傳》：朝廷以張浚宣撫川、陝，議未決。若海曰：天下者，常山蛇勢也，秦、蜀爲首，東南爲尾，中原爲脊。今以東南爲首，安能起天下之脊哉！吳暘、鄭成功所爲，正皆以東南爲首者也。

〔一八〕飛龍　蘧常案：屈原《九歌》：駕飛龍兮北征。

〔一九〕單于臺　蘧常案:《漢書·武帝紀》:帝行自雲陽,出長城,北登單于臺,告單于曰:單于能戰,天子自將待邊;不能,亟來臣服。《通典》:單于臺在雲州雲中縣西北百餘里。王先謙《漢書補注》:唐雲中縣,今大同縣治。